政治・経済

【新 版】

用語集「政治・経済」編集委員会 編集

《監修》

大芝　亮 一橋大学名誉教授

山岡道男 早稲田大学名誉教授

清水書院

はじめに

「冷静な頭脳（クール‐ヘッド）と温かい心情（ウォーム‐ハート）をもち，社会的な苦悩を克服するために，みずからの最善の能力をすすんで捧げようとする人びとの数を一人でも多くすることが私の念願であります」

イギリスの経済学者 A. マーシャルのことばです。政治や経済に限らず，何かを学んだり成し遂げようとするさいには，常に自分の属する社会をよりよいものとする情熱をもたなければならない。しかし単なる情熱だけでなく，冷静に判断できる“頭”を同時にもち合わせなければホンモノにはならない，ということでしょう。

政治や経済の社会は「生きもの」であるともいわれます。人間の力をもって抑制することがむずかしい側面があるのも事実でしょう。しかし，政治の社会も経済の社会も人間がつくりあげてきたものである以上，それを人間の力でよりよい方向に変革していくことは可能だと思います。

本書では，複雑で変わり身のはやい内外の政治や経済の現象を，単なる用語の説明だけにとどまらず，なぜそれが起こったのか，背景や歴史にまでふみこんで詳しく記述しました。また，教科書や類書に掲載されていない時事用語なども積極的にとりいれました。もちろんこの一冊だけで，現代の複雑な政治・経済の動きのすべてを理解することはできないかも知れません。でも本書が，それらの諸現象を正確に把握するための有力な指針や一助になるものと確信しています。

＊　　　＊

「学校で使った教科書や参考書の類いは卒業時に残らず処分した」などという高校生の話はそう珍しいことではないでしょう。でも，それを耳にすると複雑な思いに駆られます。大学に進んだ後でも，あるいは社会人になってからでも，おりにふれて頁を繰ってもらえるような本をつくりたいと願いました。本書がそのような存在になりえたかどうか，冒頭に紹介したマーシャルの望んだような仕事ができたかどうかは読者の判断を仰ぐしかありませんが，少なくとも彼のいう理性と情熱をもって編集作業をおこなってきたことは確かです。

日々の学習にせよ，受験対策の勉強にせよ，本書を座右におき，大いに役立てていただければ，編者としてこれにまさる喜びはありません。

なお，本書を作製するにあたって，さまざまな文献や資料を参考にさせていただきました。用語集という本の性格上，出典等を逐一明記できませんが，改めてこれらの書物に対して謝辞を申し述べます。

2023年10月

清水書院編集部

本書を利用するにあたって

◆本書の特色・利用方法

1．本書は『高等学校学習指導要領・公民編』の「政治・経済」に示された内容をもととして，全体を構成しました。学習指導要領では「A　現代日本における政治・経済の諸課題」「B　グローバル化する国際社会の諸課題」の2編構成となっていますが，本書では学習の便宜をはかり順序性を重視して，「政治」「経済」「国際」という3編構成としてまとめました。

2．教科書掲載頻度＋共通テスト・センター試験出題頻度のダブル頻度によって用語の重要度が一目でわかります。

〔教科書掲載頻度〕

　　令和4年度入学生から実施された新学習指導要領対応の「政治・経済」教科書全6冊（2023年現在発行）の掲載頻度を，用語の後ろに**Ａ Ｂ Ｃ**の3ランクで表示。

　　Ａ……5冊以上　　　　**Ｂ**……3～4冊　　　　**Ｃ**……2冊以下

〔共通テスト・センター試験出題頻度〕

　　共通テスト・センター試験における出題頻度（ポイント）を，用語の後ろに数字で表示。

　　頻度の算定は次の方式で算出しています。

　　①対象は共通テスト・センター試験科目「政治・経済」の，2014（平成26）～2023（令和5）年度の10年間におけるそれぞれの本試験・追試験。

　　②各試験ごとに以下のような算定基準にもとづいて集計。

　　　・本文・選択肢に用語そのものがあるもの……………………………1ポイント
　　　・用語そのものについての知識がないと，正答を導きだせないもの…2ポイント
　　　・用語そのものが正解として出題されているもの……………………3ポイント

　　★赤字の見出し用語は，共通テスト・センター試験出題頻度が累計5ポイント以上の頻度用語です。

3．収録語数は**約5,600語**で，高等学校の「政治・経済」の授業に必要かつ十分な用語を選択し，具体例などをもとにしながら詳しく解説しました。

4．用語については見出し語のほか，同義語・対義語・類義語も記し，さくいんにも採用しました。同義語には**同**，対義語には**対**，類義語には**類**を付して解説文の次に表示しました。

5．学習指導要領の配列に準じているので，授業の進度にあわせて参考書として，また，五十音順のさくいんを活用して小事典として利用することも可能です。

6．用語の選択にあたっては，現在発行されている「政治・経済」，「公共」（政経分野）の教科書に加えて，過去の共通テスト・センター試験に出された用語や，最新の時

事用語も数多く掲載しました。

7．本書の記述内容は，原則として2023年10月末現在のものです。

◆さくいんの表記・配列方法

1．巻頭に五十音順による「総さくいん」と「欧文略語さくいん」の二種類を設けました。用語については，見出し語，同義語・対義語・類義語のほか，解説文中の重要語を一部ふくみます。

2．アルファベットは，その読みにしたがって五十音順に配列しました。

3．「ヴ」の表記は「ウ」の欄にまとめました。

4．欧米の人名は本文の表記にあわせ，日本での慣用にしたがって配列しました。中国や韓国の人名などについても，さくいん利用の便を考え，日本での慣用読みにしたがいました。

5．『 』は著書名，雑誌名をあらわします。

6．「 」は有名なことばや，法令などの引用文をあらわします。

7．2か所以上に渡って記載されている項目については，一番内容が詳細なページを太字としました。

◆用語の表記方法

1．漢字の用語にはすべて読み仮名を付しました。その際，仮名については「-」で示しました。

　　【例】「**国家の三要素 B5** (こっか-さんようそ)」

2．同じ意味で別の表し方のある用語についてはそれも示しました。

　　【例】「**権力 A9 （国家権力B7）**」

3．外来語は片仮名で表記し，必要と思われる用語については，元の欧文を付記しました。

　　【例】「**マグナ-カルタ A2** ［Magna Carta］」

4．欧文略語については，できるかぎり元の欧文も付記しました。

　　【例】「**GDP A19** ［Gross Domestic Product］」
　　　　　「**OPEC A4** ［Organaization of Petroleum Exporting Countries］」

5．書名については原則として『 』で示し，引用句などは「 」であらわしました。

　　【例】『**社会契約論** B2』「**投資が投資を呼ぶ** C」

6．人名・地名・歴史用語などの表記は，できるだけ現地音に近づけましたが，一部慣用句にしたがったものもあります。重要な外国人名については，フルネームを欧文で付記しました。

　　【例】「**リンカン A** ［Abraham Lincoln］」，「**パレスティナ問題 A4**」
　　　　　「**ヴェトナム戦争 A2**」

7．人名については，すべてに生没年を付記しました。その際，11世紀以降で没年が生年と同一世紀の場合，没年の世紀にあたる2桁の数字は省略しました。生没年が紀元前の場合は「前」と表示しました。生没年のいずれも不明の場合は「生没年不詳」とし，どちらか不明のときは「？」で表示しました。また，年次はあるが確定されていないときは「？」を，おおよその年次しか判明していないときは「頃」を，それぞれ数字に付記しました。

　　【例】　**ボーダン B8** ［1530〜96］　　**アリストテレス B** ［前384〜前322］
　　　　　ブラクトン C3 ［1216?〜68］　　**フィルマー C** ［1588頃〜1653］

8．解説文中の年次表記は原則として西暦とし，日本に関する事項については必要に応じて元号も並記しました。

もくじ

第Ⅰ編　現代政治のしくみと日本

第Ⅲ編 現代の国際社会

総さくいん

む

め

も

や

ゆ

わ

欧文略語さくいん

第1編

現代政治のしくみと日本

仮に一人を除く全人類が同じ意見をもっていて，ただ一人だけがそれとは反対の意見を抱いているとしても，人類がその一人を沈黙させることは不当である。それは，仮にその一人が全人類を沈黙させる権力をもっていても，それをあえてすることが不当であるのと異ならない。

——J.S. ミル（『自由論』より）

1章 民主政治の基本原理

1 民主政治の発達

人間と政治

政治 **A**12 （せいじ）　社会を構成する人々のさまざまな利害や意見を調整し，統合をもたらすはたらき。利害や意見が対立する人々にはたらきかけ，調整を納得させていくことが必要であり，統合を拒むものに対しては物理的な強制力を用いることになる。

権力A9（**国家権力B**7）（けんりょく）（こっかけんりょく）　政治に作用する強制力。具体的には，法に従わない者を逮捕することや，納税を強制することなどにあらわれる。軍隊が物理的な力としての武力を対外的に行使することもある。国家は，こうした権力を持つ唯一の集団であり，その権力を国家権力，あるいは国家の政治権力とよぶ。

類**政治権力B**2

国家 **A**14（こっか）　一定の地域に住んでいる人々に対して権力の作用を及ぼすことのできる集団。国家の要素としては，領域（領土・領海・領空）・国民・主権の三つがある（国家の三要素）。国家の成立については，マルクス主義のように支配階級が他の階級の支配のためにつくりだしたとする説や，社会契約説のように人民の合意によって成立したとする説など，さまざまな説がある。国家についての観念は歴史的に変化してきた。18・19世紀には，国家は治安の維持や国防など，市民社会を維持する最低限の役割を果たせばよいと考えられ，夜警国家といわれた。これに対して，現代の国家は，福祉などの社会問題解決のための政策をおこなうなど，経済過程にも介入し，積極的な役割を果たす，福祉国家（社会国家）である。

社会規範 **A**1（しゃかいきはん）　人間の行動を規制し，ときに拘束する規律・行動の基準。法・慣習・道徳などがある。

憲法 **A**24（けんぽう）　国家における根本法をさす。国家としての組織，政治の原則，国民の権利などを規定する。国民主権がうたわれ，人権保障と権力の分立が近代憲法の

基本とされる。つまり，国家権力を制限し，国民の権利や自由を守るところに憲法の本質がある。その意味で憲法とは，国家の権力担当者に対して突きつけられた命令であり，国家権力と国民との契約文書でもある。

成文憲法 **B**①(せいぶんけんぽう)　文書形式を持った憲法。通常は一つの法典からなるが，複数の成文法として存在するものもある。今日では一部の例外を除き，ほとんどの国が成文の憲法典をもっている。

不文憲法 **C**(ふぶんけんぽう)　成文化された憲法典をもたない憲法。イギリスが不文憲法国家の典型例とされるが，マグナ＝カルタや人身保護法のように成文化された規範も存在している。そのほか，イスラエルやニュージーランドも，厳密な意味での成文憲法典を持たない不文憲法国家とされる。

法 **A**⑧(ほう)　最終的には国家権力による強制と結びついた社会規範の総称。社会規範には道徳や慣習などもあるが，国家権力による強制をともなわない点で法と異なる。裁判などの法的判断の基準となる法の形式には，憲法・法律・命令・規則・条例・慣習法・判例法などがある。こうしたさまざまな法は，国の最高法規である憲法を頂点とした段階的な構造をつくっていて，上位の規定に反する内容の下位の法は無効となる。同じ形式の法どうしが，あることがらについて別々の趣旨の規定をしている場合には，それについて特別に規定する特別法が，一般法に優先する。

法律 **A**㉒(ほうりつ)　広い意味では，法と同じ意味で使われるが，狭い意味では議会で制定された法のみをさす。この意味での法律は，法体系のなかでは憲法より下位にあり，命令・規則・条例より上位にある。

慣習 **A**①(かんしゅう)　その社会または集団の大多数の人に受け継がれてきた行動様式，社会的なならわしとしての社会規範。規範に反した場合には，村八分など制裁をうけることがある。

道徳 **B**(どうとく)　個人の良心に働きかけて，その行為を規制する社会規範。法律のような強制力はない。

秩序 **A**④(ちつじょ)　社会を構成している人々が相互の間に規則性のある関係を持ち，社会に安定した均衡を成り立たせている状態

をいう。社会の秩序を形成・維持することは政治権力の基本的課題である。

利害 **B**②(りがい)　特定の個人や社会集団にとって有利または不利な社会的状況をもたらすもの。共通の利害を持つ人々は，自分たちに有利な状況をもたらそうとして活動する。これをインタレスト−グループ(利益集団)といい，圧力団体もその一つである。

調整 **A**②(ちょうせい)　社会における個人や集団の対立を統合する活動をいう。

支配の正統性 ②(しはいのせいとうせい)　支配とは，特定の個人や集団がその権力によって他の社会的構成員を服従させること。このような支配は，物理的な強制力だけでは安定しない。支配が安定したものとなるには，支配される側が支配の正統性を認め，支配を自発的に支えることが重要である。マックス＝ウェーバーは，こうした正統性によって成立する支配を三つに類型化した。①伝統的支配は，支配者の背後にある伝統(世襲)に正統性の根拠を認めて成立する。君主制や天皇制など前近代社会に当てはまる。②カリスマ的支配は，支配者が持っている非凡な天与の資質(カリスマ)に正統性の根拠を認めて成立する。政治的英雄や宗教的な教祖など変動期の社会に当てはまる。③合法的支配は，支配者の地位が一般的に承認されている法に基づいていることに正統性の根拠を認めて成立する。国民主権による政治体制など近代社会に当てはまる。

類 伝統的支配 **B**④　カリスマ的支配 **B**④　合法的支配 **B**⑤

マックス＝ウェーバー **B**④[Max Weber, 1864〜1920]　ドイツの社会学者・経済学者。その研究の業績は宗教社会学・経済史・政治学など多岐にわたり，現代の社会科学にも大きな影響を及ぼしている。『経済と社会』(1921〜22年)では，「支配の社会学」として正統性による支配の3類型を明らかにした。『プロテスタンティズムの倫理と資本主義の精神』(1904年)においては，近代の資本主義社会の成立がプロテスタントの勤勉さ，禁欲的な生活態度とどのようにかかわったかを論じている。『職業としての政治』(1919年)では，心情倫理と責任倫理とを区別し，政治を評価す

る基準としては，結果責任としての後者の重要性を指摘している。このほかに『職業としての学問』（1919年）などがある。

権威　Ⓑ（けんい）　命令や強制に服従させる威力。権威は，服従者が権力を内面的にも承認することで高まり，権力の安定性を増す。

主権　Ⓐ8（しゅけん）　国家権力の最高性・独立性を示す言葉。主権を有する者を主権者という。フランスの政治思想家ボーダンが国王を擁護するため，『国家論六篇』のなかで初めて体系的に論じた。今日では，①統治権など国家権力そのもの，②国家権力がもつ対内的な最高性と対外的な独立性，③国政についての最終的な意思決定権，という三つの意味で用いられる。具体的には，①については「日本国の主権は，本州，北海道…に局限せらるべし」というポツダム宣言第8項の例が，②ついては「すべての加盟国の主権平等の原則に…」という国連憲章第2条の例が，③については「主権の存する日本国民の総意に…」という日本国憲法第1条の例が，それぞれ該当する。

類 主権者　Ⓑ2

革命　Ⓐ（かくめい）　国の政治原理や政治構造を根本的に変革すること。主なものに，ブルジョア革命とプロレタリア革命がある。ブルジョア革命は，市民階級が中心となって封建的な絶対主義を打倒した革命であり，フランス革命がその代表とされる。プロレタリア革命は，資本主義社会を倒し，社会主義社会を建設しようとした革命で，ロシア革命がそれにあたる。

クーデタ　Ⓒ［coup d'État］　政権を構成している同一勢力・同一階級の内部で，政権の獲得や強化のために非合法的に武力行使をおこなうこと。政治家や軍人といった支配階級の内部での権力の移動である点が革命とは異なる。フランス革命後のナポレオン1世の権力掌握の例が典型的で，日本の二・二六事件（1936年）などは失敗例にあたる。中南米・アフリカなどの新興国でこの形の政権交代が，時おりみられる。

統治　Ⓐ3（とうち）　少数者が多数の被治者に対して権力を行使し，一定の秩序をかたちづくること。英語では government で，この語には「政府」という意味もある。

統治行為　Ⓐ3（とうちこうい）　統治にかかわる国家権力の政治的な判断・行為。司法権との関係では，高度の政治性を持つ国家行為として，その合憲性の判断を司法権の審査の対象とすることは不適当とされるが，安易な援用は違憲審査権の放棄につながるとする批判もある。　☞ p.112（統治行為論）

政治集団（せいじしゅうだん）　政治活動をおこなっている社会集団。政権の獲得を主たる目的とする政党がその典型。

統治機構　Ⓑ4（とうちきこう）　政治機構ともよばれる。立法・行政・司法の全体を含んだ政治の組織をいう。近代の憲法は，人権保障の部分と統治機構の部分からなる。統治機構は基本的人権を保障するための政治のしくみとして位置づけられている。

政治過程（せいじかてい）　政治的決定にいたるさまざまな段階での動き。政治学における政治過程論では，政府や政党のほか，利益集団や大衆運動の動きなどが分析される。統治過程ともいう。

同 統治過程

国家と政治

主権国家　Ⓐ10（しゅけんこっか）　主権を持ち，他の国の権力行為によって影響されない国家。

単一国家　3（たんいつこっか）　一つの国家のみで構成された国家，または中央政府に統治権が集中する国家のこと。連邦国家と対比される。代表例はイギリス，フランス，日本など。

連邦国家　3（れんぽうこっか）　複数の国家（支分国）によって構成されている国家。アメリカ合衆国やドイツ連邦共和国が典型例である。国家の一部を構成する支分国が広範な統治権をもち，単なる地方公共団体とは異なる高度な独立性をもつ。支分国のことは state（州）という概念で示すのが標準的である。たとえば，アメリカは50の州によって構成されている。

近代国家　Ⓒ2（きんだいこっか）　ヨーロッパにおいて市民革命期以降に出現した国家の形態であり，それ以前の封建国家や絶対王政国家と対比される。国民の権利保障および民主的な統治体制を原則としており，その背景には，ロックやモンテスキューなどによ

る近代的な政治思想が存在する。

夜警国家 Ⓐ④(やけいこっか)　夜警のように治安維持と国防を主たる任務とする自由主義国家のこと。財政規模や租税負担の少ない「安価な政府」が最良の政府であるとする考え方が背景にある。ドイツの国家社会主義者ラッサールが批判的に用いた概念であり、現代では、福祉国家(社会国家)と対比して論じられることが多い。
☞ p.183 (夜警国家)
　　　　　　　　　類 安価な政府 Ⓒ

福祉国家 Ⓐ②(ふくしこっか)　国民の福祉増進に向けて、政府が経済政策や社会政策に積極的に関与する国家のこと。社会国家ともいう。　　☞ p.183 (福祉国家)
　　　　　　　　　類 社会国家 Ⓒ

ラッサール Ⓐ[Ferdinand Lassalle, 1825～64]　ドイツの国家社会主義者。ドイツ社会民主党の前身である全ドイツ労働者同盟を結成した。

消極国家 Ⓑ**と積極国家** Ⓒ(しょうきょくこっか・せっきょくこっか)　政府が国民生活にできるだけ関与しないのが消極国家であり、夜警国家の考えでもある。政府が福祉増進のために国民生活に積極的に関わるのが積極国家であり、これは福祉国家の考え方である。

レッセーフェール Ⓐ**(自由放任主義** Ⓐ**)**
[Laissez-faire](じゆうほうにんしゅぎ)　「なすがままにさせよ」という意味のフランス語。経済主体の自由な活動を最善と認め、政府は経済活動に干渉すべきではない、と主張する立場をいう。18世紀の初期産業資本の立場と合致するものであった。

現代国家 (げんだいこっか)　18・19世紀の近代国家との違いを強調する場合に用いられることが多い。内政面では、夜警国家から福祉国家へと国家観が変わり、国民生活への政治のかかわりが増大し、外交面では国際関係が緊密になっていることなどが特徴。

大きな政府 Ⓐ④(おおーせいふ)　☞ p.183
(大きな政府)

小さな政府 Ⓐ⑥(ちいーせいふ)　☞ p.183
(小さな政府)

行政国家 Ⓑ (ぎょうせいこっか)　☞ p.142
(行政国家)

ボーダン Ⓑ⑧[Jean Bodin, 1530～96]
フランスの政治思想家。「主権」概念の提

唱者として知られる。彼の主権概念には、立法権・外交権・課税権などが含まれている。

『国家論』 Ⓑ⑨(こっかろん)　ボーダンの1576年の著作。6巻からなる。王国の再建をはかる立場から、ボーダンは当時激しさを増していたカトリック・プロテスタント両派の武力による抵抗権思想に対抗した。ボーダンはこの著作で主権の概念を提示した。

専制国家 (せんせいこっか)　君主が専断的に統治する国家。17世紀から18世紀にかけてのヨーロッパの絶対主義国家や、アジア諸国に古くからみられた形態をさす。

フィルマー Ⓒ[Robert Filmer, 1588～1653]　イギリスの政治思想家。チャールズ1世に仕え、王権神授説の代表的主唱者。ピューリタン革命期に一時投獄された。聖書を援用し、神がアダムに授けた父権のなかに、国王の絶対的権力の根拠を求めた。その主張は広く受け入れられたとはいえず、ロックの『統治二論』で批判されたことでむしろ有名になったとされる。主著『家父長権論』

ボシュエ Ⓒ[Jacques-Bénigne Bossuet, 1627～1704]　フランスの神学者・政治学者。『聖書のことばからひきだされた政治学』(1709年)において王権神授説を体系的に主張した。

王権神授説 Ⓐ②(おうけんしんじゅせつ)　王の権力は神によって与えられたものであるという主張。聖書のことばなどを論拠として、王に従うことは神の命令であり、王権は無制

学　説	思想家（国名）	主　著
王権神授説	フィルマー(英)	『家父長権論』
社会契約説	ホッブズ(英)	『リヴァイアサン』
	ロック(英)	『統治二論』
	ルソー(仏)	『社会契約論』
国家有機体説	スペンサー(英)	『社会学原理』
国家法人説	イェリネック(独)	『一般国家学』
国家征服説	オッペンハイマー(独)	『国家論』
階級国家論	マルクス(独)	『共産党宣言』
	エンゲルス(独)	『家族・私有財産・国家の起源』
	レーニン(露)	『国家と革命』
多元的国家論	ラスキ(英)	『政治学大綱』
	マッキーヴァー(米)	『近代国家論』

▲ 国家に関するおもな学説

限であるとする。絶対主義の時代にとなえられた理論で，王権を強化することで政治的な安定をねらった。

イェリネック［Georg Jellinek, 1851〜1911］　ドイツ公法学・国家学の権威。『一般国家学』などにより，「国家の三要素」を提示したほか，国家を法律的側面と社会学的側面の両面から考察・把握すべきことを主張した。

国家の三要素 **B**⑤（こっかさんようそ）　国家を構成する要件とされる，主権・領域（領土・領空・領海）・国民の三つをさす。現代では，自治領を得る前のパレスチナ解放機構（PLO）のように，領土を持たないものも，政治の場では国家と同じ扱いを受けることがあり，この三要素も絶対的なものではなくなってきている。
　　類 領土**A**　　領空**B**　　領海**A**

ダイシー **C**①［Albert Venn Dicey, 1835〜1922］　イギリスを代表する法学者。議会主権と法の支配，歴史的に形成されてきた準則である憲法習律という民主政治の原理を明らかにした。主著『憲法序説』

ラスキ［Harold Joseph Laski, 1893〜1950］　イギリスの政治学者。国家は社会を構成する集団のなかの一つの限られた機能を持つ集団であるとする多元的国家論を主張した。しかし，ファシズムの台頭にともなってマルクス主義に接近，のちに階級国家論を取り入れた立場に移行した。労働党の理論的指導者。主著『政治学大綱』

多元的国家論（たげんてきこっかろん）　国家は社会の一部にすぎず，他の社会集団と同位で併存しているとする国家論。ラスキらが唱えた。国家主権を無条件に肯定するならば現代の社会において個人の自由が保障されえない，という考え方から出発している。

民主政治のあゆみ

衆愚政治（しゅうぐせいじ）　浮動的な大衆が政治にかかわり，無方向・無政策的な決定をおこなう政治形態。古代ギリシャのアテナイ（アテネ）で典型的にみられた。哲学者のアリストテレスは，これを民主政治の堕落形態ととらえ，歴史家のポリュビオスも，政体循環論のなかで同様の考え方を示した。現代のポピュリズムに通底する一面もある。

独裁政治 **C**①（どくさいせいじ）　特定の個人・政党・階級に権力が集中する政治形態。民主政治に対する概念として使われる。20世紀においては，ナチスによる独裁政治のように，ファシズムが合法的なかたちを装いながら成立している。

民主政治 **A**⑥（みんしゅせいじ）　すべての国民が直接または間接に参加する政治形態。近代民主政治の基本原理は，法の支配・三権分立・国民主権・人権保障・代表民主制（間接民主制・代議制）の５つを柱とする。

多数者支配型民主主義 **C**②（たすうしゃしはいがたみんしゅしゅぎ）　相対的多数派が少数派の意見を十分に考慮せず，多数派の意図するほうに決定を導く政治のあり方。かつてのイギリスなどが典型例とされる。

コンセンサス型民主主義（-がたみんしゅしゅぎ）　多数決による決定だけでなく，意見の異なる政治勢力との間のコンセンサス（合意）を重視する政治のあり方。ヨーロッパ大陸の国などが典型例とされる。

ポリアーキー **C**［polyarchy］　理念であるデモクラシー（民主制）を再定義し，その達成度を確認するため，アメリカの政治学者ダールが用いた言葉。自由化（公的異議申し立て）と包括性（政治参加）の二つの指標から，現代の諸国家を分析した。

君主制 **A**①（くんしゅせい）　世襲君主が国家元首として機能している国家体制。憲法によって君主の権限が制限されている場合を立憲君主制という。現代の諸国家における君主は，象徴的地位とされているところが多い。共和制に対する概念。

共和制（きょうわせい）　国家元首としての君主が存在しない国家体制。君主制に対する概念。原則として，一般国民の中から何らかの形で選出された大統領（president）が国家元首を務める。ただし，必ずしも人民の意思が反映された民主政治になるとは限らない。

共和主義［republicanism］（きょうわしゅぎ）　共和制（republic）を支持するイデオロギー。共和制とは，形式的には，君主が存在しない国家体制を指す。一方，それだけの意味にとどまらず，公共的利益を追求する代表者たちの熟慮に基づいた政治のあり方を指すこともある。

絶対主義 **C**③（ぜったいしゅぎ）　政治においては，

いかなる法的拘束も受けない権力のあり方を意味する。このような政治体制の典型としては，主にヨーロッパにおいて封建社会から近代社会への過渡期に生まれた絶対君主制あるいは絶対王政などがある。

類 絶対君主制 C 4　絶対王政 A 3

君主主権 B（くんしゅしゅけん）　国家の主権が君主にあること。大日本帝国憲法下の天皇主権はこれにあたる。

市民革命 A 3（しみんかくめい）　経済力を持つが，参政権は持たないブルジョアジー（市民階級）が主体となって，封建国家または絶対主義国家を打倒した革命。ブルジョア革命ともいう。代表的なものとしてはイギリスの名誉革命，アメリカ合衆国の独立革命，フランス革命などがある。アメリカ合衆国の独立は，イギリスから政治的に独立するとともに，市民的な自由も獲得した市民革命としての性格も持つ。

類 ブルジョアジー B　同 ブルジョア革命 C

市民 A 8（ブルジョア B）［bourgeois］（しみん）　歴史的には，都市に生活し，財産を持つ階層の一員をさす。政治学では近代民主主義の担い手として，市民革命を主導した人々をさすことが多い。なお，このブルジョアとは別に，政治参加の意思を積極的に持つ人々を市民 (citizen) とよぶことがある。また，ある国や地方自治体の住民を市民とよぶこともある。

市民社会 C（しみんしゃかい）　市民革命によって成立した，理性的・自律的な市民階級（ブルジョアジー）を中心として組織・運営される社会。経済的側面を中心とすれば，資本主義社会と重複する。

マグナ‐カルタ A 2（大憲章 A 3）［Magna Carta］（だいけんしょう）　1215年にイギリスのジョン王が封建貴族（バロン）などの要求に応じて発布した63か条の文書。封建貴族の既得権の承認や法的手続きの確認を国王が認めたもの。王権の制限，法と政治の原則の確認をおこなった点で，立憲政治上の重要な文書とされる。

権利請願 C（けんりせいがん）　イギリスのチャールズ１世の政治に対して，裁判官免職後に下院議員に転じたクック（コーク）らが1628年に起草し，議会の決議に基づいて提出した人権保護に関する文書。議会の同意なしの課税や逮捕・拘禁の否定などをもりこんだもの。王はこれを拒否し，議会を解散した。後のピューリタン革命に大きな影響をあたえた。

ピューリタン革命 A（清教徒革命 B）［Puritan Revolution］（–かくめい）（せいきょうとかくめい）　1642年，イギリスでピューリタンを中心とした議会派がチャールズ１世の専制を打倒するためにおこした革命。1649年に王は逮捕・処刑され，クロムウェルを中心とした独立派の主導によって共和制が成立した。しかし，この政権はやがて崩壊，1660年には王政が復活した。

クロムウェル［Oliver Cromwell, 1599〜1658］　ピューリタン革命の指導者。鉄騎隊を創設して王党派を破り，国王処刑後は護国卿に就任して独裁政治を断行した。対外的には，航海条例（1651年）など，オランダを標的とする重商主義政策を実施した。

名誉革命 A（めいよかくめい）　王政復古後のイギリスで，ジェームズ２世のカトリック化政策と専制政治に対し，1688年に議会が

年	事　　項
1215	(英)マグナ‐カルタ
1628	(英)権利請願
1688	(英)名誉革命
1689	(英)権利章典発布
1742	(英)議院内閣制の端緒
1776	(米)アメリカ独立宣言
1787	(米)アメリカ合衆国憲法制定
1789	(仏)フランス革命始まる
	(仏)人権宣言
1803	(米)違憲法令審査権の確立
1838	(英)チャーティスト運動,普通選挙制を要求
1848	(仏)世界初の男性普通選挙制成立
1863	(米)奴隷解放宣言
1868	(日)明治維新
1871	(仏)パリ‐コミューン,労働者の自治政府
1874	(日)民撰議院設立建白書提出
1889	(日)大日本帝国憲法発布
1893	(ニュージーランド)世界初の女性普通選挙制成立
1911	(英)国会法成立,下院の優位確立
1914	第一次世界大戦（〜1918年）
1917	(ロ)ロシア革命
1919	(独)ワイマール憲法,社会権を規定
1920	国際連盟発足
1925	(日)男性普通選挙制成立,治安維持法成立
1928	不戦条約
1933	(独)ナチス政権成立
1939	第二次世界大戦（〜1945年）
1945	国際連合憲章
1946	(日)日本国憲法公布
1948	世界人権宣言
1966	国際人権規約

▲ 民主政治のあゆみ

オランダからオラニエ（オレンジ）公ウィレム（ウィリアム）夫妻を迎え，彼らの王位継承と引き換えに権利章典が制定された。ジェームズ2世はフランスに亡命，流血や戦乱なしに政権交代が完了したため，名誉革命（1688〜89年）といわれる。王権に対して議会が優位にあること（議会主権または国会主権）を確認した点で重要な事件である。

権利章典 **Ａ**（けんりしょうてん）　1688〜89年の名誉革命の時，オラニエ（オレンジ）公ウィレム（ウィリアム）が妻メアリ2世とともにウィリアム3世として即位することと引き換えに，議会が起草した権利宣言を認め，1689年に権利章典として法制化された。法律の制定や停止，課税などに関して議会の承認を必要とすること，議会内での言論の自由の保障などを承認したもの。不文法の体系であるイギリスの憲法において，権利関係文書のなかでも重要な地位を占める。

チャーティスト運動 **Ａ**[5][Chartism]（うんどう）　19世紀前半にイギリスでおこなわれた都市労働者による普通選挙権獲得運動。男性普通選挙制や議員の財産資格の廃止などをもりこんだ「人民憲章」を1838年に発表して，普通選挙制度の確立を請願した。政府の弾圧や内部での路線対立などにより失敗に終わったが，労働者階級の幅広い支持を受けた。

類 人民憲章 **Ｃ**

ペイン **Ｂ**[Thomas Paine，1737〜1809]　イギリスの思想家。アメリカに渡って，独立戦争が起きた際に『コモンセンス』を書き，独立達成を訴えた。その後フランスに渡り，フランス革命を支持する『人間の権利』を著し，国民公会議員を務めた。

ベンサム **Ｃ**[Jeremy Bentham，1748〜1832]　イギリスの思想家，功利主義の主唱者。道徳や法が正しいかどうかの基準は，それが快楽を増し，苦痛を減少させるかどうかにあるとして，「最大多数の最大幸福」をモットーとした功利主義の理論を展開した。主著『道徳と立法の原理序説』

ミル **Ａ**[John Stuart Mill，1806〜73]　イギリスの哲学者・経済学者。ベンサムの功利主義を批判的に受け継ぎ，精神的快楽・快楽の質的差異を重視した。また，他者に

危害を及ぼさないかぎり，個人の自由は最大限に尊重されるべきだと述べた。比例代表選挙の提唱者としても知られる。主著『経済学原理』（1848年），『自由論』（1859年），『代議制統治論』（1861年）☞ p.169（ミル）

フランス革命 **Ａ**（-かくめい）　1789〜99年のフランスでの社会・政治体制の変革。18世紀後半のフランスでは，租税や貢納などの重い負担にもかかわらず参政権を持たない第三身分（農民・市民）の不満が高まっていた。1789年に三部会が開かれたのを機会に第三身分にも改革の気運が高まり，同年のバスティーユ牢獄襲撃をきっかけに革命が進行した。1789年に出された「人及び市民の権利の宣言」（人権宣言）では，人民主権・法の支配・権力分立・所有権の不可侵などが規定され，近代民主主義原理のモデルを示し，各国に影響を与えた。その後，1792年には王政の廃止と共和制の宣言がなされ，ルイ16世の処刑に続く「恐怖政治」がおこなわれたが，以後短命の政権が続き，1799年のナポレオンの実権掌握によって，革命は事実上終結した。

フランス人権宣言 **Ａ**[11]（-じんけんせんげん）　1789年にフランスの国民議会で採択された宣言。正式には，「人及び市民の権利の宣言」という。近代の人権宣言の典型的なものであり，国民の自由と平等，自然権としての抵抗権，国民主権などが規定された。ラファイエットが起草。アメリカの諸人権宣言から影響をうけているとされるが，アメリカのそれよりも大きな影響を各国に与えた。現在でも，フランスの憲法の一部を構成している。なお，人権宣言の「人」とは homme（男性，英語の man）をさし，女性の権利が明記されていないとして，オランプ＝ドゥ＝グージュが1791年，「女性及び女性市民の権利の宣言」を発表した。

コンドルセ [Marie Jean Antoine Nicolas de Caritat Condorcet，1743〜94]　フランスの思想家・数学者・政治家。フランス革命期の立法議会で，真理教育としての公教育制度改革に取り組んだ。その後，ジロンド派に属して憲法草案の作成にも携わったが，「恐怖政治」のなかでジャコバン派に弾圧された。主著に，人類の進歩に対し

て限りない信頼をよせた『人間精神進歩の歴史的概観』がある。

シエイエス［Emmanuel Joseph Sieyès, 1748〜1836］　フランスの政治家。フランス革命勃発の直前に匿名で発表したパンフレット『第三身分とは何か』によって，当時のフランスの身分制社会をきびしく批判して反響をよんだ。1789年に第三身分（平民）の代表として議員に選出された後，革命の主導的な役割を果たした。憲法をつくり，諸機関に権限を与える憲法制定権力が国民にあることを強調した。また，「第二院は何の役に立つか。それは第一院と一致すれば無用であり，第一院と一致しなければ有害である」と述べ，二院制に反対したことでも知られる。

　　　　　類『第三身分とは何か』**1**　**憲法制定権力 C**

ロベスピエール［Maximilien de Robespierre, 1758〜94］　1789〜99年のフランス革命時の政治家。三部会・国民議会議員に当選。ジャコバンクラブに入り，最左派として，革命の精神の実現と，政局の安定のために活動した。しかし，反革命勢力を徹底的に弾圧するなどしたために民衆の離反を招き，1794年に処刑された。人民の「知る権利」について主張したことでも有名。

二月革命　C（にがつかくめい）　1848年2月，ウィーン体制崩壊後の改革運動の弾圧に対して起こったパリの労働者・学生らの武装反乱。ルイ＝フィリップがイギリスに亡命して七月王政が倒れた後，革命の動きは全ヨーロッパに波及し，ウィーンやベルリンにおける三月革命となった。

パリ−コミューン　C［Commune de Paris］　普仏戦争敗戦後の混乱期に，1871年3月から5月にかけてパリに樹立された世界初の労働者中心の自治政府。立法・行政を統合したうえ常備軍を廃止，すべての公職にリコール制度を導入した。マルクスやエンゲルスは，このコミューンを労働者階級の国家の原型とみなし，その経験から彼らの国家論を形成していった。

アメリカ独立革命　A（−どくりつかくめい）　1775〜83年におこなわれた北米イギリスの13植民地の独立戦争。イギリス本国の増税を含む重商主義政策強化に対し，植民地側は参政権と課税権の不可分を主張，「代表な

ければ課税なし」のスローガンを掲げて反対した。1773年の茶法実施をきっかけに対立が激化し，武力衝突が発生，1776年に独立宣言が出された。植民地側は，1781年にイギリス側に大勝し，1783年のパリ条約で独立が達成された。独立宣言にもり込まれた近代民主主義の諸原理や独立戦争後の封建的遺制の廃止など，アメリカの独立は市民革命としての意義も持つ。

　　　　　類「代表なければ課税なし」

ヴァージニア権利章典　A2（−けんりしょうてん）　1776年6月，アメリカ諸州のなかで最も早く制定された世界で最初の人権宣言。主としてジョージ＝メーソンが起草。自然権としての人権，人民主権，革命権などの内容を含む。これに，統治機構の条文を加えたものをヴァージニア憲法という。

　　　　　類ヴァージニア憲法

●**ヴァージニア権利章典（抄）**
（1）すべて人は生来ひとしく自由かつ独立しており，一定の生来の権利を有するものである。これらの権利は人民が社会を組織するに当たり，いかなる契約によっても，人民子孫からこれをあらかじめ奪うことのできないものである。かかる権利とは，すなわち財産を取得所有し，幸福と安寧とを追求獲得する手段を伴って，生命と自由とを享受する権利である。

アメリカ独立宣言　A5（−どくりつせんげん）　アメリカの独立にあたって，1776年7月4日に東部13植民地の代表者が集まった第2回大陸会議において全会一致で可決した宣言。人権の自然権的性格，人間の平等，などが述べられている。起草者はジェファーソン。

●**アメリカ独立宣言（抄）**
われわれは，つぎの真理を自明なものと認める。すべての人は平等に創られていること。彼らは，その創造者によって，一定の譲るべからざる権利を与えられていること。それらの中には，生命，自由および幸福追求が数えられること。そうして，これらの権利を確保するために，人びとのあいだに政府が設けられ，その正当な権力は，被治者の同意にもとづくこと。

アメリカ合衆国憲法　B（−がっしゅうこくけんぽう）　1787年に制定された史上初の近代的成文憲法。三権分立の原則を採用。連邦の権限をできるだけ抑えるという趣旨で，はじめは人権宣言にあたる規定がなかったが，1791年に権利章典の性格を持つ最初の10

の修正条項が追加された。

リンカン Ⓐ〔Abraham Lincoln，1809～65〕 アメリカ合衆国第16代大統領。1860年の大統領選挙で共和党から立候補して当選。奴隷解放問題を発端に，南北戦争が勃発した際，北部を指導。1863年に「奴隷解放宣言」をおこない，1865年には南軍を制圧したが，同じ年の4月に暗殺された。ゲティスバーグでの演説「人民の，人民による，人民のための政治」〔Government of the people, by the people, for the people〕は，民主主義の理念を示したもの。
類「人民の人民による人民のための政治」Ⓐ①

四つの自由 Ⓒ（よっーじゆう） アメリカ大統領F．ローズヴェルトが，1941年の年頭教書で示した民主主義の基本原則。①言論と表現の自由，②信教の自由，③欠乏からの自由，④恐怖からの自由，をさす。アメリカの反ファシズムの立場を明確にしたもので，大西洋憲章にも反映された。

ローズヴェルト Ⓐ③〔Franklin Roosevelt，1882～1945〕 ☞ p.167，357（ローズヴェルト）

ワイマール憲法 Ⓐ⑧（-けんぽう） 第一次世界大戦後の1919年に制定された，ドイツ国憲法。憲法制定議会の開催場所にちなんでワイマール憲法とよばれる。国民主権・男女平等の普通選挙制度などの政治的自由・平等の実現，労働者の権利を大幅にもりこんだ社会権の規定，公共の福祉による財産権の制限など，当時の世界で最も進んだ民主的憲法といわれた。1933年，ナチスの政権掌握（しょうあく）によって事実上消滅。

●ワイマール憲法（抄）
第151条 1 経済生活の秩序は，すべての者に人間たるに値する生活を保障する目的をもつ正義の原則に適合しなければならない。この限界内で，個人の経済的自由は，確保されなければならない。

世界人権宣言 Ⓐ⑤〔Universal Declaration of Human Rights〕（せかいじんけんせんげん）

●世界人権宣言（抄）
第1条 すべての人間は，生まれながら自由で，尊厳と権利について平等である。人間は，理性と良心を授けられており，同胞の精神をもって互いに行動しなくてはならない。

1948年12月，第3回国連総会で採択された。全世界の人間の政治的・市民的自由や経済的・社会的・文化的な権利などの基本的人権の尊重を主張した宣言。
☞ p.335（世界人権宣言）

国際人権規約 Ⓐ⑨（こくさいじんけんきやく） 1966年，第21回国連総会で採択，1976年に発効した。世界人権宣言を条約化したもの。日本は1979年に批准。 ☞ p.337（国際人権規約）

●国際人権規約（抄） A規約
第1条 1 すべての人民は，自決の権利を有する。すべての人民は，この権利によって，その政治的地位を自由に決定し，かつ，その経済的，社会的および文化的発展を自由に追求する。

人種差別撤廃条約 Ⓐ①（じんしゅさべつてっぱいじょうやく） ☞ p.337（人種差別撤廃条約）

アムネスティ-インターナショナル Ⓐ⑤〔Amnesty International〕 人権擁護運動の国際的な非政府組織（NGO）。本部はロンドン。世界中で1000万人以上の会員およびサポーターがいる。政治・宗教・人権問題などで拘束されている「良心の囚人」とよばれる非暴力の人々の釈放や公正な裁判の実施，さらに拷問や死刑の廃止を求める活動をおこなっている。1977年にノーベル平和賞を受賞。アムネスティとは「恩赦」を意味する。

難民の地位に関する条約 Ⓑ（なんみん-ちぃ-かん-じょうやく） ☞ p.335（難民の地位に関する条約）

死刑廃止条約 Ⓑ②（しけいはいしじょうやく） ☞ p.338（死刑廃止条約）

人間環境宣言 Ⓑ④（にんげんかんきょうせんげん） 1972年にストックホルムで開催された国連人間環境会議で採択された宣言。「かけがえのない地球」というスローガンのもとで，人間環境の保護と改善をすべての政府の義務として，環境問題に関する国際協力と行動計画を定めた。この会議での成果を受け，同年に国連環境計画（UNEP）が設立され，環境関連活動の調整をおこなっている。

社会契約説
社会契約説 Ⓐ（しゃかいけいやくせつ） 国家や社会

の成立を説明する近代特有の主張。市民革命の思想的基盤を形成した。国家・社会の成立以前の自然状態を想定し，社会の構成員が自分の意思で社会設立の契約を結んだ結果，国家や政府が成立したとする。ホッブズ・ロック・ルソーらが代表的な思想家。

自然法 Ａ②(しぜんほう)　自然に内在する法。古代・中世では大宇宙としての自然の理法や摂理。近代においては，人間の本性（自然）と一致し，人間が理性によって把握できる法が自然法とされ，実定法より上位にある規範として，いつどこでも妥当性を持つとされる。人権の普遍性の基盤ともなった。

自然状態 Ｂ③(しぜんじょうたい)　社会契約説において想定されている，社会組織や権力機構が存在しない状態。人権を抑圧する権力も人権を守る組織も存在しない状態であるため，秩序を維持して人権を守るには，社会契約を結んで国家や政府をつくる必要がある。

自然権 Ａ⑦(しぜんけん)　人間が生まれながらに持っている権利で，一般的には自然法に基づく。基本的人権とほぼ同義であり，したがって憲法の規定によってはじめて生まれるものではない。憲法は，そうした人権の存在を確認し，保障することを宣言している。

ホッブズ Ａ②[Thomas Hobbes, 1588～1679]　イギリスの哲学者。主著『リヴァイアサン』（1651年）などにおいて，「万人の万人に対する闘争状態」としての自然状

態から，社会契約によって強力な主権者が支配する国家を設立し，その秩序の維持を通じて人民の生存を保障しようとする社会契約説を展開した。

『リヴァイアサン』 Ａ①[Leviathan]　ホッブズが社会契約説を体系化した著書。1651年刊。各自は自己保存（生命と安全の維持）のために，自然権をもっているが，それを無制約に行使すれば人間全体の共存と平和が脅かされる。そこで自由の制限を制度化するために，社会契約を結んで自然権を主権者（国家）に譲渡する，とした。リヴァイアサンとは，旧約聖書のヨブ記に出てくる最高権力をもつ海の怪物。中世の神にかわって地上で最強になった近代の主権国家をさしたもの。

「万人の万人に対する闘争状態」 Ａ③(ばんにん・ばんにん・たい・とうそうじょうたい)　ホッブズが自然状態を表現したことば。

ロック Ａ③[John Locke, 1632～1704]　イギリスの哲学者。「17世紀に身を置きながら18世紀を支配した思想家」（丸山眞男）と評されるほど，彼の考え方はアメリカの独立宣言など，後世に多大な影響を及ぼした。主著『統治二論』（1690年）において，自由・平等な自然状態から，生命・自由・財産を含む固有権（プロパティ）の保障を任務とした政府設立のための社会契約が人民相互間で結ばれるとした。したがって，その任務を果たさない政府に対して人民は抵抗権（革命権）を持つとされる。名誉革命を正当化する理論と解されたが，実

	ホッブズ	ロック	ルソー
人間の本性	自己保存・利己的	理性的存在	自己愛と思いやり
自然状態	闘争状態	自由・平等	理想的状態
自然権	本能・欲求の充足	生命・自由・財産	自由・平等・平和
社会契約	主権者←［法と剣／平和と安全／自然権の委譲／絶対服従］←人民	政府←［法／自然権の保障／自然権の信託／抵抗権］←人民	政府←［奉仕／一般意思／任命］←人民

▲ 社会契約説の比較

際には『統治二論』の執筆はそれ以前にさかのぼると考えられている。

抵抗権 A・革命権 A②（ていこうけん）（かくめいけん）　権力者の圧政に対して人民が抵抗する権利。近代において絶対君主の暴政への抵抗を正当化するなかで登場した。ロックの社会契約説では、統治者が人民の信託に反して、人民の利益に反する統治をおこなう場合、統治者を交代させる権利として明確化された。社会主義思想では、搾取（さくしゅ）を受けた労働者が資本主義体制を打倒できる権利とされた。

『統治二論』 A②（とうちにろん）　ロックの主著の一つ。1690年刊。『市民政府二論』ともいう。二つの編から構成。前編はフィルマーらの王権神授説（家父長論）を徹底的に批判し、後編はホッブズを念頭におきながら、名誉革命後のイギリスの政治体制の全体像を明らかにしたものである。自然状態を自由・平等の状態であるとし、社会契約で成立した政府の持つ権力は国民から信託されたものであり、その行使が人民の利益に反した場合には人民が抵抗権（革命権）を行使できると述べた。

　　　　　　　同『市民政府二論』**C③**

ルソー A①〔Jean-Jacques Rousseau, 1712～78〕　フランスの思想家。主著『社会契約論』（1762年）において、人間の本来的な自由と矛盾しない国家や法律のあり方を論じ、社会契約による国家の成立、個別の特殊意思や全体意思とは異なる一般意思の表明としての法律などの重要性を説く。社会構成に関する人民主権を明確にして、フランス革命などの思想的基盤を形成した。

『社会契約論』 B②（しゃかいけいやくろん）　ルソーの政治論に関する主著。1762年刊。代議政治を批判し、「イギリス人は自由だと思っているが、それは大きな間違いである。彼らが自由なのは議員を選挙する間だけのことで、議員が選ばれるやいなや、イギリス人は奴隷となり、ゼロになってしまう」と述べたフレーズは有名。日本では明治期に、中江兆民が『民約訳解』（みんやくやっかい）（1882年）という表題で翻訳して紹介、自由民権運動の理論的支柱の一つとなった。

　　　　　類「イギリス人が自由なのは　　　　　　　議員を選挙する間だけだ」

一般意思 C（いっぱんいし）　ルソーの『社会契約論』で用いられた概念。一般意志ともいう。人間が社会契約によってすべての自然権を共同体（国家）に引き渡し、だれもが平等に参加してつくられる共同体の意思（共通の利益）。これに人民が自発的に従うことで、真の自由と平等が実現できるとルソーは考えた。個人の利害からくる特殊意思や、その総和である全体意思と対比する。全体意思は多数決の意思につながり、その点でルソーは、一般意思は代表されえないとして、間接民主制を否定した。

　　　同一般意志**B　類**特殊意思　全体意思

啓蒙思想（けいもうしそう）　封建的な慣習・無知・迷信にまどわされている民衆の状態を、理性の力でめざめさせ、人間の尊厳を自覚させようとする思想。17世紀後半、イギリスのロックやヒュームに始まるが、18世紀のフランスやドイツにおいて広く主張された。なかでもフランスでは、ヴォルテールやディドロらによって社会改革への意欲と結びつく傾向を持ち、18世紀の市民革命にも影響した。

人権の保障

基本的人権 A⑦（きほんてきじんけん）　人間が生まれながらに持つ権利。近代自然法思想・自然権思想に基づくものであり、いかなる権力であっても侵すことができない権利とされる。市民革命期には自由権・平等権を中心としていたが、現代では1919年制定のワイマール憲法などにみられるように、社会権（生存権）にまで範囲が拡大されてきた。

　　　　　　　　　　　同人権**A⑩**

人権宣言 A②（じんけんせんげん）　人間または国民の権利とその保障を宣言する文書。市民革命期には、自由権を中心とした人権を保障する人権宣言が各国で発布された。代表的なものに、ヴァージニア権利章典（1776年）、アメリカ独立宣言（1776年）、フランス人権宣言（1789年）などがある。20世紀に採択されたものでは、社会権も規定している。日本国憲法では第3章「国民の権利及び義務」が人権宣言にあたる。戦後の世界の人権保障の動きとしては、世界人権宣言（1948年）や、それを条約化した国際人

権規約(1966年)が，国際連合総会で採択されている。

自由権的基本権　C⃝1⃝（じゆうけんてきほんけん）
基本的人権のうち，国家権力から干渉されない権利。18世紀の市民革命期に唱えられ，19世紀以降各国の成文憲法に取り入れられたため，18世紀的基本権または19世紀的基本権ともいう。思想・良心の自由などの精神の自由，法定手続き保障などの人身の自由，財産権保障などの経済的自由がある。これらを実質化するには，受益権や参政権などの裏づけが必要となる。

同 自由権 A⃝10⃝

国家からの自由　C⃝（こっかじゆう）　自由権の持つ性格をあらわした言葉。国家の不当な干渉からの自由，国家権力から干渉されない権利をさす。

自由　A⃝9⃝（じゆう）　個人が自分の意思決定や行動を他から強制されたり，さまたげられたりせず，思いどおりにできる状態をいう。市民革命以後に確立された基本的人権のなかの自由権とは，生命・身体・思想・行動などに関して国家権力から侵害されない権利。

バーリン［Isaiah Berlin, 1909～97］　ラトヴィア出身のイギリスの政治哲学者。「二つの自由概念」という講演のなかで，自由を消極的自由と積極的自由との対抗関係としてとらえ，消極的自由の擁護こそが現代における自由主義の目標だと指摘した。主著『自由論』

消極的自由（しょうきょくてきじゆう）　個人的な活動領域が，国家や他人などから干渉されずに確保されること。「～からの自由」を意味する。ロック・ミル・トクヴィルらが提唱した自由主義がその典型とされる。

積極的自由（せっきょくてきじゆう）　個人や集団が自らの活動を自分自身で支配すること。自己支配・自己実現を含意し，「～への自由」を意味する。ルソー・カント・ヘーゲル・マルクスらの社会思想がその代表例とされる。

平等　A⃝6⃝（びょうどう）　人間が相互に等しく扱われること。近代的人権としての平等権では，政治的・法律的な平等が主張された。現代では，社会生活のなかでの経済的不平等の是正制度の設置や是正目的の立法など，

自由権	国家からの自由	消極的権利	国家が国民生活に干渉しない
参政権	国家への自由	能動的権利	国家に対して働きかける
社会権	国家による自由	積極的権利	国家に積極的措置を求める

▲ 自由権・参政権・社会権の法的性格

実質的な平等の実現も考えられている。

財産権　A⃝12⃝（ざいさんけん）　財貨や債権などの財産に関する権利。近代的自由権のなかで，経済の自由に属し，財産権の不可侵が前提とされてきたが，20世紀以後は公共の福祉との関連で無制限ではなく，合理的な制限が規定されている。

社会権的基本権　C⃝（しゃかいけんてきほんけん）　基本的人権のうち，人間が人間らしい生活を営むために国家の積極的な関与を求める権利。20世紀以後に人権に加えられたため，20世紀的基本権ともいう。社会権について，ワイマール憲法では「人間に値する生活」，日本国憲法では「健康で文化的な最低限度の生活を営む権利」（生存権）と規定されている。そのほかに教育への権利，労働者の団結権・団体交渉権・団体行動権（争議権）などがある。

同 社会権 A⃝10⃝

国家による自由　C⃝（こっかじゆう）　社会権の持つ性格をあらわした言葉。「国家からの自由」とは逆に，人権保障のため国家に対して具体的給付を要求すること。

参政権　A⃝3⃝（さんせいけん）　政治および国家権力の行使に参加する権利のこと。日本国憲法では選挙権・被選挙権・国民審査権などが規定されている。国家への自由を意味する。

選挙権　A⃝11⃝（せんきょけん）　☞ p.139（選挙権）

選挙　A⃝19⃝（せんきょ）　国民の政治的代表や特定の役職につく人を投票などで選出すること。日本では，公職選挙として，衆参両院議員の選挙，地方公共団体の長および議員の選挙などがおこなわれる。

制限選挙　B⃝（せいげんせんきょ）　☞ p.138（制限選挙）

普通選挙　A⃝7⃝（ふつうせんきょ）　☞ p.138

権力の分立

権力の分立 Ⓐ9（けんりょく-ぶんりつ）　権力の濫用を避けるために，権力機関を複数に分割し，相互に抑制と均衡をはかる権力相互の関係をいう。ロックは，議会による立法権と，君主の持つ執行権（行政権）・連合権（外交権）とに権力を分立する構想を示した。つまり，執行権や連合権を立法権に対する補足的・従属的なものととらえ，立法権によって執行権と連合権を抑制しようと考えた。モンテスキューは，ロックよりも厳格な立法権・行政権・司法権の三権分立を唱えた。1789年のフランス人権宣言には「権利の保障が確保されず，権力の分立が定められていないすべての社会は，憲法をもたない」（第16条）と規定されている。

三権分立 Ⓐ（さんけんぶんりつ）　立法・行政・司法の3つの権力作用を別々の機関に担当させ，相互監視・対立関係を図ることで国家権力を抑制するしくみ。三権分立を厳格に採用している事例としては，大統領制国家であるアメリカ合衆国が挙げられる。一方，英国や日本のような議院内閣制国家では，立法と行政がある程度融合しているため，三権分立の度合いは弱くなる。

ハリントン〔James Harrington，1611～77〕　イギリスの政治思想家。ピューリタン革命時には中立的な態度をとったが，国王が処刑されて共和制が樹立されると，活発な言論活動を展開した。王政復古後に逮捕され，失意のうちに死去。立法府である上院が提案して下院が議決したものを，行政府が執行するという権力分立と相互抑制を主張し，ロックやモンテスキューの権力分立論に大きな影響を与えた。主著『オシアナ共和国』

モンテスキュー Ⓐ1〔Charles-Louis de Secondat, Baron de La Brède et de Montesquieu, 1689～1755〕　フランスの思想家。主著『法の精神』のなかで権力分立論を展開した。権力分立の考え方は，立法・行政・司法という三つの政治権力を分立させ，互いに牽制しあうことで権力の腐敗と濫用を防ぐというもの。彼の思想には，君主の権力拡大を抑制し，貴族の地位を擁護するという保守的な動機も含まれていたが，三権分立の定式はそうした思惑を離れ，やがて近代憲法の成立に大きな影響を与えることとなった。

『法の精神』 Ⓐ3（ほう-せいしん）　モンテスキューの主著。1748年刊。「権力をもつ者がすべてそれを濫用しがちだということは，永遠の経験の示すところである」と述べ，立法・行政・司法の三権分立の原則を説く。彼の権力分立論は権力のあいだの抑制と均衡（チェック-アンド-バランス）によって権力の濫用と腐敗を防ごうとするもの。この考え方は，名誉革命後のイギリスの政治体制から学んだもので，アメリカ独立宣言に大きな影響を与えた。

🏷抑制と均衡 Ⓑ2
（チェック-アンド-バランス Ⓒ）

立法 Ⓐ5（りっぽう）　具体的な成文の法規を定める行為をいう。近代国家においては国民の選挙で選出された議員が構成する議会でおこなわれる。日本では国会は最高の立法機関であるが，裁判所が内部規則を制定したり，行政機関が命令や規則を制定することも，実質的な意味での立法行為である。

行政 Ⓐ12（ぎょうせい）　立法行為によって制定された法規を執行するはたらきをいう。日本国憲法では行政権は内閣に属するとしているが，地方公共団体の行政部門の活動もこれに含まれる。

司法 Ⓐ8（しほう）　事件や紛争を解決するために，法の内容を確定し，実現・適用するはたらきをいう。司法権は裁判所に属する。司法権の独立とは，裁判所が他の権力機関からの干渉を排除することを意味する。

法の支配

人の支配 Ⓑ2（ひと-しはい）　「法の支配」に対立する概念。絶対王政期の君主や独裁者などのように，権力者が専制的・恣意的に政治を支配している状況をいう。

法の支配　**A**9(ほう-しはい)　国家権力の活動はすべて法に拘束されるという考え方。「人の支配」を防ぐための概念で，イギリスで発展した。中世の法律家ブラクトンや裁判官クック（コーク）を経て，19世紀の憲法学者ダイシーらによって確立された。個人の人権を守るためには，国家権力が，法に従って行使されているだけではなく，法の内容そのものが人権の保障という原則にかなっていることも要請される。また，こうした目的のため，法の制定や施行についても適法な手続きが守られ，国民が人権を侵害された場合には裁判所による救済が制度的に確立されていなければならない。1948年に国連で採択された世界人権宣言の前文には「法の支配によって人権を保障することが肝要」とある。

コモン-ロー　**A**[common law]　イギリスにおいて，16・17世紀までに集大成された一般的判例法。古来からの慣習を基礎とし，王室裁判所の判例をもとに形成され，イギリス全土に適用されたためコモンの名がある。成文化された制定法ではなく，不文法の一種である。制定法中心の大陸法に対し，英米法一般をさす場合もある。

エクイティ（衡平法）[equity]　(こうへいほう)　イギリスで，コモン-ローを補正するために形成された法体系。正義と衡平という観点から，大法官府裁判所（1875年まで存続）を通じて発達した判例法である。現在でも法原理としての意義をもつ。

ブラクトン　**C**3[Henry de Bracton, 1216? ～68]　イギリスの法学者・裁判官。イギリス中世を代表する法律家。最初の体系的な法律書『イングランドの法と慣習法』（1250～56年）を著し，「国王といえども神と法の下にある」と説いた。

　　　類「国王といえども神と法の下にある」**C**2

ジェームズ1世　**B**[James Ⅰ, 1566～1625]　(-せい)　イギリスの国王（在位1603～25年）。王権神授説を主張し，『自由なる君主国の真の法』（1598年）を著した。ピューリタンなどを弾圧した。

クック　**B**2（**コーク**　**A**2）[Edward Coke, 1552～1634]　イギリスの法学者。下院議長，王室裁判所首席裁判官などを歴任した。コモン-ロー優位の立場から王権が絶対主義的に強化されることに反対し，ジェームズ1世によって裁判官を罷免された。「国王といえども神と法の下にある」というブラクトンのことばを援用して，法の支配を主張したことで名高い。裁判官免職後は，下院議員として権利請願の起草などにあたった。

法治主義　**A**2(ほうちしゅぎ)　政治は法に基づいて行われるべきだとする考え方。19世紀以降のドイツ（プロイセン）で発達した。絶対主義体制に対抗する理論として登場したが，法の内容よりも法の形式的な適合性を重視したため，人権軽視や専制化につながる場合もあった。このため，第二次世界大戦後，西ドイツでは，こうした課題の克服に取り組まれ，法の支配の原則とほぼ同じ意味で用いられるようになった。

法治国家　(ほうちこっか)　一般には，国民の意思によって制定された法に基づいて国の政治がおこなわれる国家を指す。歴史的には19世紀のドイツで発達した考え方で，当初は法の内容的な正当性を問わない法律万能主義の考え方が強かった（形式的法治国家）。戦後のドイツでは，この点を反省し，法律の中身にも検討を加えるとともに，憲法裁判所に違憲審査権をあたえ，人権条項を明文で充実させるなど，英米流の「法の支配」と似たような統治システムをもつ国家（実質的法治国家）を指すようになった。

公法　**A**3(こうほう)　法律の分類上の概念で，憲法・行政法・刑法・訴訟法・国際法などが含まれる。分類の基準は明確でなく，国家や公的機関に関する法，公益に関する法，公権力の行使に関する法などの説がある。

私法　**A**5(しほう)　法律の分類上の概念で，民法・商法などが含まれる。分類の定義としては，人間の私的生活や私益に関する法とされる。権利能力平等の原則，私的所有権絶対の原則，私的自治の原則を私法の三大原則という。

　　　類私法の三大原則

社会法　**A**3(しゃかいほう)　個人主義・自由主義などを法原理とする市民法に対して，生存権や労働権など社会権の考え方に基礎をおく法。法の領域としては労働法・経済法・社会福祉法・社会保障法など。公法と私法の中間的な性格ももつ。

市民法 （しみんほう）　近代社会における私法を中心とする法の全体をさす。社会法に対する用語。狭義には民法をさすこともある。

成文法 **B** （せいぶんほう）　文字・文章であらわされ，文書形式を持った法。不文法に対する概念。多くは立法機関によって制定されるため，制定法ともよばれる。憲法・民法・刑法などの実定法と，民事訴訟法・行政手続法などの手続き法とに大別される。

　　　　　　　　　　　　同 **制定法 B**

不文法 **B** （ふぶんほう）　成文化されていない法。慣習法・判例法が代表的なもので，英米法では不文法であるコモン−ローが重要な地位を占めている。

慣習法 **A**1（かんしゅうほう）　立法行為によらず，社会内部の慣習に基づいて成立する法。典型的な不文法であり，成文法の発達にともなって，成立領域は商慣習法や国際法などに限定されてきている。

判例法 **B** （はんれいほう）　裁判の先例にもとづく法規範。個々の判決文そのものではなく，その基礎にある考え方が法となる。不文法の一種で，イギリスなどで発展した。

国際法 **A**7（こくさいほう）　☞ p.330（国際法）

実定法 **A** （じっていほう）　自然法に対する概念で，制定法・慣習法・判例法などのように人間が定めた法。普遍的に妥当する自然法とは異なり，一定の時代と地域においてのみ実効性を持つことが多い。

実体法 **C** （じったいほう）　法の規定内容による分類で，権利・義務などの法律関係の内容を定めた法。それを実現する手続きを定める手続法の対？概念である。民法・商法などは民事実体法，刑法などは刑事実体法である。

手続法 **A** （てつづきほう）　法の規定内容による分類で，訴訟を通じて法の規定を実現する手続きを定めた法。実体法に対する概念である。民事訴訟法・刑事訴訟法・行政事件訴訟法などが該当する。形式法ともよばれる。

一般法 （いっぱんほう）　法の適用範囲による分類で，一般に広く適用される効力をもつ法。普通法ともいう。特別法との関係では，特別法が一般法より優先される。

特別法 **A**2（とくべつほう）　法の適用範囲によ

る分類で，人・場所・事項などの関係で，効力の範囲が限定された法。一般法に対する概念だが，あくまでも両者の区別は相対的なもの。たとえば，商法と民法の関係では前者が特別法，後者が一般法となる。

権利 **A**5（けんり）　個人や組織がなんらかの行為を成し得る上での正当性を付与する資格あるいは原則のこと。法律によって付与される権利を法的権利という。

義務 **A**3（ぎむ）　個人や組織がなんらかの行為を成すべき規範のこと。法律によって賦課される義務を法的義務という。そのほか，宗教的義務，道徳的義務などがある。

法的安定性 **C** （ほうてきあんていせい）　憲法や法律の中身・解釈を安易に変更してはならないという原則。法は安定的に運用されることで社会のルールとなる。法の支配や立憲主義の重要な要件の一つ。

法の一般性 **C** （ほう−いっぱんせい）　法が権力者を含むすべての人に対して等しく適用されること。民主的国家においては，国民を不平等に扱わないことが要請される。

民主主義の原理

デモクラシー A（民主主義 A14）（みんしゅしゅぎ）　全人民の主体的政治参加に基づく自発的な秩序形成のこと。ギリシャ語のデモス−クラティア（人民の権力）を語源とし，国民主権の政治を意味する。

　　　　　　　　　　　 類 デモス−クラティア

国民主権 **A**6（こくみんしゅけん）　国の政治のあり方を最終的に決定する権力を国民が持っていることをいう。君主主権に対する考え方。ナシオン主権ともいう。

人民主権 **A** （じんみんしゅけん）　広くは国民主権と同義で用いられる。両者を区別して議論する場合，国民主権が抽象的・観念的な全国民を主権の担い手として想定するのに対し，政治的な意思決定能力者としての人民を主権の行使者とする立場。ルソーらの主張に基づく。プープル主権ともいう。

直接民主制 **A**8（ちょくせつみんしゅせい）　国民が国の政治的意思決定に直接参加する政治の形態。古代ギリシャのポリスの民会，現在のスイスの州民集会などが典型。現代では間接民主制（代議制）が一般的であるため，国民投票・国民審査などの直接民主制な

制度は，間接民主制を補完するものとして機能している。

類 **直接民主主義** C

間接民主制 A⑨ (かんせつみんしゅせい)　国民が直接選んだ代表者を通じて国家の意思を決定する政治のしくみで，代議制・代表民主制ともいわれ，直接民主制と対比される。参政権を持つ国民が多くなった近代以後の国家で，全国民が直接政治に参加することが困難なことから，議会その他の代表を媒介として政治に参加する形式がとられた。

類 **間接民主主義** C②

半直接制 (はんちょくせつせい)　間接民主制（代表民主制）を中心にしつつも，一定の限度で直接民主制を組みあわせた政治のしくみ。具体的には，議会の存在を前提にレファレンダム・イニシアティヴ・リコールなどを制度化したもの。フランスをはじめ，多くの国の憲法で導入されている。

代議制 B (だいぎせい)　国民から選出された代表者（代議員）を通じて政治がおこなわれるしくみ。間接民主制ともいう。国民は自らの意思に基づき，投票・選挙によって選んだ代議員に権力の行使を委託する制度。

議会制民主主義 A③ (ぎかいせいみんしゅしゅぎ)　国民の代表による機関を議会とし，議会を通じて国民の意思を政治に反映させる制度。

議会 A⑭ [parliament] (ぎかい)　国家や自治組織における代表者たちが集まって政治的議論を成す機関であり，近現代においては，公的に選挙された議員たちによって法律を制定する立法機関を指す。そのほか，行政府を監視する機能，有権者全体の意思を反映する機能などが期待されている。標準的な用語は Parliament だが，アメリカなどの大統領制国家では Congress というワードが用いられることも多い。また，日本国において議会に相当するのは国会だが，英語では Diet と表現される。

国民代表 C (こくみんだいひょう)　広義には，主権者である国民にかわって国家権力の行使を担うすべての公務員をさすが，狭義には，そのうち立法を担当する機関の構成員を意味する。俗に政治家ともいう。近代議会における議員は，身分・選挙区・利益団体などの利害代表ではなく，全国民の一般的利益の代表者であるべきだとの考え方に基づ

く。これを自由委任（命令的委任の禁止）という。

類 **自由委任**

多数決原理 C③ (たすうけつげんり)　集団の意思決定にあたって，その集団の多数意見を集団全体の意思とみなす原理。過半数によって決定する場合が多いが，重要な問題についてはそれ以上の賛成を必要とする場合がある。日本国憲法の改正を，両議院のそれぞれの総議員の3分の2以上の賛成で発議することなどがそれにあたる。

多数派の専制 [tyranny of the majority] (たすうは—せんせい)　民主主義社会において，過半数を制した多数派が政治権力を独占して，多数派の利益のみを追求したり，少数派の人権を侵害する政治を展開すること。フランスの政治家トクヴィルなどが提示した概念。多数派の専制を防ぐには，3分の2以上の賛成を要する特別多数決（qualified majority）のルールを議会に取り入れる，公聴会や審議会などを議会内に設けて慎重な意思決定プロセスを図る，憲法に司法審査権を明記して立法府の多数派論理を司法府の手で抑制する，といった制度的な取り組みが求められる。一方，大衆の政治的素養を高める教育のあり方，多様な価値や見解を尊重したマスメディアのあり方など，社会的な取り組みも必要とされる。

ポリス B [polis]　古代ギリシャの都市国家。有名な都市国家アテナイでは，都市人口の10数％をしめる市民による直接民主制がとられていた。ただし，市民の家族や奴隷・外国人らには参政権は認められていなかった。

アリストテレス B [Aristotelēs, 前384～前322]　古代ギリシャの哲学者。『政治学』『ニコマコス倫理学』などの著書があり，「人間はポリス的（政治的，社会的）動物である」として，人間のあり方とポリスとを密接に結びつける考えを示した。アリストテレスの思想にもとづけば，国家統治はポリスの定める法によるべきものであり，最高権力者すら法の守護者・執行者にすぎない（ポリス的支配）。

類 **「人間はポリス的（政治的，社会的）動物である」** B

イニシアティヴ A②[initiative]　☞p.118

（イニシアティヴ）

リコール Ⓐ［recall］　☞p.118（リコール）

レファレンダム Ⓐ③［referendum］　☞p.119（レファレンダム）

② 世界の政治体制

さまざまな政治体制

政治体制 ④(せいじたいせい)　政治的なしくみの種類のこと。大まかには，民主主義体制と非民主主義体制に分類できる。また，同じ民主主義体制の中でも，国民投票で選出された大統領に実質的権力が付与される大統領制 (presidential system)，議会で選出された首相に実質的権力が付与される議院内閣制 (parliamentary system) などに細かく分類される。

自由主義 Ⓐ⑥(じゆうしゅぎ)　社会生活のなかで，各人の意思や行動などの自由な決定を尊重していく立場。市民革命期には最初に政治的・思想的自由が重視され，後には経済的な自由も重視されるようになった。リベラリズムともよばれるが，現在では伝統的な自由放任主義を否定し，自由主義的価値を擁護するために政府が積極的態度を取るべきとする立場をいう。これに対して，個人的自由の絶対的な重要性を認め，国家の役割を最小限度にとどめようとする考え方がリバタリアニズム。

🔁 リベラリズム Ⓒ　🔀 リバタリアニズム Ⓒ

リバタリアニズム Ⓒ［libertarianism］「自由尊重主義」「自由至上主義」と訳される。個人的自由および経済的自由を含めて，全面的な自由の最大化を志向するイデオロギー。自由に対する最大の規制者たる国家に対して敵対的な態度をとる傾向が強い。リバタリアニズムの支持者をリバタリアン (libertarian) という。

コミュニタリアニズム Ⓒ［communitarianism］「共同体主義」と訳される。個人と共同体との関係性を重視するイデオロギー。個人の自由や幸福は共同体をとおして獲得できるものと捉える。一方，共同体に所属するのみならず，共同体をより良くするために政治参加していく人間のあり方を求める。コミュニタリアニズムの支持

者をコミュニタリアン (communitarian) という。

ジョン＝ロールズ Ⓒ［John Rawls, 1921～2002］　アメリカの政治哲学者。1971年の著書『正義論』によって，20世紀に入って長らく停滞していた政治哲学や正義論争を再生させたと評されている。彼の理論の中核にあるのは original position（原初状態）という思考実験的な概念であり，自らがいかなる社会的立場に置かれているかを知らない場合に，人々はいかなる社会を選択するのかを問うている。彼によれば，人々は最悪のケースにおける損失を最小化するために，2つの正義原理を導き出すことになる。第1は「各人は他者の自由と両立する限りにおいて基本的自由を等しく保持する」という自由に関する原理，第2は「社会的経済的不平等は，最も恵まれない人々の利益を最大化させ，かつ，恵まれた社会的地位に就く機会が各人に平等に与えられている場合にのみ許容される」という格差および機会均等に関する原理である。

チャールズ＝テイラー［Charles Taylor, 1931～］　カナダの政治哲学者であり，コミュニタリアニズム（共同体主義）の代表的論者の1人。人間は他者とアイデンティティを認め合うことによってより善き人生を得られるとして，＜承認＞の概念に基づく共同体主義理論の構築を図った。宗教観や歴史観の異なる者同士が共存する多文化社会において，いかなる共同体が求められるべきかを考える上で，テイラーの理論は常に注目されている。

社会主義 Ⓐ②(しゃかいしゅぎ)　生産手段の社会的所有を通じて，人間の自由と平等を実現しようとする思想。19世紀前半のサン＝シモン・オーウェン・フーリエらの空想的社会主義，マルクスやエンゲルスらの科学的社会主義，民主的プロセスを通じて社会主義的の政策を図る民主的社会主義などがある。資本主義国家から共産主義国家に移行する過渡期の国家を社会主義国家とよぶこともある。　☞p.24（社会主義）

先進国 Ⓑ⑭［developed country］(せんしんこく)　経済開発の水準が世界的に高い国家のこと。発展途上国との対比で用いられることが多い。先進国か否かを測る基準とし

ては，1人あたり GDP などが挙げられる。

発展途上国 Ａ18 ［developing country］
（はってんとじょうこく）　第二次世界大戦後に独立
した，アジア・アフリカ諸国やラテンアメ
リカ地域に多い，経済的に発展途上にある
諸国のこと。開発途上国ともいう。政治的
独立達成後の経済発展には差異があり，Ｎ
ＩＥｓ（新興工業経済地域）のように工業
化がすすみ，経済成長が著しい国は，発展
途上国から経済的に一歩前進したといえる。
　　　　　　　　　　　　　　同 開発途上国①

独裁制 ①（どくさいせい）　議会主義・法治主義・
民主主義などの政治的自由主義を否定し，
一人の人間や一つの政治集団などに権力を
集中させておこなわれる統治制度。古代
ローマのカエサルのように英雄的存在が権
力を独占した形態や，封建時代・絶対王政
期の国王などによる固定的な身分関係を背
景とした専制政治も，絶対的な支配権の確
立という形態においては共通性を持つ。

軍事独裁 Ｃ（ぐんじどくさい）　第二次世界大戦後
の新興独立国のように，民主主義的な政治
が確立されていない場合に，軍部がその武
力と軍事力を背景に独裁政治をおこなうこ
とがしばしばみられる。軍事独裁から，民
主主義的な成熟をへて文民政治に移行する
民政移管が順調に推移する例は少ない。

民主制 Ａ②（みんしゅせい）　デモクラシーがギ
リシャ語の「人民・大衆の支配」という意
味を持つことから，本来は少数の支配では
なく，人民多数による支配・統治の形態を
さす。17・18世紀の市民革命以後は，普
通選挙制度のように国民の意思を政治に反
映させる制度を整え，かつ基本的人権の保
障のように，国民の人間としての尊厳の保
障をおこなう制度を整えた体制をいう。政
治形態としては，古代ギリシャのアテネの
ような直接民主制と，国民の代表者による
議会に立法権をゆだね，法治行政をおこな
うことで国民の意思を反映させる間接民主
制（代議制）の形態がある。

君主制 Ａ①（くんしゅせい）　古代王朝制や中世
封建制の時代に典型的な政治形態で，一人
の君主・皇帝が，臣下・人民を統治する形
態をいう。その地位は世襲されることが多
い。概念的には，少数者支配を意味する貴
族制や，多数者支配の共和制・民主制と区

別される。中世末期の絶対王政期の君主は，
国家権力を独占する無制限な権力を保持す
る場合があった。現代でも君主制をとって
いる国があるが，そこでは憲法に基づいて
その立場が規定される立憲君主制を採用す
ることが多い。

貴族制 Ｃ（きぞくせい）　統治体制からみると，
少数者の支配形態であり，一人の支配であ
る君主制，多数の支配である民主制とは区
別される。伝統的に高い地位を認められて
いる特定の家柄に属する者や多くの財産を
持つ少数の者たちなどが政治的な権力を独占
する形態をいう。

立憲主義 Ａ⑤（りっけんしゅぎ）　広義には，権力
者による権力濫用を抑えるために憲法を制
定するという考え方をさし，その憲法に基
づいて政治が実際に行われるべき原則をさ
す。狭義においては，対立する多様な価値
観や世界観を認めた上で民主的決定をする
こと。この場合の憲法とは，人権保障を宣
言し，権力分立を原理とする統治機構，国
民の政治参加を定めたものを意味する。立
憲主義に基づく民主制を立憲民主制，立憲
主義が君主制と結合している場合を立憲君
主制という。

　　　　　　　　　　　同 立憲政治 Ｃ　憲法政治

議院内閣制 Ａ⑥（ぎいんないかくせい）　責任内閣
制ともいう。三権分立のしくみをもち，イ
ギリスや日本で採用されている。行政権者
である首相は，議会（下院）によって選ば
れ，首相および内閣は議会に対して責任を
負い，議会で不信任案が可決されれば，内
閣の総辞職か議会の解散で対応する。この

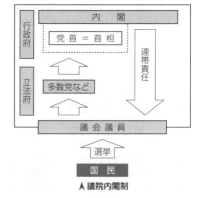

▲ 議院内閣制

ように議会と内閣が，政治責任のとり方について一体性を持つしくみをいう。

大統領制　**A**7（だいとうりょうせい）　国家元首および行政府の長としての大統領を国民投票で選出するしくみ。アメリカのように大統領が大きな行政権をもつ場合と，フランスのように，大統領と首相が並存して，いずれも行政権を行使する場合がある。

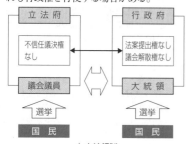

▲ **大統領制**

人民民主主義　（じんみんみんしゅしゅぎ）　1930年代に，社会主義運動家・労働者・農民・自由主義知識人など広範囲の階層の連帯を中心に形成された人民戦線における政治的主張。反ファシズム統一戦線に基づく人民戦線内閣がフランスやスペインでつくられた後，第二次世界大戦後には，東欧・中国などの社会主義諸国で採用された。自立的な社会主義体制への過渡期の政治体制のこと。

民主化　**A**6（みんしゅか）　第二次世界大戦後に独立した新興国のなかには，政治的安定を最優先して軍事独裁の形態をとる国や，経済発展を優先して開発独裁という形態をとる国が存在する。これらの国では，ある程度国内の安定と経済発展が実現した場合，政治的・経済的自由や機会均等を求める動きが生じてくる。これを「民主化」とよぶ。

全体主義　**C**（ぜんたいしゅぎ）　一般に国家権力の集中制と密接に関連した国家目的優先とそれにともなう国民の人権抑圧の体制をいう。1930年代のファシズムやナチズムを典型とするが，自由主義思想家のなかには，旧ソ連などの民主集中制に基づく社会主義体制を含めてよぶ場合がある。

ファシズム　**A**1［fascism］　ラテン語のfasces（束桿），イタリア語のfascio（結束）に由来する言葉であり，ナショナリズムと権威主義が融合した政治思想。イタリアの

ムッソリーニが1922年に結成したファシスト党の存在を契機として，当時のヨーロッパ諸国で興隆した。ドイツのナチズムや日本の軍国主義も，ファシズムの一種とみなされることがある。現代社会で観察されるレイシズムやナショナリズムの高まりも，ファシズムの再来と呼ばれることが多い。

ファシスト党　**C**2（-とう）　イタリアのファシズム政党。ムッソリーニが創設した。

ムッソリーニ　**B**［Benito Mussolini, 1883～1945］　イタリアのファシスト党の創立者。第一次世界大戦後にそれまでの社会主義運動を離れ，資本家や地主の支援をうけながら反革命活動に転じた。1922年に政権を奪取し，エチオピア・アルバニアへの侵略から第二次世界大戦へと突入した。1945年4月にパルチザンによって逮捕・処刑された。

ナチス　**B**4［Nazis］　国民（国家）社会主義ドイツ労働者党の通称。第一次世界大戦後のドイツで，ナショナリズムや反ユダヤ主義を特徴とする小政党として始まり，ヒトラー党首のもとで1930年代に急成長した。1933年の政権獲得後，全権委任法成立などを背景に独裁体制を確立。近隣諸国を侵略して第二次世界大戦を引き起こすほか，ユダヤ人大量虐殺政策を実行。1945年のドイツ敗戦とともに解体された。

ヒトラー　**B**［Adolf Hitler, 1889～1945］　オーストリア生まれ。第一次世界大戦にドイツ兵士として従軍。戦後の1921年，ナチ党の党首となる。議会勢力の拡大に成功すると，1933年に首相の地位に就いた。その後，ナチ党独裁体制に入ると，大統領と首相の地位を融合した「総統」となり，12年にわたってドイツの独裁者となる。近隣諸国への軍事侵攻を相次いで展開し，第二次世界大戦を引き起こすも，ドイツの敗北が濃厚となった1945年4月30日に自殺した。主著『わが闘争』

ナチス授権法　2（-じゅけんほう）　全権委任法ともいう。立法・司法関係の権限を行政権に大幅にゆだね，権力分立の制度を有名無実にする委任立法の典型。1933年に成立し，ヒトラーの合法的独裁につながった。

ゲシュタポ　ナチス時代の秘密国家警察の

略称で，反ナチス勢力弾圧のための暴力装置。1933年にゲーリングが創設したが，その後ヒトラー直属の親衛隊とともに，ナチス恐怖政治のシンボルとなった。

ホロコースト **B** 第二次世界大戦中のナチス-ドイツによるユダヤ人大量殺戮をさす。古代ユダヤ教における神に捧げる焼きつくした供物に由来するが，転用が不適切だとする批判がある。ヘブライ語で「ショアー」という呼称も用いられる。ナチスはアーリア至上主義からユダヤ人の撲滅をもくろみ，ユダヤ人の財産を没収し，各地の強制収容所に収容し，ガス室等で殺害した。その数は500万人とも600万人ともいわれる。ユダヤ人のほか，ロマ（欧州を中心に生活している遊牧民）の人たちも多数が殺害された。ホロコーストは戦後，非人道的行為の象徴として国際人道法の発展の出発点となった。

アウシュヴィッツ収容所 （-しゅうようじょ） ナチスがユダヤ人を強制的に収容し，大量の虐殺をおこなった施設の一つ。ポーランドのオシフィエンチムにある。現在は，平和を祈念する博物館として保存・公開され，世界遺産にも登録されている。

テロリズム **A** **3** ［terrorism］ ある政治勢力が，他者および他の政治勢力に対して，自らの政治目的を実現するためにおこなう暴力の使用または威嚇行為。テロ行為の影響が国際的範囲に及ぶ場合は国際テロとよばれ，国連や他の機関はこの種のテロを国際犯罪として規制する目的で，対航空機テロ防止条約など多数のテロ防止条約を採択してきた。

開発独裁 **A** **4** （かいはつどくさい） 経済開発を最優先ですすめるという名目のもとで議会制民主主義を制約・否定した政治体制。自国の経済発展（経済成長）によってその正当性を維持する政治権力をさし，自由選挙等を通じて行使される政治的自由を制限して，独裁的支配への抵抗を制限する。インドネシアのスハルト政権やフィリピンのマルコス政権などが典型とされる。

　　　　　　　　　　類 スハルト **C** 　マルコス **C**

アウン・サン・スー・チー **C** ［Aung San Suu Kyi, 1945〜］ ミャンマー（ビルマ）における民主化運動のリーダー。同国では，1988年以来，軍部指導体制が続いていたが，1990年の選挙でアウン・サン・スー・チーの率いる国民民主連盟（NLD）が勝利。しかし軍事政権は政権を譲らず，アウン・サン・スー・チーは軍によって軟禁状態に置かれた。2010年に解放された後，2015年総選挙でNLDが勝利して文民政権が誕生。アウン・サン・スー・チーは新政権の国家顧問の要職に就いた。しかし，2021年に軍事クーデタが起こり，彼女は再び拘束される。軍主導による裁判にて有罪判決を受けた。

金正日 ［1942〜2011］（キム゠ジョンイル） 朝鮮民主主義人民共和国の最高指導者。建国者である金日成（キムイルソン）の死後，国防委員会委員長・朝鮮労働党総書記に就任。1998年の憲法改正で国家主席のポストが廃止され，国防委員長が最高ポストになったため，実質的な国家元首となった。

金正恩 ［1983〜］（キム゠ジョンウン） 金正日の死去にともない，北朝鮮の最高指導者を継承した彼の三男。2012年に国防委員会第一委員長・第一書記に就任した。2016年，36年ぶりに開かれた朝鮮労働党大会で党委員長に，つづいて国防委員会を改編した国務委員会の委員長に就いた。2018年に，通算3・4度目となる南北朝鮮首脳会談や，初の米朝首脳会談に出席した。北朝鮮はこれまで，国家方針として経済建設と核戦力建設を同時にすすめる並進路線をとってきた。

イギリスの政治制度

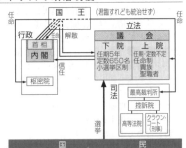

立憲君主制 **C** （りっけんくんしゅせい） 君主が存在し，憲法の規定にしたがって名目的な国家元首として機能するしくみ。イギリスでは，

君主たる国王（あるいは女王）は象徴的存在にすぎず，実質的な統治権は内閣が掌握している。

ウォルポール **C**［Robert Walpole, 1676～1745］　イギリスの政治家。ホイッグ党党首。ジョージ1世の時，国王に代わって実質的に行政を執行し，内閣を行政機関へと移行させた。1742年，議会の多数派の支持を失った際，首相の地位を辞した。これにより，議会の信任が得られない時には内閣が総辞職するという責任内閣制（議院内閣制の端緒）の慣行がつくられた。

「国王は君臨すれども統治せず」 **C**（こくおう-くんりん-とうち-）　イギリスの王室と政治とのかかわりを示すことば。国王は元首として君臨するが，統治に関しては議院内閣制の下で内閣が執行するという伝統が，ウォルポール以来できあがった。

不文憲法 **C**（ふぶんけんぽう）　イギリスには文字で記された憲法典がなく，歴史的に憲法的な文書とよばれるマグナ-カルタや権利章典，裁判の判例などの集大成が憲法の役割をはたしている。こうした各種文書，判例，慣例などで構成される憲法をさす。

上院 **A**6**（貴族院** **A**2**）**（じょういん）（きぞくいん）　任期・定数は不定（現在は800名前後で推移している）。聖職貴族・世襲貴族・法律貴族（法官貴族・法服貴族ともいう）などから構成される。基本的に国王が任命し，任期は終身とされた。かつては議席の多くを占めた世襲貴族が，1999年の法改正で大幅に減らされた。また，法律貴族はこれまで，最終の上訴裁判官としての役割も担ってきたが，その12人が2009年新設の最高裁判所の判事を務めている（貴族院議員との兼職は禁止）。

下院 **A**7**（庶民院** **A**3**）**（かいん）（しょみんいん）　小選挙区制の下，18歳以上の国民による普通選挙で選出される。任期5年，定数650名。立法機関であるとともに，国民代表として議院内閣制の内閣の母体となる。議場は，政府与党に対して，真正面から向かい合う反対党の存在が予定され，議会が討論の府であることを象徴する構造となっている。2011年制定の議会任期固定法により，首相の自由な解散権がなくなった。また，議員の3分の2以上の賛成で自主

的に解散できる。2023年7月時点における政党別議席数は，保守党353，労働党196，スコットランド国民党44，自由民主党16などとなっている。

下院の優位 **C**（かいん-ゆうい）　1911年と1949年に制定の議会法で，議会が国権の最高機関であり，それを構成する上下両院のうち，国民の代表によって選出される下院（庶民院）に優位を置くことが定められている。アスキス内閣のときから適用された。

連合王国最高裁判所（れんごうおうこくさいこうさいばんしょ）　司法制度改革の一環として，ブレア政権下の2005年に憲法改革法が制定され，2009年に新設された。従来は1876年以来，その機能を上院（貴族院）に設置された上訴委員会が果たしてきた。最高裁の判事（12人）は法律貴族（正式の呼称は常任上訴貴族）が務め，議員職から離れた。これによって貴族院の司法機能が廃止され，権力分立が制度的にも明確になった。身近な司法をめざし，審理はテレビ局に公開される。ただし以前と同様，違憲立法審査権は与えられていない。

保守党 **B**（ほしゅとう）　17世紀の中ごろから形成されたトーリー党が，1830年ごろに改称。聖職者階層や地主階層を中心として形成され，王権の擁護を主張した。当初は自由党とともに二大政党制を形成し，のちに労働党と勢力を二分。2010年以来，一貫して政権与党の地位にある。元首相のサッチャー，メージャー，キャメロン，メイ，ジョンソン，トラスなどを輩出している。2023年7月時点における党首はスナク。

類キャメロン　メイ**B**

トーリー党（-とう）　イギリスで17世紀の中ごろ，聖職者階層や地主階層を中心に形成された政党。王権の擁護を主張した。保守党の母体。

自由民主党 **B**（じゆうみんしゅとう）　ホイッグ党を起源とする自由党と，労働党右派が離党して組織した社会民主党とが1988年に合併して発足。議会第三党として中道左派の立場をとってきた。2010年の総選挙後，第一党の保守党と連立内閣を樹立。しかし2015年の総選挙敗北によって保守党との連立関係も解消している。EU離脱問題では離脱反対派に回った。

自由党 **C**（じゆうとう）　かつて存在したイギリスの政党であり，現在の自由民主党の前身である。清教徒革命後の王政復古期に進歩的貴族や商工業者を中心に形成されたホイッグ党を前身とし，1830年ごろに自由党と改称された。新興ブルジョア階層を代表し，自由主義的改革を主張したが，労働党の進出で衰えた。

ホイッグ党　（-とう）　清教徒革命後の王政復古期に進歩的貴族や商工業者を中心に形成された。現在の自由民主党の母体となった。

労働党 **B**②（ろうどうとう）　1884年結成のフェビアン協会などを母体として，1900年に労働代表委員会という名称で発足。1906年に労働党と改称した。議会での多数派形成に基づいて，漸進的社会改革を推進する路線を堅持している。長らく保守党とともに二大政党制を担ってきたが，2010年の総選挙敗北以降は野党の地位に甘んじている。元首相のブレアやブラウンは労働党所属である。2023年7月時点における党首はスターマー。

影の内閣 **A**（シャドー-キャビネット **A**）　［shadow cabinet］（かげ-ないかく）　野党が政権交代に備えて自分たち独自の内閣を構成し，政権をとった時にすみやかに政権を担当できるよう準備するイギリスの慣例。

「第三の道」 ③（だいさん-みち）　1990年代からヨーロッパの社会民主主義政党が模索した政治路線の総称。イギリスのブレア政権（労働党）がその代表で，市場の効率性を重視した上で社会的公正を図る立場をさす。

ハング-パーラメント **C**［hung parliament］「宙ぶらりん議会」と訳される。イギリス下院で，どの政党も単独過半数を確保できない状態をさす。第二次大戦後，ハングパーラメントが計3回起きた。第1は1974年総選挙であり，労働党の少数与党政権が樹立。第2は2010年総選挙であり，保守党と自由民主党の連立政権が樹立。第3は2017年総選挙であり，第一党の保守党が同じ保守政党である民主統一党の閣外協力を取り付ける形となった。

スコットランド独立問題　（-どくりつもんだい）　スコットランドは，イングランド・ウェールズ・北アイルランドとともに連合王国の英国を構成するカントリーの一つ。1707年にイングランドと合併。近年，英国からの分離・独立の声が高まり，2014年にその是非を問う住民投票がおこなわれたが，否決された。

スコットランド民族党　（-みんぞくとう）　1934年に結成されたスコットランドの地域政党。スコットランドのイギリスからの独立をめざす。2015年以降は，イギリス下院において，自由民主党に代わって第三党の地位にある。2023年7月時点における党首はユーサフであり，スコットランド自治政府の首相も務めている。

ブレグジット **C**［Brexit］　イギリスが欧州連合（EU）から離脱すること。Britain（イギリス）と Exit（退出）を組み合わせた造語である。2016年，イギリスにおいてEU離脱の是非を問う国民投票が実施され，52対48でEU離脱が決定した。その後，ジョンソン首相の下で具体的な離脱交渉がまとまり，2020年1月30日，イギリスはEUを正式に離脱した。ブレグジットの背景には，イギリスの国家運営がEUによって拘束されていることへの不満，移民がイギリス国内に大量流入していることへの不満などが挙げられる。

アメリカの政治制度

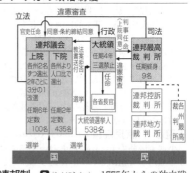

連邦制 **B**（れんぽうせい）　1775年からの独立戦争において，アメリカ植民地側は13州が対等の立場で連合し，州の連合軍として戦った。そのため，独立達成後も各州の自治と独立性は最大限尊重されることが認められた。現在でも各州は独自の州憲法を持ち，州独自の政策を実行できる。こうした独立性の高い州の連合体という意味で連邦

制の形式がとられている。

大統領 Ａ④(だいとうりょう)　アメリカ合衆国の国家元首であり，行政府の長および国軍の司令官の地位を兼ねる存在。国民の選挙（間接選挙）によって独自に選出されるため，議会・裁判所との権力分立は厳格である。議会に対する法律案提出権はない代わりに教書提出権があり，法案拒否権をもつ。2023年現在の大統領はジョー＝バイデン。

教書 Ａ③(きょうしょ)　議会への法案提出権を持たないため，大統領は議会に対して国家の全般的状況，経済全般の動向，予算案に関して情報を与えて，政策上必要な審議を求めることが保障されている。それぞれ，一般教書・経済教書・予算教書とよばれる。憲法上定められた大統領の権限として議会へ送られるこれらのメッセージが教書である。

　　　　　　類 一般教書 Ｃ　経済教書　予算教書 Ｃ

法案提出権 Ｃ④(ほうあんていしゅつけん)　アメリカ大統領は議会への法案提出権がない。そのかわりに，教書という制度がある。

法案拒否権 Ｃ③(ほうあんきょひけん)　議会を通過した法律案の成立には，大統領の署名が必要である。大統領はこの署名を拒否し，議会に再審議を求めることができるが，上下両院が各３分の２以上で再可決すると法案は成立する。これをオーバーライドという。

　　　　　　　　　　　　類 オーバーライド

大統領の弾劾 (だいとうりょう−だんがい)　アメリカ大統領は，憲法の規定により，犯罪について弾劾され，有罪判決をうけた場合には罷免(ひめん)される。弾劾の訴追は下院が，裁判は上院がおこなう。出席議員の３分の２以上の賛成が必要である。これまでに弾劾裁判にかけられた大統領は，ジョンソン（1868年），クリントン（1998年），トランプ（2019年，2021年）の３人であり，いずれも無罪判決が下っている。

　　　　　　　　　　　類 ウォーターゲート事件

大統領選挙 Ｂ (だいとうりょうせんきょ)　立候補した候補者を支持する選挙人に国民が投票し，各州から選出された選挙人による投票によって選ばれるという間接選挙である。各州には上下両院の議員定数に３名を加えた合計538名の大統領選挙人が配分されて

いるが，一つの州からでる選挙人は原則として同じ候補者に投票するようになっているため，全体の得票数ではなく選挙人の数の多い州で勝利することが重要となる。一票でも多くの得票があった候補者がその州の全選挙人をとる，いわゆる「ウイナー−テイク−オール」（勝者総取り）の制度を導入しているからである。実際，2016年の大統領選挙では，総得票数でクリントンを下回ったトランプが，獲得選挙人数では上回って勝利するという逆転現象が起きている。この選挙制度は二大政党に圧倒的に有利で，事実上少数政党を締め出す結果になっている。

　　類 間接選挙 Ｂ②　オバマ Ｂ　トランプ Ａ

ネガティヴ−キャンペーン [negative campaigning]　対立候補の欠点や弱点を攻撃する選挙運動。アメリカ大統領選挙で頻繁に用いられている手法として有名である。

大統領選挙人 Ｂ (だいとうりょうせんきょにん)　間接選挙であるアメリカ大統領選挙において，各州単位で国民が直接投票して大統領選挙人を選ぶ。形の上で，この選挙人が大統領を選ぶ。選挙人はあらかじめ，どの大統領候補に投票するか表明しているため，実質的には直接選挙と異ならないことが大半。

大統領令 (だいとうりょうれい)　アメリカの大統領が，行政権を直接行使するために発する命令。実際には大統領令と大統領覚書，声明の三つがある。憲法に明示がないが，効力は法律の枠内とされ，政策をすぐに実施できる利点がある。また，政権が交代した際に多発される傾向がある。

上院 Ａ④(**元老院** Ｃ) (じょういん)(げんろういん)　上院は連邦制を反映し，各州から２名ずつ選出された議員によって構成される。定数は100名。任期は６年間で２年ごとに３分の１ずつ改選され，議長は連邦副大統領が務める。上院は条約の締結と高官の任命に対する同意権をもつなど，下院に対して優位に立つ。2023年７月時点における議席数は共和党49，民主党48，無所属３。

下院 Ａ③(**代議院** Ｃ) (かいん)(だいぎいん)　下院は，小選挙区制で選出された435名の議員で構成され，任期は２年。全部改選され，解散はなく，議長は互選される。予算の先

議権が慣習として与えられている。2023年7月時点における議席数は，共和党222，民主党212，空席1。

院内総務（いんないそうむ）　アメリカ連邦議会で政党を代表する役職。上下両院の与党と野党に1人ずつ計4人いる。アメリカの二大政党には「党首」は存在しないため，院内総務が各院でそれぞれの党を代表し，事実上の指導者の役割を果たす。

中間選挙（ちゅうかんせんきょ）　大統領選挙の中間年におこなわれる上・下院の選挙のこと。与党が敗れても大統領の辞任につながることはほとんどないが，現職大統領への信任・不信任投票としての側面もある。

連邦最高裁判所　**Ｃ**（れんぽうさいこうさいばんしょ）　首席判事と8人の判事の合計9名で構成される。任期は終身。違憲法令（立法）審査権を持ち，三権分立の立場から，高度の政治的事案についても違憲判断を下すことが多い。判事はすべて上院の過半数の承認のうえ大統領が任命する。

違憲法令審査権　**Ｃ**❶（いけんほうれいしんさけん）　アメリカでは，違憲法令（立法）審査権は憲法の規定ではなく，判例によって認められた裁判所の権限である。その権利行使は，具体的な訴訟において適用される法令が憲法に適合するかどうかを審査し，適合しない時はその法律の当該部分をその事件について適用しないという形でおこなわれる。1803年のマーベリー対マディソン事件におけるマーシャル判決を契機に憲法慣習として確立された。

副大統領（ふくだいとうりょう）　大統領選挙において大統領候補と組み合わせて立候補し，大統領の当選によって副大統領となる。上院の議長を務めるほか，大統領が欠けた時には大統領に昇格する。近年では，ケネディの暗殺によってジョンソンが昇格し，ニクソンの辞任によってフォードが昇格している。2023年現在の副大統領はハリス。

共和党　**Ａ**（きょうわとう）　アメリカの二大政党の一つ。1854年にホイッグ党や反奴隷制勢力を中心として結成され，北部を中心に実業家層を背景として優位にたっていた。リンカンはこの政党出身。しかし，ニューディール期以後はフーヴァー大統領が大恐慌への対処に失敗したことなどを背景とし

て，連邦議会議員数や州知事数で民主党に抜かれた。1960年代末以後は，大統領選挙・連邦議会議員選挙で復活している。アイゼンハウアー・ニクソン・フォード・レーガン・ブッシュ（父子）・トランプらの大統領（経験者）はこの党に所属。

民主党　**Ａ**（みんしゅとう）　アメリカの二大政党の一つ。当初は南部と農村を基盤としていたが，反連邦派や第3代大統領ジェファーソンの支持勢力を中心に形成された。F.ローズヴェルト大統領によるニューディール以後は，都市部の低所得者層や黒人・少数民族，リベラル層の支持も合わせ，連邦議会では多数をしめるようになった。トルーマン・ケネディ・ジョンソン・カーター・クリントン・オバマ・バイデンらの大統領（経験者）はこの党の出身である。

ホワイトハウス［White House］　アメリカ大統領が執務する白亜の官邸。首都ワシントンにある。1792年創建。転じて，アメリカ政府を意味することもある。

ティーパーティ運動（-うんどう）　1773年のボストン茶会にちなむ，アメリカ保守派を中心とした草の根の政治運動。彼らが主張するティー（ｔｅａ）とは，「税金はもうたくさん」の頭文字をとったもの。2009年に成立したオバマ政権への反対運動として急速に広がった。

オバマケア　**Ｃ**　オバマ政権下で実行された医療保険改革。アメリカでは医療保険未加入者が5000万人にものぼる。このため，オバマは大統領選で公約した公的皆保険制度の導入をめざした。しかし，保守派の根強い反発を背景に方向転換，国民に民間保険の加入などを義務づけた医療保険改革法（オバマケア）を2010年に成立させた。民主党オバマ政権の後を継いだ共和党トランプ政権はオバマケアの廃止を目指していたが，議会調整に行き詰まり，最終的に断念した。

旧ソ連・ロシアの政治制度

社会主義　**Ａ**❷（しゃかいしゅぎ）　政治体制としては，プロレタリア独裁の立場から，民主集中制の権力体制をとるが，大別して次の三つに分かれる。一つはマルクス・レーニン主義の立場から革命に基づく共産党の指導

性を強調するもの。二つめは，議会主義のもとで漸進的改革をめざす社会民主主義。三つめは，労働組合などの自主的管理・運営を強調し，国家・政府の役割を否定するサンディカリズム。

共産主義 Ⓑ① （きょうさんしゅぎ）　経済的生産手段を社会的な所有とし，私有財産制を否定する主義・思想をいう。広義では社会主義と同義だが，資本主義から共産主義体制への過渡期を社会主義とよぶこともある。共産主義段階とは生産力が全面的に発展した人類史の最後の段階であり，階級の消滅と各人の必要に応じた消費が実現した理想的社会状態をさす場合もある。

プロレタリアート Ⓒ [proletariat]　資本主義社会において，生産手段を持たないために資本家に労働力を売っている賃労働者をいう。プロレタリアートが主体となり，資本主義社会を打倒して社会主義社会を建設しようとする革命をプロレタリア革命とよぶ。

ロシア革命 Ⓐ② （かくめい）　1917年にロシアで起こった革命。帝政から共和制へ移行した三月革命（ロシア暦二月革命）と，世界初の社会主義革命となった十一月革命（同十月革命）を含む。三月革命でロマノフ朝が倒れ，臨時政府が成立した後，レーニンの指導するボリシェヴィキ勢力の台頭によって臨時政府も打倒され，社会主義政権が成立した。

レーニン憲法 Ⓒ （けんぽう）　1917年のロシア革命後，1918年に制定された憲法。正式には「ロシア社会主義連邦ソヴィエト共和国憲法」。当時の指導者の名前をとってレーニン憲法とよぶ。この憲法は，社会主義国家建設の途上にあることを前提として制定されている。

スターリン憲法 （けんぽう）　1936年に採択された憲法。当時の指導者の名前にちなんで，こうよばれた。当時のソ連社会が，社会主義を基本的に実現した段階に達したという認識に基づいて改定された。

ブレジネフ憲法 （けんぽう）　1977年に採択された憲法。当時の書記長の名前をとってブレジネフ憲法とよばれた。ソ連社会が「発達した社会主義社会」に到達し，全人民により形成された国家となったとの認識に基

づいて構成されている。

ソヴィエト Ⓑ [Soviet]　議会・評議会を意味するロシア語。ロシア革命期に労働者・兵士などでつくられ，革命後の政権はソヴィエトの連合体として形成された。ソヴィエト連邦の最高権力機関はソヴィエト連邦最高会議で最高ソヴィエトとよばれ，一定の人口ごとに選出される連邦ソヴィエトと民族単位で選出される民族ソヴィエトから構成されていた。

ソヴィエト連邦最高会議 （れんぽうさいこうかいぎ）　旧ソ連の国家権力機構のなかの最高機関。国家予算・経済計画などの承認，幹部会の選出など，各種政策と国家機関の決定・監督・指導をおこなった。連邦ソヴィエトと民族ソヴィエトの二院制をとり，両院は平等の権限を持っていた。それぞれの代表は選挙権を有する18歳以上の国民によって選挙されたが，候補者は共産党の党員または推薦を必要とし，事実上共産党の独占下にあった。

プロレタリア独裁 （どくさい）　プロレタリアート（無産階級）を中心とした革命の後，彼らが国内に残る反革命勢力を一掃し，社会主義社会を建設するために必要とされる政治体制。共産主義社会において，階級対立が消滅するまでの過渡的な体制をいう。全体主義による独裁と区別して，プロレタリア執権とよぶ場合がある。

民主集中制 Ⓑ （みんしゅしゅうちゅうせい）　全人民の代表から構成されている最高ソヴィエトが立法・行政・司法のすべての国家権力を持つ体制。権力集中制ともいう。

〔同〕**権力集中制** Ⓐ

共産党 Ⓐ （きょうさんとう）　1918年，ロシア革命の中心勢力だったボリシェヴィキ勢力が社会民主労働党から改称する形で，ロシア共産党が生まれた。1952年にソ連共産党に改称。ソ連の実質的支配権を掌握してきた。1990年，ソ連が複数政党制を導入し，ソ連共産党の権力基盤は弱体化。さらに，1991年のソ連崩壊に伴って，ソ連共産党も解散した。1993年，ロシア連邦にて，旧ソ連共産党勢力を中心として，ロシア連邦共産党が結成されている。

共産党中央委員会 Ⓒ （きょうさんとうちゅうおういいんかい）　共産党の政策・方針などを決定する

機関。党大会によって選出される中央委員により構成される。党の最高決定機関であり，旧ソ連の実質的支配組織であった。中央委員会の指導者には書記長が就任した。

ゴルバチョフ Ａ③〔Mikhail S. Gorbachev, 1931〜2022〕　旧ソ連の政治家。ソ連共産党の要職を歴任した後，1985年，党書記長に就いてソ連最高指導者となる。ソ連の全面的改革ペレストロイカ，情報開放政策グラスノスチを展開するほか，アメリカとの冷戦終結をめざした。東欧諸国についても不介入方針をとり，東西ドイツ統一や東欧民主化に影響を与えた。1990年ノーベル平和賞受賞。同年に発足した大統領制に基づいて，初代ソ連大統領に就いた。しかし，1991年に保守派クーデタが発生して失脚。短期間で復権するものの，同年末のソ連崩壊と同時に大統領職を辞任した。その後も，ロシア連邦にて政治活動を行ったが，2005年に政界を事実上引退。2022年に死去した。

ペレストロイカ Ａ〔perestroika〕　1980年代後半におけるソ連の全面的改革の総称。ロシア語で「再建」を意味する。経済面では，市場経済の導入を図り，国営企業の独立採算制や西側資本との合弁事業を推進。政治面では，政治的自由の保障，情報開放政策グラスノスチ，複数政党制などを推進した。また，外交面でも，アメリカとの冷戦終結を図った。しかし，こうした既存体制の枠内における急速な改革は，保守派と急進派双方の不満を高めるものであり，ソ連国内の政治的緊張を強めた。1991年の保守派クーデタとその挫折，および同年末におけるソ連解体によって，ペレストロイカは終了した。

グラスノスチ Ｂ①〔glasnost〕　ペレストロイカの一環をなす政策。「情報公開」と訳される。ソ連の政治・経済・社会にわたる秘密主義や閉鎖的な体質を改善することをめざした。

人民代議員大会 （じんみんだいぎいんたいかい）　従来の最高会議に代わる国家権力の最高機関。1988年にソ連の憲法改正によって設置。2250人の人民代議員が毎年１回招集され，憲法・法律，内外政策の基本方針を審議。代議員選挙では共産党以外の団体からの立候補も認められたため，ソ連最初の複数候補・秘密選挙となった。初代議長はゴルバチョフ。1991年に保守派のクーデタが発生し，その後大会自体が消滅した。

大統領制 Ａ②（だいとうりょうせい）　ソビエト連邦時の1990年２月，ソビエト共産党拡大中央委員会総会で提案され，任期５年の大統領制が導入された。初代大統領にはゴルバチョフが就任したが，1991年のクーデタの結果，ソ連は解体され，ソ連大統領のポストそのものも消滅した。

複数政党制 Ｃ①（ふくすうせいとうせい）　ゴルバチョフが政権の座について以来，それまでの共産党による一党支配に終止符が打たれ，複数の政党の併存を認められたことをさす。

独立国家共同体Ａ⑤（ＣＩＳ Ａ②）〔Commonwealth of Independent States〕（どくりつこっかきょうどうたい）　ソ連のロシア・ウクライナ・ベラルーシ３か国の首脳が1991年12月８日，独立国家共同体の構成に合意し，ソ連の解体が決定し，ソヴィエト社会主義共和国連邦は69年の歴史を終えた。その後，ソ連を構成していた11共和国がソ連消滅を決議し，新たにバルト三国とグルジア（ジョージア）を除く11か国で「独立国家共同体」を創設した（1993年にグルジアが加わり12か国）。しかし，2005年にトルクメニスタンが準会員国，ウクライナは非常勤参与国となり，2009年にはグルジアが脱退するなど組織の形骸化が進んでいる。現在の正式加盟国は９か国。

ロシア連邦 Ｃ（-れんぽう）　1991年末，ソ連解体に伴って，旧ソ連の一部を構成していたロシア共和国を母体として，ロシア連邦が新たに建国された。国家体制としては，共和制および半大統領制を採用している（ただし，民主主義水準については，国際的に疑問視されている）。また，連邦制を採用しており，89の連邦構成主体と呼ばれる地方政府が存在する（ただし，その中には，クリミア共和国など，ロシア領土として国際的に承認されていないものも存在する）。国家面積は世界最大で，豊富なエネルギー資源を有している。また，核保有国であると同時に世界的な軍事大国であり，国際社会における影響力は多大である。現在の大

統領はプーチン。首相はミシュスチン。

圞プーチンⒸ　メドベージェフ　ソ連解体Ⓒ

ロシア連邦議会（-れんぽうぎかい）　連邦会議（上院）と国家会議（ドゥーマ，下院）からなる二院制。代議員の任期は上院おおむね4～5年，下院5年。上院の定数は連邦の89構成主体から各2名ずつ計178名。下院の定数は450名。半数が比例代表（得票率5％以上が必要）で，残りの半数が小選挙区制で選出される。

統一ロシア　（とういつ-）　2001年に設立されたロシアの政党。2003年下院選挙にて勝利して以来，2023年現在に至るまで下院の第1党であり，事実上の政権与党である。2023年現在，下院にて72％の議席割合を占める。特定イデオロギーに固執せず幅広い大衆の支持をめざす包括政党の一種であり，かつ，プーチン政権を支持する一点で結束している側面が強い。2023年現在の党首は，元大統領のドミトリー＝メドヴェージェフ。

ロシア連邦共産党（-れんぽうきょうさんとう）　ロシアを代表する共産主義政党。2023年現在，ロシア下院にて13％の議席割合を占める第2党である。ソ連崩壊後，旧ソ連共産党の一部が結集する形で，1993年に設立された。党内思想勢力は，穏健な社会民主主義から教条的マルクス主義まで幅広い。スターリンを美化することで旧ソ連時代の愛国心に訴える現象も観察できる。

ロシア自由民主党　（-じゆうみんしゅとう）　ロシアを代表する保守主義政党。1992年，ウラジーミル＝ジリノフスキー（Vladimir Zhirinovsky, 1946～2022）によって設立。2023年現在，下院にて約5％の議席割合を占める。ロシア帝国復活やアラスカ奪還など，過激な主張で支持を集めてきた政党であり，政党名とは裏腹に，国際社会では「ナショナリスト政党」「右翼ポピュリズム政党」に分類されることが多い。

公正ロシア　（こうせい-）　2006年に設立されたロシアの社会民主主義政党。2023年現在，下院にて約6％の議席を有する。個人的自由と福祉国家体制の両立をめざす「21世紀の新しい社会主義」を標榜している。

中国の政治制度

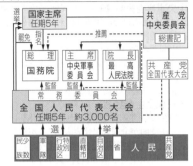

全国人民代表大会 Ⓐ②（ぜんこくじんみんだいひょうたいかい）　全人代と略称。中国の立法機関で，一院制の議会に相当する。最高の国家権力機関であり，省や自治区・軍隊などから選出された任期5年の代議員約2980人で構成される。憲法の改正，法律の制定，計画経済の決定，予算の審議，国家主席の選挙などの権限がある。毎年1回開催。常設機関として常務委員会が置かれている。

圊全人代Ⓑ　圞常務委員会Ⓑ

国家主席 Ⓐ②（こっかしゅせき）　中国の国家元首にあたる。45歳以上で，1期の任期は5年。全国人民代表大会の選挙で選ばれ，国内では法律の公布，勲章・栄誉称号の授与などの職務にあたり，対外的には国家を代表して外国使節の接受や条約の承認などをおこなう。2013年から習近平シーチンピンが国家主席を務める。2018年には，国家主席と副主席の任期を連続では2期までとする制限が廃止された。

圞胡錦濤　習近平Ⓒ

国務院 Ⓐ（こくむいん）　内閣に相当する中国の行政機関。国務院総理（首相）は共産党中央委員会の提案と推薦に基づいて国家主席によって指名される。ほかは総理自身が指名する。現在の国務院総理は李強リーチャンが務める。

圞国務院総理Ⓒ②　李克強

人民法院 Ⓑ（じんみんほういん）　中国の司法機関。中央の最高人民法院のもとに，地方には高級・中級・基層の3種類の裁判所が置かれている。行政機関から独立し，最高人民法院が全国人民代表大会に責任を負う。人民法院に対応して，人民検察院がある。

類 **最高人民法院 B** 　**人民検察院**

中央軍事委員会 C (ちゅうおうぐんじいいんかい)　憲法に定められた中国憲法における軍の最高統帥機関で,「全国の武装力を主宰する」。中国共産党の人民解放軍などを統率する立場にある。委員会トップである主席は, 全国人民代表大会に対して責任を負う。2023年現在の主席は習近平。

人民民主主義独裁 (じんみんみんしゅしゅぎどくさい)　現在の中国憲法で規定された国家体制は, 立法機関が全国人民代表大会(長が常務委員長), 行政機関が国務院(長が総理), 軍事機関が中央軍事委員会(長が主席)とされ, その上に国家主席が存在する。1979年以来, 中国共産党は①社会主義の道, ②プロレタリア独裁, ③中国共産党の指導, ④マルクス・レーニン主義と毛沢東思想, の四つの基本原則を堅持する方針を示している。ここから, 人民民主主義独裁の社会主義国家として規定される。

中国共産党 B (ちゅうごくきょうさんとう)　1921年に上海で創立され, 国民党との勢力争いのなか, 1935年1月に毛沢東が党の指導権を握り, 1949年10月に中華人民共和国を建国した。憲法で, 社会主義建設のための指導的役割を認められ, その影響力は立法・行政・司法・軍事などあらゆる面に及ぶ。党の最高機関は中央委員会であり, 国務院総理人事の提議など, 政治機構への関与権も存在する。党首に相当する地位を総書記という。2023年現在は, 習近平が務めている。

類 **総書記 C**

毛沢東 C [1893〜1976] (マオ=ツェートン)　中国共産党の指導者。創設時から共産党に参加し, 農民運動を指導。1931年には中華ソヴィエト共和国臨時政府の主席となり, 長征 (ちょうせい) 途上の1935年に党の指導権を確立した。1949年の中華人民共和国建国後は初代の国家主席となり, 社会主義国家中国の建設を指導した。その後, 1966年ごろから文化大革命を推進, 1969年には再び国家主席を務め, 1976年に亡くなるまでその指導力を保持した。主著『新民主主義論』『矛盾論』

文化大革命 C (ぶんかだいかくめい)　1966年から1970年代初めまでおこなわれた毛沢東ら

による権力闘争。10代の少年たちによる紅衛兵造反団や軍隊を動かし, 資本主義的政策や傾向をみせたとして, 走資派・実権派とよばれた劉少奇 (リウシャオチー)・鄧小平 (トンシャオピン) らを失脚させ, 林彪 (リンピャオ) 派・四人組などの台頭をまねいた。しかし中国共産党は1981年, 大会決議で「文革は党と国家と各民族人民に大きな災難をもたらした内乱だった」と総括した。

天安門事件 (てんあんもんじけん)　⇨p.364 (天安門事件)

四つの現代化 C (よっつげんだいか)　1975年の全国人民代表大会で, 周恩来 (チョウエンライ) が提起した政策。農業・工業・国防・科学技術の4分野の近代化をめざす政策をいう。

改革・開放政策 B4 (かいかくかいほうせいさく)　1970年代末に鄧小平によって着手された経済体制の改革と対外開放政策。人民公社の解体, 農業生産責任制, 企業自主権の拡大などとともに, 個人の経済活動や社会主義所有制の枠内で私的経営を認める社会主義市場経済の導入が明確化された。この結果, 中国経済は1980年台に平均9％以上の成長をとげたが, 一方で物価上昇, 国有企業の赤字, 個人の所得格差の拡大などの弊害も生じた。

類 **鄧小平 B**

上海協力機構 C (SCO A) [Shanghai Cooperation Organization] (しゃんはいきょうりょくきこう)　2001年に中国とロシアが中心となって結成されたユーラシア地域の国家連合である。2023年現在の正式構成国は, 中国・ロシア・カザフスタン・キルギス・タジキスタン・ウズベキスタン・インド・パキスタン・イランの9カ国となっており, 合計GDPは世界全体の約20％を占める。「上海協力機構」という名称は, 1996年に上海で締結された国家間協定を前身としているからであり, 実際の本部は北京にある。

「**08憲章**」(-けんしょう)　中国共産党の一党独裁を批判し, 三権分立を保障した新たな憲法の下, 中華連邦共和国の樹立を求める宣言書。世界人権宣言の採択60周年にあわせ, 2008年末にインターネット上で公表された。当初, 著名な作家など約300人が署名したが, 後に署名者が1万人をこえた。

憲章の起草者で，獄中にある人権活動家・詩人の劉暁波ﾘｭｳｷﾞｮｳﾊ氏（2017年死去）に対して，2010年にノーベル平和賞授与。

類 劉暁波 **C**

フランスの政治制度

第五共和制 ①（だいごきょうわせい）　第二次世界大戦後に成立したフランスの第四共和制が，アルジェリア独立問題などで崩壊した後，1958年10月に制定された憲法に基づいて発足し，現在にいたる体制。フランス革命から数えて5番目の共和制の意味。大統領行政権の強化，議会権限の縮小，国民投票制などの改革をもりこみ，ド＝ゴール大統領のもと，独自の路線を選択した。

共和国大統領 ④（きょうわこくだいとうりょう）　国民の直接選挙で選ばれ，第1回投票で過半数がとれない場合には，上位2人による第2回投票で選出される。任期は5年で，3選は禁止。首相や閣僚の任免権，国民議会（下院）の解散権，非常時における緊急措置の発動権など広範な権限をもつ。ただし，実際には議会の多数派を無視して首相任命をおこなうことはできず，そのときどきの政治状況に左右される側面もある。現在の大統領は中道的な立場をとるマクロン。

類 マクロン

閣僚会議　（かくりょうかいぎ）　フランス行政府を構成する。メンバーは首相が構成し，大統領が任命，閣議は大統領が主宰する。閣僚は国会議員など公職との兼任はできない。

首相 **A**①（しゅしょう）　フランスは半大統領制を採用しており，国民投票で選出された大統領と，議会の意向によって選出される首相がともに行政権を担う。ゆえに，大統領と首相が異なる政党に所属するケースも出てくる。これをコアビタシオン（保革共存政権）とよぶ。第五共和制が成立して以来，共和国連合（保守系）と社会党（革新系）のあいだで，計3回ほどコアビタシオンが起こっている。

類 半大統領制 **A**⑦　コアビタシオン

上院 **A**②（元老院 **C**①）（じょういん）（げんろういん）　地方公共団体の代表により構成され，県ごとの各級議会の議員による間接選挙によって選出された議員で構成される。任期は6年で，3年ごとに半数ずつ改選。憲法上の議員定数は348以下。

下院 **A**②（国民議会 **C**④）（かいん）（こくみんぎかい）　18歳以上の国民による直接選挙で選出される。法律案は両院で可決されることが必要であるが，国民議会には内閣の不信任決議権，予算案の先議権がある。小選挙区2回投票制で選ばれ，任期は5年。解散もある。憲法上の議員定数は577以下。議場は，フランス革命以降，議長席からみて右側に保守派が，左側に急進派が位置したことから，右翼・左翼という政治用語の語源ともなった。2023年7月時点における議席構成は，再生系171，国民連合系88，不服従のフランス系75，共和党系62などとなっている。

再生（さいせい）　2016年，エマニュエル＝マクロンによって「共和国前進 La République En Marche!」という名称で設立されたフランスの政党。2017年，マクロンが仏国大統領に就任した直後の下院選挙にて第1党となり，政権与党となる。2022年には，党名を「再生 Renaissance」に変更した。特定イデオロギーに固執せず幅広い大衆の支持をめざす包括政党の一種。ただし，親EU主義の立場は鮮明である。2023年7月時点において，下院最大勢力を誇る。

フランス共和党（きょうわとう）　フランスを代表する保守主義政党。起源はドゴールの支持基盤として1958年に設立された新共和国連合（UNR）。1976年，共和国連合（RPR）に名称変更。2002年には保守勢力を結集する形で国民運動連合（UMP）が新たに設立。同党所属の元大統領ニコラ＝サルコジの手により，この国民運動連合を改名する形で，2015年に新たに設立されたのが共和党である。フランスの資本主義体制と国家的独立性を堅持しようとするドゴール主義を継承している。2023年7月時点において，下院の第4勢力である。

民主運動（みんしゅうんどう）　2007年に設立されたフランスの政党であり，共和国前進と同じく包括政党の一種であり，親EU主義を掲げている。2017年に発足したマクロン政権と連携しており，政権与党の地位にある。2023年7月時点において，下院の第5勢力である。

フランス社会党（-しゃかいとう）　フランスを代表する社会主義政党。1969年，国内の社会主義勢力が結集する形で発足。社会民主主義路線を採用。1981年には同党所属のミッテランが大統領に当選。1995年まで続く長期政権となる。2012年にも同党所属のオランドが大統領に当選して，2回目の社会党政権を誕生させた。しかし，このオランド政権が国民的不人気となり，2017年の大統領選挙および下院選挙では惨敗。2023年7月時点において，下院の第6勢力に留まっている。

国民連合（こくみんれんごう）　1972年にジャン＝マリー・ル・ペンによって設立されたフランスのナショナリズム政党。かつての党名は「国民戦線」であり，極右政党とみなされてきた。2011年，マリーヌ・ル・ペンが第2代党首になると，政治的主張を穏健化して勢力拡大を図ってきた。2018年には，党名を「国民連合」に変更。2023年7月時点において下院の第2勢力を占めている。現在の党首はジョルダン・バルデラ。

不服従のフランス（ふふくじゅう-）　2016年にジャン＝リュック・メランションによって設立されたフランスの左翼政党。社会主義と反グローバリズムを唱えており，EU懐疑主義の立場にある。2023年7月時点において，下院第3勢力を誇る。

司法官職高等評議会（しほうかんしょくこうとうひょうぎかい）　司法権運用のための大統領の補佐機関。裁判官についての権限をもつ部会と，検察官についての権限をもつ部会とで構成される。前者は裁判官や有識者ら15人で，破毀院（最高裁判所に該当）院長が主宰。破毀院裁判官の任命などの提案をおこなう。後者は検察官や有識者ら15人で，破毀院付検事長が主宰。検察官の任命や検察官への懲罰などについて意見を述べる。なお，フランスの裁判制度は，司法裁判（民事・刑事）と行政裁判に完全に分離されている。司法裁判は原則として二審制で，民事・刑事とも控訴は控訴院が担当する。最高裁にあたる破毀院は法律審のため，第三審とはみなされない。行政裁判は，第一審の地方行政裁判所と上級審のコンセイユ‐デタがおこなう。

憲法院　C（けんぽういん）　大統領と両院の議長がそれぞれ3名ずつ任命した9名（任期9年，再任なし）と，終身任期の大統領退任者で構成される。3年ごとに3分の1ずつ改選。大統領選挙や国民投票の適法性の監視と結果の公表をおこなう。法律の制定後施行前に合憲性を1か月以内に審査し，ここで違憲と判断されたものは施行することができない。現在では，設立当初の政治機関から脱し，事実上の裁判機関として積極的に違憲審査権を行使するようになった。2008年の憲法改正で，憲法院が事後的に法律の違憲審査をおこなう制度が導入された。

高等法院　C（こうとうほういん）　職務執行に明らかに違反した大統領の行為に対して，罷免に該当するかどうかを議決する機関。国民議会（下院）議長が主宰し，構成員（上下両院議員）の3分の2の多数決でおこなわれる。

共和国法院（きょうわこくほういん）　政府構成員（閣僚）が職務執行中に犯した重罪・軽罪を裁判する機関。15人の判事（上下両院議員各6人と破毀院裁判官3人）で構成される。

経済社会環境評議会（けいざいしゃかいかんきょうひょうぎかい）　経済・社会・環境問題に関する計画案や政府・議員提出の法律案などについて，政府の諮問を受けて意見を答申する機関。市民から付託された請願も審査し，政府や国会に通知する。構成員は233人以内で，職能団体（利益団体）などから選出される。

権利擁護官（けんりようごかん）　国の行政機関などによって損害をこうむった国民からの申し立てを受け，その権利と自由が尊重されるように監視する機関。2008年の憲法改正で新設された。大統領によって任命され，自己の活動を大統領に報告する。任期は6年で，閣僚や国会議員との兼職はできない。

ドイツの政治制度

統一ドイツ（とういつ-）　1949年，米・英・仏占領下のドイツ連邦共和国（西ドイツ）とソ連占領下のドイツ民主共和国（東ドイツ）が分離・成立した。以後，東西対立の

なかで分割状態が続いたが，1989年にベルリンの壁が崩壊，1990年10月にはドイツ統一が実現した。統一ドイツの憲法は，1949年に成立したボン基本法（ドイツ連邦共和国基本法）がそのまま施行された。

ボン基本法 (-きほんほう)　1949年に公布されたドイツ連邦共和国の憲法。ドイツ連邦共和国基本法ともいう。東西に分裂したもとで制定されたため，暫定（ざんてい）の憲法という意味で「基本法」と呼称されたが，統一後も同じ名称が用いられている。憲法典は，基本権についての章が冒頭におかれ，連邦の統治機構に関する諸規定がそれに続く。ナチスに対する苦い経験からさまざまな工夫をこらす一方，社会情勢の変化に対応して，これまで約60回の改正がおこなわれてきた。基本法は連邦議会の3分の2以上，および連邦参議院の3分の2以上の同意で改正される。

連邦制 **B** (れんぽうせい)　ドイツ連邦共和国は，自治権および独自の憲法をもつラントとよばれる各州の連合体としての連邦制をとる。連邦は，外交・軍事など国家全体としての行動を要する領域の仕事を担当する。それ以外の特に憲法に定めのない分野については，立法・行政・司法の各機関を有する各州政府がおこなう。

連邦大統領 (れんぽうだいとうりょう)　ドイツの大統領は，連邦議会議員と各州代表で構成する連邦会議によって選出される。任期は5年，再選1回。条約の締結，外交使節の信認・接受，公務員等の任免など，国家元首としての儀礼的役割が中心であり，一部の例外を除いて直接の統治権は持たない。

議院内閣制 **A** **1** (ぎいんないかくせい)　直接行政を担当する連邦首相は，連邦議会で選出され，大統領によって任命される。首相の任期は4年だが，その権限は非常に強い。連邦議会による重要法案の否決に対しては，大統領の宣言により連邦参議院のみの議決で法案成立も可能である。連邦議会は内閣不信任の権限をもつが，その発動は連邦議会が新たに過半数の支持を与えられる次期首相候補をもっている時に限られる。これを建設的不信任決議という。また，連邦議会に対して責任を負うのは首相だけで，内閣全体ではない。2023年7月時点におけ

る首相は，社会民主党のショルツ。

　　類 建設的不信任決議　メルケル

議会制共和国 (ぎかいせいきょうわこく)　政治体制として，大統領制ではなく議会制を採用している共和国のこと。議会制共和国では，世襲君主が存在しない代わりに，一般国民のなかから定期的に選出される大統領が国家元首の役割を負う。ただし，その地位は象徴的・儀礼的であり，実質的な政治権力は，議会から選出された首相が掌握している。議会制共和国の代表例としては，ドイツ，イタリア，フィンランド，アイルランド，オーストリアなどが挙げられる。

連邦議会 **C** (れんぽうぎかい)　ドイツの下院。小選挙区比例代表併用制（比例代表制を基本とし，その内部に小選挙区制を組みこんだ方式）によって選出される。任期4年。基本定数598。小党乱立を防ぐため，比例得票率が5％以上か，3つ以上の小選挙区で勝利した政党しか議席を保有できない。選挙権・被選挙権はともに18歳。2023年7月時点における議席数は，社会民主党206，キリスト教民主同盟152，緑の党118，自由民主党92，ドイツのための選択肢78などとなっている。

キリスト教民主同盟 (-きょうみんしゅどうめい)　1945年に設立されたドイツの政党であり，戦後ドイツ（西ドイツ時代を含む）における二大政党制の一翼を担ってきた。略称はCDU。長年にわたって，ドイツ下院において，バイエルン地域政党のキリスト教社会同盟（CSU）と統一会派を組んでいる。思想的には，キリスト教的価値観と民主主義思想が融合したキリスト教民主主義の立場にあり，自由市場と社会福祉の融合をめざす社会的市場経済を志向する。一般的には，特定イデオロギーに固執せず幅広い大衆の支持をめざす包括政党の一種とみなされている。歴代首相のアデナウアー，エアハルト，キージンガー，コール，メルケルなどを輩出してきた。2023年7月時点において下院第2勢力。

ドイツ社会民主党 (-しゃかいみんしゅとう)　1863年に設立されたドイツの社会主義政党であり，戦後ドイツ（西ドイツ時代を含む）における二大政党制の一翼を担ってきた。略称はSPD。かつては教条的マルクス主義

から社会改良主義まで党内思想勢力は幅広かったが，1959年に党として階級闘争路線の放棄を表明。その後は議会主義路線を徹底しており，近年は親EU主義路線も明確にしている。戦前ワイマール体制下で数回にわたって政権与党の座に就くほか，戦後も，歴代首相のブラント，シュミット，シュレーダー，ショルツなどを輩出。2023年7月時点において下院最大勢力であり，政権与党である。

ドイツのための選択肢　(-せんたくし)　2013に設立されたドイツの保守主義政党。略称はAfD。欧州懐疑主義路線にあり，ドイツのEU離脱を唱えている。2009年から始まったEU経済危機を契機として，ドイツのメルケル政権はEU諸国への経済支援を続けてきた。AfDはこのEU寄りの姿勢を批判することで，保守的大衆からの支持を集めている。2023年7月時点において下院第5勢力である。

ドイツ自由民主党　(-じゆうみんしゅとう)　1948年に設立されたドイツの古典的自由主義政党。略称はFDP。戦前ワイマール期におけるドイツ人民党とドイツ民党(いずれもブルジョワ自由主義政党)を起源とする。戦後ドイツの二大政党制における第三勢力として，政局のキャスティングボードを握ってきた。1980年代以降は，自由競争政策や民営化政策を推進する役割も演じている。2023年7月時点において下院第4勢力である。

ドイツ左翼党　(-さよくとう)　2007年に設立されたドイツの社会主義政党。旧東ドイツ与党の社会主義統一党を前身とする民主社会党が，社会民主党から離脱した最左派グループと合併して生まれた左翼政治連合である。2023年7月時点において下院第7勢力である。

同盟90／緑の党　(どうめい-／みどり-とう)　ドイツの代表的な環境主義政党。1980年に旧西ドイツで「緑の党」が結成。1993年には，旧東ドイツの民主化グループ「同盟90」と統合して，現在の政党名となった。1998年から2005年にかけては，社会民主党政権に参加して政権与党となっている(赤緑連合)。2023年7月時点において下院第3勢力を誇る。

キリスト教社会同盟　(-きょうしゃかいどうめい)　1946年に設立された独バイエルン州を拠点とする地域政党。略称はCSU。キリスト教民主主義の立場にある。戦後一貫して，キリスト教民主同盟(CDU)と統一会派を組んでいる。CDUとCSUはともに，1870年に設立されたキリスト教政党である中央党を起源としている。2023年7月時点において下院第6勢力。

小選挙区比例代表併用制　(しょうせんきょくひれいだいひょうへいようせい)　ドイツの連邦議会で導入された，比例代表と小選挙区を組み合わせた選挙制度。有権者は各政党と小選挙区候補者にそれぞれ投票する。基本定数598のうち，まず299の小選挙区で当選者を決定。比例代表での得票率に応じて各政党の議席配分数を決める。各政党の議席配分数から小選挙区での当選者数を差し引いて残った人数分を各政党の比例名簿上位から割り当てる。議席配分数を上回った場合は，超過議席となる。

連邦参議院　(れんぽうさんぎいん)　ドイツの上院。連邦主義に基づく機関で，州の人口に応じた3〜6名の州代表議員により構成される。任期は特になく，定数は69名。選挙はおこなわれない。連邦議会に法律案を提出する権限を持ち，連邦議会で採択された法律について異議を表明することができる。また，州の利害に関係する法律については連邦参議院の同意が必要とされる。

連邦憲法裁判所　(れんぽうけんぽうさいばんしょ)　憲法の解釈，連邦と州の権利義務の範囲などについて，連邦や議会の要請で審理する。このような違憲審査のあり方を抽象的違憲審査制とよぶ。構成員は連邦議会と連邦参議院によって，それぞれ半数ずつ選出される。なお，憲法裁判所のほかに，民事・刑事事件を扱う通常裁判所と，四つの特別裁判所とがある。

韓国の政治制度

大韓民国憲法　(だいかんみんこくけんぽう)　1948年制定。現在まで9次にわたり改正。通常，体制の変化にそくして以下のように六つに時期区分される。①第一共和国憲法(1948〜60年)：制憲憲法ともいう。当初は大統領中心制(国会で選任，任期4年，再任

可)であったが，その後直接選挙制を経て再任制限が緩和された。国会は一院制から二院制へ変わった。②第二共和国憲法(1960〜62年)：60年憲法ともいう。「四・一九革命」を経て，大統領の権限を縮小した議院内閣制に変更。地方自治体の長の選挙が実施された。③第三共和国憲法(1962〜72年)：62年憲法ともいう。「五・一六クーデタ」の後，大統領中心制に戻され，国会も一院制となった。④第四共和国憲法(1972〜80年)：維新憲法ともいう。大統領中心制の下，任期6年で重任の無制限など，その権限が強化された。地方議会選挙が実施停止となった。⑤第五共和国憲法(1980〜87年)：80年憲法ともいう。朴正熙(パクチョンヒ)暗殺事件や，学生による民主化デモを軍が鎮圧した光州事件などを経て，大統領中心制は維持されたが，任期7年で再任禁止に。国会議員の一部を比例代表で選出。⑥第六共和国憲法(1987年〜現在)：87年憲法ともいう。「六・二九民主化宣言」の後，大統領直接選挙制(任期5年，再任不可)に。国会の権限が強化され，憲法裁判所が創設された。なお，現行憲法下での改正手続きは，国会在籍議員の過半数または大統領が発議し，国会在籍議員の3分の2以上の賛成の後に国民投票にかけられ，有権者の過半数の投票と，投票者の過半数の賛成で成立する。文在寅(ムンジェイン)大統領は2018年，大統領の任期を4年再任制(最大2期)とする，前文にかつての民主化闘争を明記する，基本権を拡大する，などの改憲案を国会に発議した。

国会 Ⓐ2 (こっかい)　一院制で，任期は4年。定数は200人以上と規定(現在は300人。うち小選挙区で253人，比例代表で47人)。小選挙区比例代表並立制で選出される。立法権以外にも行政府に対する牽制(けんせい)の機能として，国務総理の任命同意権などをもつ。国政調査権のほか，毎年定期的に国政全般について監査する国政審査権も有する。重要法案については過半数ではなく，5分の3以上の賛成が必要となる。現在の国会勢力は「共に民主党」167，「国民の力」112，正義党6など。

共に民主党 (とも-みんしゅとう)　韓国における二大政党の1つであり，2014年，韓国のリベラル勢力が結集する形で設立された。2023年7月時点において国会最大勢力を誇っており，2022年に発足した尹錫悦政権に対する最大野党となっている。

国民の力 (こくみん-ちから)　韓国における二大政党の1つであり，2020年，韓国の保守勢力が結集する形で設立された。2023年7月時点において国会第2勢力であり，2022年に発足した尹錫悦政権を支える政権与党でもある。

大統領 Ⓐ1 (だいとうりょう)　韓国の国家元首。政府の首班であり，国務会議(内閣)の議長となる。被選挙権年齢は40歳以上で，国民の直接選挙で選出。任期は5年，再任は禁止されている。大統領とは別に首相も存在するが，あくまで大統領が政府の実権を掌握している。2023年7月時点における大統領は尹錫悦。

　関 李明博　朴槿恵　文在寅

国務総理 (こくむそうり)　韓国における首相の呼称。大統領が国会の同意を得て任命する。大統領を補佐し，行政各部を統轄する。国務会議(内閣)の副議長も務める。

憲法裁判所 (けんぽうさいばんしょ)　通常の司法権から独立した特別な裁判所で，ドイツにならって創設。第二共和国憲法の時期に設立が決まったが，実際に創設されたのは87年憲法体制下である。法官の資格をもつ9人の裁判官で構成され，大統領が任命。ただし，うち3人は国会が選出，3人は大法院長が指名。国民から訴えのあった憲法訴願案件に対する審判や，法院(裁判所)で法律の違憲性が問題になった際の審査などをおこなう。

法院 Ⓑ (ほういん)　韓国における通常の裁判所の呼称。司法権を担い，大法院および各級法院からなる。最高裁長官にあたる大法院長は，国会の同意を得て大統領が任命。最高裁判事にあたる大法官は，大法院長の推薦にもとづき大統領が国会の同意を得て任命する。一般の裁判官である法官は，大法院長が大法官会議の同意を得て任命する。

2章　日本国憲法の成立と基本原理

1　大日本帝国憲法の制定

大日本帝国憲法の基本的性格

明治維新　(めいじいしん)　徳川幕府と諸藩による封建体制を廃止して，天皇中心の近代的中央集権国家体制をつくった政治的・社会的変革。王政復古・版籍奉還・廃藩置県・徴兵令・地租改正・四民平等などを推進して封建的諸制度を廃止し，富国強兵・殖産興業・文明開化など上からの資本主義化による近代国家の建設をおしすすめた。

五箇条の誓文　(ごかじょうのせいもん)　1868年，明治天皇が公卿や官吏を率いて神に誓うという形式で表明した新政府の基本方針。福井藩の参与・由利公正らが起草し，福岡孝弟・木戸孝允らが訂正して成案となった。「広ク会議ヲ興シ万機公論ニ決スヘシ」と公議に基づく政治，開国和親などが示され，朝廷の権力の基礎を固めることを目的とした。

藩閥政府　(はんばつせいふ)　明治時代に政府の要職を維新に貢献した薩摩・長州・土佐・肥

年	事　項
1889	大日本帝国憲法発布
1890	第1回衆議院議員総選挙
	第1回帝国議会開会
1894	日清戦争（～1895年）
1904	日露戦争（～1905年）
1914	第一次世界大戦（～1918年）
1919	普選運動さかんになる
1924	護憲三派内閣成立
1925	治安維持法公布
	普通選挙制成立
1928	最初の普通選挙実施
1931	満州事変
1932	五・一五事件
1933	国際連盟脱退
1935	天皇機関説事件
1936	二・二六事件
1937	盧溝橋事件（日中戦争はじまる）
1938	国家総動員法公布
1940	日独伊三国同盟調印
	大政翼賛会創立
1941	アジア太平洋戦争（～1945年）
1945	広島・長崎に原子爆弾
	ポツダム宣言受諾
1946	天皇の人間宣言
1947	日本国憲法施行

▲ 大日本帝国憲法から日本国憲法へ

前の4藩出身者に独占された状態の政府をさす。1885年，内閣制度成立後も薩長出身者が，首相・大臣など政府の要職を占め，権力を維持した。

自由民権運動　**B**　(じゆうみんけんうんどう)　19世紀後半，明治政府に対して国会開設と憲法制定などの民主的要求をおこなった政治運動。板垣退助・後藤象二郎・植木枝盛・中江兆民らが中心。その背景には，欧米諸国の立憲政治，特にイギリスの自由主義思想，フランスの天賦人権思想による平等観がある。1874年の板垣退助らの民撰議院設立建白書の提出に端を発して，自由党（板垣退助）・立憲改進党（大隈重信）などの政党が結成されて国民の政治意識も高まったが，秩父事件（1884年）のような運動の激化した事件もおこり，政府の弾圧や運動内部の分裂などをまねいて衰退した。

類 民撰議院設立建白書　**C**　秩父事件　中江兆民

板垣退助　[1837〜1919]　(いたがきたいすけ)　土佐藩出身の政治家。明治政府の参議となるが，征韓論に敗れて下野。1874年に日本初の政党である愛国公党を設立し，後藤象二郎らと民撰議院設立建白書を提出し，自由民権運動の指導者となった。1881年には自由党を結成し，党首になった。1898年，日本最初の政党内閣の性格を持つ隈板内閣の内相に就任。1900年の立憲政友会結成を機に引退した。

植木枝盛　**C**　[1857〜92]　(うえきえもり)　自由民権運動の活動家。天賦人権論を説き，私擬憲法草案の一つである「東洋大日本国憲按」を起草。主著『民権自由論』。

東洋大日本国憲按　**C**　(とうようだいにっぽんこくこっけんあん)　植木枝盛が起草した憲法草案。人民主権や抵抗権，一院制議会などが盛り込まれている。

私擬憲法　**C**　(しぎけんぽう)　明治憲法制定前に，民間の自由民権運動の活動家らによって起草された憲法草案。今日では40種以上が知られ，千葉卓三郎が起草した五日市憲法草案などがある。

類 千葉卓三郎　**C**　五日市憲法草案　**C**

大隈重信　[1838〜1922]　(おおくましげのぶ)　佐賀藩出身の明治・大正期の政治家。明治政府に参加したが，急進性を嫌われて明治14年の政変（開拓使官有物払い下げ事件が

契機)で下野。翌年，民権運動と呼応して立憲改進党を組織した。政府の弾圧にあい脱党後，1888年に黒田内閣の外相として条約改正に努力したが，成功しなかった。1898年には板垣退助とともに隈板内閣を組織，政党内閣への第一歩をしるした。その後，立憲同志会などを与党に1914年にも第2次内閣を組織した。

明治14年の政変（めいじ-ねん-せいへん）　参議の大隈重信らを政府から追放した政治的事件。1881（明治14）年，自由民権運動が高揚するなか，政府内部で伊藤博文らと大隈が対立。おりから開拓使官有物払い下げ事件が発覚し，この汚職事件が大隈らによる政府転覆の陰謀だとして，大隈が免官された。この政変を機に，大隈が標榜したイギリス流の近代立憲主義構想が放棄され，伊藤に代表されるプロシア流の外見的立憲主義が選択された。

大日本帝国憲法🅐④**（明治憲法**🅑②）（だいにっぽんていこくけんぽう）（めいじけんぽう）　1889年2月11日発布，翌90年11月29日に施行された憲法。帝国憲法ともいう。7章76か条からなる。伊藤博文が井上毅・金子堅太郎・伊東巳代治らの協力を得て，君主権の強いプロイセン憲法を参考に秘密裏に草案づくりをおこない，枢密院の審議をへて，天皇の名で制定された欽定憲法。これにより，日本はアジアにおける最初の立憲君主国となった。統治権の総攬者として，天皇は官吏の任免，陸海軍の統帥，宣戦，講和・条約の締結などの大権を持った。各大臣は天皇を輔弼し，衆議院と貴族院とで構成された帝国議会は，天皇の立法権への

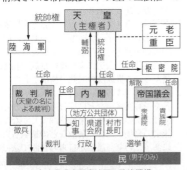

▲大日本帝国憲法下の政治機構

協賛機関とされた。国民の諸権利は欧米の基本的人権とは異なり，天皇が臣民㊥に与えたものであり，その多くが法律の範囲内でのみ認められた。この憲法は1947年，日本国憲法が施行されるまで効力を持った。

外見的立憲主義🅑②（がいけんてきりっけんしゅぎ）　制度上は立憲主義のかたちをとるように見せながら，実際にはそれを否定する政治の形態。国民主権や個人の基本的人権，権力分立の保障という三つの要素をもたない憲法に基づく政治のこと。表見的立憲制ともいう。1850年のプロイセン憲法，それを引き継いだ1871年のドイツ帝国憲法，プロイセン憲法を範とした1889年の大日本帝国憲法などがそれに該当する。

同表見的立憲制

天皇主権🅑①（てんのうしゅけん）　国の政治をどうおこなうかを決定する最終的な権限が天皇にあること。大日本帝国憲法では天皇主権が規定されていたが，日本国憲法のもとでは主権は国民が有し，天皇主権は認められていない。

欽定憲法🅐①（きんていけんぽう）　君主主権の原理に基づき，君主の権威と意思で単独に制定された憲法。君定憲法ともよばれる。フランスの1814年憲章（シャルト）をはじめ，1850年のプロイセン憲法，1889年の大日本帝国憲法などがこれに属する。

民定憲法🅐②（みんていけんぽう）　国民主権の原理に基づき，国民が代表者を通じて直接に制定する憲法。アメリカ諸州の憲法やフランスの1946年憲法など，多くは共和制をとるが，フランスの1791年憲法やベルギー憲法（1831年）のように，立憲君主制のかたちをとるものもある。

協約憲法（きょうやくけんぽう）　君主と国民（代表）との合意により制定された憲法。欽定憲法と民定憲法の中間的なもの。協定憲法ともいう。フランスの1830年憲章がその代表例。

プロイセン憲法🅑**（プロシア憲法）**（-けんぽう）（-けんぽう）　1850年，プロイセン（ドイツ）で制定された憲法で，立憲君主主義に基づいて制定された。しかし，実質的には強大な権力が君主に集中している欽定憲法（外見的立憲主義）であり，国民の権利は制限されていた。この憲法は，1919年に

ワイマール憲法が制定されるまで存続した。ベルギー憲法の影響をうけている。伊藤博文らは1882年，憲法を調査するために渡欧し，このプロイセン憲法を手本として大日本帝国憲法を起草した。

伊藤博文 Ｃ [1841～1909]　(いとうひろぶみ)　長州藩出身の明治時代の政治家。松下村塾ᴵᴵᵖで吉田松陰の教えを受け，イギリス留学ののち明治新政府樹立に貢献した。後に大久保利通の後継者として政府の最高指導者となる。1882年，国会開設を約して渡欧し，プロイセン憲法を学んで帰国。以後，華族制度や内閣制度の創設，枢密院の設置，大日本帝国憲法制定などをおこない，初代内閣総理大臣となった。また，枢密院議長・貴族院議長などを歴任し，1900年に政党との協調の必要を感じて立憲政友会を結成した。1905年に創設された韓国統監府の初代統監にも就任したが，1909年にハルビン駅頭で韓国人独立運動家の安重根ᴬⁿⁿⁱᵘⁿ(ショウシン)に射殺された。

天皇大権 Ｂ　(てんのうたいけん)　大日本帝国憲法下において，天皇が帝国議会の参与なく自由に行使しうる権能のこと。国務大権・皇室大権・統帥大権に大別される。このうち，国務大権が行使される際には原則的に国務大臣の輔弼が必要とされたが，慣行上は輔弼の範囲外にあるものと理解されていた。

国務大権　(こくむたいけん)　広義には，天皇がもつ国家統治権のすべて。狭義には，帝国議会の協賛を必要とせず，大日本帝国憲法第1章に明記されたものをいう。法律の裁可・公布・執行，議会の召集・開会・閉会・停会，緊急勅令，独立命令，宣戦・講和・条約締結など。

皇室大権　(こうしつたいけん)　天皇が皇室の家長として，事務の一切を総攬すること。他の行政官庁から独立した宮内省によって管轄された。

統帥大権　(とうすいたいけん)　大日本帝国憲法第11条に規定された統帥権のこと。国務大権と異なり，国務大臣の輔弼を必要としないほどに独立性が強かった。

勅令 Ｂ②　(ちょくれい)　天皇の発した命令。帝国議会の協賛なしに発することができた。緊急勅令は，緊急時に治安・安全の確保，災難回避のために下す天皇の命令。

〔類〕緊急勅令 **Ｃ**

統帥権 Ｂ②　(とうすいけん)　陸海空など軍隊の最高指揮・命令権。大日本帝国憲法では天皇の大権事項に属し，議会や内閣から独立しておこなうことが建前とされた。しかし実際には陸軍は参謀総長，海軍は軍令部総長がこの権限を行使したため，軍部の発言権が増大し，1931年の満州事変以後，軍部の独走を許すことになった。

統帥権の独立 Ｂ　(とうすいけん~どくりつ)　統帥権について，天皇が議会や内閣から独立して直接行使できたこと。

万世一系　(ばんせいいっけい)　永久に同じ系統が続くこと。大日本帝国憲法下では，神(天照大神あまてらすおおみかみ)に由来する「万世一系」の天皇が日本国を統治するとされ，日本国憲法でも皇位は世襲とし，平等原則の例外として容認している。

臣民 Ａ　(しんみん)　大日本帝国憲法下における天皇および皇族以外の日本国民のこと。

臣民の権利 Ａ　(しんみん~けんり)　大日本帝国憲法下における国民の権利のこと。人間が生まれながらにもつ権利ではなく，天皇が恩恵としてあたえたもの。今日の憲法で保障された人権規定に比較すれば不十分であり，「法律ノ範囲内ニ於テ」認めるという法律の留保がついていた。

法律の留保 Ａ　(ほうりつ~りゅうほ)　行政への基本的要請として行政権の活動は，立法機関が定めた法律によらねばならないことをいう。これは法律の定めがあれば，人権の制限も可能という考え方や，行政の恣意的な執行を戒めるという考え方のいずれにも解釈できる。大日本帝国憲法下での基本的人権の考え方は前者である。

帝国議会 Ｂ④　(ていこくぎかい)　大日本帝国憲法下における最高立法機関。1890年に開設。国民の公選(制限選挙)による議員からなる衆議院と，公選によらない華族や勅任議員からなる貴族院の二院で構成された。二院はほぼ同等の権限を持ち，天皇の立法行為や予算案審議などに協賛した。しかし議会は天皇の立法権の協賛機関でしかなく，議会の召集・閉会・解散などの権限も天皇にあったので，議会が自らの権限で法律を制定することはできなかった。天皇大権の制約をうけ，枢密院や憲法上なんら規定の

ない元老が，国政に決定的な役割を果たすことも多く，議会の弱体化を招いた。

衆議院 Ａ③（しゅうぎいん）　大日本帝国憲法下における立法機関。国民の公選（制限選挙）による議員からなる。

貴族院 Ａ②（きぞくいん）　大日本帝国憲法下の立法機関。公選によらない皇族・華族や勅任議員からなる。衆議院とほぼ同等の権限をもった。

元老 Ｃ（げんろう）　明治憲法下で，天皇を補佐した政界の長老。元勲ともよばれた。憲法上の根拠はないが，後継首相の決定に影響を与えるなど，実質的な政治支配をおこなった。

重臣会議（じゅうしんかいぎ）　軍部ファシズム台頭への対抗策として，1930年代に西園寺公望が元老会議に代わって構成した天皇補佐組織。

内大臣（ないだいじん）　1885年，内閣制度の発足と同時に行政府から独立して宮中に設けられた天皇の補佐官。1912年の桂太郎の組閣以後に政治への関与を強め，1930年代以後は元老に代わって後継首相の決定などに強い影響力を持つようになった。

宮内大臣（くないだいじん）　大日本帝国憲法時代の内閣に属さない天皇親任による宮内省の大臣。皇室関係の事務のすべてについて天皇を輔弼する皇室の機関。

枢密院 Ｂ（すうみついん）　1888年，大日本帝国憲法草案の審議のために設置された機関。その後，天皇の最高諮問機関として，国務ならびに皇室の重要事項を審議・答申した。法的には単なる諮問機関だが，実際には政府を制約する役割を担った。

輔弼 Ｂ（ほひつ）　大日本帝国憲法下で，天皇を補佐するために国務各大臣が天皇の権能の実行に際しておこなった助言のこと。天皇は統治権の総攬者であるが，行政行為に際しては輔弼を必要とし，最終的な責任は内閣が負った。

超然内閣（ちょうぜんないかく）　政党内閣に対する概念。議会や政党に基礎をおかない内閣のあり方をいう。1889年の明治憲法発布の翌日，黒田清隆首相が「政務を不偏不党で処理するためには政党から超然としてその外に立つ」と述べたことから，明治期の藩閥内閣の特徴として定着した。1918年の

原敬内閣の成立まで，政党勢力を無視した内閣構成が続いた。

内閣官制（ないかくかんせい）　大日本帝国憲法のもとで内閣制度を定めた勅令。同憲法には内閣の組織や権限などについての規定はなかった。現在では，内閣は憲法上の機関と位置づけられ，行政権の主体として認められている。

総攬 Ｃ（そうらん）　大日本帝国憲法下において，天皇が大権を持ち，あらゆる面における権力を一身におさめること。こうして，天皇を頂点とする中央政府の官僚機構が形成された（官治行政）。

新聞紙条例（しんぶんしじょうれい）　1875年に自由民権論者による反政府的言論活動を抑えるために公布された法律。新聞・雑誌の出版に規制を加え，違反者には懲役刑および罰金刑を科すなどして政府攻撃をかわそうとした。何度かの改定ののち，1909年の新聞紙法に継承された。

新聞紙法（しんぶんしほう）　日刊新聞や定期刊行雑誌の取り締まりを目的とした法規。それまでの新聞紙条例を踏襲し，1909年に制定された。内容的には記事掲載差し止めを広範に認めるなど，出版法とともに希代の言論弾圧法として猛威をふるった。敗戦直後にＧＨＱの覚書によって執行が停止され，1949年に正式廃止。

讒謗律 ②（ざんぼうりつ）　1875年に制定された言論取り締まりの法令。人の名誉を害したり悪口をいう（讒毀・誹謗）行為に対して罰金や牢獄に監禁する禁獄を科し，とくに自由民権の言論に統制を加えた。公布後5年間に200人が犠牲となった。

集会条例（しゅうかいじょうれい）　全国的規模で起こった国会開設請願運動＝自由民権運動を弾圧するために，集会・結社の届け出制，警察官による集会の解散権などを内容として，1880年に公布された法令。政党も含め，一切の集会が政府の監視下におかれることになった。

治安警察法 Ｂ（ちあんけいさつほう）　日清戦争（1894〜95年）後の労働争議や社会運動の高まりを背景に，政治活動やストライキなどの取り締まりを意図してつくられた法律。集会・結社・団結の規制強化などを内容として，1900年に公布。戦前の治安立法の

中核的位置を占めた。1945年廃止。

治安維持法　**A**（ちあんいじほう）　戦前の代表的な治安立法。1925年に普通選挙を定めた法律と同時に制定された。天皇制の廃止（国体の変革）や私有財産制度の否定を主張する団体の設立者やその参加者に厳しい刑罰をもってのぞんだ。集会・結社の自由に制限を加える治安警察法とともに，労働運動・大衆運動，とくに社会運動を徹底的に弾圧した。1928年には最高刑が死刑に改められ，「目的の遂行の為にする行為」も広く処罰の対象となった。1941年の改定で，再犯のおそれのある者を刑期終了後も拘禁する，予防拘禁制も追加された。共産党員を大量に検挙した三・一五事件（1928年）では484名が起訴されている。1945年にＧＨＱ（連合国軍総司令部）によって廃止された。

　　　　　　　　　　　　類予防拘禁制

普通選挙法　（ふつうせんきょほう）　1925年に改正された衆議院議員選挙法をさす。この改正以前は，一定額以上の納税者にのみ選挙権が与えられていた制限選挙であったが，この改正によって25歳以上の成年男性であれば，社会的地位・信条・門地・教育などにかかわらず原則として全員に選挙権が与えられる普通選挙制となった。治安維持法も同時に制定されている。敗戦後の1945年にはＧＨＱの指示によって改正され，男女を問わず20歳以上の国民すべてに原則として選挙権が与えられることとなった。

女性参政権　（じょせいさんせいけん）　参政権の歴史には，一部の有産者のみという制限とともに，男性のみという制限も存在した。政治は男性の特権であるとの考え方に基づくといえよう。普通選挙を進めて，男女の平等選挙が実施されたのは，日本では第二次世界大戦後である。1946年の衆議院議員総選挙で初めて女性が参政権を持ち，投票した。その結果，39名の女性代議士が誕生した。

大正デモクラシー　**A**④（たいしょう-）　大正時代（1912～26年）を中心にみられた政治・社会・文化などにおける民主主義的・自由主義的傾向のこと。大日本帝国憲法下にあって民衆の政治的活動は抑制されていたが，日露戦争（1904～05年）後は民衆の政治意識も高まった。こうしたなか，美濃部達吉の天皇機関説（1912年）や吉野作造の民本主義論（1916年）が発表されると，都市中間層に民主主義の思潮が普及した。さらに，ロシア革命（1917年）や第一次世界大戦後の国際的民主主義の風潮が国内に影響を与え，普通選挙運動・労働運動・農民運動・女性解放運動などが活発に展開されるようになり，政党内閣を成立させるなどの成果を得た。しかし，1925年の普通選挙法と同時に制定された治安維持法による弾圧もあって，運動は衰退した。

戦争への道

満州事変　**B**（まんしゅうじへん）　日本の中国侵略の直接の端緒となった戦争。1931年9月18日，中国東北部（満州）の奉天（現在の瀋陽）近郊にある柳条湖付近の線路を日本の関東軍が爆破し（柳条湖事件），これを中国軍隊の行為として軍事行動を起こした。翌32年には満州の3省を制圧，日本のかいらい国家満州国をつくり上げ，1933年5月，中国と停戦協定を結んだ。満州国については，国際連盟のリットン報告書（1932年）は自発的な独立運動に基づくものではないとした。以後，日本は連盟の脱退（1933年）をはさんで，五・一五事件と二・二六事件の2度のクーデタにより軍部の発言力が強まり，日中戦争からアジア太平洋戦争へとつき進んだ。

五・一五事件　**C**（ごいちごじけん）　1932年5月15日に起こった海軍青年将校を中心としたクーデタ。犬養毅首相が暗殺された。この事件を契機に政党内閣の時代は終わりをつげ，軍部の力が台頭した。

二・二六事件　**C**（ににろくじけん）　1936年2月26日に起こった陸軍青年将校を中心としたクーデタ。この事件は，軍部による内閣への介入の端緒となった。

日中戦争　**C**（にっちゅうせんそう）　日本と中国との全面戦争。1931年の満州事変を契機に日本は満州国をつくり，中国との対立を深めた。1937年7月7日未明，北京郊外の盧溝橋付近で日中両軍が衝突（盧溝橋事件），以後全面戦争に発展した。日本軍は同年12月に南京大虐殺事件をおこし，1938年10月には広東・武漢を占領したが，

中国では国民党と共産党の統一戦線（国共合作）が成立し，国民政府も重慶に移って根強く抵抗を続けた。以後，戦争は泥沼化していった。この間，日本国内では国家総動員法（1938年），翼賛体制（1940年）などがつくられて軍国主義化が進み，ファシズム体制が成立した。行きづまった日中戦争打開のため，1940年には日本軍はフランス領インドシナ（仏印）北部への侵攻を開始。英・米・仏などとの対立を深め，1941年12月，アジア太平洋戦争がひきおこされた。

類 盧溝橋事件 **C**　　南京大虐殺事件

軍国主義 **B** （ぐんこくしゅぎ）　軍事力によって国家体制を固め，対外的にも発展しようとする考え方，あるいは体制。そのため，一国の政治・経済・社会・文化・教育などのすべてが軍事力強化のために構成・運用されることになる。日本では天皇制を精神的な支柱として，満州事変以後とくに強硬におし進められた。

大政翼賛会 **B①** （たいせいよくさんかい）　1940年，第2次近衛文麿内閣の時，新体制運動の推進をめざして結成された全体主義的国民統合組織。既成政党や軍人によらない広範囲の国民統合組織をめざしたが，実際には軍部に利用され，戦争に国民を動員する中核としての役目を果たした。総裁には首相が就任し，下部組織には都道府県支部（長には知事）や市区町村支部などがあった。1942年には，大日本産業報国会・大日本婦人会なども傘下においた。1945年3月，国民義勇隊の発足とともに解散。

国家総動員法 **C** （こっかそうどういんほう）　日中戦争下の非常事態に備え，人的・物的資源の統制・動員・運用をおこなうことを目的とした法律。1938年に施行された。労務・物資・資金・価格などの戦争下におけるとり扱いを勅令によって定めるなど，広範な権限を政府に委任し，結果的に社会・経済生活の全分野にわたる政府の統制を許すことになった。国民の権利や財産の保護，議会の権限も制限されるようになり，議会政治は無力化していった。

八紘一宇 （はっこういちう）　「世界を一つの家とする」という意味。アジア太平洋戦争の時期に，中国や東南アジアへの侵略を正当化するためのスローガンとして利用された。

太平洋戦争 **B** （たいへいようせんそう）　第二次世界大戦（1939〜45年）における，日本と中国・英・米・仏・蘭など連合国との戦争。近年では戦争の性格上，「アジア太平洋戦争」という呼称が定着している。当時の日本は「大東亜戦争」とよんだ。泥沼化した日中戦争の打開と資源の確保をめざし，国内では国家総動員法・大政翼賛会などをつくって戦時体制を固め，対外的には日独伊三国同盟（1940年），日ソ中立条約（1941年）を結んで条件を整えた。1941年，石油資源などの獲得を目的に南部仏印に進駐，これに対してアメリカなどが対日石油禁輸の措置をとると，1941年12月8日，日本軍は英領マレー半島に上陸，まもなくハワイ真珠湾を奇襲して，ここにアジア太平洋戦争が始まった。日本は，開戦後半年の間に香港・シンガポール・フィリピン・ビルマなど東南アジア諸国から中部太平洋にいたる広大な地域を占領した。しかし，1942年6月にミッドウェー海戦でアメリカ軍に敗北すると守勢一方となった。アメリカ軍の反攻は本格化し，ガダルカナル島・サイパン島・硫黄島などで日本軍は壊滅状態となった。1945年4月には沖縄本島にアメリカ軍が上陸し，はげしい戦闘がおこなわれた（沖縄戦）。この間，兵員を補うために植民地の朝鮮・台湾に徴兵制を敷き，国内でも学徒出陣や徴兵年齢の引き下げなどがおこなわれた。産業は軍需中心となり，勤労動員や中国・朝鮮人の強制連行もおこなわれ，1944年からは全食糧が配給制となった。1945年2月，米・英・ソ3国はヤルタ協定を結び，ソ連の対日参戦などを密約した。同年5月，ドイツが無条件降伏，7月には米・英・中3国が対日戦後処理案をポツダム宣言として発表した。日本がこれを黙殺すると，アメリカは広島・長崎に原爆を投下，ソ連も対日参戦し，満州・南樺太・朝鮮に進攻した。ここにいたって日本政府はポツダム宣言を受諾，8月15日には天皇がラジオを通じて終戦の詔勅を発する。9月2日，日本政府全権団が対連合国降伏文書に調印した時点を以て戦争は終結した。この戦争の犠牲者は，日本の300万人を含めアジア全域

で2000万人ともいわれる。

　　　　　　　　同アジア太平洋戦争 C

元日本軍「慰安婦」問題 B（もとにほんぐんいあんふ
もんだい）　第二次世界大戦中，日本軍が侵略
した地域に設けた「慰安所」で，現地の女
性たちに奴隷状態のもと性行為などを強制
した問題。被害者として韓国人女性が
1991年，日本政府に損害賠償を求めて初
の提訴。日本政府は1993年に日本軍の関
与を認め，「お詫びと反省」を表明した（河
野談話）。1995年，民間組織「女性のため
のアジア平和国民基金」が発足し，2007年
まで元慰安婦への償い事業などを実施した
が，国家としての賠償はおこなわれていな
い。2015年末，日韓両政府は慰安婦問題
の解決に向けて，支援財団の設立（2016年,
和解・癒やし財団が発足）などに合意した。

　　　　　　　　　類河野談話 C

沖縄戦（おきなわせん）　アジア太平洋戦争の末期,
沖縄本島とその周辺でおこなわれた日米間
の戦闘。1945年4月に米軍が上陸，日本
軍の組織的抵抗が終わる6月までつづい
た激しい地上戦は，「鉄の暴風」とよばれた。
沖縄県民の犠牲者は12万人以上と推定さ
れ，そのなかには日本軍によって「集団自
決」（強制集団死）に追い込まれた人たち
もいた。なお，2006年度の教科書検定で,
集団自決に関する日本史教科書の記述が問
題とされ，「日本軍の強制」という記述が
削除・修正させられた。この問題では，沖
縄県などから反対の声が広がり，07年に
教科書の著者・出版社が訂正申請をおこ
なった。また，日本軍将校らが沖縄住民た
ちに集団自決命令を下したとする大江健三
郎『沖縄ノート』の記述などで名誉を傷つ
けられたとして，元戦隊長らが2005年に
訴訟を起こしたが（大江・岩波沖縄戦裁
判），大阪地裁・同高裁ともに原告の請求
を棄却した。2011年には，最高裁が原告
の上告を棄却する決定をおこない，被告
（大江氏など）の勝訴が確定した。

　　　　　　　類大江・岩波沖縄戦裁判

② 日本国憲法の成立

日本国憲法の基本的性格
日本国憲法 A32（にほんこくけんぽう）　日本が第

二次世界大戦に敗戦し，連合国軍の占領下
において新憲法制定作業が始まり，1946
年11月3日に公布，翌年5月3日から施
行された。この憲法は大日本帝国憲法の改
正という形をとったが，天皇主権から国民
主権に変わるなど多くの点で根本的に異な
る。日本国憲法の柱は，①国民主権と象徴
天皇制，②戦争の放棄，③基本的人権の保
障である。

年　月　日	事　　項
1945. 8.14	ポツダム宣言受諾
1945.10.11	GHQ,幣原内閣に憲法改正を示唆
1945.10.25	憲法問題調査委員会（松本委員会）設置
1946. 1. 1	天皇人間宣言
1946. 2. 8	憲法改正の「松本案」をGHQに提出
1946. 2.13	GHQ,マッカーサー草案を提示
1946. 3. 6	政府,「憲法改正草案要綱」を発表（マッカーサー草案を基に）
1946. 4.17	政府,「憲法改正草案」を発表
1946. 6.20	第90帝国議会に憲法改正草案を提出
1946.10. 7	帝国議会,憲法改正草案を修正可決
1946.11. 3	日本国憲法公布
1947. 5. 3	日本国憲法施行

▲ 日本国憲法の制定過程

ポツダム宣言 A2（―せんげん）　日本の降伏条
件や戦後処理を示した対日共同宣言。
1945年7月26日に米・英・ソ3国がベル
リン郊外のポツダムでの会談によって取り
決めた。当初，米・英・中の名で発表され,
ソ連は対日参戦した8月8日に加わった。
全13項のうち主なものは，①日本の軍国
主義とその勢力の除去，②日本の戦争能力
排除までの連合国による占領，③日本の領
土を本州・北海道・四国・九州及び連合国
の決定する諸小島に限定，④戦争犯罪人の
処罰と民主化の促進，⑤言論・宗教・思想
の自由及び基本的人権の尊重，⑥無条件降
伏，などである。日本は最初，国体問題
（天皇主権の継続）を理由に黙殺したが,
広島・長崎への原爆投下，ソ連の対日宣戦
などにより，8月14日に宣言を受諾。9
月2日に第二次世界大戦は終結した。

GHQ A3〔General Headquarters of
the Supreme Commander for the Al-
lied Powers〕　連合国軍最高司令官総司
令部の略称。第二次世界大戦後にポツダム
宣言に基づいて，日本の占領・管理のため
に設置された。最高司令官はアメリカの

マッカーサー。米・英・ソ・仏など11か国からなる極東委員会（本部ワシントン）の決定と連合国対日理事会（本部東京）の諮問によって日本政府に対して占領政策を実施させた。また，アメリカは最高司令官に対して中間指令を出すことができたため，日本の非軍事化や民主化政策にはアメリカの意向が強く反映された。

同連合国軍最高司令官総司令部⑤

極東委員会（ＦＥＣ） ［Far Eastern Commission］（きょくとういいんかい）　第二次世界大戦後，日本を管理するための連合国の最高政策決定機関。1945年に米・ソ・中など11か国で発足，のちに13か国で構成された。憲法問題などについて，アメリカ政府を通じてＧＨＱの最高司令官に指示を与えることを目的とした。結果的には十分な機能を果たせず，1952年の対日平和条約の発効で消滅した。

マッカーサー **Ａ**②［Douglas MacArthur, 1880～1964］　アメリカの軍人。1941年にアメリカ極東陸軍司令官となり，日本降伏後の1945年8月に連合国軍最高司令官として日本に進駐した。ＧＨＱの最高権力者として，日本国憲法の原案作成や軍国主義者の公職追放，農地改革，財閥解体などの一連の民主化政策を推進した。1940年代末の東西対立の激化にともない，日本の反共国家化にも取り組んだ。1950年から始まった朝鮮戦争で「国連軍」の最高司令官となったが，原爆使用を提言してトルーマン大統領と対立，1951年4月に解任された。

国体護持 **Ｃ**（こくたいごじ）　国体とは国家の統治体制を意味する。しかし，ここでいう国体は大日本帝国憲法に定められた万世一系の天皇が統治する日本独自の国家形態をいい，その護持とはこのような天皇制を維持しようとする主張や運動をいう。

憲法問題調査委員会 **Ｃ**③（けんぽうもんだいちょうさいいんかい）　1945年，幣原喜重郎内閣によって設置された大日本帝国憲法の改正案をまとめるための委員会。委員長は松本烝治国務大臣であり，松本委員会ともよばれる。ここで出された改正案は，天皇が統治権を総攬するという大日本帝国憲法の天皇主権を変更しないまま，国民の権利保障などを付加したものにすぎなかった。そのた

めＧＨＱはこれを認めず，総司令部民生局は1946年に極秘に憲法改正草案（マッカーサー草案）を作成し，これが日本国憲法の基礎となった。

同松本委員会

松本烝治 **Ｃ**［1877～1954］（まつもとじょうじ）　商法学者。幣原喜重郎内閣の国務大臣として憲法問題調査委員会の委員長を務め，大日本帝国憲法の改正案を作成した。

松本案 **Ｂ**③（まつもとあん）　憲法問題調査委員会の作成した大日本帝国憲法の改正案。商法学者である委員長の松本烝治の名に由来する。しかし，天皇主権の維持など国体護持を基本としたため，ＧＨＱに拒否された。

憲法研究会 **Ｃ**（けんぽうけんきゅうかい）　社会政策学の高野岩三郎，憲法学の鈴木安蔵ら7人の学者・知識人で構成された憲法改正案作成のための民間の研究会。1945年11月発足。起草はおもに鈴木がおこなった。この会の改正草案は国民主権を基礎として，天皇も「もっぱら国家的儀礼をつかさどる」ものとした。1946年2月に提示されたマッカーサー草案は，この研究会の草案を参考にしたともいわれている。

●憲法研究会の憲法草案要綱（抄）
ー　日本国ノ統治権ハ国民ヨリ発ス
ー　天皇ハ国政ヲ親ラセス国政ノ一切ノ最高責任者ハ内閣トス
ー　国民ハ法律ノ前二平等ニシテ出生又ハ身分二基ク一切ノ差別ハ之ヲ廃止ス
ー　国民ハ健康ニシテ文化的水準ノ生活ヲ営ム権利ヲ有ス

マッカーサー三原則 **Ｂ**（さんげんそく）　1946年2月，総司令部民政局に示されたマッカーサーによる憲法改正の基本方針。①日本国の最高位としての天皇の地位，②戦争放棄，③封建制度の廃止，の三つを柱とする。マッカーサー-ノートともいう。

同マッカーサー-ノート

マッカーサー草案 **Ａ**（そうあん）　総司令部民政局が1946年に極秘に作成した憲法改正草案。ＧＨＱ案ともいう。マッカーサーの指示で起草作業には民政局の21人を選出。最高責任者はホイットニー民政局長，その下でケーディス陸軍大佐，ハッシー海軍中佐，ラウエル陸軍中佐の3人の法律家が支えた。草案作成にあたり，国連憲章が念

頭に置かれた。ＧＨＱ案は前文と92か条からなる。前文では国民主権主義・平和主義・国際協調主義がうたわれ，第１章で天皇は国民統合の象徴とされた。第２章は戦争の放棄と軍備不保持を規定。第３章では「すべての自然人は法の前に平等」と定め，外国人の人権も保障した。自由権には法律の留保を認めず，男女の平等が詳細に規定された。第４章で一院制の国会が，第５章で議院内閣制が，第６章で司法の独立が，第７章で財政が，第８章には地方行政があてられた。ＧＨＱ案は1946年２月４日から起草を開始，10日には完成し，13日に日本政府に手交された。

日本国憲法の三大原則 (にほんこくけんぽう－さんだいげんそく)　日本国憲法は，国民主権・基本的人権の尊重・平和主義を三つの原則としている。

〔同〕日本国憲法の基本原理 **C**

国民主権 **A 6** (こくみんしゅけん)　日本国憲法の三大原則の一つ。憲法前文，第１条など

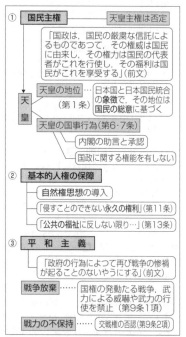

▲日本国憲法の三大原則

に規定されている。憲法第１条では象徴天皇制を定めるとともに，国家の主権が国民にあることを定めている。大日本帝国憲法では，統治権の総攬者としての天皇主権を定めていたが，結果として行政府や軍部に政治的に利用され，国民の基本的人権の侵害や対外侵略・第二次世界大戦につながった。日本国憲法では，国権の最高機関を国会とし(第41条)，国会を構成する議員の選択を国民の権利として認めたため，国民に最高決定権が帰属する構造になり，天皇は国政に関する権能を持たないとされた。

●日本国憲法前文(抄)

　日本国民は，正当に選挙された国会における代表者を通じて行動し，われらとわれらの子孫のために，諸国民との協和による成果と，わが国全土にわたつて自由のもたらす恵沢を確保し，政府の行為によつて再び戦争の惨禍が起ることのないやうにすることを決意し，ここに主権が国民に存することを宣言し，この憲法を確定する。

国民主権主義 (こくみんしゅけんしゅぎ)　主権が国民にあること，またはその立場。主権在民主義ともいう。一般に主権とは，①国内統治権，②国家権力がもつ対内的最高性と対外的独立性，③国政の最終的意思決定権などをいうが，17・18世紀の市民革命以来の闘争のなかで，政治的最高決定権が国王から一般国民に移行したことが歴史的背景となっている。

基本的人権の尊重 **A** (きほんてきじんけん－そんちょう)　日本国憲法の三大原則のうちの一つ。基本的人権は人間が生まれながらに持っている権利で，近代以後自然権思想の普及とともに確立した。歴史的には人権は王権などの支配権者によって長く制限されており，人権獲得は国家権力との闘争の結果といってよい。日本国憲法は，こうした歴史を踏まえ，自由権・平等権・社会権などの基本的人権の尊重を基本原理として掲げている。

平和主義 **A 3** (へいわしゅぎ)　日本国憲法の三大原則の一つ。一切の戦争，戦力保持を否定し，平和の実現を理想とする立場をいう。多大な犠牲を出した第二次世界大戦の反省から，日本国憲法においても「平和のうちに生存する権利」(平和的生存権)のもと，第９条で戦争の放棄，戦力の不保持，交

戦権の否認などを規定し，世界で類をみない絶対的平和主義の立場を規定している。

類 平和憲法 **C** **1**　　**類** 平和的生存権 **A**

憲法の三大原則の相互関係 (けんぽう-さんだいげんそく-そうごかんけい)
基本的人権と国民主権の関係は，人権を守るためにこそ国家があり，国民主権の原則に従って，人権保障の確立を目的に，主権者である国民が主人公となり政治をおこなうことを意味する。平和主義と基本的人権の関係は，戦争自体が最大の人権侵害であり，平和なくして人権は享有できないということ。憲法前文と第9条で平和への権利（平和的生存権）として具体化されている。平和主義と国民主権の関係は，平和の実現を国民主権原理の実践によっておこなうこと，つまり主権者国民が平和の担い手として，民主的に意思決定に参画することを意味する。

憲法の最高法規性と改正

憲法改正 **A** **19** (けんぽうかいせい)
憲法の明文化された規定に変更を加えること。修正・追加・削除など多様な方法がある。手続きは，①各議院の総議員の3分の2以上の賛成で，国会が発議し，②国民投票により国民の承認をへて，③天皇が国民の名で公布する，という3段階をとる。ただし，国民主権など憲法の基本原則は改変できない，というのが学界の通説である（憲法改正限界説）。

類 憲法改正限界説 **C**

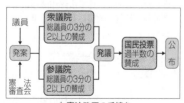

∧ 憲法改正の手続き

憲法改正の発議 **C** **7** (けんぽうかいせい-はつぎ)
各議院の総議員の3分の2以上の賛成で，国会が発議する。

憲法改正の国民投票 **A** **10** (けんぽうかいせい-こくみんとうひょう)
国民投票で国民の過半数の賛成により承認。国民投票法などの制定が必要。

国民投票法 **B** **9** (こくみんとうひょうほう)
憲法改正手続を定めた法律。正式には「日本国憲法の改正手続に関する法律」。2010年施行。主な内容は，①投票権者は18歳以上の日本国民，②国民投票運動については，戸別訪問やネット利用なども可能だが，公務員や教員などの地位を利用した運動は禁止，③投票の成立には有効投票総数（無効票をのぞく賛成票と反対票の合計）の過半数の賛成が必要，④改正案の発議の内容は関連項目ごとにおこなう，などとなっている。

硬性憲法 **A** **1** (こうせいけんぽう)
一般の法律より厳しい改正手続きを定めた憲法。現在の世界各国の成文憲法は，ほとんどが硬性憲法である。イギリスの政治学者ブライスが初めて用いた。

軟性憲法 **B** **2** (なんせいけんぽう)
一般の法律と同じ改正手続きで改正できる憲法。イギリスのような不文憲法国の憲法をさす。

解釈改憲 **B** (かいしゃくかいけん)
憲法改正の手続きによらずに，解釈や運用によって憲法を実質的に改正したのと同様の状態をつくりだすこと。「明文改憲」に対応することば。また，憲法の理念に抵触するような法律などを制定することで憲法改正と同様の効果をもたせることを「立法改憲」という。

対 明文改憲 **C**　　**類** 立法改憲

96条の会 (-じょう-かい)
憲法改正手続きの条件を緩めようとする政治的動きに対して，憲法研究者らが反対して2013年に結成した会。

立憲デモクラシーの会 (りっけん-かい)
安倍政権下で進んだ解釈改憲や集団的自衛権の行使容認をめぐる動きが民主主義を破壊するとして，2014年に結成された研究者らの会。**☞** p.90（安全保障関連法）

自主憲法制定 (じしゅけんぽうせいてい)
占領下に制定された「押しつけ」憲法である日本国憲法を，日本の歴史・伝統を尊重する内容の自主憲法に改正せよという主張。自民党は，1954年の第1次鳩山一郎内閣以後，党綱領に憲法改正をかかげ，明文改憲の立場で報告書を提出した。改正項目と内容は，自衛のための戦力保有の明記，国民に国土防衛義務，天皇の元首化，公共の福祉による人権制約の明確化など。

自民党改憲案 (じみんとうかいけんあん)
自由民主

党が2012年に公表した日本国憲法改正草案のこと。立憲主義の軽視，自衛隊の「国防軍」への改組，基本的人権の縮小と義務の拡大など，現行憲法の基本原理に否定的な文言が散見される。

国家緊急権（緊急事態条項 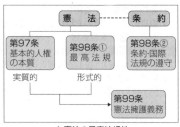） (こっかきんきゅうけん) (きんきゅうじたいじょうこう)　戦争や内乱，大規模な自然災害などの緊急事態に対応するため，憲法の効力（人権保障や権力分立）を一時停止する国家の例外的な権限の総称。過去の戦争への反省や濫用の危険性などをふまえ，日本国憲法では規定が設けられていない。大日本帝国憲法には戒厳大権（第14条），非常大権（第31条）などがあった。2012年に公表された自民党改憲案（日本国憲法改正草案）にも，緊急事態に関する条文が明記されている。2020年4月，新型コロナウイルス流行に伴って，日本政府は特別措置法に基づく緊急事態宣言を発した。しかし，これよりもさらに強制力のある権限を政府に与えるべきだとして，改めて国家緊急権の重要性を説く声もある。

憲法調査会 🅒 (けんぽうちょうさかい)　2000年1月，日本国憲法について「広範かつ総合的に」調査をおこなう目的で，衆参両議院に設置された機関。それ以前の1957〜64年，内閣に憲法調査会が置かれたことがあるが，国会内の設置は初めて。会議は公開でおこなわれ，2005年に最終報告書を提出した。

憲法審査会 🅑🄶 (けんぽうしんさかい)　憲法調査会の後継機関として国民投票法の制定にともない2007年に設置された。国会法第102条の6〜10に規定され，憲法改正の発議や憲法改正原案（提出には，衆議院100名以上，参議院50名以上の議員の賛成が必要）などの審査をおこなう。衆議院と参議院で運営方法などを定める審査会規程が設けられ，2011年に審査会の委員（衆院50人，参院45人）が選出され，その後審議がはじまった。

憲法の最高法規性 🅒 (けんぽう－さいこうほうきせい)　憲法が法体系の頂点にあること。日本国憲法第98条は「この憲法は，国の最高法規であつて，その条規に反する法律，命令，詔勅及び国務に関するその他の行為の全部又は一部は，その効力を有しない」と規定。
🔄 最高法規 🅐

▲ 憲法の最高法規性

下山事件 (しもやまじけん)　1949年7月，下山定則国鉄総裁が常磐線綾瀬駅近くの線路上で，轢死体となって発見された事件。自殺説・他殺説など諸説が出されたが，真相不明のまま時効となった。当時，大量の人員整理が発表された直後だったため，国鉄労働組合や共産党員などに嫌疑がかけられ，組合弾圧に利用された。

三鷹事件 (みたかじけん)　1949年7月，国鉄中央線の三鷹駅構内で，無人の電車が暴走して多くの死傷者を出した事件。国鉄労組や共産党の弾圧に利用された。裁判では非共産党員の単独犯行とされたが，無罪を主張した本人が獄死したため真相は不明。2011年，遺族が再審請求を申し立てた。

松川事件 (まつかわじけん)　1949年8月，国鉄東北線の松川・金谷川駅間でレールが外されて列車が脱線転覆，3人の乗務員が死亡した事件。国鉄労組員や共産党員ら20人が逮捕されたが，14年にわたる裁判の結果，1963年の最高裁判決で全員無罪が確定した。この間，作家広津和郎らによる裁判批判と被告人救援活動は広く世論を喚起した。

象徴天皇制とその変化

天皇 🅐🄷 (てんのう)　明治憲法においては，国の元首であり，また主権者であった。しかし，日本国憲法では日本国の象徴であり，日本国民統合の象徴と位置づけられた。国の政治に関する権能を持たず，内閣の助言と承認に基づいて国事行為をおこなう。

天皇の人間宣言 (てんのう－にんげんせんげん)　昭和天皇が1946年1月1日に国民に対して発した宣言。正式には「新日本建設に関する詔書」という。この宣言によって，天皇が神であるとするそれまでの考え方をみずか

ら否定した。

象徴　🅐①（しょうちょう）　抽象的・無形のものを具体的事物やイメージで表現すること，または表現されたもの。たとえば平和をハトで，純潔さを白で表現することなどをいう。日本国憲法は第1条で天皇を「日本国及び日本国民統合の象徴」と規定している。これを象徴天皇制という。

　　　　　　　　　　　　類 象徴天皇制 🅐

天皇の国事行為　🅒（てんのう−こくじこうい）　日本国憲法に定められた天皇のおこなう行為。天皇は国政に関する権能を持たないが，国事に関する行為としては政治的行為と儀式的行為とを含み，内閣の助言と承認に基づいておこない，その責任は内閣が負う。具体的には，第6条に，国会の指名に基づく内閣総理大臣の任命及び内閣の指名に基づく最高裁判所長官の任命が規定されている。また第7条には，憲法改正や法律・条約の公布，国会の召集，衆議院の解散，総選挙の施行の公示，栄典の授与などを規定。

　　　　　　　　　　　　同 国事行為 🅐④

公的行為　（こうてきこうい）　天皇のあらゆる行為のうち，憲法上の国事行為には該当しないが，純粋に私的な行為でもなく，一定の公的性質を含んだもの。代表的なものとして，国会開会式への臨席，国内巡行，外国への公式訪問などが挙げられる。

私的行為　（してきこうい）　天皇が法律の規定に無関係に個人としておこなう行為。日常生活上の起居・散歩・学問研究などがあげられる。ただし，この私的行為に関しても，皇室の財産の授受などをともなう場合には国会の議決を必要とする。

内閣の助言と承認　🅒②（ないかく−じょげん−しょうにん）　憲法第3条では，天皇の国事行為には内閣の助言と承認を必要とし，内閣がその責任を負う，と定めている。天皇を直接的統治・政治行為から遠ざけ，行政権者などが天皇を政治的に利用することを防ぐ目的を持つ。この規定は，天皇の国事行為の最終決定権と責任が内閣にあることも意味する。なお，助言とは行為に先立っておこなわれる勧告であり，承認とは事後における同意。

権能　（けんのう）　一般には法律上認められている権利や権限をいう。天皇の権能に関して憲法では，第4条で，国事に関する行為のみで，国政に関する権能を持たないと規定されている。これは天皇の政治的利用の排除に配慮したものである。

栄典　（えいてん）　国家・社会に対して特別の功労があった者に対して，その栄誉を表彰するために与えられる特別の地位や称号をいう。憲法第7条では，天皇の国事行為の一つとして，特別の権限付与なしで，内閣の助言と承認によって，天皇が授与することになっている。文化勲章などが例。

元首　🅑（げんしゅ）　君主制を採用する国の国王のように，対外的に国家を代表する資格を持つ国家機関をいう。大日本帝国憲法では天皇を「元首」と明記していたが，日本国憲法では規定がなく，天皇とする説，条約を締結する権利を持つ内閣あるいは内閣総理大臣とする説，国権の最高機関のうち優位にある衆議院議長とする説，元首は存在しないとする説，など諸説がある。

天皇の元首化　（てんのう−げんしゅか）　対外的に国家を代表する地位にある最高の国家機関を元首という。日本国憲法はどの機関が元首かを明記しておらず，法律的には衆議院の議長説，内閣（内閣総理大臣）説，象徴天皇説など諸説がある。このため憲法改正の立場からは，天皇を元首とすべきであると主張されている。

皇室典範　🅒②（こうしつてんぱん）　1947年に施行された皇位継承や皇族の範囲など皇室関係の事項を定めた法律。現行の皇室典範は第1条で「皇位は，皇統に属する男系の男子が，これを継承する」と規定し，その順位を①皇長子，②皇長孫，③その他の皇長子の子孫，などと定めている。女性や女系の子どもは皇位継承資格が認められず，憲法が保障する男女平等に反するとの指摘がある。また，各種世論調査などでも女性天皇を容認する意見が増えている。

元号　（げんごう）　年を記録する方法の1つであり，君主国において，君主の意向によって特定の年代に名が付けられるしくみ。中国・朝鮮・日本などの東アジア地域において古代より観察できる制度。その背景には「君主が空間のみならず時間をも支配する」というイデオロギーが存在する。現在

は，日本においてのみ使用されている。

天皇の生前退位 (てんのうーせいぜんたいい)　天皇が亡くなる前にその地位（皇位）を皇太子に譲ること。2016年，当時の明仁天皇が生前退位の意向を示していることがわかり，皇室典範の改正など法整備が検討されてきた。歴代天皇の生前退位の例は約半数あるが，現在の皇室典範にはその定めはない。2017年，特例法（天皇の退位等に関する皇室典範特例法）制定に基づく一代限りでの退位が認められることになった。退位後の呼称は上皇となる。明仁天皇は2019年4月30日に退位した。翌日の5月1日，徳仁皇太子が新天皇に即位した。これに伴って元号も「令和」に改められた。

女性・女系天皇 (じょせいじょけいてんのう)　女性天皇とは女性の天皇のこと。日本では，歴史上8人の女性天皇が存在している。一方，女系天皇とは，母方のみが皇室の血統に属する天皇のこと。歴代天皇は一貫して男系（父方が必ず天皇の血統に属すること）によって形式上継承されてきたと推定されている。上述した女性天皇8人も，すべて父方が天皇の血統に属する「男系の天皇」である。皇室制度を規律する現行法令である皇室典範も「皇位は，皇統に属する男系の男子が，これを継承する」と規定しており，女系天皇を認めていない。現在の皇室は男性が少なく，安定した皇位継承が将来的に困難になるものと予想されている。2005年，当時の小泉政権において，皇室典範に関する有識者会議が開かれ，女性天皇および女系天皇を容認する報告書が発表された。

3章 基本的人権の保障

基本的人権とは

天賦人権思想 **C** (てんぷじんけんしそう)　明治初期の啓蒙思想・自由民権思想の担い手たちがとなえた思想の一つ。人間は生まれながらに等しく人権を持っているとする主張で，17・18世紀の西欧近代自然法・自然権思想が先行する。福沢諭吉は，この思想を「天は人の上に人を造らず，人の下に人を造らずと云〵へり」と表現した。

日本国憲法で保障された権利 (にほんこくけんぽうほしょう-けんり)　憲法第3章は，国民の権利および義務を定めている。その内容は，①平等権，②自由権，③社会権，④参政権や国務請求権(受益権)など基本的人権を確保するための権利，の四つに大別できるが，分類は必ずしも絶対的なものではない。

平 等 権		法の下の平等(14) 男女の本質的平等(24) 参政権の平等(44)
自由権的基本権	人身の自由	奴隷的拘束・苦役の禁止(18) 法定手続きの保障(31) 住居への不法侵入禁止(35) 拷問・残虐な刑罰の禁止(36) 刑事被告人の権利の保障(37) 黙秘権の保障(38)など
	精神の自由	思想・良心の自由(19) 信教の自由(20) 集会・結社・表現の自由(21) 学問の自由(23)など
	経済の自由	居住・移転・職業選択の自由(22) 私有財産権の保障(29)など
社会権的基本権		生存権(25) 教育への権利(26) 勤労の権利(27) 勤労者の団結権・団体交渉権・団体行動権(28)
参 政 権		公務員の選定・罷免の権利(15) 選挙権・被選挙権(44・93) 最高裁判所裁判官の国民審査権(79) 特別法の制定同意権(95) 憲法改正の国民投票(96)など
国務請求権 (受益権)		請願権(16) 国家賠償請求権(17) 裁判を受ける権利(32) 刑事補償請求権(40)

▲ **日本国憲法が保障する基本的人権の分類例**
カッコ内の数字は憲法の条数を示す

自由権 **A** **10** (じゆうけん)　国家権力による身分的・身体的・精神的な制限・拘束・干渉を排除し，自律的決定をおこなう権利。自由権の基本権，第一世代の人権ともよばれる。17・18世紀の絶対王政に対抗した市民革命のなかで，歴史的に最も早く実現した。日本国憲法では，人身の自由，思想・良心の自由など内心(内面)の自由，集会・結社・表現の自由，居住・移転・職業選択の自由などを保障している。大日本帝国憲法においても自由権の保障規定は存在したが，法律の留保の規定も存在し，人権は制限可能なものであった。

回 自由権的基本権 **C** **1** 第一世代の人権

社会権 **A** **10** (しゃかいけん)　自由権や平等権に対して，20世紀に入ってから導入された権利。第二世代の人権ともよばれる。恐慌・失業・貧困・階級対立など，個人の努力では解決不可能な経済的・社会的な不平等の増大に対応して主張されるようになった。人間として最低限度の生活を営む権利の主張と，その保障を国家に対して要求する権利を含む。生存権的基本権ともいわれ，憲法第25条では「健康で文化的な最低限度の生活を営む権利」と表現されている。そのほかに，教育への権利・勤労権・労働三権などが含まれる。

回 社会権的基本権 **C** 第二世代の人権

人権の不可侵性 (じんけん-ふかしんせい)　17・18世紀の市民革命の過程で，近代自然法思想に基づく自然権が確立されるにともない，人間が生まれながらに自由・平等であり，国家権力といえども侵すことができない権利として憲法や法律の上でも明文化されるようになった。憲法第11・97条では，基本的人権を「侵すことのできない永久の権利」と規定し，不可侵性を認めている。

包括的基本権 (ほうかつてききほんけん)　個人の尊重と幸福追求の権利を定めた憲法第13条の規定をさし，第11・12・14・97条とともに人権の総則的意味をもつ。とくに幸福追求権は，プライヴァシーの権利や自己決定権などの「新しい人権」の根拠となる一般的かつ包括的規定とされる。

個人の尊重 **A** (こじん-そんちょう)　憲法第13条前段に規定され，いわゆる個人主義の原理を掲げたことば。この原理は，人間社会における価値の根源が個人にあり，それが最大限に尊重されるとする考え方である。他

人の犠牲の上に自己の利益を主張する利己主義や，全体のためと称して個人を犠牲にする全体主義とは対極の位置にある。憲法第24条に規定された「個人の尊厳」もほぼ同義で，「個人の，人間としての尊厳」という意である。

幸福追求権 Ａ2（こうふくついきゅうけん）　憲法第13条後段に規定された国民の権利。社会の変化にともない，個人の人格的生存に必要不可欠な利益を内容とする権利の総体をさす。「生命・自由・幸福追求の権利」ともよばれるが，この三者を区別せず統一的に幸福追求権として把握するのが通説である。歴史的にはヴァージニア権利典章やアメリカ独立宣言などに由来し，ロックの思想が背景にある。当初は，憲法第14条以下の個別の人権を一般原則として総称したもので，そこから具体的な権利を引き出すことはできないと解されたが，現在では憲法に列挙されていない新しい人権の法的根拠となる包括的な権利と考えられている。つまり，この権利と個別の人権とは，後者の保障がおよばない範囲を前者がカヴァーする関係にある。これを補充的保障説という。
　　　　　同生命・自由・幸福追求の権利4

平等権 Ｃ（びょうどうけん）　法律の規定や国家権力の扱いについて国民が平等である権利。憲法第14条1項では，その前段で法の下の平等原則について規定し，後段では人種・信条・性別等による差別を禁止して平等権を認めている。さらに，第24条の「両性の本質的平等」の規定や第44条の選挙権の付与に関する「人種，信条，性別，社会的身分，門地，教育，財産又は収入」による差別禁止などがある。刑法第200条の「尊属殺人重罰規定」に対する最高裁の違憲判決（1973年）は，法の下の平等を根拠にして下された（1995年の刑法改正で同規定は削除）。

参政権 Ａ3（さんせいけん）　政治および国家や地方公共団体の権力の構成・行使に参加する権利のこと。日本国憲法では第15・79条で，公務員の選定や罷免の権利を定め，普通選挙・秘密投票・国民審査などを保障している。第16条の請願権も，国家権力の行使に関する参加という点で，参政権に含む場合もある。国民はこれらを通じて自

らの基本的人権の実現をはかることになるため，「人権を確保するための権利」ともいわれる。

法人の人権（ほうじん－じんけん）　憲法で会社などの法人に認められた基本的人権。法人とは，ある目的で集まった人や財産の集合体のこと。経済の自由（居住・移転の自由など）のほか，幸福追求権や精神的自由権（学校法人の学問の自由など），受益権（裁判を受ける権利など）は認められるが，生存権や参政権は享受できない。

制度的保障（せいどてきほしょう）　特定の人権保障をさらに確実にするため，憲法上制度として保障されたもの。その中核的部分は立法によっても侵害できないとされる。ドイツのワイマール憲法下でシュミットが提唱した。日本国憲法では信教の自由に対する政教分離，学問の自由に対する大学の自治などがそれにあたる。しかし，中核部分以外は立法による制限が許されるとされるため，制度が人権に優越し，かえって人権保障を弱める結果をもたらすとの批判がある。

精神の自由

精神の自由 Ｂ1（せいしん－じゆう）　人権思想の根源にある「個人の尊厳」から直接に導かれる自由権的基本権の一つで，民主主義体制の基礎をなす。個人の内面的なあり方が，国家権力を含めたいかなる組織からも強制・干渉されないというもの。思想・良心の自由，信教の自由，集会・結社・表現の自由，学問の自由などで構成される。精神的自由権ともいう。
　　　　　同精神的自由権

内心の自由（ないしん－じゆう）　内面的な精神活動の自由のことであり，思想良心の自由，信仰の自由，学問の自由などが挙げられる。

思想・良心の自由 Ａ3（しそう・りょうしん－じゆう）　人間の内心・内面に関する自由の一つ。思想とは主に個人の政治的判断の基礎になる世界観的なものの考え方，良心とは主に道徳的判断の基盤となる倫理的な規範意識をさす。こうした個人が持つ内面的価値観や道徳的規範に関しては，公権力が干渉・規制してはならないとする原理。憲法第19条で保障されている。

良心的兵役拒否 Ｃ（りょうしんてきへいえききょひ）

自己の良心に従って，戦争への参加や兵役の義務を拒否すること。かつてはこうした行為を犯罪として扱ってきたが，現在では徴兵制度をもつ国でも人権とのかかわりで義務免除を認めることが多い。徴兵制のない日本の憲法には明文規定はないが，ドイツのボン基本法第4条では「何人も，その良心に反して，武器をともなう軍務を強制されない」と定め，一般的兵役義務に対する例外を憲法で保障している。

沈黙の自由　(ちんもく-じゆう)　自己の思想や良心の表明を，国家や社会的権力に強制されない自由。思想・良心とは，人格形成の核心となる主義や世界観・人生観などを意味する。憲法第19条から導き出される。憲法第20条の信教の自由からも，同様の自由が導出される。なお，刑事手続きにおいては，憲法第38条で黙秘権が保障されている。

私人間の人権保障　**B**②(しじんかん-じんけんほしょう)　憲法の人権規定は基本的には国家と私人（個人）との関係を規律するものだが，これを私人間にも適用して人権規定を拡充しようとする考え方。私人間にも憲法の保障を直接適用しようとする説（直接適用説）と，民法第90条の公序良俗（社会の秩序と一般的な道徳観念）に関する規定などを介在させて間接的に適用しようとする説（間接適用説）とに大別される（非適用の立場もある）。学界などでは，後者の見解が通説。三菱樹脂事件で最高裁は，原則として自由権や平等権などの規定は私人間（個人と企業間）には直接適用されない，などと判断している。

類直接適用説 C 　**間接適用説 C**

三菱樹脂事件　**A**②(みつびしじゅしじけん)　大学卒業後，三菱樹脂株式会社に入社した高野達男さんが，在学中に学生運動に関係していたことを隠したとして本採用を拒否されたため，思想・信条による差別であり，憲法違反だとして無効を訴えた事件。第一審では解雇権の濫用，第二審では思想・信条の差別を理由に原告の主張を認めたが，1973年に最高裁は，企業が思想・信条を理由に雇用を拒んでも違法とはいえない，などとして高裁に差し戻した。その後，高裁で審理中の1976年に和解が成立し，高

野さんは職場に復帰した。私人どうし間の人権保障をめぐる代表的な事例とされる。

国旗・国歌法　(こっきこっかほう)　日の丸を国旗とし，君が代を国歌として法制化したもの。1999年に制定。正式には「国旗及び国歌に関する法律」。法律自体に義務規定や罰則規定は盛り込まれていないが，現実には学校教育の現場において教師などへの強制や懲戒処分などがなされ，裁判にも発展している。

「君が代」不起立訴訟　(きみ-よふきりつそしょう)　卒業式や入学式の際，国旗・国歌を強制する東京都教育委員会の通達に沿った職務命令に従わなかったとして処分された教職員らが，起立斉唱の命令は思想・良心の自由を定めた憲法第19条に反するとして起こした訴訟。多くの裁判があり，下級審では違憲・合憲など判断が分かれたが，最高裁は2011年，一連の事件について三つの小法廷でいずれも合憲とする判決を下した。また，教員らが受けた懲戒処分の妥当性を問う同様の裁判で最高裁は2012年，停職処分の1人と減給処分の1人について，それを取り消す判断を示した。

信教の自由　**A**④(しんきょう-じゆう)　16世紀の宗教改革以後，宗派間の対立や宗教戦争への反省から採用・確立された。信仰の自由，布教など宗教活動の自由，宗教的結社の自由からなり，日本国憲法では第20条で，国家が特定の宗派を支援したり，国民が特定の宗教活動を強制されたりしないことを規定している。1945年に国教分離の指令（神道指令）が，ＧＨＱによって出された。

政教分離　**A**③(せいきょうぶんり)　国家と宗教との分離を意味し，国家権力がいかなる宗教活動に対しても支援や関与をしてはならないという原則。ヨーロッパでは中世以来，キリスト教の教皇権が国家の君主権を支配する体制が続いたが，近代主権国家形成とともに教権と国家権力の分離がおこなわれた。大日本帝国憲法下での国家神道体制への反省から，日本国憲法では第20・89条で，信教の自由とともに宗教団体への財政支出や公的機関の関与を禁止している。

神社　**B**③(じんじゃ)　宗教法人法の適用を受ける神道系の宗教法人の一つ。特定の祭神をまつり，公衆の礼拝施設を備える。大日本

帝国憲法下では，神社神道が事実上国教としての扱いを受け，超宗教的なものとして国民の参拝の対象となっていた。

国家神道 **B**（こっかしんとう）　アニミズム（物神崇拝）やシャーマニズム（呪術）の要素が濃い日本独自の民族宗教である神道のうち，国家から特別な支援や助成を制度的に受けたもの。教派神道に対して神社神道ともいう。明治期以降，天皇制軍国主義と結びついて推進された。第二次世界大戦後，ＧＨＱの神道指令によって解体され，現在では存在しない。

　　　類 神道**B**　**対** 教派神道　**同** 神社神道**C**

津地鎮祭訴訟 **A**⑥（つじちんさいそしょう）　1965年，三重県津市は，市立体育館の起工式に神道形式の地鎮祭をおこない，その費用を市の予算から支出した。この支出が憲法の定めた信教の自由と政教分離に反するとして，市議会議員が支出金額の損害補塡を市長に請求した事件。1977年に最高裁は，地鎮祭自体が一般的な慣習に従う習俗であり，参加者の宗教的関心を高める目的と効果がないとして，合憲の判決を下した。

目的・効果基準 **C**②（もくてきこうかきじゅん）　政教分離の裁判で，その宗教的な行為の目的と及ぼす効果を勘案して，裁判所が合・違憲を判断する際の目安とするもの。最高裁は，津地鎮祭訴訟判決では目的と効果からみて，地鎮祭は宗教的意味が薄れているので合憲とした。その後，箕面忠魂碑訴訟や自衛官合祀訴訟でも同様に判断したが，愛媛玉ぐし料訴訟では，玉ぐし料などの公金支出行為について，同じ基準をもちいて政教分離に反するとして違憲判決を下した。

箕面忠魂碑・慰霊祭・補助金訴訟 **C**（みのおちゅうこんひいれいさいほじょきんそしょう）　大阪府箕面市が市有地に公費で忠魂碑を移設し，遺族会に無償貸与，さらに遺族会主催の慰霊祭に市長らが参列したことに対して，憲法の政教分離原則に反するとして，市民が違法確認・損害賠償を請求した事件。大阪地裁は1982年，原告の主張をほぼ認めた違憲判決を下したが，大阪高裁は1987年，忠魂碑の宗教性を否定し，慰霊祭参列も社会的儀礼として，合憲判断を示した。最高裁は1993年，第二審の判断を支持し，原告の上告を棄却した。

自衛官合祀訴訟（じえいかんごうしそしょう）　殉職自衛官の夫を山口県護国神社に合祀（合わせてまつる）されたクリスチャンの妻が，国と隊友会を相手どり，合祀は憲法第20条の信教の自由に反するとして合祀申請の取り消しと慰謝料を求めた訴訟。山口地裁は，被告側による原告の宗教的人格権の侵害を根拠に原告の申請を認め，広島高裁もこれに従った。しかし1988年，最高裁は合祀申請が隊友会の単独行為で国は関与していない，国の行為が私人を対象とする場合には必ずしも違法にはならない，と判断した。政教分離をゆるやかに解釈したもの。

愛媛玉ぐし料訴訟 **A**③（えひめたまーりょうそしょう）　愛媛県が靖国神社への玉ぐし料などを公費で支出したことに対して，市民らが憲法の規定した政教分離原則に反すると訴えた裁判。第一審の松山地裁が違憲，第二審の高松高裁が合憲と判断が分かれたが，上告審の最高裁大法廷は1997年4月，県の行為はその目的と効果からみて，憲法の禁止した宗教的活動にあたるとして，違憲判決を下した。

空知太神社訴訟B③**（砂川政教分離訴訟C）**（そらちぶとじんじゃそしょう）（すながわせいきょうぶんりそしょう）　北海道砂川市が市内にある空知太神社の敷地として市有地を無償提供してきた行為が，憲法の政教分離に反すると地元住民が訴えた裁判。第一審の札幌地裁，第二審の札幌高裁がともに住民側の主張を認め，市側が上告した。上告審の最高裁大法廷は2010年1月，一般の人の目からみて特定宗教への援助と評価されてもやむをえない，として違憲の判断を示した。その上で二審判決を破棄し，解決策について審理をつくすよう札幌高裁に差し戻した。同様にして提起された富平神社訴訟では最高裁は合憲と判決した。

靖国神社法案（やすくにじんじゃほうあん）　靖国神社は明治維新後の国事殉職者・戦没者の霊を合祀する神社であり，第二次世界大戦後に官営の神社から一宗教法人へと移行した。1978年に東条英機らＡ級戦犯14人が合祀された。1969年に国会に提出された靖国神社法案は，宗教性を除去して国家による運営費の負担を規定し，神社の国家護持をめざしたものである。賛成論と，政教分離

原則による反対論とが論争をくり返し，1974年に衆議院で強行採決されたが，参議院で廃案となった。現在では，首相らによる靖国神社公式参拝が，政治問題となっている。

圏 靖国神社公式参拝 **C**

孔子廟訴訟 **B**（こうしびょうそしょう）　孔子廟への公的優遇措置が憲法違反に問われた訴訟。2013年，沖縄県那覇市の公園内に「至聖廟」という孔子を祀る霊廟が民間団体の手で設置された。那覇市はその公益性を認めて公園使用料を全額免除していた。これに対して，地元住民らが「孔子廟は儒教という宗教の関連施設であり，憲法第20条3項の政教分離条項に違反する」として提訴。市側は「儒教は哲学である」などと反論した。2021年，最高裁は「特定の宗教に対して特別の便益を提供し，これを援助していると評価されてもやむを得ない」として憲法違反の判決を下した。なお，国の史跡となっている湯島聖堂（東京都）の孔子廟は土地・建物が国が管理している。

表現の自由 **A**⑫（ひょうげん-じゆう）　人が自由に自分の思想を形成し，発表する自由をさす。公開の場での討論などによる世論形成にもつながり，民主主義体制の不可欠の権利とされる。憲法第21条に規定され，言論・出版・集会・集団示威その他の行動の自由をいう。なお，この自由に関しては，「明白かつ現在の危険」が存在するときには制限が可能だとする説もある。

性的表現の自由（せいてきひょうげん-じゆう）　刑法でわいせつ文書の頒布・販売罪を定めていることが憲法21条に違反するか否かをめぐる問題。最高裁は『チャタレイ夫人の恋人』事件で，わいせつ文書とは①いたずらに性欲を興奮・刺激させ，②普通人の性的羞恥心を害し，③善良な性的道徳観念に反するものと定義。その上で，刑法の規定は公共の福祉のための制限であり，合憲と判示した。これに対しては強い批判がある。

圏 『チャタレイ夫人の恋人』事件②

児童ポルノ禁止法（じどう-きんしほう）　子ども（児童）を性的搾取や性的虐待から保護する目的で，1999年に制定された。正式には「児童買春，児童ポルノに係る行為等の処罰及び児童の保護等に関する法律」とい

う。性的表現の自由とのかかわりで問題点も指摘されたが，2014年に児童ポルノの単純所持を禁止するなどの法改正がおこなわれた。

集会・結社の自由 **B**③（しゅうかいけっしゃ-じゆう）　集会の自由とは，多数の人間が一定の目的を持って一定の場所に一時的に集合する自由である。一方，結社の自由とは，継続的な集団・団体を構成する自由である。憲法第21条に規定されている。思想・表現の自由との関係が深い。

集団示威（しゅうだんじい）　多数の人が，共通の目的達成のため集団で一定の意思・思想・意見などを共同で表示し，集団としての力を誇示すること。憲法上の表現の自由に関連することから，公安条例などの集団示威の許可制度について憲法論争が存在する。

公安条例 **C**（こうあんじょうれい）　社会的秩序の安定の維持を主な目的として制定された条例。集会・集団行動・集団示威運動などの取り締まりを，公安委員会などによる許可や届け出の義務制によっておこなう。しかし許可制については，表現の自由に対する事前制限にあたるとする意見もある。

明白かつ現在の危険〔clear and present danger〕（めいはく-げんざい-きけん）　表現の自由について，この自由の放任によって実害が生じる可能性が明白かつ重大であり，時間的に切迫している場合には制限もやむをえない，とする表現の自由に関する理論。1919年，アメリカの裁判官ホームズが主張したが，事前に制限することは否定されている。

言論・出版の自由 **B**（げんろんしゅっぱん-じゆう）　個人または集団が自分たちの思想・意見を口頭・出版その他を通じて外部に発表する権利。大日本帝国憲法でも「言論著作印行」の自由として認められていたが，日本国憲法では第21条で検閲の禁止とともにこの自由を規定している。表現の自由に含まれ，最低限の制限を受ける場合もある。

政治的自由（せいじてきじゆう）　政治上の思想・信条・表現などに関する自由の存在と，その結果に関して不利益をこうむることがないことを意味する。したがって，参政権の行使に干渉・規制を加えられたり，政治的信条を理由として差別的取り扱いを受けた

りしないことの保障が求められる。

横浜事件 (よこはまじけん)　戦時下最大の言論弾圧事件。1942年，細川嘉六の雑誌論文をきっかけに特高警察が富山県泊ぎ町（現朝日町）での小宴を共産党再建の準備会とでっちあげ，治安維持法違反の容疑で雑誌編集者ら約60名を検挙。約30名が有罪判決を受け，拷問などで4名が獄死した。1986年から元被告・遺族らが無罪判決を求めて4度にわたる再審請求を行った。このうち，第3次と第4次の請求で再審が認められたが，有罪・無罪の判断を示さないまま裁判を打ち切る「免訴」判決だったため，遺族らは国に対して刑事補償を求める訴訟を提起。2010年に横浜地裁は実質的に無罪と判断し，元被告5名への補償を認める決定をおこなった。これにより，彼らの名誉回復がはかられた。

共謀罪 (きょうぼうざい)　2人以上で犯罪を計画し，うち少なくとも1人が現場の下見などの準備行為をすれば，計画に合意した全員が処罰される罪。政府は2017年，共謀罪をテロ等準備罪と名称などを変え，組織犯罪処罰法の改正案として国会に提出，成立させた。4年以上の懲役・禁錮を定めた277（衆議院事務局によると316）の犯罪が対象。テロなど組織的犯罪集団が適用対象と政府は説明したが，警察などによる監視が強化され，個人の内心への処罰など重大な人権侵害につながるとして，強い批判がある。

圀 テロ等準備罪 **C**
国連国際組織犯罪防止条約 **C**（TOC条約 **C**）

通信の秘密 **A**4 (つうしん-ひみつ)　憲法第21条とそれに基づく郵便法などでは，手紙・葉書・電信・電話などの内容について，通信業務従事者が他人に漏らすことを禁止するとともに，公権力が発信人・受信人の通信内容など，通信に関する一切の事項に対する調査が禁じられている。

通信傍受法 **A**2 (つうしんぼうじゅほう)　組織的な殺人など，一定の犯罪に関する電話や電子メールなどの通信を，裁判官の令状に基づいて捜査機関が通信事業者の立ち会いのもと，最長で30日間傍受できるとした法律。1999年に成立，2000年から施行された。「盗聴法」ともいわれる。通信の秘密との

関連で問題点が指摘される。これまで組織犯罪を対象にしてきた傍受の範囲を，一般犯罪にまで拡大する法改正が2016年におこなわれた。通信事業者の立ち会いは不要になる。

圊 盗聴法

検閲の禁止 **C**2 (けんえつ-きんし)　公権力が，表現内容を外部への発表に先だって審査し，ふさわしくないものと判断した場合に外部への発表を取りやめさせること。思想・信条の自由と表現の自由を侵害するものとして，日本国憲法では第21条2項で公権力による検閲の禁止を規定している。学習指導要領に基づく文部科学省の教科書検定が検閲に当たるか否かについて，家永三郎さんが提起した家永教科書裁判で争点の一つとして長い間争われた。

圊 家永教科書裁判2

教科書検定 **B**1 (きょうかしょけんてい)　初等・中等教育で用いられる教科書を文部科学省が一定の基準に基づいて審査し，合格したもののみを発行させる制度。家永教科書裁判で教科書検定が違憲か否かが争われた。

学問の自由 **A**2 (がくもん-じゆう)　学問の対象や内容の正誤を，その関係者以外が決定してはならないとする原則。日本国憲法第23条に規定されている。思想・良心・表現の自由と関連し，学問の発展のため，研究・成果の発表・教授その他の自由を学校関係者および一般国民に保障している。大日本帝国憲法下では学問の自由に対する侵害が多発していた。

森戸事件 (もりとじけん)　1920年，東京帝国大学助教授森戸辰男の論文が，危険思想である無政府主義の宣伝にあたるとして，雑誌が回収され，雑誌掲載の責任者大内兵衛とともに森戸が休職処分を受けた事件。

圊 森戸辰男 **C**

河上事件 (かわかみじけん)　1928年，治安維持法を適用しておこなわれた共産党弾圧事件（三・一五事件）にともない，京都帝国大学教授の河上肇ᴴᴶや九州帝国大学教授の向坂逸郎ᵏᵏᵏᵏらがマルクス主義研究を理由に大学を追われた事件。

圊 河上肇

滝川事件 **C** (たきがわじけん)　1933年，京都帝国大学教授の滝川幸辰ᵏᵏの思想を共産主義

的として文部大臣が休職処分にした事件。法学部教授会は大学の自治を主張したが，最終的に7人の教授が辞職するにいたり，大学の自治と学問の自由を守れなかった。

類 滝川幸辰

天皇機関説事件 C と国体明徴問題（てんのうきかんせつじけん・こくたいめいちょうもんだい）　天皇機関説とは，国家を一つの法的人格とみなし，君主・議会その他の組織は国家という法人の機関であるとする考え方。天皇が最高主権者であることは否定していないが，天皇を現人神とみなす天皇神権論の立場から，1935年に天皇への不敬と攻撃された。これを天皇機関説事件という。政府は後者の立場から天皇が統治権の主体であるとの国体明徴宣言を出し，天皇機関説をとなえた美濃部達吉は不敬罪で告発され，著書も発禁処分とされた。

美濃部達吉 B ［1873〜1948］（みのべたつきち）　憲法学者。東京帝国大学教授で貴族院議員。国家法人説に立脚した天皇機関説を主張し，天皇神権論者の上杉慎吉らと論争。1935年に国体明徴問題によって不敬罪で告発され，著書が発禁処分とされて貴族院議員も辞職した。戦後，日本国憲法に対しては批判的な立場をとった。政党政治の発展のため，比例代表選挙を提唱したことでも知られる。

矢内原事件（やないはらじけん）　東京帝国大学教授の矢内原忠雄が人道主義的・キリスト教的立場から，日本の植民地政策を批判したところ，軍部から批判をあび，1937年に辞職に追い込まれた事件。

類 矢内原忠雄

河合事件（かわいじけん）　1938年，東京帝国大学教授の河合栄治郎が自著の発禁処分と翌39年に大学の休職処分を受けた事件。河合は理想主義的立場からイギリス的な社会政策のあり方を主張。マルクス主義批判とともに，ファシズムをも批判したのが原因。

類 河合栄治郎

東大ポポロ劇団事件 B（とうだいげきだんじけん）　1952年，東大の学生団体「ポポロ劇団」主催の演劇（松川事件を題材としたもの）が教室内で上演されている最中，観客に混じって公安調査を目的にした私服警官がいることを学生が発見し，警官に警察手帳の

提示を求めた際に暴行があったとして学生2人が起訴された。裁判では，警官の構内立ち入りが学問の自由や大学の自治の侵害になるか否かが争点となった。一審判決は，学生の行為は大学の自治を守る正当なものとして無罪，二審判決もこれを支持した。しかし最高裁は1963年，上演された演劇が学問研究のためではなく，実社会の政治的社会的活動であり，大学における学問の自由や自治の範囲外などとして地裁に差し戻した。こうした最高裁の判決には，学界などから強い批判が寄せられた。裁判は結局，21年の長期にわたった末に，被告人の有罪が確定した。

大学の自治 B 2（だいがく・じち）　大学の運営が，大学によって自主的におこなわれること。東大ポポロ劇団事件で最高裁は，大学における学問の自由を保障するため，研究者の人事，大学の施設や学生の管理について，大学の自治が認められるが，学生の集会は学問の自由と大学の自治の範囲において認められるものにすぎないとした。しかし今日では，範囲を広く解するようになり，学生の地位についても単なる施設の利用者だけでなく，大学の運営に関して要望したり意見を述べたりする権利が含まれるとされる。

人身の自由

人身の自由 B 2（じんしんじゆう）　自由権の重要な構成要素の一つ。本人の意思に反し，または不当に身体的な拘束を受けないこと。日本国憲法では第18・31・33・34・37・38条で，奴隷的拘束及び苦役からの自由，法定手続きの保障，住居の不可侵，黙秘権などについて保障している。身体的自由権ともいう。

同 身体的自由権 3

奴隷的拘束や苦役からの自由 A（どれいてきこうそく・くえき・じゆう）　奴隷的拘束とは，人間の尊厳を侵すようなかたちで身体的自由を束縛すること。苦役とは，人間の自由意思に反する強制的な労役。ともに憲法第18条で禁止されている。特に前者は労働基準法などで，刑罰や自由意思に基づく契約としてでもおこなってはならない。

拷問 A 2（ごうもん）　自白を強要するために身

体的あるいは精神的な苦痛を与えること。江戸時代までは盛んにおこなわれた。1880年の治罪法布告で廃止され，拷問には職権濫用罪が適用されることになったが，実際にはその後もおこなわれていた。このため日本国憲法では，第36条で公務員による拷問を禁止し，これに基づく自白自体を証拠として認めない。

残虐な刑罰 C3（ざんぎゃく-けいばつ）　必要以上の精神的・肉体的苦痛をともなう刑罰。人道的に残酷であるため，憲法第36条で禁止。死刑については，火あぶりやはりつけは残虐刑にあたるが，絞首刑は合憲と解釈されている。

死刑 A6（死刑制度 B2）（しけい）（しけいせいど）　日本の刑法は死刑を規定している。さらに同法は執行方法としての絞首刑を定めている。最高裁はこの執行方法について，残虐な刑罰にはあたらないという判断を下している。

永山基準（ながやまきじゅん）　永山則夫連続射殺事件において，最高裁が1983年に示した死刑判決を適用する際の判断基準。次の9項目を総合的に検討し，罪と罰の均衡や犯罪予防の見地からもやむを得ない場合に，死刑の選択も許されるとした。①犯罪の性質，②動機，③犯罪の態様（特に殺害の手段・方法の執拗性や残虐性），④結果の重大性（特に殺害された被害者の数），⑤遺族の被害感情，⑥社会的影響，⑦犯人の年齢，⑧犯人の前科，⑨犯行後の情状。

死刑廃止問題 B2（しけいはいしもんだい）　死刑制度の存置の是非についての問題。1989年の国連総会における死刑廃止条約（国際人権規約の自由権規約第2選択議定書）の採択や，人道的な配慮，犯罪抑止効果，遺族への配慮，誤判の可能性など，さまざまな論点から賛否両論がある。2016年，日本弁護士連合会（日弁連）は死刑廃止宣言を採択した。

法定手続きの保障 A（ほうていてつづき-ほしょう）　人身の自由を保障するための原則。身体の自由を拘束する場合は，法律で定められた手続きを必要とすることを意味する。憲法第31条に定められており，第39条とあわせて手続きだけでなく，実質的内容の適法性の必要性にも言及している。また，刑事

手続きだけでなく，行政手続きについてもこの手続きが援用される。

罪刑法定主義 A（ざいけいほうていしゅぎ）　憲法第31・39・73条6号に規定されている原則。どんな行為が犯罪となり，どんな刑罰が科せられるかは，あらかじめ法律で定められていなければならないという考え方である。またその派生原則として，慣習的な刑罰の禁止，刑法をさかのぼって適用してはならないという「不遡及の原則」，刑事法における類推解釈の禁止，絶対的不定期刑の禁止，などが求められる。歴史的には，1215年のマグナ-カルタに発し，1789年のフランス人権宣言などでも採用された。

警察 A2（けいさつ）　社会の安全と秩序を維持するために権力と物理的強制力を持つ行政機関。警察行政の中枢機関は警察庁。国家公安委員会の下部機関で，地方自治体の警察機構を管轄する。

捜査 C1（そうさ）　何らかの事件が起き，被疑者を特定するために，犯罪の事実について調査し，証拠を集め，被疑者を捜し出して調べる活動のこと。警察職員とともに，検察官も捜査にあたることがある。被疑者を特定して，犯罪の事実を確定するまでは，個人の人権保障が最大限に認められる。

起訴 A4（きそ）　刑事事件の場合に，検察官が裁判所に対して事件についての審判を求める申し出をすること。検察官は起訴状を裁判所に提出する。起訴は旧刑事訴訟法上の用語で，現在の刑事訴訟法では「公訴の提起」という。

告訴（こくそ）　犯罪の被害者その他の関係人が，犯罪の事実を警察や検察に申し立て，裁判をとおして犯人を罰してもらうこと。

告発（こくはつ）　犯罪があった時に，第三者が犯罪の事実を捜査機関に申告して，捜査と処罰を求めること。告発があっても，証拠不十分などの理由で，起訴には至らない場合もある。

保釈（ほしゃく）　勾留（こうりゅう）されている被告人が裁判所の決定で，一定の保証金を納めて拘束から解放されること。被告人が逃亡したり，証拠を隠滅したりした場合は，保証金は没収され，保釈は取り消しとなる。

疑わしきは被告人の利益に C（うたがわ-ひこくにん-りえき-）　罪刑法定主義の精神から導かれ

る鉄則。裁判で有罪が確定するまでは，被告人は無罪の推定を受けるという考え方であり，十分な実体的証拠がない場合には被告人に有利な判定を下すことでもある。なお，白鳥事件における最高裁決定(1975年)以後，再審開始の決定にあたってもこの原則が適用されるようになった。

無罪の推定 B2(むざい—すいてい)　有罪判決が確定するまでは，被疑者・被告人は有罪ではないとされること。憲法上の明文規定はないが，刑事訴訟上の最も重要な原則である。有罪とするための挙証責任(立証責任)は捜査機関や検察官が負う。なお，フランス人権宣言には第9条で「何人も，有罪と宣告されるまでは無罪と推定される」と規定されている。

白鳥事件(しらとりじけん)　1952年，札幌市で白鳥一雄警備課長が射殺された事件。日本共産党札幌市委員長が逮捕，起訴されたが，警察によるでっち上げとして救援活動も広がった。結局，有罪とされて刑が確定したが，その後の再審請求で最高裁は1975年，特別抗告を棄却しつつも決定理由のなかで，従来の再審開始の要件を大幅に緩め，「疑わしきは被告人の利益に」という刑事裁判の原則が再審開始の決定の際にも適用されるとした。白鳥決定である。この決定がのちに，再審の扉をこじ開ける契機となった。
　　　　　　　　　　　　　　類白鳥決定

被疑者 A3(ひぎしゃ)　刑事事件で罪を犯した疑いで捜査対象となっている者。公訴(起訴)されていない者。

被告人 A1(ひこくにん)　刑事事件で検察官により裁判所に公訴(起訴)されている者。

逮捕 A2(たいほ)　捜査機関などが被疑者の身体を拘束し，一定期間抑留する行為をいう。憲法第33条では，現行犯を除いて，令状なしには逮捕されないことを規定している。事前に発行された令状(逮捕状)による通常逮捕，令状を後で請求する緊急逮捕，令状が必要ない現行犯逮捕の3種類がある。

緊急逮捕(きんきゅうたいほ)　死刑または無期，3年以上の懲役・禁固にあたる罪を犯したと疑いに足る理由があり，急を要するときに，その理由を告げて逮捕すること。令状は後から請求するため，この逮捕を憲法

の令状主義に反して違憲とする考え方もあるが，一般には合憲とされる。

現行犯逮捕 B3(げんこうはんたいほ)　現行犯とは現に犯罪をおこなっている者，またはおこない終わった者をさす。私人も含めただれでも，令状なしに逮捕することができる。

別件逮捕(べっけんたいほ)　逮捕の要件が備わっていない事件について取り調べる目的で，別の軽微な事件で被疑者を逮捕すること。令状主義を逸脱し，違法性が高いとされる。

抑留 B3 と拘禁 B2(よくりゅう—こうきん)　捜査機関・司法機関が，勾引や逮捕による留置によって，身体を拘束すること。一時的な拘束を抑留とよぶのに対して，比較的長い身体的拘束を拘禁という。憲法第38条では，不当に長い抑留・拘禁による自白は，証拠として認められないとしている。

住居の不可侵 B(じゅうきょ—ふかしん)　憲法第35条は，その居住者の承諾なしに，あるいは令状なしに住居へ侵入して捜索することができないことを定めている。

捜索 A(そうさく)　裁判所などの司法機関やその令状を受けた捜査機関が，押収すべきものや逮捕・勾引すべき人を発見するために，人や物・場所などを調べること。憲法第35条は令状が必要なことを定めている。

押収 A(おうしゅう)　裁判所などが証拠物や没収すべきものを手に入れて管理下におくこと。個人の権利侵害の可能性があるため，憲法第35条は令状が必要なことを定めている。

令状主義 A3(れいじょうしゅぎ)　逮捕・抑留・住居侵入・捜索・押収などの強制処分をおこなう場合，現行犯逮捕などの特別の場合を除き，司法官憲(裁判官)が発行する令状を必要とする原則をいう。人身の自由を保障するため，刑事捜査上の手続きに盛り込まれたもの。憲法第33，35条に規定。

令状 A10(れいじょう)　逮捕・捜索・押収などの強制処分の根拠を明示した裁判所の文書。憲法は司法官憲が発すると明示している。

司法官憲(しほうかんけん)　憲法上は裁判官のこと。広義には，検察官など司法にかかわる公務員を含める場合もある。

黙秘権 A(もくひけん)　被疑者・被告人が捜査機関の取り調べや裁判の場で，自己に不利益な供述を強要されない権利，あるいは供

述を拒否する権利。憲法第38条で保障している。黙秘は権利の行使であり，これを理由に不利益な取り扱いをしてはならない。

自白　**B**③(じはく)　民事裁判では，当事者が敗訴する可能性のある，自己に不利益な事実を認めることをいい，刑事裁判では，自己の犯罪事実の全部または主要部分を承認する供述をいう。憲法第38条の規定に基づいて，自白は被告人の供述の自由が圧迫されたものでないことが必要であり，強制・拷問・脅迫による自白，不当に長く抑留・拘禁された後の自白，任意性に疑いのある自白は証拠として採用されない。また自白のみで有罪とされることもない。

遡及処罰の禁止　**B**(そきゅうしょばつ きんし)　憲法第39条前段前半に規定。ある行為がなされた時点でそのことに関する法律がなかった場合，事後に制定した法律でその行為を罰したりしてはならないこと。事後法の禁止，刑罰不遡及の原則ともいう。

　　同事後法の禁止**C**　刑罰不遡及の原則

一事不再理　**B**(いちじふさいり)　憲法第39条前段後半に規定。被告人に不利益な変更を禁止する目的で，確定した同一の事件について，同一の罪状で重ねて裁判をおこなってはならないこと。この原則に反した公訴が提起されたときは，実体審理をおこなわず，免訴の判決が出される。

二重処罰の禁止　(にじゅうしょばつきんし)　同じ行為を別の罪として処罰するのを禁止すること。憲法第39条後段に規定されている。確定判決を変更するわけではないので，一事不再理とは区別される。

二重の危険の禁止　(にじゅうーきけんーきんし)　憲法第39条に定める一事不再理と二重処罰の禁止とを統一的に解釈する立場。アメリカ合衆国憲法の第5修正「何人も，同一の犯罪について重ねて生命・身体の危険に臨ましめられることはない」に準じたものと理解される。いずれも，国家の刑罰権の発動に対して，国民の人権を保障するための規定である。

冤罪事件　**C**(えんざいじけん)　罪がないのに疑われたり罰せられたりすることで，無実の罪をいう。1908年に制定された監獄法以来，被告人・被疑者の人権保護が十分でなく，検察の担当する拘置所のかわりに警察の留置場が用いられ(代用監獄(だいようかんごく))，本人の意思に反する自白が強要される場合が多かった。このことが冤罪温床の一つの要因であったといわれる。日本国憲法ではこれを避けるため，第36・38条などで拷問の禁止や自白偏重の是正をはかった。しかし，監獄法に代わって制定された刑事収容施設法の下でも，事実上の代用監獄(代用刑事施設)の制度は残っており，再審事件が存在する。

　　類代用監獄**B**②(代用刑事施設**B**②)

人身保護法　**C**(じんしんほごほう)　1948年公布。憲法第34条で保障されている人身保護の精神に基づき，不当に奪われている人身の自由を司法裁判により迅速かつ容易に回復することを目的とする。

再審　**B**④(さいしん)　刑事訴訟法上では，確定判決に対して事実認定の誤りを理由として，判決以前の状態に戻し，裁判をやり直すための手続きをいう。有罪事件に対する非常救済手段。裁判の一事不再理の原則から，無罪事件については適用できず，有罪の確定判決や控訴・上告棄却の確定判決に対して認められる。再審請求は原判決を下した裁判所に対してなされ，裁判所は理由があると認めた場合に再審開始の決定をする。

吉田巌窟王事件　(よしだがんくつおうじけん)　1914年に強盗殺人罪で無期懲役が確定した吉田石松さんが，5度の再審請求の末に再審開始，1963年に無罪判決が下された。日本の再審史上で最初の無罪判決。

免田事件　**C**(めんだじけん)　1948年に熊本県人吉市で一家の夫婦2名が殺害され，娘2名が重傷を負った事件で，免田栄さんが死刑判決を受けたが，再審の結果1983年に熊本地裁で，自白の信用性などに疑いがあるとして無罪判決が下された。死刑確定者に対する日本初の再審無罪判決。

財田川事件　**C**(さいたがわじけん)　1950年，香川県財田村(現三豊市)で起きた強盗殺人事件で，谷口繁義さんが死刑判決を受けたが，1979年に死刑確定者として初の再審請求が認められた。そして1984年，高松地裁が自白の信用性に疑いがあるとして，再審無罪判決を言い渡した。

松山事件　**C**(まつやまじけん)　1955年，宮城県松山町(現大崎市)で起きた一家4人の強

盗殺人事件で，斎藤幸夫さんが死刑判決を受けたが，1984年に仙台地裁は，自白の信用性への疑問を根拠に再審無罪判決を言い渡した。

島田事件 **C** (しまだじけん)　1954年，静岡県島田市で幼稚園児が誘拐・殺害された事件で，赤堀政夫さんが殺人の罪で死刑判決を受けたが，1989年に自白の任意性への疑問などを理由に再審無罪判決が言い渡された。

梅田事件 **C** (うめだじけん)　1950年，北海道北見市で起こった殺人事件で，梅田義光さんが無期懲役の判決を受けたが，1986年に再審無罪判決が言い渡された。

徳島ラジオ商事件 (とくしまーしょうじけん)　1953年，徳島市のラジオ店主が殺害され，富士茂子さんが懲役13年の判決を受けたが，本人の死後の1985年に，再審無罪判決が言い渡された。

足利事件 **C** (あしかがじけん)　1990年，栃木県足利市で4歳の女児が誘拐・殺害された事件。菅家利和さんが逮捕され，裁判の途中から否認に転じたが，2000年に無期懲役が確定した。その後，服役中の菅家さんが再審請求を申し立て，2009年にDNA型の再鑑定の結果，再審開始が決定した。菅家さんは逮捕から約17年を経て釈放され，2010年に再審無罪が確定した。

布川事件 **C** (ふかわじけん)　1967年，茨城県利根町布川でおきた強盗殺人事件。桜井昌司さんと杉山卓男さんが逮捕され，裁判で無期懲役が確定。29年間を獄中で過ごし，1996年に仮釈放された。公判段階から無実を訴えつづけ，仮釈放後も再審請求し，2010年に再審開始。2011年，再審無罪判決が言い渡された。

東電OL殺人事件 (とうでんーさつじんじけん)　1997年，東京・渋谷で東京電力の女性従業員が殺害された事件。ネパール人のマイナリさんが逮捕され，2003年に最高裁で無期懲役が確定して服役していた。しかし，捜査の段階から犯行を否認していたマイナリさんは，新たなDNA鑑定をもとに再審請求，2012年にその開始が決定され，同年，無罪判決が言い渡された。

袴田事件 (はかまだじけん)　1966年，静岡県清水市（現静岡市）で起きた強盗殺人事件で，元プロボクサーの袴田巌氏が逮捕された事件。袴田氏は無罪を主張したが，1980年に最高裁で死刑判決が確定した。しかし，2014年，DNA鑑定が決め手となり，静岡地裁が死刑及び拘置の執行停止を決定。袴田氏は釈放された。しかし，その後，司法府では，再審の可否について判断が揺れる。2023年，東京高裁が再審開始を認める決定を下し，これに対して検察側が特別抗告を断念したため，再審開始が正式に確定した。

村木事件 (むらきじけん)　2004年，郵便割引制度に関してニセの証明書を発行したなどとして，村木厚子厚生労働省元局長らが2009年に逮捕・起訴された事件。村木さんは公判で，一貫して無実を訴え，2010年に無罪判決を得た。

東住吉事件 (ひがしすみよしじけん)　1995年，大阪市東住吉区で小学6年の女児が焼死した事件。母親の青木恵子さんと，同居の朴龍晧さんが放火殺人で無期懲役となったが，再審裁判の結果，2016年に2人の無罪が確定した。再審開始決定にいたる過程で，有罪の根拠とされた自白は，警察の違法な取り調べで強要された虚偽であることが判明。

弁護人依頼権 **B** **2** (べんごにんいらいけん)　被疑者として抑留・拘禁された者あるいは刑事被告人が，法律上の援助を受けるために，弁護人を依頼する権利。前者には憲法第34条で，後者には第37条3項で認められている。弁護人とは，刑事裁判において，被疑者や被告人の人権や利益の保護にあたる人。多くは，弁護士から選ばれるが，弁護士でない人（特別弁護人）でも選任できる。

当番弁護士制度 (とうばんべんごしせいど)　刑事事件で逮捕された被疑者やその家族の求めに応じ，各地の弁護士会から弁護士が接見に出向き，無料で被疑者の相談にのる制度。事件によっては弁護士会の独自の判断で当番弁護士を派遣する場合がある。被疑者にはまだ国選弁護人が付けられなかった1990年代に，イギリスの制度を参考にして弁護士会が自主的に始めた。現在では，ほとんどの刑事事件について被疑者にも国選弁護人が付けられるようになった。

国選弁護人制度 **2** (こくせんべんごにんせいど)　刑事被告人や被疑者が経済的理由などで弁護

人を選任できない場合，国が選んで弁護人を付けるしくみ。被告人については憲法第37条3項後段に明文規定があるが，被疑者については憲法上の規定がなかった。しかし，2004年の刑事訴訟法改正で認められるようになり，2006年から死刑などの重大事件を対象に実施されてきた。2016年の法改正で，勾留されたすべての被疑者に対象が拡大された。制度の詳細は刑訴法第37条の2などに規定。国選弁護の主な業務は，法テラス（日本司法支援センター）が担う。少年審判には弁護士による国選付添人制度がある。

犯罪被害者の権利 [3]（はんざいひがいしゃ－けんり）
従来，精神的・身体的打撃を受けた犯罪被害者や遺族に対する十分な配慮がなされてこなかった。このことへの反省から，犯罪の被害者・遺族に裁判記録のコピーや，裁判の優先的傍聴などを認める犯罪被害者保護法と，被害者らが法廷で意見を陳述する権利などを規定した改正刑事訴訟法が，2000年11月から施行された。2004年には犯罪被害者等基本法が制定された。さらに，被害者や遺族が法廷で被告人に質問したり，量刑について意見を述べたりできる「被害者参加制度」も実施。また従来，損害賠償請求は民事裁判でおこなわれてきたが，刑事裁判のなかでも被害者が被告人に損害賠償を請求できる，いわゆる附帯私訴制度（損害賠償命令制度）が犯罪被害者保護法にもり込まれた。 B

[類]犯罪被害者等基本法 A　被害者参加制度 B[3]

ペナル－ポピュリズム ［penal populism］
刑事政策の形成・実施過程において，一般の市民，とくに犯罪被害者やその遺族などの要求が優先して扱われること。刑事大衆主義，刑罰の大衆迎合主義，ポピュリズム刑事政策などと訳される。具体的には，刑事立法の厳罰化やセキュリティの強化，死刑存置への強い支持，公訴時効の廃止などの諸事例があげられる。その際，犯罪学・刑事法などの専門家の見解や現実の統計数字が軽視されることが少なくない。マスコミによる犯罪報道の影響も指摘される。

ＧＰＳ捜査 （－そうさ）　警察がＧＰＳ（全地球測位システム）端末機を捜査対象者の車に設置して行動確認する捜査方法。最高裁判所は2017年，裁判所の令状なしにおこなったこの捜査がプライヴァシーを侵害しており，違法と判断した。

経済の自由

経済の自由 B[6]（けいざい－じゆう）　日本国憲法が定める経済権に属し，国民の持つ経済生活・経済活動に関する自由の保障を定めた権利の総称。経済的自由権ともいう。憲法第22条に規定される居住・移転及び職業選択の自由と，第29条の財産権の不可侵の規定がそれにあたる。他の自由権の規定とは異なり，「公共の福祉に反しない限り」という条件がついている。このため，経済の自由は精神の自由に比べて，より強度の規制を受ける。

[同]経済的自由権

居住・移転の自由 A（きょじゅういてん－じゆう）
憲法第22条に規定。自分が住みたい場所に住み，そのために自由に移転できる権利をいう。封建時代に生産活動・居住の場所を封建領主が決めていたことに対するもの。憲法では「公共の福祉に反しない限り」という限定がつく。しかし本来は，身体の拘束を解くという意味で人身の自由や，精神の自由としての要素もあわせ持つ。

職業選択の自由 A[4]（しょくぎょうせんたく－じゆう）
憲法第22条に規定。自分が就きたいいかなる職業も選ぶことができる権利で，営業の自由も含まれる。封建時代の身分制や世襲制による職業の固定からの転換を意味する。ただし，公序良俗に反する職業や，医師のように一定の能力の保証が必要な職業もあるため，「公共の福祉に反しない限り」という規制が存在する。これらの規制はその目的に応じて，消極目的規制と積極目的規制に区分される。前者は警察的規制ともよばれ，主として国民の生命や健康に対する危険を防止または緩和するために課されるもの。後者は福祉国家の理念に

消極目的	許可制	飲食店営業,風俗営業,古物営業等
	資格制	医師,薬剤師,弁護士等
	届出制	クリーニング所,理容所の開設等
積極目的	国家独占	かつてのたばこ・塩の専売,郵便事業等
	特許性	電気,ガス,鉄道等

▲ 消極目的規制と積極目的規制

基づき，とくに社会的・経済的弱者を保護するために社会・経済政策の一環として課されるもの。

類 営業の自由③

財産権の不可侵 C （ざいさんけん-ふかしん）　憲法第29条に規定。財産権とは，一定の価値を持つ物に対する個人や法人が保有する優先的権利を意味する。18世紀の市民革命期以後，特定の物を全面的に支配し，自由に使用・収益・処分できる所有権に代表される財産権は原則として奪うことのできない不可侵・神聖な権利として位置づけられてきた。しかし，20世紀に入って，貧富の格差の拡大などの社会問題が深刻化したため，その制限や社会的利益との調和が求められるようになった。日本国憲法でも，「公共の福祉に適合するやうに，法律でこれを定める」と規定している。

類 所有権 B ②

土地収用法 C ⑤（とちしゅうようほう）　公共事業に使用するなど，社会全体の利益や公共の利益のために，正当な補償をおこなったうえで私的に所有されている土地を強制的に取得するための法律。1951年に制定された。類似の法律として都市計画法・農地法・土地区画整理法などがある。

正当な補償 C ③（せいとう-ほしょう）　私有財産を公共のために用いる場合，特定の個人に生ずる損失について補償するという憲法第29条3項の規定をさす。国家などの公権力は強制的に私有財産を収用したり制限したりできるが，正当な補償をともなわない限り憲法違反となる。その程度については，完全な補償を要するという説と，相当な補償で足りるとする説とに分かれる。

契約自由の原則 A ①（けいやくじゆう-げんそく）　一定の契約行為を自分のしたいようにすることができるという原則。近代の法思想における人間の自律性の原則を反映したもの。契約締結の自由，相手方選択の自由，方式・内容決定の自由などをさす。この原則は経済的自由と一体であるため，階級対立や社会的不平等の激化に対応して企業活動の独占禁止や労働契約の基準設定など，さまざまな制限を受けるようになった。

類 契約の自由

身分から契約へ（みぶん-けいやく-）　イギリスの法学者H.M.メーンが，主著『古代法』のなかで述べたことば。古代の社会関係は人間の自由意思よりは身分関係によって決定されていたが，近代社会への移行にともない，個人の意思に基づく契約から生ずる権利・義務関係によって決定されるようになったことを指摘している。

経済的競争の自由（けいざいてききょうそう-じゆう）　職業選択の自由には，営業活動の自由がともない，市場における自由競争も保障され，近代以後の資本主義経済体制の確立と発展に寄与した。しかし，それとともに発生した社会的弱者の保護や社会的不平等の是正などを目的とした公共の福祉による制限もやむをえないとされている。

独占禁止法 A ⑬（どくせんきんしほう）　☞ p.193（独占禁止法）

知的財産権 A ⑦（ちてきざいさんけん）　発明・デザイン・著作などの知的形成物に関する権利。知的所有権ともいう。著作物に関する著作権と，特許・実用新案・意匠・商標などに関する産業財産権とに大別される。1970年には，その保護を目的に，世界知的所有権機関（WIPO）が設立された。一方，日本は，1975年にWIPOに加入するほか，2002年には知的財産基本法を制定している。TPP11（11か国の環太平洋パートナーシップ協定）の発効にあわせ，著作権の期間は，原則50年から70年に延長された。

同 知的所有権 B ②　類 著作権 B　産業財産権

知的財産権	産業財産権	特許権	原則として20年
		実用新案権	10年
		意匠権	最長25年
		商標権	10年（延長可能）
	著作権		原則として生存中および死後70年

▲ 知的財産権の分類

知的財産基本法 C （ちてきざいさんきほんほう）　知的財産の創造・保護・活用に関する基本理念や基本的な施策，国等の責務などを定めた法律。2002年に制定され，翌03年から施行された。この法律に基づき，内閣府に知的財産戦略本部が設置されている。

法の下の平等と平等権

法の下の平等 A ②（ほう-もと-びょうどう）　人は

すべて自由・独立した存在であり，それぞれの相違・特徴にかかわりなく人間として平等であるとの立場から主張される権利。近代では，法律の適用について差別的取り扱いを許さないという意味を持ち，現在では法律の内容それ自体が人間を平等に取り扱うべきことを意味するようになっている。憲法第14・24条では，人種・信条・性別・社会的身分または門地の違いによる政治的・経済的・社会的差別を禁止しているが，合理的根拠のある区別規定は，平等原則には反しないと理解されている。歴史的には形式的平等（機会の平等）から実質的平等（結果の平等）をも含む方向へと推移してきた。この規定の趣旨は，原則として外国人にも類推適用される。

類 形式的平等 **B**2　実質的平等 **B**4

●日本国憲法における法の下の平等

第14条　①　すべて国民は，法の下に平等であつて，人種，信条，性別，社会的身分又は門地により，政治的，経済的又は社会的関係において，差別されない。

差別 **A**4（さべつ）　偏見などの不合理な根拠に基づいてなされた特定の個人や集団への政治的・経済的・社会的その他さまざまな不利益・不平等な取り扱いをいう。憲法第14条は法の下の平等を定め，差別を禁止しているが，現実には人種や民族の差別，部落差別，女性差別，障害者差別など，多くの差別が存在している。

両性の平等 **A**（りょうせい-びょうどう）　大日本帝国憲法下では，男尊女卑の考え方にたち，参政権や家督相続など，政治・経済・社会生活上，女性に不利な諸制度が存在していた。これに対して日本国憲法の下では，男女両性の間には肉体的・生理的差異は存在するが，人間の尊厳，人格としての価値において相違はないとの立場から，第14条で両性の差別を禁止。第24条では婚姻は両性の合意のみに基づいて成立することを定めて家制度を否定し，また両性の本質的平等を定めて家族生活・家族関係に関する差別を禁止する規定を設けている。

同 男女平等 **B**　対 女性差別 **B**1　男女差別 3

戸主権 **C**（こしゅけん）　改正前の民法（明治民法）で規定されていた「家」制度に基づく権限。家の長として，家族を統率・支配する者が持つ。戸主は居住場所の決定，婚姻関係への同意など，家族の出処進退その他のすべてを決定できた。第二次世界大戦後，新民法において，個人を尊重する立場から「家」制度が廃止され，戸主および戸主権も消滅した。

類 「家」制度

均分相続制 （きんぶんそうぞくせい）　旧民法の下で「家」制度が存在していた時は，原則として長男が「家」の財産（家督）をすべて相続した。しかし，戦後の新民法の規定では，両性の平等と個人の尊厳の立場から，配偶者と子どもの間では相違があるが，同一相続権資格所有者の間では相続財産を平等に分割相続する制度となった。

嫡出でない子の遺産相続 **C**（ちゃくしゅつ-こ-いさんそうぞく）　法律上の婚姻関係のない男女から生まれ，認知された嫡出でない子（婚外子）の法定相続分は，嫡出子の2分の1（民法第900条4号但し書き）とされた規定。この点には，学界を中心に憲法の平等原則に反するとの強い批判があった。最高裁は1995年に合憲と判断しているが，2013年に判例変更し，この規定を憲法第14条に反して違憲とする決定を下した。裁判とは別に，日本政府は国連から婚外子差別を廃止するよう，何度も勧告されている。なお遺産相続以外では，住民票での親との続柄記載がすべて「子」に統一され，戸籍でも婚内子と同じ「長女・長男」に記載が改められている。

人種差別 **A**1（じんしゅさべつ）　人種とは一般的に，毛髪や皮膚の色など身体的特徴によって区別された人間の集団をいう。人種差別の例として，南アフリカ共和国の人種隔離政策（アパルトヘイト，1991年に撤廃）や，アメリカのネイティヴ-アメリカンなどへの差別が知られている。

マイノリティ **A**［minority］　少数民族・少数派を意味し，マジョリティ（majority，多数派）の対語。人種・宗教・歴史のうえで少数派であるために，政治・経済・人権上，差別される場合が多い。

先住民 **A**（せんじゅうみん）　歴史上，その場所に先に居住し，一定の文化を形成していた民族。南北アメリカ大陸のネイティヴ-アメ

リカンやインディヘナ，北欧のサーミ，オーストラリアのアボリジナル，北海道のアイヌなどがそれにあたる。移住・侵略してきた民族の支配によって，民族差別を受けたり，言語や文化を奪われる同化政策を受けたりした。アイヌ民族については，1899年制定の「北海道旧土人保護法」の差別的な内容が問題になり，この法律が廃止された。なお，2007年の国連総会で先住民の権利宣言が採択された。

類 先住民の権利宣言

アイヌ民族差別 **C** ③（-みんぞくさべつ）　北海道を中心に居住するアイヌの人々への偏見や差別をさす。2007年の国連総会で「先住民の権利宣言」が採択されたのを契機に，衆参両院で2008年に「アイヌ民族を先住民とすることを求める決議」が全会一致で採択された。

アイヌ文化振興法 **A** ⑤（-ぶんかしんこうほう）　1997年に制定された「アイヌ文化の振興並びにアイヌの伝統等に関する知識の普及及び啓発に関する法律」の略称。これによって，アイヌ民族の存在そのものを否定する「北海道旧土人保護法」（1899年成立）は廃止された。「アイヌの人々の民族としての誇りが尊重される社会の実現」を目的とし，アイヌ民族の存在を法律で明記した新しさはあるが，アイヌの人々が求めた先住権などの規定はもり込まれなかった。2019年に制定されたアイヌ民族支援法に代わった。

アイヌ民族支援法 **B**（-みんぞくしえんほう）　アイヌ文化振興法に代わって，2019年に新たに制定された法律。正式名称は，アイヌの人々の誇りが尊重される社会を実現するための施策の推進に関する法律。日本憲政史上はじめて，アイヌの人々を日本の先住民族と明記した。先住民族の権利擁護を推進する国際社会の動向に日本が合わせた形である。今後は，先住民族としての具体的権利をどのように定めていくかが課題となる。アイヌ施策推進法ともいう。

信条 **C**（しんじょう）　宗教上の信仰や政治的信念・世界観など，個人の内面的な確信をいう。憲法第14条ではこれに基づく差別を禁止している。

門地　（もんち）　一般的には「家柄」を意味する。憲法第14条で想定している内容は，封建

的な身分上の特権をともなうものと理解され，華族令で定められた一族などを対象とし，その特権の存在を否定している。

身分 **B**（みぶん）　一般的には封建関係などの社会関係に基づく，社会内での特権と結びついた地位をさすが，法律的には夫婦・親子など，親族関係における地位に代表されるその人の特別な地位・資格をいう。憲法第14条では，合理的根拠がある場合を除いて，これに基づく差別を禁止している。

身分制度 **C**（みぶんせいど）　封建関係などの社会関係（血統や家柄）に基づき，社会内で区別される制度。

華族制度　（かぞくせいど）　華族とは明治初年以来，旧公家・大名の家系に対して与えられた身分呼称。帝国議会開設に備えて貴族院を構成するため，1884年に華族令が制定され，5段階の爵位に分けられた。特権をともなう世襲制の身分制度で，1947年に憲法第14条の規定に基づき廃止された。

賤民廃止令　（せんみんはいしれい）　1871年に太政官布告として発せられた，えた・非人などの身分廃止の命令のこと。解放令ともいう。彼らを平民と同様に扱う宣言であったが，具体的な施策や意識改革はなされなかった。

同 解放令

被差別部落 **B**（ひさべつぶらく）　江戸時代に身分が明確に区別されるなかで，えた・非人とよばれた人々の居住地区であることを理由に差別されてきた地域の総称。1871年の太政官布告によって身分制度は解消したが，その後も差別は存在し続けた。

類 部落差別 **A** ②

部落解放運動　（ぶらくかいほううんどう）　被差別部落の人たちが，自ら差別の解消を求めて立ち上がった運動。1922年の全国水平社（水平社）の設立に始まる。そのとき採択された「全国水平社宣言」（西光万吉起草）は，人間の尊厳を認める立場から，被差別部落民自身による解放の実現，経済的自由と平等を求めた。「人の世に熱あれ，人間に光あれ」と結ぶ一節は有名。その後，この運動は全国的にひろがり，被差別部落に対する偏見や差別の打破を訴えた。

類 全国水平社 **C**（水平社 **C**）　全国水平社宣言

同和問題 **C**（どうわもんだい）　同和とは国民全体の一致と調和を意味する同胞一和の行政上

の略語。部落解放問題と同義で用いられる。

同和対策審議会 Ⓑ（どうわたいさくしんぎかい）　部落差別の解消を実現するために，1961年に総理府（現内閣府）内に設置された内閣総理大臣の諮問機関である。1965年の答申に基づき，部落差別の解消と対象地域の生活環境の改善，社会福祉の向上などを目的に同和対策事業特別措置法（1969年），地域改善対策特別措置法（1982年）などが制定された。また，1997年からは人権擁護施策推進法が施行，2016年には部落差別解消推進法が制定・施行された。同法は「現在もなお部落差別が存在する」と明記して，部落差別問題の存在を公式に認めた上で，部落差別のない社会の実現をめざすとしている。

在日朝鮮人・韓国人 Ⓑ（ざいにちちょうせんじんかんこくじん）　1910年の日韓併合以降，日本は植民地とした朝鮮半島の人たちに対して日本語使用や創氏改名，神社参拝の強制など，民族の誇りを奪う政策をとった。また半島から移住・強制連行されたりして日本国内に定住した人々に対し，被支配民族出身者として蔑視・差別する状況が続いた。第二次世界大戦後も，在日朝鮮・韓国人に対して地方参政権や公務就任権などの市民的権利の分野で差別が残る状況が続いている。現在では，朝鮮人・韓国人を区別せず，一括して在日コリアンとよぶことが多い。

　　　　　　　　　　　同 在日コリアン

ヘイトスピーチ Ⓐ④（**差別扇動表現**）（きべつせんどうひょうげん）　社会的マイノリティに対する差別と憎悪を扇動する表現行為。日本では在日コリアンに対するものなどが東京都や大阪府の一部地域で頻繁に開かれてきたが，これをいさめる抗議活動もおこなわれている。日本も加わる国際人権規約（自由権規約）第20条や人種差別撤廃条約第4条などに禁止規定がある。日本以外の国や地域の出身者とその子孫に対して，地域社会から排除することを扇動する不当な差別的言動は許されない，とするヘイトスピーチ対策法（ヘイトスピーチ解消法）が2016年に成立した。

　　　　類 ヘイトスピーチ対策法⑤
　　　（ヘイトスピーチ解消法 Ⓐ⑤）

在日韓国人の法的地位の問題（ざいにちかんこく

じん・ほうてきちい・もんだい）　1965年の日韓基本条約調印の際に結ばれた日韓法的地位協定では，戦前から日本に居住している韓国人とその子孫で，1945年8月16日から1971年1月16日までの間に日本で生まれ，申請時まで引き続き居住している人（協定一世），一世の子どもで，1971年1月17日以降に日本で生まれ，生後60日以内に申請があった人（協定二世）には，それぞれ協定永住資格が与えられた。1991年に入管特例法が制定され，協定永住者の子孫も含めて「特別永住者」として一本化。

　　　　　　　　類 定住外国人 Ⓒ②

永住資格 ②（えいじゅうしかく）　一定の場所に無期限に住むための資格。出入国管理及び難民認定法第22条では，国籍を有しない者が日本に無期限に居住する場合，法務大臣が永住許可をするための要件を定めている。

指紋押捺問題 Ⓒ②（しもんおうなつもんだい）　日本国内に在住する外国人は，外国人登録法により，指紋押捺が強制された。これは一種の犯罪者扱いであるとして，廃止を求める運動が広がり，1992年の法改正で，永住権者の指紋押捺義務が廃止され，99年には制度自体を廃止した。2006年，出入国管理及び難民認定法が改正され，テロ対策を理由に16歳以上の入国外国人への指紋や顔写真の情報提供が義務づけられた。

出入国管理及び難民認定法 Ⓑ②（しゅつにゅうこくかんりおよ・なんみんにんていほう）　入管法と略。自国民や外国人の出入りを国が管理し，難民の認定手続きを整備することなどを目的とした法律。最初はポツダム政令の一つとして成立。その後，1951年の出入国管理令を，1981年の難民条約加入にあわせて改正し，現在の名称となった。2018年には一部が改正され，新たな在留資格として「特定技能1号」「特定技能2号」が創設された。それにともない，これまで管理などの事務を行っていた地方入国管理局は廃止され，出入国在留管理庁が設置された。

　　　　同 入管法 Ⓒ　類 出入国在留管理庁 Ⓑ

出入国在留管理庁 Ⓑ［Immigration Services Agency of Japan］（しゅつにゅうこくざいりゅうかんりちょう）　法務省の内部部局の1つだった入国管理局を前身として，日本における外国人人口の急増に伴って，2019年

に法務省の外局として設置された日本の行政機関。略称は「入管庁」「入管」。日本における外国人出入国の管理，日本に在留する外国人の管理，難民認定など，外国人関連の行政事務を管轄する。

戦後補償 B（せんごほしょう）　日本がおこなった朝鮮半島や台湾などへの植民地支配による被害や戦争中に日本軍がもたらした被害に対する謝罪と補償をあわせて「戦後補償」とよぶ。アメリカがおこなった日系人の強制収用への補償や，ナチスのユダヤ人迫害への補償などが念頭に置かれている。

在留外国人 C①（ざいりゅうがいこくじん）　日本に在留資格を持って3か月以上在留する外国人（在留資格が外交・公用の場合や特別永住者などを除く）。在留管理制度の対象とされ，在留カードが交付される。在留外国人数は2022年12月時点において約279万人。国別では，中国27%，ベトナム16%，韓国15%，フィリピン11%，ブラジル8%。2012年に現在の在留管理制度が導入され，これにともない外国人登録制度は廃止された。また，外国人住民（中長期在留者や特別永住者など）も住民基本台帳制度の対象となった。　☞ p.301（外国人労働者問題）

類 外国人登録制度②

外国人収容問題（がいこくじんしゅうようもんだい）　正当な在留資格を持たない外国人や在留期限を失ったまま日本国内に在留している外国人は，出入国在留管理庁の関連施設に収容された後，本来は国外退去を命じられる。ただし，日本国内で家庭をもうけている，母国に戻されると政治的迫害を受けるといった理由で，国外退去が困難な者は，収容施設に収容され続ける。こうした外国人収容制度については，収容期間の長期化・無期限化や施設内における生活環境の劣悪さが批判の対象となっている。2021年にスリランカ人女性が名古屋の入管施設において適切な医療を受けられないまま死亡した事件は，国内外で論争を呼んだ。なお，仮放免となって施設外に出されても，就労機会や社会保険が保障されないため，困窮した生活に陥りやすい。2020年，国連の国際人権理事会は，日本の外国人収容制度について，国際人権規約に違反するとの見解を示している。

障害者差別 A（しょうがいしゃさべつ）　心身に障害を抱えている人々が，人権を無視されたり，半ば隔離状態で社会参加が制限されたりしていること。2006年に国連総会で障害者権利条約が採択された（2008年発効，日本は2014年に批准）。

類 国連障害者権利条約

女性差別撤廃条約 B④（じょせいさべつてっぱいじょうやく）　正式名は「女子に対するあらゆる形態の差別の撤廃に関する条約」。完全な男女平等の実現や家庭・社会における男女の役割分担の見直しを求める内容を持つ。1980年，「国連婦人の10年中間年世界女性会議」がコペンハーゲンで開催され，1979年の国連総会で採択された「女性差別撤廃条約」の署名式がおこなわれた。1981年に発効。日本は1985年に批准した。この条約を批准するため，父系血統主義から父母両系主義への国籍法の改正や，男女雇用機会均等法の制定など，国内法の整備がおこなわれた。1999年には条約の選択議定書も採択された（日本は未批准）。

男女雇用機会均等法 A⑥（だんじょこようきかいきんとうほう）　☞ p.296（男女雇用機会均等法）

国籍法の改正 C④（こくせきほう-かいせい）　国籍法は，個々の人を国家の構成員とする資格を定めたもの。国籍の取得要件は各国で異なり，欧州の大陸諸国や日本・中国などは血統を重視する（血統主義）。このうちドイツやフランスなどは，結婚に関係なく父親の認知だけで国籍が与えられる。これに対してアメリカやイギリスなどは，出生した場所で国籍取得ができるケースが多い（生地主義）。日本の国籍法（1950年制定）では，長く父系優先血統主義がとられてきたが，女性差別撤廃条約の批准に先だち，両性平等の観点から1984年に父母両系主義に改められた。両親の婚姻を子どもの国籍取得の要件とすることについても，2008年の最高裁違憲判決を受けて法改正された。

同 国籍法 B④　類 血統主義　生地主義

セクシュアル-ハラスメント A②[sexual harassment]　主として女性に対する職場などでの性的いやがらせ。1970年代の

アメリカで主張され，日本では1980年代末から問題となった。一般的には①性的行為の要求と関連した雇用上の不利益な取り扱い（対価型），②性的な言動による不快な職場環境の形成（環境型）などをさす。略してセクハラ。2006年に改正された男女雇用機会均等法では，両性に対するセクハラ防止義務を事業主に義務づけている。ＩＬＯ（国際労働機関）は2018年，職場などでのセクハラや暴力をなくすために，法的拘束力のある条約を制定する方針を打ち出した。

同 セクハラ C

パワー－ハラスメント　B [power harass] 主に職場において，業務執行上の権限を背景に上司が部下などに対しておこなういじめや嫌がらせ行為。上司が個人的な感情で部下を罵倒したり，不当な扱いをすることなどは，相手への重大な人権侵害となる。略してパワハラともいう。

同 パワハラ C

マタニティ－ハラスメント　A [maternity harassment] 職場において，妊娠・出産した女性に加えられる嫌がらせや不当な待遇。略してマタハラともいう。最高裁は2014年，妊娠を理由にした職場での降格は原則として男女雇用機会均等法に違反する，という初めての判断を示した。

同 マタハラ C

レイシャル－ハラスメント　C [racial harassment] 主として職場において，相手の人種・民族・国籍などへの配慮に欠けた言動。略してレイハラともいう。ヘイトスピーチのような悪意がなくても，何気ない日常の一言が当事者を傷つけることもある。欧米では知られた概念だが，日本では認知度が低い。

「#MeToo」 ミートゥー。「私も」の意。性暴力やセクハラの被害が多発するなか，それを追及する際の合い言葉として，2006年にネット上で初めて使用された。2017年，米国の映画プロデューサーによるセクシュアルハラスメントや性的暴行が報道されると「私も被害を受けた」という女性たちの訴えが相次いだ。この出来事を契機として，世界連鎖的に，性的被害を受けた人々による告発運動が巻き起こった。

夫婦別姓問題　C （ふうふべっせいもんだい）夫婦が結婚後も同一の氏（姓）を名乗らず，それぞれの氏を称すること。民法では，結婚すると夫または妻どちらかの氏を称すること（第750条）とされているが，実際には夫の姓を使用するケースが多い。近年，結婚しても自分の姓を変えたくないという女性が増え，旧姓を通称として使用する人も少なくない。1996年，法制審議会は選択的夫婦別姓の導入などを打ちだしたが，実現していない。

類 選択的夫婦別姓 C

夫婦別姓訴訟 （ふうふべっせいそしょう）夫婦同姓（同氏）を定める民法第750条が，憲法の保障する個人の尊厳や法の下の平等などに反するとして起こされた裁判。原告は東京都などの男女５人。最高裁大法廷は2015年，民法の規定が違憲ではないとする判決を下した。2018年には，結婚後に妻の姓に変えた男性が，選択的夫婦別姓を認めないのは違憲だとして東京地裁に提訴した。最高裁は通称使用で不利益が緩和されると判断したが，この男性は通称使用でも不利益は大きい，としている。

男女共同参画社会基本法　A③（だんじょきょうどうさんかくしゃかいきほんほう）1999年６月，男女共同参画社会の形成にむけて制定された基本法。2001年，内閣府に男女共同参画会議が設けられた。国だけでなく都道府県や市町村にも，男女共同参画基本計画の策定が義務づけられている。2018年には，議員立法で「政治分野における男女共同参画推進法」も成立しており，選挙の候補者数を男女均等にするよう政党などに努力義務を求めている。

類 男女共同参画会議 C
政治分野における男女共同参画推進法③

母体保護法 （ぼたいほごほう）母性（母体）の生命・健康を保護することを目的に，不妊手術や人工妊娠中絶などについて定めた法律。1996年，優生保護法にかわって制定された。

優生保護法 （ゆうせいほごほう）「不良な子孫の出生防止」を目的に1948年に施行された差別的な法律。1996年まで存続した。ナチス-ドイツの「断種法」の流れをくむ国民優生法が前身。知的障害や精神疾患などを理由にした不妊手術を認めていた。医師が必要

と判断すれば，本人の同意なく強制的な不妊手術も可能だった。2018年，手術を強制された女性が重大な人権侵害があるとして，国を相手に損害賠償を求める裁判を起こした。裁判とは別に，厚生労働省でも実態調査を開始。2019年には旧優生保護法に基づく優生手術等を受けた方に対して一時金を支給する法律が成立した。

ドメスティック－ヴァイオレンス 🄲［Domestic Violence］　ＤＶと略。配偶者や恋人といった親密な関係にある主に男性から女性に対してふるわれる暴力のこと。「親密な」関係には，結婚している夫だけでなく，同棲相手やボーイフレンド，婚約者，付き合っている男性，別れた夫や恋人なども含む。また，暴力には，殴る，蹴る，威嚇する，存在を無視する，心理的な苦痛を与えるといった身体的な・心理的暴力や，性行為の強要，生活費を渡さないといった行為も含まれる。2001年に「配偶者からの暴力の防止及び被害者の保護等に関する法律」（ＤＶ防止法）が公布・施行された。

類 **ＤＶ防止法** 🄲

ストーカー行為規制法（－こういきせいほう）　特定の相手をつけまわしたり，電話・ファクシミリ・SNSで中傷したりすることをくり返すストーカー（付きまとい）行為を規制する法律。被害者への援助措置なども定める。2000年に制定された。

ジェンダー 🄰［gender］　生物学的な男女の違いをセックス［ｓｅｘ］というのに対して，社会的・文化的につくり上げられた「性差」をいう。「女らしさ，男らしさ」「男は仕事，女は家庭」といった後天的につくられた男女の性別役割分担や行動様式，心理的な特徴をさす。ジェンダーフリーとは，その固定的な「性差」意識から自由になることをさす。また，ジェンダーバイアスとは，ジェンダーに基づく差別，女性に対する固定的観念に基づく差別をいう。

類 **ジェンダーフリー** 🄲　**ジェンダーバイアス**

エンパワーメント 🄲［empowerment］　直訳すると，「力をつける」こと。女性自らが意識と能力を高め，真の男女平等を達成するため，政治・経済・家庭など社会のあらゆる分野で，力を持つ存在となることをいう。男女平等社会，男女共同参画社会

の実現のための重要な考え方。

リプロダクティヴ－ヘルス／ライツ 🄱［reproductive health/rights］　「性と生殖に関する健康・権利」のことで，女性が自分の体や健康について正確な知識・情報を持ち，安全で満足できる性生活を営み，子どもの人数や出産の時期・避妊の方法などについての女性の決定権を認めようとするもの。妊娠・出産・中絶に関わる女性の生命の安全や健康を重視した考え方。ここでいう健康とは，単に病気でないということだけではなく，身体的・精神的・社会的に良好な状態のことをいう。1994年の国際人口開発会議（カイロ）で明記され，1995年の第4回世界女性会議（北京）の行動綱領にも盛り込まれた。

同 **性と生殖に関する健康・権利** 🄲

アファーマティヴ－アクション 🄱③［affirmative action］　差別を積極的に是正する優遇措置。アメリカで生まれた考え方で，企業・団体・学校が，人種・出身国・性別等を理由とする雇用・教育上の差別を受けてきた少数民族や女性の社会的地位の向上のために積極的な優遇措置をとること。教育や雇用面で特別枠の割当制を導入したりする。日本や欧州ではポジティヴ－アクションという。

同 **ポジティヴ－アクション** 🄱

クオータ制 🄲①［quota system］　（－せい）国会議員や各種審議会委員の一定割合以上を同一の性・人種などに独占させない制度。割当制ともいう。とくに，政策決定過程にかかわる女性が過少だという問題への措置として導入され始めている。たとえばルワンダでは，意思決定機関のメンバーの最低30％は女性とする規定が憲法にある。日本の現状を見ると，国会における女性議員の割合が10％前後であり，世界最悪水準となっている。2018年には「政治分野における男女共同参画推進法」が制定され，公職選挙の候補者数が可能な限り男女同数となるよう，国・地方・政党による努力が求められることとなった。

同 **割当制**

ダイバーシティ 🄲［diversity］　「多様性」を意味する概念。一つの組織のなかに，国籍・人種・宗教・年齢・性的指向などに関

する幅広い社会属性が存在すること。近年は，ダイバーシティが組織の活性化につながるという考え方が普及している。たとえば，民間企業でも，同質的・画一的な人員構成より，ダイバーシティに基づいた組織のほうが，事業創造能力・問題解決能力・変化適応能力が高く，企業の競争力強化に資する。大学の世界でも，在学生が特定の年齢層や人種のみで構成されると，授業における議論が停滞したり，社会的多数派の意見で覆い尽くされる事態に陥りやすい。

性的マイノリティⒸ（**ＬＧＢＴ**Ⓐ）（せいてき-） レズビアン（女性同性愛者），ゲイ（男性同性愛者），バイセクシュアル（両性愛者），トランスジェンダー（体の性と心の性が一致しない状態）などの人たちの総称。現在でも根強い偏見とさまざまな差別に直面するケースが多い。一方，同性婚を合法化した国が30か国（2023年時点）に広がるなど，近年は権利拡大の動きもみられる。日本では，地方自治体が同性同士のパートナーシップに関する公的証明書を発行するケースもいくつか出ているが，極めて限定的な法的効力を生むにすぎない。

ＳＯＧＩ Ⓑ［Sexual Orientation & Gender Identity］ ソジまたはソギ。「性的指向と性自認」という意味。マイノリティだけでなくすべての人にかかわるため，ＬＧＢＴより広い概念とされる。国連などでも用いられる。

性同一性障害特例法（せいどういつせいしょうがいとくれいほう） 性同一性障害（GID）とは，身体器官の性と心の性とが一致せず，その不安や違和感などから生活が困難になる状態をいう。その治療などのため，性別適合手術がおこなわれる一方，この特例法に基づき戸籍の性別記載を変更することなどが可能となった。変更には家庭裁判所の審判が必要。2003年に制定。正式名は「性同一性障害者の性別の取扱いの特例に関する法律」という。2018年から性的適合手術に対して公的医療保険が適用されるようになった。

女性の活躍推進法（じょせい-かつやくすいしんほう） 女性の登用をうながすために，国や地方公共団体，大企業に数値目標の設定や公表を義務づけた法律。2015年に制定された。正式名は「女性の職業生活における活躍の推進に関する法律」。日本社会の活力を維持する狙いがあり，仕事と子育ての両立に向けた環境整備もおこなう。中小企業は努力義務にとどまる。

配偶者居住権（はいぐうしゃきょじゅうけん） 2018年の民法改正に基づいて新設された配偶者間の相続に関する制度。2020年施行。被相続人（死亡した人間）の配偶者は，相続時に被相続人の所有する住居に住んでいた場合，他者がその住居を相続しても，引き続いてその住居に無償で住み続けることができる。

婚姻可能年齢 Ⓒ（こんいんかのうねんれい） 結婚が法律上可能になる年齢のこと。これまで日本の民法では「男性18歳，女性16歳」となっていたが，民法改正によって2022年より「男女ともに18歳」になる予定。先進国を見ると，婚姻可能年齢に男女差を設けている国はほとんどなく，日本における性差別制度の一つとして批判を受けていた。このような男女差がこれまで温存されてきた背景として，日本社会に根強く残っている性別役割分業（gender roles）の意識があるものと指摘されている。

社会権

憲法が規定する社会権（けんぽう-きてい-しゃかいけん） 日本国憲法は第25～28条で，人間としての尊厳を維持できる最低限度の生活を国家に対して要求する生存権や教育への権利・労働基本権などを規定している。

生存権 Ⓐ⑫（せいぞんけん） 憲法第25条に規定された権利。「健康で文化的な最低限度の生活を営む権利」と表現されている。国家が国民の生活内容を積極的に保障することを国民自身が要求できるという内容を持つ。1919年のワイマール憲法で初めて規定され，社会権の主要な要素をなす。同時に，国家は国民自らの手による健康で文化的な最低限度の生活を維持する行動を阻害してはならない，という意味で自由権的な側面も持つ。

プログラム規定説 Ⓐ③（-きていせつ） 憲法上の規定について，政策の指針を示すにとどまり，法的拘束力を持たないとする考え方で，ワイマール憲法の規定が起源とされる。特に，生活保護の運用をめぐる朝日訴訟や，

堀木訴訟などで問題となった。最高裁判所が戦後直後に下した憲法解釈では，第25条の生存権規定は，国民個人に対して与えられた具体的権利や政府の義務を定めたものではなく，政治の指針（プログラム）を述べたものであり，立法・行政権者の社会政策にゆだねるほかはないとされた。現在では，生存権を法的権利と位置づけつつ，明確な法律によって具体的な権利となる，とする抽象的権利説が通説となっている。

　　　　　　　　　　　　　　対 抽象的権利説 C

朝日訴訟 A② (あさひそしょう)　1957年，国立岡山療養所の入院患者朝日茂さんが，憲法第25条の生存権規定を根拠に当時の厚生大臣を相手に起こした訴訟。「人間裁判」ともいわれた。600円の日用品費で「健康で文化的な最低限度の生活」が可能かが問われ，1960年の第一審では原告側が全面勝訴（浅沼判決）したが，1963年の第二審ではプログラム規定説に基づき，社会保障の財源を理由として原告が敗訴した。上告中に朝日さんが死亡したため養子夫妻が裁判の継承を主張したが，最高裁はこれを認めず訴訟は終了したと判示した。そして，プログラム規定説を援用しながら，何が健康で文化的な最低限度の生活であるかは，厚生大臣の裁量にゆだねられる，とした。しかし，この訴訟を契機にして生活保護費は大幅に増額された。

堀木訴訟 A④ (ほりきそしょう)　全盲の生活保護受給者堀木フミ子（文子）さんが1970年，障害福祉年金と児童扶養手当の併給制限は憲法第13・14・25条に反するとして国を訴えた訴訟。原告は第一審で勝訴したが，控訴審・上告審では敗訴した。最高裁は，健康で文化的な最低限度の生活についての具体的な措置については立法府の広い裁量にゆだねられている，と判示した。なお，第一審判決後に併給が認められるようになったが，最高裁判決をふまえ，再禁止となった。現在は老齢福祉年金と併給。

生活保護法 A (せいかつほごほう)　憲法第25条の精神に基づき，生活困窮者にその最低限度の生活を保障し，自立を助ける目的で1946年に制定された法律。1950年全面改正。①無差別平等，②健康で文化的な最低限度の生活の保障，③生活困窮者側の生活

維持努力の義務，などを原則とし，生活・生業・教育・住宅・医療・介護・出産・葬祭の8種の扶助が規定されている。

教育への権利 (きょういく-けんり)　教育を受ける権利。憲法第26条に規定。権利としての教育の思想は近代市民革命期にあらわれ，コンドルセの公教育論が萌芽となった。この権利を憲法の明文で認めたのは，1936年のソ連憲法が最初とされる。また，世界人権宣言・国際人権規約・子どもの権利条約など，国際人権法上も保障されている。国民が社会の一員として生活するために必要な見識・知識・経験を確保するには，教育が不可欠であるとの立場から定められたもの。憲法第25条の生存権を文化的な側面から保障するという性格ももつ。子どもの側からは学習権・発達権としてとらえることができる。具体的には，子どもに学ぶ権利と教育の機会均等，その最小限の裏づけである義務教育の無償を保障している。この権利についても生存権などと同様，社会権的側面と自由権的側面とがある。

　　　　　　　同 教育を受ける権利 A⑧　類 学習権 C

義務教育の無償 A⑧ (ぎむきょういく-むしょう)　学齢に達した子どもに受けさせなくてはならない普通教育を無償とするというもの。憲法第26条2項後段などの定めに基づき，教育の機会均等と教育を受ける権利の保障を目的とする。無償化の範囲をめぐり，授業料のみを無償とするという考え方と，授業料以外の修学費にもおよぶとする考え方の二つがある。なお1963年以降，義務教育諸学校の児童・生徒への教科書は，法律により無償で配布されている。

高校の授業料無償 B② (こうこう-じゅぎょうりょう-むしょう)　2009年の政権交代で成立した民主党政権のもとで実施された措置。これによって公立高校の授業料が2010年度から無料となった。私立高校については，公立高校の授業料とほぼ同額を就学支援金として支給。朝鮮学校については実施が見送られた。2014年度からは，授業料無償化制度が事実上廃止され，所得制限などを設ける高校等就学支援金制度に改められた。年収910万円未満の世帯（生徒全体の約8割）が給付の対象となる。

給付型奨学金 C (きゅうふがたしょうがくきん)　奨学

金のうち，返還を必要としないもので，2018年度から国の制度として新設。対象は大学・短大・高専・専門学校への進学者のうち，経済的に困難があり，高い学業成績をあげるなどした生徒を高校が推薦して選ぶ。給付額は月額2万～4万円で，日本学生支援機構が窓口となる。

類日本学生支援機構

学生ローン［student loan］（がくせい-）　高等教育機関に在学する学生に対して，学費や生活費を補助するために貸し出される類のローン。在学中の返済が猶予されている点を特徴とする。政府関係機関が貸し出すケースと，民間金融機関が貸し出すケースに分かれる。アメリカや日本のように大学授業料が高額な国では，盛んに契約されている。一方，アメリカでは，卒業後に返済不能に陥って自己破産するケースが多数報告され，大統領選でも論争となるほど社会問題化している。日本でも，日本学生支援機構の貸与型奨学金に関して，同様の問題が国会やマスコミで指摘されている。

教育の機会均等　**A**⑤（きょういく-きかいきんとう）　法の下の平等の精神に基づく教育の平等性の確保を意味する。憲法第26条には「すべて国民は，法律の定めるところにより，その能力に応じて，ひとしく教育を受ける権利を有する」とある。人種・信条・性別・社会的身分・経済的地位または門地によって差別されない。したがって，能力があるにもかかわらず諸事情で就学が困難な者に対しては，何らかの奨学の措置をとる必要がある。

教育基本法　**B**（きょういくきほんほう）　1947年制定。教育の目的と新生日本の教育の確立をめざした法律。制定経過から，準憲法的性格を持つ。教育の機会均等・義務教育・男女共学・学校教育・社会教育などについて規定していた。2006年，安倍晋三内閣のもとでおこなわれた法改正で「我が国と郷土を愛する」という，いわゆる愛国心に関する条項などがつけ加えられ，制定時の理念が大きく変質した。

主権者教育　（しゅけんしゃきょういく）　国民，とくに若者たちを主権者として意識的に育てる教育のあり方。18歳選挙権の導入によって注目されるようになった。学校教育はも

ちろん，社会教育などとの連携も不可欠。定まったカリキュラムはなく，社会全体で若者が政治を身近に感じ，自由な政治参加をうながすような取り組みが求められる。

学校教育法　**C**（がっこうきょういくほう）　1947年制定。学校組織・施設・職員構成など，学校教育の基本について定めた法律。幼稚園から大学，高等専門学校・専門職大学・特別支援教育などの学校の設置・廃止，管理と費用，教員資格などに関する通則を定めている。

学習指導要領　（がくしゅうしどうようりょう）　小学校・中学校・高等学校などで教える教科の内容を学校教育法施行規則に基づいて示した大綱的基準。文部科学大臣が定める。1947年に「試案」として初めて作成され，1958年の改訂時から法的拘束力を持つようになった。教科書検定の基準ともなる。

アクティヴ－ラーニング［active learning］　活動的・能動的な学習。グローバル化の進展などに対応するための資質や能力を育成する主体的・対話的で深い学びを意味する。

全国学力・学習状況調査　（ぜんこくがくりょくがくしゅうじょうきょうちょうさ）　全国学力テスト。児童・生徒の全国的な学力の状況を把握し，その課題を探るために実施される。対象は小学6年生と中学3年生で，国語と算数・数学の2教科が基本。全国規模での学力テストは1956年から始まったが，学校間の競争をあおるとして1966年に廃止された。その後，2007年に悉皆方式で復活。2010年から3割の抽出方式となったが，13年には全員参加でおこなわれた。都道府県別の平均正答率が公表される。

同全国学力テスト

教育勅語（きょういくちょくご）　1890年，明治天皇が天皇制に基づく教育方針を示した勅語。元田永孚・井上毅らの起草による。天皇の神格化と儒教的な家族道徳を強調し，君臣・親子など上下関係の重視を日本国民の精神的規範とした。敗戦時まで，日本人の精神・教育の基礎となっていたが，1948年の衆参両院で，それぞれ排除・失効確認に関する決議がなされた。

道徳の教科化　（どうとく-きょうかか）　教科外活動として小中学校で実施されている道徳を，「特別の教科」として位置づけ，検定教科

書を用いて学習評価もおこなうとするもの。2014年に中央教育審議会(中教審)が教科とするよう答申した。道徳教育をめぐっては，戦前に教科として「修身」がおかれ，これが愛国心教育とあいまって国民を戦争に駆り立てたとの強い批判がある。

「公共」 Ａ (こうきょう)　2018年に告示された高校学習指導要領の改訂で新設された科目。現行の「現代社会」にかわる必修科目。主権者教育や憲法とのかかわりを含みつつ，愛国心育成にも力点がおかれる。

教育行政　(きょういくぎょうせい)　教育基本法などの定める教育目的の実現のためにおこなわれる活動をいう。具体的には教育行政組織・教育施設・教育職員の確保と形成・維持である。現憲法下では，教育行政の民主化・地方分権化がはかられ，統括する機関として国に文部科学省，地方に教育委員会が設置されている。

社会教育　(しゃかいきょういく)　学校教育以外の場で広く国民全般を対象におこなわれる教育をいう。社会生活上必要な一般教養の育成や地域活動への助成，青少年教育活動の展開，レクリエーションなどが含まれる。

生涯学習　(しょうがいがくしゅう)　生涯教育ともいう。全国民が生涯にわたって学びつづけること。1973年のＯＥＣＤ(経済協力開発機構)報告書では，循環的に学ぶという意味でリカレント教育の理念が提唱された。

　　　　　　同 生涯教育　類 リカレント教育

旭川学力テスト事件 Ｃ (あさひかわがくりょくじけん)　1961年，北海道旭川市立永山中学校で，全国一斉学力調査テストを教職員組合側が実力阻止しようとして公務執行妨害等に問われた事件。1976年に最高裁は，教育を受ける側の学習権を認めるとともに，憲法第23条には教育の自由が含まれるとする一方で，国の教育権を認めた。

国民の教育権と国家の教育権 (こくみん-きょういくけん-こっか-きょういくけん)　具体的な教育内容を決定する権能(教育権)はだれにあるかをめぐる問題。前者は，教育権は親や教師を中心にした国民全体に属し，国家が教育内容に介入するのは原則として許されず，教育の条件整備に限定されるとする考え方。後者は，国(文部科学省)には憲法第26条の反面解釈として「教育をする権利」があ

り，教育内容・方法に広く介入できるとする考え方。家永教科書裁判などで中心争点の一つとなった。これについて最高裁は1976年，旭川学力テスト事件の判決で，上記の二つの論を「極端かつ一方的」とし，両者を折衷させる見解を示した。

フリースクール [free school]　学校外の学びの場として，主として不登校の子どもたちを受け入れている教育施設。法的な位置づけがないため，国や地方公共団体などの補助もほとんどなく，運営はおもに保護者からの会費や寄付などで賄われている。2016年に関連法として，教育機会確保法が成立した。

夜間中学　(やかんちゅうがく)　中学校夜間学級の別称。さまざまな理由で義務教育が受けられなかった人たちを対象に，主として夜間に開設された中学校。外国人にも開放されている。2016年の教育機会確保法で初めて夜間中学による教育機会の提供を法制化。これまで自主夜間中学として運営されてきたものもある。公立の夜間中学は17都道府県に44校ある。

ダークペダゴジー　学校現場で「指導」の名目で怒鳴る，脅す，見せしめにするなど，子どもを深く傷つける教育技術。教育信条が正しくても手法が間違っていればこのように呼ばれる。背景に学校の環境要因などがあるとされる。

勤労権 Ｂ３ (きんろうけん)　憲法第27条で定められた国民の権利。労働の意思と能力を持ちながら就業機会に恵まれない者が，国に労働機会を与えることを要求する権利。第27条には「すべて国民は，勤労の権利を有し，義務を負ふ」と規定されている。勤労の権利ともいう。

　　　　　　同 勤労の権利 Ｂ１

労働基本権 Ａ１ (ろうどうきほんけん)　健全な社会生活を営み，社会的地位の安定と向上をはかるためには，就業機会の確保が不可欠であることから，憲法で定められた社会権的基本権の一つ。勤労の権利と，団結権・団体交渉権・団体行動権(争議権)の労働三権が含まれる。☞p.292(労働基本権)

労働三権 Ａ４ (ろうどうさんけん)　憲法第28条に規定された，労働者および労働組合に対し

て認められた権利。労働者が団結して労働組合をつくることができる団結権，使用者側に対して労働組合が労働条件などの交渉をおこなうことができる団体交渉権，団体交渉が決裂した場合，争議行為をおこなうことができる団体行動権が含まれる。いずれも労働者が使用者と対等の立場で交渉できる条件の確保を目的としている。

類 団結権 **A**⑤　団体交渉権 **A**　団体行動権 **A**

参政権と請求権　人権確保のための権利

公務員選定・罷免権 **A**⑤（こうむいんせんていひめんけん）　憲法第15条に規定された権利。国民主権の原理を貫徹するために，国民全体の奉仕者である公務員を選んだりやめさせたりできる権利。対象は国会議員，地方公共団体の首長・議員，最高裁判所の長官と裁判官などで，選挙での投票や国民審査，住民投票などの手段がある。

選挙権 **A**⑪（せんきょけん）　**☞** p.139（選挙権）

被選挙権 **B**⑦（ひせんきょけん）　**☞** p.139（被選挙権）

国務請求権 **C**（こくむせいきゅうけん）　憲法で認められた基本的人権を確保するために，国家に対して国民が行使できる権利の総称。憲法第16条の請願権，第17条の国家賠償請求権，第32条の裁判を受ける権利，第40条の刑事補償請求権などがある。受益権・請求権ともいう。

同 受益権　請求権 **A**②

請願権 **A**⑥（せいがんけん）　憲法第16条で認められた，公的機関に一定の職務遂行を求める権利。具体的には国や地方公共団体に対して，施策に関して希望を述べる権利をさす。国または地方公共団体はそれらの請願を受理し，誠実に処理する義務を持つが，内容実行の義務はない。参政権を補完する機能もあり，未成年者や外国人にも保障されると解される。

陳情 **B**①（ちんじょう）　国や地方公共団体に一定の施策を要望すること。実質的には請願と変わりがないが，請願の場合は憲法のほか，請願法などに規定があるのに対し，陳情は衆議院規則などでその処理について定めているにとどまる。

裁判を受ける権利 **A**①（さいばんをうける-けんり）　憲法第32条に規定。不当に人権を侵害された者は，個人・法人による侵害や，国家の行政処分などに対して，その救済を求めて裁判に訴えることができる権利。また，刑事被告人が裁判による以外に刑罰を受けない，ということもこの権利に含まれる。

国家賠償請求権 **A**⑤（こっかばいしょうせいきゅうけん）　憲法第17条に規定された権利。公務員の不法行為（故意または過失のある違法な行為）によって生じた損害に対し，その補償や原状回復を国や地方公共団体に求めることができる。らい予防法（1996年廃止）による強制隔離政策などで差別と人権侵害に苦しめられたハンセン病回復者らが，国を相手に賠償請求訴訟をおこし，2001年に全面勝訴した。国は責任を認めて回復者らに謝罪し，和解に応じた。

人権の新しい展開

刑事補償請求権 **A**③（けいじほしょうせいきゅうけん）　刑事手続きにおいて抑留・拘禁または刑の執行を受けた後，無罪の裁判（再審を含む）があった場合に，国家に対して金銭的な補償を請求できる権利。明治憲法には規定がなく，日本国憲法の制定過程で第40条として追加された。詳細な手続きなどは刑事補償法に定められている。補償額は原則として，死刑は3000万円以内（本人は既に死亡しているので相続人に支払われる），抑留・拘禁などはその日数に応じて1日1000円以上1万2500円以内。

事件名	身体拘束日数	補償金総額
島田事件	1万2,668日	1億1,907万9,200円
免田事件	1万2,599日	9,071万2,800円
松山事件	1万0,440日	7,516万8,000円
財田川事件	1万0,412日	7,496万6,400円
梅田事件	6,766日	4,885万9,200円

▲ 再審無罪事件に対する刑事補償の例

新しい人権 **B**③（あたらしいじんけん）　社会状況の変化のなかで，従来考えられなかった人権侵害の形態が生じてきたり，人間生活の保護のための新しい施策が要求されるようになってきた。その変化に対応して主張されるようになったのが「新しい人権」で，環境権・知る権利・プライヴァシー権などが

代表例である。第三世代の人権ともいわれる。裁判などで確立しているとはいえない権利も多いが，範囲は拡大傾向にある。

同 第三世代の人権2

環境権 A 5(かんきょうけん)　人間が健康で文化的な生活のために必要な環境を保有・維持する権利。憲法第13条の幸福追求権，第25条の生存権を根拠にして主張されている。日本では1960年代後半，公害問題の激化に対して地域住民が生活環境の保護と維持を求めた裁判などで争点となった。現在では，高速道路をはじめ，名古屋市の新幹線騒音被害，新潟県巻町(現新潟市)の原子力発電所建設，沖縄県や山口県岩国市の米軍基地再編にともなう基地被害をめぐる問題などにも拡大してきている。

大阪空港公害訴訟 A 5(おおさかくうこうこうがいそしょう)　大阪国際空港近隣住民がジェット機の騒音・排ガス・振動などを原因とする公害被害に対して，損害賠償と飛行差し止めなどを請求した事件。1981年に最高裁判所は，住民らが主張した環境権については言及しなかったが，損害賠償については将来の分を除き，認定する判決を下した。

鞆の浦景観訴訟 B 3(とも−うらけいかんそしょう)　江戸期の港と町並みが一体で残る広島県福山市の歴史的な景勝地・鞆の浦の埋め立て・架橋などをめぐる裁判。広島県と市は港湾を埋め立て，橋を通して道路を通す計画を立てたが，住民らが強く反発。歴史的・文化的な景観を守ろうと訴訟に発展した。広島地裁は2009年，鞆の浦の景観を「国民の財産ともいうべき」と指摘。景観保護を理由に住民側の請求を全面的に認め，埋め立て免許の事前差し止めを命じた。のちに計画は撤回された。

日照権 B(にっしょうけん)　環境権の一つ。高層ビルや住宅の密集などにより，従来享受できた日照・通風・眺望などが妨げられたことに対して，それらの回復や建築に対する規制を求めた主張をいう。良好な眺めに関しては，眺望権(ちょうぼうけん)を独立させる。

入浜権(いりはまけん)　海および海岸地域は，誰もがその環境を楽しむことができるものであり，特定の企業が港湾施設として独占したり，埋め立てたりして利用可能性を奪うことは，入浜権への侵害であるとした主張。

環境権に付随する権利と考えられる。

嫌煙権 B(けんえんけん)　タバコの煙を吸わない権利，タバコの煙を含まない正常な空気を吸う権利。間接的にタバコの煙を吸うこと(受動喫煙)による健康被害から非喫煙者の健康を守る権利として主張された。

類 受動喫煙

環境アセスメント A(かんきょう−)
☞ p.274（環境アセスメント）

プライヴァシー権 B 8[right of privacy] (−けん)　私事・私生活をみだりに公開されない権利。人間の名誉や信用などにかかわる人格としての価値や利益の保持に関する「人格権」との関係が深い。欧米では20世紀初めから認められてきたが，日本では三島由紀夫の小説「宴のあと」をめぐる1964年の東京地裁判決で初めてこの権利が承認された。1981年には最高裁判所でも別の裁判で，プライヴァシーの概念を承認している。近年，情報化の進展にともなって「自己に関する情報をコントロールする権利」(情報プライヴァシー権)と定義され，個人情報の保護とも結びつけられるようになってきた。

類 情報プライヴァシー権

人格権 B(じんかくけん)　自己の生命・身体・自由・プライヴァシー・名誉など，人格的利益について個人が持つ権利の総称。憲法第13条と第25条が法的根拠となる。裁判でこの権利が認められたケースも少なくない。最近では，市民集会などを自衛隊が監視していたのは憲法違反だと訴えた裁判で，仙台地裁が2012年に人格権の侵害を認めた。関西電力大飯原発の再稼働をめぐる裁判で，福井地裁が2014年に人格権を根拠にして運転の差し止めを命じた。

肖像権 C(しょうぞうけん)　人が，自分の肖像(姿・顔など)を無断に撮影されたり，絵画に描かれたりせず，また，無断で公表されない権利。人格権の一種として，最高裁も認めている。

「宴のあと」事件 A 2(うたげ−じけん)　元外務大臣有田八郎が，彼をモデルとした三島由紀夫の小説「宴のあと」に対して，その発表によってプライヴァシーを侵害されたとして訴えた事件。1964年の東京地裁判決では，出版社および三島由紀夫によるプラ

イヴァシーの侵害を認め，損害賠償を認めた。

「石に泳ぐ魚」事件 **A**②(いし－およ－さかなじけん)
作家柳美里が1994年に発表した小説「石に泳ぐ魚」に登場する女性が，その特徴から作者と交友関係をもつＸ氏をモデルにしたものとわかった。Ｘ氏が提訴し，2002年に最高裁はプライヴァシーの侵害にあたるとして，出版差し止めと損害賠償を認めた。

知る権利 **B**⑥(し－けんり)　元来はアメリカのジャーナリストが政府の情報操作を批判したことに始まる。このため，マス－メディアに属する者が，自由に取材・報道できる権利の主張として登場した。以前は憲法第21条１項に基づく自由権に属するとされてきたが，現在では参政権的な役割とともに，国民が国・地方の行政内容やその決定過程に関する情報入手を要求する権利の意味にも使用されている。最高裁は1969年，博多駅事件において，報道機関の報道は国民の「知る権利」に奉仕するもの，と判断している。

🏷博多駅事件

情報公開制度 **C**(じょうほうこうかいせいど)　政府・地方公共団体などが所持する各種情報の開示を国民が要求した場合，請求のあった情報を公開しなければならないとする制度。日本においては1970年代の末ごろから情報公開を求める運動が高まり，1980年代初めから地方公共団体のなかで情報公開条例を制定する動きが広まった。国のレヴェルでも1999年に情報公開法が制定され，2001年から施行された。

情報公開条例 ⑤(じょうほうこうかいじょうれい)　知る権利の保障などのため，住民等の請求に基づき地方公共団体の保有する情報の開示を定めた条例。1982年に山形県金山⁀町と神奈川県で初めて制定され，その後各地へ広がった。現在では，すべての都道府県と大部分の市町村で実施されている。

情報公開法 **A**⑨(じょうほうこうかいほう)　1999年に公布され，2001年から施行。正式には「行政機関の保有する情報の公開に関する法律」という。第１条では，この法律が「国民主権の理念」に基づいたものであり，目的として政府の「活動を国民に説明する責務（アカウンタビリティ）」を通して，「公

正で民主的な行政の推進」をすることが掲げられているが，知る権利は明記されなかった。2001年には「独立行政法人等の保有する情報の公開に関する法律」も制定されている。

情報公開・個人情報保護審査会 **C**(じょうほうこうかい・こじんじょうほうごしんさかい)　情報公開法や個人情報保護法に基づき内閣府に設置された機関。開示請求などに関する不服審査申し立てについて調査や審議をおこなう。

サンシャイン法 **C**(－ほう)　アメリカで，1976年に制定された会議公開法。「政府を日当たりのよい所に置く」という意味がある。

個人情報保護法 **A**⑤(こじんじょうほうごほう)　個人情報保護を定めた法律。2003年成立。従来は1988年制定の「行政機関の保有する電算処理に係る個人情報保護法」のみだったが，高度情報通信社会の進展で法の整備が不可欠になった。主に民間業者を規制対象とした個人情報保護法と，行政機関の個人情報の管理を定めた行政機関個人情報保護法の２種類からなる。しかし，表現・報道の自由との関わりなどで問題点も指摘される。

報道・取材の自由 **C**①(ほうどうしゅざい－じゆう)　政府や大企業などによる情報操作に反対し，各種情報源に対して自由に取材し，情報の受け手に伝達する自由であり，憲法第21条の表現の自由から導かれる自由権と解釈される。国民の知る権利の基礎でもある。しかし，取材方法の適正さの範囲や，報道内容とプライヴァシー保護との関係などの問題も指摘されている。

アクセス権 **A**⑤(－けん)　現代社会の進展とともに情報化が進展し，マス－メディアの巨大化した社会において，言論の自由とプライヴァシーを保護するために，情報源にアクセス（接近）して，情報内容に対して反論したり訂正を求める権利をいう。情報への接近という意味では「知る権利」と同じ内容を持つ。現代のように情報メディアが発達した社会ではアクセスの形態が多様化し，その必要性も大きくなっている。ただし，マス－メディアは私企業のため，憲法第21条１項からただちにこの権利を導き出すことはできず，それが具体的な権利

となるには個別法の制定が必要とされる。この問題が明らかになった判例として、サンケイ新聞（現産経新聞）意見広告事件がある。なお、放送法第9条は、放送事業者が真実に反する放送をおこなったとき、権利を侵害された者などの請求により、訂正放送をすべき旨を定めている。

サンケイ新聞意見広告事件 **C** （-しんぶんいけんこうこくじけん）　自民党がサンケイ新聞に載せた意見広告が共産党の名誉を毀損したとして、共産党が同スペースでの反論文の掲載を求めた事件。反論権をめぐる代表的な訴訟とされる。最高裁は1987年、新聞社側の負担で、表現の自由への間接的侵害の危険などを理由に、反論権の成立を否定した。

類 反論権 **C**

外務省機密漏洩事件 （がいむしょうきみつろうえいじけん）　1972年、沖縄返還交渉に関する外務省極秘電信の内容が、女性事務官によって毎日新聞記者に伝えられた事件。女性事務官が公務員の守秘義務違反で、また毎日新聞記者がそれをそそのかした罪で起訴された。最高裁判所はこれに対し、記者の取材行為の不当性を理由に有罪の決定を下した。国家の機密保持と取材・報道の自由を争点にした「知る権利」をめぐる最初の裁判。有罪が確定した同記者がその後、違法な起訴で名誉が傷つけられたとして国に損害賠償と謝罪を求めた訴訟を東京地裁に起こしたが、提訴までに20年以上が経過したため、賠償請求権が消滅する民法の「除斥期間」を適用して請求を棄却。高裁・最高裁もこれを支持した。

同 外務省密約電文漏洩事件

平和的生存権 **A** （へいわてきせいぞんけん）　F.ローズヴェルト大統領の「四つの自由」のなかの「欠乏からの自由」「恐怖からの自由」に対応するもので、戦争にともなうさまざまな恐怖や惨禍からまぬかれる権利をいう。日本国憲法前文は「全世界の国民が、ひとしく恐怖と欠乏から免れ、平和のうちに生存する権利を有する」と宣言している。平和的共存権ともいい、人権のなかでも最も基本的な権利とされる。

同 平和的共存権

自己決定権 **A** （じこけっていけん）　終末期医療・臓器移植・尊厳死など、自己の人格にかかわる私的事項を、公権力に干渉されることなく自ら決定する権利。人格的自律権ともよばれる。エホバの証人輸血拒否事件において、信仰上の理由から輸血を拒否した患者に対して、1998年に東京高裁でこの権利が認められた。しかし、2000年の最高裁判決では明示的にはこれを認めず、人格権の一部としてとらえた。

同 人格的自律権　**類** エホバの証人輸血拒否事件

臓器移植法 **C** （ぞうきいしょくほう）　超党派の国会議員により提出されて成立し、1997年に施行された法律。臓器移植の場合に限り脳死を人の死と認めた。この法律によって脳死者からの臓器移植が可能になった。2009年に、①法的に脳死を事実上人の死と位置づけ、②提供者の年齢制限を撤廃、③本人の意思が不明でも家族の承諾で可能、④親族への臓器の優先的提供、などを規定した法改正がおこなわれた。なお、臓器の提供者をドナー、受ける人をレシピエントという。

類 ドナー　レシピエント

脳死 **C** （のうし）　脳の機能が停止し、回復不可能になった状態。人工呼吸器など生命維持装置の発達で、心肺等の臓器は機能している。厚生労働省による六つの基準で判定。

三兆候説 （さんちょうこうせつ）　従来の死の判定については、①心停止、②呼吸停止、③瞳孔散大という三つの兆候によっていた。臓器移植法はこれを変更するものである。

尊厳死 **B** （そんげんし）　脳死や植物状態になることで人間としての尊厳が保てないような場合に、権利として認められるべきであるとする死。そのためには、生前に死についての本人の意思を示したリヴィング・ウイルの存在が重要である。アメリカで植物状態となった女性の家族が提訴したカレン＝クィンラン事件で州の最高裁判所は1976年、肉体的な衰弱が進行し、回復の可能性がなくなったと判断されるときは、生命維持装置を外してもよいとする判決を下した。その後、連邦最高裁でも「死ぬ権利」を認める判決が出された。

安楽死 **B** （あんらくし）　不治の病気や重度の障害などによる肉体的、精神的苦痛から解放するために人為的に死亡させること。狭義には薬物などで意図的に死なせる積極的安

楽死のことで，単に安楽死という場合には
これをさす。広義には人工呼吸器などの延
命装置を外し，患者に自然な死を迎えさせ
る消極的安楽死も含むが，これは尊厳死と
よんで区別される。アメリカのオレゴン州
で1994年に初めて安楽死法が成立し，そ
の後オランダやベルギーでも合法化された
が，日本では認められていない。東海大学
安楽死事件で横浜地裁は1995年，安楽死
が法的に許されるための四つの要件を示し
た。

東海大学安楽死事件 (とうかいだいがくあんらくしじけん)　1991年に東海大学付属病院で，担当
医師が家族の強い要請を受けて，末期ガン
患者に塩化カリウムなどを注射して死亡さ
せた事件。公判で被告側は安楽死に準ずる
行為として無罪を主張したが，1995年に
横浜地裁は医師に有罪判決を下した。判決
理由のなかで，安楽死が法的に許容される
要件として次の四つをあげた。①患者に堪
え難い肉体的な苦痛がある，②死期が迫っ
ている，③肉体的苦痛を除去・緩和するた
めに方法を尽くし他に代替手段がない，④
患者自身による明示の意思表示がある。

クオリティ-オブ-ライフ（QOL⦿）
[quality of life]　生活の質，生命の質と
訳される。生活や生命を物質的・量的な面
からではなく，生きがいや生活の潤いと
いった精神的・質的側面から把握しようと
する概念。尊厳死や安楽死などを考える際
のキーワードとされる。

リヴィング-ウィル [living will]　生前に
自己の死（死後）のあり方についての意思
を表明しておくこと。延命治療の拒否や，
死後の臓器提供の可否など，自己の死につ
いての意思を明確に表明しておくこと。尊
厳死や臓器移植などの問題において，この
考え方を尊重すべきであるとされる。

パターナリズム ⦿ [paternalism]　原義
は親が子を慈しんで面倒をみること。父権
主義。転じて，強い立場の者が弱者のため
に，本人の意思に反して介入・干渉する意
味でも用いられる。医療の場では，父とし
ての医師が，子どもである患者の治療方針
などを一方的に決めることを指す。

インフォームド-コンセント Ⓐ[inform]
医療行為に対する説明と同意。医師は，治

療法や薬物について患者に説明する義務が
あり，また患者の同意を必要とするという
考え方である。

セカンド-オピニオン [second opinion]
第二の意見。よりよい治療方法をめざして
自分の主治医以外の医師から聞く意見のこ
と。アメリカの保険会社が医療費を抑える
ために導入したのが始まりとされる。

バイオ-エシックス（生命倫理⦿） [bio-
ethics]　(せいめいりんり)　生命科学や医療技術
の発達にともない，生と死について根本的
に問い直そうとする考え方や学問。1970
年代にアメリカで確立された。尊厳死や安
楽死，脳死問題や臓器移植などにも関連す
る。

出生前診断 (しゅっしょうぜんしんだん)　胎児の遺伝
性疾患や健康状態などを出生する以前に診
断すること。先天異常に関する受精卵検査
や羊水検査などがある。近年，妊婦からの
血液採取でダウン症など3種類の染色体
異常が高精度でわかる簡便な診断が開発さ
れ，実施されている。安易に利用されると，
命の選別につながりかねない危うさもある。

iPS細胞（人工多能性幹細胞） (-さいぼう)
(じんこうたのうせいかんさいぼう)　ヒトの皮膚細胞か
らつくられた，ES細胞（胚性幹細胞）と
同様のはたらきを持つ細胞。日本の山中伸
弥京都大学教授らが2007年に作製に成功
した。受精卵を破壊してつくるES細胞の
ような生命倫理上の問題がともなわず，再
生医療などへの応用が期待される。山中教
授らに2012年のノーベル医学生理学賞が
授与された。

　　　　　　　　　　　類山中伸弥

ヒトゲノム [human genome]　人間の全
遺伝情報のこと。2003年に国際プロジェ
クトにより解読が完了した。ヒトゲノム解
読は生命現象の解明だけでなく，医学の発
展にも貢献するといわれる。ユネスコ（U
NESCO）は1997年，遺伝的特徴などに
基づく差別の問題などを扱う「ヒトゲノム
と人権に関する世界宣言」を採択している。

クローン技術規制法 ⦿ (-ぎじゅつきせいほう)　ク
ローン技術とは，遺伝子の組成が完全に同
一なヒトなどの生物群をつくる技術のこと。
それに必要な規制をおこなうのが同法であ
る。正式には「ヒトに関するクローン技術

等の規制に関する法律」という。2001年に施行された。1996年にイギリスでドリーという名のクローン羊がつくられたため，人間に応用されることへの懸念が広がった。

住民基本台帳ネットワーク **C** （じゅうみんきほんだいちょう-）
略称は住基ネット。全国民に11桁の住民票コードをふり，氏名・住所・性別・生年月日の4情報を国が一元管理するシステム。付随して住民基本台帳カード（住基カード）が各個人に交付される。2002年に稼働開始したが，その後，プライバシー侵害を理由とする憲法訴訟や行政訴訟が相次いだ。しかし，2008年，最高裁は，住基ネットを合憲とする判決を下している。住基ネットへの接続を拒否する自治体も複数あったが，2015年には，全自治体の接続が完了している。ただし，同年には住基カードの新規発行が終了。2025年には住基カードそのものが無効となる。

同 住基ネット **A**

共通番号制（マイナンバー制 **B** **2**）（きょうつうばんごうせい）（-せい）
全国民に12桁の個人番号（通称はマイナンバー）を割りふり，納税や社会保障などにかかわる情報を国が一元管理するしくみ。2016年から運用開始。市区町村が個人番号を記した「通知カード」を世帯ごとに送付する。もともと，国民の納税状況や所得状況を把握するための「国民総背番号制」は，1970年代から政府で検討されてきたものである。本制度に関しては，プライバシー侵害を理由とする憲法訴訟も起こされてきたが，2023年に最高裁が合憲判決を下している。

マイナンバーカード **C**
正式名称は「個人番号カード」。2023年6月末時点における発行枚数は約8800万枚であり，日本社会最大の身分証明書となっている。2016年に運用開始された個人番号制度に付随して発行されるICカードであり，主たる機能として，本人確認手段および公的証明書取得がある。2021年からは健康保険証としての登録も可能になるほか，公的機関から受ける給付金等の受取口座も登録可能となった。ただし，同カードの発行枚数が急増した2022年以降，システム障害や情報誤登録などの問題が相次いでいる。

外国人の地方参政権 **2**（がいこくじん-ちほうさんせいけん）
これまで参政権は，日本国民にのみ認められるとされてきたが，国際化の進行で地方参政権については外国人にも認めるべきとの指摘がある。最高裁は1995年，定住外国人への地方参政権の付与を憲法は禁じていないとする初の判断を示した。

安全・安心への権利 （あんぜんあんしん-けんり）
身体の安全や精神的な安心を含むセキュリティ全般にかかわる権利。基本的人権として確立されたわけではないが，凶悪犯罪の増大などを背景に主張されるようになった。これらへの対応策としておこなわれる過度な防犯カメラの設置などがプライヴァシーを犠牲にした監視社会化へと導く危険性を指摘する声もある。警察庁が2000年に作成した「安全・安心まちづくり推進要綱」を参考にして，多くの地方公共団体でこれに類似した生活安全条例が制定されている。

公益通報者保護法 **C** （こうえきつうほうしゃほごほう）
企業や官庁による公共の利益に反する行為に対して，所属する社員や公務員が報道機関などに通報したことを理由に，不利益な処分をおこなうことを禁じた法律。いわゆる内部告発に対する保護を定めたものである。2004年に成立し，06年から施行。

類 内部告発

特定秘密保護法 **A** **5**（とくていひみつほごほう）
2013年12月，政府による情報統制や知る権利の侵害を危惧する強い反対の声を押し切って成立。国が保有する特に秘匿を要する①防衛，②外交，③スパイ活動防止，④テロ活動防止，の4分野55項目に関する情報の漏洩を防止するための包括的な法制度。秘密指定は行政機関の長がおこなう。原則5年で指定は解除されるが，内閣が承認すれば60年まで延長が可能。公務員らが秘密を漏らした場合には最長で懲役10年とするなど，厳しい罰則規定もある。チェック機関として内閣府に独立公文書管理監が新設された。また，この法律の運用を監視する常設組織として，衆参両院にそれぞれ情報監視審査会が設置された。8人ずつの議員で構成され，会議は秘密会としておこなわれる。独立公文書管理監は2017年，これまで（15年12月〜17年3月）の運用状況を検証した結果，特定秘密が含まれる防衛省と経済産業省の計93文書に

ついて廃棄が妥当と判断した。

類 情報監視審査会

公文書 **C** （こうぶんしょ）　公の機関や公務員などが，職務上作成した公式の文書。国民が主権を行使する際，重要なよりどころとなる。隠蔽や廃棄など，ずさんな公文書管理が問題となり，公文書管理法が2011年から施行されたが，まだ十分ではない。2018年，学校法人「森友学園」に国有地が格安で払い下げられた問題で，財務省が公文書を改ざんしていた事実などが発覚した。

類 公文書管理法 **C**

スポーツ基本法 （-きほんほう）　2011年，従来のスポーツ振興法を全面改正して成立。国民に，スポーツをつうじて幸福で豊かな生活を営む権利があることを認め，国などに積極的な振興策を求めている。

忘れられる権利 **A** （わすーけんり）　インターネットなどの普及で，個人履歴のすべてが記録されるようになった状況のもと，検索サイトなどから自己に関する情報の削除を求める権利。欧州連合の欧州司法裁判所（ＥＣＪ）が2014年，過去の検索結果の削除を求めたスペイン人の訴えを認めて注目された。日本では同14年末にさいたま地裁が「忘れられる権利」と明示し，ネット上に残りつづける逮捕歴に関する個人情報削除を認める決定を出したが，東京高裁はこの削除命令を取り消した。2017年，最高裁はプライヴァシーを公表されない個人の利益とネット検索企業の表現の自由とを比較したうえで，検索結果の削除を認めない決定をおこなった。「忘れられる権利」については言及しなかった。

アニマルライツ ［animal rights］　動物に一定の権利を保障すべきとする思想。アニマルライツによれば，動物は人間と同じく苦痛を感知する生命体であり，可能な限り苦痛から解放された尊厳ある処遇を受ける資格がある。動物園，動物実験，毛皮生産，食用畜産などは，すべて動物の尊厳を損なう文化であり，国家が強制力を用いて廃絶しなければならない。アニマルライツ派の多くは，ベジタリアニズム（vegetarianism: 肉食を拒否する菜食主義）を超えたビーガニズム（veganism: 肉のみならず乳・卵・蜜など動物からのあらゆる搾取を

拒否する完全菜食主義）と思想的に連携している。

アニマルウェルフェア ［animal welfare］　動物の厚生を重視する思想。「動物福祉」と訳される。欧米社会では，動物の処遇をめぐって，アニマルライツ（急進派）とアニマルウェルフェア（保守派）という思想的対立が存在する。前者は「動物の尊厳」の絶対性を主張するが，後者は人間による「動物の搾取」を許容する。ただし，その際に動物に与える苦痛量を可能な限り抑制することが求められる。この点，日本では年間20万頭におよぶ犬・猫が殺処分されているが，これは「不必要な殺害」に該当するとして，動物福祉団体から批判を受けている。

プロライフ ［pro-life］　胎児の生存権（right to life）を重視する思想。妊婦の選択よりも胎児の生命に優越的価値があると捉え，人工妊娠中絶の原則禁止を主張する。2000年代以降，アメリカの世論調査では，プロライフ支持率が上昇傾向にあり，いくつかの州では，人工妊娠中絶に大幅に制限を加える州法を制定している。

プロチョイス ［pro-choice］　妊婦の選択権（right to choose）を重視する思想。胎児の生命よりも妊婦の選択に優越的価値があると捉え，人工妊娠中絶の完全合法化を主張する。プロチョイスの基本姿勢として，胎児が母体から一部／全部露出した段階から人間として定義されるべきであり，それ以前の胎児に人権は原則として存在しないとする。

人権の制限と国民の義務

人権の制限 （じんけんーせいげん）　基本的人権は自然権であり，憲法でも第11条で，その永久不可侵を規定しているが，無条件・無制約に保障しているわけではない。第12条には「国民は，これを濫用（らんよう）してはならないのであつて，常に公共の福祉のためにこれを利用する責任を負ふ」と規定されている。

公共の福祉 **A** ⑪ （こうきょうーふくし）　人権相互の矛盾や衝突を調整するための実質的公平の原理。この意味では，憲法の規定にかかわらず，すべての人権に論理必然的に内在

するものである。この原理は，自由権を各人に公平に保障するための制約を根拠づける場合には，必要最小限度においてのみ規制を認める（自由国家的公共の福祉）。社会権を実質的に保障するために経済政策上の観点から自由権の規制を根拠づける場合には，必要な限度において規制を認める（社会国家的公共の福祉）。日本国憲法には，第12・13・22・29条の4か所に明文上の規定がある。

　　　　　　類自由国家的公共の福祉
　　　　　　　社会国家的公共の福祉

国民の義務 ①(こくみん-ぎむ)　憲法第26・27・30条に規定されている義務をいう。第26条が子女に普通教育を受けさせる義務，第27条が勤労の義務，第30条が納税の義務である。このほか，基本的人権保持やその濫用の禁止，さらには第99条で，天皇をはじめ公務員に対して，憲法尊重擁護の義務を課している。

教育を受けさせる義務 Ａ②(きょういく-う-ぎむ)　憲法第26条に規定された国民の義務で，国民はその保護する子女に普通教育を受けさせなければならないとされている。子どもの教育を受ける権利（学習権）を実質化する最小限の裏づけとなる。

勤労の義務 Ａ(きんろう-ぎむ)　憲法第27条に定められた国民の義務。単なる道徳的指針であり，法的強制力を持つわけではない。ただし，この規定を根拠に，働けるのに働かない者には社会権上の保護を受ける資格がないとする見解も存在する。しかし，国家による労働の強制を正当化するものではない。

納税の義務 Ａ①(のうぜい-ぎむ)　憲法第30条に定められた国民の義務。国家運営に必要とされる費用の負担を租税というかたちで，能力に応じて負担することが求められている。この場合の義務の内容などは，憲法第84条の租税法律主義の趣旨にそって具体

的に法律のなかで定められる。

憲法尊重擁護義務 Ｂ②(けんぽうそんちょうようごむ)　憲法第99条に規定された「天皇又は摂政及び国務大臣，国会議員，裁判官その他の公務員」に求められる義務。国家権力行使者が憲法の精神を実現させるための法的義務である。この条文中に「国民」という文言が含まれないのは，国民は憲法を守る側ではなく，守らせる側にあることを示している。

非常事態宣言 Ｃ(ひじょうじたいせんげん)　自然災害，感染症流行，戦争，内戦，暴動などの非常事態／緊急事態によって，人々の財産・健康・生命に危機が迫っている際に，政府がその危機を広く注意喚起し，かつ，必要な政策的措置を実施するために発する宣言である。国によっては，個人的行動の制限や，個人の財産の強制的接収が実施されることもある。日本の場合，首相は，治安維持上の危機に際して緊急事態を布告できる（警察法71条）。非常災害が起きた際には災害緊急事態を布告できる（災害対策基本法105条）。感染症流行の危機が起きた際にも緊急事態宣言を発することができる（新型インフルエンザ等対策特別措置法32条）。

ロックダウン Ｃ[lockdown]　政府が人々の屋外移動を制限し，屋内での待機を要求することである。主として，非常事態宣言下で実施される規制措置である。全国民に要求するタイプ，地域を限定したタイプ，夜間外出禁止のみを要求するタイプなどに分かれる。ロックダウン下においても，食料品店，薬局，物流，警察，消防，病院などのインフラストラクチャーに従事する人々は，規制の対象外となることが多い。2019年新型コロナウイルスの世界的流行時においては，多くの国々で，2〜3か月におよぶロックダウン措置が取られた。

平和主義と安全保障

平和主義と第9条

極東国際軍事裁判（きょくとうこくさいぐんじさいばん）
東京裁判ともいう。第二次世界大戦は日本のポツダム宣言受諾で終結したが、その宣言のなかに戦争犯罪人の処罰という項目があった。これに基づいて、1946年5月から「極東における重大戦争犯罪人の公正かつ迅速なる審理及び処罰」のため、オーストラリアのウェッブ裁判長、アメリカのキーナン首席検察官らのもと、東京・市ヶ谷の法廷で裁判がおこなわれた。侵略戦争の指導者（A級戦犯）として東条英機ら28人が起訴され、うち7人が絞首刑、18人が終身の禁錮刑などに処せられた。

同 東京裁判

全面講和　**C**（ぜんめんこうわ）　共同交戦国のすべて、またはその主要国の全部と相手国との間で、単一の講和条約を結ぶこと。単独（片面）講和と対比される。サンフランシスコ講和条約（対日平和条約）は、自由主義陣営のみを対象とした単独講和であった。

対 単独講和

憲法第9条　**B2**（けんぽうだいじょう）　日本国憲法で平和主義を規定した条文。①戦争放棄「国権の発動たる戦争と、武力による威嚇又は武力の行使は、国際紛争を解決する手段としては、永久にこれを放棄する」、②戦力の不保持「陸海空軍その他の戦力は、

これを保持しない」、③交戦権の否認「国の交戦権は、これを認めない」と規定している。現在、第9条をめぐっては、さまざまな改憲案が主張されている。たとえば、第1・2項を維持したまま、第9条の2または第3項を新設して自衛隊の規定を盛り込む立場などがある。これについては、自衛隊の明記で戦力不保持などを定めた第2項が死文化し、自衛隊の任務拡大など武力行使に歯止めがなくなる、などの反対論がある。

国際紛争　**C1**（こくさいふんそう）　国家と国家とが利害や立場を異にして対立し、争うこと。国際社会を構成する主権国家は、一般的には国際法上でも各国の憲法上でも、自衛権を持ち、紛争の解決のために対外的に戦争をおこなう権利を持つとされている。しかし、現在では外交交渉や国際司法裁判所の活動、国連安全保障理事会による平和のための強制措置など、紛争の平和的解決がはかられるようになっている。日本では憲法第9条で、国際紛争を解決する手段としての戦争や武力行使などの手段を放棄している。

戦争　**A3**（せんそう）　国家または国家に準ずる組織・地域の間で起こる継続的で大規模な武力・戦力の行使による闘争。国際紛争の最も激しい形態。戦争開始にあたっては、「戦争開始に関する条約」によって、開戦理由を明示した宣戦布告など戦意の表示が必要とされる。憲法第9条は、戦争の放棄・戦力の不保持・国の交戦権の否認を明記している。諸外国では、1928年の不戦

▼1946（昭和21）年　吉田茂首相の衆議院答弁
　戦争放棄に関する憲法草案の規定は、直接には自衛権を否定しては居りませぬが、第9条第2項に於いて一切の軍備と国の交戦権を認めない結果、自衛権の発動としての戦争も、また交戦権も、放棄したものであります。

▼1952年11月　「戦力」に関する政府統一見解
（吉田茂内閣）
　― 憲法第9条第2項は、侵略の目的たると自衛の目的たるを問わず、「戦力」の保持を禁止している。
　― 「戦力」とは、近代戦争遂行に役立つ程度の装備、編成を具えるものをいう。
　― 保安隊および警備隊は「戦力」ではない。

▼1954年　自衛隊についての政府統一見解
（大村清一防衛庁長官）
　第9条は、独立国としてわが国が自衛権をもつことを認めている。したがって自衛隊のような自衛のための任務を

有し、かつその目的のため必要相当な範囲の実力部隊を設けることは、なんら憲法に違反するものではない。

▼1972年　「戦力」に関する政府統一見解
（田中角栄内閣）
　「戦力」とは文字どおり戦う力である。憲法第9条第2項が保持を禁止しているのは、自衛のための必要最小限度をこえるものである。

▼2014年　集団的自衛権に関する閣議決定
（安倍晋三内閣）
　我が国と密接な関係にある他国に対する武力攻撃が発生し、これにより我が国の存立が脅かされ、国民の生命、自由及び幸福追求の権利が根底から覆される明白な危険がある場合において、…これに適当な手段がないときに、必要最小限度の実力を行使することは、従来の政府見解の基本的な論理に基づく自衛のための措置として、憲法上許容されると考えるべきであると判断するに至った。

▲憲法第9条に関する政府見解の推移

条約（ケロッグ・ブリアン規約，パリ規約）の規定に基づき，戦争の不性性を憲法に盛り込んでいる国もあるが，戦力の不保持までを規定している憲法はない。

侵略 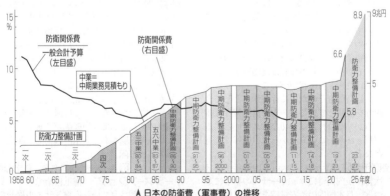C❷（しんりゃく）　軍事力の行使によって他国に侵入し，領土・利権などを奪うこと。国際連合で1974年に採択された定義では，「他国の主権・領土保全・政治的独立を侵し，あるいは国連憲章と両立しないあらゆる方法による武力行使」と幅広く規定され，具体的には安全保障理事会によって判断される。

防衛 A❺（ぼうえい）　国家が，自国に対するさまざまな侵略に対抗して，自衛権に基づいてやむをえずおこなう実力行使をいう。しかし，自衛という名目での侵略行動は歴史上多く，侵略と防衛とは厳密には区別しがたい場合が多い。

戦力 A❷（せんりょく）　広義には，対外的な戦争遂行に役立つ一切の人的・物的資源をさすが，一般的には戦争遂行を目的とする兵員や兵器などの軍事力をさす。憲法第9条は戦力の保持を禁止しているため，自衛隊や在日米軍の存在がその規定に違反しないかどうかが問題となってきた。日本政府は，戦力を「自衛のための必要な限度をこえるもの」と解釈し，自衛隊はその限度をこえていないため合憲であるとしている。

防衛力 C（ぼうえいりょく）　国家が他国から急迫・不正の侵略を受けた場合，自衛権に基づいて自国の安全を維持するために行使する実力のこと。この場合の戦争を自衛戦

争・防衛戦争といい，国際法上は合法とされる。日本では，憲法第9条で戦争を放棄し，陸海空軍その他の戦力の保持を認めないが，政府は自衛権まで放棄したものとの立場はとっていない。

自衛権 A（じえいけん）　外国からの侵略に抗して自国を防衛するため，一定の実力行使をすることができる権利で，国際法上の権利の一つである。憲法第9条では，戦争放棄・戦力の不保持・交戦権の否認を定めているが，最高裁判所は1959年の砂川事件上告審において「わが国が独立国として有する固有の自衛権まで否定されるものではない」とした。

自衛権発動の三要件（じえいけんはつどう・さんようけん）　他国から攻撃を受けた際，自国を守るための武力行使を限定して認めた政府の基準。①日本への急迫不正の侵害がある，②これを排除するための適当な手段が他にない，③必要最小限度の実力行使にとどまる，の三つの場合しか武力行使ができない。2014年，安倍晋三政権は，集団的自衛権の行使容認にかかわり，この基準を緩和する新たな要件を定めた。

武力行使の三要件 C（ぶりょくこうし・さんようけん）　2014年に安倍晋三内閣が従来の自衛権発動の三要件にかわって決めた三つの要件。①日本または密接な関係にある他国に対する武力攻撃が発生し，これにより日本の存立が脅かされ，国民の生命や権利が根底から覆される明白な危険がある，②国の存立を全うし，国民を守るために他に適当な手

▲ 日本の防衛費（軍事費）の推移

段がない，③必要最小限度の実力行使にとどまる，というもの。この過程で，新要件が憲法第9条を骨抜きにするとの激しい反対運動がおこった。

交戦権 Ⓑ (こうせんけん)　憲法第9条は「国の交戦権は，これを認めない」としているが，交戦権の意味には以下の3説がある。①国家が戦争をおこなう権利と，広義に解釈する説，②国家が交戦国として国際法上有する，貨物の没収，船舶の臨検などの狭義の権利と解する説，③戦争をおこなう権利と交戦国としての権利の双方を含むとする説，である。長沼ナイキ基地訴訟の札幌地裁判決(1973年)では，②の内容が国家の持つ交戦権とされた。

自衛力保持 (じえいりょくほじ)　外部からの緊急・不正の侵略に対して，自国を防衛するための実力を保持すること。自衛権は国際法上，国家に認められた権利であり，憲法第9条は自衛のための実力の保持を禁じていない，とする見解に基づく。一方，一切の戦力の保持を禁じたとする見解もある。

専守防衛 Ⓑ (せんしゅぼうえい)　相手から武力攻撃を受けたときに初めて防衛力を行使するという，日本がとる受動的な防衛戦略。その行使を自衛のための必要最小限度にとどめる，保持する防衛力も自衛のための必要最小限度のものに限る，などとされてきた。2015年に安倍晋三内閣は他国防衛も専守防衛に含むとして，従来の考え方を事実上，変更した。

戦争の放棄 Ⓐ (せんそう-ほうき)　戦争放棄とは，1928年締結の不戦条約(ケロッグ・ブリアン規約)で登場した用語で，憲法第9条においても明記されている。しかし，その解釈をめぐり，すべての戦争を放棄したのか，侵略戦争だけを放棄したのか，などの意見の対立がある。日本政府は侵略戦争放棄の立場にたち，自衛戦争がおこなわれうるため，自衛隊もそのために存在するとして合憲性を主張している。一方，自衛権は保持するが，戦争行為は一切なしえないとする解釈もあり，この立場からは自衛隊は違憲となる。

警察予備隊 Ⓐ (けいさつよびたい)　1950年，第3次吉田茂内閣時にマッカーサーの指令に基づき，日本国内の治安維持を目的に創設された部隊。自衛隊の前身。1950年に起こった朝鮮戦争に在日米軍が出動し，その軍事的空白を埋めるために設置された。事実上の地上軍であったので，憲法の戦争放棄の規定との関係で違憲論争が起こった。1952年に保安隊と改称され，1954年の防衛庁設置とともに自衛隊となった。

保安隊 Ⓐ (ほあんたい)　1952年，警察予備隊を増強改組してつくられた陸上部隊。日米安全保障条約の締結(1951年)とサンフランシスコ講和条約の発効(1952年)をきっかけに，独立国家としての防衛力確保と増強を目的に，警察予備隊を保安隊に，海上保安庁の海上警備隊を警備隊として改組し，陸・海の部隊を整えた。

自衛隊 Ⓐ 15 (じえいたい)　1954年施行の防衛庁設置法・自衛隊法(防衛二法)によって設置された陸・海・空の3部隊からなる軍事組織。保安隊・警備隊を陸上自衛隊・海上自衛隊へ改組，新たに航空自衛隊が加えられ，軍事力の拡大がはかられた。日本に対する直接・間接の侵略に対して日本の防衛を担当するほか，治安維持・災害派遣・海上警備をおこなうことを任務とする。内閣総理大臣が最高指揮監督権を持ち，防衛大臣がその指揮下で隊務を統括する。1958年から防衛力整備計画が進められ増強の一途をたどったため，それを戦力とみなすかどうか，また1991年の湾岸戦争後の掃海艇派遣や国連ＰＫＯへの派遣なども，憲法第9条に違反しないかどうかが問題となった。

水陸機動団 (すいりくきどうだん)　陸上自衛隊に2018年から新たに編成された部隊。敵が上陸した離島の奪還などを任務とする。背景には，中国との南西諸島をめぐる緊張関係がある。日本版海兵隊ともよばれるが，日本が国是とする専守防衛の範囲をこえ，憲法違反との指摘もある。なお，同2018年から陸上自衛隊を一元的に運用する陸上総隊が新設された。すでに海上自衛隊には同様の組織として自衛艦隊が，航空自衛隊には航空総隊がある。水陸機動団は陸上総隊の直轄部隊。

　　　　　類 陸上総隊　自衛艦隊　航空総隊

イージス-アショア　海上自衛隊のイージス艦に搭載されている迎撃ミサイル機能を

地上に固定して，大気圏外を飛ぶ弾道ミサイルを破壊する装備。アメリカ製の2基で，2023年度までの導入をめざしていたが，2020年6月，その配備計画の停止が防衛省から発表された。

自衛隊法 **C** (じえいたいほう)　1954年公布。自衛隊の任務・組織・行動および権限などを定めた法律。自衛隊の任務として，侵略からの防衛（防衛出動），公共の秩序の維持（治安出動），さらには地域の災害時の救助活動（知事からの要請を基本原則として自衛隊員を派遣），などを規定している。2006年の法改正で，海外派遣が本来任務に加えられた。

防衛省 **C** 2 (ぼうえいしょう)　自衛隊の管理・運営のための行政官庁。国務大臣が任命され，国土防衛・治安維持・災害援助などを目的として，内部部局と統合幕僚監部，陸上・海上・航空の各幕僚監部などが置かれている。2007年に内閣府の外局である防衛庁から格上げされた。

防衛装備庁 (ぼうえいそうびちょう)　武器・装備品の輸出や購入を一元的に管理する防衛省の外局。防衛省設置法の改正で2015年10月に設置される。防衛装備移転三原則によって原則解禁された武器輸出拡大のための中心的な役割を果たす。

砂川事件 **A** 3 (すながわじけん)　東京都砂川町（現立川市）で起こった米軍基地拡張反対闘争をめぐる事件。1954年の米軍の拡張要請以来，反対派と警察との衝突があったが，1957年に反対派の学生・労働者が飛行場内に立ち入り，日米安全保障条約に基づく刑事特別法違反に問われた。被告側は，日米安保条約そのものが憲法違反であるとして無罪を主張。1959年の東京地裁の判決（伊達判決）では米軍の駐留を違憲，被告人は無罪としたが，同年末の最高裁の跳躍上告審では，①憲法は自衛権を否定するものではなく，他国に安全保障を求めることを禁じるものではない，②第9条の禁止する戦力に在日米軍はあたらない，③日米安全保障条約は高度に政治的な問題であり，司法審査になじまない，などの判断を示し，原判決を破棄して東京地裁に差し戻した。裁判自体は1963年，被告人の有罪で確定。なお，この裁判の最高裁判決の直前，当時の田中耕太郎長官が在日米大使館公使と面談し，判決の見通しなどについて伝えたとされる外交文書の存在が明らかになっている。この証拠に基づき，2014年に元被告人らが，公正な裁判が田中長官によって侵害されたとして再審を請求したが，最高裁はこれを認めない決定をした。

恵庭事件 **A** (えにわじけん)　1962年，北海道恵庭町（現恵庭市）で起きた自衛隊をめぐる事件。地元酪農家が自衛隊の演習騒音により乳牛の早・流産や乳量減少などの被害を受けたとして自衛隊と交渉した。しかし，自衛隊側がそれを無視して演習を再開したため，その中止を目的に演習場内の電話線を切断し，自衛隊法違反に問われた。審理の過程で自衛隊の合憲性が争われたが，1967年の札幌地方裁判所の判決では電話線切断のみを問題とし，自衛隊に関する憲法判断をせずに無罪判決が下された。

長沼ナイキ基地訴訟 **A** 2 (ながぬま-きちそしょう)　防衛庁が地対空ミサイル（ナイキ-ハーキュリーズ）発射基地を北海道長沼町に設置するため農林大臣に申請，農林大臣がおこなった該当地域の災害防止保安林指定解除の行政処分に対し，地元住民がその取り消しを求めた訴訟。長沼事件ともいう。原告側は自衛隊が憲法第9条で禁止する戦力にあたり違憲であり，その基地は公益上の理由にあたらず，指定解除は違法と主張した。1973年の札幌地方裁判所の判決（福島判決）ではこの主張を認めたが，札幌高裁は「統治事項に関する行為であって，一見極めて明白に違憲，違法と認められるものでない限り，司法審査の対象ではない」とする統治行為論に基づき，自衛隊の合憲・違憲の判断を示さなかった。最高裁も，憲法判断を回避し，原告の上告を棄却した。
　　　　　　　　　回 長沼事件

百里基地訴訟 **A** 2 (ひゃくりきちそしょう)　茨城県小川町（現小美玉市）に航空自衛隊百里基地を建設することをめぐり，反対派住民と国や旧地主らとが争った民事訴訟。判断の前提として自衛隊の合憲性が争われた。1977年の第一審では，統治行為論に基づいて自衛隊自身の合憲性には触れなかったが，自衛に必要な防衛措置は必要であると判断した。第二審以後は基本的に憲法判断

を回避し，原告の上訴を棄却した。

統治行為論 **A**③（とうちこういろん）　司法権の持つ違憲審査権との関連で，条約の締結や衆議院の解散など，高度に政治的な問題に関しては，法的判断が可能であっても，司法権の審査対象とすることが不適当であるとする考え方。日本では日米安全保障条約や自衛隊に関してこの考え方が援用され，憲法判断が回避されてきた。　　**☞** p.112（統治行為論）

ＭＳＡ協定B（日米相互防衛援助協定B）（-きょうてい）（にちべいそうごぼうえいえんじょきょうてい）　アメリカの相互安全保障法〔MutualSecurityAct〕に基づき，1954年に締結。四つの協定からなる。アメリカが友好各国との間で個別に結んだ対外経済・軍事援助協定で，アメリカの援助を受け入れるかわりに締約相手国の防衛力を増強するように定めた。日本は1953年の池田・ロバートソン会談での合意をへて調印。

池田・ロバートソン会談（いけだ-かいだん）　1953年10月，吉田茂首相の特使として派遣された池田勇人とアメリカの国務次官補ロバートソンとが，日本の防衛問題に関しておこなった会談。この会談で日本によるＭＳＡ協定の受け入れと「日本防衛構想3か年計画」とが合意に達し，日本の再軍備化へ向けての政策推進も確認された。

日米安全保障条約 **A**⑦（にちべいあんぜんほしょうじょうやく）　日本とアメリカの間の相互協力と安全保障に関する条約。1951年締結の旧条約（日本国とアメリカ合衆国との間の安全保障条約）と1960年改正の新条約（日本国とアメリカ合衆国との間の相互協力及び安全保障条約）とがある。旧条約は第3次吉田茂内閣時に，サンフランシスコ講和条約調印とともに締結された。この条約で日本は米軍の日本駐留・配備を認め，駐留米軍は，他国からの日本攻撃阻止や日本国内の内乱鎮圧などにあたることが決められた。しかし，米軍の日本防衛義務には不明確な部分があり，期間も暫定的であったことなどから，改正論が強まった。アメリカはこれに対し，基地協定の性格を残しながら日本の防衛能力の強化と，集団安全保障体制形成を明確化する新条約締結を求めた。第2次岸信介内閣が1960年1月に調印し

た。

新日米安全保障条約 **A**④（しんにちべいあんぜんほしょうじょうやく）　岸信介内閣が1960年に新日米安保条約と日米地位協定に調印，衆議院での強行採決，参議院での自然承認で成立させた。その過程で，国論を二分する論争と運動が引き起こされた（安保反対闘争）。日米相互の経済協力促進や，日本領域内で日米の一方への武力攻撃に対して共同対処する条項などが新たに付加された。また条約の実施，米軍の配備・装備の変更，軍事行動による日本の基地使用は事前協議の対象となることも規定された。一方で，日本の防衛力増強の義務も明記され，アジアにおける強力な反共軍事・経済の同盟体制が築かれた。条約は10か条からなり，期間は10年。1970年以後は1年ごとに自動継続し，日米いずれか一方が通告すれば廃棄できることになっている。

安保反対闘争 **B**②（あんぽはんたいとうそう）　1951年に調印された旧安保条約の改定交渉が，1958年10月から開始された。改定内容が，実質的に対米従属の強化，軍事条約的性格の顕在化など，世界の緊張緩和に逆行するとみた人々は，日米安保条約改定阻止国民会議を結成，1959～60年に空前の国民的反対運動をまき起こし，デモ隊は何度も国会を包囲した。しかし，条約が衆議院での強行採決をへて，参議院で自然承認されると，反対闘争も下火になった。その後，岸内閣は混乱の責任を負って退陣した。10年後の1970年に安保条約の期限がいったん切れて更新される予定となることから，1960年代後半より安保反対闘争が再び巻き起こった。しかし，全国民的な盛り上がりには至らず，1970年に安保条約は自動延長された。

類日米安保条約改定阻止国民会議

日米地位協定 **A**（にちべいちいきょうてい）　1960年の日米安保条約第6条に基づき，在日米軍基地の使用条件や裁判管轄権，米軍人の地位などについて定めた細目協定。全文28か条からなる。旧日米行政協定に代わるもの。不平等性が指摘され，とくに1995年に沖縄でおきた米軍人による少女暴行事件を契機に，協定の見直しを求める声が高まった。しかし，条文の改正は一度

もおこなわれたことがない。同様の地位協定を米軍と結んでいるドイツやイタリアでは，重大な事故を機に協定が改定され，国や地方公共団体が意見を述べることができるなど，管理権を行使できるしくみが取り入れられている。

類 日米行政協定

サンフランシスコ講和条約 Ａ（こうわじょうやく）　1951年，日本が連合国側と締結した第二次世界大戦の講和条約。対日平和条約ともいう。1951年9月に調印，翌1952年4月に発効。これによって日本は独立を回復したが，対米従属的な位置が決まった。この講和会議は，朝鮮戦争を契機にアメリカが主導して開催されたため，連合国55か国のうちインド・ビルマ・ユーゴスラヴィアは参加を拒否し，中国は招かれなかった。また参加51か国のうちソ連・ポーランド・チェコスロヴァキアは調印を拒否，48か国が調印した。日本側全権は吉田茂首相。主な内容は，①日本の主権回復，②日本は朝鮮・台湾・南樺太・千島の領土権を放棄，③国際紛争の解決を平和的手段によりおこなう，④日本は戦争で与えた損害に対して賠償をする，など。この条約は領土・賠償などについては厳しいものの，軍事制限や禁止については特に規定せず，条約履行状況の監視制度もなく，寛大な講和条約とされる。日本はこの条約と同時に日米安全保障条約を締結した。

同 対日平和条約

日本の安全保障と日米安保

文民統制 Ａ（シヴィリアン-コントロール Ｂ②）〔civilian control〕（ぶんみんとうせい）　軍隊の最高指揮監督権者が文民に属するという近代民主国家の制度。文民とは，現職自衛官をふくむ現在職業軍人でない者，これまで職業軍人であったことがない者をいう。歴史上しばしば，軍隊が政治に介入する事例があったことから，文民が軍人に優越するという制度が確立された。憲法第66条2項では「内閣総理大臣その他の国務大臣は，文民でなければならない」と規定されている。自衛隊法第7条は，自衛隊の最高指揮監督権は内閣総理大臣がもつ，と規定している。また文民である防衛大臣が，

自衛隊を統括する。政府はこれまで，自衛隊に対する具体的な文民統制について①国会，②内閣，③防衛省内の文官，④国家安全保障会議，の四つの要素で構成されると説明してきた。2018年には，これまで廃棄済みと発表されていた自衛隊海外派遣部隊の日報が実は保管されていたことが判明した。このことは防衛省・陸上自衛隊から防衛大臣に報告されておらず，文民統制の観点から問題となった。

文官統制（ぶんかんとうせい）　防衛省内で，文民統制を確保するための手段の一つ。政策を立案する文官（背広組）が現場の自衛官（制服組）より優位な立場にあり，それによって制服組の行き過ぎた行動を抑止すると考えられてきた。2015年の防衛省設置法の改正で，両者が対等に位置づけられるようになり，文民統制の原則が形骸化されるとの批判もある。

非核三原則 Ａ（ひかくさんげんそく）　「核兵器を持たず，つくらず，持ち込ませず」という日本政府の核兵器に関する基本政策。佐藤栄作首相が1968年，①核兵器の廃棄・絶滅をめざしつつ，当面は実行可能な核軍縮を推進，②非核三原則の堅持，③日本の安全保障はアメリカの核抑止力に依存する，④核エネルギーの平和利用の積極的推進という「非核四政策」を発表したことに基づく。その後，1971年の衆議院本会議で「非核三原則」を採択した。この原則に対する国際的評価は高い。しかし，核積載の米艦船が日本に寄港する際に，核装備を外さないことなどが近年明らかになり，「持ち込ませず」の原則は形骸化している。このため，近年，市民団体などの間でこの原則を徹底させるため，非核三原則法の制定を求める運動も起こっている。

核拡散防止条約 Ｂ⑤（ＮＰＴ Ａ⑤）〔The Treaty on the Non-Proliferation of Nuclear Weapons〕（かくかくさんぼうしじょうやく）　**☞** p.378（核兵器不拡散条約）

在日米軍 Ｂ①（ざいにちべいぐん）　日米安全保障条約に基づき，日本の安全，極東における平和の実現など，条約の目的実現のため日本に駐留しているアメリカ軍のこと。砂川事件ではその違憲・合憲性が争われたが，最高裁は日本国憲法で禁止する戦力にはあ

たらないとの判断を下した。しかし，米軍の装備のなかに核兵器が存在するとの疑惑もあり，非核三原則政策と背反しないかどうか問題となっている。

思いやり予算 Ａ④(おも−よさん)　在日米軍駐留経費を構成するもののうち，日本側が負担する労務費・提供施設整備費・訓練移転費・水光熱費の総計。日米地位協定では，本来は全額アメリカの負担とされる。1978年，日本が負担する理由を問われた当時の金丸信防衛庁長官が「思いやり」と答えたことからこの名が定着。当初は約62億円であったが，その累計額は5兆円をこえる。アメリカは「思いやり予算」を含めてホスト−ネーション−サポートという言葉を用い，その増額を求めてきた。また，日本政府は2021年より「思いやり予算」について「同盟強靱化予算」という呼称を用いている。なお，2023年度における在日米軍関係経費の総額は約6472億円にのぼる。

類ホスト−ネーション−サポート

シーレーン問題 [sea-lane] (−もんだい)　日本の海上自衛隊が何を目的に，どこまでの距離のシーレーン（海上交通路）を守るかという問題。シーレーンは，外国勢力の軍事的脅威に対して，海上交通路の安全と機能を確保し，戦争継続能力を保障するための「海上航路帯防衛」を意味する。1981年5月，訪米した鈴木善幸首相は本土周辺数百海里と1000海里（約1850km）の航路帯を守ると表明。それは商船を安全に航海させ，国民の生活を保障する輸入路の確保を目的とした。しかし，アメリカ側の期待は，対ソ戦略の海上補給路を確保するため北西太平洋を防衛することで，ズレが生じた。

同シーレーン防衛

徴兵制 Ｃ(ちょうへいせい)　国家が，一定の年齢に達した国民を強制的に徴集して兵役に服させる制度。日本では1873年の徴兵令によって，満20歳以上の男性を対象として実施された。第二次世界大戦末期には17歳まで引き下げられたが，戦後に廃止された。政府は，徴兵制が苦役を禁じた憲法第18条に違反するとしている。

経済的徴兵制 (けいざいてきちょうへいせい)　国民に兵役の義務を課す徴兵制ではなく，志願兵制度のもと，貧困など経済的な事情から入隊者が増える現実をさした言葉。徴兵制が廃止されたアメリカなどで指摘される。日本でも若者の貧困が広がり，自衛隊がその受け皿となることで徴兵制と似た効果があらわれるとの見方もある。

米軍基地 Ｃ(べいぐんきち)　単に基地ともいう。日米安全保障条約第6条は，「日本国の安全」「極東における国際の平和及び安全の維持」のために基地を米軍に許与することを日本政府に義務づけた。「極東の範囲」について，政府は「フィリピン以北ならびに日本及びその周辺地域」（1960年2月）と説明しているが，「必ずしも前述の区域に限局されるわけではない」としている。また，各地で地域開発とのかね合いや演習の騒音などをめぐりトラブルが発生しており，なかでも全国の在日米軍専用施設の約70.3％が集中する沖縄（国土面積の約0.6％）では，その整理・縮小を求める運動が続けられている。

同基地Ａ　類沖縄米軍基地

米軍再編 [US Forces Transformation] (べいぐんさいへん)　アメリカが推進する自国軍の世界的再編成の全体像をさす。その背景には，①1997年にクリントン政権によって示された長期的な取り組み，②2001年にブッシュ政権によって提起された「テロとの戦い」から発生する短期的な必要性，などがある。この一環としておこなわれたの

▲ 沖縄の米軍基地と在日米軍兵力

が，2006年5月の在日米軍基地再編に対する日米間の合意である。合意の内容は，①沖縄の普天間飛行場などの返還と名護市辺野古崎への代替施設の建設，②司令部間の連携など自衛隊と米軍の一体的強化，③米海兵隊のグアム移転，など多岐にわたる。しかし，これらが実現したとしても，沖縄の基地負担がいくぶんか軽減する程度で，逆に基地共用化による日本本土への負担が増大するほか，移転や移設にともなう日本側の費用負担の問題など，抱える課題は多い。

日米安全保障協議委員会（2＋2）（にちべいあんぜんほしょうきょうぎいいんかい）　日米安保条約第4条に基づいて設置された協議機関。日本から外相・防衛相，アメリカから国務長官・国防長官の合計4名が参加し，安保分野の協力関係の強化を主な目的として設置された。

普天間基地返還問題 Ｃ（ふてんまきちへんかんもんだい）　沖縄県宜野湾市にある米軍普天間飛行場の返還をめぐる問題。沖縄では，1972年の本土復帰後も広大な米軍基地が置かれた。1995年に米兵による少女暴行事件が起こると，基地の整理・縮小を求める世論が高まり，県民総決起大会や基地の賛否を問う県民投票がおこなわれた。また，事件を契機に日米間の協議機関「沖縄に関する特別行動委員会」（ＳＡＣＯ，サコ）が設けられ，同飛行場の返還などが決まったが，その代替として名護市辺野古沖への移設案が示されたため，激しい反対運動が続いた。自民党政権下で2006年，米軍基地再編の日米合意がおこなわれた。その後，政権交代によって成立した民主党の鳩山由紀夫連立内閣は県外移設などを公約に掲げたが，実現にはいたらなかった。結局，2010年の日米会談で移設先を米軍キャンプ-シュワブのある名護市辺野古とする共同文書が発表された。しかし，あくまで県外・国外移設を求める沖縄県民の不満は根強い。その後，この問題はさまざまな経緯をたどったが，翁長雄志（おながたけし）知事は2018年，前知事があたえた辺野古沿岸の埋め立て承認を撤回する手続きに入った。2019年2月には，新基地建設に向けた埋め立ての賛否を問う県民投票が実施され，反対派が約72％を占める結果となった。

ヘリパッド　米軍北部訓練場（沖縄県東村・国頭村）の一部返還の代わりに新設されたヘリコプターの離着陸帯。集落に近く，オスプレイの訓練にも使用されるため，近隣住民は事故の危険や騒音被害にさらされることになる。

オール沖縄（-おきなわ）　普天間基地の辺野古移設問題を機に成立した沖縄における保守・革新の枠をこえた政治体制。沖縄では1972年の本土復帰以来，保革の両勢力が対峙してきたが，2014年秋の県知事選挙で保守派の重鎮・翁長雄志（おながたけし）氏が社民・共産・生活など党派をこえた支持のもと，「辺野古への移設反対，イデオロギーよりもアイデンティティ」を訴えて当選。同年暮れの衆議院議員総選挙でも県内四つの全小選挙区で，さらには16年夏の参議院議員選挙の選挙区でも，オール沖縄の候補者が自民などの候補者に勝利した。2017年の総選挙では，1人を除いて当選。

オスプレイ　［Osprey］　両翼の回転翼の向きを変えることで，垂直離着陸や，固定翼のプロペラ機のような飛行ができるアメリカ軍の輸送機。従来のＣＨ46ヘリコプターにかわり，沖縄県の普天間基地に配備された。騒音性や墜落事故の危険性などを理由としてオスプレイ配備に反対する抗議集会が，沖縄や東京で多数実施された。米空軍は，2018年から東京都の横田基地にオスプレイを配備している。また，陸上自衛隊におけるオスプレイ配備も計画されている。

ヴェトナム戦争 Ａ②（-せんそう）　☞p.362（ヴェトナム戦争）

防衛計画の大綱 Ｃ（ぼうえいけいかく-たいこう）　日本の安全保障の基本方針と防衛力整備の指針を示したもの。これに基づき政府が，5年間の中期防衛力整備計画（中期防）などを策定する。2010年の大綱では，中国や北朝鮮の動向に着目して「動的防衛力」の構築をかかげた。

類 中期防衛力整備計画

防衛力整備計画 Ｃ（ぼうえいりょくせいびけいかく）　1957年の「国防の基本方針」に基づいて，1958年から継続的におこなわれている自衛隊の組織や装備の強化計画。1976年までの4次にわたる整備計画の後，1986年

度までは単年度計画で実施されてきた。現在は中期防衛力整備計画（中期防）を実施中。この間，日本の自衛隊の装備は核兵器を除いて世界有数のものとなった。

海外派兵 Ｂ（かいがいはへい）　軍隊を海外に派遣すること。従来，自衛隊の海外派遣については，自衛の枠をこえるとして認められなかったが（1954年の参議院本会議で海外出動禁止決議），1992年に制定された国連平和維持活動（ＰＫＯ）協力法などに基づき，一定の条件のもとで海外派遣の承認と国際貢献の任務が加えられた。現在の自衛隊法では，海外派遣が本来任務とされている。

国家安全保障会議Ａ⑥（ＮＳＣＢ）〔National Security Council〕（こっかあんぜんほしょうかいぎ）　1954年以来の国防会議の任務を継承した安全保障会議（1986年設置）にかわり，2013年末に設けられた外交・防衛政策などを決める閣僚会議。アメリカにならった制度である。国家安全保障戦略（ＮＳＳ）・防衛計画の大綱などの政策立案や，緊急事態への対応策などもテーマとする。前身の安全保障会議は議長である首相と8閣僚（九者会合）で構成されたが，国家安全保障会議はその上に首相・官房長官・防衛相・外相による四者会合を新設。会議をサポートする事務局として，内閣官房に国家安全保障局もつくられた。

類 国防会議　安全保障会議 Ａ

事前協議 Ａ（じぜんきょうぎ）　在日米軍の配置，装備の重要な変更および戦闘作戦行動のために基地を使用する場合，アメリカ政府が日本政府と事前に協議をおこなう制度。日米安全保障条約第6条の実施に関する交換公文で規定された。しかし，日本側からは提案できず，一度もおこなわれていない。最近，核兵器積載の米艦船が日本に寄港する場合には，日本との事前協議は必要ないとする日米政府間の密約の存在が，アメリカの外交文書から明らかになった。法的拘束力もないため有効性には疑問点が多い。

核兵器 Ａ③（かくへいき）　ウラン・プルトニウムを原料とした核分裂と，重水素を原料とする核融合による爆発的エネルギー放出を利用した兵器の総称。長距離攻撃能力を持つ兵器を戦略核兵器，中・短距離攻撃能力を持つ兵器を戦術核兵器という。

☞ p.373（核兵器）

通常兵器（つうじょうへいき）　核兵器・化学兵器・生物兵器を除いた銃器，爆発性兵器や戦車・戦闘機などの軍事兵器を総称する。ミサイルや長距離爆撃機・攻撃用艦船・潜水艦などは，核兵器が搭載された場合には核兵器とみなす。

核の傘 Ｂ（かく-かさ）　核兵器保有国の核戦力を背景に自国の軍事的安全保障をはかること。1966年の外務省統一見解において，日本もアメリカの核の傘のなかにいると表現された。核兵器の存在によって相手国を恐れさせ，攻撃を思いとどまらせようとする核抑止の考え方を，同盟国（非核保有国）にまで広げるもので，拡大抑止ともよばれる。

同 拡大抑止

日米核密約（にちべいかくみつやく）　核兵器もち込みなどに関する日米政府間の四つの密約。①1960年の核もち込みについての密約，②同じく，朝鮮有事の際の軍事行動についての密約，③1972年の沖縄返還時の，有事の際の核もち込みについての密約，④同じく，原状回復補償費の肩代わりについての密約，をさす。これらのうち，①②④はアメリカ側の解禁文書で，その存在が明らかになっている。これまで，歴代政権は一切の調査を拒否してきたが，鳩山由紀夫内閣の下，岡田克也外相がこれらの密約問題に対して調査命令をおこなった。調査・検証をおこなった有識者委員会は，③についての密約性は否定したが，①④は広義の密約，②は明確な密約にあたるとの報告書を提出した。

ＧＮＰ１％枠（-わく）　防衛予算の上限を対ＧＮＰ（国民総生産）1％以内におさめる原則。1976年，三木武夫内閣の時に明示された。中曽根康弘内閣以降，防衛費の総額を中期防衛力整備計画時に示す「総額明示方式」をとっている。一方，2022年には，5年間をかけて防衛費をＧＤＰ比2％に増大させることが政府決定された。その背景として，ＮＡＴＯが加盟国に対して防衛費を対ＧＤＰ比2％以上にするよう要請するなど，ＧＤＰ比2％が防衛費の国際標準となりつつある点が挙げられる。

集団的自衛権 Ａ②（しゅうだんてきじえいけん）　国

連憲章第51条に定められた権利。武力攻撃がおこなわれた場合，単独国家が個別的自衛権を行使するだけでなく，2国間あるいは地域的安全保障・防衛条約などで結びついた複数国が共同で防衛措置をとること。1981年の国会で，当時の鈴木善幸内閣が，集団的自衛権の行使は憲法第9条で許される自衛権の範囲をこえるため違憲であると言明している。しかし，2014年に安倍晋三政権は，行使を容認する閣議決定をおこなった。2015年の安全保障関連法をめぐり，政府は集団的自衛権の行使を認める根拠として，砂川事件の最高裁判決と1972年の政府解釈をもちだした。これに対して多くの憲法学者らは，①同最高裁判決では集団的自衛権について判断していない，②72年政府解釈でも結論は行使が許されないとしており，いずれも行使容認の根拠にはならないとする見解を示した。　☞ p.81（砂川事件）

武器輸出三原則　**B②**（ぶきゆしゅつさんげんそく）

共産圏，国連決議で武器禁輸となっている国，国際紛争の当事国またはその恐れのある国，に対する武器輸出は認めないとする原則。1967年，佐藤栄作首相が衆議院決算委員会で表明した。それ以来，日本政府の基本政策となってきた。しかし，1983年に対米武器技術供与を，1989年にはSDI（戦略防衛構想）研究開発への参加を決めた（クリントン政権により，1993年に開発は中止）。その後，アメリカのミサイル防衛（MD）の導入を契機に，武器輸出三原則そのものを見直す動きが強まり，2011年に政府は正式に緩和を決めた。2014年には，これまでの禁輸政策を180度転換し，武器輸出を実質的に解禁する防衛装備移転三原則が閣議決定された。

防衛装備移転三原則　**A④**（ぼうえいそうびいてんさんげんそく）

2014年，安倍晋三政権が閣議決定した新たな武器輸出原則。①日本が締結した条約に違反する場合や紛争当事国などには移転しない，②移転を認めるのは，日本の安全保障に資する場合，③目的外使用や第三国移転は相手国の事前同意が必要だが，共同開発した武器などは除く，など。

リムパック（RIMPAC）[Rim of the Pacific Exercise]

1971年からアメリカ海軍が主宰し，2年に1度，太平洋周辺諸国の海軍が加わって実施されてきた軍事演習。「環太平洋合同演習」と訳される。当初は，カナダ・オーストラリア・ニュージーランドが参加。1980年から日本の海上自衛隊が，1990年から韓国が，1996年からはチリも加わった。参加国数は増加し続けて，2108年演習では26か国が参加したが，2020年演習では，新型コロナウイルスの影響で10か国に減少し，実施規模も大幅に縮小された。2010年の演習時，海上自衛隊が米豪両軍とともに，特定の標的を攻撃・撃沈する訓練をおこなっていたことが判明。これが当時認められていなかった集団的自衛権の行使にあたるとして，批判された。中国はこれまでリムパックに招待されてきたが，アメリカは2018年の招待を取り消すと発表した。南シナ海での軍事支配の影響力を強める中国に対する牽制策とされる。

クアッド　日米豪印戦略対話（Quadrilateral Security Dialogue）の略称。

2007年に，日本政府がアメリカ・オーストラリア・インドに呼びかけて実現した4カ国間における安全保障等に関する戦略的協議。インド太平洋地域の主要な民主主義国家が連携することで，中国を包囲する狙いがあるものと解されている。

日米防衛協力のための指針**A⑦**（ガイドライン**A⑤**）（にちべいぼうえいきょうりょく-ししん）

1978年に日米防衛協力小委員会が作成し，閣議で了承されたもの。アメリカは，日本有事・極東有事に際して，「日米共同対処」方法をまとめた作戦シナリオを作成し，1997年には，40項目の日米協力策を盛りこんだ新ガイドラインを決定した。これを受けて周辺事態法などが1999年に成立，日本の周辺で武力紛争などが発生した際に，自衛隊が米軍を支援できることなどが定められた。2015年には，軍事力を増強する中国を念頭におき，自衛隊の対米支援拡大など，地球規模で切れ目なく対応することをもり込んだガイドラインの再改定がおこなわれた。

類 新ガイドライン**B④**

国連平和維持活動協力法**B⑦**（PKO協力法**A⑨**）（こくれんへいわいじかつどうきょうりょくほう）

派遣地域	年	活動内容
ペルシャ湾	1991	機雷除去
カンボジア	1992~93	国連カンボジア暫定統治機構（UNTAC）
モザンビーク	1993~95	国連モザンビーク活動（ONUMOZ）
ザイール（コンゴ民主共和国）	1994	ルワンダ難民救済
ゴラン高原	1996~2013	国連兵力引き離し監視軍（UNDOF）
インド洋	2001~07, 2008~10	給油・給水など
東ティモール	1999~2000, 2002~04, 2010~12	安全確保
イラク	2004~08	復興支援
ネパール	2007~11	武器・兵士の管理監視
スーダン	2008~11	兵たん全般の調整など
ソマリア沖	2009~	海賊対策
ハイチ	2010~13	地震復旧支援
南スーダン	2011~17	インフラ整備

▲ 自衛隊の主な海外派遣実績

（－きょうりょくほう）　自衛隊の海外派遣へ道を開いた法律。1992年6月に成立。1990年8月のイラクによるクウェート侵攻に対し，アメリカを主力とする多国籍軍が編成されたが，アメリカは日本に物的協力とともに人員派遣も要請した背景がある。この法律は，国連の平和維持活動と人道的な活動への協力を目的とする。なお，法案審議の過程で，PKF（平和維持軍）への参加は凍結された。PKO参加の5原則は，①紛争当事国の間で停戦合意が成立していること。②PKOが活動する地域の属する国を含む紛争当事者がPKOの活動やPKOへのわが国の参加に同意していること。③PKOが特定の紛争当事者に偏ることなく，中立的な立場を厳守すること。④上記の原則のいずれかが満たされない状況が生じた場合には，参加した部隊は撤収できること。⑤武器の使用は，要員の生命等の防護のために必要最小限のものに限られること。2001年に法改正がおこなわれ，凍結されていたPKFの本隊業務への参加が可能になった。2015年の法改正で，PKO以外の国際的な復興支援活動にも自衛隊が参加できるようになった。また，政府は2017年，南スーダンのPKOに参加する自衛隊に，武装集団に襲われた国連職員らを武器を持って救出にあたる「駆け付け警護」などの新任務を付与したが，実施にはいたらず

撤収した。

類 駆け付け警護

自衛隊の海外派遣 ⑤（じえいたい－かいがいはけん）　従来の自衛隊の海外派遣には，PKO協力法に基づく国連平和維持活動への参加，特別法を制定しての派遣，国際緊急援助隊法に基づく災害対応があったが，2015年の安全保障関連法の成立で，活動範囲や活動内容が大きく広がる可能性がある。

日米安保共同宣言 Ｃ（にちべいあんぽきょうどうせんげん）　1996年，橋本龍太郎首相とクリントン大統領との日米首脳会談で発表された宣言。日米安保体制が日本とアジア・太平洋地域の安定のための基礎である，とする新たな意義づけ（再定義）がおこなわれた。現行の日米安保条約を実質的に改定した中身を持つとされる。

類 日米安保再定義 Ｃ

周辺事態法 Ａ（しゅうへんじたいほう）　1999年5月に成立。いわゆるガイドライン関連法の中核になる法律。周辺事態，つまり「そのまま放置すれば我が国に対する直接の武力攻撃に至るおそれのある事態等我が国周辺の地域における我が国の平和及び安全に重要な影響を与える事態」への対処を定めた法律。アメリカとの相互協力のもとで，自衛隊による後方地域支援，後方地域捜索救助活動その他の周辺事態に対応するため必要な措置（補給・輸送・整備・医療・通信など）をとることが規定された。地方公共団体や民間の協力を求められることも定めている。2015年の法改正で，自衛隊の活動範囲を制約してきた「周辺事態」の概念を廃止，日本の安全に重要な影響を与える事態が発生した場合に，地理的な制約なく他国軍を支援できるよう，法律名も重要影響事態法に変えられた。

類 ガイドライン関連法 Ｃ　重要影響事態法 Ｃ②

テロ対策特別措置法 Ａ③（－たいさくとくべつそちほう）　2001年のアメリカ同時多発テロ等に対応しておこなわれる国際連合憲章の目的達成のための諸外国の活動に対して，わが国が実施する措置を規定した法律。2001年11月に成立。1992年に成立したPKO協力法は紛争終結後の事態に対処するもので，1999年の周辺事態法も対象地域が限定されており，自衛隊を派遣することがで

きないため，2年の時限立法で成立させた。この法律によって，外国の軍隊等への補給・輸送・整備などの協力支援がおこなわれた。時限立法のため，2007年11月でいったん期限切れとなったが，自衛隊の活動を給油・給水にしぼった新テロ対策特措法（補給支援特措法）が，2008年に制定された（2010年に失効）。

類 新テロ対策特別措置法

有事法制 A (ゆうじほうせい)　戦時を想定した法体系をさす。有事立法。1977年，福田赳夫内閣のもとで防衛庁が「有事法制研究」に着手した。2003年に制定された武力攻撃事態法・改正自衛隊法・改正安全保障会議設置法の有事法制関連3法と，翌04年に制定された国民保護法・外国軍用品等海上輸送規制法・米軍行動円滑化法・改正自衛隊法・特定公共施設等利用法・国際人道法違反処罰法・捕虜等取り扱い法の有事法制関連7法からなる。いずれも，小泉純一郎内閣のもとで成立。これによって，日本の有事や大規模テロへの備えとして進められた有事法体系が一応整ったとされる。

同 有事立法

武力攻撃事態法 B (ぶりょくこうげきじたいほう)　2003年，有事法制関連3法の一つとして制定された。有事法制の中核になる法律。日本が他国から武力攻撃を受けたときなどの対処方法を定めている。具体的には，実際に攻撃を受ける「武力攻撃発生事態」，危険が迫る「切迫事態」，可能性が高い「予測事態」の三つに分類される。武力行使が認められるのは発生事態のみで，これまで発動例はない。2015年の改正法では，政府が「存立危機事態」と判断すれば，集団的自衛権に基づき海外で武力行使ができることなどをもり込んだ。

武力攻撃発生事態 C (ぶりょくこうげきはっせいじたい)　自衛隊の派遣や出動に関する基準の一つ。武力攻撃が実際に発生した事態。武力攻撃事態法に規定。

武力攻撃切迫事態 (ぶりょくこうげきせっぱくじたい)　自衛隊の派遣や出動に関する基準の一つ。武力攻撃が発生する明白な危険が切迫していると認められるに至った事態。武力攻撃事態法に規定。

武力攻撃予測事態 (ぶりょくこうげきよそくじたい)　自衛隊の派遣や出動に関する基準の一つ。武力攻撃事態にはなっていないが，状況が緊迫化し，武力攻撃が予測されるに至った事態。武力攻撃事態法に規定。

存立危機事態 C (そんりつききじたい)　自衛隊の派遣や出動に関する基準の一つ。日本と密接な関係にある他国への武力攻撃が発生し，これにより日本の存立が脅かされ，国民の生命・自由・幸福追求の権利が根底から覆される明白な危険がある事態。武力攻撃事態法に規定。

重要影響事態 B (じゅうようえいきょうじたい)　自衛隊の派遣や出動に関する基準の一つ。放置すると日本への直接の武力攻撃の恐れがあるなど，日本の平和と安全に重要な影響をあたえる事態。これまでの周辺事態の概念を変更したもの。重要影響事態法に規定。

国際平和共同対処事態 (こくさいへいわきょうどうたいしょじたい)　自衛隊の派遣や出動に関する基準の一つ。国際社会の平和や安全を脅かす事態がおこり，それを除去するために国際社会が国連憲章に基づき共同で対処する活動をおこない，かつ日本がこれに主体的・積極的に寄与する必要があるもの。国際平和支援法に規定。

国民保護法 A③ (こくみんほごほう)　2004年，有事法制関連7法の一つとして制定。有事の際，国民の生命・身体・財産を守り，国民生活におよぼす影響を最小限におさえるため，国や地方公共団体などの責務，避難・救援の手続きなどを定めている。

イラク復興支援特別措置法 A① (ふっこうしえんとくべつそちほう)　2003年成立。イラク戦争の終結後，その復興や治安維持活動を後方支援（軍事支援を含む）するための時限立法。2004年，戦闘が継続する他国の領土内に，武装した陸上自衛隊が初めて派遣されたが戦後日本の安全保障政策を根本的に転換するものとの強い批判があった。結局，2006年に陸上自衛隊が撤収したのにつづき，2008年には航空自衛隊も完全撤収した。

自衛隊イラク派遣差し止め訴訟 C (じえいたいーはけんさーどめーそしょう)　自衛隊のイラク派遣を違憲とし，その差し止めを求めた集団訴訟。2004年1月の札幌を皮切りに名古屋・東京など11地裁に約5800人の市民らが裁判を起こした。このうち名古屋高裁は2008

年，原告の請求を退けつつも憲法判断に踏みこみ，自衛隊の派遣実態からみて違憲と認定，憲法の平和的生存権についても具体的権利性を認め，判決は確定した。

海賊対処法 Ⓐ①（かいぞくたいしょほう）　ソマリア沖のアデン湾などに出没する海賊対策として，2009年に制定された法律。これによって，外国船を含む民間の船舶を護衛するため，海上自衛隊が派遣されるようになった。しかし，集団的自衛権や自衛隊による武器使用の拡大など，多くの問題点が指摘されている。なお，この法律の制定前から，現行の自衛隊法に基づき，自衛隊がソマリア沖などで警備行動をおこなっていた。現在は，ジブチ共和国に活動の拠点（基地）が設けられ，陸海自衛隊の400人ほどが常駐している。

九条の会 Ⓒ（きゅうじょうーかい）　憲法改正の動きに抗して，とくに第9条の精神を守ろうと2004年に結成された市民団体。ノーベル文学賞を受賞した作家の大江健三郎や評論家の加藤周一ら9人がよびかけた。全国の地域や職場などに7500を超える自主的組織がある。

非核自治体宣言（ひかくじちたいせんげん）　核兵器のない世界をめざす決意を，地方公共団体のレベルで示した宣言。1958年に愛知県半田市が初めて決議。これまで宣言をおこなった自治体の割合（宣言率）は92.1％（1647自治体）に及ぶ。宣言は，首長がおこなう場合と議会で決議する場合とがある。これら自治体の連絡組織として，日本非核宣言自治体協議会がある。

積極的平和主義 ［proactive contribution to peace］（せっきょくてきへいわしゅぎ）　安倍政権下で提唱された世界平和貢献策のスローガン。日米同盟を基本に，軍事面での積極的関与を強調する意味合いが強い。平和学などでは，単に戦争のない状態を消極的平和，それに貧困・抑圧・差別など構造的暴力からの解放を含めて積極的平和［positive-peace］という。
　　　類消極的平和 Ⓒ　積極的平和 Ⓒ

安全保障関連法 Ⓐ②（あんぜんほしょうかんれんほう）　安倍晋三内閣が2015年の国会に提出して成立した，国の安全保障にかかわる法制度の総称。同年に再改定された日米防衛協力のための指針（ガイドライン）や，前年に閣議決定した集団的自衛権の行使を具体化する意味合いがある。10の現行法改正（一括法＝平和安全法制整備法）と国際平和支援法（新法）の合計11の法律で構成される。一括法は①自衛隊法改正，②武力攻撃事態法改正，③重要影響事態法（周辺事態法を改正），④PKO協力法改正，⑤米軍行動円滑化法改正，⑥船舶検査活動法改正，⑦特定公共施設利用法改正，⑧海上輸送規制法改正，⑨捕虜取り扱い法改正，⑩NSC設置法改正からなる。これらの法案については，法学者の間でも合憲性を問う声があがるほか，一般市民のあいだでも反対運動が起こっている。法律は2016年に施行。
　　　同戦争法　類ＳＥＡＬＤｓ（シールズ）

● SEALDs　解散メッセージ（抄）

　市民が立ち上げる政治は，ようやく始まったばかりです。個人として路上に立つのと同じように，「わたし」の言葉で，日常の目線から政治を語ること。隣近所・家族・友人・政治について語り合うこと。…その積み重ねは，長い時間をかけて社会に根をおろし，じっくりと育ち，いずれは日本の自由と民主主義を守る盾となるはずです。

　SEALDs は解散します。しかし終わったというのなら，また始めましょう。始めるのは私であり，あなたです。何度でも反復しましょう。

国際平和支援法 Ⓐ（こくさいへいわしえんほう）　安倍晋三内閣が2015年の国会に提出して成立した安全保障関連法の一つ。従来は自衛隊の海外派遣の際，特別措置法（テロ特措法やイラク特措法など）を個別に制定してきたが，それを恒久法とし，国会の事前承認だけで随時，派遣が可能となった。国際平和共同対処事態に基づく。政府は国際貢献の幅を広げると説明したが，これまで派遣されてきた「非戦闘地域」以外でも，他国への軍事支援ができるため反対の声が強い。法律は2016年に施行。

武器等防護（ぶきとうぼうご）　日本の防衛に資する活動をしているアメリカ軍などの弾薬や艦船，航空機を平時から守る任務。安全保障関連法に基づき，ＰＫＯにおける「駆け付け警護」などとともに自衛隊に新たに課された。他国軍の要請があった場合，防衛大臣が実施を判断する。2017年，米艦防護の初の命令が出され，海上自衛隊の「い

ずも」が米補給艦の護衛にあたった。

首相の戦後談話 <small>（しゅしょう－せんごだんわ）</small>　第二次世界大戦を総括するために発表された首相の談話。通常，閣議決定を経ておこなわれる。戦後50年の節目となった1995年，当時の村山富市首相がはじめて公表（村山談話）。日本の「植民地支配と侵略」を認め，「痛切な反省」と「心からのお詫び」を表明した。戦後60年の2005年にも，当時の小泉純一郎首相が，同趣旨の談話を公表した（小泉談話）。戦後70年となる2015年，安倍晋三首相も談話を発表したが（安倍談話），植民地支配・侵略・反省・お詫びというキーワードこそ踏襲されたものの，文書に用いられた主語・主体が不明確などとの批判も出された。

　　　　　　　　顚 村山談話　小泉談話　安倍談話

5章　国民主権と政治機構

1 立法を担当する国会

国会と議会政治

議会 A14（ぎかい）　☞ p.16（議会）

国会 A26［the Diet］（こっかい）　憲法が, 日本の国政分野での議会につけている呼び名。国会のしくみと権限については憲法第4章に定められ,「国会は, 国権の最高機関であつて, 国の唯一の立法機関である」（第41条）とされる。立法権のみならず, 財政上・行政上の監督や裁判官の弾劾をおこなう権限が与えられている。国民によって選出された議員によって構成される衆議院及び参議院の二院からなる。国会の議決は, 原則として両院の議決の一致によって成立するが, 法律案・予算の議決, 条約の承認, 内閣総理大臣の指名については, 衆議院の優越が認められている。そのほか, 衆議院には内閣不信任決議権や予算の先議権がある。国会には, 常会（通常国会）・臨時会（臨時国会）・特別会（特別国会）と参議院の緊急集会がある。国会の議場はフランス下院と同類型で, 議長席からみて右側に与党が, 左側に野党が位置する構造となっている。

国権の最高機関 A1（こっけん-さいこうきかん）　日本国憲法第41条で規定する, 国会に与えられている地位。戦前の帝国議会が天皇の協賛機関であったのとは異なり, 主権者である国民の代表者によって構成される国会を国政の中心として位置づける（国会中心主義）。国民主権の原則から, 国会が内閣や裁判所よりも上位にあるのではなく, 国家機関のなかで中枢的地位にあることを意味する。このため法律の制定, 条約の承認, 内閣の存立, 憲法改正の発議など, 国家の根本にかかわる事項については必ず国会が最高機関として関与する。

唯一の立法機関 A1（ゆいいつ-りっぽうきかん）　憲法第41条で規定する国会の地位をいい, 国会による立法以外のものは, 原則として法と認められないということ。国会中心立法および国会単独立法という二つの原則をふくむ。

国会中心立法の原則（こっかいちゅうしんりっぽう-げんそく）　両議院の議院規則・最高裁判所規則・政令・条例など憲法に明示された例外を除いて, 国会だけが実質的な意味での法律を制定することをさす。

国会単独立法の原則（こっかいたんどくりっぽう-げんそく）　地方自治特別法の住民投票, 憲法改正の国民投票など憲法上の例外を除いて, 国会の議決だけで実質的な意味での法律を制定することをさす。

国民主権 A6（こくみんしゅけん）　☞ p.42（国民主権）

帝国議会 B4（ていこくぎかい）　☞ p.36（帝国議会）

間接民主制 A9（かんせつみんしゅせい）　☞ p.16（間接民主制）

議院内閣制 A9（ぎいんないかくせい）　内閣の存立が国民の代表により構成される下院にあたる議会の信任に基づいて成立する制度。

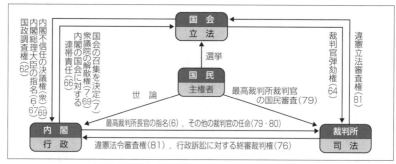

▲ 日本国憲法下の政治機構　カッコ内の数字は憲法の条数を示す

イギリスで発達した。下院の第一党の代表が首相となる場合が多く，政党政治とのつながりが深い。議会が不信任を決議した場合，内閣は連帯責任の下で総辞職するか議会を解散するかのいずれかを選択する。大統領制と比較される。

国会中心主義 **C**（こっかいちゅうしんしゅぎ）　主権者たる国民の代表機関である国会が政治の中核にあり，国政は国会を中心に運営されるべきであるという考え方。国会が国民主権下で唯一，民主的正統性をもつ機関であることを意味する。日本国憲法ではこの立場から国会に対して法律の制定権，条約の承認権，憲法改正の発議権，行政府の監督権・司法府の弾劾裁判権などが与えられている。

責任内閣制 **C**③（せきにんないかくせい）　内閣が行政権の行使について，国会に対し連帯して責任を負う制度。議院内閣制ともいう。内閣総理大臣に内閣を統括する権限を与え，国会に対して内閣が責任をとる体制。国会を通じて，間接的に行政権を統制しようとするものである。

委任の連鎖③**／責任の連鎖**③（いにん-れんさ／せきにん-れんさ）　委任の連鎖とは，有権者→国会→政府へと政策意思決定とその実行を委ねることをいう。責任の連鎖とは，政府→国会→有権者へと，委任を受けた者が委任した側に対して，委任事項に沿った行動をとっているという説明責任を果たしていくことをいう。

国会のしくみと役割

一院制（いちいんせい）　単一の議院からなる議会制度。立法・審議の迅速化や効率性という面でメリットがあるが，慎重な審議がそこなわれる恐れもある。北欧諸国をはじめ，単一国家では二院制よりもこの制度を採用している国のほうが多い。

二院制 **A**②（にいんせい）　国会を二つの独立した合議体に分け，議案を別々に審議することによって国会の審議を慎重におこなう制度。両院制ともいう。全国民を代表する選挙された議員で組織される下院と，国ごとにさまざまな方法で選ばれた議員によって構成された上院の両議院で構成される。上院の構成は，①貴族院型（イギリスなど），②連邦型（アメリカなど），③民主的第二院型（日本の参議院など）に大別される。議院の構成が異なるため民意が反映できる，慎重な審議で公正な判断が可能になる，多数党の横暴を抑制しやすい，などの長所を持つ。その一方で，非能率性などの問題点も指摘されている。日本国憲法が制定される過程で，マッカーサー草案では一院制が提案されたが，日本側が二院制を採用するよう強く求めた，という経緯がある。

同 両院制 C

衆議院 **A**26（しゅうぎいん）　参議院とともに，日本の国会を構成する議院の１つ。国際標準では，日本の下院（lower house）に相当する。1890年に明治憲法下で設立された機関であり，敗戦後の日本国憲法体制下でも改めて存続してきた。2023年現在の定数は465。議員任期は４年だが，任期途中による解散がある。定数289の小選挙区と11ブロックの比例代表区（定数176，拘束名簿方式）から２票投票制で選出される小選挙区比例代表並立制を採用している。被選挙権は25歳以上の日本国民にある。衆議院については，法案議決，予算議決，条約承認，首相指名などにおいて，参議院より強い憲法構造となる（衆議院の優越）。これは，任期が相対的に短いため，民意をより反映しやすいという考え方が背景にある。また，衆議院議員は，戦前から「代議士」と呼ばれる。これは，当時の貴族院と比較して「一般国民を代表して政治を議する者」という位置付けが強調されてきた背景に由来する。

参議院 **A**22（さんぎいん）　衆議院とともに，日本の国会を構成する議院の１つ。国際標準では，日本における上院（upper house）に相当する。2023年現在の定数は248。議員任期は６年で，解散はなく，３年ごとに半数ずつ改選される。毎回の参議院選挙は，選挙区74（原則として都道府県単位），比例区50（非拘束名簿式と拘束名簿式の混合）の定数で争われる。立候補権は30歳以上の日本国民にある。参議院は，衆議院と類似した政党構成になりやすく「衆議院のカーボンコピー」と揶揄されやすい。一方，時として衆議院と政党構成が若干異なると「ねじれ国会」現象を生む原因となり，正

	議員の任期	議員定数	被選挙権	解散
衆議院	4年 ただし解散の場合には,その期間満了前に終了(45)	定数465名 比例代表選出(拘束名簿) 11区176名 小選挙区選出 289区289名	25歳以上	あり
参議院	6年 ただし3年ごとに半数を改選(46)	定数248名 比例代表選出(非拘束名簿) 1区100名 選挙区選出 45区148名	30歳以上	なし

▲ 両議院の組織　カッコ内の数字は憲法の条数を示す

反対の批判を受けることもある。

衆議院の優越　**A**③(しゅうぎいん-ゆうえつ)　国会の議決に際し,両院の意思が合致しない場合の両院協議会の協議のほかに,衆議院に与えられた権限の優越性。憲法では①法律案の議決,②予算の議決,③条約の承認,④内閣総理大臣の指名,に優越が認められているほか,内閣不信任決議権と予算先議権が衆議院に与えられている。国会の会期の決定や延長など,法律で同様に衆議院の優越を定めた規定もある。

党首討論　**A**②(とうしゅとうろん)　国会の場でおこなわれる,首相と野党党首による対面式の討論。国会での審議の活性化をはかる一環として,2000年の通常国会から導入された。衆参両院の国家基本政策委員会の合同審査会の形式でおこなわれている。ただし,衆参議院のいずれかに10人以上の議員がいる野党党首しか参加できない。イギリス議会のクエスチョン-タイム制度を手本としているが,1回の実施時間が一律45分と短いこともあり,十分な効果があがっていない。

　　　　　　　　　類 クエスチョン-タイム**C**

国会議員　**C**⑪(こっかいぎいん)　衆議院・参議院を構成する議員。国民によって直接選挙されるが,選ばれた国会議員は,その選挙区や支持する諸団体の代表ではなく,全国民の代表(国民代表)であると定められている(憲法第43条)。したがって国会議員は,国民の意思に基づき,地域の利益に拘束されることなく活動することが求められる。

　　　　　　　　　　類 全国民の代表

代議士　(だいぎし)　国民の意思を代表して国政を担当する議員。国会議員のなかでも,とくに衆議院議員をさす。

歳費　**A**①(さいひ)　衆参両院の議長・副議長および国会議員に国庫から支給される1年間の費用(憲法第49条)。金額は相当額とされ,一般官吏の最高の給料額より少なくない額となっている。一般議員は年間約2200万円(期末手当約600万円を含む),ほかに文書通信交通滞在費として月額100万円が支給される。

議員特権　(ぎいんとっけん)　国会における議員の自由な言動を保障し,その職責を果たすにあたって認められている特権。不逮捕特権(憲法第50条)と免責特権(憲法第51条)とがある。この二つに,歳費受領権を含める場合もある。

　　　　　　　　　　類 歳費受領権**C**

不逮捕特権　**A**(ふたいほとっけん)　議員は国会の会期中は逮捕されず,会期前に逮捕された議員でも,所属する議院の要求があれば会期中は釈放されるというもの。ただし,院外での現行犯の場合と所属する議院が逮捕を認めた場合は例外となる。

免責特権　**A**(めんせきとっけん)　議員が院内でおこなった演説・討論・表決について院外で責任を問われない権利である。

議長　**C**(ぎちょう)　衆議院・参議院の各議事を統括し,代表する者。各院に1名ずつ置かれる。各議院において,総議員の3分の1以上の無記名投票で選出される。衆議院議長は,内閣総理大臣・最高裁判所長官と同格の地位にある。議院の秩序保持,議事の整理,議院事務の監督などの役割が,国会法で規定されている。採決に当たり,可否同数の時は議長が決する(憲法第56条)。本会議では議長が議場に入らない限り,会議を始めることができない。また職務の遂行にあたり,不偏不党の立場を保つ。

本会議　**A**④(ほんかいぎ)　衆議院・参議院で,それぞれの全所属議員の出席により開かれる会議。衆議院本会議・参議院本会議という。本会議は総議員の3分の1以上の出席で開会され,議決は出席議員の過半数に

より成立する。本会議は公開を原則とするが，出席議員の3分の2以上で議決した時は秘密会とすることができる。

秘密会　（ひみつかい）　国および地方公共団体の議会において，非公開とされる会議。両議院の本会議は公開を原則とするが，議長または議員の10名以上の発議により，出席議員の3分の2以上の多数で議決した場合は秘密会にすることができる。ただし，会議の記録は高度に秘密性のあるもの以外は公表しなければならない。これまで，衆参両議院とも本会議で秘密会とされたことはない。地方議会の場合は，議長または議員3人以上の発議により，出席議員の3分の2以上の多数で議決したときは，秘密会を開くことができる。

常会　**A**3　（じょうかい）　毎年1回，必ず召集される国会のこと（憲法第52条）。通常国会ともいう。毎年1月中に召集され，会期は150日間。両議院一致の議決で，1回のみ延長できる。もし，一致しない時は衆議院の議決にしたがう。常会の主要議事は，翌年度の予算審議である。召集詔書の公布は，天皇によって10日前までになされる。

　　　　　　　　　　同 通常国会 **A**3

臨時会　**A**2　（りんじかい）　国会の議事が必要な時に臨時に召集される議会。臨時国会ともいう。予算（補正）・外交，その他国政上緊急に必要な議事をあつかう。内閣またはいずれかの議院の総議員の4分の1以上の要求により，また任期満了にともなう衆議院議員総選挙後や参議院議員通常選挙後の一定期間内に，内閣が召集を決定する（憲法第53条，国会法第2条）。会期は両議院の一致で決定。

　　　　　　　　　　同 臨時国会 **A**

特別会　**A**4　（とくべつかい）　衆議院解散後の総選挙の日から30日以内に召集される国会（憲法第54条）。特別国会ともいう。特別会召集後，内閣は総辞職する（憲法第70条）。内閣総理大臣の新たな指名のために開かれるのが特別国会である。会期は両議院の一致した議決によって決定される。

　　　　　　　　　　同 特別国会 **A**

参議院の緊急集会　**C**2　（さんぎいん−きんきゅうしゅうかい）　衆議院が解散された時は，参議院も同時に閉会となるが，内閣が緊急の必要

種　　類	お　も　な　内　容
常　会 （通常国会）	毎年1回（52），1月中に召集される会期150日
臨 時 会 （臨時国会）	内閣が必要と認めたとき，または，いずれかの議院の総議員の4分の1以上の要求があったとき召集（53）
特 別 会 （特別国会）	衆議院解散後の総選挙の日から30日以内に召集（54①）
参議院の **緊急集会**	衆議院の解散中，国に緊急の必要が生じたとき，内閣が集会を求める（54②）

▲ **国会の種類**　カッコ内の数字は憲法の条項数を示す

があると判断した場合に内閣の求めに応じて開かれる。この緊急集会でとられた措置は臨時のもので，次の国会開会後10日以内に衆議院の同意がなければ，その効力を失うことになる（憲法第54条）。

　　　　　　　　　　同 緊急集会 **A**4

閉会中審査　（へいかいちゅうしんさ）　常会や臨時会が休会している期間に，緊急かつ重要な案件が発生した場合に開かれる常任委員会や特別委員会。国会法第15条に規定がある。2015年秋，政府・与党は臨時会を求める野党の要求を拒み，委員会による審議となった。開催日は通常，委員会ごとに一日だけ。また閉会中は，本会議は開けない。

政府演説　（せいふえんぜつ）　通常国会の冒頭に，政府の基本方針について内閣総理大臣がおこなう施政方針演説，財務大臣がおこなう財政演説，外務大臣がおこなう外交演説，経済財政政策担当大臣がおこなう経済演説，さらに臨時国会や特別国会で特定の政治課題について内閣総理大臣がおこなう所信表明演説をさす。所信表明演説を除いて政府4演説という。

　　　　　類 施政方針演説　財政演説　外交演説
　　　　　　　　　経済演説　所信表明演説

委員会制度　**B**6　（いいんかいせいど）　議案の審議，国政の調査などの議会運営を能率的におこなうための審査組織。日本の国会は，イギリスの本会議制と，アメリカの常任委員会（小立法府ともよばれる）中心の議会運営を併用する形式をとる。常任委員会と特別委員会とがあり，国会議員は必ずいずれか

の委員会に所属しなければならない。国会の最終的議決は本会議でおこなわれるが、行政内容の専門化・複雑化などにともない、その効率的審査を目的に委員会制度が発達した。したがって本会議では委員会での議決内容がほとんどそのまま可決される。

常任委員会 **B**（じょうにんいいんかい）　予算・内閣・文部科学・法務などの委員会が、衆議院に17、参議院に17ある。

特別委員会 **B**（とくべついいんかい）　特別な案件が発生した場合に設置される。

予算委員会（よさんいいんかい）　内閣が作成した予算を審議する委員会。国会の常任委員会の一つ。予算は国政全般にわたるため、委員会審議のなかでも最も重要とされ、予算委員会の開催中は他の委員会は開かれず、全閣僚が出席する。予算は、委員会の全体会と各分科会で審議された後に全体会で議決し、本会議の議決をへて成立する。

議院運営委員会（ぎいんうんえいいいんかい）　衆参両院の本会議の運営にかかわる常任委員会。議事の順序、発言の順番・時間などの議院運営や国会法・議院規則改正問題を取り扱う。委員は、各政党の所属議員数の比率で割り当てられる。

懲罰委員会（ちょうばついいんかい）　衆参両院の議員の懲罰を審査する常任委員会。各議院内での不穏当な発言や秩序を乱す行為に対する内部規律保持制度の一つで、対象者を戒告・陳謝・登院禁止・除名などに付す。

国会対策委員会（こっかいたいさくいいんかい）　各政党が、国会運営の方針を決めたり、他の政党との連絡・調整をおこなうために設置している委員会。公式の機関ではないが、政党間の利害が対立する案件についての調整は、国会対策委員長会談で秘密のうちに決められることが多い。これを国対政治という。
類 国対政治 **B**

公聴会 **B2**（こうちょうかい）　委員会制度の下で、審議過程において開かれる会議。予算など重要な案件について、また各委員会の判断で、利害関係を有する者、学識経験者などから意見を聴くための制度（国会法第51条）。

審議 **A2**（しんぎ）　衆議院・参議院の各委員会・本会議における議案に関する主張・討論の手続き。議案は、議長を通じて該当する委員会に付託され、本会議でも審議される。

定足数（ていそくすう）　国会で議事を開いたり、議決をするために必要な出席者の数。憲法第56条1項では、各議院の「総議員の3分の1」と定めている。

議決 **A6**（ぎけつ）　委員会では、委員の半数以上の出席によって成立、出席者の過半数の賛成で可決される。本会議では、特例を除き総議員の3分の1以上の出席、過半数の賛成を必要とし、可否が同数の場合は議長が決する。

特別多数決（とくべつたすうけつ）　国会の議決は過半数の賛成を必要とする多数決制であるが、特別に3分の2以上の賛成を必要とするものがある。①憲法改正の発議（総議員の3分の2）、②法律案の衆議院における再議決、③秘密会の開催についての議決、④議員の資格を失わせる議決、などがこれにあたる。

両院協議会 **A1**（りょういんきょうぎかい）　衆議院と参議院とが異なった議決をした場合に、両院の意思を調整するために開かれる協議会。協議委員は両院からそれぞれ10名ずつ選出される。予算の議決、条約の承認、内閣総理大臣の指名について、両院が異なる議決をした時には、必ず両院協議会が開かれる。通常の法律案の議決に関しては、手続きにしたがって衆議院の優越がとられたり、両院協議会が開かれたりする。

国会法 **2**（こっかいほう）　日本の国会の組織や運営についての基本事項を定めた法律。1947年制定。全133か条からなる。国会の召集および開会式、会期および休会、役員および経費、議員、委員会および委員、会議、懲罰、弾劾裁判所など国会の組織と権限について規定している。

国会審議活性化法 **A**（こっかいしんぎかっせいかほう）　議員同士の議論を活発にすることで国会審議の活性化をはかり、官僚主導から政治主導への政策決定システムを構築することを目的とした法律。1999年に成立。党首討論の場となる国家基本政策委員会を、衆参両院に設置すること、官僚が国会で答弁する政府委員制度を廃止し、副大臣と大臣政務官を置くこと、などがおこなわれた。

国会の権限 [2](こっかい―けんげん)　日本国憲法の規定では、国会は国権の最高機関、唯一の立法機関であり、さまざまな権限が与えられている。法律の制定権、財政に関する予算の審議・議決権、条約の承認権、行政部監督権、司法部監督権、憲法改正発議権、弾劾裁判所の設置、内閣不信任決議権（衆議院のみ）などがある。

法律事項（ほうりつじこう）　憲法で、法律によって規定すべきものとされている事項。立法事項ともいう。一般に立法は国会の権能。

法律の制定 C[1](ほうりつ―せいてい)　国会での法律案の審議や議決を通して、法律を成立させること。内閣提出あるいは議員提出の法律案は、委員会と本会議で審議・議決され、成立する。このうち議員提出の法律案の発議には、発議者のほか、衆議院で20人以上、参議院で10人以上の議員の賛成を必要とする。委員会からも法律案の提出ができる。法律案が法律として成立する率は議員提出案より内閣提出案の方が圧倒的に多い。これは立法作業において、官僚の政策立案能力に依存した結果でもあるが、最近では議員立法が増加傾向にある。法律案について両院が異なる議決をした場合、衆議院で出席議員の3分の2以上の多数で再可決したときは、法律となる。

類 閣法 A

再議決（さいぎけつ）　衆議院が可決した法律案を参議院が否決または修正したとき、衆議院に戻して再び議決すること。その場合、出席議員の3分の2以上の賛成で法律となる。憲法第59条2項に規定されている。

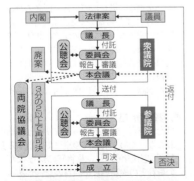

▲ **法律の制定過程**　法律案の提出は参議院を先にしてもよい

2008年には再議決による新テロ対策特別措置法が成立した。衆・参院の多数派がそれぞれ異なる「ねじれ国会」のもとで、こうした事態が起こった。

みなし否決（―ひけつ）　衆議院を通過した法律案を、参議院が国会休会中を除いて60日以内に採決しないケースをいう。この場合は、「参議院がその法律案を否決したものとみなすことができる」と憲法第59条4項で定められている。俗に「60日ルール」ともよばれる。

同 60日ルール

立法過程 [2](りっぽうかてい)　法律が制定される過程のこと。日本では一般に、法律案の発案（議員・両院委員会・内閣）→審議（議長が関連委員会に付託、議決）→本会議に回付→法律案の議決（衆参両議院で可決）→法律の署名・連署（関係国務大臣と内閣総理大臣の署名と連署）→法律の公布（内閣を経由し、天皇が内閣の助言と承認により公布）→法律の施行、の過程をとる。日本の国会は、イギリスの本会議制と、アメリカの常任委員会中心の議会運営を併用する形式をとる。

議員立法 C[3](ぎいんりっぽう)　国会議員（国会の委員会も含む）が立案して提出した法案（および成立した法律）をさす。

委任立法 A(いにんりっぽう)　行政府が立法府から権限の委任を受けて立法行為をおこなうこと。憲法第41条で国会は唯一の立法機関と規定されているが、現代国家の行政内容が複雑化・高度化したため、国会では大綱を定めるだけにとどめ、具体的・個別的運用やその細則の規定を各行政機関の専門行政官に委任する場合が増えている。

予算 A[11](よさん)　国および地方公共団体の1年間の歳入と歳出の見積もりのこと。予算は、編成・審議・執行・決算の4段階をへて、次会計年度へと引き継がれる。予算を編成し、国会に提出できる権限を持つのは内閣であり、毎会計年度の予算を作成し、国会に提出してその議決をへなければならない。また、決算は、内閣が会計検査院による検査をへてから、国会に提出しなければならない。予算には、一般会計予算・特別会計予算・政府関係機関予算がある。また、当初予算への追加・修正をおこ

なったものを補正予算とよぶ。予算は，憲法・財政法などによって規定された予算原則に基づいて策定される。予算原則には，①予算執行前に国会の議決が必要だという事前議決原則，②政府の収入・支出は全額予算に計上されなければならないという予算総計主義原則，③予算は国民に広く公開されなければならないという公開性原則などがある。予算編成にあたり概算要求の上限を前年度予算の一定比率内におさめることをシーリングという。

類 シーリング ⓒ

衆議院の予算先議権 Ⓑ③（しゅうぎいん-よさんせんぎけん）　予算案は先に衆議院に提出しなければならないとする国会でのきまり。憲法第60条１項に規定がある。

予算の議決 Ⓐ③（よさん-ぎけつ）　予算案について，①衆参両院が異なった議決をし，両院協議会を開いても意見が一致しないとき，②参議院が予算案を受け取ってから30日以内に議決しないとき，衆議院の議決を国会の議決とする（憲法第60条２項）。これを自然成立（俗に30日ルール）という。

類 自然成立（30日ルール）

歳入 Ⓐ⑪（さいにゅう）　☞ p.213（歳入）
歳出 Ⓐ⑫（さいしゅつ）　☞ p.213（歳出）

内閣総理大臣の指名 Ⓐ（ないかくそうりだいじん-しめい）　内閣総理大臣は国会議員のなかから指名する。①衆参両院が異なった指名をし，両院協議会を開いても意見が一致しないとき，②衆議院が指名をした後，参議院が10日以内に指名しないとき，衆議院の指名を国会の指名とする（憲法第67条）。

内閣不信任決議 Ⓐ⑥（ないかくふしんにんけつぎ）　国会が内閣を信任できないと決議すること。憲法第69条によって衆議院にのみ与えられている権限。議院内閣制において行政権と立法権の抑制均衡を確保する制度の１つであり，国民による行政権への間接的統制とも言える。野党側から内閣不信任決議案が提出され，これが可決された時，内閣は10日以内に衆議院を解散するか，総辞職するかを選ばなければならない。これまでに内閣不信任決議案の可決に基づく解散は，1948年（吉田内閣），1953年（吉田内閣），1980年（大平内閣），1993年（宮澤内閣）の計４回ある。

問責決議 ⓒ（もんせきけつぎ）　一般には，議会が行政要職者に対する個別責任を問うもの。日本の国会では，参議院が国務大臣に対して，その政治的責任を問う決議として知られる。衆議院の内閣不信任決議とは異なり，法的拘束力はない。日本国憲法体制下で問責決議が可決されたケースは11件あり，そのうち首相に対するものは，2008年（福田首相），2009年（麻生首相），2012年（野田首相），2013年（安倍首相）の計４件ある。

国政調査権 Ⓐ⑦（こくせいちょうさけん）　国会が国政全般について調査をおこなう権限。憲法第62条に定められている。議院内閣制に基づく行政監督権の下で国会が内閣をコントロールするための権限の一つ。その範囲は立法・行政の全般におよぶ。証人の出頭・証言・記録の提出を求めること，議員を派遣すること，国務大臣に答弁・説明を求めることなどが含まれる。ただし，司法権の独立などとの関係でおのずから限界もあるとされる。1949年の浦和事件では，裁判所の下した量刑に対して参議院法務委員会がおこなった国政調査が，司法権の独立を害さないか問題になった。

類 浦和事件

証人喚問 Ⓑ③（しょうにんかんもん）　憲法第62条や議院証言法に基づいて，衆参各院が証人の出頭，証言，記録の提出を求めること。国政調査権の重要な一手段。新聞などで一般に用いられる言葉で，法令上の用語ではない。虚偽の証言などは処罰の対象となる。

条約の承認 Ⓐ③（じょうやく-しょうにん）　内閣が締結する国家間の合意である条約は事前に，やむを得ない場合は事後に，国会の承認をへなければならない（憲法第73条３号）。国会の権限の一つで，衆議院の議決が優先する。条約の締結は，内閣が任命した全権委員の署名と内閣の批准，さらに批准書の交換によって完了する。内閣が締結し，国会が承認するという内閣と国会との協働行為。

弾劾裁判所 Ⓐ④（だんがいさいばんしょ）　訴追をうけた裁判官の罷免の可否を取り扱う弾劾をおこなうため，両議院の議員で組織する裁判所（憲法第64条）。裁判官にははなはだしい職務上の義務違反や職務の怠慢があった時，あるいは裁判官としての威信をいちじ

るしく失う非行があった場合，罷免請求として
の訴追がおこなわれる。訴追は裁判官
訴追委員会によっておこなわれ，弾劾裁判
所は衆参両院議員のなかから選ばれた，訴
追委員と兼任しない各7名の裁判員で構
成され，3分の2以上の賛成で罷免となる。
参議院第二別館の9階にある。

訴追委員会（そついいいんかい）　裁判官の弾劾を
する上で，罷免の提訴を担当する委員会を
いう。国会の両議院の議員各10名で構成
され，裁判官の職務上の違反や裁判官とし
ての信用を失墜する行為があった場合に弾
劾裁判所に申し立てる。

一事不再議（いちじふさいぎ）　議院において，議
決があった案件と同一のものを同一会期中
に再び審議してはならない，という原則。
大日本帝国憲法では明文で定めていたが，
現憲法下には規定がない。しかし，一般的
にはこの原則に従うものとされる。

政策秘書（せいさくひしょ）　国会議員の政策立案
能力を高める目的で，1994年から導入さ
れた政策づくりや立法活動を手助けするス
タッフ。国会法で歳費が認められた3人
の公設秘書のうち，1人は置かなければ
ならない。資格試験に合格することなどが
必要で，他の公設秘書より高い給与が支払
われる。なお，議員が個人的に採用した秘
書を私設秘書という。

類**公設秘書　私設秘書**

国会同意人事（こっかいどういじんじ）　内閣が任命
する人事のうち，法律に基づき国会の同意
や承認を必要とするもの。日銀総裁・副総
裁，会計検査官，原子力規制委員会委員，
ＮＨＫ経営委員など約40の機関の人事が
該当する。これらの案件は内閣が提出し，
国会の議院運営委員会の審査をへて，衆参
両議院の本会議で議決される。

議院法制局（ぎいんほうせいきょく）　国会議員の法
制に関する立案（議員立法）を補助するた
め，国会の各議院に置かれた機関。職員は
特別職の国家公務員である。

質問主意書（しつもんしゅいしょ）　国会法で議員に
認められた，内閣に対する文書での質問。
その内容を「簡明な主意書」にまとめるこ
とから，この名称が使われる。国会での質
問時間が限られる少数会派がそれを補うた
めによく用いる。提出できるのは，慣例と

して国会開会中だけ。内閣は受け取った日
から7日以内に答弁する。答弁は閣議決
定され，政府の公式見解となる。

あっせん利得罪（－りとくざい）　政治家や議員
秘書が依頼を受け，公務員や独立行政法人
の職員などに，自分の影響力を使って職務
上の行為をするよう（しないよう）口利き
をし，見返りに財産上の利益を受け取った
ときに適用される。2000年制定のあっせ
ん利得処罰法に基づく。刑法のあっせん収
賄罪は，公務員に職務上の不正行為をさせ
た場合でないと処罰されないが，あっせん
利得罪は正当な行為をさせた場合でも適用
される。

2　行政を担当する内閣

内閣と行政権

行政権 Ａ5（ぎょうせいけん）　国の統治権の一つ。
三権のうちの立法権と司法権に属するもの
を除いた国家の政務を執行する権限（控除
説）。憲法は「行政権は，内閣に属する」
（第65条）と定め，行政権を行使する場合，
内閣が「国会に対し，連帯して責任を負」
（第66条）うとして，議院内閣制を明確に
している。ただし，行政権の意味について
は規定がない。すべての行政権を内閣が独
占するのではなく，行政委員会や地方自治
行政のように，憲法の定めによって他の機
関に分与・委任することもできる。

内閣 Ａ21（ないかく）　内閣法上は，内閣総理
大臣および14名（特別に必要な場合には17
名）以内の国務大臣で構成される国家行政
の最高意思決定機関。一般行政事務のほか，
憲法第73条に定められた事務を統括処理
し，第7条に基づいて天皇の国事行為へ
の助言と承認をおこなう。国務大臣の任免
などの権限は総理大臣にあるが，議院内閣
制のため，最終的に内閣は国会に対して連
帯して責任を負う。構成上の原則は，文民
で過半数が国会議員でなければならない
（憲法第66条および第68条）。

内閣総理大臣 Ａ20（ないかくそうりだいじん）　内閣
の首長であると同時に内閣府の長でもある。
国会議員のなかから，衆議院の多数派の代
表が指名され，天皇が任命する。内閣を代
表して各省庁大臣を指揮・監督する立場に

あるため，総理大臣が欠けた場合は内閣は総辞職しなければならない。明治憲法では内閣のなかで同席中の首席の地位。戦後はその地位と権限が著しく強化されている。

同輩中の首席 **C** 2 （どうはいちゅう‐しゅせき）
明治憲法下における内閣総理大臣に与えられた地位。明治憲法には内閣の規定はなく，総理大臣は他の国務大臣と同等の立場にたちつつ，内閣の統一をはかる責任があった。

内閣総理大臣の権限 6 （ないかくそうりだいじん‐けんげん）
内閣総理大臣は，内閣の首長として閣議を主宰し，国務大臣の任免権を持ち，行政府の首長として行政各部を指揮・監督する。また立法府に対して，内閣を代表して議案の提出その他をおこない，司法府に対しても国務大臣への訴追同意や行政裁判の結果への異議申し立てをおこなうことができる。さらに憲法に規定されていないが，国家安全保障会議の議長となり，自衛隊への最高指揮・監督権を持つ。

国務大臣 **B** 11 （こくむだいじん）
広義には，内閣総理大臣を含む全閣僚をいい，通常は内閣総理大臣以外の閣僚をいう。内閣総理大臣によって任命・罷免される。任命には天皇の認証を必要とし，その過半数は国会議員から選ばれ，かつ文民でなければならない。行政各部の長（各省庁大臣）と特命担当大臣からなる。内閣法では大臣数は原則14人だが，必要に応じて17人まで増員できるほか，特別法によってさらに臨時増員が可能である。2023年現在は，内閣法の上限である17人に加えて，特別法によって復興大臣，万博担当大臣が置かれており，合計19人の構成となっている。

内閣官房長官 **C** （ないかくかんぼうちょうかん）
日本における国務大臣の１人であり，内閣官房の長。内閣官房とは，内閣の補助機関であり，首相の補佐機関である。その具体的な役割は，内閣庶務，重要政策立案，情報収集調査など，多岐にわたる。内閣官房長官はその事務を統括するリーダーであり，内閣を代表して，中央官庁や各政党との調整作業を担うほか，内閣の公式見解を発表するスポークスパーソン（報道官）としての役割も担う。国務大臣のなかでも特に国民への露出度が高いポストである上に，内閣への権限集中が図られるようになった現代

日本政治においては，首相に次ぐ政治的地位にあるとも言われる。

文民 **A** 1 （ぶんみん）
現職自衛官をふくむ現在職業軍人でない者をいう。これらに加えて職業軍人の経歴がない者とする説もある。内閣総理大臣や国務大臣が文民でなければならないという憲法第66条の規定は，日本の再軍備を予見した極東委員会の要請により，貴族院で追加されたものである。

官吏 **C** （かんり）
公務員を指す日本国憲法上の用語。天皇によって直接任命される内閣総理大臣および最高裁判所長官，天皇の認証を要する認証官（国務大臣，最高裁判事など）などを頂点として，日本には300万人以上の官吏が存在する。一方，官吏のなかでも，特に地方公務員を指す憲法上の用語として「吏員」がある。

特命担当大臣 （とくめいたんとうだいじん）
内閣府に属する複数の国務大臣をさす。内閣総理大臣を助け，行政各部の施策の統一などをおこなう。沖縄及び北方対策担当・金融担当・消費者担当は法律上，必ず置かなければならない。

副大臣 **A** 2 と大臣政務官 **A** 1 （ふくだいじん‐だいじんせいむかん）
従来の政務次官制度にかわり，2001年１月からの中央省庁再編にともなって新設された役職。閣僚のサポート役として，国会議員のなかから内閣が任命（副大臣については天皇の認証も要する）する。大臣の命を受けて政務を処理する副大臣は各省ごとに１～３名，特定の政策・企画に参加する大臣政務官は同１～３名が配置される。

行政機構 （ぎょうせいきこう）
国および地方の行政事務を担当し，行政権を行使する機関をいう。行政権は内閣に属するため，内閣の統括の下で，行政各府・省・委員会・庁の４種の機関が行政事務を担当する。これらの国家行政組織法の適用を受ける機関と会計検査院・人事院・内閣法制局などを含めて行政機構という。

内閣法 **A** （ないかくほう）
憲法に基づき，内閣の職権や組織，内閣総理大臣・国務大臣の権能，閣議，内閣官房などの必要な事項を定めた法律。1947年施行。

中央省庁 **B** 3 （ちゅうおうしょうちょう）
日本国の行政事務を担当する機関。2001年の中央

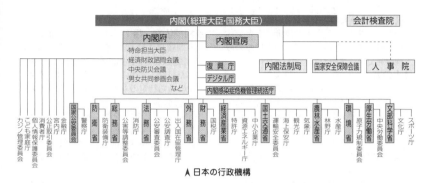

▲ 日本の行政機構

省庁再編によって，1府12省庁の体制が確立。2021年にデジタル庁が発足したことで，現在は1府13省庁体制となっている。各省庁のなかには内局と外局があり，外局は特殊な事務を担当する。それぞれが属する大臣に対して，省令などの発案権，規則制定権，告示権，訓令・通達権を有する。

中央省庁再編 C 3 （ちゅうおうしょうちょうさいへん）
1998年成立の中央省庁等改革基本法などにより，2001年に1府22省庁制から1府12省庁制に移行したこと。省庁の半減により行政のスリム化と政治主導をはかり，内閣府を新設して，首相のリーダーシップを強化するねらいがあった。2021年にデジタル庁が発足したことで，現在は1府13省庁体制となっている。

類 中央省庁等改革基本法 C　省庁再編 B
1府12省庁制 B

内閣府 A 8 （ないかくふ）　中央省庁再編により2001年に誕生した行政機関。内閣の重要政策について行政各部の施策の総合調整などをおこなう。内閣府の長は内閣総理大臣だが，沖縄及び北方対策担当などの特命担当大臣を置く。外局として国家公安委員会・金融庁・公正取引委員会・消費者庁が置かれている。

行政刷新会議 （ぎょうせいさっしんかいぎ）　鳩山由紀夫内閣のもとで2009年，内閣府に設置された機関。国の行政のあり方を刷新し，国・地方・民間の役割の見直しなどをおこなった。議長は内閣総理大臣。予算をめぐる事業仕分けの中心となった。

事業仕分け C （じぎょうしわー）　国などが実施す

年	省庁などの発足・改組など
2001	1府22省庁から1府12省庁に再編。
2007	防衛庁が防衛省に移行。
2009	消費者庁が発足。
	社会保険庁が廃止される（2010年から日本年金機構が年金業務を引き継ぐ）。
2012	復興庁，原子力規制委員会発足。
2014	特定個人情報保護委員会が発足（2016年に改組）。
2015	スポーツ庁，防衛装備庁が発足。
2016	個人情報保護委員会が発足（特定個人情報保護委員会から改組）。
2019	出入国在留管理庁が発足。
2021	デジタル庁が発足。
2023	こども家庭庁，内閣感染症危機管理統括庁が発足。

▲ 2001年省庁再編以降の省庁などの発足・改組などのうごき

る事業について，予算項目ごとに公開の場で担当者らが議論して決めていくしくみ。予算の無駄の洗い出しが目的とされた。2009年，政府の行政刷新会議のもとで始まったが，自民党の政権復帰にともない，現在はこの形式ではおこなわれていない。

行政事業レビュー C （ぎょうせいじぎょう-）　行政機関における事業の必要性を国の各府省がみずから点検するしくみ。2009年の民主党政権のもとで導入されたが，自民党政権にも引き継がれた。

経済財政諮問会議 （けいざいざいせいしもんかいぎ）
経済財政政策や予算編成について，民間の有識者の意見も反映させ，内閣総理大臣のリーダーシップを発揮させるために，内閣府設置法に基づき設けられた機関。内閣総理大臣を議長とし，10人以内の議員で構

成され、「骨太の方針」などを決定した。2009年に発足した民主党政権のもとで休止状態となったが、2012年の自民党の政権復帰で再開された。

骨太の方針（ほねぶと−ほうしん）　小泉純一郎内閣の下で設置された経済財政諮問会議が、2001年から策定してきた政策運営の基本的枠組み。正式には「経済財政運営と構造改革に関する基本方針」という。毎年6月に改定されてきた。

国家戦略会議（こっかせんりゃくかいぎ）　民主党政権が、経済財政諮問会議にかわって設けた組織。国の重要な政策を統括する司令塔、政策推進の原動力と位置づけられた。首相を議長に、閣僚6人と民間議員として日銀総裁や財界・労働組合のトップなど6人が加わる。2011年、総合的な国家ヴィジョン「日本再生の基本戦略」を策定した。自民党の政権復帰で停止。

金融庁 Ⓐ（きんゆうちょう）　1998年に金融と財政の分立を目的に旧大蔵省から分離させた金融監督庁が、2000年に大蔵省の金融企画局と統合して成立。2001年の省庁再編では、金融機関の破綻処理を担当した金融再生委員会も統合された。内閣府の外局。
　　　　　　　　　　　　　　類 金融監督庁 Ⓒ2

内閣人事局 Ⓑ3（ないかくじんじきょく）　2014年に内閣法に基づいて内閣官房に設置された機関。従来、省庁ごとにおこなわれてきた次官や局長などの幹部人事を、首相や官房長官の官邸主導で一元管理するのが目的。省庁の縦割りを排除できるが、政権の意図的な人事などを危惧する声もある。

財務省 Ⓒ4（ざいむしょう）　旧大蔵省。財政を担当。ただし、金融関係の業務については金融庁を創設し、独立させた。

国土交通省 1（こくどこうつうしょう）　旧建設省、旧運輸省などを統合して発足した省。

総務省 8（そうむしょう）　各行政機関の総合的な管理・調整などを担当する。旧総務庁・旧自治省・旧郵政省を統合して発足。

内閣官房 Ⓑ2（ないかくかんぼう）　閣議事項の整理や行政各部の政策に必要な総合的調整および内閣の政策に関する情報収集・調査などをおこなう内閣の補佐機関。長は内閣官房長官（国務大臣）で、首相の腹心がなるのが一般的。3名の副長官がこれを補佐する。

首相補佐官 Ⓒ2（しゅしょうほさかん）　正式名は内閣総理大臣補佐官。5人以内。内閣法第22条に基づき内閣官房の内部に設置された組織。首相の命を受け、内閣の重要政策のうち特定のものの企画立案にあたる。

内閣官房参与（ないかくかんぼうさんよ）　1987年の「内閣官房に参与を置く規則」に基づき設置された非常勤の役職。首相の諮問にこたえ、意見を述べる役割をもつブレーンやアドバイザー的な存在。時の首相の裁量で任命できる。

国家戦略室 Ⓒ（こっかせんりゃくしつ）　鳩山由紀夫内閣のもとで2009年、内閣官房に設置された機関。予算の骨格づくりなど、内閣の重要政策に関する基本的な方針の企画・立案・総合調整をおこなったが、現在は停止。

観光庁 Ⓒ（かんこうちょう）　観光立国推進基本法に基づき、2008年に設立された国土交通省の外局。観光政策の推進などをおこなう。

復興庁 Ⓑ6（ふっこうちょう）　2011年の東日本大震災を受けて成立した復興基本法に基づき、2012年に新設された行政組織。復興施策の企画・立案、総合的な調整、実施に向けた事務などをおこなう。

スポーツ庁（−ちょう）　2011年に制定されたスポーツ基本法に基づいて2015年10月に設置された省庁。文部科学省の外局として、スポーツ行政を一元的にになう。

デジタル庁（−ちょう）　デジタル社会形成を推進するため、2021年に設置された日本の行政機関。それまで内閣官房に置かれていたIT総合戦略室を組織拡大したもの。トップ名称はデジタル監。

こども家庭庁（−かていちょう）　2023年4月設置の内閣府の外局。　　☞ p.298（こども家庭庁）

原子力規制委員会 Ⓒ2（げんしりょくきせいいいんかい）　福島第一原発のシビア−アクシデント（苛酷事故）を受け、原子力の安全規制をおこなう新たな組織。環境省の外局として2012年に設置された。従来、原子力政策を推進する資源エネルギー庁と規制をおこなう原子力安全・保安院とが同じ経済産業省内にあるという組織体制を見直すもの。国家行政組織法第3条に基づく三条委員会（行政委員会）として、5人の委員で構

成される。事務局としての役割は原子力規制庁がになう。

類 **三条委員会　原子力規制庁**

内閣法制局 C2 (ないかくほうせいきょく)　閣議に付される法律案・政令案・条約案などを審査，立案する機関。1885年に内閣に設置された「法の番人」的な存在。憲法や法律問題に関する政府統一見解の作成，国会答弁での法律解釈の提示など影響力は大きい。

行政委員会 A10 (ぎょうせいいいんかい)　一般行政機構からある程度独立して権限を行使する合議制の行政機関。規則を制定する準立法的権限と，裁決を下す準司法的権限を持つ。アメリカなどで発達し，戦後日本の民主化政策の一環として採用された。人事院・中央労働委員会・公害等調整委員会・公正取引委員会などがある。都道府県などにも配置されている。

人事院 A13 (じんじいん)　一般職公務員の職階・任免・給与その他，職員に関する人事行政や職員採用試験などの実施事務を取り扱う行政機関。規則制定や不利益処分の審査など準立法・準司法機能を持つ。

会計検査院 B3 (かいけいけんさいん)　国の歳入・歳出の決算を検査する行政機関。検査報告は決算とともに内閣から国会に提出される。内閣から独立し，3人の検査官による検査官会議と事務総局とからなる。

国家公安委員会 B (こっかこうあんいいんかい)　警察行政を統括し調整する行政委員会。不当な政治勢力介入の排除をめざす内閣府の外局。

政府委員 B4 (せいふいいん)　国会における審議や答弁の際，国務大臣を補佐するため内閣から任命された行政部の職員。衆参両院議長の承認を必要とした。1999年制定の国会審議活性化法により廃止。

政府参考人 C (せいふさんこうにん)　国会の委員会で行政に関する事項について審査・調査する際，説明をおこなう政府の職員。国会審議活性化法で政府委員制度が廃止され，質疑に対する答弁は国務大臣・副大臣などがおこなうが，委員会が必要であると認めた場合は政府参考人が出頭できる。

政府特別補佐人 (せいふとくべつほさにん)　1999年の国会審議活性化法で各省庁の官僚による答弁が原則廃止（政府委員制度の廃止）さ

れた後も，引き続き国会答弁に立つ内閣法制局長官・人事院総裁・公正取引委員会委員長・公害等調整委員会委員長・原子力規制委員会委員長を含めた5人である（国会法69条2項）。このうち，内閣法制局長官について，民主党連立政権のもとで国会答弁から外されたが，2012年から復活した。

事務次官等会議 (じむじかんとうかいぎ)　閣議に提出する案件について，関係省庁間の最終的な事前調整をおこなうための会議。各省庁の事務次官のほか，警察庁長官・内閣官房長官らで構成。定例閣議の前日に開かれてきたが，民主党政権のもとで廃止された。2011年から，閣議後に開かれる「各府省連絡会議」として，事実上復活した。現在は次官連絡会議が設置されている。

類 **次官連絡会議**

内閣の役割

内閣の権限 (ないかく－けんげん)　一般行政事務のほかに，憲法第73条に定められた法律の執行と国務の総理，外交関係の処理，条約の締結，予算の作成と国会への提出，政令の制定，恩赦の決定などをおこなう。また，天皇の国事行為について助言と承認，臨時国会召集の決定，参議院緊急集会開催の要求，最高裁判所長官の指名，最高裁長官を除く裁判官の任命，決算の国会への提出などの権限がある。

閣議 A9 (かくぎ)　内閣が開く会議で，行政の最高意思決定機関。内閣総理大臣が議長となって主宰し，全閣僚が出席して開かれる。閣議の内容は非公開で，定例閣議が週2回開かれる。閣議決定は，一体性確保と国会に対して連帯責任を負うため全員一致制をとる。予算の作成，外交方針の決定などは閣議決定が必要。ほかに臨時閣議や，案件を書面で持ち回って署名を得る持ち回り閣議などがある。

類 **持ち回り閣議** C

内閣総辞職 A4 (ないかくそうじしょく)　内閣を構成する内閣総理大臣および国務大臣が，内閣の一体性と連帯責任の下で，全員がその職を辞任すること。内閣が総辞職するのは，①衆議院で内閣不信任案決議が成立し，かつ衆議院が解散されない場合，②衆議院解散後，特別会が召集された時，③内閣総理

大臣が欠けた時，④内閣の政策上の行き詰まりや主要閣僚への不信任成立などで，内閣の一体性を維持できない時，などである。内閣が総辞職した場合，国会はすべての案件に先だって，新たに内閣総理大臣の指名をおこなわなければならない。なお，総辞職後の内閣は，新たに内閣総理大臣が任命されるまでは引き続きその職務をおこなう。

連帯責任 （れんたいせきにん）　行政権の行使について，内閣は国民の代表で構成される国会に対して連帯して責任を負うという，内閣の政治責任のあり方。明治憲法下では存在しなかった。内閣が総理大臣を首席として一体性を持つべきであることから連帯責任が生じ，議院内閣制を採用している点から国会との関係が規定される。

政党内閣 **C**③（せいとうないかく）　衆議院において多数派を占める党派が組織する内閣。閣僚の多くが同じ政党に属することになる。日本初の政党内閣は1898年の大隈内閣だが，数カ月の短命に終わった。1918年，本格的な政党内閣として原内閣が成立。原首相も閣僚の多くが政友会の党員だった。以後，政党内閣が続いたが，1932年の五・一五事件で途絶えることになる。政党内閣が復活するのは，敗戦後の1946年吉田内閣まで待たなければならない。

解散権 **C**②（かいさんけん）　衆議院を解散する権利。解散は国民の代表である衆議院議員の資格を任期満了前に失わせることになるが，重要な国策に関する国民の意思を問う手段として解散による総選挙が不可欠である。解散は①憲法第69条に基づき内閣不信任案が可決された場合と，②憲法第7条に基づく天皇の国事行為としての解散とがある。

同 衆議院の解散 **B**⑦

7条解散 **B**①（-じょうかいさん）　天皇の国事行為（憲法第7条）に基づき，慣行として内閣がおこなう解散。憲法には内閣の解散権を明示した規定はない。これまで，4例を除いてほとんどは7条解散である。内閣の助言と承認に基づくため，恣意的な運用が可能であるとして，これを憲法違反として提訴した苫米地[とまべち]訴訟がある。
☞ p.112（苫米地訴訟）

外交 **A**⑧（がいこう）　国家間の諸利益・諸関係

の交渉にかかわる活動をいう。現代では国民の代表機関である議会が条約批准の承認などを通じて国民的利益と国民的合意のもとに，政府の外交を統制する。外交関係を処理するのは内閣の職務であり，その国会への報告は内閣総理大臣の職務である。近年，政府間の外交にとどまらず民間組織による交流（民際外交）も増えている。

類 民際外交

条約の締結 ③（じょうやく-ていけつ）　内閣の職務の一つ。締結にあたっては内閣の任命した全権委員の調印（署名）と，内閣による同意の意思表明としての批准により完了する。日本においては事前（やむを得ないときは事後）に国会の承認を必要とする。

批准 **B**②（ひじゅん）　条約に対する国家の最終的な確認または同意をさす。条約の内容が合意に達すると，国の代表が署名・調印をおこなう。そして，条約締結権者が議会の事前承認を得て批准書を交換（または寄託）すると，条約が発効する。日本では内閣が批准，国会が承認し，天皇が認証する。

行政事務 **C**（ぎょうせいじむ）　行政権の発動に基づいて行政機関がおこなう事務。行政事務は，議会の議決を得た法律に基づいて処理される。行政権は内閣に属するが，個々の行政事務は主任の大臣が分担する。

行政処分 **C**（ぎょうせいしょぶん）　行政機関の意思により権利を与えたり，義務を命じたりする行為をいう。行政庁が営業の許可（認可）を与えたり，租税を課したりすること。法律の根拠が求められ，行政の目的に合致することが必要である。

行政指導 **B**（ぎょうせいしどう）　行政機関などが民間企業や地方公共団体に指導をおこなうこと。行政機関の希望や要望を相手の協力や同意に働きかけ，誘導することで行政目的を実現する行為をいう。行政機関には各種の権限や資金交付などがあるので，規制・強制に転化しやすい。実務上は助言・勧告・指示などとよばれる。職業指導のような助成的なものと，建築抑制のような規制的なものがあり，後者には法的保護がないため，濫用が問題となる。行政手続法で，その一般原則などが定められている。

命令 **B**④（めいれい）　国の行政機関が制定する法規範の総称。国会が制定する法律に対応

する。内閣の定める政令，内閣総理大臣の定める内閣令，各省大臣の定める省令，委員会や庁の長が定める規則，会計検査院の定める会計検査院規則，人事院の定める人事院規則などがある。命令の効力は，国会で成立するものではないという性格上，法律よりも劣る。憲法・法律の規定を実施する執行命令と，法律の委任に基づく委任命令とがある。明治憲法下では，法律から独立して発する独立命令や，緊急時に法律にかわって発する緊急命令が認められた。

　　　　　　　　　類 執行命令 **C**　委任命令 **C**

政令　**A**①（せいれい）　命令のうちの一つで，内閣によって制定される（憲法第73条6号）。効力は，法律より劣り，府令・省令よりは優先する。

省令　**C**②（しょうれい）　各省の大臣が，管轄する行政事務に関して制定する命令。内閣府の場合は，総理大臣が制定する内閣府令となる。

規則　**A**⑧（きそく）　一般には人の行為の準則をさすが，法律用語としては法律や命令とならぶ制定法の一形式をいう（憲法第81条）。制定主体によって種々なものがある。立法部については衆参両議院がそれぞれ定める議院規則があり，行政部に関しては会計検査院規則・人事院規則などが，司法部には最高裁判所規則がある。規則の法的性質はさまざまだが，一般に法律よりも下位におかれる。

首相公選制　（しゅしょうこうせんせい）　行政府の長である首相を，国民の直接選挙で選ぶ制度。議院内閣制のもとでは，国民の代表で構成する国会において選出され，憲法との関係などもあり，この制度は導入されていない。

恩赦　**B**②（おんしゃ）　裁判で確定した刑の中身を国家の恩典によって軽減・免除すること。内閣の職務としておこなわれ，天皇の国事行為として認証する。憲法第73条には大赦，特赦，減刑，刑の執行免除，復権の5種が定められている。令和元年10月の即位礼正殿の儀にあわせ，約55万人に恩赦が実施された。

電子政府　（でんしせいふ）　コンピュータやインターネットなどの技術を活用して，国の行政サービスの効率性や利便性を高めること。1万種類を超える国への申請・届け出な

どの行政手続きについてオンライン化が実現しつつある。2021年にはデジタル庁が発足し，行政全体のデジタル化に向けた動きが本格化している。

❸ 司法を担当する裁判所

司法権の独立

裁判　**A**⑦（さいばん）　法律に規定されたことなどで生じた具体的な争いを解決する裁判所の判断のこと。私人（しじん）間の争いに関する民事裁判，刑法に触れる犯罪に関する刑事裁判，行政上の問題に関する行政裁判がある。

司法　**A**⑧（しほう）　独立した国家機関が具体的な紛争・争訟問題を解決するために法を適用・宣言する国家作用。日本国憲法では特別裁判所を認めず，司法機関は行政裁判も担当する。民事・刑事を含めて裁判と司法とはほぼ同義となり，国民の基本的人権を保障することが期待されている。

司法機関　（しほうきかん）　司法権の行使に関与する国家機関をいう。法規を適用・宣言して具体的な争訟を解決する。最高裁判所および下級裁判所である高等裁判所・地方裁判所・家庭裁判所・簡易裁判所をさす。その他にも，弾劾裁判・議員資格争訟裁判をおこなう国会など，準司法的権限を有する機関もあるが，行政機関は終審として裁判をおこなうことはできない。

　　　　　　　　　　　　類 裁判所 **A**⑭

司法権　**A**③（しほうけん）　民事・刑事・行政に関する具体的争訟事件について法を適用・宣言する権限。憲法では国会での例外を除いて，最高裁判所・下級裁判所のみが持つと定めている。裁判の公正と基本的人権の保障のため，司法権の独立が要請される。

司法権の独立　**A**⑤（しほうけん−どくりつ）　裁判の公正と基本的人権の保障の確保を目的として，裁判官が他の権力や権威に支配・影響されずに，良心と法律のみにしたがって職権を行使すること。裁判官の独立，裁判官の職権の独立ともいう。そのためには，心身の故障や公の弾劾など以外には罷免されないという，裁判官の身分保障とともに，職務遂行上の独立の保障が必要である。これは，立法・行政両権の裁判への支配・介入を排除することと，上級裁判所による下

級裁判所への裁判指揮を否定することを意味する。憲法ではこれを「すべて裁判官は，その良心に従ひ独立してその職権を行ひ，この憲法及び法律にのみ拘束される」（第76条）と規定している。

旧裁判官の独立 **A**　**旧**裁判官の職権の独立

大津事件 **B**（おおつじけん）　明治憲法下での行政権の圧力と，司法権の独立にかかわる事件。1891年に大津市で，訪日中のロシア皇太子（後のニコライ2世）が警衛巡査津田三蔵に切りつけられ，負傷した。政府はロシアの対日感情悪化を懸念して死刑判決を要求したが，大審院長児島惟謙はその圧力に屈せず，公正な裁判をするよう担当裁判官にはたらきかけ，その結果，大審院で無期徒刑（無期懲役）の判決が下された。広い意味で司法権の独立を守った事例とされるが，児島の行為が担当裁判官の職権の独立を侵害したとの批判もある。また，そもそも旧憲法下では，制度的に司法権の独立の原則が前提となっていたわけではない。

大審院 **1**（だいしんいん，たいしんいん）　1875年，太政官布告により設置された明治憲法下の最高司法機関。ドイツ帝国にならったもので，内部に民事部と刑事部が置かれた。各部では，5人の判事の合議によって裁判がおこなわれたが，違憲審査権はなかった。1947年廃止。

児島惟謙 **C**［1837～1908］（こじまいけん）　大津事件で担当裁判官を督励，結果として司法権の独立を守ったとされる大審院長。これにより「護法の神」などと称せられたが，その法意識は人権擁護よりも国権主義に傾いていたとされる。1892年に賭博事件の責任をとって辞職。後に貴族院議員に選ばれた。

浦和事件（うらわじけん）　夫が生業をかえりみないために将来を悲観して親子心中をはかり，子どもを殺して自分は死にきれず自首した浦和充子という女性に対して，浦和地裁は懲役3年・執行猶予3年の判決を下した。しかし1949年，参議院法務委員会は国政調査の一環として本人を証人により，判決の量刑が軽すぎると決議した。最高裁は司法権の独立を侵害するとして抗議，学界の多数意見も最高裁の立場を支持した。この事件で国政調査権に一定の限界がある

ことが確認された。

平賀書簡問題 **C**（ひらがしょかんもんだい）　1969年，長沼ナイキ基地訴訟を担当した福島重雄裁判長に対して，上司の平賀健太札幌地裁所長が自衛隊の違憲判断を抑制するよう私信を送った事件。この行為が「裁判官の独立」を侵害したとして問題になった。

違憲審査権 **A8**（いけんしんさけん）　違憲立法審査権・違憲法令審査権ともいう。一切の法律・命令・規則または処分・条例などが憲法に違反していないかどうかを，具体的争訟事件に関して審査し決定する権限（憲法第81条）。この権限はすべての裁判所にあるが，終審裁判所である最高裁判所が合憲・違憲の最終的決定をおこなう。このために最高裁判所は「憲法の番人」といわれる。憲法の最高法規性を確保し，違憲の法律による国民の基本的人権の侵害を防止するねらいがある。19世紀初めのアメリカで，マーベリー対マディソン事件におけるマーシャル判決によって確立した。

旧違憲立法審査権 **C**　**旧**違憲法令審査権 **C**

付随的違憲審査制 **B2**（ふずいてきいけんしんさせい）　通常の裁判所が具体的な事件を裁判する際に，その事件の解決に必要な範囲内で適用する法令の違憲判断をおこなう方式。アメリカ・カナダなどで採用されている。日本でも，1952年の警察予備隊訴訟の最高裁判決を契機に，この考え方が確立した。

抽象的違憲審査制 **B**（ちゅうしょうてきいけんしんせい）　特別に設けられた憲法裁判所が，訴えに基づき具体的な訴訟とは関係なく，抽象的に違憲審査をおこなう方式。ドイツ・イタリア・韓国などで採用されている。

司法積極主義（しほうせっきょくしゅぎ）　立法府などの政治部門の判断に対して，裁判所が違憲審査権を積極的に行使する傾向をさす。この背後には，人権保障は社会の少数派にとって重要であるから，多数派の意見に反しても確保されるべきとの考え方がある。

司法消極主義（しほうしょうきょくしゅぎ）　立法府などの判断を尊重して，違憲審査権を控え目に行使する裁判所の傾向をいう。日本の場合，これに当てはまるとされるが，合憲判決については積極的に出されている。

法令違憲（ほうれいいけん）　憲法訴訟で違憲判断をおこなう場合，法令そのものを違憲とす

る方法。違憲判決の最も典型的な形態で，尊属殺人重罰規定訴訟や薬事法距離制限訴訟の最高裁判決などの例がある。

適用違憲 (てきよういけん)　違憲判断の際，法令そのものは違憲ではないが，その法令の具体的な適用のしかたを違憲とする方法。第三者所有物について，その所有者に告知・弁解などの機会を与えないで没収したことが憲法第31・29条に違反するとした最高裁判決などの例がある。

憲法の番人 Ａ (けんぽう−ばんにん)　違憲審査に関する終審裁判所である最高裁判所および最高裁判所裁判官に対して評価したことば。

日本の裁判制度

裁判官 Ａ8 (さいばんかん)　司法権の行使にあたって，裁判所で裁判事務を担当する国家公務員。裁判官は良心に従って独立して職務をおこない，憲法および法律にのみ拘束される。裁判官のうち，最高裁長官は内閣の指名で天皇が任命，最高裁判事は内閣が任命し，ともに国民審査に付される。下級裁判所裁判官は，最高裁判所の指名名簿によって内閣が任命する。裁判官には最高裁長官（1人）・最高裁判事（14人）・高等裁判所長官（8人）・判事・判事補・簡易裁判所判事（合わせて約3800人）の6種類がある。

判事 Ｃ (はんじ)　裁判をおこなう官吏の官職名。裁判官。単独で判決を出し，裁判長となることができる。判事補・検察官・弁護士・専門の大学教授などを10年以上経験したものが任命資格をもち，最高裁判所の作成した名簿によって内閣が任命する。任期は10年で再任が原則。実際には，大半は判事補から登用される。

判事補 (はんじほ)　司法修習を修了した者のなかから任命される裁判官。地方裁判所・家庭裁判所に配属されるが，1人で裁判ができず，裁判長にはなれない。10年務めると，ほとんどが判事となる。

検察庁 Ｃ (けんさつちょう)　検察官がおこなう事務を統括する官署。最高裁判所に対応して最高検察庁が，高等裁判所に対応して高等検察庁が，地方（家庭）裁判所に対応して地方検察庁が，簡易裁判所に対応して区検察庁がそれぞれ置かれている。検察の権限

を行使するのは，個々の検察官である。

検察官 Ａ9 (けんさつかん)　刑事事件における犯罪の捜査や公訴の提起・維持，さらには裁判所に法の適用を請求し，その執行を監督する。検事総長（1人）・次長検事（1人）・検事長（8人）・検事・副検事（合わせて約2800人）の5種類がある。検察官一人ひとりを一個の官庁とみなす独任制がとられ，検事総長を頂点とした組織的な行動が求められる（検察官同一体の原則）。また，検察庁法などにより強い身分保障が認められている。旧法では検事とよばれた。行政官の一種だが，その特殊な性質上「準司法官」と表現されることも多い。

同 検事

取り調べの可視化 Ｃ2 (とーしらーかしか)　警察などによる取り調べの全過程を録画・録音して，被疑者が述べたこと（供述）が裁判で争われたときに，これを見て判断できるようにすること。黙秘権を実効化し，冤罪防止の有力な手段となる。法改正による義務づけが定められたが，対象事件は全体の3％ほどにとどまる。

弁護士 Ａ2 (べんごし)　当事者または関係人の依頼や，官庁または地方公共団体の委嘱によって訴訟活動や法律事務をおこなう者。司法試験に合格し，司法修習生をへるなどして，日本弁護士連合会（日弁連）の弁護士名簿に登録されなければ活動はできない。民事事件の訴訟代理人，被疑者・被告人の弁護人などとして，彼らの利益擁護にあたる。2022年時点における弁護士数は約4.4万人。

類 日本弁護士連合会（日弁連）

司法試験 Ｃ (しほうしけん)　裁判官・検察官・弁護士を志望する者の学識や能力などを判定する国家試験のこと。合格すると司法修習生をへて，判事補・検察官・弁護士になる資格を取得できる。司法試験や予備試験などの事務をおこなうため，委員7人からなる司法試験委員会が法務省に置かれている。

法科大学院 Ｂ (ほうかだいがくいん)　日本において2004年から導入された専門職大学院の一種であり，法律家に必要な学識等を培う施設。俗称は「ロースクール」。修了すれば司法試験受験資格を得られる。2004年

以降，法科大学院に進学するプロセスが標準となった。一方，法科大学院の授業料は国公立・私立ともに高額であり，法律家志望者の経済的負担は以前より重くなった。加えて，2010年代に入ると，法律家人口急増などによって「法曹の地位低下」が叫ばれるようになり，法科大学院志願者は激減。全国の法科大学院で定員割れや閉校が相次いでいる。また，法科大学院修了者の多くは，貸与型奨学金の利用によって多額の借金を抱えており，社会問題の一種になっている。

司法試験予備試験　(しほうしけんよびしけん)　法科大学院を経ずに司法試験受験資格を得るための試験。略称は「予備試験」。2011年より実施。年齢・学歴・所得などによる受験資格制限はない。本来は，経済的社会的事情によって法科大学院に進学できない者への例外的救済措置として設置されたものだが，近年は司法試験合格者全体のうち，予備試験ルートの者が3割近くを占める事態となっている (2022年度は28.2%)。予備試験を選択する人々の動機として，法科大学院の授業料が過度に高額であること，法科大学院の教育内容が低水準であることなどが挙げられている。

法曹　**C**　(ほうそう)　司法・裁判に携わる裁判官・検察官・弁護士など法律の実務をおこなう人たちをさす。現在，法曹人口を増やす取り組みなどがおこなわれている。

法曹一元　(ほうそういちげん)　裁判官を，弁護士などの法律専門家として一定期間の社会経験を積んだ人から登用する方法。そのほうが社会の良識が反映し，裁判が充実するという考え方に基づく。これに対して，当初から裁判官として登用し，養成していく現行の制度をキャリア−システムという。臨時司法制度調査会 (臨司) が1964年に法曹一元が望ましいとする見解を示したが，実現されていない。諸外国では，イギリスやアメリカは法曹一元，ドイツやフランスはキャリア−システム。

最高裁判所　**A⓲**　(さいこうさいばんしょ)　司法権行使の最高機関。違憲審査に関して，および民事・刑事・行政事件の訴訟に関しての終審裁判所である。また，最高裁判所規則を制定して司法行政全般を統括する。最高

裁判所長官と判事 (裁判官) 14名の計15名で構成され，上告審 (第三審) と特別抗告を扱う。裁判官全員からなる大法廷と，5人の判事からなる三つの小法廷とがある。

高等裁判所　**A②**　(こうとうさいばんしょ)　下級裁判所のうち最上位で，地方・家庭両裁判所の第一審に対する控訴審，地方裁判所が第二審である場合の上告審，および内乱罪などの特殊事件に対する第一審を取り扱う。全国に8か所設置され，一般に3人の合議制でおこなわれる (5人の場合もある)。

知的財産高等裁判所　**B⑥**　(ちてきざいさんこうとうさいばんしょ)　司法制度改革の一環として，2005年に設置された東京高等裁判所の特別の支部。憲法が禁止する特別裁判所にはあたらない。知的財産についての事件を専門に取り扱い，重要な事件は5人の裁判官で審理する。知財高裁と略す。なお，知的財産と同様に，医療過誤や教育問題など専門的な分野を扱う裁判所の設置が検討されている。

地方裁判所　**A⑧**　(ちほうさいばんしょ)　簡裁・家裁・高裁で扱う以外の全訴訟を扱う。原則は1人の裁判官でおこなわれるが，重要な事件は3名の合議制。民事訴訟で簡裁の第二審裁判所となる。全国に計50か所設置。

家庭裁判所　**A⑤**　(かていさいばんしょ)　家庭事件の審判や調停，少年の福祉を害する成人の刑事事件，少年法に基づく少年の保護事件などの審判を担当する。少年犯罪のうち，特に悪質なものは検察官に戻し，起訴することもある。地方裁判所と同じ場所に設置。

簡易裁判所　**A②**　(かんいさいばんしょ)　民事裁判では訴額140万円以下の請求事件を，刑事裁判では罰金以下の刑にあたる事件を扱う。簡易裁判所判事が1人で担当する。全国に438か所ある。

下級裁判所　**A④**　(かきゅうさいばんしょ)　審級制において上級審の裁判所に対する下級審の総称。また，上級裁判所である最高裁判所に対して高裁・地裁・家裁・簡裁の4種類の裁判所を総称していう。

上級裁判所　(じょうきゅうさいばんしょ)　下級裁判所に対して上位にある最高裁判所をさす。審級制においては下級審に対する上級審の裁判所のこと。上級審の差し戻した判決は，

下級審の裁判所を拘束する。

特別裁判所 **B2**（とくべつさいばんしょ）　司法裁判所の管轄から離れ，特定の身分の者や特殊な性質の問題のみを取り扱う裁判所のこと。明治憲法下の行政裁判所・軍法会議・皇室裁判所などが，それに該当する。日本国憲法は，最高裁判所および下級裁判所のみを認め，特別裁判所の設置は禁止している。

行政裁判所 **C1**（ぎょうせいさいばんしょ）　行政事件に関する裁判をおこなうために，行政組織内に設けられた特別裁判所のこと。日本国憲法では設置が禁止されている。明治憲法下では，官吏は天皇の官吏であるため，通常の裁判所以外で裁判されるべきとの立場から設置された。

軍法会議 **C**（ぐんぽうかいぎ）　戦前の陸・海軍の軍人・軍属を対象とし，刑事裁判を取り扱う特別裁判所の一つ。1882年に設置され，1946年に廃止された。

皇室裁判所 **C3**（こうしつさいばんしょ）　明治憲法下で，皇族の民事訴訟や身分関係を裁判するために設置された特別裁判所。

裁判官の身分保障 **C**（さいばんかん・みぶんほしょう）　裁判官の罷免・特権・報酬などに付随する法律上の権利保障をさす。裁判官が圧力や干渉を受けずに自主的な判断を下し，公正な裁判がおこなわれるために必要不可欠とされる。裁判官が罷免されるのは，①弾劾裁判の結果，罷免を可とされた時，②心身の故障などで執務が不可能と裁判された時，③国民審査の結果，罷免を可とされた時，などである。また，報酬について在任中は減額できないとされる。

（類 身分の保障 ）

弾劾 **A4**（だんがい）　義務違反や非行のあった特定の公務員を訴追し，罷免する手続き。二つのケースがある。裁判官については，「公の弾劾」つまり国会の裁判官訴追委員会の訴追を受けて，裁判官弾劾裁判所が裁判をおこなう（憲法第64条など）。人事院の人事官については，国会の訴追に基づき，最高裁判所が弾劾の裁判をおこなう（国家公務員法第9条）。

（類 公の弾劾 ）

分限裁判（ぶんげんさいばん）　裁判官の免官と懲戒についておこなう裁判。憲法第78条と裁判官分限法の規定に基づく。免官は心身の故障で執務不能と裁判されたときや，本人が願い出たときになされる。一方，懲戒は職務上の義務違反があったときなどになされる。これらの分限事件に対して，地裁・家裁・簡裁の裁判官は高裁（5人による合議体）が，最高裁・高裁の裁判官は最高裁（大法廷）が，その裁判権をもつ。

裁判公開の原則（さいばんこうかい・げんそく）　国民の権利保持と裁判の公正さの維持を目的として，争訟事件の審理や原告・被告の弁論（対審）と判決は，公開の法廷でおこなわれなければならないとする原則。ただし，政治犯罪，出版に関する犯罪，人権に関する事件を除き，公開が公の秩序や善良な風俗を害する恐れがある時は，裁判官全員の一致により非公開とすることができる。戦後，ハンセン病患者の裁判が療養所などの隔離施設内で「特別法廷」として実施されていたことに関して，最高裁は2016年にその違法性を認めて，元患者たちに謝罪した。なお，法廷内で傍聴人は，自由にメモをとることができる。

（類 公開裁判 B ）

国民審査 **A7**（こくみんしんさ）　最高裁判所裁判官が適任であるかを国民が直接審査する制度。最高裁判所裁判官の任命権をもつ内閣が人事権を通じて司法部を支配しないよう，国民に裁判官の適否を判断させるねらいもある。任命後初めて実施される衆議院議員総選挙の際に，適任か否かを国民の投票によって審査。その後，10年を経過した後に実施される総選挙の際にも審査に付される（憲法第79条）。投票者の過半数が裁判官の罷免を可とすれば罷免されるが，白紙投票は信任とみなされる。これまで罷免された例はない。

国民審査の在外投票（こくみんしんさ・ざいがいとうひょう）　海外に居住している日本国民が最高裁判所裁判官国民審査に投票すること。日本国憲法体制下では，日本国民に最高裁判所裁判官の罷免について投票する権利が保障されているが，留学や移住などで海外に居住している日本国民には，投票権が与えられてこなかった。これが憲法違反にあたるとした裁判において，2022年に最高裁が違憲判決を下す。これに応じて，同年に国会が法改正して，国民投票の在外投票が可

能となった。

裁判批判（さいばんひはん）　係争中の裁判に対して，その公正を確保するためにおこなわれる健全で理性的な批判をいう。結果として，担当裁判官に圧力がかかることもある。1950年代に，松川事件に関して，作家広津和郎（ひろつかずお）がおこなった裁判批判は有名。

公益優先（こうえきゆうせん）　裁判所の判例が，公益や公共の福祉を優先する傾向にあること。行きすぎれば基本的人権を制限する危険がある。

訴えの利益（うったーりえき）　裁判によって原告にもたらされる実質的な利益のこと。訴訟要件の一つで，これを欠く訴えは却下される。民事・刑事だけでなく，行政訴訟上の当事者適格もこれに含まれる。

審級制　**C**（しんきゅうせい）　裁判所間の審判の順序の関係に従って，異なった階級の裁判所で数回にわたって裁判を受けられるしくみ。日本では三審制がとられ（内乱罪は二審制），第一審・控訴審・上告審という三段階で裁判が受けられる。国民の権利を守り，公正を期すために慎重な裁判が必要であることから採用されている。

三審制　**A**（さんしんせい）　国民が裁判の判決に不服な場合，異なった階級の裁判所で3回まで裁判を受けられるしくみ。国民の権利を慎重に保護し，公正な裁判をおこなうための審級制。第一審判決に不服がある場合，上級の裁判所に控訴する。控訴審の判決に不服がある場合には，さらに上級の裁判所に上告できる。1996年の民事訴訟法改正で，上告に一定の制限が加えられた。

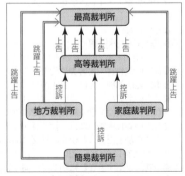

▲ 三審制　刑事事件の場合

当事者主義（とうじしゃしゅぎ）　民事・刑事裁判において，審判の進行・範囲・対象などについて当事者に主導権を与えるという考え方。裁判官が主導する職権主義に対するものである。

終審裁判所　**C**（しゅうしんさいばんしょ）　審級制のなかで最終裁判をおこなう裁判所。高裁・最高裁が該当する。憲法では，最高裁判所は一切の法律・命令・規則または処分が合憲か否かを決定する権限を持つ最終の裁判所である，と規定されている。

国民の司法参加

司法制度改革　**B**②（しほうせいどかいかく）　①裁判に時間がかかる，②法曹人口が少ない，③市民参加がないなど，現在の司法制度が抱えている問題を改善しようとする取り組み。2001年の司法制度改革審議会の意見書等に基づき，法曹人口の拡大策としての法科大学院（ロースクール）の設置，国民の裁判参加としての裁判員制度の導入などが実施されている。

精密司法と核心司法（せいみつしほうーかくしんしほう）　精密司法とは，従来の日本の裁判を表現した言葉で，真相解明を重視し，記録を細かく精査しながら多岐にわたる争点を裁判所が一つずつ判断していく様子を示したもの。核心司法とは，争点をしぼり証拠も厳選して，口頭主義で審理する裁判のあり方。裁判員制度の導入などで，精密司法から核心司法への裁判の役割変化がみられる。

陪審制　**A**④（ばいしんせい）　一定の資格を満たす一般市民から選出された陪審員が，裁判において事実認定や起訴の可否，有罪・無罪の評決をおこなう制度。アメリカ・イギリスなどで採用。刑罰の種類と量刑は裁判官が決める。アメリカでは検察・警察の人権侵害への対抗措置としておこなわれることが多い。アメリカの場合，大陪審と小陪審とがある。前者は起訴陪審ともよばれ，通常16〜23人で構成される陪審員が起訴か不起訴かを決定する。後者は公判陪審ともよばれ，事件の最終的審理に携わる。評決には，原則12人からなる陪審員の全員による一致が必要。日本でも戦前に事実認定に限って一時実施されたが，1943年以後停止。

参審制　Ⓐ4（さんしんせい）　国民から選ばれた参審員が職業裁判官とともに合議体を構成して裁判する制度である。ドイツ・フランスなどで採用。参審員の3分の2以上の賛成が必要（仏独の場合）。日本の裁判員制度は参審制の一種とされ，海難審判にも参審員が加わる制度がある。

裁判員制度　Ⓐ15（さいばんいんせいど）　重大な刑事事件（殺人・強盗致死傷など）の第一審について，裁判官（3人）と有権者のなかからくじで選ばれた一般市民の裁判員（6人）とが協力し，有罪・無罪の判断や量刑を決める裁判制度（裁判官1人と裁判員4人の場合もある）。全国の地方裁判所とその支部（合計60か所）でおこなわれる。国民の司法参加実現のため，司法制度改革審議会の意見に基づいて2004年に裁判員法（裁判員の参加する刑事裁判に関する法律）が制定され，2009年5月から実施。審理は3日程度連続しておこなわれ（連続的開廷），評決は裁判官と裁判員の各1人以上の賛成を含む多数決で決まる。また，裁判員には強い守秘義務が課される。なお，裁判員制度が憲法に違反するかどうかを争点にした裁判で，最高裁は2011年にこれを合憲とする判断を示した。

検察審査会　Ⓐ6（けんさつしんさかい）　検察官が公訴しなかった不起訴処分が適切か否かなどについて，請求に応じて審査する制度。有権者のなかからくじで選ばれた11人の検察審査員（任期は6か月）で構成され，各地方裁判所・支部内の165か所に置かれる。審査会では，審査後に「起訴相当」「不起訴不当」「不起訴相当」のいずれかの議決をおこなう。起訴相当と議決した刑事事件について検察官が再び不起訴とした場合，審査会で「起訴議決」（11人のうち8人以上の多数）がなされると強制起訴となり，裁判所の指定する弁護士が検察官の役割になって刑事裁判がおこなわれる。これまで強制起訴となったケースは10件ある。

類 **強制起訴**　Ⓑ

規則制定権　Ⓑ3（きそくせいていけん）　最高裁判所が持つ，訴訟手続き，弁護士，裁判所の内部規律および司法事務処理に関する規則を定める権限。訴訟関係者はこの規則に従わなければならないため，法と同じ効果を持ち，唯一の立法機関である国会の立法権に関する例外となる。

公判前整理手続き　Ⓑ2（こうはんぜんせいりてつづ）　裁判を効率的かつ迅速にすすめるため導入された制度。裁判員制度の実施に先だち，2005年から始まった。初公判の前に検察官と弁護人が裁判所に集まり，裁判官とともに裁判の争点を確定し，証拠も決定する。さらに，公判スケジュールの調整などもおこなう。これらの手続きはすべて非公開。また，この手続きの終了後は，新たな証拠請求が原則としてできなくなった。

裁判の迅速化　Ⓑ（さいばん～じんそくか）　時間のかかる裁判を見直す目的で，2003年に制定された「裁判の迅速化に関する法律」に基づく。同法では，第一審の訴訟手続きは2年以内のできるだけ短い期間内に終わらせるなどと規定している（第2条1項）。司法制度改革の一環をなす。

法テラス　Ⓐ5（ほう-）　総合法律支援法に基づき，2006年に設置された日本司法支援センターの愛称。都道府県庁所在地などのほか，弁護士のいない地域などにも事務所を置き，法による紛争解決のための情報やサービスの提供をおこなっている。

同 **日本司法支援センター**　Ⓑ5

少年法　Ⓑ2（しょうねんほう）　非行のある少年の保護処分や，刑事事件をおこした少年に対して成人とは異なった特別な取り扱いなどを定めた法律。1949年に施行された。家庭裁判所での審判は非公開でおこなわれる。少年犯罪の凶悪化が近年指摘され，刑事罰対象年齢を16歳から14歳に引き下げ，殺人事件の場合には原則として検察官に送致（いわゆる逆送）するなど，厳罰化を柱とする法改正が2000年におこなわれた。また，2007年からは少年院送致の下限年齢が「おおむね12歳」に引き下げられ，08年からは重大事件の少年審判への「被害者参加制度」が導入された。2014年の法改正では，少年に科す有期刑の上限が15年から20年に引き上げられた。2021年の法改正では，18歳および19歳を「特定少年」と定義づけ，逆送の対象範囲を拡大するほか，起訴後の実名報道が可能となった。

裁判外紛争解決手続き　Ⓑ2（ＡＤＲⒷ）
［Alternative Dispute Resolution］（さいば

んがいふんそうかいけつてつづき）　訴訟以外の方法で民事紛争を解決するための制度。国民生活センターなど，中立的な第三者が当事者間に介入する。裁判に比べ，簡単な手続きで早期解決が可能。2004年に司法制度改革の一環として制定された「裁判外紛争解決手続の利用の促進に関する法律」による。

修復的司法（しゅうふくてきしほう）　厳罰化が必ずしも犯罪抑止につながらず，犯罪を被害者と加害者との間に起きた害悪ととらえ，これを被害者と加害者，地域社会が協力して修復していこうとする取り組み。具体的には，被害者と加害者が直接向き合う「被害者・加害者調停」，当事者に地域の人が加わる「家族間協議」などがある。1990年代から世界的に広がり，諸々のプログラムが実施されている。回復的司法ともいう。

同 回復的司法

司法取引 B（しほうとりひき）　刑事事件で被疑者や被告人が，他人の犯罪事実を検察や警察に証言する見返りに自分の起訴を見送ったり，裁判での求刑を軽くしたりしてもらうこと（密告型）。刑事訴訟法の改正（2016年）によって，日本でも2018年から導入された。対象犯罪は，経済活動にともなうものや薬物・銃器関連のものなど。殺人や強盗などは，被害者感情を考慮して対象外とされた。アメリカなどでは自分の罪を検察に認めることで求刑を軽くしてもらう司法取引が主として実施されている（自己負罪型）。いずれの場合も，冤罪の可能性などを指摘する声が根強い。

統治行為論

統治行為論 A③（とうちこういろん）　国の統治の基本に関する高度に政治性をおびた国家行為については，裁判所による法律的な判断が可能であっても，司法審査の対象としないとする考え方。フランスで形成された理論で，アメリカでは「政治問題の法理」とよばれる。衆議院の解散（苫米地訴訟の上告審）や日米安全保障条約（砂川事件の上告審），自衛隊（長沼ナイキ基地訴訟の控訴審や百里基地訴訟の第一審）が憲法違反かどうか争われた裁判で援用された。三権分立の原理の下で最終的には国会や内閣に判断をゆだねるべきとする内在的制約説や，

司法審査による混乱を回避するため裁判所があえて判断をしないほうがよいとする自制説など，これを認める考え方が根強い。しかし，裁判所に違憲審査権（憲法第81条）を認めている以上，ちゅうちょせずに行使すべきだとする有力な批判もある。

苫米地訴訟 B（とまべちそしょう）　1952年の吉田茂内閣による衆議院解散に対して，衆議院議員苫米地義三が，憲法第7条に基づく解散は，解散権の恣意的な運用にあたり憲法違反であると訴えた裁判。最高裁判所は1960年，衆議院解散を統治行為とし，司法審査の対象外にあると判断した。

砂川事件 A③（すながわじけん）　☞p.81（砂川事件）

長沼ナイキ基地訴訟 A②（ながぬま・きちそしょう）　☞p.81（長沼ナイキ基地訴訟）

百里基地訴訟 A②（ひゃくりきちそしょう）　☞p.81（百里基地訴訟）

違憲法令審査権

立法事実（りっぽうじじつ）　法律の必要性を根拠づける社会的・経済的・文化的な一般事実をさす。立法目的だけでなく，それを達成する手段についても，合理的であるという事実も含まれる。薬事法距離制限訴訟の最高裁判決では，立法目的と薬局の距離制限という規制手段との関係を論じる際，立法事実の詳細な検討がおこなわれた。

比較衡量論 C（ひかくこうりょうろん）　基本的人権を制限する場合（公共の福祉）の違憲審査の基準となる考え方の一つ。具体的な事件において，人権を制約しないことで得られる利益と，制約することで得られる利益とを比較衡量して，後者が前者より大きいときには制約が認められるというもの。比較の準則が明確ではないなどの欠点がある。最高裁などの判例で採用されてきたが，現在では二重の基準論が有力である。

二重の基準論 B（にじゅうきじゅんろん）　基本的人権を制約する際の違憲審査の基準となる考え方の一つ。アメリカの判例理論に基づく。たとえば，精神的自由は経済的自由に比べて優越的地位にあり，違憲判断の際には前者は後者よりも厳格な基準によって審査されなければならないとするもの。現在では学説において広く支持され，最高裁な

どの判例でも用いられている。

尊属殺人重罰規定訴訟　①（そんぞくさつじんじゅうばつきていそしょう）　尊属殺人とは，自己または配偶者の父母・祖父母などの直系尊属を殺害すること。日本の刑法は第200条で尊属殺人に重罰規定を設けていた。しかし，栃木県矢板市で起こった父親殺し事件について1973年，第200条の尊属殺人重罰規定は憲法第14条の法の下の平等に反すると判示された。1995年の刑法改正で，同条は削除された。最高裁が法律の規定について違憲と判断した最初の事例。

衆議院議員定数訴訟　（しゅうぎいんぎいんていすうそしょう）　衆院総選挙の各選挙区における議員1人あたり有権者数の違い（一票の格差）が，法の下の平等に反するものとして起こされてきた一連の訴訟。1976年，最高裁は，1972年総選挙における最大4.99倍の格差を違憲と判示した。ただし，選挙結果を取り消すことは公的利益への損害が大きいとして，選挙結果そのものは有効とした（事情判決）。その後も，最高裁は何回か違憲あるいは違憲状態とする判決を下しており，最新では，2014年総選挙における最大2.129倍の格差を違憲状態とした（2015年判決）。一方，2021年総選挙における最大2.08倍の格差については合憲としている（2023年判決）。

薬事法薬局開設距離制限訴訟　**B** ③（やくじほうやっきょくかいせつきょりせいげんそしょう）　薬局・薬店の開設距離制限（旧薬事法第6条）は，憲法第22条の職業選択の自由に基づく経済活動の自由に反するとして起こされた訴訟。最高裁は1975年，これを認めて違憲判決を下した。国会は同法の該当する項目を廃止した。

森林法共有林分割制限訴訟　**C** ③（しんりんほうきょうゆうりんぶんかつせいげんそしょう）　森林法第186条が規定する共有林の分割制限は，憲法第29条の財産権保障に反し，合理性・必要性がないとして起こされた訴訟。最高裁は1987年，この主張を認めて違憲判決を下した。国会は同条項を廃止した。

愛媛玉ぐし料訴訟　**A** ③（えひめたまーりょうそしょう）　☞ p.50（愛媛玉ぐし料訴訟）

郵便法損害賠償免除規定訴訟　（ゆうびんほうそんがいばいしょうめんじょきていそしょう）　郵便法第68・73条の書留郵便の損害賠償の責任範囲の免除・制限は，国の賠償責任を規定した憲法第17条に反するとして起こされた訴訟。最高裁は2002年，これを基本的に認め，過失の内容などにより賠償責任を負う必要があるとして違憲判決を下した。

在外日本人選挙権制限規定訴訟　**C** ②（ざいがいにほんじんせんきょけんせいげんきていそしょう）　1998年の公職選挙法改正で，海外に住む日本人

事例（最高裁判決の日）	憲法上の条項と争点	最高裁の判断	関係法律	判決後の措置
尊属殺人重罰規定訴訟（1973年4月4日）	［第14条］刑法の重罰規定と法の下の平等	不合理な差別的扱いであり違憲	刑法	1995年に改正され，その条項を削除
薬事法薬局開設距離制限訴訟（1975年4月30日）	［第22条］薬局開設距離制限と営業の自由	制限規定は合理性を欠く違憲	旧薬事法	その条項を削除
衆議院議員定数訴訟（1976年4月14日）	［第14条］議員定数不均衡と法の下の平等	4.99倍の格差は違憲，選挙は有効	公職選挙法	判決時にすでに定数が改正されていた
森林法共有林の分割制限訴訟（1987年4月22日）	［第29条］分割制限規定と財産権の保障	規制の手段に合理性がなく違憲	森林法	その条項を削除
愛媛玉ぐし料訴訟（1997年4月2日）	［第20条，第89条］政教分離と公費支出	宗教的活動・公金支出を禁止した憲法に違反	―	当時の県知事に返還命令
郵便法損害賠償免除規定訴訟（2002年9月11日）	［第17条］国の損害賠償責任と国家賠償請求権	国の免責規定は合理性がなく違憲，一部	郵便法	2002年に法改正がおこなわれた
在外日本人選挙権制限訴訟（2005年9月14日）	［第15条など］選挙権の保障	在外邦人の選挙権行使の制限は違憲	公職選挙法	2006年に法改正がおこなわれた
婚外子国籍訴訟（2008年6月4日）	［第14条］国籍法の国籍取得規定と法の下の平等	父母の婚姻を国籍取得の要件とした規定は違憲	国籍法	2008年に法改正がおこなわれた
空知太神社訴訟（2010年1月20日）	［第20条，第89条］政教分離と公費支出	神社への市有地の無償提供は政教分離に違反	―	神社に対して市有地を有償貸与とした
婚外子相続訴訟（2013年9月4日）	［第14条］民法の相続規定と法の下の平等	婚外子の遺産相続を嫡出子の半分とするのは違憲	民法	2013年に法改正がおこなわれた
再婚禁止期間訴訟（2015年12月16日）	［第14条，24条］民法の再婚禁止期間と法の下の平等，結婚の自由	100日をこえる禁止は現代では必要ない過剰で違憲	民法	2016年に法改正がおこなわれた
孔子廟訴訟（2021年2月24日）	［第20条］政教分離	市が管理する土地の無償提供は政教分離に違反	―	市が施設所有者に土地使用料を請求
在外日本人国民審査権訴訟（2022年5月25日）	［第15・79条］公務員の選定・罷免，国民審査権	国民審査権の行使をまったく認めていないのは違憲	最高裁判所裁判官国民審査法	2022年に法改正がおこなわれた

▲ 最高裁判所が下したおもな違憲判決・決定

（在外国民）にも国政選挙で投票できる制度が創設されたが，衆参の比例代表選挙のみに限定されていた。このため，参議院選挙区などの投票ができないのは，選挙権を保障した憲法第15条などに反するとして起こされた訴訟。最高裁は2005年，この主張を認めて違憲と判断した。その後公職選挙法が改正され，在外選挙人名簿登録者は衆議院小選挙区や参議院選挙区でも投票できるようになった。また2022年5月には，最高裁判所裁判官の国民審査についての制限が違憲と判断され，同年，法改正された。

婚外子国籍訴訟 **2**（こんがいしこくせきそしょう）　結婚していない日本人の父親とフィリピン人の母親から生まれた子どもたちが日本国籍を求めた裁判。最高裁は2008年，両親の婚姻と認知を国籍取得の要件とした国籍法第3条1項の規定が，法の下の平等（憲法第14条）に反するとして違憲判決を下した。国会では同年，法改正がおこなわれた。

空知太神社訴訟 **B**③**（砂川政教分離訴訟**
C）（そらちぶとじんじゃそしょう）（すながわせいきょうぶんりそしょう）　⏩ p.50（空知太神社訴訟）

婚外子相続格差訴訟 **A**②（こんがいしそうぞくかくさそしょう）　結婚していない男女から生まれた婚外子の遺産相続分について，結婚した夫婦の子の2分の1とした民法第900条4号但し書きの規定が憲法第14条の法の下の平等に反するとして起こされた裁判。最高裁大法廷は2013年，従来の判例を変更してこれを違憲とする決定を下した。出生に選択の余地がない子どもの立場を尊重したもの。ただし，すでに決定済みの相続には適用されない。

再婚禁止期間訴訟 **2**（さいこんきんしきかんそしょう）　女性のみに6か月（約180日）の再婚禁止期間を定めた民法第733条が，憲法の保障する法の下の平等（第14条）や両性の本質的平等（第24条）に反するとして，岡山県の女性が起こした裁判。最高裁大法廷は2015年，100日をこえる部分を違憲と判断。これを受けて，禁止期間を100日に短縮したうえで，離婚時に妊娠していないとする医師の証明があれば，それ以内でも再婚を認める法改正が2016年におこなわれた。

孔子廟訴訟 **B**（こうしびょうそしょう）　⏩ p.51

（孔子廟訴訟）

さまざまな訴訟

刑事訴訟 **A**（けいじそしょう）　犯罪事実を認定し，これに対して国が刑罰関係法を適用するための手続きのこと。その手続きを定めた刑事訴訟法に基づき，検察官が被告人の有罪判決を請求していく。判決までの過程には，公判手続きとして，当事者である検察官と被告人との間で，冒頭手続き・証拠調べ・弁論・判決などがある。
　　　　　　　　同刑事裁判 **A**⑪　刑事事件 **C**⑤

刑法 **A**⑤（けいほう）　犯罪とそれに対する刑罰を明示した法律。狭義には刑法典（1880年制定，1907年全面改正，1995年現代語化改正）をいうが，広義には犯罪や刑罰に関する法律を総称したものをさす。近代の刑法は罪刑法定主義を根本原則とする。性犯罪に関する規定を110年ぶりに見直し，厳罰化をはかる法改正が2017年におこなわれた。

刑事訴訟法 **A**（けいじそしょうほう）　広義には，刑事手続きを規律した法体系全体をさすが，狭義には刑事訴訟法典のこと。1922年に制定された旧刑事訴訟法はドイツ法の影響を受けて成立したが，戦後の1948年制定の現行刑事訴訟法は，新憲法の人権保障規定をふまえ，英米法の原理を大幅に導入している。

民事訴訟 **A**①（みんじそしょう）　私人間の権利の対立や生活関係事項の争いに関して法律上の権利の実現をはかる手続きのこと。民事訴訟法に基づき，訴えの申し立て，主張の陳述，立証などの過程をへて判決に至る。当事者主義が刑事訴訟よりも明確であり，原告・被告は裁判長の訴訟指揮の下で，自由に主張・立証をおこなうことができる。
　　　　　　　　同民事裁判 **A**③　民事事件 **C**②

民法 **A**⑨（みんぽう）　私法の代表的な法律で，財産関係や家族関係を扱う。狭義には総則・物権・債権・親族・相続の5編からなる民法典のことをさすが，広義には戸籍法などの補充法や特別法も含む。最初の民法典はフランスの法学者ボアソナードを招聘した上で起草され，1890年に公布されたが，「忠孝の精神が滅ぶ」という民法典論争が展開され，施行が見送られる。その

後，ドイツ民法などを参考に，家長である戸主に強い権限を与える家制度を重視した民法が1898年に施行された。敗戦後の1947年，戸主制度廃止・個人主義・男女平等を基調とする大幅な法改正がなされる。2000年代以降は，経済社会状況の変化に対応して，さらなる抜本的な改正が相次いでいる。主なものとしては，成年後見制度の導入，民法条文の現代語化，法定利率5％から3％への引き下げ，消費者保護のため約款規定新設，成人年齢20歳から18歳への引き下げ，などが挙げられる。今後は，夫婦別姓や同性婚など，婚姻に関する制度変更が主たる議論の対象になるものと予想されている。

民事訴訟法 Ａ（みんじそしょうほう）　広義には裁判所法・弁護士法などを含め，民事訴訟制度に関する規定の総体をいうが，狭義には民事訴訟法という名称の法律をさす。最初の同法典は1890年，ドイツ法をもとに制定，1926年に大改正された。戦後，英米法的な視点がとりいれられ，1996年の全面改正で口語化がはかられた。

本人訴訟（ほんにんそしょう）　民事訴訟において，弁護士に依頼せず，当事者みずから裁判をすすめる方法。簡易裁判所ではこの方式でおこなうことが多い。日本では弁護士強制の制度をとらないため，原則として上告審でも本人訴訟が可能である。

行政訴訟 Ｃ（ぎょうせいそしょう）　公法上の権利関係の確定と行政官庁による処分の取り消し・変更その他の請求をめぐる訴訟をいう。明治憲法下では行政裁判所でおこなわれた。日本国憲法の下では，行政事件訴訟法に基づいて一般の司法裁判所で扱われる。この裁判で国側の代理人を務め，準備書面の作成や陳述などの法廷活動にあたる人を訟務検事という。

　　　同 行政裁判 Ａ1　行政事件 Ｂ1

少額訴訟（しょうがくそしょう）　60万円以下の金銭の支払いを求める民事裁判で，原則として1回の期日で審理をおこない，その日のうちに判決を下す裁判制度。原則として上訴はできず，三審制の例外の一つとされる。

控訴 Ａ（こうそ）　第一審の判決に対する不服を申し立て，第二審の裁判所にその変更・取り消しなどを求める訴訟手続き。民事訴訟法では，地裁の第一審に対して高裁へ，簡裁の第一審に対しては地裁へ控訴できる。刑事訴訟法では，控訴の提起期間は14日。地裁・家裁・簡裁がおこなった第一審の判決に対して，高等裁判所への控訴ができる。

上告 Ａ（じょうこく）　第二審（控訴審）の判決に対する不服を申し立て，第三審か終審の裁判所に訴え，その取り消し・変更などを求める訴訟手続き。民事訴訟法では，第二審の判決に対して憲法解釈の誤りや重大な手続き違反などを理由として申し立てが認められる。刑事訴訟法では，高裁の判決に対して違憲・憲法解釈の誤り，最高裁の判例に反する判断を理由として認められる。

上訴 Ｃ（じょうそ）　控訴・上告・抗告の三つをあわせて上訴という。いずれも，未確定の裁判について上級の裁判所に対して不服の申し立てをする手続きである。裁判の確定後に申し立てる再審などとは異なる。

飛躍上告（ひやくじょうこく）　民事訴訟で，第一審終了後，事実関係で争わず，法律の適用の再考を求めて，第二審を飛びこえ直接最高裁判所へ上告すること。飛越上告。民事訴訟法第311条などに規定がある。

跳躍上告（ちょうやくじょうこく）　刑事訴訟で，法律・命令などの違憲判決が第一審で出た場合，その判断を不当として第二審をこえ，直接最高裁へ上告すること。刑事訴訟規則第254条に規定されている。民事訴訟においても，この名称を用いることがある。

特別上告 Ｃ（とくべつじょうこく）　民事訴訟で，高等裁判所の上告審判決に対し，違憲の疑いがある場合に，最高裁判所に訴えること。刑事訴訟での違憲および判例違反を理由とした特別抗告にあたる。

公訴 Ｃ（こうそ）　起訴ともいう。検察官が原告の立場になり，犯罪の被疑者を刑事被告人として，裁判所に起訴状を提出し，訴えること。私訴に対する用語。

　　　同 起訴 Ａ4

公訴時効（こうそじこう）　犯罪行為が終わった時点から一定の期間が経過すると，公訴の提起ができなくなる制度。期間は刑事訴訟法で定められている。2004年の法改正で，死刑にあたる罪は15年から25年に，無期懲役・禁錮にあたる罪は10年から15年に，それぞれ期間が延長された。近年，犯罪被

害者などから公訴時効期間の撤廃を求める声が強まり，2010年に法改正がおこなわれた。それにより，死刑にあたる12の罪の公訴時効期間が廃止されたほか，その以外の重大な罪についても期間が従来の2倍に延長された。

即決裁判 **C** (そっけつさいばん)　1回の公判で判決までいい渡す刑事裁判のしくみ。比較的軽い罪で起訴された被告人が罪を認めた場合，弁護人の同意を得ておこなわれる。裁判の迅速化をめざし，2006年から導入。

付審判請求 (ふしんばんせいきゅう)　公務員の職権濫用罪などについて告訴や告発した人が，検察官の不起訴処分に不服があるときに，裁判所に審判に付すよう請求すること。裁判所で審判に付す決定があれば公訴と同じ効果が生じ，裁判所の指定した弁護士が検察官にかわって公訴を維持する。準起訴手続きともいう。検察審査会の制度とともに，検察官による起訴独占主義の例外とされる。

同 準起訴手続き

4 地方自治と住民福祉

地方自治とは

地方自治 **A**14 (ちほうじち)　国からある程度独立した地方公共団体の存在を認め，そこでの政治・行政を地域住民の参加と意思に基づいておこなうこと。または，地域住民で構成される地方公共団体に，政治・行政の自治権を保障すること。日本国憲法は，第8章で地方自治について規定している。これに対して，大日本帝国憲法（明治憲法）には地方自治の規定はなく，行政単位としての府県・郡・市町村はあっても自治の実体はなかった。知事の多くは内務官僚

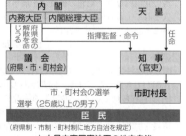

▲ 大日本帝国憲法下の地方自治

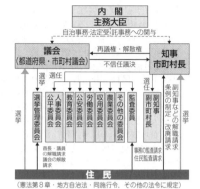

（憲法第8章・地方自治法・同施行令，その他の法令に規定）
▲ 日本国憲法下の地方自治

で，内務大臣から人事・組織上の指揮監督を受け，その事務も主務大臣の指揮監督の下に実施する中央集権的な地方行政であった。

地方自治の本旨 **A**2 (ちほうじち・ほんし)　地方自治の本来の趣旨および真の目的のこと。地方の政治が，①地方公共団体によって国からある程度独立しておこなわれること（団体自治），②その地域の住民の意思に基づいて処理されること（住民自治），をさす。憲法第92条は，地方公共団体の組織・運営について「地方自治の本旨」に基づいて定める，としている。この規定はGHQ案にはもともと存在せず，日本側の意向で追加されたものである。日本国憲法では中央政府の権力を抑制し，住民の直接参加を認める地方分権を大幅にとり入れている。

住民自治 **A**6 (じゅうみんじち)　各地方の地域民またはその代表者の意思に基づいて，地方公共団体の政治がおこなわれること。具体的には，都道府県・市町村の長（首長）および議会の議員を直接選挙することや，条例の制定・改廃請求，事務の監査請求，議会の解散請求，議員・長の解職請求などの直接請求をさす。

団体自治 **A**11 (だんたいじち)　ある程度中央政府から独立した地方公共団体が，自らの機関・財源によって地方政治をおこなうこと。その内容は，都道府県・市町村などの議会や長によって地方公共団体の財産の管理，事務の処理，行政の執行，条例の制定などがおこなわれ，国の行政機関の指揮監督を受けないことなどである。

地方自治法 Ⓐ⑩（ちほうじちほう）　憲法第8章に規定された地方自治の本旨にのっとり，地方公共団体の組織と運営に関する基本的事項を定めた法律。1947年施行。全299か条からなる。地方自治法の目的は，国と地方公共団体との基本的関係を規定し，地方公共団体の民主的・能率的な行政の確保と健全な発達を保障することにある。地方公共団体の自主性の強化をめざし，首長や議員の直接公選制・行政委員会制度などにも言及している。直接民主制の原理も取り入れ，住民に直接請求権を認めている。

条例 Ⓐ⑯（じょうれい）　地方公共団体が，地方議会において制定する法。地方分権の考え方に基づき，その地方公共団体のかかえる課題に具体的に応えるために制定する。法令に抵触しないことが制定の条件である。

上乗せ条例 Ⓒ（うわのせじょうれい）　法律が一定の事項について一定の目的で規制している場合，それよりも厳しい規制をおこなう条例。規制対象を法令より広げたものを横出し条例という。たとえば，大気汚染などについては，上乗せ・横出し規制ができるとされている。

　　　　　　　　　　　　　　　顆**横出し条例**Ⓒ

中央集権 Ⓑ（ちゅうおうしゅうけん）　国全体の行政機能が中央政府に集中し，それが地方公共団体の行政に干渉・統制する状態をいう。地方公共団体の権限は弱められ，国の出先機関となる。近代国家の成立期によくみられた。統一的な政策を能率的に推進できる半面，地方自治の原理に反し，民主主義の本来の理念から離れる場合もある。

地方分権 Ⓐ⑩（ちほうぶんけん）　地方政府（地方公共団体）にできるだけ多くの権限を付与し，中央からの統制・介入を少なくすること。中央集権の対語。日本国憲法では地方分権主義がとられている。近年，地方への権限移譲の動きが活発になり，地方分権推進法（1995年制定，2001年失効）・地方分権一括法（1999年）などが制定された。

地方公共団体 Ⓐ㉓（**地方自治体** Ⓑ⑳）（ちほうこうきょうだんたい）（ちほうじちたい）　一定の区域のなかで，その区域内の住民を構成員として，その住民の福祉実現を目的にさまざまな事務を処理する権限を有する法人団体。憲法第92条や地方自治法に基づく。都道府県および市町村である普通地方公共団体と，特別区・地方公共団体の組合・地方開発事業団などの特別地方公共団体とがある。

　　顆**普通地方公共団体**⑥　**特別地方公共団体**⑥

ブライス Ⓐ［James Bryce, 1838～1922］　イギリスの政治家・政治学者。1880年から下院議員に。この間，外務次官・アメリカ大使などを歴任。主著『アメリカン-コモンウェルス』（1888年），『近代民主政治』（1921年）。「地方自治は民主政治の最良の学校，その成功の最高の保証人なりという格言の正しいことを示すものである」と述べ，地方自治が民主政治の基礎であることを主張した。

　　　　　　　　顆**「地方自治は民主主義の学校」**Ⓐ

トクヴィル Ⓐ［Alexis de Tocqueville, 1805～59］　フランスの政治家・歴史家。1831年にアメリカを訪れ，市町村に定着している自治の習慣を見聞。そこにデモクラシーの根源をみた。主著『アメリカの民主政治』で「自治的制度が自由に対して持つ関係は小学校が学問に対して持つ関係と同じである」と述べ，地方自治の重要性を強調した。

府県制（ふけんせい）　1871年の廃藩置県後，1890年に確立した明治期の地方行政制度。公選制による地方議会は存在したが，中央官吏である知事の監督権のほうが強かった。戦後の1947年に地方自治法が成立まで存続した。

自治権 ①（じちけん）　地方自治法に基づいて地方公共団体が持つ自治の権能のこと。ただし，権限は無制約ではなく，①国から与えられた範囲内で行使できるもの，②地方公共団体が固有に持つもの（財産の取得・運用・処分をおこなう権限や，警察権・課税権などを行使し，条例・規則を制定する権限など），に分けられる。

自治制度（じちせいど）　各地方の住民が，自らが居住する地域の行政に参加する制度。明治期以来，地方議会は公選制だったが，中央官吏である首長とともに内務大臣の統制下にあった。戦後は地方自治法などが定められ，「市町村最優先の原則」にもとづき広範な自治制度の強化がはかられている。

補完性原理 ①（ほかんせいげんり）　政策決定はできるだけ住民に近い地方政府（地方公共団

体）が担い，中央政府（国）の役割は地方政府が処理できない事柄に限定すべきとする考え方。国と地方における権限の基準を示す。

道州制 Ａ②（どうしゅうせい）　都道府県の枠組みを見直し，全国をブロック別に再編する試み。背景には市町村合併がすすみ，広域でおこなう行政課題が増えてきたことなどがある。広域化によって，住民の意思が行政に反映されにくくなるという反対意見もある。

直接請求権

直接請求権 Ａ⑨（ちょくせつせいきゅうけん）　地域住民が地方公共団体の行政に参加し，特定の行動を請求する権利。直接民主制の考え方をとり入れ，代表民主制を補完するもの。地方自治法第5章第74〜88条に定められ，一定数以上の有権者の連署が必要である。①条例の制定・改廃請求，②事務の監査請求，③議会の解散請求，④議員・長の解職請求，副知事・副市町村長・選挙管理委員・監査委員・公安委員会委員などの解職請求の4種類がある。このうち③④についての必要署名数は，有権者総数40万人以下の場合はその3分の1，同40万人超80万人以下についてはその6分の1，同80万人超についてはその8分の1を乗じた数を，おのおの合算した数である。たとえば，有権者数100万人の都市では，40万÷3＋40万÷6＋20万÷8＝22.5万筆が必要署名数となる。また，教育委員会・農業委員会などの委員についても，各関係法令に基づき解職請求の制度が設けられている。

類 議会の解散請求 Ｂ②

条例の制定・改廃 Ａ⑨（じょうれい↲せいていかいはい）　住民が地方公共団体に対して，条例の内容に関する提案などの請求をおこなうこと。国民発案・住民発案（イニシアティヴ）という。有権者総数の50分の1以上の連署をもって首長に請求する。首長はただちに公表し，受理日から20日以内に議会に付議し，議会の議決により決まる。

監査請求 Ａ（かんさせいきゅう）　地方公共団体に置かれる監査委員に対して住民がおこなう権利で，二つの形態がある。一つは地方自治法第75条の直接請求権に基づく事務の監査請求で，有権者の50分の1以上の連署でもっておこなう。もう一つは同法第242条に基づく住民監査請求で，これは住民一人でも請求できる。いずれも，監査委員は監査をおこない，その結果を請求者に通知・公表をしなければならない。

類 事務の監査請求 Ｂ②　住民監査請求②

住民訴訟 Ｃ（じゅうみんそしょう）　地方公共団体の長，執行機関または職員の違法・不当の行為に対して損害賠償などの請求を裁判所におこなうこと。民衆訴訟の一種。住民は，住民監査請求をおこない，その結果に不服がある場合に住民訴訟を提起できる。

イニシアティヴ Ａ②[initiative]　国民発案・住民発案。国民または地方公共団体の住民が直接，立法に関する提案をする制度。直接民主制の一つ。アメリカの各州において採用されている。日本では，一定数の連署による直接請求を通じて条例の制定・改廃の提案をする制度。

同 国民発案　住民発案 Ｃ

リコール Ａ[recall]　解職請求。公職にある者を任期満了前にその職から解任する制度。有権者総数の原則3分の1以上の連

請　求　の　種　類	必要署名数	請　求　先	取　り　扱　い
条例の制定・改廃請求	有権者の50分の1以上	地方公共団体の長	長が議会にかけ，その結果を公表
事務の監査請求	有権者の50分の1以上	監査委員	監査結果を公表し，議会・長などに報告
議会の解散の請求	有権者の原則3分の1以上※	選挙管理委員会	有権者の投票に付し，過半数の同意があれば解散
議員・長の解職請求	有権者の原則3分の1以上※	選挙管理委員会	有権者の投票に付し，過半数の同意があれば職を失う
副知事・副市町村長などの解職請求	有権者の原則3分の1以上※	地方公共団体の長	議会にかけ，3分の2以上の出席，その4分の3以上の同意で失職

▲ **直接請求制度**　※有権者総数が40万人または80万人を超える場合については，直接請求権の項を参照

署が必要。公選職である議員・長の解職請求は選挙管理委員会へ請求し，有権者の投票で過半数の同意を得た場合に確定する。また，副知事や副市長村長などについては長へ請求し，議会で判断される。なお，地方議会議員の解職請求をめぐり，公務員が請求署名の代表者になれるかどうかを争点にした訴訟で，最高裁は2009年11月，従来は「なることができない」としてきた地方自治法施行令の規定を無効と判断，自らの判例を55年ぶりに変更した。これにより，公務員はだれでも地方議員リコール請求の代表者になることが可能となった。

同 解職請求 **A** 6

レファレンダム　**A** 3［referendum］　住民投票・国民投票。重要事項の決定を住民の投票によって決めていく直接民主制の制度。地方公共団体の議会の解散請求，議会の議員・長の解職請求が成立した時におこなわれる投票と，ある地方公共団体にのみ適用される特別法の制定に関しておこなわれる投票とがある。なお，国政レベルでは憲法改正の国民投票制度がある。

同 住民投票 **A** 18　国民投票 **A** 16

地方自治特別法　4（ちほうじちとくべつほう）　特定の地方公共団体にのみ適用される特別法のこと。憲法第95条で規定され，一般法と区別される。国会の議決のほかに，その地方公共団体の住民の投票で過半数の同意を得なければ，法律として発効しない。国会の立法権の例外として，国会の議決だけでは成立しない。広島平和記念都市建設法（1949年），長崎国際文化都市建設法（1949年），横須賀・呉・佐世保・舞鶴の4市に適用された旧軍港市転換法（1950年），横浜国際港都市建設法（1950年）などの例がある。

類 特別法の住民投票 **A** 4

住民の権利　**C**（じゅうみん－けんり）　地域の住民によって行使される権利。公共施設利用などのサービスを受ける権利，選挙権・被選挙権，各種直接請求の権利，職員の違法行為や不当な公金支出に対する住民監査請求とその後の住民訴訟の権利，特別法を制定する際の住民投票の権利などがある。

地方公共団体の組織と権限

二元代表制　**A** 5（にげんだいひょうせい）　議会議員と長（首長）とを別個に直接選挙する，日本の地方自治で採用されたしくみ。憲法第93条は，地方議会を単に「議決機関」ではなく「議事機関」と定め，議決に至るまでの審議を重視している。首長が独任制で民意を集約するのに対して，議会は合議制で民意を反映する役割を果たす。

地方議会　**C** 9（ちほうぎかい）　都道府県・市町村・特別区などの地方公共団体の議事機関。通常は一院制だが，憲法上は二院制でも問題はない。直接選挙で選ばれた任期4年の議員により構成される。議会の構成は，住民による多様な意見が反映されるよう，「住民の縮図」でなければならない。条例の制定・改廃，予算の決定，地方税などの徴収の決定，主要公務員人事への同意などによる地方行政への監督などをおこなう。国会は自律解散ができないが，地方議会は自らの議決による解散も認められている。

地方議会の意見書　（ちほうぎかい－いけんしょ）　都道府県や市区町村の議会が，地方公共団体の公益にかかわる事柄について国に提出する意見書。地方自治法第99条に定めがある。地方公共団体の意向を国政に反映させるためのしくみだが，法的拘束力はない。

町村総会　（ちょうそんそうかい）　条例に基づき，議会に代わって設けられる機関。人口減少などで議会を組織できない地方公共団体のための制度で，有権者が全員参加しておこなわれる。地方自治法第94・95条に規定がある。

長 **A** 2**（首長 A** 13**）**　（ちょう）（しゅちょう）　地方公共団体の執行機関である都道府県知事・市町村長をいう。明治憲法下では中央政府の任命と指揮・監督の下にあったが，日本国憲法下では，住民による直接選挙で選出される。議会とは相互抑制関係を持つ。長は議会の議決に対して拒否権（再議権）を有し，また長への不信任議決に対しては議会解散権を持つ。再議に付された場合，同じ議決が確定するためには，出席議員の3分の2以上の多数決が必要となる。

類 再議権 1

専決処分　（せんけつしょぶん）　地方公共団体の議会が決めなければならない事項を，緊急の

ときまたは委任に基づき首長（長）がかわりに処理すること。委任を受けた場合は議会に事後報告すればよいが，緊急におこなった場合は議会の承認を得なければならない。鹿児島県の阿久根市長が乱発した専決処分が議会や住民に追及され，リコール問題に発展した。

知事 **C**[4]（ちじ） 都道府県の長。執行機関として自治事務や国からの法定受託事務を管理・執行する特別職の地方公務員。被選挙権は満30歳以上で，任期は4年。地方税の徴収，予算や議案の執行，条例の執行，予算や議案の作成，学校・上下水道・道路・河川などの改修・建設，警察・消防，保健・社会保障の実施などをおこなう。

副知事 **C**[5]（ふくちじ） 都道府県知事の補佐役。議会の同意を得て，知事が選任する。

出納長 （すいとうちょう） 都道府県の出納などの会計事務をおこなう公務員。2007年4月から廃止され，副知事に一元化された。

市町村長 **C**[6]（しちょうそんちょう） 市町村の長。執行機関として一般事務を管理・執行する。被選挙権は満25歳以上で，任期は4年。

副市町村長 [3]（ふくしちょうそんちょう） 市町村長の補佐役。従来の助役と収入役を廃止・一元化して，2007年4月から新設。

助役 （じょやく） 市町村長を補佐し，その職務を代理して職員・事務を監督した。現在は廃止。

収入役 （しゅうにゅうやく） 市町村の出納その他の会計事務を処理する公務員。都道府県の出納長にあたる。現在は廃止。

委員会 **A**[2]（いいんかい） 複数の委員による合議制の執行機関である地方行政委員会のこと。教育委員会・選挙管理委員会・人事委員会などがある。また，都道府県では公安委員会・労働委員会などが，市町村では農業委員会などが置かれている。長の管轄下にあるが，職権を行使する時はその指揮・監督を受けないため，判断を公正・慎重にして利害の公平化をはかることができる。

選挙管理委員会 **B**[5]（せんきょかんりいいんかい） 公職選挙法に基づいて，選挙に関する事務を管理・運営する行政委員会。都道府県と市町村の両方にある。ともに委員は4名で，任期は4年。委員は地方議会が選出する。衆院・参院議員（選挙区選出），地方議会議員および知事・市町村長の選挙の選挙人名簿の作成，投票用紙の準備などの事務を扱い，選挙を管理する。

公安委員会 **B**[1]（こうあんいいんかい） 警察法に基づき，警察運営の民主化と政治的中立の要請に応じて，警察の管理を担当する行政委員会。都道府県警察を管理する都道府県公安委員会がある。任期3年の委員（5人または3人）は，知事が地方議会の同意を得て任命する。なお，国家公安委員会は内閣府の外局で，警察庁を管理する。

監査委員 **B**[4]（かんさいいん） 地方公共団体の財政が健全に執行されているか，事業が公正に執行されているかを監査する。都道府県では4人，市町村は2人（条例で増員も可）の委員からなる。任期は4年で再任可。長が，学識経験者や議員のなかから選ぶ。住民からの監査請求を受けて監査をし，その結果を議会・長に報告する。

教育委員会 **C**[3]（きょういくいいんかい） 学校の設置と管理，児童や生徒の就学，教員の採用などをおこなう地方公共団体（都道府県と市町村）の行政委員会。1948年の教育委員会法に基づき成立。当初，委員は住民の公選制であったが，1956年の地方教育行政法により首長の任命制となった。委員会は5人（町村は3人でも可）の委員（任期4年，教育長は3年）で構成される。2014年，教育委員会に対する首長の権限を強化する法改正がおこなわれた。

人事委員会 **C**（じんじいいんかい） 条例に基づき設置された，地方公務員の給与などの勧告をおこなう行政委員会。議会の同意を得て首長（長）が選任する3人の委員で構成される。都道府県と政令指定都市は設置が義務づけられ，東京23区や和歌山・熊本市なども設置している。近年，地方財政がきびしくなるなかで，大阪府などのように勧告に従わない自治体が増えてきた。人事委員会を設けない地方公共団体には公平委員会が置かれている。

類 **公平委員会**

農業委員会 （のうぎょういいんかい） 農業委員会法に基づき，市町村に設置された行政委員会。農政上の諸活動をおこなう。農民による選挙で選ばれた委員と首長（長）に選任された委員とで構成されてきたが，2015年の

法改正で公選制の部分が廃止された。

収用委員会（しゅうよういいんかい）　土地収用法に基づき，土地の収用（取りあげて用いること）や使用の裁決などの事務をおこなうため，都道府県に設置された行政委員会。議会の同意を得て知事が任命する7人の委員で構成。

特別区　⑧（とくべつく）　特別地方公共団体の一つで，東京都の23区をさす。原則的には市に関する規定が適用される。1952年以降，区長と区議会議員は住民により直接選挙。

不信任Ａ③と解散Ａ①（ふしんにん・かいさん）　地方自治の首長制では，長には再議権・解散権があり，議会には不信任議決権がある。議会は，議員の3分の2以上が出席し，その4分の3以上の同意により，長への不信任議決ができる。長は不信任の通知を受けた日から10日以内に議会を解散できる。解散されない場合，長は失職する。

地方六団体（ちほうろくだんたい）　都道府県と市町村の首長または議会議長の連合組織であり，全国知事会・全国都道府県議会議長会・全国市長会・全国市議会議長会・全国町村長会・全国町村議会議長会の総称。地方自治にかかわる問題で，内閣や国会に意見を述べる。これに対して内閣には回答の努力義務または義務がある。

政務活動費（せいむかつどうひ）　地方議会議員の調査研究活動などのため，条例に基づき議員本人や会派に交付される経費。選挙や私的な活動には使えない。地方自治法を根拠に，2001年から支給されている。かつては政務調査費とよばれたが，2012年の法改正で現在の名称となり，使途の幅も広がった。交付を受けた者は，議長に収支報告書を提出しなければならない。調査研究とは直接関係ない不適切な支出もあり，廃止する地方公共団体もある。

地方自治の現状

三割自治　Ｂ⑤（さんわりじち）　地方公共団体の権限や財政力の弱さをあらわす表現。これまで自治体が独自に徴収できる地方税は歳入の3〜4割程度しかなく，地方議会が自由に増減を決定できる財政の範囲も全体の3割程度にすぎなかった。また，事務の7割が国の委任事務であった。こうし

た地方公共団体の中央への強い依存構造は，一般財源（使途が限定されない）に対する特定財源（使途を限定）の構成比率の高さや，自主財源に対する地方交付税・国庫支出金などの依存財源の比率の高さからも裏付けられる。最近では補助金削減の影響もあって，自主財源は5割前後になった。

固有事務（公共事務）（こゆうじむ）（こうきょうじむ）　1999年改正前の地方自治法第2条に規定されていた普通地方公共団体の事務の一つ。水道・交通・ゴミ処理の事業，学校の設置・管理など，地方公共団体がみずからの責任で処理する本来の公共サービス事務をさした。改正後の地方自治法で自治事務に包含された。

団体委任事務（だんたいいにんじむ）　1999年改正前の地方自治法第2条に規定されていた普通地方公共団体の事務の一つ。法令によって国または他の地方公共団体の事務を委任されたもので，国民健康保険事業などがあった。改正後の地方自治法で自治事務に包含された。

行政事務　Ｃ（ぎょうせいじむ）　1999年改正前の地方自治法第2条に規定されていた普通地方公共団体の事務の一つ。交通の取り締まり，デモ行進の規制など，地方公共団体がおこなう権力的な規制事務をさした。改正後の地方自治法で自治事務に包含された。

機関委任事務　Ａ④（きかんいにんじむ）　国または他の地方公共団体の事務で，地方公共団体の首長などの機関に委任されたもの。1999年改正前の地方自治法第148条，別表3・4に規定されていた。対象は国政選挙・生活保護・免許など広範に及んだ。団体委任事務とは異なり，国からの指揮・監督を受け，地方議会の関与が制限されるな

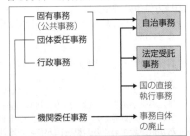

▲ 地方公共団体の事務区分の変化

ど，地方を中央の下請け機関化するものと批判されてきた。2000年施行の改正地方自治法によって廃止され，自治事務と法定受託事務にふり分けられた。国民年金のように国が直接執行する事務に移されたものもある。

自治事務 **A**⃞12（じちじむ）　地方公共団体が自主的に処理する事務で，法定受託事務以外のもの。地方分権一括法の施行にともない，2000年に導入された事務区分である。従来の固有事務や団体委任事務などが含まれる。具体的には，小中学校の建設，飲食店の営業許可，都市計画の決定，病院の開設許可などがある。

法定受託事務 **A**⃞8（ほうていじゅたくじむ）　本来は国や都道府県の事務に属するものだが，地方公共団体が委任を受けて行う事務。国の本来果たすべき役割にかかわる第1号法定受託事務と，都道府県が本来果たすべき役割にかかわる第2号法定受託事務とがある。かつての機関委任事務の一部なども含まれる。この事務は一定の国の関与を受けるとされるが，原則として地方議会の条例制定権や調査権などが及ぶ。具体的には，国政選挙，パスポートの交付などがある。

地方分権一括法 **A**⃞9（ちほうぶんけんいっかつほう）　国から地方公共団体への権限移譲の一環として1999年7月に成立，翌2000年4月から施行。地方自治法など475本の関連法が一度に改正された。正式名称は「地方分権の推進を図るための関係法律の整備等に関する法律」という。地方自治の本旨に反するとの批判が強かった機関委任事務が廃止されるとともに，従来の事務区分もなくなり，地方公共団体が扱う事務は自治事務と法定受託事務の二つになった。

国地方係争処理委員会 **3**⃞（くにちほうけいそうしょりいいんかい）　国と地方公共団体との間で法律などの解釈や運用，国の不当な関与をめぐる争いが発生した際，公平・中立な立場で調整をはかる第三者機関。総務省に置かれ，委員は5人（任期3年）。両議院の同意を経て総務大臣が任命する。委員会の審査結果に不服があるときは，高等裁判所に提訴できる（機関訴訟）。沖縄県辺野古の米軍新基地建設をめぐり，県と国が争った案件で係争委は2016年，適法か違法かの判断

をしないとの決定をおこなった。2019年，総務省は，ふるさと納税の返礼品に関する指導に従わなかったことを理由として，泉佐野市（大阪府）を制度対象から除外した。これを不服として泉佐野市が係争委に審査を申し立てた結果，係争委は総務省に対して再検討を勧告している。

地方分権推進委員会（ちほうぶんけんすいしんいいんかい）　1995年制定の地方分権推進法（5年間の時限立法）に基づいて総理府（現総務省）に設置された委員会。国会の承認に基づく7名の委員で構成。機関委任事務の廃止や，国・地方間の問題を解決するための第三者機関設置などを提言した。

類⃞地方分権推進法

地方財政 **B**⃞8（ちほうざいせい）　地方公共団体のおこなう経済活動のこと。地方公共団体は，警察や消防，生活保護や環境衛生など，生活に密着した公共サービスを住民に提供するために，地方税などから収入を得ている。歳入面で特徴的なのは，地方税収入など自主財源の割合が少なく，地方交付税や国庫支出金など中央政府へ依存する財源の割合が大きいことである。地方公共団体間の財政力格差を是正するために，国税を各地方公共団体に再交付しているからである。しかし，依存財源の割合の高さが，自治体の自主性を奪っているとの批判もある。地方財政の歳出を目的別にみると，教育費と土木費への支出が多く，性質別にみると人件費の割合が高い。地方財政運営の原則を定めた地方財政法にもとづく。

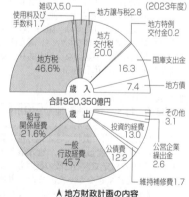

▲ 地方財政計画の内容

地方交付税 Ⓐ25 （ちほうこうふぜい）　地方公共団体間の財源の格差をなくすため，国税の一定割合を自治体に交付するもの。国家予算の区分では，地方交付税交付金といわれる。使途の定めのない一般財源で，各種の行政を一定水準で実施するために交付される。財源が所得税・法人税の33.1％，酒税の50％，消費税の19.5％と，地方法人税全額の合算額とされているので，交付額は財源の大きさで制限され，財政力が豊かな団体には交付されない。2022年度の不交付団体は東京都および全国72の市町村となっている。

国庫支出金 Ⓐ18 （こっこししゅつきん）　国が都道府県・市町村に支給するもので，使途の指定があるため「ひも付き補助金」と称されることもある。科学技術研究や貿易振興などで国が必要と認めた事業費の一定割合を支出する国庫補助金，国の事務を委託する場合の経費の全額を支出する委託金，義務教育・建設事業・失業対策事業などの経費の一定割合を支出する国庫負担金，の3種類がある。国から交付される補助金のうち，約8割は地方公共団体に支払われたものであり，地方公共団体は歳入の16％程度を国庫支出金に依存している。1980年代の後半から国庫支出金の額は減少する傾向にあり，地方財政を圧迫する要因となっている。民主党政権のもとで，地方公共団体の裁量で使い道を決められる一括交付金化がおこなわれたが，使い道を自由にすれば，まず福祉や教育が切り捨てられるとの批判もあった。自民党の政権復帰で，もとの「ひも付き補助金」に戻った。

類一括交付金

超過負担 （ちょうかふたん）　地方公共団体が本来の自己負担費用をこえて負担すること。地方公共団体が国の補助金の交付をともなう公共事業を進める場合，費用が国の予算見積もり額を大幅にこえても，超過分は自治体が負担しなければならない。

地方債 Ⓐ12 （ちほうさい）　地方公共団体が，公営企業への出資・公共施設建設・災害復旧など，特定事業の資金のため発行する公債。起債には，これまで総務大臣または都道府県知事の許可を必要としたが，2006年度から事前協議制に移行。地方財政法は第

5条で「地方公共団体の歳出は，地方債以外の歳入をもって，その財源」とすると規定しているが，水道・交通などの公営企業，災害復旧事業などの財源とする場合には，地方債の発行ができる。

地方譲与税 Ⓒ2 （ちほうじょうよぜい）　本来，地方税に属すべき財源であるが，国税としていったん徴収し，地方公共団体に配分する資金。地方道路譲与税・石油ガス譲与税などがある。地方交付税とともに，地方公共団体間の財政力格差を是正する機能を持つ。

自主財源 Ⓒ4 （じしゅざいげん）　地方公共団体が自らの権限に基づいて徴収・収入する財源をいう。地方公共団体の収入には，自治体独自で賦課・徴収できる地方税のほか，使用料・手数料，分担金および負担金，財産収入などがある。財政構造上は自主財源の占める割合が高いのが望ましいが，現実は依存財源の比率が高い。

対依存財源 Ⓒ2

地方税 Ⓑ7 （ちほうぜい）　都道府県・市町村の経費をまかなうため，徴税権に基づいて地域の住民や法人などから徴収する租税。道府県税と市町村税に分類される。道府県税では事業税と道府県民税（住民税）が，市町村税では市町村民税（住民税）と固定資産税が中心である。事業税は道府県税全体の約2割を，市町村民税は市町村税全体の約5割を占めている。特定の経費にあてる目的税では道府県税の自動車取得税，市町村税の都市計画税などがある。地方税収入に占める直接税と間接税等の比率は約8対2。なお，東京都の場合は，道府県税に相当する税を都が，市町村に相当する税を特別区が課税しているが，市町村税にあたる税でも，市町村民税・固定資産税・都市計画税などは都が課税している。

類住民税1

地方消費税 Ⓑ （ちほうしょうひぜい）　1994年の税制改革により導入された制度で，消費税8％のうち，6.3％が国の消費税，1.7％が地方消費税として都道府県や市町村に配分される。2019年に消費税率が10％となり，地方消費税分は2.2％となった。

法定外税 Ⓒ （ほうていがいぜい）　地方公共団体が課税自主権を活用して，条例に基づき新設した法定税以外の税目。地方税法には法定

外普通税と法定外目的税とが規定されている。前者は、地方公共団体が通常の普通税以外に独自に税目をおこして課する普通税のこと。福井県の核燃料税や熱海市の別荘等所有税などがある。その新設や変更の際には、事前に総務大臣と協議し、同意を得ることが必要。後者は、地方公共団体が通常の目的税以外に独自に税目をおこして課する目的税のこと。三重県の産業廃棄物税や東京都の宿泊税、富士河口湖町の遊漁税などがある。その新設や変更の際は、法定外普通税と同様の手続きを要する。

類 法定外普通税　法定外目的税

住民運動 **Ｂ**2（じゅうみんうんどう）　特定地域の住民が地域社会の諸問題を解決するためにおこなう運動。戦後日本においても、公害反対運動、環境保護運動、ゴミ処理施設建設反対運動などが展開されてきた。

住民参加 **Ｃ**1（じゅうみんさんか）　地域生活上の問題の決定・解決に住民が参加していくこと。また、住民の意思を行政に反映させていくことでもあり、行政上の意思決定過程に影響を与えている。法制上のものとして、直接請求制度や住民訴訟・公聴会開催などがある。制度化されていないものとしてモニター制・市民集会などがある。

地方の時代（ちほうのじだい）　地方の特色や個性、地方自治・地方分権を重視しようとする動き。1977年、地方自治法施行30周年の「地方の時代シンポジウム」を機に、当時の長洲一二神奈川県知事らを中心に、中央集権の強化や国の統制・画一主義への反対、自治・分権型の行財政システムや福祉型経済システムの実現、などが主張された。

草の根民主主義〔grassroots democracy〕（くさのねみんしゅしゅぎ）　民衆の日常生活や底辺のすみずみにまでゆきわたる民主主義をいう。1930年代半ばにアメリカの共和党大会で取り上げられ、民衆の支持を得る民主主義の形態として、しだいに一般化した。日本では、住民運動などをとおして、民衆が生活に密着した場で日常的に政治に参加していくことが民主主義を支える、という点が強調される。

革新自治体 **Ｃ**4（かくしんじちたい）　長（首長）が革新系政党の推薦や支持を受けて当選した地方公共団体のこと。1970年代後半にはその数がピークに達し、150自治体をこえた。住民運動の高まりなどを背景に、公害対策や福祉行政に力を入れ、国の政策にも影響を与えた。現在では、多くの政党の相乗りによるオール与党化が顕著である。

一村一品運動（いっそんいっぴんうんどう）　地場産業振興政策の一環として、大分県の平松守彦知事の提唱で1979年頃に始まった運動。各市町村の住民が主体となって、その地域を代表する特産物をつくり、全国に広めようとするもの。県は研究開発や宣伝・販売面で支援する。

広域行政 1（こういきぎょうせい）　現行の都道府県・市町村の境界をこえて、複数の地方公共団体が協力して広域にわたる行政処理をおこなうこと。近年、公害防止・環境保護・治水・河川管理など、一地方公共団体では処理が困難な問題が出現したため、広域行政が必要になった。ここから地方公共団体の協力や合併が要請された。1994年に地方自治法が改められ、都道府県や市町村にまたがる広域連合が制度化された。

類 広域連合 **Ｃ**4

関西広域連合（かんさいこういきれんごう）　地方自治法に基づく特別地方公共団体の一つ。2010年、2府5県（京都・大阪・兵庫・和歌山・滋賀・鳥取・徳島）が参加して発足した。都道府県レヴェルでは初のケース。九州や首都圏でも、広域連合の設立に向けた協議が始まっている。

政令指定都市 **Ｃ**2（せいれいしていとし）　地方自治法に基づき政令で指定された人口50万以上の市。大阪・名古屋・京都・横浜・神戸・北九州・札幌・川崎・福岡・広島・仙台・千葉・さいたま・静岡・堺・新潟・浜松・岡山・相模原・熊本の20市がある。大都市の特殊性に対応して、住民生活に密着した事務が都道府県から移譲されるほか、行政区の設置などの特例が認められる。なお、政令指定都市とは別に、人口20万人以上を要件とする中核市という区分もある（2023年現在62市）。また、かつては特例市という区分もあったが、現在は廃止されており、特例市の大半は中核市に移行している。

類 中核市　特例市（施行時特例市）

市町村合併 **Ａ**4（しちょうそんがっぺい）　複数の市

町村が一つに合同すること。新設合併（対等合併）と編入合併（吸収合併）の２種類がある。1995年の改正市町村合併特例法で，有権者の50分の１以上の署名で首長に合併協議会の設置を求める制度が導入された。さらに2002年，合併協議会の設置を議会が否決した場合でも，有権者の６分の１以上の署名により，協議会の設置を住民投票で問いなおすことができる制度がとり入れられた。合併の背景には，一般財源である地方交付税が10年間減額されないため，地方の財源確保という側面もある。「平成の大合併」により，1999年３月末に3,232あった市町村数が2023年７月末現在で1724にまで減少している。

　　　　　　　　　　　　　　類 平成の大合併 **B**

住民投票 **A**[18]（じゅうみんとうひょう）　地方公共団体の住民が，条例にもとづく投票によってその意思を決定すること。近年，原子力発電所や米軍基地，産業廃棄物処理施設の建設などをめぐり，条例に基づく住民投票が相次いでおこなわれてきた。法的拘束力はないが，住民参加を保障する新しい形態として注目されている。滋賀県米原市のように，永住外国人にも住民投票権を付与する事例もある。

住民投票条例 **C**[4]（じゅうみんとうひょうじょうれい）地方公共団体が重要な政策決定について，住民の意思を問うための住民投票を実施することを定めた条例。事案ごとに制定される諮問型と，あらかじめ条例を定めておく常設型とがある。

　　　　　類 諮問型住民投票　常設型住民投票[1]

自治基本条例 **C**（じちきほんじょうれい）　地方分権改革の流れに沿い，個々の地方公共団体が住民参加と協働などの理念をもりこんで定めた基本的な条例。「まちの憲法」ともよばれる。2000年施行の地方分権一括法で条例制定権が拡大されたのを機に，こうした条例づくりが広がった。2001年に制定された北海道のニセコ町まちづくり基本条例が最初の例。2023年時点で405の自治基本条例が制定されている。

議会基本条例（ぎかいきほんじょうれい）　地方公共団体の議会改革をおこなうためにつくられた条例。2006年に全国で初めて北海道栗山町議会が制定して以来，100をこえる地方議会で成立している。背景には，首長提出の議案をそのまま可決するなど，二元代表制の一翼をになうべき地方議会が本来のチェック機能を果たしていないという現実がある。

公契約条例 （こうけいやくじょうれい）　地方公共団体の発注する公共工事や委託事業に携わる労働者に対して，首長が決めた最低額以上の賃金の支払いを定めた条例。違反していると労働者が申告すれば，自治体が調査して是正命令を出す。公共サービスの劣化防止と，いわゆる「官製ワーキングプア」をなくすことにもつながるとされ，千葉県野田市で2009年に初めて成立した。現在では，10をこえる地方公共団体でこの条例が制定されている。国に公契約法の制定を求める動きもある。

三位一体の改革 **A**[6]（さんみいったいかいかく）　小泉純一郎内閣が2004年からおこなった地方財政と地方分権にかかわる改革。2002年の経済財政諮問会議による「骨太の方針」で打ちだされた。①国から地方公共団体への補助金の削減，②国から地方公共団体への税源移譲，③地方交付税の見直し，の三つを同時に実施しようとした政策。実際には，地方交付税の縮減などの影響で，地方公共団体はきびしい予算編成を強いられるようになった。

構造改革特区 **B**[8]（こうぞうかいかくとっく）　規制を緩和・撤廃した特別な区域を設けることで地域社会の活性化をはかろうとする試み。小泉純一郎内閣が構造改革の一環として推進した。2002年施行の構造改革特別区域法に基づく。これまで地方公共団体などの申請により，200件以上が認定されている。しかし，2005年から地域再生法に基づき，財政支援をともなう地域再生計画が申請・認定されるようになり，この特区の存在意義は薄れた。

　　　　　　　　　　　　　　類 地域再生計画[1]

国家戦略特区 **B**[6]（こっかせんりゃくとっく）　安倍晋三内閣が2013年の法制定によって設けた特別区域。東京圏など10地域が指定されている。特定地域を限定し，雇用・医療・農業・都市開発などの分野で，種々の規制を緩和，企業のビジネス環境を整えるのが狙い。小泉純一郎内閣時代の構造改革

特区は地方公共団体が提案したが，国家戦略特区は基本的には国が上から決める。学校法人「加計学園」の獣医学部新設をめぐり，この制度を活用した規制緩和の妥当性や，首相らの関与で行政がゆがめられることがなかったかなど，広い関心をよんでいる。

タウンミーティング Ｃ [town meeting]　施策への評価・批判・要望などを吸い上げるために，行政当局が各地の住民と直接対話する集会。アメリカ建国期のニューイングランド(北東部)で発達した方式にならい，2001年から小泉純一郎内閣の時代に始まった。しかし，開催前の質問者への質問依頼などが発覚し，2007年以降は中断している。

指定管理者制度 Ｃ (していかんりしゃせいど)　地方公共団体から指定を受けた法人などの団体が，公の施設の管理などをおこなうことができる制度。地方自治法の改正で，2003年から導入された。民間活力を用いて経費の縮減をはかることなどが狙い。

百条委員会 (ひゃくじょういいんかい)　地方自治法第100条に基づき地方議会に設置される調査特別委員会。衆参両院の国政調査権と同様の趣旨で，地方公共団体の行政に疑惑や不正があった場合に，直接調査などにあたる。

電子自治体 (でんしじちたい)　情報技術を用いて地方行政の効率性や利便性を高めること。ただし，自治体には情報技術の専門家が少なく，具体的施策に結びつきにくい。近年は「自治体DX」という名の下，知事直属のDXアドバイザーやデジタル人材雇用などの試みが続いている。

財政再建団体 Ｃ (ざいせいさいけんだんたい)　1955年制定の地方財政再建促進特別措置法に基づき，破綻した財政を国の管理下で再建するよう指定された地方公共団体。2007年に指定された北海道夕張市が最後の財政再建団体。2009年からは，地方公共団体財政健全化法に基づき，財政再生団体と早期健全化団体の二つに分けて財政の立て直し

がおこなわれている。

財政再生団体 Ｃ ⑥ **と早期健全化団体** (ざいせいさいせいだんたい・そうきけんかだんたい)　2009年からおこなわれている財政の立て直しが必要な地方公共団体。2007年制定の地方公共団体財政健全化法に基づく。財政状況の悪化が深刻化したのが財政再生団体。悪化が比較的軽度なのが早期健全化団体。いずれも実質赤字比率・連結実質赤字比率・実質公債費比率などの指標で判断される。財政再生基準をこえると破綻とみなされて財政再生計画の策定が，早期健全化基準をこえると財政健全化計画の策定が，それぞれ義務づけられる。

　　　　　　類 地方公共団体財政健全化法 Ｃ

地域主権 (ちいきしゅけん)　2009年に成立した民主党を中心とする政権がかかげた地方分権改革のスローガン。地方公共団体への権限移譲や国の地方出先機関の見直しなどを検討している。そのための組織として，地域主権戦略会議が内閣府に新設された。

　　　　　　　　　　類 地域主権戦略会議

大阪都構想 Ｃ (おおさかとこうそう)　現在の大阪府と政令指定都市の大阪市・堺市を解体・再編し，東京23区のような複数の特別区などで構成される「大阪都」を新設する構想。府と市の二重行政を解消して効率化をはかるとした。橋下徹大阪市長らがかかげた政策の一つ。大都市地域特別区設置法が2012年に制定された。2015年および2020年に大阪都構想を問う住民投票が実施されたが，いずれにおいても否決され，事実上の廃案となった。

地方創生 Ｃ (ちほうそうせい)　現在の日本政府が掲げる地方政策の総称。東京圏への人口集中の是正と少子高齢化による人口減少に歯止めをかけるため，2014年末に「まち・ひと・しごと創生法」など地方創生関連2法が成立した。なお，2040年には全地方公共団体の約半数にあたる896市区町村が消滅の危機に直面する，との見解を日本創成会議が2014年に公表している。

6章　現代日本の政治

1　政党政治

政党とは

バーク［Edmund Burke, 1729〜97］　イギリスの政治家・政治思想家。ホイッグ党の党員で，下院議員を務めた。アメリカの独立運動を支持する一方，フランス革命の急進主義を否定した。保守主義の理念の提唱者。王権の制限や議会の確立につとめ，「バークの改革」とよばれた。政党（政治）の擁護者としても有名。

政党政治 🅐①（せいとうせいじ）　選挙を通じて国民多数の支持を得た政党が議会の多数派となり，政権を担当するほか，議会運営が政党の主導権の下におこなわれる政治。複数政党の存在を前提とし，政治的自由と公正な選挙制度を条件に，国民主権と安定した政府の実現が目的となる。政党政治の形態には二大政党制・多党制・一党制などがある。

政党 🅐⑬（せいとう）　主義・主張を同じくする者同士が政権獲得をめざして団結した政治集団。民意をくみあげ，国民合意の形成に主導的役割を果たす。一定の綱領と共通の行動様式を持ち，政策を掲げて有権者の支持を訴える。政党は公党として直接国政に参与するという公共的使命を負い，国民の一部の利益ではなく，国民全体の利益を増進することを目的とする。イギリスの政治家ブライスは「自由なる大国にして政党をみない国はかつて存在しないし，何人も政党のない代議政治を運営し得るといったものはない」と述べている。

与党 🅐⑤（よとう）　議院内閣制では，議会の多数派を占めており，内閣を組織している政党をいう。大統領制では，大統領の出身政党を指し，議会で多数党を形成しているとは限らない。また，連立政権となっている場合，少数政党でも与党の地位に就くこともある。日本では，1955年以降，自由民主党が長期にわたって与党として政権に参加している。同党が与党の地位から外れたのは，1993-1994年および2009-2012年という２つの短い期間しかない。

野党 🅐②（やとう）　政党政治の下では，政権を担当する与党と対立する立場の政党をいう。イギリスでは「陛下の反対党」とよばれ，影の内閣（シャドー・キャビネット）を組織して政権交代に備えている。日本では政権交代の可能性が少なかったため，政府・与党の政策を批判し，意見が対立する法案の成立を阻止することに専念する傾向が強い。

保守 🅐（ほしゅ）　伝統を守り，変革を好まず，現状を維持しようとする態度や立場。保守主義は最初，近代市民革命的立場や社会主義的立場に対抗して形成されたため，伝統的・復古的特徴を持つ。現存権力と結びつき，変革勢力と対立する場合が多い。

革新 🅐②（かくしん）　現存の体制や組織を変革しようとする態度や立場。戦前は明治維新のやり直しという意味で革新といわれ，戦後は社会主義勢力の護憲・平和・民主主義の主張が革新といわれた。既存の秩序と既得権の打破という点で保守と逆の性格を持つ。

リベラル　［liberal］　もともとは近代ヨーロッパで普及した考え方であり，個人的自由を尊重する政治思想である。必然的に，小さな政府を志向する傾向が強い。ただし，現代アメリカでは「いかなる人々も平等に個人的自由を享受すべきである」という考え方の下，個人的自由と大きな政府を融合させた社会自由主義に近い政治思想にシフトしている。

党員 （とういん）　政党から，政党を構成する資格を与えられた者。機関から入党を承認されると，党の規約や綱領に従い，党費を納めて定期的な活動に参加する。総裁や代表者選挙などの際に選挙権も有する。

党費 （とうひ）　所属政党に党員が納付する金銭。日本の政党は党員数が少ないため，収入に占める割合は党費より寄付金・事業収入などが高く，1995年から実施された政党助成制度に基づく政党交付金を最大の収入とする政党もある。

党首 🅐（とうしゅ）　政党を代表し，党の組織運営や活動上の最高責任者。議院内閣制では，下院で過半数を占める政党の党首が，首相

となることが多い。一般的に党首は，党の政治活動全体の指導や政党の対外的な代表など党運営の責任者としての能力が期待される。

綱領（こうりょう）　政党・団体などがかかげる理念・目標・方針などを要約して列挙した文書。政党は綱領に基づいて組織され，政策をかかげて有権者に支持を訴える。

党議拘束 B④（とうぎこうそく）　政党の決定に基づいて党所属議員の議会活動を拘束すること。議員個人の自律的で自由な行動を妨げるという批判がある一方，国民への政党の公約実現のためには必要との意見もある。臓器移植法・サッカーくじ法（スポーツ振興くじ法）などのように，党議拘束を外して各議員の判断で成立した法律もある。

派閥 B（はばつ）　特定の利害関係や思想で結びついた政党内部の私的集団。戦後日本の自由民主党では，衆院中選挙区制に対応するため，党内実力者（領袖りょうしゅう）による立候補調整機能が期待された。現在では政治資金の調達，党・内閣・国会人事の配分などへの役割が大きい。私的集団の政治への関与が批判され，幾度も派閥の解消が主張されたが，現在でも政策集団の名目で継続している。

政党制 A（せいとうせい）　政党政治がおこなわれる枠組みのこと。フランスの政治学者M.デュヴェルジェは政党の数に焦点をあわせ，一党制・二大政党制・多党制の三つに分類した。これに対してイタリアの政治学者G.サルトーリは，政党数だけでなく政党の競合性にも着目し，一党制・ヘゲモニー政党制・一党優位政党制・二党制・穏健な多党制・分極的多党制・原子化政党制の七つに分類している。

多党制 B④（たとうせい）　多数の政党が主導権をめぐって争い，一政党が単独で政権を担当できない勢力関係をいう。小党分立制ともいう。長所は，多様な国民の意思を忠実に反映させることができ，政党の政策に弾力性が出て，政権交代の可能性も高いこと。短所は，政局が不安定になりやすく，少数党が政治の主導権を握ることで，政治責任が不明確化しがちなこと。

二大政党制 A④（にだいせいとうせい）　二つの大政党が互いに政権の獲得・担当を争う政治の形態。議院内閣制の下では政局が安定するが，有力な野党が存在するために政権交代も容易で，政治責任の所在が明確になるなどの長所を持つ。短所は，極端な政策の違いは出しにくく，国民の選択の幅が狭くなることなどである。イギリスの労働党と保守党，アメリカの民主党と共和党などが代表的である。

1と2分の1政党制（-ぶん-せいとうせい）　日本では，1955年の左右社会党の統一，そして自由党・民主党の保守合同以後，形式的には二大政党制となった。しかし実際には，自民党と社会党との勢力比率がほぼ1対2分の1であり，政権交代の可能性のない二大政党制と皮肉られたことをさす。1960年代から多党化が進行し，さらに1990年代に政界再編成が進んだため，実質的意味はなくなった。

一党制 B（いっとうせい）　一政党のみが政党として認められ，他の政党の存在が否定される政党制。複数政党の存在や多元主義は認められず，共産主義や全体主義下のような一党独裁制になる。長所は政局が安定し，長期化して強力な政治が展開されること。短所は，民主的な政権交代が不可能になり，政策の硬直化と政治腐敗をまねきやすいこと。ナチス−ドイツや旧ソ連などがその例。

名望家政党 B（めいぼうかせいとう）　家柄・教養・財産を持つ地域の有力者出身か，あるいは彼らに支持された議員によって構成された政党で，院内議員政党ともいう。名望家という社会的勢力や威信という共通性や利害関係を背景にして，政策よりは領袖中心の人的結合により成り立つ組織である。制限選挙制の下での選挙人が少ない時代の政党で，かつてのイギリスのトーリー党・ホイッグ党がその典型。政党の発達過程を3段階に分類したマックス＝ウェーバーによれば，名望家政党は貴族の従属者たちからなる貴族政党と，近代的な大衆政党との中間に位置する政党とされている。

大衆政党 B③（たいしゅうせいとう）　名望家政党の対語。大衆の利益や意向を政治に反映させようとする政党。普通選挙制度の確立によって，大衆の政治参加を背景に出現した。支持者確保のために全国的な組織の確立が必要なため，組織政党ともいう。組織拡大

にともない，党機構が官僚化し，党の統一性維持のため党員への統制が強化され，国会議員も党議拘束の下で発言・活動することが多い。

圓 組織政党 C

包括政党　**C**　(ほうかつせいとう)　従来のイデオロギー志向の強い政党とは異なり，20世紀半ばに台頭した新中間層など広範な社会集団に支持を求める政党。キャッチオール-パーティともいう。1960年代以降，先進国を中心に登場してきた政党類型である。アメリカの民主党・共和党，ドイツのキリスト教民主同盟，フランスの再生(旧共和国前進)などが該当する。

公党　(こうとう)　国民の多様な意見を集約し，国民全体の利益という視野を持つ綱領・政策によって結ばれ，政権を担当することを目的として活動する政党をいう。これは現代の国民政党の使命であり，イギリスの政治家 E.バークは「政党は私的に組織しながら公共性を担う公党でなければならない」と指摘した。政党は綱領・公約の公開性，政策とその結果についての政治責任の所在などの点で，圧力団体や派閥と異なる。

公約　**B①**(こうやく)　選挙などの際に，政党や候補者が有権者に明らかにする政策などの公的な約束事。実施時期や数値目標などを具体的にもりこんだものを，とくにマニフェストとよぶ。また，地方選挙におけるマニフェストをローカル-マニフェストという。他党や他者との政策上の争点を明確にして，有権者の選択に役立つことが必要である。選挙後も，公約に拘束され政策に反映させることが条件であるが，選挙用にのみ出され，事後のチェックはほとんどおこなわれていない。

圓 マニフェスト A②　ローカル-マニフェスト

憲政の常道　**C**　(けんせい-じょうどう)　憲法に基づく議会政治の守るべきルール。大正デモクラシーの時代，超然内閣に反対し，衆議院の多数党が内閣を組織する政党内閣制を要求する運動のなかで，尾崎行雄らによって主張された。これを合言葉に護憲運動が展開され，1924年には護憲三派による政党内閣が形成された。護憲運動の時期のスローガンでもある。

左右社会党　(さゆうしゃかいとう)　戦後再結成された日本社会党が，1951年にサンフランシスコ講和条約の受け入れをめぐって左右に分裂してから，1955年に保守勢力の憲法改正の動きの阻止を目的に再統一するまで存在した二つの社会党をいう。両派の争点は対米関係のあり方の問題に集約できる。1960年には日米安全保障条約の改定をめぐり再度分裂，脱退した右派が民主社会党(のちに民社党)を結成した。

保守合同　**B**　(ほしゅごうどう)　1955年の左右社会党の統一に対して，同じ年に鳩山一郎率いる日本民主党と，吉田茂率いる自由党とが合同して自由民主党を結成した。この保守合同によって，保守・革新の二大勢力の対抗関係ができたが(55年体制)，実際には自由民主党が，その後長く単独政権体制を形成・継続した。

多党化　(たとうか)　議会で議席を占める政党の数が増加していく傾向をいう。55年体制の形成後，保守勢力は自由民主党を中心に1990年代前半まで統一を保った。一方の野党勢力は，1960年に民主社会党(のちに民社党)，1964年に公明党の結成によって多党化が進んだ。参議院議員選挙の比例代表制導入後は，小政党が議席を確保し，多党化がいっそう進行した。

ロッキード事件　**A②**(-じけん)　米国ロッキード社の航空機売り込み工作にともなう汚職事件。政権の中枢にあった者が逮捕されたため，昭電疑獄・造船疑獄とともに戦後の三大疑獄事件とよばれる。1976年，田中角栄元首相らが起訴され，一・二審とも受託収賄罪で実刑判決が下された。同じ76年，三木武夫首相は政治責任を追及され，退陣に追いこまれた。

リクルート事件　**B**　(-じけん)　1988年に発覚したリクルート社の業務拡大にともなう未公開株の譲渡や献金問題などをめぐる事件。民間・官公庁を含め，竹下登内閣の中枢にも疑惑が波及した。

東京佐川急便事件　(とうきょうさがわきゅうびんじけん)　1991年に摘発された東京佐川急便による疑獄事件。政界に多額の政治献金が流れ，金丸信自民党副総裁が辞任した。

圓 佐川急便事件 B

ゼネコン汚職　**C**　(-おしょく)　ゼネコンとはゼネラルコントラクターの略で，土木工事か

ら建築までを請け負う総合建設業者のこと。ゼネコンが政治献金の見返りに公共事業などの工事を受注，政治家との贈収賄事件に発展した。1993年に相次いで発覚し，中村喜四郎元建設大臣らが有罪判決を受けた。

金権政治 B2（きんけんせいじ）　政策決定や利権の配分が政治献金やワイロなどに応じて決定される政治をさす。日本の多くの政党は，政党活動を労働組合や企業などからの献金に頼る傾向が強い。これが政権中枢や与党への贈収賄行為となってあらわれる。こうした汚職は，日本の政治構造と密接に結びつき，構造汚職とよばれる。

構造汚職（こうぞうおしょく）　政治家と経済界と官僚とが複雑に結びつき，その結果もたらされる贈収賄などの汚職。

政治資金 A1（せいじしきん）　政治家がおこなう政治活動や選挙運動にかかわる資金。党費や寄付金，企業や労働組合などからの献金，パーティ開催収益金，機関紙誌発行による事業収入などからなる。政治資金は，個人献金と企業・労働組合などからの献金および事業収入に大別できるが，政党によりその比率は異なる。このうち企業・団体からの献金は，政治腐敗や金権政治の温床になると指摘されている。このため，政治資金規正法がたびたび改正されてきたが，十分な成果はあがっていない。

政治資金規正法 A2（せいじしきんきせいほう）　1948年に制定された法律。政党や政治家の政治活動の公正をはかり，民主政治の健全な発達に寄与することを目的とする。政治献金を受けた政治団体・政治家の収支報告義務，

▲ **政治資金をめぐる制度**

政治資金パーティ開催の規制，団体献金の制限，などを定める。1994年の改正で，政治資金の調達は政治家個人ではなく，政党中心に改められた。寄付についての規制はあるものの，使途に関する規制がほとんどない。

類政治資金規正法改正

政治献金 C4（せいじけんきん）　企業などが政党，政党の指定する政治資金団体，資金管理団体へ寄付する金銭のこと。1994年の政治資金規正法の改正により，企業・団体からの政治家個人への寄付は禁止された。

政党助成法 A4（せいとうじょせいほう）　1994年制定。政党活動にかかる費用の一部を，国が政党交付金として交付する法律。政治資金をめぐる疑惑発生の防止を目的とするが，自分の支持しない政党に税金が使われることに反発を示す声も根強い。政党交付金総額は，総人口に国民一人250円を乗じた額。所属する国会議員が5人以上，または直近の国政選挙の得票率2％以上の政党が政党交付金を受けられる。各政党のうち日本共産党は，政党助成法が憲法に違反するとして，政党交付金の受け取りを拒否している。

類政党交付金 B2

55年体制 A2（-ねんたいせい）　1955年に左右両派の社会党が統一され，危機感をいだいた保守側も日本民主党と自由党とが合同して自由民主党が結成された（二大政党制）。しかし当初から自民党は社会党の約2倍の勢力を確保し，政権交代が可能な勢力関係を持つ二大政党制ではなかった。その後，野党側の多党化が生じ，実質的には自民党一党優位が続いた。

小党分立 C（しょうとうぶんりつ）　議会において，多数派となる政党がなく，議員数の小規模な政党が多く存在すること。内閣を構成する際には，小党がいくつか協力して連立内閣をつくり，政権を担当することとなる。各政党の政策や支持層の違いなどから閣内不一致となり，内閣が崩壊することもある。

連立政権 A3（れんりつせいけん）　連立内閣ともいう。複数の政党が政策を協定し，閣僚を送りこんで組織する政権。単独政権の対語で，連合政権の一形態。一つの政党が選挙で絶対多数を獲得できなかった場合，ある

いは少数政党に対する妥協策としておこなわれる。政権内部の複数政党間の意見の対立が連立解消につながることもあるが、連立政権が必ずしも不安定であるとはかぎらない。

対 単独政権 **C**

保守長期政権 **1**（ほしゅちょうきせいけん）　日本で

内　閣	与党の構成
細川8党派連立 1993年8月〜 94年4月	日本社会党,新生党(自民党旧竹下派離脱派),公明党,日本新党,民社党,新党さきがけ(自民党離脱派),社会民主連合,民主改革連合
羽田6党派連立 94年4月〜 6月	新生党,公明党,日本新党,民社党,社会民主連合,民主改革連合(さきがけは閣外協力)
村山3党連立 94年6月〜 96年1月	自民党,社会党,新党さきがけ
橋本3党連立 96年1月〜 98年6月	自民党,社民党(96年1月,社会党から党名変更),新党さきがけ(96年11月,第2次内閣から社民,さきがけは閣外協力)
橋本自民党単独 98年6月〜 7月	自民党
小渕自民党単独 98年7月〜 99年1月	自民党
小渕2党連立 99年1月〜 10月	自民党,自由党(公明党は99年7月の党大会で連立政権参加決定)
小渕3党連立 99年10月〜 2000年4月	自民党,自由党,公明党(2000年4月,自由党連立離脱)
森3党連立 2000年4月〜 01年4月	自民党,公明党,保守党
小泉3党連立 01年4月〜 03年11月	自民党,公明党,保守新党(保守党と民主党離脱議員で02年12月結成)
小泉3党連立 03年11月〜 06年9月	自民党,公明党(03年11月,保守新党は自民党へ合流)
安倍2党連立 06年9月〜 07年9月	自民党,公明党
福田2党連立 07年9月〜 08年9月	自民党,公明党
麻生2党連立 08年9月〜 09年9月	自民党,公明党
鳩山3党連立 09年9月〜 10年6月	民主党,社民党,国民新党(10年5月,社民党連立離脱)
菅2党連立 10年6月〜 11年9月	民主党,国民新党
野田2党連立 11年9月〜 12年12月	民主党,国民新党
安倍2党連立 12年12月〜 20年9月	自民党,公明党
菅2党連立 20年9月〜 21年10月	自民党,公明党
岸田2党連立 21年10月〜	自民党,公明党

▲ 1990年代からの連立政権の形態

55年体制以後、保守勢力が長期間議会で多数派を占め、政権を担当したこと。自民党による長期政権は政局の安定の下で経済発展には寄与したが、金権政治・構造汚職の弊害も定着した。1990年代に入り、自民党の分裂から連立政権となったが、その後も議席の上では保守勢力が優勢であった。

族議員 **B**（ぞくぎいん）　特定省庁の政策決定や関係業界の利益誘導に強い影響力を持つ、主として自民党の国会議員をさす。旧省庁との関連で、建設族・大蔵族・厚生族などとよばれた。政界・官界・業界を結ぶ「鉄のトライアングル」の一端を担う。

鉄の三角形（てつ─さんかくけい）　鉄のトライアングル。政治のさまざまな局面で、政治家・財界・官僚の3者が強固に結びつき、腐敗がくり返されてきた実態を批判した言葉。自民党一党優位体制の帰結ともされた。

政治の腐敗（せいじ─ふはい）　官界・政界・財界の3者が密接なつながりを持ち、政治的決定が私的利害に基づいてなされることから生じる腐敗現象。日本では、公共事業の配分や許認可権に基づいて官界が財界に指導力を発揮、政界は財界からの政治資金を必要とし、財界が主務大臣や族議員を通じて官界への影響力を有する。自民党中心の長期政権と結びついて生じる場合が多かった。

郵政民営化問題 **A** **10**（ゆうせいみんえいかもんだい）　戦後日本の郵政事業（郵便、郵便貯金、簡易生命保険）は、郵政省が運営してきたが、2003年から特殊法人である日本郵政公社が担うことになる。さらに、2005年、当時の小泉政権は、同公社を民間企業とすべく「郵政解散」を実施。総選挙に勝利すると、2007年に同公社を廃止。新たに、持株会社として日本郵政(株)が設立され、その子会社として、郵便局(株)、郵便事業(株)、(株)ゆうちょ銀行、(株)かんぽ生命保険の4事業会社が生まれた。さらに、2009年発足の民主党政権下で、郵便局(株)と郵便事業(株)が統合され、日本郵便(株)となる。日本郵政(株)は2015年に東証1部上場を果たしている。こうした民営化によって、競争原理に基づくサービス向上が期待される一方、不採算地域における事業縮小が懸念されている。

大連立（だいれんりつ）　二大政党による連立政権をさす。ドイツのキリスト教民主・社会同盟と社会民主党との連立が典型。安定した強力な政府を生むが，議会政治を形骸化させる難点を持つ。日本でも2007年，自民党と民主党が大連立を画策したが，失敗に終わった。

ねじれ国会　**B**1（-こっかい）　衆院と参院で多数派が異なる現象。必然的に，首相の所属政党と異なる政党がいずれかの院において多数派を占めるため，政権のスムーズな運営が困難となる。戦後日本において，こうした現象は，（1）1947-1956年，（2）1989-1993年，（3）1998-1999年，（4）2007-2009年，（5）2010-2013年，の計5回ほど発生している。

単一論点政治〔single-issue politics〕（たんいつろんてんせいじ）　一つの政治的論点に焦点が絞られた政治運動・政党のあり方。その運動が大規模なものとなれば，その国の政治全体に一定の影響を与えることも可能である。近年は，動物の権利を擁護する政党，大麻解禁を唱える政党などが欧米諸国で現れている。

５５年体制以降の日本の政党

自由民主党　**B**6（じゆうみんしゆとう）　1955年の保守合同によって成立した保守政党。略称は自民。戦前の主要政党だった立憲政友会および立憲民政党を起源とする。親米・憲法改正・再軍備などの方針をかかげ，経済成長路線を採用して長期政権を維持してきた。結党以来，与党の座から外れたのは，1993-1994年および2009-2012年の2回のみである。いくつもの派閥が党内で形成されており，派閥間の調整が党運営の基礎となっている点も特徴である。2023年現在の総裁は岸田文雄。

社会民主党　**B**1（しやかいみんしゆとう）　日本の社会民主主義政党。略称は社民。戦前の無産政党である社会大衆党などを起源としており，戦後結成されて1996年まで存続した日本社会党の後継政党である。結成当初は自民党と連立政権を組んでいたが，1998年に解消。結党当時は衆院にて63議席を有していたが，その後は低迷し続け，2023年現在は衆院にて1議席を有するのみである。2023年現在の党首は福島瑞穂。**類**日本社会党**B**5

日本共産党　**B**3（にほんきょうさんとう）　1922年結党。戦前は非合法組織として弾圧を受け，いったん壊滅した。戦後再建されると，一時は武装闘争路線をとったものの，1955年以降は穏健な議会政党の道を歩んでいる。現在の党綱領では，民主主義革命と民主連合政府を実現し，日本の対米従属と財界支配を打倒すること，その後に社会主義的変革を目指すことが謳われている。2023年現在の党首は志位和夫委員長であり，2000年以来の長期体制となっている。

公明党　**A**1（こうめいとう）　1964年，創価学会を支持基盤に政治結社として結成。中道路線の国民政党として発展をめざした。94年，衆議院議員を中心に新進党結成に参加。同党解党後，新党平和・公明をへて公明党にもどった。99年以降，自民党などと連立与党の立場にあったが，2009年の衆院議員総選挙で敗北して下野。2012年の総選挙後，自民党とともに政権に復帰した。山口那津男代表。

新党大地　（しんとうだいち）　2005年に設立された北海道を拠点とする地域政党。元自民党衆院議員の鈴木宗男が立ち上げたものであり，2023年現在も同氏が党首を務める。

自由党　**C**（じゆうとう）　2016年から2019年にかけて存在した政党。旧国民の生活が第一のメンバーと無所属議員とで2014年に結成された「生活の党と山本太郎となかまたち」が，2016年に党名変更。2019年4月に国民民主党と合併する形で解散。

日本のこころ　**C**（にっぽん-）　日本維新の会の石原慎太郎グループらが分裂して2014年に結成された次世代の党が，2015年に「日本のこころを大切にする党」と党名変更。さらに，2017年に現名称に再変更し中野正志が代表を務めた。2018年11月に自由民主党に合併する形で解散。

減税日本　（げんぜいにっぽん）　河村たかし名古屋市長を中心に結成された地域政党（政治団体）。

日本維新の会　**B**（にっぽんいしん-かい）　旧日本維新の会（2012-2014）を起源として，2015年に新たに設立された国政政党。略称は維新。当初名称は「おおさか維新の会」だっ

たが，翌年「日本維新の会」に改名。結党時の衆院勢力は13名だったが，2021年総選挙に大勝して41名を擁する第3党の地位に躍進した。政治的立場は保守主義。2023年現在の代表は馬場伸幸。

立憲民主党 B（りっけんみんしゅとう） 2017年，旧民主党勢力が中心となって設立された国政政党。党名の通り，立憲主義に基づいた民主政治を党綱領として掲げる。日本の労働組合ナショナルセンターである連合が支持する政党であり，労働組合系が主たる支持基盤の1つとなっている。2023年現在，衆議院にて第2党であり，野党第1党。現在の代表は泉健太。

国民民主党 B（こくみんみんしゅとう） 希望の党と民進党が合流して2018年に結成された新党。穏健な保守からリベラルまでを包摂する中道改革政党を謳っている。2023年現在，衆議院にて第5党の地位。玉木雄一郎代表。

希望の党 C（きぼう-とう） 2017年に，小池百合子東京都知事を中心に設立された国政政党。同年に生まれた東京を拠点とする地域政党「都民ファーストの会」が母体である。民進党離党者たちが多く加わった。しかし，その後は分裂を繰り返しながら衰退していき，2021年に解散した。

民社党 B（みんしゃとう） 1960年に社会党の右派が，日米安保条約の改定に対する意見対立から離党して結成した民主社会党が前身。1970年に改称した。武装中立と議会主義

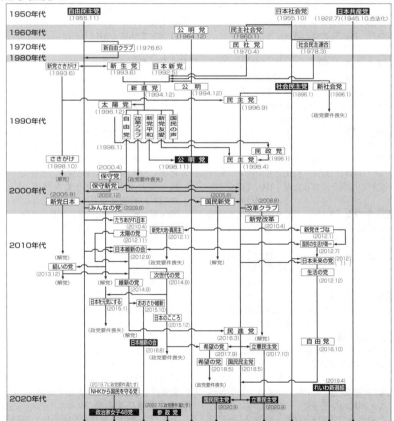

▲ 55年体制以降の主な政党の移り変わり（2023年7月現在）

の現実路線を志向。労働組合の同盟を支持基盤とした。1994年に新進党に合流。

新自由クラブ Ｃ (しんじゆう-)　1976年，自民党の汚職事件 (ロッキード事件) を批判した河野洋平らの離党者が結成。自由主義を堅持する保守政党。1986年には自民党に合流した。

社会民主連合 (しゃかいみんしゅれんごう)　1978年，社会党離党者と社会市民連合とで結党。市民革命の精神と漸進的社会民主主義の実現をめざした。1994年に二分して日本新党・さきがけと合流し，さらに同年，新進党に合流した。

日本新党 Ｃ (にほんしんとう)　1992年に，細川護熙を中心に結成された政党。国会審議の抜本改正・地方分権などの方針をかかげた。1993年に細川が非自民連立政権の首相につき，後に新進党の結成に参加した。
　　　　　　　　　　　[類] 非自民連立政権 Ｃ ③　55年体制の終焉

新党さきがけ Ｃ ③ (しんとう-)　1993年に自民党離党者によって結成。国連改革・地方分権・規制緩和などの方針を訴え，反自民勢力による連立に参加。1998年「さきがけ」に党名変更，2002年解党。

新進党 Ｃ (しんしんとう)　1994年結党。自民党の離党者などからなる新生党，旧野党の公明党・民社党・日本新党などが中心となってつくられた政党。自民党との間で二大政党制の形成をめざしたが，1997年解党。
　　　　　　　　　　　　　　　　[類] 新生党 Ｃ

新党きづな (しんとう-)　民主党を離党した国会議員9人で2011年に結成。日本未来の党に合流した。

たちあがれ日本 (-にっぽん)　自民党離党者や無所属の5人の国会議員で2010年に結成。太陽の党を経て，日本維新の会に合流。

国民の生活が第一 (こくみん-せいかつ-だいいち)　民主党を離党した小沢一郎衆議院議員を中心に結成された。日本未来の党に合流。

国民新党 Ｃ ① (こくみんしんとう)　郵政民営化に反対する自民党議員らで2005年に結成。2009年の衆議院総選挙後，民主党・社民党と3党で連立政権が発足。2013年解党。

日本未来の党 (にっぽんみらい-とう)　新党きづな・国民の生活が第一・減税日本に所属した議員らで2012年結成。「卒原発」などを政策に掲げたが，同年の総選挙では浸透せ

ず，同年末に解散。

旧日本維新の会 (きゅうにっぽんいしん-かい)　橋下徹大阪市長を中心とした大阪維新の会が国政進出をめざして2012年に結成。その後，たちあがれ日本を母体につくられた太陽の党が合流した。同年の総選挙では，民主・自民に次ぐ「第三極」の形成を訴えて躍進したが，その後支持率が下がり，2014年に共同代表だった石原慎太郎グループらが分党，その後に橋下徹グループらが結いの党と合流して消滅した。

みんなの党 Ｃ ① (-とう)　2009年，自民党の離党者らを中心に結成された保守系の政党。2010年の参議院議員選挙や12年の衆議院議員総選挙で議席を伸ばしたが，内紛により14年に結いの党と分党した。2014年解党。

結いの党 (ゆ-とう)　みんなの党から2014年に分党して結成。2014年，維新の党に合流して消滅。

民主党 Ａ ⑥ (みんしゅとう)　1996年に市民中心型社会の構築をめざして各党からの離党者らによって結党。情報公開や規制緩和などの行政改革の推進を強調した。政権担当にそなえ，「ネクストキャビネット」を組織した。国会議員数では，自民党に次いで第2党の座を占めてきたが，2007年の参院議員通常選挙につづき09年の衆院議員総選挙でも勝利して政権を獲得，社民党・国民新党とともに連立与党を形成した。2012年の総選挙で大敗し，野党となった。2016年に維新の党と合流，民進党となった。

維新の党 (いしん-とう)　日本維新の会の橋下徹グループと結いの党が合流して2014年に結成。国会議席数は，野党では民主党に次ぐ第2党だった。2016年に民主党と合流。

新党日本 (しんとうにっぽん)　2005年に結成。民主党とは友好関係にあったが，12年の総選挙で所属国会議員がゼロとなり，政党要件を喪失した。2015年解党。

新党改革 (しんとうかいかく)　2008年に民主党離党者などによってつくられた改革クラブのメンバーと，自民党離党者らとが10年に設立した政党。2014年の総選挙では議席を獲得できなかった。2016年解党。

日本を元気にする会 (にっぽん-げんき-かい)　旧みんなの党のメンバーを中心に，2014年の総選挙後に結成。所属議員の離党で政党

要件を喪失。2018年解党。

民進党 **C**（みんしんとう）　民主党と維新の党が合流して2016年に結成。野党第1党で，政権獲得をめざした。政策的には旧民主党の路線を踏襲した。主なメンバーが立憲民主党などに移ったあと，2018年に希望の党と合流し，国民民主党となった。

れいわ新選組 **C**（-しんせんぐみ）　2019年に設立された国政政党。代表は山本太郎。経済的社会的平等を強く志向する左派政党に位置付けられる。消費税廃止，脱原発，奨学金返済免除，最低賃金1500円などを唱えている。設立当初は国会議員0名だったが，国政選挙のたびに党勢を大きくさせ，2023年現在は，衆院議員3名，参院議員5名を擁する。

ＮＨＫから国民を守る党 **C**（-こくみん-まも-とう）　2013年に設立され，2019年に法律上の政党要件を満たした国政政党。NHK受信料制度見直しを唱える単一論点政党。近年は党名変更を繰り返しており，2023年10月現在は政治家女子48党。

参政党（さんせいとう）　2020年に設立された保守系の政党。2022年の参院選で得票率2％を上回り政党要件を満たした。2023年現在の代表は神谷宗幣参議院議員。

圧力団体

圧力団体 **A**11（あつりょくだんたい）　プレッシャー-グループ。ある特殊利益の擁護のために，議会や政府に圧力を加え，その政策決定に影響力を及ぼそうとする利益集団。政党とは異なり，直接に政権の獲得を目的とはしない。19世紀末のアメリカで発生し，上・下院に次ぐ「第三院」とよばれるほど影響力をもつ。日本では，日本経団連などの経営者団体，連合などの労働団体，日本医師会，農業協同組合（ＪＡ）などの利益団体があり，政治献金や集票能力に強さを発揮する。

利益集団 **A**10（りえきしゅうだん）　政党・官僚・議員・政府などに圧力をかけ，利益の実現をはかる集団。圧力団体ともいう。代表制を補完する役割を果たす場合もあるが，利己的利益の追求で議会政治を混乱させることもある。政党との相違点は，政権の獲得を目的としないこと，政治的責任をとらな

いこと，などにある。

同 利益団体 **C**2

日本経団連 **B**（にほんけいだんれん）　日本経済団体連合会の略。「財界の総本山」と異名をとる経営者団体である経団連（経済団体連合会）と，労働問題に対処するための経営者組織である日経連（日本経営者団体連盟）とが2002年に統合して成立した。1500をこえる主要大手企業などが加盟。経営者団体の中核として，経済政策全般について政府に提言したり，勧告したりするなど政治に極めて強い影響力をもつ。会長は「財界の総理」ともいわれる。十倉雅和会長。日本経団連・日本商工会議所・経済同友会を財界3団体という。

日本医師会 **C**（にほんいしかい）　医師の職業団体で，公益社団法人の形態をとる。個人単位・任意加入を原則とし，医師の利益擁護，医学の進歩や普及などを目的に掲げる。同様の組織に，日本歯科医師会・日本薬剤師会などがある。圧力団体としての役割も果たしている。

ロビイスト **B**2[lobbyist]　議会や政府のロビーなどで圧力活動をする人。元議員や元公務員・弁護士などの経歴をもつ者が多い。アメリカで発達。ロビイストがおこなう活動をロビイングという。

類 ロビイング **B**

2 選　挙

選挙制度

選挙制度 **B**5（せんきょせいど）　選挙権を有する者が議員その他の役職につく人を選出する方法。選挙人の資格や，単記式・連記式などの投票の方法，選挙区制や議員定数および代表制などによって区別される。日本では中央選挙管理会と都道府県や市町村の選挙管理委員会によって国政選挙と地方選挙が運営されている。選挙制度のあり方は民主政治の前提となっている。普通選挙・平等選挙・秘密選挙・自由選挙・直接選挙のことを，選挙の五原則という。

類 選挙の五原則

選挙区制 **A**1（せんきょくせい）　議員の選出単位として区分された選挙区ごとに選挙を実施するしくみ。選挙区制は，さらに以下の

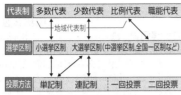

代表制	多数代表　少数代表　比例代表　職能代表
選挙区制	小選挙区制　大選挙区制(中選挙区制,全国一区制など)
投票方法	単記制　連記制　　一回投票　二回投票

＊ ←→ は，結びつきやすい傾向を示す。

▲ 選挙方法

2つに区別される。第1は，1選挙区から1名を選出する小選挙区制である。第2は，2名以上を選出する大選挙区制である。かつての日本における衆院選では，選挙区ごとに当選者数が異なる「中選挙区制」を採用していたが，これも大選挙区制の一種である。

代表制 Ａ (だいひょうせい)　選挙区から選出される当選人が，どのくらいの数の有権者層の代表としての性格を持つかで区別される。小選挙区では当選のために多数派の支持を必要とするので多数代表制という。大選挙区制では比較的少数・相対的多数の支持で当選できるため少数代表制である。比例代表制は原理的には少数代表制に含まれ，得票数に応じて当選者数を配分する。

類 多数代表制　少数代表制

大選挙区制 Ａ4 (だいせんきょくせい)　1選挙区から定数2名以上の代表者を選出する選挙区制のこと。中選挙区制もこれに含まれる。投票時に1人の候補者だけに投票する単記式と複数に投票する連記式とがある。長所は死票が少なく，代表者を広い範囲から選ぶことができ，少数派にも有利な点。短所は候補者との結びつきが弱く，小党分立をうながし，政局が不安定になるおそれがある点。連立政権になりやすい。

小選挙区制 Ａ14 (しょうせんきょくせい)　1選挙区につき定数1名を選出。単純多数で当選者が決まる。長所は議員と選挙民の関係が親密になりやすく，多数派に有利で，政局が安定する点。短所は少数意見が反映されにくく，地域の利益を代表する狭い視野の議員を選ぶことになりやすいこと。ゲリマンダーの危険性が高く，死票がふえる結果，政党間の議席比率が得票率以上に過大に拡大されやすい。より具体的には，二つの主要な政党の議席数(率)の比が，得票

数(率)の比の3乗に近くなるため(たとえば得票比A：Bの場合，議席比A^3：B^3)，三乗比の原則とよばれる。日本では，1889～1898年および1920～1924年までこの制度が採用されたことがある。

ゲリマンダー [gerrymander]　自己の政党に有利になるように，選挙区割りを恣意的に変更すること。1812年，アメリカ・マサチューセッツ州のゲリー知事が操作した選挙区の形が伝説上の怪獣サラマンダーの姿に似ていたため，この名前がある。ゲリマンダリングともいう。日本でもかつて，鳩山一郎内閣が提出した小選挙区案のなかに不自然な形をした選挙区があり，ハトマンダーと批判された。

類 ハトマンダー

中選挙区制 Ａ2 (ちゅうせんきょくせい)　大選挙区制の一種で，選挙区ごとに異なる当選者数(ほぼ3～5名)が設定されているしくみ。日本独特の選挙制度である。単記式で投票されるので，少数派にも議席確保の機会があるはずだが，実際には議員定数の不均衡などから，多数派政党が得票率に比べて多くの議席を占めた。日本のかつての衆院議員選挙に採用されていた。現行の参議院選挙区選挙では，選挙区ごとに2～12名の当選者数が設定されている。

比例代表制 Ａ9 (ひれいだいひょうせい)　各党派の得票数に比例して議席配分がなされるしくみ。死票を少なくし，民意を正確に議会構成に反映させようとした制度であるが，小党分立や政局の不安定につながる可能性もある。1900年にベルギーで初めて政党名

	長　所	短　所
小選挙区制	①大政党に有利 ②政局が安定 ③選挙民が候補者を理解しやすい ④選挙費用の節約	①小政党に不利 ②死票が多い ③買収など不正投票が増えやすい ④ゲリマンダー
大選挙区制	①小政党も当選可 ②死票が少ない ③人物選択の範囲が広い ④買収などの減少	①多党分立 ②政局不安定 ③候補者を理解しにくい ④多額の選挙費用
比例代表制	①政党本位の選挙 ②死票が少ない ③民意が選挙に反映される	①多党分立 ②政局不安定 ③人物よりも政党中心になる

▲ 選挙区制度の比較

簿式の比例代表制が採用された。日本では1982年に参院議員通常選挙の一部に，1994年には衆院議員総選挙の一部に導入された。当選人の決定は，投票者が当選順位を投票する単記移譲式とあらかじめ当選順位を定めている名簿式の二つに大別される。

職能代表　(しょくのうだいひょう)　議会の議員選出を各職業従事者によっておこない，選ばれた代表のこと。日本の参議院は被選挙権年齢の設定など，職能代表制の傾向を持っていたが，今日では政党色が強まっている。

総選挙　**B**②(そうせんきょ)　衆議院議員全員を新たに選ぶ選挙。4年間の任期満了，または衆議院の解散に基づいておこなわれる。これまで任期満了によって実施された総選挙は，戦前において4回，戦後においては1回のみである。

拘束名簿方式　**A**(こうそくめいぼほうしき)　比例代表制において，投票の委譲によって当選人を決定する方式の一つ。選挙人はあらかじめ各党派が順位を決めて作成した名簿に投票する形式となり，名簿順に当選者が出ることで名簿内で投票委譲がおこなわれる。1982年の公職選挙法改正後，参院議員選挙には拘束名簿式・ドント式の議席配分法が導入された。1994年以降，衆院議員選挙でもこの方式を採用。ほかには，投票人が順位をつけて投票する単記委譲式がある。2000年10月，参議院の比例代表区は非拘束名簿方式にかわった。

ドント式　**B**③(-しき)　比例代表制の議席配分に用いられる計算方式。ベルギーの法学者ドントが提唱した配分法に基づく。各党派の得票総数を，1，2，3，…という

政党	A	B	C	D
得票数	10,000	8,000	6,000	3,500
除数　÷1	10,000①	8,000②	6,000③	3,500⑥
÷2	5,000④	4,000⑤	3,000⑧	1,750
÷3	3,333⑦	2,666⑨	2,000	1,166
÷4	2,500⑩	2,000	1,500	875
配分議席	4	3	2	1

▲**比例代表　ドント式**
議員定数10人の場合の試算例，丸数字は当選順位

整数で順に割り，その商の大きい順に定数まで各党に議席を割り当てる方法。

非拘束名簿方式　**A**(ひこうそくめいぼほうしき)　2000年の公職選挙法改正で，参議院の比例代表区に導入された制度。政党が候補者の名簿順位を決めず，有権者は候補者名または政党名のいずれかを書いて投票する。候補者の得票と政党の得票を合算し，得票数の多い候補者から順次，当選が決まる。

小選挙区比例代表並立制　**A**⑨(しょうせんきょくひれいだいひょうへいりつせい)　1994年の公職選挙法改正で衆議院議員総選挙に導入された制度。現在は，小選挙区制で289人を選出し，全国11ブロックからなる比例代表制で176人を選出する。小選挙区に重きをおく。これに対してドイツでは，比例代表制をベースにした小選挙区比例代表併用制がとられる。

小選挙区比例代表連用制　(しょうせんきょくひれいだいひょうれんようせい)　小選挙区制と比例代表制を合わせた選挙制度。日本ではまだ導入されていない。比例区が政党へ，小選挙区が個人に投票をおこなう点は現行制度と同じ。ただ，比例区の議席配分の際，連用制ではドント式のように1からではなく，「各党の小選挙区での獲得議席数＋1」から順に割っていく。これにより，全体の議席配分は比例選の得票割合に近づき，中小政党にも議席獲得のチャンスが増えるとされる。

参議院比例区特定枠　②(さんぎいんひれいくとくていわく)　原則として非拘束名簿式である参院比例選挙において，個人獲得票の多さに関係なく，優先的に議席を割り当てられる候補者枠のこと。2019年から導入。特定枠に置かれる候補者の人数，特定枠の内部における優先順位は，各政党が自由裁量で決定できる。日本の参院比例選挙は，実質的に，非拘束名簿式と拘束名簿式という2つの制度が併存していることになる。

公職選挙法　**A**⑭(こうしょくせんきょほう)　衆議院議員・参議院議員・地方公共団体の議会の議員及び長などの公職につく者の選挙について定めた法律。選挙が公明かつ適正に実施され，民主政治の健全な発達を期するために1950年に制定。従来，衆議院議員選挙法，参議院議員選挙法，地方自治法などで個別に規定されていたのを，一つの法律

にまとめた。選挙制度や運動・実施規則などについて定められている。

投票率　[6](とうひょうりつ)　有権者の総数に占める投票者数の割合。国民の政治参加の程度を示す指標の一つとなる。日本の国政選挙の投票率は60％前後で，都市部よりも農村部で高くなる傾向がある。投票は無記名かつ任意でおこなわれる（秘密投票・任意投票制）。

棄権　(きけん)　自らの権利を放棄すること。今日では，選挙の際に投票する権利を放棄することをいう。政治に関心を持たない無関心型棄権と，政治的関心を持ちながらも政党や政治家への不信からくる意識的棄権とに大別される。

法定得票数　[C](ほうていとくひょうすう)　公職選挙法に定められた一定の得票数。①当選に必要な最低限の数，②供託金の没収を受けないための数，の二つがある。①は，当選できる順位にいても，衆議院小選挙区の場合は有効投票総数の6分の1以上，地方公共団体の首長の場合は同4分の1以上なければ当選できない。②は，衆議院小選挙区などで同10分の1以上，参議院選挙区で有効投票総数を定数で除した数の8分の1以上なければ没収される。

重複立候補　[B][4](ちょうふくりっこうほ)　衆議院小選挙区の政党公認の候補者のうち，比例代表名簿にも名前が登載されている者をさす。小選挙区で落選しても，比例区で復活当選できる場合もある。名簿で同一順位に並んだとき，小選挙区の当選者に対する得票率（惜敗率）が高い候補者から順に当選人が決まる。

　　　　　　　　　　　　　　　　[類] 復活当選

惜敗率　[C][2](せきはいりつ)　衆議院の小選挙区比例代表並立制選挙において，両方に重複立候補をし，小選挙区で落選した候補者が復活当選する際の基準。「惜敗率＝落選者の得票数÷当選者の得票数×100（％）」であらわされる。政党の比例代表候補者名簿に同一順位で登載されたときは，その小選挙区における当選者に対する得票率の比率が高い順に当選する。ただし，小選挙区での得票数が有効投票総数の10％に満たないと，比例区での復活当選はできない。

期日前投票　[B][5](きじつぜんとうひょう)　有権者が選挙の当日に仕事・旅行・レジャーなどの予定がある場合，それ以前（公示または告示日の翌日から選挙期日の前日まで）に期日前投票所でおこなう投票。2003年の公職選挙法改正で創設された（第48条の2）。

不在者投票　[C](ふざいしゃとうひょう)　有権者が選挙当日に所定の投票所に行くことができない場合，前もっておこなう投票。不在投票ともいう。期日前投票の制度が別に設けられたため，出張先・旅行先などの滞在地，入院・入所中の病院や老人ホームなどのほか，一定の条件に該当するときは郵便による投票もできる。投票期間は期日前投票と同じ。公職選挙法第49条に規定。

出口調査　(でぐちちょうさ)　選挙の際，投票を終えた有権者に投票所の出口で誰に投票したかを問う面接調査。マスコミなどが選挙結果の予測を早めるためにおこなう。

制限選挙　[B](せいげんせんきょ)　性別・身分・財産などによって選挙権・被選挙権の資格要件を制限するもの。普通選挙に対比される。19世紀までは，選挙資格はどの国でも制限され，財産や納税額・性別などにより差別されていた。日本では，1890年の第1回衆議院議員総選挙で，直接国税15円以上，その後1900年から10円以上，1919年からは3円以上を納める25歳以上の男性に限られた。

普通選挙　[A][7](ふつうせんきょ)　狭義には，納税額や資産額など経済的要件による制限を定めない選挙制度をさす。広義には，それらに加えて地位・人種・性別などによる制限をも定めない選挙制度をさす。ただし，年齢や国籍に関する条件を課すことは合理的な制限とされる。日本では，1925年の法改正で納税制限が撤廃され，1928年の衆

普通選挙	選挙権を，性別，身分などで制限せず一定の年齢に達した者すべてがもつ
平等選挙	一人一票の投票で，一票の価値はすべて等しい
直接選挙	中間選挙人を通してではなく，有権者本人が直接，代表者を選出する
秘密選挙	誰に投票したかが外部からわからない。責任も問われない
自由選挙	どの候補者に投票してもよい。投票しなくても罰せられない

▲ 選挙の五原則

院総選挙から25歳以上の男性普通選挙が実施された。1945年からは女性にも選挙権が認められることになった。さらに、2015年には、選挙権の年齢が20歳以上から18歳以上に引き下げられている。

類 **男女普通選挙** C 3

18歳選挙権 A 3 (─さいせんきょけん)　2015年の公職選挙法改正で選挙権年齢が「満18歳以上」に引き下げられた。2016年の参議院議員選挙から実施。これにより、約240万人が新たに有権者にくわわり、全人口に占める有権者の比率は2014年総選挙時の81.8%から約2％上がった。選挙制度が創設された1889年当時はわずか1.1%だった。世界的には選挙権年齢は18歳が主流である。

平等選挙 A (びょうどうせんきょ)　選挙人の投票の価値を平等に扱うこと。等級選挙(選挙人を納税額などによって等級に分ける制度)・差別選挙に対比される。選挙区ごとにあらわれた一票の価値の不平等が現在の大きな問題である。

秘密選挙 C 4 (ひみつせんきょ)　選挙人がどの候補者に投票したかを秘密にすること。憲法は第15条4項で投票の自由を保障し、選挙人は投票に関して私的・公的に責任を問われない、と定めている。

自由選挙 (じゆうせんきょ)　法的な制裁のない自由な投票制度。日本の選挙の際にとられて

いる方法で、任意投票ともいう。選挙制度上の自由の原則では、立候補の自由や選挙運動への不干渉も含まれる。

義務投票 (義務投票制) (ぎむとうひょう) (ぎむとうひょうせい)　投票行為を公務として制度化した場合におこなわれる投票。投票率の低下に対して、棄権防止のために投票を法的に義務づける制度を意味する。ベルギー・オーストラリアでは罰金も課す制度として、またシンガポール・タイの全国、スイスの特定の州などで実施されている。強制投票ともいう。

直接選挙 B 9 (ちょくせつせんきょ)　有権者(国民や住民)が候補者を直接選ぶ選挙。日本国憲法では、地方選挙について直接選挙を明示した規定があるのに対して、国会議員については明確な規定がない。公職選挙法では直接選挙の原則をとる。

間接選挙 B 2 (かんせつせんきょ)　有権者は中間選挙人を選び、その中間選挙人が改めて代表を選出する選挙。アメリカ大統領選挙が典型。

有権者 B 15 (ゆうけんしゃ)　選挙資格があり、選挙権を有する者で、法律上の要件や手続きを満たして選挙権を行使できる者。法律上の要件とは、日本では満18歳以上の男女で、選挙管理委員会が作成した選挙人名簿(当該市町村に3か月以上居住し、住民

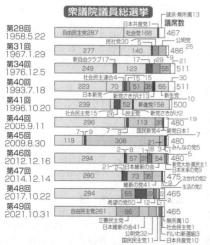

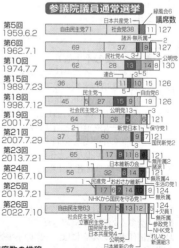

▲ 日本の政党別議席数の推移

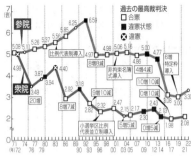

▲ 一票の不平等と選挙制度の変更，最高裁の判断

基本台帳に記載されている者）に登録されていることである。

選挙権 A 11 （せんきょけん）　選挙人として選挙に参加できる権利をいうが，一般的には国民主権の原理から，各種の議員や公務員の選挙に参加できる権利を意味する。現在の日本では憲法第15条で普通選挙を保障し，満18歳以上の男女が選挙権を持つが，その行使に関しては同一市町村が作成する選挙人名簿に登録されていることが必要。

被選挙権 B 7 （ひせんきょけん）　選挙に立候補することのできる権利のことで，選挙によって議員その他の公務員になることができる資格をいう。日本では，衆議院議員・地方議会議員・市町村長は満25歳以上，参議院議員・都道府県知事は満30歳以上であることが必要である。

選挙をめぐる問題

一票の重さ（一票の不平等） （いっぴょう−おも−）
（いっぴょう−ふびょうどう）　各選挙区間における議員一人あたりの有権者数の多寡で生じる投票価値の不平等（格差）の問題。有権者数が少ない選挙区は多いところに比べて一票が重くなる。一票の価値ともよばれる。現在では，一票の不平等を強調するために，たとえば有権者が20万人と50万人の選挙区を比べた場合，前者の１票に対して後者は0.4票（20万÷50万）の価値しかない，などと表現することもある。こうした格差をめぐり，憲法の法の下の平等に反するとして，数多くの訴訟が提起されてきた。なお，比例代表制の場合には，一票の不平等の問題は基本的に生じない。

衆議院での一票の不平等 2 （しゅうぎいん−いっ
ぴょう−ふびょうどう）　衆議院における一票の最大格差について，戦後当初は２倍前後にとどまっていた。しかし，徐々に上昇して，1972年総選挙では4.99倍となる。1976年，最高裁はこの格差を違憲と判断した。ただし，選挙結果そのものは公益性に鑑みて有効としている（事情判決）。一方，国会では選挙区の定数是正を重ね，小選挙区制度が導入された1996年総選挙以降は，2.5倍未満におさまる形となった。一方，最高裁の判決を見ると，最新ケースとして，2014年総選挙における2.129倍を「違憲状態」と判断する一方，2021年総選挙における2.08倍を合憲としている。

参議院での一票の不平等 （さんぎいん−いっぴょう−
ふびょうどう）　参議院選挙については，衆議院と比較して，一票の不平等が広く容認され，４倍台から６倍台で推移してきた。最高裁も，衆議院よりゆるやかな判断を下してきたが，1992年参議選における最大格差5.59倍に対して，はじめて違憲状態との判断を下す。最新の判例を見ると，2013年参院選の4.77倍を違憲状態とする一方，2019年参院選の3.00倍を合憲としている。参議院の選挙区は都道府県単位だが，2012年判決にて，最高裁は，都道府県単位にこだわるより不平等是正を優先すべきとの見解を提示した。これを踏まえて，2015年，国会は＜鳥取県＋島根県＞，＜徳島県＋高知県＞をそれぞれ１つの選挙区とする「参議院合同選挙区」を創設している。

事情判決 （じじょうはんけつ）　処分そのものは違法でも，それを取り消すことが公の利益に著しい障害が生じるとき，違法を宣言したうえで請求を棄却する判決。選挙における一票の格差（較差）をめぐる裁判などで用いられている。行政事件訴訟法第31条に規定があるが，公職選挙法では準用を認めていない。

議員定数の不均衡 C （ぎいんていすう−ふきんこう）
議員１人あたりの有権者数が各選挙区間で均衡していないこと。最高裁では一票の格差について，衆議院で３倍程度，参議院で６倍程度を違憲判断の基準としてき

たが，その理論的根拠はみいだせない。憲法上は，両者とも2倍未満を基準にして，技術的に可能なかぎり1倍に近づけることが要請される。なお，衆議院小選挙区の区割り見直しは，原則として5年ごとの国勢調査の結果をふまえ，その1年以内におこなわれる。

違憲状態 **C** (いけんじょうたい)　衆議院・参議院の議員定数不均衡を訴えた裁判では，著しい格差の存在とその継続，是正の努力のなさなどの条件がそろった時，違憲判決が出されている。それらのうち，すべてがそろっていない場合，全体として違憲とはいえない（合憲）が，違憲状態にあると表現された。これまで最高裁は，衆議院議員選挙と参議院議員選挙について，それぞれ5回と3回，違憲状態と判決している。

一人別枠方式 (ひとりべつわくほうしき)　衆議院小選挙区の議員定数を配分する際，あらかじめ各都道府県に1議席ずつ割り振る手法。有権者数が少ない地方に配慮したものだが，これが一票の不平等の要因となっているとして，最高裁は2011年の判決で廃止を求めた。

アダムズ方式 **B** (-ほうしき)　選挙で議員定数を配分する方法。一人別枠方式が一票の不平等を生むため，日本の衆総選挙にて導入が予定されている。アメリカの第6代大統領アダムズが提唱したとされ，人口比をより正確に議席に反映できる。まず各都道府県の人口を「一定の数」で割る。次に商の小数点以下を切り上げた数字を47都道府県分すべて足し，その合計が議員定数と一致するように「一定の数」を調整して決定する。現行と比べると，地方の議席が減り，都市部が増えるといわれる。

公民権 **C** (こうみんけん)　公民たる資格で国または地方公共団体の政治に参与する権利。選挙権・被選挙権・直接請求権・公務員就任権などの参政権をさす。選挙権・被選挙権とほぼ同義。選挙にかかわる罪を犯した者には，公民権が停止される場合もある。

死票 **A**4 (しひょう／しにひょう)　選挙で落選者に投じられた票のこと。死票は，投票者の意思が議席構成に反映されないが，当選者に向けられた批判票・反対票の意味も持つ。小選挙区制は死票が多く，大選挙区制は死票が少なくなる。死票を少なくするために，政党の得票数に比例して議席を配分する比例代表制が考え出された。

世襲議員 (せしゅうぎいん)　二世議員ともいう。親が議員であって，死亡・引退した場合に，その子どもが支持基盤を継いで当選した議員をさす。親が築いてきた地盤を他人に渡さずに身内が引き継ぎ，議員の地位を世襲しようという考え方に基づく。

金権選挙 **C** (きんけんせんきょ)　多額の金を動かすことで当選しようとする選挙のあり方。利益誘導や買収・供応などの問題がある。

利益誘導 2 (りえきゆうどう)　選挙協力の見返りに地元への公共事業を誘導したり，地元企業の便宜をはかる行為。こうした政治を利益誘導政治ともいう。
　　　　　　　　　　同 利益誘導政治2

選挙違反 (せんきょいはん)　公職選挙法に違反すること。たとえば事前運動をすること，買収行為をすること，戸別訪問や寄付行為をすること，などが違反行為である。

事前運動 (じぜんうんどう)　公職選挙法で禁止されている行為で，選挙運動期間中より以前に選挙運動をすること。違反者は禁錮または罰金の刑を受ける。なお，選挙運動の期間は公示・告示日から投票日の前日までで，通例では衆議院議員選挙が12日間，参議院議員選挙が17日間である。
　　　　　　　　　　類 選挙運動 **C**6

戸別訪問 **A**5 (こべつほうもん)　選挙運動の一環として有権者の家庭を戸別に訪問し，投票するように（または，しないように）依頼すること。日本では，1925年の普通選挙法制定以来禁止されている。戸別訪問の禁止は憲法第21条の表現の自由に違反する，買収の機会を制限するという理由は有権者を軽視している，などの批判が提起されている。欧米では戸別訪問は認められている。
　　　　　　　　　　類 戸別訪問の禁止 **C**6

買収 **A**3 (ばいしゅう)　有権者に金品を渡して投票や票の取りまとめを依頼すること。

供応 **C** (きょうおう)　有権者に酒食を提供して投票を依頼すること。

連座制 **A**2 (れんざせい)　候補者・立候補予定者と一定の関係にある者が選挙違反行為に関して刑罰が確定した場合，候補者などの本人がそれらの行為に関係していなくても，

当選を無効とすること。1994年の公職選挙法改正で連座責任の範囲が拡大した。この場合の関係者とは，選挙の主宰責任者・出納責任者・地域主宰者・配偶者など。

立会演説会　(たちあいえんぜつかい)　候補者の政見を知らせるために，候補者を特定の場所に集めて演説会を行うこと。1983年の公職選挙法改正で廃止された。

地方区　(ちほうく)　1982年までとられていた日本の参議院の選挙区制のこと。同年の公職選挙法改正で，参議院選挙区と名称変更された。各都道府県をそれぞれ１選挙区とし，各選挙区の議員定数は２～10人であるため，半数改選時には小選挙区制と大選挙区制とが混在した形となっている。

全国区　(ぜんこくく)　地方区とともに1982年まで存在した参議院の選挙区制のこと。同年，参議院比例代表区に改められ，拘束名簿式比例代表制が採用された。

選挙費用　(せんきょひよう)　選挙運動にかかわる費用。選挙の公平をはかるため，選挙費用の最高額は公職選挙法で定めがある。また，規定された以上の額を選挙運動に支出した時は，３年以上の禁錮または罰金の刑に処せられ，その当選は無効となる。

供託金　(きょうたくきん)　国政選挙などに立候補する際に供託される金銭。たとえば衆議院小選挙区で１人300万円，同比例区で１人600万円となっている。実際の選挙で一定得票数が得られないと没収される。名目上は，無責任な立候補の乱立を防止する制度である。諸外国にも選挙供託金制度を設けているケースはあるものの，日本のような高額な水準は稀であり，国民の政治参加を実質的に妨げていると批判されている。

電子投票　**C**　(でんしとうひょう)　コンピュータの端末を使い投票所でおこなう投票制度。電磁的記録式投票ともよばれる。2002年に岡山県新見市の市長・市議選で初めて導入された。国政選挙では実施されていない。開票の迅速化などのメリットはあるが，システムの故障や操作ミスなど問題点も多い。普及が進まず，導入した市町村も運用を休止し2018年春以降行われていない。

ネット選挙　**3**　(せんきょ)　インターネットなどを使った選挙運動。以前は公職選挙法で禁止されていたが，法改正によって2013年の参議院選挙から解禁された。大別してウェブサイトを利用するものと，電子メールを利用するものとがある。前者はウェブサイトやソーシャルメディアアプリなどで，政党・候補者とともに有権者からも発信できる。後者は政党・候補者には認められるが，有権者は「なりすまし」の防止を理由に利用できない。また，未成年者による選挙運動は，ネット選挙でも禁止されている。インターネットを用いた投票制度は現在まで実施されていない。

戦略的投票　(せんりゃくてきとうひょう)　選挙で投票者がとる次善の投票行動。たとえばA，B，Cの３人の候補者がいて，AとBが競っていた場合，政策や理念がCに近い有権者が，当選の見込みが少ないCではなく，A・Bのうち，自分にとってより好ましいAに投票すること。

3 行政機能の拡大と世論

行政機能の拡大

天皇の官吏　**C2**　(てんのうーかんり)　明治憲法の下での公務員の地位。官制大権に基づき天皇によって任命され，天皇に奉仕した。行政機構の独立性と国民に対する特権的立場を示すものであった。

行政権の優越　(ぎょうせいけんーゆうえつ)　三権分立制の下で，行政権が立法権・司法権に優越している現象。国会が行政を統制下に置くという国会中心主義の原則が崩れることになる。現代国家では，とりわけ社会保障，産業開発，文化振興，環境整備などの分野で，行政許認可や行政指導など，行政の裁量権が拡大している。また，法律案や予算作成をとおして，官僚は立法過程に深く関与し，内閣提出の法案は行政官僚の手に実質的に委ねられている。政策決定に関する主導権は，議会や政党から行政官僚に移り，専門家をまじえた審議会などで骨子が作られることになる。

許認可権　**B**　(きょにんかけん)　行政機関や各省庁がもっている許可・認可の権限。官僚が業界などに指導力をもつ要因の一つ。

委任立法　**A**　(いにんりっぽう)　☞ p.97（委任立法）

行政国家　**B**　(ぎょうせいこっか)　現代の国家が，

治安維持・国防だけでなく，経済政策・労働・教育・文化・社会保障・公共事業などの分野も担当，その範囲が拡大し，高度化・専門化している状況をさす。夜警国家に対することば。行政部の独立と自律性が高まると，司法権の制約も受けず，立法部も委任立法のかたちで行政の裁量権を大幅に認めるため，三権分立や議会制民主主義の理念が損なわれるおそれがある。

タテ割り行政（－わ－ぎょうせい）　各中央省庁の自律性が強く，横のつながりが欠如して行政全体の統一性や一体性が不十分なようすを示した言葉。類似した行政が違う機関でおこなわれていたり，手続きなどが二度手間になったりする弊害が生まれる。中央と地方の行政関係の特徴としても指摘される。

オンブズマン　🅑4〔Ombudsman〕　国民や住民の立場から行政などの監察をおこなう職。原義は「代理人」「護民官」などだが，一般には行政監察官と訳す。オンブズパーソンともいう。1809年に議会の権威の下に国政調査権を代行する機関として，スウェーデンで設置された。日本では国政レヴェルではなく，地方公共団体で設けられている。川崎市の市民オンブズマンや東京都中野区の福祉オンブズマンなどが知られる。そのほか，民間組織として「全国市民オンブズマン」が各地で活動している。

　　　同 行政監察官 🅐　オンブズパーソン 🅑

行政監察制度（ぎょうせいかんさつせいど）　行政機関に対して資料の提出を求めたり，立ち入り調査をしたりして，行政を監察する制度。総務省行政評価局が中心になって機能している。また，市町村の単位では1961年，行政への苦情の受けつけ，助言と報告を業務とする行政相談委員（任期2年，無報酬，総務大臣が委嘱）の制度がつくられた。しかし，オンブズ制度よりも権限が弱く，仕事の範囲も限られている。

通達行政（つうたつぎょうせい）　行政部が所属の組織や職員に対して出す，法令の統一的な解釈や事務取り扱い上の基準を示した文書を通達と称称する。通達は，行政内容や法解釈技術の専門化を背景として，多発される傾向にある。国家行政組織法第14条に基づく。下級行政組織は従わなければならないが，法規としての性格をもたないので，直接国民を拘束することはない。

（2023年）

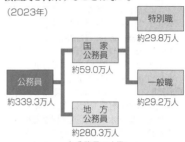

▲ 公務員の人数

公務員制度　🅑3（こうむいんせいど）　国または地方公共団体などの職員の基本的なあり方をいう。大臣・副大臣・大臣政務官，大使などの外務公務員および裁判官などを含む特別職と，一般職とに分かれ，国家公務員法・地方公務員法その他の法律で，そのあり方が定められている。1883年に成立したアメリカのペンドルトン法（政治党派的な情実ではなく，公開試験に基づいて連邦公務員を任用する法律）がモデルとされる。

国家公務員　🅐7（こっかこうむいん）　国の公務に従事する職員。国会議員・国務大臣・裁判官などの特別職と，それ以外の一般職とがある。後者に対してのみ，憲法第15条に基づき1947年に制定された国家公務員法が適用される。

　　　類 国家公務員法 🅐3

地方公務員　🅒7（ちほうこうむいん）　地方公共団体の公務に従事する職員。知事・市町村長・副知事・副市町村長などの特別職と，その他の一般職とがある。前者は地方自治法によって任免が定められ，後者についてのみ1950年に制定された地方公務員法が適用される。

　　　類 地方公務員法 🅒3

国家公務員制度改革基本法　🅑（こっかこうむいんせいどかいかくきほんほう）　中央省庁の人事管理を内閣に一元化し，縦割り行政の弊害をなくすことなどを目的とした法律。2008年に制定された。細目については，別の法律を定めて実施される。この法律に基づいて，2014年に人事を一元的に管理する内閣人事局が内閣府に設置された。

全体の奉仕者　🅒1（ぜんたい－ほうししゃ）　日本国憲法下の公務員の使命をさす。日本国憲法

では「公務員は，全体の奉仕者であつて，一部の奉仕者ではない」（第15条２項）と規定している。その地位の性格から，憲法尊重と擁護の義務，政治活動や争議行為の禁止，公正かつ誠実な職務の遂行義務，守秘義務など，一般人に比べて特別な義務を負い，基本的人権の制限を多く受けている。

職階制 （しょっかいせい）　職を，職務の内容・難易度や責任の軽重などにより分類し，階級に応じて給与水準や昇進過程などを設定する制度。日本の公務員制度でも，人事に関する情実や専断を排し，採用や昇給を合理的に処置して，統一的で公正な人事行政を実現するために導入された。具体的内容の決定と実施は人事院・人事委員会でおこなわれる。

資格任用制 （しかくにんようせい）　一定の資格のもとに試験制度によって公務員を任用する制度。猟官制に対する用語で，メリット－システムともよばれる。行政の専門性・中立性が保障され，成績主義や職階制が採用される。イギリスでは1870年に官吏採用のための最初の公開競争試験がおこなわれた。

　　　　　　　　　　　　　同 メリット－システム

猟官制 （りょうかんせい）　官吏の任免を党派的情実や金銭授受を背景におこなうこと。アメリカのジェファーソンによって端緒が開かれ，ジャクソン大統領の時代（1829～37年）に確立したとされる。選挙資金や党資金の調達と連動し，政党政治の堕落の指標となる。スポイルズ－システムともよばれ，本人の能力を基準とするメリット－システムと対比される。アメリカでは政権が交代するたびに，現在でも上級公務員は大統領によって任命される。イギリスでは，類似の制度をパトロネージ－システム（情実任用）とよぶ。

　　　　　　　　　　　　　同 スポイルズ－システム

官僚政治 **Ｃ**（かんりょうせいじ）　専門的能力や知識を持つ行政官僚が，過度に政治や政策決定に介入し，政治の実権を握る状態をいう。行政機能の拡大や行政権の優越を背景として，官僚の発言力が高まり，政府の統制力が官僚に及ばず，逆に政府が官僚の意向に左右されると民主的統制が失われる。その場合，政治の各局面で官僚制の持つ形式主義・秘密主義・事なかれ主義などの弊害が

表面化してくる。

官僚 **Ａ**②（かんりょう）　広義には，国家公務員・地方公務員をさす。いわゆる「役人」。狭義には，国や地方の行政政策を実質的に担う高級公務員のこと。

高級官僚 （こうきゅうかんりょう）　各省庁の長である大臣を助ける国家公務員一般職の事務次官や局・部・課などの長をさす。彼らは大臣によって任命され，専門知識を持つ専門的技術官僚（テクノクラート）として，その地位は高く，職権も多い。

　　　　　　　　　　　　類 テクノクラート **Ｃ**

キャリア組 （－ぐみ）　国家公務員Ⅰ種試験に合格し，一般行政職として中央省庁に採用された職員の俗称。法的根拠はないが，幹部候補者として昇進ルートが敷かれる。50歳前後から退職し，天下りする慣行がみられた。キャリア組以外の職員は，俗にノン－キャリア組とよばれる。2013年度からキャリア制度にかわり，総合職制度が導入され，試験も「Ⅰ種」から「総合職」となった。

　　　　　　　　　　　　　対 ノン－キャリア組

国家公務員倫理法 **Ｂ**（こっかこうむいんりんりほう）　国家公務員の綱紀をただし，贈与・接待など行政と企業との癒着を防ぐために定められた法律。大蔵省（現財務省）官僚の接待汚職事件などを受けて1999年に成立，翌2000年から施行された。本省の課長補佐級以上の公務員が一定金額をこえる接待などを受けた際，上司への報告を義務づける。また，この法律に基づき国家公務員倫理規程が設けられている。

　　　　　　　　　　類 国家公務員倫理規程③

官僚制 **Ａ**②（**ビューロクラシー** **Ｂ**）〔bureaucracy〕（かんりょうせい）　行政などの巨大な組織を合理的・能率的に管理・運営するために考案されたしくみ。ドイツの社会学者マックス＝ウェーバーが自著『新秩序ドイツの議会と政府』のなかで基礎づけた。それによれば，近代官僚制こそが合理的支配の典型的な形態であり，次のような特質をもつとされた。第一に職務内容が明確で，指揮・命令の系統が上から下へのピラミッド型をなす。第二に文書によって事務処理がなされる。第三に専門的な知識や能力を重視した人事管理がおこなわれる。第四に

職務遂行にあたって，公私の別がはっきりしている。しかし，現実には権力支配による官僚主義（お役所仕事）・画一主義・秘密主義などの弊害が指摘されている。これを官僚制の逆機能（機能障害）という。

官僚主義 **C**（かんりょうしゅぎ）　統治行政における官僚制の形式にともなう，官僚独自の行動様式と精神的態度をいう。具体的には縄張り意識にみられるセクショナリズム，法律を万能視する法律万能主義がある。他に，画一主義・秘密主義・先例主義・権威主義・独善主義などがある。国家権力を行使する場だけでなく，政党や労働組合などでも広くみられる。

　　　　　　　　　　類 **セクショナリズム** **C**

汚職 **B**①（おしょく）　議員や一般の公務員らが私的利益の獲得を目的に職権を濫用し，賄賂をもらって利益供与などの不正行為をおこなうこと。日本では戦後，公共事業や物品納入などの利権や許認可権をめぐり，政界・官界・財界を巻き込んで汚職が増大した。昭和電工疑獄事件・造船疑獄事件・ロッキード事件・リクルート事件・東京佐川急便事件・ゼネコン事件・KSD（ケーエスデー中小企業経営者福祉事業団）事件などが知られている。

天下り **A**②（あまくだ─）　退職した公務員が，政府関係機関（独立行政法人など）や勤務した官庁と関連する民間企業へ再就職すること。国家公務員法では，離職前5年間に在職していた職務と密接に関連する営利企業には，2年間就職を禁止している。しかし，人事院が承認した場合にはこの規定は適用されない。課長級以上の高級公務員の天下りは，旧建設省（国土交通省）を中心に数多くおこなわれてきた。高級官僚が，天下り禁止規制のない独立行政法人などに繰り返して天下りをおこない，その度に多額の退職金を得る現象を「わたり」という。こうした天下りを調査・監視するため，内閣府に中立の第三者機関「再就職等監視委員会」（委員長と4人の委員で構成）が置かれている。

　　　　　　類 **わたり**①　**再就職等監視委員会**

特殊法人 **A**①（とくしゅほうじん）　特別の法律によって設立される公共の利益確保をめざした法人。公団（旧日本道路公団など）・公庫（旧住宅金融公庫など）・事業団（旧国際協力事業団など）等の名称があった。業務の効率化をはかるという理由で組織の見直しがすすめられ，イギリスのエージェンシー（外庁）制度をモデルに企業経営の手法なども取り入れた独立行政法人化や民営化などがおこなわれた。

独立行政法人 **B**④（どくりつぎょうせいほうじん）　中央省庁の現業部門や研究機関，国立の美術館・博物館などを独立させ，新たに法人格をもたせた機関。行政組織のスリム化をめざし，1999年から順次移行している。職員の身分が国家公務員であるものを特定独立行政法人という。運営の基本事項を定めた独立行政法人通則法が定められ，5年ごとに組織の見直しや再評価がおこなわれる。

公益法人 **C**（こうえきほうじん）　営利を目的とせず，社会全般の利益となる事業をおこなう法人をさす。従来，民法に規定されてきた社団法人や財団法人の総称。2006年の法改正で，一般社団法人・財団法人と公益社団法人・財団法人とに分けられた。前者については「一般社団法人及び一般財団法人に関する法律」，後者については「公益社団法人及び公益財団法人の認定等に関する法律」に規定がある。

機密費（きみつひ）　国の機密のために用いられる公的費用のことで，支出内容を明らかにする法的義務を負わない。報償費ともよばれ，中央省庁のなかでは官房機密費（内閣官房）と外交機密費（外務省）が突出している。前者だけで年間予算は2019年度12億円超。2001年，外務省の元室長による機密費流用事件が発覚し，その実態が明らかになった。使途が公表されず，領収書も必要としないため，会計検査院の手が入りにくい。2007年に市民団体が情報開示を求めて提訴。最高裁判所は2018年に官房機密費の一部開示を判決した。これを受け，同2018年にこのうち政策推進費に関し，3人の官房長官時代の月ごと支払い合計額などが公開された。領収書なしは約9割にのぼった。

　　　　　　　　　　　　　　　同 **報償費**

行政の民主化 **C**（ぎょうせい─みんしゅか）　今日，行政内容が高度かつ複雑になり，委任立法

の増加，統治行為論の援用など，行政に対するチェックが機能しにくくなった。この傾向に対して，立法府の国政調査権の強化や情報公開制度の拡大，アクセス権の主張やオンブズ制度の導入など，国民の意思を行政に反映させる試みが提案されている。

行政不服審査法　ⒸC（ぎょうせいふふくしんさほう）　行政庁の違法・不当な処分など，行政上の不服申し立てについて定めた一般法。行政訴訟よりも簡易・迅速な手続きで国民の権利・利益の救済などをはかろうとするもの。1962年，訴願法にかわって制定された。

審議会　Ⓐ2（しんぎかい）　行政機関に付属し，その長の諮問に応じて各種意見の反映や専門知識をとりいれるため，調査・審議する合議機関。構成メンバーの人選は行政機関がおこなうため，選任者の都合で偏向があると批判されがちである。審議会での報告や勧告は法的拘束力をもたない。

臨時行政改革推進審議会（りんじぎょうせいかいかくすいしんしんぎかい）　行政の簡素化や効率化などの行政改革を方向づけるために設けられた審議会。略称は行革審で，1981年発足の第二次臨時行政調査会（第二臨調）の後を受け，1983年の第一次行革審から三次にわたって開催された。第一次では赤字国債発行体質からの脱却をめざすことなどが，第二次では市場開放・規制緩和などが，第三次ではオンブズ制度の導入や省庁の再編成，特殊法人の見直しなどが答申された。こうした流れは，1994年に設置された行政改革委員会（行革委）に引きつがれ（1997年最終意見），1996年には橋本龍太郎首相を会長とする行政改革会議が発足，中央省庁の再編や内閣府の創設，独立行政法人制度の導入などについて提案された。

類第二次臨時行政調査会①（第二臨調）
行政改革会議

規制緩和　Ⓐ11（ディレギュレーションⒸC）[deregulation]（きせいかんわ）　1980年代以降の世界的な流れである，政府による規制を緩和しようとする動き。1981年発足の第二次臨時行政調査会（第二臨調）以来，行政改革の課題とされてきた。日本の場合，官僚制的な規制や許認可権の行使による規制が強く，諸外国からの批判もある。現在，情報・通信関係をはじめとして規制

緩和，規制改革が進められている。

行政改革　Ⓑ2（ぎょうせいかいかく）　現代国家では，立法府より行政府が力を持ち，官僚が政治の実権を握り，財政規模も拡大する傾向にある。こうした行政機構の肥大化に歯止めをかけ，「小さな政府」実現のために，行政組織の見直しと縮小をはかることをいう。

市場化テスト［market testing］（しじょうか-）　官（役所）と民（民間企業）が公共サービスの担い手としてどちらがふさわしいかを入札で決める制度。このため，2006年に公共サービス改革法（市場化テスト法）が成立した。官民の競争で質の向上やコスト削減をめざすのが狙い。

類公共サービス改革法ⒸC

行政改革推進法　ⒸC（ぎょうせいかいかくすいしんほう）　5年間で国家公務員の5％以上，地方公務員の4.6％以上の純減目標などを定めた法律。小さな政府をめざす一環として，2006年に成立した。市場化テスト法とあわせ，これらが国民に対する公共サービスの切り捨てにつながるとの批判もあった。

アカウンタビリティ　Ⓑ1［accountability］　「説明責務」ともいう。本来は accounting（会計）と responsibility（責任）の合成による会計責任という意味であるが，会計責任だけでなく，官公庁や地方自治体などの行政が納税者に対して行政サービスについての責任を果たしているかどうかの説明責任という意味にも用いられている。社会的活動一般について，議会・住民・利用者などに対して，自らの行動の内容や結果の説明をおこなう責任と解される。

同説明責務

行政手続法　Ⓐ3（ぎょうせいてつづきほう）　行政処分・行政指導などの根拠や手続きを明確にし，公正の確保と透明性の高い行政運営を実現するための法律。1994年施行。

行政手続条例（ぎょうせいてつづきじょうれい）　地方公共団体が許認可権限を行使する際，それを受ける側が不利益を被らないことなどを目的に定められた条例。行政手続法の趣旨に沿ってすべての都道府県と政令指定都市，ほとんどの市町村で制定されている。

パブリック-コメント　Ⓐ4［public comment］　国や地方の行政機関が政策などの意思決定

をおこなう過程で素案を市民に公表し，意見や情報を求めるしくみ。または，そこに寄せられた意見や情報をさす。行政手続法のなかで「意見公募手続等」（第6章）として制度化され，2008年からおこなわれている。ただし，行政機関は必ずしもそれらの意見に拘束されない。命令等（政省令）の改定の際は，原則30日以上のこの手続きが必要だが，法律案の場合は任意とされている。

新しい公共 C（あたら-こうきょう）　従来，行政がおこなってきた公共サービスの提供を，NPO（非営利組織）などにも広げて担おうとする考え方。2009年の政権交代時，鳩山由紀夫首相の発言などで注目を集めた。

世論とマスコミの役割

世論 A④[public opinion]（せろん／よろん）　社会内で一般的に合意されている意見。元来は輿論。利害関係を同じくする集団の形成とその集団間の議論などをとおして形成される。このため，争点に対して集団的な討論や熟慮などを経た輿論（パブリック-オピニオン）と，一時的・情緒的な判断や漠然としたイメージに基づく世論（ポピュラー-センチメンツ）とを区別して用いる場合もある。世論の動向は，行政官庁やマスコミなどの各種世論調査で知ることができる。その内容が政治的決定に反映されれば，選挙以外にも広く民意が政治に反映されることになる。しかし，国民の入手する情報の内容で世論も左右されるため，健全な世論形成のためには情報公開の徹底や意図的な情報操作のないことが必要となる。世論の形成に大きな影響を与える著名なジャーナリストや評論家などをオピニオン-リーダーという。

　　　　　　同 輿論　類 オピニオン-リーダー

世論調査 B（せろんちょうさ）　社会的な問題や政治的な選択についての国民の意識・世論を調査すること。政府（とくに内閣府）やマス-メディアなどが定期的に実施している。

討論型世論調査（DP A②）[Deliberative Polling]（とうろんがたせろんちょうさ）　賛否が拮抗するテーマに関して，討論の手法を取り入れておこなわれる世論調査。通常の調査をした後で，その回答者のなかから募った人たちで討論会をおこない，後に再度調査をして，その間の民意の変化をみる。神奈川県が道州制についてこの手法で調査した例などがある。国レベルでは原発やエネルギー政策の参考にするため，2012年に初めて実施された。

政治意識（せいじいしき）　政治行動や政治的判断をおこなう時の基礎となる考え方や認識。政治状況や社会の動向の変化によって流動し，時の内閣の政策への賛否，政党支持や政治活動などにあらわれる。階級・階層・職業・加入組織などは，個人の価値観形成を左右し，政治意識のあり方を決定する重要な要素となる。政治意識の動向を分析する方法として世論調査などがある。

世論操作 A（せろんそうさ）　マス-メディアの論調や政府の広報・宣伝活動により，意図的にある方向性と目的を持っておこなわれる世論形成をいう。政府その他の権力が，大衆を操作の対象にすること。ナチス-ドイツのプロパガンダ（政治的宣伝）による大衆意識の支配などが有名である。それを回避するには，マス-メディアの活動を保障する言論・報道の自由の確立，情報公開制度の活用，アクセス権の行使などが必要である。

マス-コミュニケーション B（**マスコミ C**）[mass communication]　新聞・出版・放送などのマスメディアを通した情報の大量伝達行為。略称はマスコミ。中でも，直近の出来事を報道する行為をジャーナリズムという。マスコミは世論形成に一定の影響を及ぼすほか，国家権力を監視する機能も期待されている点から「第四の権力」と呼ばれることもある。近年は，インターネット普及に伴って，新聞・出版・放送いずれも影響力が低下しており，産業的基盤も弱体化している。

　　　　　　　　　　　　　　類 第四の権力 B③

マス-メディア A④[mass media]　マスコミュニケーションという行為を成立させる媒介手段。伝統的には，新聞，出版，放送などを指す。公共的価値のある情報を社会に提示して，世論を形成する役割が期待されている。一方，マスメディアの大半は営利企業であり，自社の利益になるか否かという観点から，取り扱う情報を取捨選択

する傾向が強い。また，マスメディアは19世紀から20世紀にかけて急速に普及したが，この時期は，世界中で国民国家が形成される時期でもあった。均質的な国民と国民文化を基盤とする国民国家の形成にあたって，大衆に同一情報を一斉伝達できるマスメディアが政治的に利用されてきた点も重要である。

報道の自由 ③（ほうどう-じゆう）　出版，新聞，放送などメディアを通した情報伝達が自由に行使されること。言論の自由の一種として，国際的に認知されている権利の１つである。日本においても，博多駅テレビフィルム提出命令事件の最高裁判決（1969年）にて，報道の自由が憲法上保障されていることを認めた。ただし，報道の自由の一部である取材の自由については「十分尊重に値する」と評価するに留めている。一方，国際NGO「国境なき記者団」による世界報道自由度ランキングにおいて，日本の報道自由度は，先進国の中でも最低水準に位置付けられる（2023年において180カ国中68位）。国境なき記者団は，その主因として，記者クラブ制度によって閉鎖的で排他的なジャーナリズム文化が続いていることを挙げている。

メディア-スクラム 🄒③［media scrum］　事件が発生した現地にマスコミ関係者が多数押しかけ，被害者や被疑者などへの過剰な取材・報道をおこなうこと。個人のプライヴァシーを侵害するなどの被害を与えることが多い。集団の過熱取材ともいう。本来は，マス-メディアがスクラムを組み，協力して権力を監視するという意味合いがあった。

ソーシャル-メディア 🄑③［social media］　インターネットを通して，コンテンツの創造と発表と共有を図る情報技術。単なるマスメディアと比較して，コンテンツの受け手側も，意見提示や他者共有といった能動的対応が可能となる。単に人々の社会関係をネット上で構築するソーシャルネットワーキングサービス（SNS）とも概念的に区別されることがある。ソーシャルメディアの代表例としては，2023年にTwitterからリブランディングされたXが筆頭に挙げられる。

類ツイッター

マルチ-メディア［multi media］　デジタル化された文字・音声・映像など，複数の要素を統合・結合して利用する情報媒体の総称。情報を伝達するメディアが多様になる状態を示す。

放送倫理・番組向上機構（ＢＰＯ）（ほうそうりんりばんぐみこうじょうきこう）　ＮＨＫ（日本放送協会）と民放連（日本民間放送連盟）とが2003年に共同で設置した第三者機関。放送による言論・表現の自由を保障するとともに，視聴者からの意見や人権被害などの苦情を受けつける。放送局へ勧告をおこなう権限などもある。

商業主義（コマーシャリズム）［commercialism］（しょうぎょうしゅぎ）　一般的には，組織や人間が金銭的利益のみに基づいて行動することを指す。特に，商業主義的姿勢が露骨になっているマスコミュニケーションを指すことが多い。マスメディア企業の大半は営利事業体であり，必然的に商業主義から逃れることはできない。とりわけ広告収入に依存している企業は，大衆の注目を集めるため，煽動的で刺激の強いコンテンツに特化する傾向を強めていく。一方，自社の利益になりにくいコンテンツは，公共的価値を有するものであっても容易に切り捨てられる。

アテンションエコノミー［attention economy］　人間が何かに注目することを希少価値とみなして商品化する経済のこと。1970年代にアメリカの政治学者ハーバート・サイモンによって提唱された概念であり，21世紀に入って，マスメディアやネット上における「注目を奪い合う競争」が激化する中で，改めて重視されている経済理論である。そもそも，人々の保持する時間は有限であり，何かに注目したり認知する量も有限である。新聞，テレビ，広告，ソーシャルメディアなどは，この注目や認知といった人々の有限資源を奪い合うビジネスと表現できる。たとえば，YouTubeやXにおいては，閲覧数が最重要指標であり，閲覧数に応じてコンテンツ発信者たちに報酬を支払うシステムが確立している。オンライン広告においても，どれだけその広告が見られたか（impression），その広

告を目にした上で何らかのアクションがとられたか(engagement)が重視されやすい。

クリックベイト［clickbait］　ニュースサイトなどにおいて，人々にリンクをクリックさせるために用いられる扇情的あるいは偽装的な戦略のこと。たとえば，リンク先の記事内容に見合わない大袈裟な見出しタイトルをつけたり，刺激の強い画像をサムネイルとして貼り付けることで，人々を誘導する手法は，クリックベイトの典型例である。ベイト(bait)とは，魚を釣るためのエサのことであり，ユーザの行動を操作するための「おとり」とも表現できる。ネット特有の現象として批判されやすいが，新聞やテレビといった旧メディアにおいても，過激な見出しや予告を流布して消費者を誘導する現象は，頻繁に観察されてきた。

扇情主義(センセーショナリズム)［sensationalism］(せんじょうしゅぎ)　情報の受け手の側の非合理で不安定な情緒に訴えるマス-メディア企業のあり方をさす。コマーシャリズムと連動し，その場限りの低俗で刺激的な欲求を充たす情報の提供が最優先される。誇張した表現を用い，スキャンダル情報を好んで扱う。

匿名報道と実名報道(とくめいほうどう−じつめいほうどう)　権力犯罪以外の一般的な刑事事件では，被疑者や被告人などの実名を原則として報道しないという立場が匿名報道。これに対して，事件・犯罪報道は原則として実名でおこなうとする立場が実名報道。日本のマスコミでは後者が基本とされてきたが，このうち従来は呼び捨てだった被疑者について，「容疑者」という呼称を付すなど，無罪推定の法理を踏まえた報道に変わってきた側面もある。少年事件の場合は，少年法第61条の規定により匿名報道が原則とされる。

調査報道［investigative journalism］(ちょうさほうどう)　報道機関が独自の調査活動を通じて報道する方法。政府や捜査当局の情報源に依存する発表ジャーナリズムの対極にある。1970年代にニクソン米大統領の犯罪をワシントン-ポスト紙の2人の記者が徹底的に調べ上げて暴露し，大統領辞任に追い込んだウォーターゲート事件の報道が代表例。日本では，竹下登内閣の崩壊につ

ながった1980年代のリクルート事件の報道が知られる。

取材源の秘匿　(しゅざいげん−ひとく)　取材記者が，情報源(ニュースソース)である取材相手を特定されるような情報を外部に漏らさないこと。ジャーナリストが必ず守るべき鉄則の一つ。これが破られると，取材・報道の自由の基盤が壊され，国民の知る権利が制約されることになる。日本では法律上の明文規定はないが，アメリカでは多くの州でシールド法に基づき取材源秘匿権が認められている。

記者クラブ　Ｃ　(きしゃ−)　国会や官庁などで取材活動をする記者たちが，共同会見などの取材の便宜をはかるために組織した団体またはその拠点となる場所。取材先との癒着関係を招きやすいこと，大手マスコミに限定され，それ以外の者が排除されてきたこと，などへの批判もある。現在は，一部官庁ではフリー-ジャーナリストなどにも門戸が開かれるようになった。

アクセスジャーナリズム［access journalism］　マスメディアが，非協力的な取材対象に近づくため，取材対象に有利な形で報道内容を構成すること。もしくは，取材対象に便宜を図ることで，取材対象から特別な情報を取得する報道姿勢のこと。アクセスジャーナリズムでは「報道が正確であるか」よりも「取材対象の意向に沿った報道となっているか」が最優先事項となる。たとえば，日本のマスメディアでは「サツまわり」と称する慣行があり，記者が警察幹部と懇意になることで，警察しか知り得ない情報を取得し，警察の意図通りに報道する。その結果，警察に有利な情報ばかりが社会に流布されて，時として冤罪事件を誘発することになる。日本のマスメディアの大半は，こうしたアクセスジャーナリズムに陥っていると指摘されている。

ポスト真実［post truth］(−しんじつ)　客観的な事実や真実よりも，感情的な訴えや虚言，嘘の情報に民意が誘導されていく状況をさす。ポストとは「〜以後」「脱〜」の意。背景にはネット社会の影響がみてとれる。イギリスのオックスフォード大学出版局が2016年を象徴する語として選んだ。

ファクトチェック　Ｃ［fact check］　政治

家などの発言内容を主として事後に，事実に即して確認・点検・評価するジャーナリズムの手法。アメリカのメディアで積極的に取り組まれている。フェイク(偽)ニュースなどへの有効な対抗策とされる。

　　　　　　　　　　　　類フェイクニュース Ａ１

メディア−リテラシー Ａ２[media literacy]
リテラシーとは本来，読み書きの能力をさす。一般国民が多様なメディアを批判的に使いこなし，主体的に読み解く能力を身につけること。情報化社会を生き抜くための必要不可欠な能力とされる。

不正アクセス禁止法 Ｃ３(ふせい−きんしほう)
2000年２月に施行。他人のコンピュータへの不当侵入を禁止する法律。ネットワーク環境にかかわる犯罪防止のため，パスワード(本人識別番号で，合い言葉の意)を不正に使用するなど，「他人のコンピュータに侵入すること自体が犯罪にあたるとし，処罰の対象としている。

　　　　　　　　　　　　　　　類パスワード

サイバー−テロ Ｃ[cyber terrorism]　サイバーテロリズムのこと。国などのコンピューター−ネットワークに侵入し，システムを破壊したり情報を盗み出したりして社会に打撃を与える犯罪行為。

青少年インターネット規制法 Ｃ(せいしょうねん−きせいほう)　18歳未満の青少年が有害情報を閲覧する機会をできるだけ少なくすることを目的とし，議員立法のかたちで2008年に成立。正式には「青少年が安全に安心してインターネットを利用できる環境の整備等に関する法律」という。有害情報とは，犯罪や自殺を請け負ったり誘引するもの，わいせつなもの，残虐な内容のものなど。これらが閲覧できないように，事業者にフィルタリングサービスなどを義務づけている。このため，表現の自由の統制につながると懸念する声もある。

　　　　　　　　　　　　　　類フィルタリング

ユビキタスネットワーク社会 (−しゃかい)
日常生活の至るところにコンピュータがあり，必要な情報にいつでもアクセスできる環境にある社会をさす。ユビキタスの語源は「神があまねく存在する」というラテン語にある。

u−Japan政策 (−せいさく)　e−Japan戦略に次いで，2004年に総務省が提案したユビキタスネットワーク社会を実現しようとした構想。2010年を実現目標とし，ＩＴ(情報技術)の活用面でも世界の最先端をめざした。「ｕ」とは，ユビキタスやユニヴァーサルの頭文字を意味する。

　　　　　　　　　　　　類e−Japan戦略

政治的無関心 Ａ６[political apathy]　(せいじてきむかんしん)　参政権を持つ国民が政治には関係ない，政治家にまかせておけばよい，政治に期待できない，などとして政治への興味・関心を失うこと。政治への無力感・絶望感を背景とした政治参加への意欲の喪失，選挙における棄権，脱政党化現象としてあらわれる。アパシーともいう。アメリカの政治学者ラスウェルは，政治的無関心を脱政治的・無政治的・反政治的の三つのタイプに分類している。また，アメリカの社会学者リースマンは，政治の無知を背景とする伝統型無関心と，政治の知識はあるが政治に冷淡な現代型無関心とに識別した。

　　　　　　　　　　　　　　　同アパシー

大衆民主主義 Ａ６[mass democracy]　(たいしゅうみんしゅしゅぎ)　普通選挙制度の実現を背景に，身分や財産上の制限なしに，国民大衆の政治参加を保障する制度。マス−デモクラシーともいう。問題点として，大衆は他者と同調しやすく画一的な行動をおこすことが多いため，煽動的な政治指導者やマス−メディアによる操作対象となりやすく，また，無力感や孤立感から政治的無関心におちいりやすい点があげられる。

　　　　　　　　　　　同マス−デモクラシー Ｃ

ポピュリズム Ａ４[populism]　大衆迎合主義。一般大衆の考えや要求に依拠しておこなわれる政治的な主張や運動。世論を動員してこうした政策を実現しようとする政治家などをポピュリストとよぶ。

　　　　　　　　　　　　　　類ポピュリスト

市民運動 Ｃ(しみんうんどう)　一般の市民が主体的・自発的に政治活動・社会活動に参加し，発言していく運動をいう。生活実感に根ざし，一人ひとりが自己の権利を自覚し，多くの人々と連帯して政治的・社会的問題の解決をはかろうとするもの。反公害運動や消費者運動など，職業的な指導者や恒常的組織を持たない場合が多い。特定地域の問題

で，地域住民によって担われるのが住民運動である。

類 **大衆運動** C 1

カウンター（対抗1） [counter] (たいこう)
政治活動の一環として，市民らが現場で対象に向けて直接抗議する手法。カウンター-デモクラシーともよばれる。日本では，行進や集会など通常の示威運動（デモンストレーション）と同様に非暴力的だが，やや過激になることもある。怒りを可視化させて人々の無関心を揺さぶり，民主主義を覚えさせるのが狙い。首相官邸前での脱原発行動や，ヘイトスピーチデモの横で「帰れ」とコールする行為などがおこなわれている。フランスの政治学者ピエール＝ロザンバロンが2006年に提唱した。「1％の人に富が集中し，99％のわれわれの声が届いていない」と訴えたアメリカ・ウォール街のオキュパイ（占拠）運動などが代表例とされる。　☞ p.167（ウォール街）

同 カウンター-デモクラシー

アンティファ [ANTIFA] 反ファシスト（anti-fascist）を略した名称であり，ファシズムに反対する世界規模の政治運動。本部・支部・公式指導者は存在せず，ファシズムを阻止するために積極行動を取るという一点において結びついた緩やかな分散ネットワークとなっている。実際の運動においては「ANTIFA」または類似した表現の記載された旗を掲げたり，黒い服装を着用してブラックブロック(黒い塊)を集団で形成することが多い。アメリカでは，2020年ジョージ＝フロイド抗議運動で主要な役割を担ったほか，2016年および2020年のアメリカ大統領選挙において，トランプ候補に対する熾烈な抗議運動を展開したことで知られる。

Black Lives Matter 黒人に対する暴力と差別に反対する世界規模の政治運動。略称はBLM。本部・支部・公式指導者は存在せず，BLMの理念に共鳴する人々がゆるやかに結びついた国際的な分散ネットワークとなっている。2012年，米国フロリダ州にて地元自警団員が17歳黒人少年を射殺したトレイボン＝マーティン事件に対して，2013年に各ソーシャルメディ

ア上で #BlackLivesMatter というハッシュタグを使った抗議運動が起こった。これを起点として徐々に運動規模を拡大させ，2020年ジョージ＝フロイド抗議運動で世界的な注目を浴びることになる。

オルトライト [alt-right] 2010年代より米国社会で活発となっている非主流派の保守主義運動。白人ナショナリズムを中核的思想として，外国人排斥／反フェミニズム／反同性愛などを唱えており，民主党はおろか共和党の主流保守派にも敵意を向ける傾向にある。インターネットを活動拠点としている点もオルトライトの特徴であり，ネット文化特有のアイロニー・パロディ・スラングを多用する。オルトライトは，その主張の過激性や無根拠性から，ツイッターやフェイスブックなどの主流SNSにおいて排除対象とされている。

Eデモクラシー C インターネットなど情報通信技術（ICT）の発達によってもたらされた政治や民主主義の新たな形態。2011年に中東や北アフリカ諸国などに広がったアラブの春（アラブ革命）とよばれる波は，その代表的なもの。手段としてツイッターやフェイスブックなどが駆使され，無名の人々が変革の担い手として大きな役割を果たした。　☞ p.385（アラブの春）

無党派層 A 2 (むとうはそう) 明確に支持する政党を持たない有権者のこと。世論調査などで「支持政党なし」と答える。これまでは政治的無関心の現れととらえられてきた。しかし，一方に既成政党に対する不信から「支持政党なし」と答える層が増えている。今日その割合が大きく，選挙結果に影響を与えうる勢力ともなっている。

アナウンスメント効果 C [announcement effect] (こうか) マス-メディアの選挙報道などによって，有権者の投票行動に影響をあたえること。予測とは逆の結果をもたらすことをアンダードッグ効果（判官びいき効果）ともいう。しかし，小選挙区中心の選挙制度のもとでは，「勝ち馬」意識をあおるバンドワゴン効果が大きいと指摘される。

類 アンダードッグ効果　バンドワゴン効果

現代経済のしくみと日本

キリンの幸福を心におくならば，餓死する
頸の短いキリンの苦痛を見過ごしてはなら
ないし，競争のさい，地面に落ちてふみつ
けられる葉や，頸の長いキリンの食べ過ぎ，
温和な動物たちの顔を曇らせる心配，争い
の醜さなどを見落としてはならない。

——J.M. ケインズ（『自由放任の終焉』より）

1章 経済社会と経済体制

1 経済社会と経済主体

経済社会の特色

経済 🅐⑭ [economy] （けいざい）　中国の古
典にでてくる「経世済民」（世を治め民を
救うの意，「経国済民」ともいう）に基づい
てつくられた語。江戸時代の太宰春台
の『経済録』からとったとされる。ま
た，英語のエコノミーの語源であるギリ
シャ語「オイコノミス」（家計の管理）に由
来する意味もある。一般的に，人間の生活
に必要な財（形のあるもの）やサービスの
生産・分配・流通・消費など人間の生活や
社会を維持するための最も基本的な活動を
さす。経済には家計・企業・政府の三つの
主体がある。この三つの主体の結びつきを
経済循環という。実際の経済には，失業・
インフレーション・デフレーション・貧
困・環境破壊などの問題が発生する。

類経世済民①

経済的欲望 （けいざいてきよくぼう）　財やサービス
を消費したいという欲望のこと。人間は
衣・食・住のような有形の財や，教育・医
療など無形のサービスを消費しているが，
一部の財・サービスについての経済的欲望
が満たされても，ほかに欲しい財・サービ
スはいくらでもでてくる。人間の経済的欲
望には限界がない。

経済資源 （けいざいしげん）　生産に必要な労働・
土地・天然資源や，機械などの資本財，生
産された財やサービスなどの総称。人間の
経済的欲望を直接的に満たすもの，あるい
はそれらを生産するためのもの。単に資源
ともいう。

希少性 🅐 （きしょうせい）　人間の経済的欲望は，
相対的に無限であるのに，それを満たすた
めの経済資源には限りがあるということ。
経済的欲望を満足させるために，限られた
（希少な）資源をいかに有効に配分するか
が経済の問題となる。

トレード-オフ 🅐⑥ [trade-off]　いわゆ
る「あちらを立てれば，こちらが立たず」
という関係のこと。経済社会では欲しいも

のすべてが得られるわけではないので，ある財を手に入れるには他の財をあきらめなければならない。製造物の生産と自然環境の保全との関係などが例示される。希少性のもとで選択が要求される経済社会では，常にトレード-オフの関係が存在し，そうした制約条件を考えながら最適なものを求めることになる。

商品経済（しょうひんけいざい）　売買を目的として財やサービス（商品）の生産・流通がおこなわれる経済のこと。現代は，自給自足の経済生活ではなく，細かく分かれた仕事を人々が分担する社会的分業が発達している。現代の経済生活は，人々が自分の生産した財・サービスを相互に交換することによって成立している。このように，財・サービスが，交換を目的とした商品として生産されるのが商品経済である。商品は貨幣を仲介にして交換される。この商品経済が高度に発達し，労働力をも商品化するようになった経済が，資本主義経済である。

商品　A⑤（しょうひん）　販売を目的として生産された財・サービスのこと。商品の売買は「ノアの箱船以来」といわれるほど歴史的に古いが，資本主義社会ではすべての富は商品になりうるといわれている。それは，有形の財だけでなく，労働力や無形のサービス，地位・名誉までが取り引きされる全面的な商品経済の社会となっているからである。

自給自足経済　C（じきゅうじそくけいざい）　生活に必要なものを，すべて自分で生産・消費する経済のこと。他から孤立した家族や地域，または鎖国状態の国の経済をさす場合もある。古代・中世などの村落や都市は，自給自足経済に近かった。現代の経済社会では，徹底した社会的分業のもとで，商品経済が高度に発達しているため，ごく一部にしか残存していない。

貨幣経済　（かへいけいざい）　財やサービスを交換するとき，貨幣をその仲立ちとする経済のこと。物々交換の経済では，自分の欲しいものを持っている人を探しださなければならず，現代の複雑化した経済ではとうてい考えられない。現代経済は，ほとんどの取り引きに貨幣を交換手段として使用している貨幣経済の社会である。

財　A⑫［goods］（ざい）　人間の生活に必要なもの，また人間の欲望を満たすもので，いずれも形のあるものをさす。形のないサービス（用役）に対する語で，モノと表記されることもある。たとえば，食料・衣類・自動車・機械など。財は，自由財と経済財に分けられる。自由財は，空気のように豊富に存在するため，だれでも自由に利用し，消費できる。経済財は，人間の欲望に比べて量が限られるため（希少性を持つため），売買や所有の対象となる。経済財は，さらに消費財と生産財とに分けられる。

生産財　C（せいさんざい）　他の財を生産するために使われる財のこと。道具・機械・工場の建物などの生産手段，さらに原料・燃料・半製品など生産物をつくるための中間生産物が含まれる。また労働・土地などの生産要素もこれに含まれる。

消費財　B⑥（しょうひざい）　消費者の欲望を満たし，日常生活に使われる財のこと。耐久消費財（自動車・テレビ・家具など）と非耐久消費財（食料・衣類など）に分けられる。同じ財でも，使われ方によっては生産財にも消費財にもなる。たとえば石油は，家庭の暖房用は消費財であるが，工場で燃料や原料に使われれば，生産財となる。

耐久消費財　C④（たいきゅうしょうひざい）　主として消費財について，長期の使用に耐えうる財を耐久消費財あるいは耐久財という。

自由財　C（じゆうざい）　人間の欲望を満たし，必要なものであるが，豊富に存在するため，使用にあたって代金などを支払う必要のない財。自然のなかに存在する空気など。

経済財　C（けいざいざい）　人間の欲望に比べて量が限られているので，売買や所有の対象となる財のこと。経済財は，市場において価格がつけられ，交換される。

公共財　A⑦（こうきょうざい）　防衛・警察・消防，または一般道路・堤防・橋・公園などの政府が提供する財・サービスのこと。多くの人が同時に消費できる非競合性と，対価を支払わない人を排除できない非排除性とを有する。公共財は，民間企業が提供しても十分に料金を徴収できず，利潤をあげることができない。そこで政府が，税収をもとに社会の必要量を供給することが多い。

圞非競合性 **B** 4　非排除性 **B** 5

マイナスの財（-ざい）　環境汚染・騒音・有害廃棄物など，まわりにいる多くの人々に悪影響を及ぼす財のこと。グッズ（goods, 有益財）に対してバッズ（bads, 有害財）と称される。

代替財 **C** 1（だいたいざい）　コーヒー・ココア・紅茶などのように，ある財の代わりになるような他の財のこと。もしコーヒーの価格が上がってコーヒーの需要が減り，代わりに紅茶の需要が増えるとすると，コーヒーと紅茶はたがいに代替財という。

補完財 **C** （ほかんざい）　コーヒーと砂糖，ペンとインクなど，一緒に使うことによって，経済的目的に役立つ財のこと。たとえば，コーヒーの価格が上がると，コーヒーの需要が減るばかりでなく，砂糖の需要も減る。このような場合，これらの財は補完財であるという。

サービス **A** 12（用役）[service]（ようえき）　形はないが，人間の必要や欲求を満たす経済活動のこと。医療・保険・金融・教育・運輸などがその例。代価を支払って物を受け取るのではなく，何かをしてもらうような活動をいう。広義に「財」という場合，そのなかにサービスを含めることもある。

生産 **A** 9（せいさん）　食料品や自動車など有形の財と，運輸や小売りなど無形のサービスをつくりだすこと。生産は，土地・労働・資本を組み合わせておこなわれるが，これらを生産要素という。生産された財・サービスは，生産要素の提供者に分配され，消費されるか，投資にまわされる。

分配 **A** 3（ぶんぱい）　生産された財・サービスがその生産要素（土地・労働・資本）の提供者に分けられること。土地に対して地代，労働に対して賃金，資本に対して利子・配当が分配される。このように生産要素に対して支払われる報酬を所得という。所得は貨幣として支払われ，それを使用して必要な財・サービスを手に入れることが多い。

消費 **A** 7（しょうひ）　人間が自らの欲望を満足させるために財・サービスを使用すること。こうした人間の生活を維持・向上させようとする行為は，根本的経済行為であり，経済活動の最終目的でもある。また全生産物は，消費と投資とに分けることができるが，

ここでの投資も将来のより有効な消費のための準備という側面がある。

再生産（さいせいさん）　生産がくり返されること。人間が消費生活を続けていくためには，財・サービスの生産も反復・継続しなければならない。したがって人間社会でおこなわれる生産は，すべて再生産である。再生産過程は，財・サービスの生産→分配→消費（投資）→生産→分配→消費（投資）…が不断にくり返される過程である。再生産は，生産がくり返されながら，生産量が増えていく拡大再生産，生産量が減っていく縮小再生産，生産量が変わらない単純再生産に分類できる。

拡大再生産（かくだいさいせいさん）　生産設備の拡大によって，生産が継続的に増加していくこと。生産がくり返されていくうちに，機械・道具・建物などは，古くなったり，壊れたりしてくる。このような生産設備を補修する（更新投資）とともに，さらに新しい設備を増やす（純投資）ことにより，再生産は拡大していく。

縮小再生産（しゅくしょうさいせいさん）　生産能力の低下のために，生産量が前年より減少すること。生産によって設備が古くなったり，壊れたりする減耗分より生産設備への投資が少ない場合に起きる。

単純再生産（たんじゅんさいせいさん）　生産が同じ規模でくり返されること。生産によって設備が古くなったり，壊れたりする消耗分と生産設備への投資が等しい場合に起きる。

生産要素 **B** 2（せいさんようそ）　財・サービスを生産するときに使用される資源の総称。土地・労働・資本を生産の三要素という。土地は天然資源，労働は労働者の労働，資本は機械・工場設備などをあらわし，生産に用いられる。

圞生産の三要素 **C**

生産手段 **B** 4（せいさんしゅだん）　財・サービスの生産に必要な，形のある物的要素のこと。工場・設備などの労働手段と，土地や原材料・半製品などの労働対象とからなる。生産手段は，生産力の水準を決定する主要因となる。また，生産手段の所有形態は生産関係を決定づける。

圞労働手段　労働対象

生産力 1（せいさんりょく）　財・サービスを生産

する能力のこと。生産力は，人間の労働力と生産手段（土地・工場・設備・原材料）が組み合わされて生みだされる。生産力の発展は，生産手段の発達によって規定される。マルクス・エンゲルスの唯物史観によれば，生産力の発展に照応して生産関係・生産様式が規定され，それが社会を発展させる原動力となる。

生産関係　(せいさんかんけい)　人が生産をおこなう時に結ばれる人と人との関係。生産関係において重要な意味を持つのは，土地・工場・機械などの生産手段を所有する人と，労働力を提供する人との関係である。生産力の発展にともなって生産関係は変革され，歴史とともに変化する。資本主義社会では，資本家と労働者との生産関係が基本となる。

生産性　**C⑤**(せいさんせい)　生産された財・サービスの総額を，その生産された期間に投入された生産要素（労働・機械・資本など）で割った値のことで，生産の効率を示す指標。生産性のなかでも，ある一定期間の労働者1人あたりの生産額を労働生産性という。1人の労働者が1日1台の自動車を生産している工場に最新鋭の機械が導入され，同種価格の自動車を1人で1日10台生産できるようになったとすると，労働生産性は10倍になったという。効率的な生産とは，より少ない生産要素で，より多く生産することである。各企業は，利潤拡大のために生産性の向上をめざすが，それは生産性向上によって商品を安く大量に供給できるようになるからである。また，生産性の向上は一国の経済成長にも寄与する。

生産費　**A①**（**コストA②**）[cost]　(せいさんひ)　財やサービスの生産に要する諸経費。原材料費・人件費・輸送費・設備費などからなる。

労働　**A③**(ろうどう)　財・サービスの生産のために，人間が働くこと。労働は，土地・資本とともに生産の三要素を構成する。労働には，①消費財を得て，それによって消費生活を支える，②生産活動に参加し，社会に貢献する，③自分の能力や適性を活用し，生きがいを得る（自己実現）という三つの目的がある。

労働力　**B④**(ろうどうりょく)　人間が財やサービスを生産するために身につけている働く能力のこと。資本主義社会では，労働者は労働力を商品として資本家に売り，その対価として賃金を受け取る。これを労働力の商品化という。労働市場では，労働力の売り手（労働者）と買い手（企業）が出会い，需要と供給によって労働力の価格である賃金が決定される。

　　　　　　　　　　　頻労働力の商品化**B**

分業　**A①**(ぶんぎょう)　生産工程を細かく多くの段階に分け，それぞれの労働者が作業工程の一つを分担して製品を完成させる方法。分業の目的は，生産性を高めることにあり，アダム＝スミスの『諸国民の富』に描かれたピン製造工場での分業の例が有名。それによると，1人では1日に1本のピンをつくることさえ難しい場合でも，10人で工程を分け，分業すると1人1日あたり4800本もピンがつくれたという。分業は，社会のなかでも（社会的分業），国と国との間でも（国際分業）おこなわれる。

社会的分業　**C**(しゃかいてきぶんぎょう)　社会全体が，農業・工業・サービス業などの各職業分野別に労働を分割して分担すること。商品経済は社会的分業を前提にしている。つまり人々は，生活や社会に必要な財・サービスのある一部だけを担って生産し，他人の生産物と交換してそれぞれの必要を満たしている。だれもが，自分に必要なすべてのものをつくるより，それぞれ得意なものに専門化し，交換する方が全体として豊かになるからである。

工場内分業　(こうじょうないぶんぎょう)　工場のなかの作業工程が細かく分けられ，各労働者がその工程の一つを分担する生産方法。自動車組み立て工場にみられる流れ作業方式（コンベア-システム）などが現代的事例。

迂回生産　(うかいせいさん)　労働・土地・原材料などから，消費財を直接に生産するのではなく，先に道具や機械など資本財を生産し，それらを使用して消費財を生産する方法。迂回生産は，生産を効果的におこなうために採用され，現在の消費の一部を犠牲にしても，その分を資本財の生産にあてる。このような生産の迂回化を通じて資本が蓄積されていく。

協業　**B**(きょうぎょう)　同一生産工程で多くの

労働者が計画的に協力・連携して生産をおこなうこと。分業とともに，工場内では不可欠の労働形態であり，これによって労働の生産性は高まる。

剰余 **C**(じょうよ)　生産物からその生産要素に支払った代価を引いた残り。労働者が生産した生産物の価値から，賃金として支払った分を差し引いた部分である。マルクスは，剰余は労働によってのみ生みだされ，そして資本家に搾取され，利潤・利子・地代の源泉になるとした。

剰余価値　(じょうよかち)　マルクスの経済学説の一つ。労働者が，労働力の価値（＝賃金）をこえて生産した新しい価値のこと。たとえば，8時間の労働時間で，その賃金が1万円のとき，1人の労働者が4時間働けば，1万円の生産物を生みだすとする。この場合，労働者は最初の4時間で，賃金（1万円）と等しい価値の生産物を生産し，残り4時間で剰余価値（1万円）を生産する。この剰余価値は，資本家が取得することになる。

国民経済とは

国民経済 **C**[2](こくみんけいざい)　一つの国や国民を単位として，同一の貨幣を使い，同一の財政制度及び金融制度，そして同一の経済政策，社会制度のもとに運営される経済のこと。国際経済に対する概念。国民経済を形成するのは，家計・企業・政府の経済主体であり，経済主体間の相互関係により経済活動が推進されている。

経済主体 **A**[4](けいざいしゅたい)　経済における

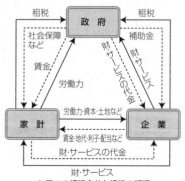

▲三つの経済主体と経済の循環

活動の担い手となるもの。経済社会には，家計・企業・政府という三つの代表的経済主体がある。資本主義経済においては，企業は生産・流通面で活動し，家計は消費活動をし，政府は，これら生産・流通・消費を含めた一国の経済活動全体を調整する。各経済主体は貨幣をなかだちとして，それぞれ財・サービスを提供しあっている。これら3者が，相互に密接に関連・影響しあって，経済社会は成立している。

経済循環 **C**[2](けいざいじゅんかん)　経済主体間の財・サービス・貨幣の流れのこと。財やサービスは貨幣をなかだちとして，家計・企業・政府の間を相互に結びつけながら生産から消費へとくり返し流れている。経済循環は国民所得の循環でもあり，これを計量することにより，経済の現状や動向を分析できる。

経済活動 **B**[5](けいざいかつどう)　三つの経済主体（家計・企業・政府）が財やサービスを生産・分配・流通・消費する活動のこと。家計は主に消費をし，企業は主に生産をし，政府はそれらを調整することが経済活動の中心である。これら経済活動の自由を確保することが，アダム＝スミス以来の資本主義経済の中心的理念である。

経済主体1－家計

家計 **A**[16](かけい)　消費のうえで同一の生計を立てている一つの単位。経済主体の一つ。その経済活動に果たす役割は，最終消費者であると同時に，労働力の供給者という2面を持っている。家計は生活するために消費支出をおこない，そのために所得を必要とする。所得には，労働力の提供によって企業から得られる賃金と，財産所得（利子・配当・家賃・地代）がある。

所得 **A**[11](しょとく)　生産活動に使用された資本・労働・土地などの生産要素に対して支払われる報酬のこと。所得は一定期間でのフローの概念であり，これに対して，この所得が蓄積されたストックの概念が国富である。所得の種類には，①賃金（労働力の提供者への報酬），②利潤（生産資本に対しての報酬），③利子（資金・貨幣資本に対しての報酬），④地代（土地使用に対する報酬）がある。また，生産によって得

られた所得は，法人・個人企業(資本家)，勤労者(労働者)，政府などの経済主体に分配され，その後に支出される。

可処分所得　**B**5(かしょぶんしょとく)　個人所得のうち，直接税(所得税)や社会保険料などの非消費支出を差し引いた残りの部分。個人が自由に使用(処分)できる所得であ。可処分所得は，一国の経済全体についても用いられる。日本の勤労者世帯の(実質)可処分所得は，1997年までは年を追うごとに上昇したが，それ以降は下がりはじめ，2015年には30年前の水準に落ち込んだ。これは，実収入の伸び悩みと社会保険料などが実質的に増加しているからである。

勤労所得　**C**(きんろうしょとく)　労働を提供した勤労者へ支払われる所得。賃金，その他の手当などをさす。雇用者所得・労働所得ともいわれる。

不労所得　(ふろうしょとく)　働かずに得られる所得。地代・利子・配当などをさす。勤労所得との対比で使用されることが多い。

財産所得　**C**(ざいさんしょとく)　☞ p.230(財産所得)

消費支出　**C**3(しょうひししゅつ)　個人や家計が，生活を維持するためにおこなう支出。生活費などともいわれる。国内総生産(支出側)のうち，家計最終消費支出を主とする民間最終消費支出は6割近くを占める。

消費性向　**C**2(しょうひせいこう)　消費者が得た所得のなかからどの程度を消費に向けるかを示した数値。所得のうち，消費がどの程度を占めるか，その割合であらわされる。一般に所得が増大すれば消費性向も高まるが，一定以上の所得増加は逆に消費性向を低くするとされる。

エンゲル係数　**C**(-けいすう)　家計での総消費支出(または可処分所得)に占める飲食費の割合のこと。ドイツの社会統計学者エンゲルが，19世紀末にベルギーの労働者家計の消費支出を統計的に研究することにより，所得の上昇に従って家計費のなかの飲食費の割合が低下するという法則を見いだした。これをエンゲルの法則という。所得が多く，総消費支出が大きい家計ほどエンゲル係数は低くなり，生活水準が高いとされる。日本におけるエンゲル係数は，戦後当初は60％台だったが，その後下落して

2000年代には20％台前半となった。しかし，2010年代以降は緩やかに再上昇している。

類エンゲルの法則

シュワーベの法則　(-ほうそく)　所得が高い層ほど家計での総消費支出中に家賃の占める割合が少ないという法則。ドイツの社会統計学者シュワーベが1868年に発表した。

ローレンツ曲線　**B**2(-きょくせん)　アメリカの統計学者ローレンツが考えた所得分布の不平等度を示すグラフ。縦軸に累積所得額，横軸に累積人員数をとると，完全に平等の場合は原点を通る45度の直線となる。不平等になるほど，この直線から遠ざかるような弓形曲線を描く。次図において，ローレンツ曲線と均等分布線とで囲まれた弓形の面積の，均等分布線より下の三角形の面積に対する比率がジニ係数である。均等分布線とローレンツ曲線の間の面積が小さいほど，所得の均等がはかられている。

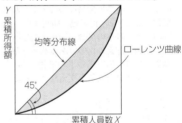

▲ ローレンツ曲線の概念図

ジニ係数　**A**6(-けいすう)　貧富の差を表す指標。イタリアの統計学者ジニが考案した。1に近いほど格差が大きく，格差がないときは0となる。近年，日本ではこの数値が上昇し，所得格差の拡大が指摘されている。経済協力開発機構(OECD)構成国

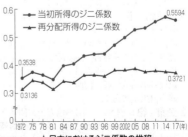

▲ 日本におけるジニ係数の推移

の直近値を見ると，0.22から0.49までの幅となっており，日本は0.334である。

貯蓄 Ⓐ2（ちょちく）　家計において将来の必要のために所得の一部を金融機関などに預け・貯蓄すること。生命保険の保険料や株式・債券などの購入も貯蓄に含まれる。また，国民純生産のなかで消費されなかった残り分が貯蓄となる。企業や政府も貯蓄をおこなう。企業では利潤のうち配当にまわされなかった残りの部分が貯蓄となる。

貯蓄性向（ちょちくせいこう）　家計において，消費者が所得をどのくらい貯蓄にまわすかを示した割合。1から消費性向を差し引くことで得られる。総可処分所得に占める貯蓄の割合を平均貯蓄性向とよぶ。日本では，この平均貯蓄性向が諸外国よりも高い。その理由は，社会福祉・社会資本の遅れなどによる個人負担の比率が高いため，と考えられる。

貯蓄率 Ⓒ1（ちょちくりつ）　国全体の貯蓄（家計の預貯金，企業の配当後の残金すなわち内部留保など）を国民可処分所得で除した比率のこと。日本の場合，個人可処分所得に対する個人貯蓄の比率である個人貯蓄率の高さ（1960～70年代の平均で約20％）が，戦後の高度経済成長を支えたとされる。

経済主体2－企業

企業 Ⓐ29（きぎょう）　営利を目的として財・サービスの生産活動をおこなう組織体のこと。経済主体の一つ。原則的に企業は，自らの創意と責任において市場原理にしたがって生産と販売をおこない，利潤を得ることを目的として行動する。株式会社の形態が最も一般的だが，個人的な小企業も企業である。組織形態としては，公企業・私企業・公私合同企業に分けることができる。

生産活動 Ⓒ（せいさんかつどう）　主として企業が財やサービスを新しくつくり出すこと。生産活動をおこなうためには，労働・土地・資本（生産の三要素）が必要である。生産規模が拡大される拡大再生産，前回と同じ規模の単純再生産，前回より縮小していく縮小再生産がある。

公企業 Ⓐ（こうきぎょう）　国や地方公共団体が所有・経営する事業のこと。私企業の対概念であり，営利追求には向かない公的需要

を満たす企業活動。重要産業の保護・育成や国民生活の安定を目的とする。交通・水道・病院など。

公益企業（こうえききぎょう）　国民の日常生活に不可欠な財・サービスを供給している企業。電気・ガス・水道・交通・医療など，制度的に独占が認められ，そのため政府が規制している。

国営企業 Ⓒ（こくえいきぎょう）　国が政策的必要から予算をつけて経営する企業。日本では，かつて郵政・国有林野・印刷・造幣があり，四現業とよばれた。ほとんどが独立行政法人化や民営化がなされ，唯一残った国有林野も国営企業ではなくなった。

公団・事業団（こうだん・じぎょうだん）　公益事業に従事するために法律によって設立された特別の法人。特殊法人ともいい，日本道路公団・都市基盤整備公団・宇宙開発事業団・国際協力事業団などがあった。資金は財政投融資の資金，一般会計からの補助金や出資金などから調達された。赤字や不良債権をかかえるケースがめだつ。また，官僚の天下り先として利用されることもあり，批判が多く，独立行政法人化や民営化・廃止などがおこなわれた。

同 特殊法人 Ⓐ1

民営化 Ⓐ4（みんえいか）　公企業を私企業にすること。かつて三公社といわれた日本電信電話公社・日本専売公社は1985年に，日本国有鉄道は1987年に中曽根康弘内閣の手で民営化され，それぞれＮＴＴ，ＪＴ，ＪＲとなった。

類 三公社の民営化6

公共企業体（こうきょうきぎょうたい）　公企業ではあるが，独立採算制をとり，国に収入をもたらしている企業。三公社（国鉄・電電公社・専売公社）があったが，1980年代にいずれも民営化された。

日本国有鉄道 Ⓒ2（にほんこくゆうてつどう）　1949年から1987年まで，国有鉄道を管轄・運営した公共企業体。国鉄と略称。従業員数50万以上の巨大企業体で，日本の経済や労働運動に大きな影響を与えた。1960年代から経営が悪化，1987年に六つの旅客鉄道会社（ＪＲ）と一つの貨物鉄道会社に移行した。

地方公営企業 Ⓒ（ちほうこうえいきぎょう）　地方公

共団体が出資・経営する公益的な企業。上下水道事業・地方鉄道・地下鉄・地方バスなどがその例。

日本放送協会 🅒（NHK🅒）（にほんほうそうきょうかい）　放送法に基づいて1950年に発足した特殊法人の公共放送事業体。放送法の制約の下に，番組制作の自由を保障されており，民間放送とは競合関係にある。財源は受信料による。広告放送などの営利事業は禁止されている。

NHK受信料（じゅしんりょう）　NHK放送を受信できる設備を設置した世帯がNHKと受信契約を結んだ上で支払う受信料金（放送法第64条）。NHKの主張によれば，設置者には契約を結ぶ法的義務がある。2022年度のNHK事業収入約6965億円のうち，受信料収入は約6,974億円であり，約97％を占める。一方，この受信料制度に関しては，「受信設備」の解釈が過度に広がっている，強制契約は近代社会における契約自由の原則と矛盾する，受信料水準（地上放送月1,225円，衛星放送月2,170円）が高額である，などの批判が存在する。

独立採算性（どくりつさいさんせい）　公的な事業などにおいて，補助金などに依存せずに，支出にみあうだけの収入や収益があること。旧国鉄のように，補助金に頼る公共的な事業が多いため，民営化などの方法により，独立採算性を高めることが求められた。

公私合同企業 🅑（こうしごうどうきぎょう）　国や地方公共団体の資金と，民間の資金（企業など）をあわせて設立した企業。交通機関やリゾート開発などにみられる。第三セクター，公私混合企業ともよばれる。
　　　　同第三セクター🅒①　公私混合企業

私企業 🅐（しきぎょう）　民間にある資本を活用して経営している企業。資本主義国における最も基本的で中心的な企業。

個人企業 🅒（こじんきぎょう）　一人が出資・経営し，成果の配分をする企業。従業員もいるが，会社形態はとらない。小規模で小回りがきくため，小売業などに多い。

組合企業 🅑（くみあいきぎょう）　資本主義社会における経済的弱者（中小企業・農民・一般国民）が，相互扶助を目的として共同で経済活動をする企業。農業協同組合（JA）・漁業協同組合・健康保険組合・消費生活協

私企業	個人企業	一般の農家や商店など
	法人企業	会社企業　合名，合資，（有限），株式，合同
		組合企業　農業協同組合など
公企業	地方公営企業	地方公共団体の経営する企業上下水道など
	独立行政法人	国立印刷局，造幣局など
公私合同企業		日本電信電話（NTT）日本たばこ産業（JT）日本銀行，日本赤十字社など

▲ 日本の企業形態

同組合（CO-OP）などがある。

ロッチデール原則（げんそく）　1844年，イギリスのロッチデールで紡績工28人により結成された消費者協同組合の基本原則。「一人はみんなのために，みんなは一人のために」をスローガンとする。加入・脱退の自由や1人1票制を認め，余剰金の利用高に応じた分配など，協同組合運動の原点となるもので，この考え方は現在も，生協・農協・信用金庫などに継承されている。国連は，2012年を「国際協同組合年」と定めた。

法人企業 🅑①（ほうじんきぎょう）　民法・会社法などで，権利と義務の主体となることが認められた企業。法人は，公益・営利・その他の3法人に分けられるが，公益法人を除いた法人，つまり組合企業と会社企業をさす。財務省の法人企業統計では，金融・保険業を除く会社企業を法人企業としている。

会社法 🅐⑧（かいしゃほう）　会社の制度や運営などを定めた基本的な法律。従来の商法第2編や有限会社法などを現代的に再編成し，2006年に施行された。株式会社の最低資本金の撤廃，有限会社にかわる合同会社の創設などが規定されている。

持分会社 🅒（もちぶんがいしゃ）　会社法によって規定された会社のうち，合名・合資・合同会社の三つを総称したもの。

合名会社 🅐③（ごうめいがいしゃ）　債務に対して無限の責任を負う1人以上の社員（出資者）からなる会社。多くは家族・同族による小規模組織で，個人的な色彩が濃いため，人的会社ともいわれる。経営には社員全員

が参加できる。

合資会社 Ⓐ（ごうしがいしゃ）　経営に参画して無限責任を負う社員と，経営には参画せず出資した額を限度に責任を負う有限社員から構成される会社。

合同会社 Ⓐ[2]（ごうどうがいしゃ）　2006年に施行された会社法により創設された会社形態。日本版LLC（有限責任会社）ともよばれる。社員はすべて会社債務に対し有限責任をもつ。人的会社でありながら，合名会社や合資会社とは異なり，社員の有限責任が確保されている。

有限会社 Ⓒ[2]（ゆうげんがいしゃ）　出資者全員が，出資額の限度内で責任を負うことが認められた会社。経営者は出資者である必要はないが，出資者数の限定など個人的色彩を残している。2006年に施行された会社法で，新たな設立が不可能となった。

株式会社 Ⓐ[11]（かぶしきがいしゃ）　出資者が，出資した限度内で責任を負う株主によって構成される会社。株主は出資に応じて会社の利益の一部（配当）を受け取る。イギリスの東インド会社（1600年）やオランダの東インド会社（1602年）が起源。株式会社は，株主の有限責任と株式の少額面化（1株500円）により，経営能力をもたない不特定多数の人々の資金を活用する道を開いた。また，株式の証券市場での自由売買により，出資者としての地位を自由にした。株式会社の機関には従来，出資者の意思決定機関

	株式会社	合同会社	合資会社	合名会社
出資者	有限責任の株主（1人以上）	全員が有限責任社員（1人以上）	無限責任社員と有限責任社員（各1人以上）	親族など無限責任社員（1人以上）
資本金	特に規定なし	特に規定なし	特に規定なし	特に規定なし
持ち分の譲渡	自由に譲渡できる	社員全員の承諾が必要	原則として社員全員の承諾が必要	社員全員の承諾が必要
特徴	多数の株式を発行するため，大資本を集めやすく，大企業に適する	アメリカの会社の形態が手本。べンチャー企業などに適する	経営者の個性を基礎とした小規模な会社が多い	親族による小規模な会社の責任を明確にする

▲ **会社の種類**　合同会社・合資会社・合名会社の三つをあわせて，持分会社という

である株主総会，ここでの決定に基づき経営する取締役会（3人以上），それを監査（業務監査・会計監査）する監査役（1人以上）があった。2006年施行の会社法によって，機関は株主総会と取締役の必置を原則に，会社の形態や規模に応じて取締役会・監査役（会）・会計参与・会計監査人などを任意に置けるようになり，それだけ経営の自由度は高まった。また，会社の巨大化，株数の増大などにより，所有（資本）と経営の分離が一般的となった。

無限責任社員 Ⓐ[3]（むげんせきにんしゃいん）　会社の債務に対して，連帯して責任を負わねばならない社員。合名会社では全員，合資会社では一部の社員が無限責任社員となる。なお，この場合の社員とは出資者のことをさす。

有限責任社員 Ⓑ[2]（ゆうげんせきにんしゃいん）　出資するだけで経営には参画せず，会社の債務には出資した限度内でしか責任を負わない社員のこと。合資会社の一部と株式会社・合同会社で有限責任が認められている。

有限責任 Ⓐ（ゆうげんせきにん）　会社の債務に対する責任が，出資した金額の限度内に限定されること。

利潤 Ⓐ[7]（りじゅん）　企業の財・サービスの総売上額から，生産・販売に要した総費用を差し引いて残る利益のこと。もうけ分。伝統的には，企業は利潤の極大化をはかるとされてきたが，企業は最低利潤で売上高の最大化をはかるとする考え方もある。利潤のうち，一部は内部留保として蓄積，拡大再生産のための投資に回され，また株主への配当として還元される。利潤に関しては，①資本家が消費せずに投資することによって受け取るべきものを待ったことに対する報酬である（マーシャル），②投資の危険性に対する保険である（F．ナイト），③イノヴェーション（技術革新）で生ずる超過利潤だけが利潤である（シュンペーター），④労働価値からの搾取である（マルクス），⑤投資活動により利潤が決まる（ケインズ学派）などの諸学説がある。

利潤率（りじゅんりつ）　総資本に対する利潤の割合のこと。利潤の極大化は，資本主義社会における行動原理であるが，利潤率を高めようと企業が高利潤の産業に参入すると，

価格競争により利潤率は低下し，低利潤産業は競争者の減少により利潤率が上昇，結局は利潤率が均質化するとされる。

超過利潤（ちょうかりじゅん）　均衡価格において平均利潤を上まわる利潤のこと。ある企業だけが，技術革新や規模拡大などによるメリットによって生産費用が低下したために得られる利潤である。他の企業が導入し，その企業に追随することにより消滅する。

独占利潤（どくせんりじゅん）　独占によって企業が得られる超過利潤の一形態。完全競争下では，企業は平均利潤を得るだけだが，市場を独占している場合は，平均費用より平均収入は大きくなり，超過利潤を得る。

企業の社会的責任 Ａ②（ＣＳＲ Ａ）〔Corporate Social Responsibility〕（きぎょう-しゃかいてきせきにん）　企業の活動が社会に大きな影響を与えることから，環境保護・人権擁護・地域貢献などの社会的責任を果たすべきだとする経営理念。企業の目的が利潤追求にあり，そのために不公正な活動や反社会的な行動をおこすことも少なくない。汚染物質の排出，欠陥・偽装商品などが横行し，企業行動全体への配慮や企業経営に社会の意見を取り入れることが求められている。1990年代後半から欧米を中心に関心が高まり，日本でも企業の社会的貢献（フィランソロピー）という観点から，芸術・文化活動に対する支援などもおこなわれている（メセナ）。2010年，企業の社会的責任に関する国際規格「ＩＳＯ26000」が発効した。

フィランソロピー Ａ〔philanthoropy〕　公共の利益に向けた私的取り組みのこと。チャリティが困っている人々への援助に焦点を当てるのに対して，フィランソロピーは社会問題そのものの解決に焦点を当てる。フィランソロピーに従事する者をフィランソロピストとよぶ。日本では，企業の慈善活動を「フィランソロピー」とよぶ慣習がある。

メセナ Ａ⑤〔mécénat〕　企業の社会貢献活動のうち，とくに企業の芸術・文化活動に対する支援をさす。企業メセナともいう。

コンプライアンス Ａ⑤〔compliance〕　法令遵守(じゅん)の意。企業の社会的責任をあらわす。遵守の対象は，具体的な法令だけで

なく，社会規範全体を含む。

同 法令遵守 Ａ③

コーポレート-ガバナンス Ａ④〔corporate governance〕　企業統治。株主などのステークホルダー(利害関係者)が，企業経営に関してチェック機能を果たすこと。

同 企業統治 Ａ

内部統制システム Ｂ（ないぶとうせい）　企業内の不正などを防止するため，経営活動の成果を会計基準に従って正しく開示するための管理・点検体制のこと。2008年に施行された金融商品取引法(日本版ＳＯＸ法，旧証券取引法)で，すべての上場企業に義務づけられた。2001年にアメリカ・エンロン社の経営破綻で企業の不正会計が社会問題化したのが契機。

類 金融商品取引法 Ｂ

Ｒ＆Ｄ Ｂ②〔research and development〕　企業における研究開発。とくに新製品の基礎・応用研究をさすことが多い。

資本金 Ｃ⑦（しほんきん）　企業が発行した株式とひきかえに株主が出資した金額のこと。企業に投下された資金の総額を資本金ととらえれば，資産＝資本となり，銀行など資金の提供者(債権者)から得た資金である他人資本も，株主など出資者の提供した資金である自己資本も同じ資本と考えられる。

福利厚生 Ｃ（ふくりこうせい）　企業が従業員のために設けた福利のための施設や制度。社会保険料の事業主負担，通勤手当の支給，社宅や寮，持ち家制度など多方面にわたる。給与などとは異なり目にみえない付加給付の一部だが，企業による格差が大きく，中小企業問題の主要因の一つとなっている。

倒産 Ｃ（とうさん）　企業が赤字などで財産を使い果たし，事業が継続できなくなること。通常は，現金化できない不渡り手形を2度発行すると，銀行の取引停止となって倒産することが多い。倒産企業はそのまま解散することが原則であるが，社会的な影響の大きな企業の場合には，民事再生法・会社更生法などにより存続させることもある。

民事再生法 Ｃ（みんじさいせいほう）　経済的に窮地にある会社が再建の望みがあるとき，その再生をはかる手続きを定めた法律。1999年に制定され，2000年から施行。従来は会社更生法の適用が難しい中小企業な

どが対象とされたが，柔軟性に富む手続きのため，現在ではあらゆる法人・個人に適用される。欠陥エアバッグのリコール問題で経営危機におちいったタカタが2017年，民事再生法の適用を東京地裁に申請した。負債総額は，製造業の経営破綻としては戦後最大。

会社更生法　(かいしゃこうせいほう)　経済的に窮地にある会社が再建の見込みがある場合，その維持・更生をはかる手続きを定めた法律。アメリカの制度にならって1952年に制定，2002年に全面改正された。株式会社にのみ適用。近年の代表例としては，国内最大の航空事業者である日本航空（JAL）が2010年に会社更生法の適用を東京地裁に申請して即日受理された。

モラルーハザード　**B**［moral hazard］　企業などにおける倫理の欠如や崩壊のこと。本来は保険用語で，保険契約者などが保険をかけてあるため，逆に注意力が散漫になり事故を起こす危険性が高くなる現象をさす。

経済主体3－政府

政府　**A**24（せいふ）　家計や企業の経済活動を，財政を通じて調整する経済主体のこと。政府は，①経済政策・計画を立て，経済の方向性を決める。②家計や企業から徴収した税を直接使い，学校・水道・消防・警察などの公共の財・サービスの供給など，財政活動をおこなう。③経済活動の秩序を保つために，規制や景気対策をおこなう。④中央銀行に対し，金融政策などを実施させる。

経済政策　**C**7（けいざいせいさく）　政府が一定の経済目的達成のためにさまざまな手段を用いておこなう政策。経済の成長と安定，資源配分の効率化，所得分配の公平化，貿易収支の黒字化などを目標とする。これらの目標達成のために採用される手段には，税率・利子率の調整，公共支出の増減，通貨供給量の調整，為替レートへの介入などがある。また経済政策は，量的経済政策と質的経済政策に分けられる。前者は，有効需要の創出をはかる財政政策や資金量を調節する金融政策をさす。後者は，法的規制や制度面での干渉であり，独占禁止政策や租税特別措置，貿易政策などがある。

公共投資　**3**（こうきょうとうし）　国や地方公共団体がおこなう公共施設の整備・拡充のための投資。民間の投資では採算が合わなかったり，なじまなかったりする公共事業，いわゆる社会資本への投資が代表的。産業基盤関連の道路・港湾，国土保全基盤関連の治山・治水，生活基盤関連の上下水道・学校などである。ケインズが不況克服の呼び水として公共投資を位置づけてから，より積極的な役割を果たすようになった。

公共事業　**B**11（こうきょうじぎょう）　国や地方公共団体がおこなう，道路・河川・干拓・治山治水・上下水道・災害復旧などの公共的な建設・復旧事業。無駄が多いなどの理由から，日本では削減の傾向にあったが，2011年の東日本大震災以降，防災・減災を名目にした大型公共事業が復活する動きがある。

官製ファンド（官民ファンド）　(かんせい~)（かんみん~)　民間から資金を集める通常のファンドと異なり，国が予算の中からお金を出して運営するしくみ。民間の資金が集まりにくいとき，まず政府が出資して民間投資の呼び水とする。日本の伝統文化やファッション，アニメなどを世界に発信するクールジャパン戦略を後押しするため，2014年に設立された「海外需要開拓支援機構」などがそれにあたる。ただし，現在，官民ファンドの多くが赤字経営におちいっている。

類 クールジャパン戦略

2　資本主義経済と社会主義経済

資本主義経済の発展

資本主義経済　**A**8（しほんしゅぎけいざい）　現代の欧米や日本などで典型的におこなわれている経済体制。資本主義経済の特徴は，①私有財産制，②経済活動の自由，③利潤獲得のための商品生産を採用していることである。つまり，資本主義経済では，①生産に必要な土地・工場・機械を個人が私有する。生産手段を所有しない労働者は，企業に雇用されて働く（労働力の商品化）。また，②「何をどれだけ」「どのように」「誰のために」生産するかは，各企業や各個人の自由な判断にまかされている。③生産は，利

潤獲得という利己的な目的を追求しておこなわれる。各企業が自由に活動しても，経済がうまく機能するのは，市場経済における価格を目安として，生産が調整されているからである。資本主義経済は，歴史的には重商主義→自由主義→独占資本主義→混合経済の段階へと発展してきた。

私有財産制 **B**⃞**1** (しゆうざいさんせい)　土地・工場・機械・原材料などの生産手段や，つくられた生産物などの私有が認められた社会制度。私有財産制は，自由経済とともに，資本主義経済を支える基本原則である。資本主義経済において生産手段を所有する者を資本家，生産手段を持たずに労働力を資本家に売りわたす者を労働者という。

生産手段の私有 **B**⃞**2** (せいさんしゅだん-しゆう)　私有財産制をとる資本主義経済で，工場・機械・原材料などの生産手段の私的所有が認められていること。生産手段を私有する者を資本家という。

資本 **A**⃞**8** (しほん)　広義には，生産活動をおこなうための元手となるものをさす。狭義には，土地・労働とともに生産の三要素の一つであり，生産手段を意味する。具体的には，工場・機械・設備・道具・倉庫や，原材料・半製品・製品の在庫などをいう。資本は過去の生産活動が生みだした生産物のストック（蓄積）であり，工場・機械・設備など1回以上の使用に耐えうる固定資本と，原材料・半製品など1回限りの使用で消耗する流動資本に分けられる。

流動資本 **C** (りゅうどうしほん)　資本のうち，1回限りの使用で消耗する，原材料や半製品など。中間生産物という場合もある。

固定資本 **A**⃞**2** (こていしほん)　資本のうち，1回以上の使用に耐えうる，工場・機械・設備など。耐久資本財という場合もある。固定資本の追加を純投資という。固定資本の価値が下がった分を補填する投資を更新投資（減価償却）という。

不変資本 (ふへんしほん)　資本のうち，工場や機械など生産手段に投じられる部分。マルクスは，工場・機械など生産手段の価値は，生産物に移転するだけで変わらないとして，不変資本とよんだ。

可変資本 (かへんしほん)　資本のうち，賃金として労働者の雇用に投じられる部分のこと。

マルクスは，労働力だけが生産過程において新しい価値を生むとして，可変資本とよんだ。

資本の有機的構成 (しほん-ゆうきてきこうせい)　不変資本（C）と可変資本（V）の比率C／Vのこと。この値は技術水準の高低に応じて異なり，Vに対してCの比重が大きいものほど，資本の有機的構成は高いという。

産業資本 **C** (さんぎょうしほん)　原材料および労働力を購入・加工して，直接に商品生産をおこなう資本のこと。貨幣を投じて，より大きな価値を持つ商品を生産・販売し，利潤を得る。資本主義的生産を特徴づける資本の近代的形態で，資本主義の確立に寄与した。産業資本家の担い手となったのは，18世紀前半のイギリス農村で，毛織物業を中心にマニュファクチュア（工場制手工業）を営んだ自営農民層である。1760年代から1830年代に，新しい機械や動力源が発明・実用化され，イギリスで産業革命が起こると，機械制生産を主力とする産業資本が成立した。産業革命後，中心的な資本は商業資本から産業資本に移った（産業資本主義）。

類**産業資本主義** **C**

商業資本 (しょうぎょうしほん)　歴史的に二つの形態がある。第一は，未発達な経済社会で，生産物を安く買って高く売ることによって利潤を取得する資本をさす。外国貿易にたずさわり，絶対王政時代に国王への財政援助とひきかえに独占権を与えられ，膨大な利潤を得た。産業革命と資本主義経済の成立以後，産業資本にとって代わられ，没落した。第二は，資本主義のもとでの近代的な商業資本をさす。これらの商業資本（商社やデパートなど）は，産業資本によって生産された財の流通や販売を専門的に受け持っている。

銀行資本 (ぎんこうしほん)　資本を産業資本や商業資本に貸し付ける仲立ちをする資本。銀行資本は預金利子と貸付利子の差によって利潤を得る。産業資本や商業資本の発展を促進する大きな力となった。19世紀以降，銀行資本でも独占が形成され，さらに産業・商業の独占資本と融合して資本集団を形成した。これを金融資本という。

類**金融資本** **C**

利子生み資本（りしう-しほん）　資金の所有者によって，他に貸し付けられて利子獲得の手段となる貨幣資本のこと。資本主義において貨幣は，資本として利潤獲得の手段としての機能を持つ（価値貯蔵機能）。そこで貨幣は，利子生み資本となる。

擬制資本（ぎせいしほん）　定期的な収入をもたらす地代や株式などの利子や配当を利子率で割って表される資本。架空資本ともいう。たとえば，企業が調達した資本である株式は，流通市場で売買されるとき，調達資本とは別個な価格を形成するようになる。
　　　　　　　　　　　　　　　同架空資本

封建社会　**C**（ほうけんしゃかい）　歴史的に古代奴隷制社会と近代資本主義社会の間に位置する中世の社会形態。西欧では5～6世紀から12～13世紀の最盛期をへて，17～18世紀の市民革命の時期まで展開した。封建的主従制（封建制）と荘園制の二つの制度を特徴とする。封建社会は，主従的上下関係が確立した身分制社会で，身分・職能は世襲であった。社会の支配身分は聖職者・貴族など土地（荘園）を所有する領主で，被支配身分の農奴は，これに隷属していた。生産労働は農奴が担当し，剰余労働は地代として領主に納められた。領主は，その所領において課税権と裁判権を認められていた。

農奴（のうど）　封建社会で領主に隷属した農民。荘園内で自己の保有地を耕し，家族を持ち，住居・家畜・生産用具などを所有できた。しかし，移住や職業選択の自由はなく，身分は不自由だった。領主に対する義務として領主直営地での労働（賦役ふえき）と，自己の保有地で生産されたものの一部を納めること（貢納こうのう），などが課された。

ギルド　[guild]　中世ヨーロッパにおいて都市の商人や手工業者などが相互扶助と経済的利益を守るためにつくった同業者組合のこと。初めは11世紀ころ，大商人が支配する商人ギルドが発達した。ついで，手工業者が対抗して，同職ギルド（ツンフト）をつくった。手工業者には，親方と職人・徒弟という厳重な身分制度があり，ギルドの加入も親方に限られた。

問屋制家内工業　**C**（といやせいかないこうぎょう）　商人が，手工業者に原料・半製品・道具など

を前貸しして製品をつくらせ，完成した製品を独占的に売買する経営形態。この場合，手工業者は家内工業者でもある。16世紀以降，重商主義時代のイギリスの毛織物工業で盛んにおこなわれた。マニュファクチュアが成立して，工場で生産がおこなわれる前段階の形態。

マニュファクチュア　**B**[manufacture]　工場制手工業のこと。資本主義初期の工業的生産制度。西欧では16世紀半ばから1760～70年代まで広くおこなわれた。この時代に工場が成立，資本家に雇われた労働者が工場に集まり，手と道具を使って，協業と分業によって商品生産をおこなった。労働者は一定の部分作業を専門的におこなうため，熟練度が増し，時間も節約され，労働生産性は高まった。しかし，もともと人間の熟練に依存する手工業技術のため，生産力に限界があった。そのため道具に代わって機械が発明されると，機械制大工業にとって代わられた。
　　　　　　　同工場制手工業　**B**1

産業革命　**A**4[Industrial Revolution]（さんぎょうかくめい）　18世紀後半にイギリスで始まり，19世紀を通じてヨーロッパ・アメリカから日本へ波及した産業技術・社会構造上の革命。この間に道具による生産から機械による生産へと変化した。18世紀後半から19世紀のイギリスでは，アークライトの水力紡績機，ワットの蒸気機関，カートライトの力織機など，機械や動力装

年	事　項
1769	ワット，蒸気機関を改良
	このころイギリス産業革命始まる
1776	アダム=スミス『諸国民の富』
1785	カートライト，力織機の発明
1825	イギリスに最初の経済恐慌おこる
1837	アメリカに経済恐慌おこる
1847	ドイツ・フランスに経済恐慌おこる
1867	マルクス『資本論』第1巻
1869	スエズ運河開通
	このころから企業の独占化がすすむ
1890	アメリカ，反トラスト法成立
1894	日本，日清戦争を契機に産業革命すすむ
1902	ロシア，シベリア鉄道完成
1914	アメリカ，パナマ運河開通
	第一次世界大戦（～1918年）
1917	ロシア革命
1921	ソ連，新経済政策を採用
1928	ソ連，第一次5か年計画を実施
1929	ニューヨーク株式大暴落，世界大恐慌始まる
1932	オタワ会議，経済ブロック化始まる
1933	アメリカ金融恐慌，ニューディールの実施
1936	ケインズ『雇用・利子および貨幣の一般理論』
1939	第二次世界大戦（～1945年）

▲ 経済社会発展のあゆみ

置が数多く発明・改良された。これらの機械や動力装置が，人力や家畜の力に頼る道具にとって代わり，生産が飛躍的に発展した。こうしてイギリスは「世界の工場」とよばれるようになった。産業革命の結果，マニュファクチュアから機械制大工業が出現，社会制度も変革され，近代資本主義が確立した。

機械制大工業（きかいせいだいこうぎょう）　機械と動力装置を設置し，労働者を一工場に集めて大規模生産をおこなう生産方法。産業革命によって成立した。この方法により労働生産性は向上し，資本主義は飛躍的に発展した。機械と動力によって，人間の労働を節約し，労働者の職人的熟練を不要にした。しかし，同時に大量の労働者階級（プロレタリアート）をつくり出した。

同 工場制機械工業 **C**①

資本蓄積　**C**（しほんちくせき）　企業が利潤の一部を再投資して企業の規模を拡大すること。資本主義経済では，企業は競争に勝つために生産規模を拡大する必要に迫られる。そのために，資本の蓄積は必須の条件とされる。社会全体でも拡大再生産のために資本蓄積が求められる。

資本の本源的蓄積　（しほん−ほんげんてきちくせき）　封建社会が解体し，資本主義的生産の基本的条件である資本と賃労働が生みだされる歴史的過程のこと。資本の原始的蓄積ともいう。この時期，封建社会の生産者（農民）が，その生産手段（農地）を暴力的に収奪された。イギリスで16〜18世紀にみられたエンクロージャー（土地囲い込み）がその典型。農民は土地を奪われ，労働力を商品として売る以外に生活できない賃労働者となった。こうして大量の賃労働が準備された。一方で，商業資本によって貨幣資本が蓄積され，産業資本が発生した。

エンクロージャー　**C**［enclosure］　土地囲い込みともいう。イギリスで，ジェントリ（郷紳）やヨーマン（独立自営農民）などの地主が，共同地から農民を追い出して私有地に転化しようとしたこと。16世紀に毛織物工業が盛んになり，牧羊を目的とした第1次エンクロージャーが起きた。18世紀後半から19世紀には，穀物増産を目的とした第2次エンクロージャーが発生

した。この結果，多くの農民が土地を失って都市に追いやられ，賃労働者に転化した。

同 土地囲い込み **C**

ヨーマン　［yeoman］　イギリス農村で，14世紀半ば頃から農奴解放によって生まれた独立自営農民のこと。少額の地代を払うが，農奴とは異なり身分的には自由を獲得した。後に，農村で毛織物業のマニュファクチュアを展開したために産業資本家になるものが出現した。ヨーマンリーともいう。

同 ヨーマンリー

重商主義　**C**（じゅうしょうしゅぎ）　16世紀末から18世紀半ばの，絶対王政の時代に展開された経済思想・経済政策のこと。最初は，一国の富は貨幣（金・銀）によるとして，征服や略奪，貿易などを通して金・銀を蓄積する「重金主義」（提唱者マーリンズ）的政策がとられた。後には，輸出を奨励し，輸入を抑制してその差額によって富の蓄積をはかる「貿易差額主義」（提唱者コルベール）的政策がとられた。国王は特権的大貿易商人に独占権を与え，貿易の促進や国内産業の保護・育成につとめた。

重農主義　**C**（じゅうのうしゅぎ）　フランスで18世紀後半にケネーやテュルゴーによって説かれた経済思想。農業生産こそ国家・社会の富の源泉であると主張した。自然法に基づいて国家の干渉を排除し，自由放任（レッセ−フェール）を説いた。

自由主義経済　（じゆうしゅぎけいざい）　産業革命が進み，資本主義が確立される19世紀初頭から1870年代ころまでの経済制度。産業資本の利潤獲得や蓄積に関する自由な経済活動に対して，政府は干渉しないという経済政策をとった。この時代は各人の自由競争に基づく利潤追求が社会全体の幸福をもたらす，と考えられていた。財産所有の自由，利潤追求の自由，企業間競争の自由，契約の自由などが強調された。国家は，個人の活動に干渉しない自由放任政策をとることを求められるようになった。国防・司法・公共事業などの必要最小限の活動をする「安価な政府」「夜警国家」（ラッサールが批判的に用いた言葉）が理想とされた。

自由競争　**B**②（じゆうきょうそう）　企業がより多くの利潤を求めて，自由に経済活動を競うこと。その際に各企業は，財産所有・利潤

追求・契約などの自由が保障され，国家は規制や統制を加えずに，自由放任政策をとる。これは，各人の利己心をもとにした自由競争による経済活動が社会全体の利益も増進させるという，アダム＝スミスの考え方を根拠にしている。

独占資本主義 B［monopoly capitalism］
（どくせんしほんしゅぎ）　少数の巨大な資本や金融資本が，一国経済において支配的な力を持つ資本主義の段階のこと。1870年代以降，産業発展の中心は，巨大な設備を必要とする重化学工業となった。そのため，企業は大規模化する必要にせまられ，資本も巨大化した。また，自由主義経済において競争力の弱い企業が敗れたため，しだいに少数の大企業に資本が集積・集中され，寡占・独占状態があらわれた。独占資本主義の段階では，資本主義の長所である自由競争はほとんど姿を消し，寡占・独占企業がカルテル・トラスト・コンツェルンなどを通して生産制限をおこない，価格のつりあげをはかるなどの弊害があらわれた。

カルテル A6［Kartell］　企業連合。同一産業部門の各企業が市場における競争を排除するために協定を結ぶこと。価格の維持やつり上げにより利潤を得るために結ばれる協定を価格カルテルという。トラストとは異なり，各企業の独立性は維持される。カルテルは独占禁止法で原則として禁止。
類 価格カルテル

トラスト B3［trust］　企業合同。同一産業部門の複数の企業が合併・合同すること。カルテルと違い，各企業の独立性は失われ，単一の企業となる。

コンツェルン B2［Konzern］　企業連携。持株会社・親会社が，企業の株式を保有することで系列化して形成される企業集団。異種の企業でも結合できる。

財閥 B（ざいばつ）　第二次世界大戦前の日本において，同族を中心とする財閥本社を持株会社にして，多数の企業を傘下（さんか）においた，日本特有のコンツェルン。三井・三菱・住友・安田の四大財閥が中心。

帝国主義 C（ていこくしゅぎ）　19世紀末から20世紀にかけて独占資本主義の段階に達した先進資本主義国でとられた政治・経済上の政策。これを体系的に分析したレーニン『帝国主義論』（1917年）によれば，資本主義が高度に発達した段階（独占資本主義）では，産業資本と銀行資本が結合して金融資本を形成，それが国家権力と結びつき，莫大な資本の投資先を求めて開発の遅れた地域に進出し，その地を経済的・政治的に支配しようとする。資本主義諸国は，商品などの輸出先として植民地の拡大に努め，帝国主義戦争を引き起こした。

世界大恐慌（せかいだいきょうこう）　1929年10月24日（暗黒の木曜日といわれた）のニューヨーク・ウォール街の株価大暴落をきっかけに，ソ連を除く全世界を襲った深刻な不景気のこと。恐慌は1933年まで続き，その後も1930年代をとおして景気の回復は思わしくなかった。この時期，共和党のフーヴァー大統領は，国家が経済に人為的な介入をおこなうべきではないと考え，政府としての有効な恐慌対策をとらなかった。大恐慌時のアメリカは工業生産が半減し，失業者も1000万人をこえ，労働者4人に1人が失業状態であった。物価は約3分の1に下落，特に農産物価格の下落が著しく，農民の窮乏は頂点に達した。銀行の倒産があいつぎ，各国は金本位制を放棄した。この恐慌からの回復をはかるために，アメリカではフーヴァーにかわって大統領になったF．ローズヴェルトのもとでニューディールがとられ，イギリスやフランスなどはブロック経済を形成した。一方，ドイツ・イタリア・日本では，ファシズムの動きが顕在化し，第二次世界大戦の誘因となった。

同 大恐慌 **B2**　世界恐慌 **A2**
類 暗黒の木曜日

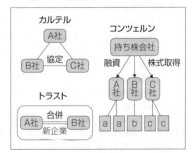

▲ 独占の形態

ウォール街 ［Wall Street］ (─がい)　アメリカ・ニューヨーク市マンハッタン島南端の街路の名称。銀行・証券会社・株式取引所・連邦準備銀行などが集中し，金融市場の通称としても用いられる。ロンドンのロンバード街にかわって世界の金融市場の中心となった。1929年の世界大恐慌は，ここでの株価大暴落を契機に始まった。17世紀に当地を支配したオランダ人が，自らの身を守るため城壁（ウォール）を築いたことが由来とされる。2011年，格差社会の象徴として，若者を中心に抗議のデモや集会がこの地で連続しておこなわれた。これらは，人口の１％にすぎない強欲な富裕層が残りの99%の庶民を支配する現状を変えよう，とする試みで「オキュパイ（占拠）運動」とよばれた。

　　　　　　　　　　　　　圞オキュパイ運動

ニューディール Ａ③［New Deal］　世界大恐慌を克服するためにアメリカで実施された一連の経済再建策。「新規まき直し」という意味。1933年からＦ．ローズヴェルト大統領が実施した政策だが，彼が大統領候補者の指名受諾演説で用いた言葉にちなんだ呼称でもある。この政策は約７年にもおよぶが，その過程は三つの時期に区分される。第１期（1933～34年）＝救済と復興を重視した施策。地域総合開発をめざしたテネシー川流域開発公社（ＴＶＡ）の設立，総合的な産業政策である全国産業復興法（ＮＩＲＡ），農民対策としての農業調整法（ＡＡＡ）などが制定され，失業救済活動や公共事業も着手された。対外的には善隣外交がとられ，中南米への経済進出がはかられた。第２期（1935～37年）＝社会改革に力点をおいた施策。勤労者などの要求が高まり，社会保障制度の樹立，公共事業の拡充による雇用の創出，労働者保護立法であるワグナー法の制定をおこなう一方で，実業界に対する規制が強められた。この時期，保守派のまき返しにあい，ＮＩＲＡとＡＡＡが最高裁判所で違憲とされたため，分割立法をおこなって対応した。第３期（1937～39年）＝軍需を軸にした大規模な財政支出中心の施策。再度の景気後退に遭遇し，赤字公債による財政支出が景気対策のメインとなり，こののち経済の軍事

化傾向を強め，戦時体制へ移行した。こうした状況から，資本主義の矛盾を解決するために政府が大きな役割を果たすようになった。

ローズヴェルト Ａ③［Franklin Delano Roosevelt, 1882～1945］　アメリカ合衆国第32代大統領。民主党所属。1929年に始まった世界大恐慌への対策として，ＴＶＡ（テネシー川流域開発公社）のような公共事業による失業対策などを柱とするニューディールを実施した。とくに，大統領に就任した1933年３～６月のいわゆる「100日間」に10回の主要演説をおこない，15の教書を連邦議会に送り，15の重要法案を通過させて，自らの政策を実行に移した。彼はめざましい行動力と指導力とを発揮したが，体系だった政策論をもっていたわけではなく，恐慌政策も必要に応じて施策を講ずるモザイク的性格の強いものであったとの指摘もある。

　　　　　　　　　　　　　同ルーズベルト Ａ③

全国産業復興法Ｃ（ＮＩＲＡＢ）［National Industrial Recovery Act］ (ぜんこくさんぎょうふっこうほう)　ニラ。ニューディールの支柱として1933年に制定された法律。完全雇用を目的に，業種間の生産調整を進め，産業の統制をおこなう広範な大統領権限を認めた。1935年，連邦最高裁はこれを違憲としたため，同じ目的の法律に細分化して施行された。このうち，労働者の権利について定めたものがワグナー法である。

農業調整法Ｃ（ＡＡＡ）［Agricultural Adjustment Act］ (のうぎょうちょうせいほう)　ニューディールの一環として1933年に制定された法律。深刻な農業不況の対策として，作付面積を制限して農産物価格の引き上げをはかり，農民の救済をめざした。この法律に対しても，1936年に連邦最高裁が違憲と判断したため，分割立法によって政策が実施に移された。

テネシー川流域開発公社Ｃ（ＴＶＡＣ）［Tennessee Valley Authority］ (─かわりゅういきかいはつこうしゃ)　ニューディールの一環として1933年に設立。テネシー川に多くのダムを建設し，洪水を防ぐとともに地域の農業の近代化や工業の発展に大きな効果をあげ，後の総合開発の模範となった。大規

模公共事業をおこない，有効需要を拡大して大量の失業者を雇用することも目的とした。政府がおこなう不況対策の初例。

失業救済法（しつぎょうきゅうさいほう）　ニューディールの一環として1933年に制定された法律。世界大恐慌時に大量に発生した失業者を救済するため，雇用を確保する事業や失業保険の実施などを目的とした。国家による失業対策の一例。

ワグナー法　**Ｂ**［Wagner Act］（-ほう）
☞ p.289（ワグナー法）

社会保障法　**Ｂ4**［Social Security Act］
（しゃかいほしょうほう）　**☞** p.308（社会保障法）

経済学説のあゆみ

トマス＝マン　**Ｃ**［Thomas Mun, 1571～1641］　17世紀イギリスの重商主義の経済思想家。国家の富や財宝を増大させるのは，諸外国との貿易による全体的な黒字であると主張した。主著『外国貿易によるイングランドの財宝』（1664年）

ケネー　**Ｃ5**［François Quesnay, 1694～1774］　18世紀フランスの重農主義の経済思想家。ルイ15世の侍医。主著『経済表』（1758年）は，現代経済学で使われている産業連関表の基礎となった。農業が富の唯一の源泉であると主張。農業を中心とした資本主義の再生産と流通の過程を簡潔に図示した。自由放任政策を主張し，アダム＝スミスをとおして古典派経済学に影響を与えた。

『経済表』　**2**（けいざいひょう）　フランスの重農主義の経済思想家ケネーの主著。1758年刊。農業を富の源泉と考え，それに基づき社会農業者（生産的階級），地主（土地所有者），商工業者（不生産的階級）の三つの階級の間にいかに総生産物が配分され，貨幣が流通するかを簡潔に示した。資本主義生産のしくみを解明した最初の労作で，マルクスにも大きな影響を与えた。

古典派経済学　**Ｂ1**（こてんはけいざいがく）　18世紀後半から1870年頃まで，イギリスを中心に発展した経済学の体系。スミス・マルサス・リカード・ミルらが追究した。商品の価値は，その商品の生産に必要な労働の量によって決定されるという労働価値説を

基礎にしている。スミスらは，労働者や資本家の一見バラバラな意思決定が，市場のしくみを通じてうまく調和し，富を生産していく過程を示そうとした。また，市場の力に対する信頼から自由放任主義や自由貿易などの経済政策を主張した。このため自由主義経済学ともいう。

アダム＝スミス　**Ａ12**［Adam Smith, 1723～90］　イギリスの経済学者で，古典派経済学の創始者。主著『道徳感情論』（1759年），『諸国民の富』（1776年）。スコットランドに生まれ，グラスゴー大学で道徳・哲学・法学を講義した。『諸国民の富』において資本主義経済の体系的理論化を試みた。これが，以後の経済学研究の出発点となったため，「経済学の父」とよばれる。分業・特化・交換などの概念を明確にし，また人間の生産労働が価値を生む源泉であるという労働価値説を完成させた。そして，個人が利己心を発揮すれば，個人の利益をもたらすだけでなく，自由競争を通じて社会全体の利益を増進させると主張，これを「見えざる手」と表現した。この立場から重商主義的な保護政策に反対し，いわゆる自由放任の政策（レッセ-フェール）を唱えた。

『道徳感情論』　（どうとくかんじょうろん）　アダム＝スミスが1759年に著した最初の書。スミスの経済学の前提をなす。共感という非利己的原理から道徳や法の起源を説明しようとした。彼のいう共感は，たとえば自由競争で勝者が敗者に抱く同情や惻隠（そくいん）の情とは根本的に異なる。同じ感情を共有するという意味で，当事者とその観察者とが相互に立場を交換することによって成立する。スミスは利己心の自由な追求を主張したとされるが，それはあくまでも公平な観察者の目，つまり世間の目が是認するかぎり，という意味である。

『諸国民の富』　**Ａ2**（しょこくみん-とみ）　アダム＝スミスの主著。1776年に刊行。『国富論』とも訳される。資本主義経済を初めて体系的に分析した古典派経済学の代表作。まず，分業の利益と特化と交換の必要を説き，資本主義社会を分業と交換からなる商業社会ととらえた。特にピンの製造を例に分業を説明した個所は有名。国富は労働によって

生みだされるという労働価値説の立場から，個人が利己心に基づいて私利を追求すると，「見えざる手」に導かれて労働の生産性を向上させ，公共の利益も増進させると主張。

同『国富論』**B** **5**

見えざる手 **A** **2**[invisible hand]（みーて）
アダム＝スミスの『諸国民の富』と『道徳感情論』に1か所ずつ出てくる有名なことば。彼によると，各個人はそれぞれの利益を追求しているが，それが結果的に社会全体の利益をもたらしている。この背後に働いている市場メカニズムの自動調節機能を，「見えざる手」と表現したのである。なお，「神の」というフレーズはスミス自身が述べた言葉ではなく，19世紀以降の人たちが後に用いたやや誇張した表現である。

同神の見えざる手**C**

自由放任主義**A**（レッセ-フェール**A**）
[Laissez-faire]（じゆうほうにんしゆぎ）Laissez-faire はフランス語で「なすがままにさせよ」の意。英語ではLet do にあたるが，これは現実の経済をあるがままに放置せよ，という意味ではない。ケネーら重農主義者が重商主義的統制を批判して主張した考え方であるが，その後アダム＝スミスによって確立された。スミスが自由放任を主張した背景には，17・18世紀のイギリスにおいて重商主義による保護貿易などによって，一部の業者が政治権力と結びついて市場を独占していたことがある。その状況にスミスは抗議し，だれでも自由に市場での競争に参加させるべきであるとした。

リカード **A** **8**[David Ricardo, 1772〜1823]　イギリス古典派経済学の完成者。初めは株式仲買人で，ナポレオン戦争によって成功し，下院議員なども歴任。スミスの『諸国民の富』に刺激され，経済学に関心をもち，著作を発表した。穀物法論争では産業資本の立場にたって自由貿易を主張，穀物輸入を制限する穀物法に反対し，マルサスと論争した。穀物法反対の主張をまとめたのが，主著『経済学および課税の原理』（1817年）である。比較生産費説により，自由貿易の利益を説明したことでも有名。

比較生産費説 **A** **8**（ひかくせいさんひせつ）

☞ p.391（比較生産費説）

『経済学および課税の原理』 **C** **3**（けいざいがく-かぜい-げんり）　古典派経済学者のリカードの主著。1817年刊。生産物の価値はその生産に必要な労働の量によって決まるという労働価値説を展開。その価値が，三大階級（資本家・地主・労働者）にどのように分配されるかを議論した。差額地代論や比較生産費説は有名。

ミル **A**[John Stuart Mill, 1806〜73]　イギリスの哲学者・経済学者。主著『経済学原理』。哲学では，ベンサムの功利主義を継承・発展させた。経済学では，資本主義の発展にともなう労働者の貧困等の問題に直面，古典派経済学の再編成をめざした。

『経済学原理』 **C**（けいざいがくげんり）　1848年刊のミルの主著。生産の法則を人間は変えられないが，分配は人間の意思で変えうると主張した。そして，社会改良主義の立場から公平な分配の実現を論じた。

マルサス **6**[Thomas Malthus, 1766〜1834]　イギリスの古典派経済学者で牧師。主著『人口論』（1798年）で，食料は算術級数的（1，2，3，4…）にしか増加しないのに，人口は幾何級数的（1，2，4，8…）に増えるので，貧困や悪徳が必然的に発生すると主張した。産業資本の立場にたつリカードに対抗し，地主階級の立場で『経済学原理』（1820年）を書いた。

『人口論』（じんこうろん）　マルサスの主著。1798年刊。土地は有限で食料生産の増加は算術級数的なのに，人口のそれは幾何級数的なので，人口増加は食料供給の増加を上まわり，これが大衆の貧困の原因であると述べた。そして，人口増加を抑えるには道徳的抑制が必要と主張した。

マルクス **A** **11**[Karl Marx, 1818〜83]　ドイツの経済学者・哲学者。盟友エンゲルスとともに科学的社会主義を確立し，国際労働運動の指導者になった。主著『経済学・哲学草稿』（1844年），『共産党宣言』（1848年），『経済学批判』（1859年），『資本論』（第1巻1867年，第2巻1885年，第3巻1894年）。歴史では唯物史観（史的唯物論），経済では剰余価値説に基づく壮大なマルクス主義体系を確立。労働価値説・剰余価値説を唱え，資本主義を批判的に分

析した。彼の唯物史観によると，社会の土台（下部構造）をなすものは生産関係であり，その上に法律・社会・学問・芸術などの上部構造が築かれる。上部構造は下部構造によって規定され，生産関係（下部構造）が変化すると，その上に築かれる社会制度や社会の諸意識形態（上部構造）も変革される。これが革命であり，資本主義の崩壊と社会主義への移行は必然である，と主張した。

類 エンゲルス **C**

『資本論』 **B** **③**(しほんろん)　マルクスの主著。全3巻。第1巻は生前の1867年に刊行されたが，彼の死後にエンゲルスが第2・3巻を編集・刊行した。唯物史観・労働価値説・剰余価値説によって資本主義を大胆に分析した。資本主義の発展が搾取によって労働者階級を貧困化させるが，資本は蓄積と集中を通じて剰余を増大する。この資本主義の矛盾はしだいに激化し，ついに資本主義そのものを崩壊させ，次の社会主義に移行するとした。

レーニン **B** ［Vladimir Lenin, 1870〜1924］　ロシアの社会主義革命の指導者。主著『帝国主義論』（1917年）。ボリシェヴィキ党（多数派）を組織し，1917年に「四月テーゼ」を発表，十一月革命によってケレンスキー臨時政府を倒して，ソヴィエト政権を樹立した。マルクス主義をロシアへ適用し，土地や産業の国有化，土地の農民への分配，労働者による工場・銀行の管理，貿易の運営などをおこなった。1921年には戦時共産主義から脱し，新経済政策（NEP，ネップ）をとり，部分的に資本主義的要素を復活させて経済復興に努めたが，その途上で死去した。マルクスの思想を帝国主義の段階に合わせて発展させたので，マルクス・レーニン主義といわれた。

類 マルクス・レーニン主義 **C**

『帝国主義論』 **C** (ていこくしゅぎろん)　レーニンの主著。1917年刊。独占資本主義段階に達した資本主義の運動を体系的に解明。①帝国主義とは資本主義の最高の発展段階であり，独占体と金融資本との支配がつくりだされる，②資本の輸出が重要になり，国際的な独占資本が世界を分割し，資本主義的最強国による領土の再分割戦争が引き起

される，と指摘した。

歴史学派 (れきしがくは)　19世紀半ばから20世紀初めに，主にドイツにおこった経済学派。F．リスト・ロッシャーらが発展させた経済思想。経済には普遍的な原理はなく，時代や国によってあらわれ方が異なると主張し，古典派経済学と対立。

リスト **A** **⑭** ［Friedrich List, 1789〜1846］　19世紀ドイツの経済学者で，歴史学派の創始者。後進国ドイツの立場と独自の歴史の発展段階説から，後進国の工業化をはかるため，自国の幼稚産業を政府が守る保護貿易政策を主張，自由貿易を批判した。主著『経済学の国民的体系』（1841年）

『経済学の国民的体系』 **C** **④**(けいざいがく・こくみんてきたいけい)　1841年刊のリストの主著。経済における国民性，経済の発展段階説，生産力の理論などに基づく保護貿易論などが展開されている。

セーの法則 (ーほうそく)　供給はそれ自らの需要を生み出し，生産物の総供給と総需要は恒常的に等しくなるとする考え方。フランスの経済学者セーが唱えた。古典学派の中心的な経済学説だったが，のちにマルクスやケインズから批判された。

近代経済学 (きんだいけいざいがく)　非マルクス経済学の立場から資本主義経済を理論的・数理的に分析する現代の理論経済学の総称。1870年代にワルラス・ジェヴォンズ・メンガーによって展開された限界効用学説を経済学に適用することから始まった。古典派経済学の労働価値説を否定したが，経済活動における自由主義は継承し，自由競争下の価格は需要と供給の均衡で決まるという均衡理論を形成した。

限界効用学説 **C** (げんかいこうようがくせつ)　1870年代にワルラス・ジェヴォンズ・メンガーがほぼ同時に提唱した学説。財の価値は，その財の最後の1単位を消費することで得られる満足（限界効用）の大きさで決まるという学説。

ワルラス **C** ［Leon Walras, 1834〜1910］　フランスの経済学者。スイスのローザンヌ大学教授であったことから，彼の学派をローザンヌ学派という。主著『純粋経済学要論』（1874年）。限界効用理論・限界理論・一般均衡理論を数学的モデルで提示し

た。

ジェヴォンズ **C** [William Jevons, 1835～82] イギリスの経済学者・論理学者。主著『経済学の理論』(1871年)。労働価値説を否定し、財の価値は各消費者がその財を使用することにより得る主観的な満足(効用)で決まると主張した。

メンガー **C** [Carl Menger, 1840～1921] オーストリアのウィーン大学教授であったことから、彼の学派をオーストリア学派という。主著『国民経済学原理』(1871年)。ワルラス・ジェヴォンズとほぼ同時に、限界効用理論を提唱した。

シュンペーター **A** 5 [Joseph Alois Schumpeter, 1883～1950] オーストリア生まれの経済学者。1919年にオーストリア蔵相、1932年からアメリカのハーヴァード大学教授。主著『経済発展の理論』(1912年)、『景気循環論』(1939年)、『資本主義・社会主義・民主主義』(1942年)、『経済分析の歴史』(1954年)。彼によると、経済発展の主体は技術革新(イノヴェーション)を積極的におこなう企業家である。技術革新とは、新製品・新生産技術・新販売方法・新組織などの導入をさし、これらが古い技術にとって代わり(創造的破壊)、経済を刺激する。しかし、技術革新は定期的に発生するものではない。これが景気循環の原因になる。また彼は、支配的な大企業が、技術革新を推進する企業家精神を失うことで、資本主義は衰退すると指摘した。

類 創造的破壊 **C**

『経済発展の理論』 (けいざいはってんのりろん) 1912年刊のシュンペーターの主著。資本主義経済を発展させる根本要因は、企業家によるイノヴェーション(技術革新とほぼ同義)の遂行であるとした。その例として、新製品の開発、新生産技術や新販売方法の導入、生産組織の改善・発明、新原料の供給、などをあげている。

新古典派 (しんこてんは) マーシャルの経済理論を基礎にする経済学派。古典派経済学に代わった限界効用原理を需要の論理に、古典派経済学の費用学説を供給の論理にして価格決定の均衡分析をおこなった。

マーシャル **A** 3 [Alfred Marshall, 1842～1924] イギリスの経済学者。ケンブ

リッジ大学教授で、新古典派の創始者。主著『経済学原理』(1890年)。経済学の分析方法である需要と供給による価値(価格)決定についての理論的基礎をつくりあげた。

ピグー **C** [Arthur Pigou, 1877～1959] イギリス・ケンブリッジ大学の新古典派経済学者で、マーシャルの後継者。主著『厚生経済学』(1920年)。人間の経済的な幸福(厚生)について研究する厚生経済学を発展させた。

『厚生経済学』 **C** (こうせいけいざいがく) ピグーの主著。1920年刊。厚生とは幸福の意味で、所得や消費によって得られる経済的な厚生を問題にした。そして社会全体の厚生を増進するのは国民所得の増大、平等、安定であるという3命題を提示した。

ケインズ **A** 7 [John Maynard Keynes, 1883～1946] イギリスの経済学者。マーシャル門下で、20世紀の経済学に大きな影響を与えた学者の一人。彼が引き起こした経済学上の変革をケインズ革命といい、以後彼の経済学を継承した経済学者をケインジアンという。主著『貨幣論』(1930年)、『雇用・利子および貨幣の一般理論』(1936年)。ケインズは、供給されたものは必ず需要されるという考え方(セーの法則)を否定し、失業の原因は有効需要(実際の支出をともなう需要)の不足にあり、完全雇用(働きたい労働者が全員雇われている状態)を実現するには、政府が公共投資をして有効需要を創出する必要があると述べ、古典派経済学を批判した。こうして1930年代の不況を背景に、これを克服するための現実的な理論を提案した。またケインズは、芸術家を「文明の受託者」とよび、経済学者を一歩下がって「文明の可能性の受託者」と位置づけた。つまり、文化創造の前提条件の整備を経済学の役割と考えたのである。

類 ケインズ革命 **C** 1

『雇用・利子および貨幣の一般理論』 **A** (こよう・りしかへい・いっぱんりろん) 1936年に刊行されたケインズの主著。有効需要(購買力をともなう消費・投資)の不足が過少生産を招き、失業・不況の原因であるとする有効需要理論が展開され、完全雇用を達成するには、政府が公共投資によって有効需要

を増大させる必要があるとしている。経済において政府が積極的な役割を果たす混合経済の理論的基礎となった。

サミュエルソン［Paul Anthony Samuelson, 1915～2009］ アメリカの経済学者で，マサチューセッツ工科大学教授を務めた。近代経済学の各分野で理論的功績が大きい。主著『経済分析の基礎』(1947年)。『経済学』は，経済学の標準的テキストとなってきた。ノーベル経済学賞受賞。

新古典派総合 (しんこてんはそうごう) サミュエルソンが一時とった経済学的立場。ケインズ的有効需要政策で完全雇用を達成すれば，あとは市場の自動調整機能によって経済がうまく運営されるという考え方。

ガルブレイス ④［John Kenneth Galbraith, 1908～2006］ アメリカの制度学派の経済学者。ハーヴァード大学教授を務めた。主著『ゆたかな社会』(1958年)，『新しい産業国家』(1967年)。テクノクラート論・大企業論などを展開。彼の用語であるテクノストラクチュアは，大企業が支配する現代経済の担い手が専門的な経営管理者層であることを明らかにした。
　　　　　　　　　　　　類テクノストラクチュア

フリードマン Ａ⑫［Milton Friedman, 1912～2006］ アメリカの経済学者で，シカゴ大学教授を務めた。マネタリズムのリーダー。主著『資本主義と自由』(1962年)，『選択の自由』(1980年)。市場経済における自由な経済活動の重要性を説き，小さな政府・自由放任政策の復活を主張。経済に介入するケインズ流の大きな政府には反対し，1970年代のスタグフレーション(不況とインフレーションの同時進行)の時期にケインズ経済学が行き詰まったため，彼の発言が注目された。ノーベル経済学賞受賞。

マネタリズム Ｂ①［monetarism］ フリードマンが中心となって唱えた学説。ケインズ経済学を批判し，政府の経済への介入は効果がないと主張した。その背景には，市場の自動調整機能への信頼と自由な経済活動に対する熱烈な支持があった。また，貨幣供給量の増加率とインフレ率には一定の相関があると述べ，貨幣供給は，長期的な経済成長率に合わせることを主張した。

シカゴ学派 (－がくは) フリードマンやハイエクなど，アメリカのシカゴ大学を拠点とする経済学者のグループ。貨幣の役割を重視し，景気対策としては財政政策よりも金融政策を重視する。マネタリストともいう。なお，シカゴ学派とよばれる政治学や社会学のグループも存在したが，両者とのあいだに学説上の関連はない。

サプライ-サイド-エコノミクス［supply-side economics］ レーガン政権で採用された供給側重視の経済学。ケインズ経済学の有効需要政策に反対し，供給側の企業強化と労働意欲向上を目的に減税などの政策を提案した。また，社会福祉政策にも批判的立場をとった。

セン Ａ③［Amartya Kumar Sen, 1933～］ インド生まれの経済学者。オックスフォード大学教授・ハーヴァード大学教授などを歴任。第三世界の貧困・飢餓問題を究明する開発経済学などについて研究。世界の貧困や不平等の問題を解決するためには，各人の潜在能力(ケイパビリティ)を高める必要があると説いた。1998年，アジア人初のノーベル経済学賞を受賞。主著『不平等の経済学』

行動経済学 Ｃ (こうどうけいざいがく) 心理学と経済学を融合した経済学の一分野。人間はたびたび非合理的な判断をくだすという点を加味しながら，人々の経済行動や経済現象をリアルに分析する学問。アメリカで発達した。

金融工学 (きんゆうこうがく) 統計学や数学的な方法を駆使して，金融商品の開発などについて研究する学問領域。投資や融資の際の判断材料を提供するなどされたが，これらの方法論への過度の信頼が，2008年から始まった世界金融危機を深刻化させる要因になったとの批判もある。

スティグリッツ Ｃ［Joseph E. Stiglitz, 1943～］ アメリカの経済学者で，コロンビア大学教授。「情報の非対称性」の研究で他の2人と2001年にノーベル経済学賞を受賞。世界銀行の上級副総裁を務めるなど，現実の経済問題に対する分析・対策などにも積極的に取り組む。新自由主義をきびしく批判する論客としても知られる。主著『経済学』 ☞ p.188（情報の非対

称性）

クルーグマン［Paul R. Krugman, 1953〜］
アメリカの経済学者で，現在はニューヨーク市立大学大学院センター教授。プリンストン大学教授であった時に，従来の貿易論に「規模が大きいほど生産性が高まる」などとする概念を取り入れ，グローバル市場において小規模な製造業が大手企業に取って代わられる現象を説明した功績などで2008年にノーベル経済学賞を受賞。市場原理主義経済のあり方に警鐘を鳴らすなど，政府批判の鋭い舌鋒でも有名。主著『良い経済学悪い経済学』

『21世紀の資本』（せいき－しほん）　フランスの経済学者トマ＝ピケティの著書。世界的に広がる格差や不平等の構造などを論じ，2014年に欧米でベストセラーとなった。同年末には日本語版も刊行。欧米日など20か国以上の300年にわたる租税資料を分析し，資本主義社会において一時期を除き，資本の集中と経済の不平等がすすんだと指摘した。マルクスの『資本論』との対比で論じられることもある。
　　　　　　　　　　　類 トマ＝ピケティ **C**

ギグ-エコノミー［Gig Economy］　ギグとは，一度限りのコンサートなどをさす音楽用語。転じて「短期の仕事」の意。インターネットを利用した単発の仕事など。ネット上で仕事の受注や発注がおこなわれるため，クラウドソーシングやテレワークにも対応する。個人が雇われずに自由に働くという発想だが，労働法制の適用がないなど健全な経済のしくみを破壊する危険も内包する。日本では数百万人がこの仕事の形態を活用しているといわれる。アメリカやフランスの大統領選挙などの際にも話題になった。
　　　　　　　　　　　類 クラウドソーシング

社会主義経済の特徴

空想的社会主義（くうそうてきしゃかいしゅぎ）　フランスのサン－シモン・フーリエ，イギリスのオーウェンらの初期社会主義思想に対して，マルクス・エンゲルスが名づけた呼称。19世紀の資本主義社会が生み出した悲惨な労働者の現実に心を痛め，理想的な共同社会を構想し，実験を試みた。しかし資本

主義社会の科学的な分析がなく，労働者との結びつきも十分でなかったため，「空想」の段階にとどまったと批判された。

トマス＝モア［Thomas More, 1478〜1535］　15世紀末から16世紀初頭に活躍したイギリスの政治家・思想家。主著『ユートピア』（1516年）で，私有財産制のない一種の社会主義共同体をえがいた。当時進められた土地囲い込みへの鋭い批判であり，イギリス社会への警告の書でもある。

オーウェン［Robert Owen, 1771〜1858］　イギリスの空想的社会主義者。スコットランドのニュー－ラナーク工場の総支配人だった時，莫大な利潤をあげる一方，労働環境の改善や厚生施設の充実に努めた。さらにアメリカにわたり，共同社会であるニュー－ハーモニー村を開いたが失敗。帰国後は，協同組合運動や労働組合運動の組織化のために尽力した。

サン－シモン［Henri de Saint Simon, 1760〜1825］　フランスの貴族出身の空想的社会主義者。産業者である国民が共同して計画的な生産をするよう主張し，自国を平和で平等な産業社会に変革することをめざした。

フーリエ［Charles Fourier, 1772〜1837］　フランスの空想的社会主義者。フランス革命後の市民社会にひそむ根源的な不合理，特に投機的な商業活動を厳しく批判して，理想社会（ファランジュ）を構想した。

科学的社会主義（かがくてきしゃかいしゅぎ）　空想的社会主義に対する用語。マルクスとエンゲルスによって創始された労働者階級の解放に関する学説と運動。2人は，資本主義経済を徹底的に分析し，その成立・発展・崩壊の過程と，社会主義への移行を解明した。

社会主義経済 **A**（しゃかいしゅぎけいざい）　社会主義社会における経済のあり方で，①土地・工場などの生産手段が社会的所有とされ，私有財産制度が制限されていること，②経済活動が，政府の計画に基づいて運営され，個人の利潤を追求する自由な経済活動を制限すること，などが特徴。この経済体制では，資本家がいないため，労働者が搾取から解放され，生産物は各人の労働に応じて分配されると考えられた。1917年のロシ

ア革命で成立したソ連において初めて採用され，第二次世界大戦後は東ヨーロッパ・中国などに広がった。ソ連は有数の大国になったが，官僚主義の弊害や計画経済の失敗で経済が停滞，国民の不満が高まった。20世紀末には，ソ連をはじめ社会主義諸国の多くは市場経済に転換した。

ロシア革命 **Ａ**②(-かくめい) 1917年にロシアで起きた世界初の社会主義革命。1917年3月に，労働者と兵士によって組織されたソヴィエト（評議会）がストライキと暴動によってロマノフ朝を倒し，自由主義者を中心に臨時政府を組織した（三月革命）。そして同年11月，レーニン・トロツキーらが指導するボリシェヴィキ（社会民主労働党の多数派）が，臨時政府とそれに協力するメンシェヴィキ（同党の少数派）を武装蜂起で屈服させた（十一月革命）。翌1918年にはレーニンによる共産党指導体制が確立し，1922年にソヴィエト社会主義共和国連邦（ソ連）が誕生した。

レーニン **Ｂ**［Vladimir Lenin, 1870～1924］ ☞p.174（レーニン）

新経済政策（ＮＥＰＢ）［novaya ekonomicheskaya politika］(しんけいざいせいさく) ネップ。ロシア革命直後の急速な社会主義化や戦時共産主義によって荒廃した経済を克服するために，レーニンが1921年にとった新しい経済政策。部分的に資本主義の復活を認めた。

同ネップ**Ｂ**

スターリン **Ｃ**［Stalin, 1879～1953］ ☞p.357（スターリン）

フルシチョフ **Ｃ**③［Khrushchev, 1894～1971］ ☞p.361（フルシチョフ）

ブレジネフ **Ｃ**［Leonid Brezhnev, 1906～82］ 旧ソ連の政治家。1964年にフルシチョフを失脚させ，以後18年間，共産党書記長を務めた。ブレジネフ政権下のソ連は保守的な政策をとり，官僚制がはびこったため，経済的・技術的に停滞した。

社会的所有 **Ｃ**(しゃかいてきしょゆう) 社会主義の根本理念の一つ。土地・資源・原料・工場・機械・輸送機関などの生産手段が個人の所有とならず，社会全体の所有となる。生産された生産物も，一部を除いて社会的に所有され，労働者がその労働の質と量に応じて支払いを受ける。これによって，生産手段を所有する資本家階級による労働者階級に対する搾取の廃止を意図した。

同生産手段の社会的所有

計画経済 **Ａ**①(けいかくけいざい) 生産手段を社会的所有とし，それを国家作成の計画にしたがって運営，生産活動をおこなう経済のこと。社会主義経済の根本理念の一つ。どのような財・サービスをどのくらい生産し，いくらで販売するかを国家が決定する。計画経済では，資本主義経済のように恐慌や失業の発生がないとされた。旧ソ連ではゴスプランという中央の計画委員会が組織され，生産の指令などを出した。しかし，個々の創意工夫を引き出せず，ノルマ（割り当て）さえ達成できればよいとする風潮を生み出した。このため，計画経済に市場経済の導入が検討されるようになり，社会主義崩壊の一因ともなった。

ゴスプラン［Gosplan］ 1921年に設立されたソ連邦閣僚会議国家計画委員会の略称。旧ソ連の計画経済の立案と運営の中心となった機関。共産党の指令の下に経済計画を作成し，五か年計画などの具体的な計画遂行を監督した。各工場や農場などはゴスプランの計画にしたがって，生産の割り当てを受け，その達成を求められた。ペレストロイカのなかで機能を失い，1991年のソ連解体とともに消滅した。

農業集団化 (のうぎょうしゅうだんか) 生産手段の社会的所有を実現するために推進された政策。旧ソ連のコルホーズ，中国の人民公社などがその具体例。コルホーズは1991年のソ連の解体とともに，また人民公社も1985年には廃止された。

コルホーズ（集団農場） (しゅうだんのうじょう) 旧ソ連の集団的農業経営形態。1929年からスターリンが指導。農地は国家から貸与され，農業機械など生産手段を協同組合の所有とし，集団で労働して分配を受けた。1991年のソ連解体によって消滅。

ソフホーズ（国営農場） (こくえいのうじょう) 旧ソ連の集団的農業経営形態。ロシア革命時に貴族や大地主から没収した農場につくった。1991年のソ連解体によって消滅。

利潤導入方式 (りじゅんどうにゅうほうしき) リーベルマンの論文をもとに，1965年から実施

された旧ソ連の経済改革。生産意欲を高めるために，各企業の生産コストと国家への納入分をこえる超過部分（利潤）を企業と労働者に分配した。市場経済を一部導入する政策だったが，実効は少なかった。

リーベルマン［Evsei G. Liberman, 1897〜1982］　旧ソ連の経済学者。1962年にソ連共産党機関紙『プラウダ』に「計画・利潤・報償金」を発表した。過度に中央集権的なソ連の計画経済を批判して分権的な経済運営と企業運営への利潤導入方式を主張した。

社会主義経済の現状

ゴルバチョフ　**A3**［Mikhail S. Gorbachev, 1931〜2022］　☞ p.26（ゴルバチョフ）

ペレストロイカ　**A**［perestroika］　☞ p.26（ペレストロイカ）

グラスノスチ　**B1**［glasnost］　☞ p.26（グラスノスチ）

企業法　（きぎょうほう）　ゴルバチョフが1987年に出した経済政策。労働者の企業経営への参加，赤字企業の倒産など国家企業の独立採算制の確立を規定した。社会主義の枠内のため，十分には機能しなかった。

中国経済　（ちゅうごくけいざい）　中華人民共和国の建国当初はソ連型の社会主義の確立をめざした。しかし1960年代に社会主義路線の違いから対ソ関係が悪化し，独自の路線を歩みはじめた（自力更生）。毛沢東が指導する大躍進政策の失敗，文化大革命による大混乱をへて，1975年に周恩来が「四つの現代化」を提唱し，その具体化が模索された。そして1970年代末以降，鄧小平の指導のもとで改革・開放政策がすすめられた。1993年，憲法に社会主義市場経済をうたい，先進資本主義国から市場経済のしくみと資本・技術などを導入して，高い経済成長率を維持してきた。2001年には世界貿易機関（WTO）に加盟し，21世紀の「世界の工場」とよばれている。近年では成長のテンポが鈍っているが，2010年には国内総生産（GDP）が日本を追い抜き，アメリカに次いで世界第2位となった。アジアインフラ投資銀行や一帯一路構想を主導するなど，国際経済における存在感を強めている。一方で，都市と農村部との所得格差，深刻な環境汚染などの歪みも生じている。　☞ p.417（アジアインフラ投資銀行），p.417（一帯一路）

人民公社　（じんみんこうしゃ）　1958年に初めてつくられた中国の集団所有の組織。20〜30の農家からなる生産隊を基本単位とし，軍事・行政・教育・生産の組織を合体させたものであった。1982年以降解体がすすみ，1985年には完全に解体された。

四つの現代化　**C**（よっつげんだいか）　1980年代における中国経済の運営方針を指す。「四つの近代化」とも訳される。1975年，第4期全人代で周恩来が提唱した。農業・工業・国防・科学技術の四つの分野の近代化をはかり，中国の国民経済を世界の前列に立たせることを目標とした。経済特別区などでの外資の積極的な導入が進められた。
同四つの近代化

生産請負制　**C**（せいさんうけおいせい）　農業の集団労働制をやめ，農業生産を個別経営の農家に請け負わせる中国の制度。1978年頃から導入され，1982年末には，ほぼ全国にいきわたった。各農家は，農地の使用面積を独自に設定し，請負料を政府に納めて残った生産物は自由販売を認められた。農民の生産意欲は向上し，生産量も増加した。

経済特別区（経済特区　**C4**）（けいざいとくべつく）（けいざいとっく）　1979年以降，外国の資本や技術の導入を目的に，中国各地に設けられた地域。広東省の深圳シェン，珠海チューハイ，汕頭スワ，福建省の厦門アモイの4か所であったが，1988年に海南ハイナン島が追加され，最大の特別区になった。特別区には資本主義的要素が流入し，①企業所得税が安い，②100％の外資を認める，③生産設備・原材料輸入への関税免除，などの特典がある。

経済開発区　（けいざいかいはつく）　経済開放政策の一環として1984年から指定された中国の14沿岸港湾都市。主に輸出志向型企業を誘致した。大連・天津・広州・青島など。

郷鎮企業　（ごうちんきぎょう）　中国の農村にある個人経営や集団経営（非国有セクター）の中小企業のこと。農村の余剰労働力を吸収し，工業における市場経済導入の"先兵"となった。急激な引き締め政策で倒産したものも多いが，現代の中国の市場経済化の

なかで中核的な役割を担う。

一国二制度 Ａ（いっこくにせいど） 一つの国で、異なる２つの制度が併存すること。1997年に香港がイギリスから中国に返還された際、この制度が採用された。1999年にポルトガルからマカオ（澳門）が返還された時にも同様の体制がとられた。香港は特別行政区として、それまでの生活と、外交・防衛を除く高度な自治が「香港基本法」で認められているが、重要事案は中国の承認を要する。2014年、香港行政長官の民主的選出方法をめぐる抗議活動（雨傘革命）が起こり、2019-2020年には、香港の民主化を求める政治的抗議活動が広がった。一方、2020年、香港の治安維持強化を図る「香港国家安全維持法」が成立し、香港の高度な自治は大幅に制限された。中国は二制度よりも一国が優先されるとしている。
同一国両制 **類**特別行政区

香港国家安全維持法 Ｂ（ほんこんこっかあんぜんいじほう） 正式名称は「中華人民共和国香港特別行政区国家安全維持法」。2020年６月に全国人民代表大会にて成立した中国の法律であり、中国政府が香港市民の政治活動を包括的に統制できるようにした。同法では、国家分裂、政権転覆、テロ活動、外国勢力との結託という４点に関連する行為を犯罪と認定して、最高で終身刑となる刑罰を設けている。同法に違反して有罪判決を受けた者は、香港の公職に立候補することが不可能となる。さらに、中国政府は、香港に出先機関「国家安全維持公署」を設けて、香港の法令に縛られることなく、治安維持活動や情報収集活動を遂行できるようにした。

社会主義市場経済 Ａ（しゃかいしゅぎしじょうけいざい） 中国における経済運営の方針。1993年３月、全国人民代表大会で改正された憲法に盛りこまれた。「国家は、社会主義共有制を基礎として、計画経済を実行する」とされていたが、新憲法では「国家は、社会主義市場経済を実行する」となった。

ドイモイ Ｃ［Doi Moi］ 1986年にベトナム共産党政権が打ち出したスローガン。根幹は市場経済の導入による経済政策である。個人企業の奨励や公営企業への独立採算制の導入、外国資本の積極的導入など、大胆

な改革がおこなわれた。

3 現代の経済社会

経済社会の変容と情報化社会

科学技術の発達 （かがくぎじゅつはったつ） 科学とその応用である技術が進歩して、社会を大きく変化させること。18〜19世紀の産業革命が資本主義生産を生み出したように、科学技術の発達によって生産様式が変化し、それが社会のしくみを大きく変化させた。20世紀に入って、内燃機関の改良、エレクトロニクス技術の進展など、科学技術の発達が経済社会のあり方に大きな影響を与えている。

工業化社会 ②（こうぎょうかしゃかい） 手工業から機械工業に移行・発展して成立した大量生産が可能となった社会。産業化社会とほぼ同義。歴史的には農業中心の社会に続く社会とされる。資源の開発やエネルギーの発見による工業化で生産は高まり、豊かな社会が生みだされた。一般に工業化社会となることが社会の近代化の指標とされている。

重化学工業 Ｃ②（じゅうかがくこうぎょう） 機械・鉄鋼・造船などの重工業と、石油化学・石炭化学などの合成化学を中心とした化学工業とを総称したもの。軽工業（繊維・食料品など）と区別していう。設備産業・装置産業ともいわれるように、巨額の資金と設備を必要とする。工業生産に占める重化学工業の割合によってその国の工業力・経済力をはかることができる。

化学工業 Ｃ（かがくこうぎょう） 塩・鉱産物・石油などを原料として、物質の化学的反応の変化を利用し、元の原料とはちがう性質の物をつくりだす産業。プラスチック・合成ゴム・塗料・化学肥料・合成繊維・医薬品などの製造産業をいう。

技術革新 Ａ⑥（イノヴェーション Ａ③）［innovation］（ぎじゅつかくしん） 新しい技術、新しい生産方法などを生産活動に導入すること。アメリカの経済学者シュンペーターによれば、①新製品の発明・発見、②新生産方式の導入、③新市場の開拓、④新原料・新資源の獲得、⑤新組織の実現、などが含まれる。新機軸ともいう。歴史的には、産業革命以後、紡績機械・蒸気機関の発明、

19世紀末の内燃機関，無線・電話などの通信技術，自動車・飛行機などの輸送技術の進展がある。第二次世界大戦後にオートメーション・エレクトロニクス・原子力などの技術進歩で製造・販売の規模が拡大し，産業構造が変化した。

同 新機軸

オートメーション ［automation］ 機械装置の運転・操作を自動化すること。自動制御装置とも訳される。単に操作のみではなく，運転状況の自動的判断による制御や管理もおこなう。これによって大量生産，コスト低下，操業の安全性の向上などが可能になった。半面，単調な監視作業による精神的緊張などの問題も引き起こしている。

自動運転車 **C** （じどううんてんしゃ） 人間が操作することなく運転可能な自動車のこと。標準的な自動運転車には，レーダー（電波探知測距），LiDAR（光検出測距），GPS（全地球測位システム）などが装備されており，人間が目的地を入力するだけで，周囲環境を感知して運転を実行する。2023年時点において実用化されている自動運転車は，ほとんどがレベル2か3（部分的／条件付自動運転）に分類されるものであり，複雑な状況においては人間の手による代行運転を必要とする。人間の介在が完全に不要となるレベル5（完全自動運転）が誕生するのは2030年前後と見られている。

ＯＡ **A** ［office automation］ 事務処理をより効率的・合理的にするため，自動化・機械化すること。パソコン・ワープロ・ファクシミリなどの導入により進展し，オンライン化した。

ＦＡ **A** ［factory automation］ 機械工業や装置工業の工場で，生産システムを自動化・無人化すること。当初は単一製品の大量生産方式だったが，現在では，同一工程で複数品種を柔軟に生産するＦＭＳ（フレキシブル生産システム）へと発展している。

産業用ロボット **C** （さんぎょうよう） 生産工場において人間がおこなってきた作業を代わりに遂行する自動化機械のこと。ＦＡ化を推進した要因の一つで，単純作業やプログラム化された情報によるくり返しの作業から，人工知能を持ったものへの開発が進められている。

ドローン **B**②［drone］ 無人小型機。英語で，ブーンという低音，雄バチの意。複数のプロペラを持ち，遠隔操作などで飛ぶ。元来は軍事利用が中心だったが，水田での農薬散布や宅配サービスなど民生での利用もすすんでいる。また，テロや犯罪に悪用される危険があり，規制強化も検討されている。

同 無人小型機

合理化 **C** （ごうりか） 企業が生産性を向上させるために技術の改良，品質の改善，人員の配置替えなど生産を効率化する手段をとること。日本の企業経営の合理化は，企業の巨大化，国際競争力の強化などを生み出したが，行きすぎると新しい企業の参入を妨げたり，労使関係に摩擦を引き起こすなど複雑な問題を発生させる。

コンピュータ ［computer］ 電子計算機と訳されてきたが，現在ではむしろ，高度に情報を処理する機械という意味あいが強い。現代の情報化社会を支える機械装置であり，エレクトロニクス技術の進展とともに成長してきた。次世代コンピュータとしては数値処理型から知識情報の処理，問題解決支援型の開発が進められている。

スーパーコンピュータ ［supercomputer］ 超高速の演算処理能力をもつコンピュータ。スパコンと略す。文部科学省が2006年に「次世代スーパーコンピュータプロジェクト」を開始。事業仕分けで一時，事実上の凍結判定を受けたが，政府はそれを見直し，予算計上をおこなった。2011年に理化学研究所の「京」が，世界最速ランキングで1位となった。「京」は2019年に運用を終了して役割を終え，その100倍以上の性能を誇る「富岳」が2021年に完成し，本格運用を開始した。

エレクトロニクス産業 **C** （-さんぎょう） エレクトロニクス（電子工学）の技術を利用して製品を提供する産業をいう。電子を働かせるもとになるＩＣ（集積回路）や，さらに集積度を高めたＶＬＳＩ（超大規模集積回路）が登場し，パソコンをはじめ家電製品や自動車など，あらゆる産業や製品に利用され，「産業の米」ともよばれている。先端技術産業の一つで，この開発は，コンピュータの技術革新と結びつき，応用範囲

も広く，競争の激しい分野である。

ＩＣ **Ａ**2[integrated circuit]　集積回路のこと。トランジスタ・ダイオード・抵抗器・コンデンサーなどの部品を一つのシリコン基板の上に集積した回路をＩＣとよんでいる。このなかに1000個程度のトランジスタが詰め込まれており，小型化・故障率低下・省電力をはかることができた。論理演算や情報の記憶などのはたらきをするものが現在では中心になっている。

ＬＳＩ　[large scale integrated circuit]　大規模集積回路のこと。数ミリ四方のシリコン基板上に数千から１万個程度のトランジスタを集積している。最小寸法は５ミクロン以下。コンピュータの主記憶装置などに使われている。

マイクロエレクトロニクス革命　2(─かくめい)　ＭＥ革命。ＬＳＩやＶＬＳＩなど微細素子技術の進歩による，エレクトロニクス技術の革新をもとに起こった情報革命をさす。コンピュータの発明・利用・普及が第一次情報革命であるとすれば，これは第二次情報革命といえる。これにより，ＯＡ化・ＦＡ化が進展して産業が情報化した。
同ＭＥ革命2

先端技術　(せんたんぎじゅつ)　現代社会において，社会そのものに大きな影響を与えている高度に発達した科学技術の総称。ハイテクノロジー。高度情報化社会や高度知識社会をもたらし，産業革命以後の技術革新を大きくこえると考えられている。コンピュータなどを支えるマイクロエレクトロニクス，コンパクトディスクをはじめとした光と電子技術を支えるオプトエレクトロニクス，遺伝子組み換えなどのバイオテクノロジー，電気抵抗をゼロにする超伝導技術などが具体例である。

バイオテクノロジー　**Ｃ**[biotechnology]　生命工学。遺伝・成長・生殖など生命活動のしくみを解明し，それを活用しようとする技術。従来からある発酵・動植物育種改良の技術にとどまらず，生命活動の根本を操作する遺伝子の組み換え，クローン技術，異なる細胞の融合，動植物細胞の大量培養，微生物や動植物細胞や酵素などを触媒とするバイオリアクターなどが基本技術である。

ナノテクノロジー　[nanotechnology]　ナノメートル（10億分の１メートル）という超微細な精度を扱う先端技術の総称。原子や分子を単位とするような工学や医学などの分野で応用される。2000年代の初頭，アメリカがこれを国家戦略に掲げ，注目されるようになった。

超電導（超伝導）　(ちょうでんどう)　ある金属などの温度を絶対零度近くまで下げていくと，一定温度以下で電気抵抗がゼロになり，完全反磁性を示す現象。この技術を応用し，磁気で車体を浮上させて走行するリニア中央新幹線が計画されている。現在の東海道新幹線より，東京・名古屋間の所要時間が大幅に短縮できる。なお，新聞などでは超電導，物理学では超伝導と表記する。
類リニア中央新幹線

脱工業社会　(だつこうぎょうしゃかい)　アメリカの社会学者ダニエル＝ベルが主張した産業社会の後に登場する社会のこと。農業社会や工業社会では，モノやエネルギーが資源として重視されてきたが，脱工業社会では，モノやエネルギー以上に知識や情報・サービスが重要な資源とされる。そこでは，①教育・余暇・芸術などのサービス経済の創出，②専門・技術階層の優越，③社会を革新し，政策を形成する理論的知識の重要性，④新たな知的技術の創出などが起こる。ベルの指摘は，情報化社会や知識社会と同義のものとされている。
類ダニエル＝ベル

情報化社会　(じょうほうかしゃかい)　産業社会の成熟の後に，モノやエネルギー以上に情報が重要な価値を占め，その生産・売買が中心となる社会のこと。脱工業社会・高度情報社会などと同義。産業構造は，製造業中心から情報・知識産業中心となる。一般に情報化社会では，コンピュータとそのネットワーク化が核となる。情報化社会に対しては，人間の能力が全面開発するという考え方と，情報管理による一部エリートの管理社会になるという考え方との二つがある。
同高度情報社会1

ＩＴ革命　**Ｃ**2**（情報技術革命）**[Revolution of Information Technology]　(─かくめい)　(じょうほうぎじゅつかくめい)　パソコンをはじめ，インターネット・携帯電話などの急速な普及などを背景にした社会や人間生活の大き

な変化をいう。とくに1990年代後半以降，顕著になった。ＩＣＴ［Informationand-CommunicationTechnology］革命ともいう。

同 ＩＣＴ革命C

デジタルトランスフォーメーション C

［digital transformation］　略称はDX。デジタル技術の導入によって，組織や社会そのものの刷新を図ることを指す。類似概念としてデジタル化(digitization)がある。これは，単にアナログなものをデジタルに変換することである。たとえば，大学授業の配布資料を紙からPDFに変更したり，対面授業をオンライン授業に切り替えることは，デジタル化の典型例である。一方，DXは，デジタル化を通して，組織や社会の構造的変容を要求する。たとえば，大学授業のオンライン化が達成されると，学生たちは物理的制約から解放され，自校のみならず，日本全国あるいは世界中の大学講義を受講可能となる。デジタル技術を活用することで「所属校の内部で教育を受けて学位を取得する」という既存の教育構造が刷新されるのである。このように，デジタル化は単なる効率性のプロセスだが，DXは，技術を活用して世界をいかに変えていくのかという戦略性のプロセスである。

インターネット A4［internet］

TCP/IPあるいはInternet protocol suiteと呼ばれる通信技術上の規約に基づいて，コンピュータ同士を接続させたグローバル規模の通信網。インターネット上で接続されたコンピュータ機器にはIPアドレス(Internet Protocol address)と呼ばれる番号が割り振られており，ネット上の仮想的な"住所"を示す機能を有している。1969年にアメリカ国防総省で運用開始されたARPANETを直接的起源としており，その後，大学・研究施設のコンピュータ間を結ぶようになった。1990年代に入ると，商業利用が認められるようになり，全世界的な普及を遂げた。

eコマースC（電子商取引C）

［electronic commerce］（でんししょうとりひき）　インターネットなどを利用した商取引の全体をさす。取り引きの形態により，企業間取引(BtoB)，企業・消費者間取引(BtoC)，消費者間取引(CroC)の三つに分類される。2022年に電子商取引の市場規模は，BtoCが約20.7兆円，BtoBが約372.7兆円，CtoCが2.2兆円。

ニューメディア［new media］

従来のテレビ・ラジオ・新聞などの情報伝達手段から，コンピュータや新通信技術の進展によって登場した新しい情報伝達手段やシステムのこと。ケーブルテレビ・テレビ音声多重放送・インターネットなど。

ブロードバンド［broadband］

高速な通信回線の普及によって実現されるコンピュータネットワークと，大容量のデータを活用した新たなサービス。光ファイバーなどの技術を用いて実現される，概ね30Mbps以上の通信回線（総務省）。

ワンセグ

携帯端末機器向けの地上デジタルテレビ放送。2006年4月1日に本放送が開始された。ワンセグメント。

電子書籍（でんししょせき）

通常の紙による出版物のかわりにデジタルデータで作製された書籍。パソコンや携帯電話などで読む。日本の出版市場は1990年末以降から一貫して縮小傾向にあるが，電子書籍に限れば，市場規模が拡大し続けている。2021年における電子書籍の販売金額は4662億円であり，出版物販売額全体の約28%に達している（2015年は約9％に過ぎなかった）。近年は，電子書籍の普及によって，出版市場全体が縮小から拡大へと緩やかに移行しつつある。

経済のソフト化・サービス化 B4（けいざい－か～か）

経済活動や産業構造が，生産されるものそのものの価値よりも情報・知識の価値，知識集約型のサービスの要素が重要となってきた事象をいう。モノ・資源をハード，知識サービスなどをソフトとよぶことから用いられる。日本では，1973年の石油危機を境に重厚長大といわれる大規模装置産業に対して，情報産業・サービス業・レジャー産業などの第三次産業の割合が増加し，生産販売の面でも，開発・デザイン・情報・管理など，付加価値が高く，技術集約度の高い分野が重要視され，経済のソフト化・サービス化が進行した。

大衆消費社会 1（たいしゅうしょうひしゃかい）

モノやサービスの大量生産・大量販売により，

大衆の大量消費がなされるようになった社会のこと。現代社会の特質をあらわすことば。大衆消費社会では，多量の均質な商品が安価に入手できる利点の半面，大量に流される宣伝などによって画一的消費行動もみられるようになった。

大量生産🅑①・**大量販売・大量消費**🅑①
（たいりょうせいさん）（たいりょうしょうひ）　大量生産とは，技術革新によるオートメーション化などにより，同質の製品が大量に見込み生産されること。大量販売とは，大量生産と流通機構の改良によって，低いマージンと高い回転率とで商品を販売する方法をさす。こうした生産・販売のシステムに支えられ，必要以上に消費がなされることを大量消費という。

管理社会（かんりしゃかい）　少数の指導者によって大衆が管理される社会。その成立の契機には官僚制の発達があるが，近年ではコンピュータなどの発達で情報が一元的に管理されることにより，特に指導者が存在しなくても管理社会化することが指摘されている。また，現代の情報化の下での管理社会は，情報の送り手が受け手を直接意図せずに管理・支配することが多く，人間疎外ﾞﾞﾞﾞを深刻化させている。

ソーシャルネットワーキングサービス②［social networking service］　SNSと略される。オンライン上において社会的関係の構築を図るサービス事業のこと。ユーザ間におけるメッセージ送受信，日記ログ共有，サークル形成などが中心的機能となる。1990年代後半より多様なSNSの試みが起こり，2004年開設のFacebookが他SNSを駆逐する形で世界的成功を収めた。また，SNSの中でも，コンテンツの創造・発表・共有に中心的機能を置くものをソーシャルメディア(social media)という。Twitterはその代表格であり，2023年にXにリブランディングされてからは＜創造者たちの拠点＞という立ち位置をさらに鮮明にしている。一方，SNS事業者は，ユーザの個人情報を詳細に収集可能であり，そのデータを生かした広告ビジネスを展開することになる。場合によっては，政治勢力が世論操作のためにSNSを利用したり，政府が国民監視のためにSNS事業者と提

携することもある。これらの点がプライバシー保護や政治的自由に関わるとして，世界各国で批判の対象となっている。

🈩SNS🅐③

メタ🅑［Meta Platforms］　米国の大手テック企業。"GAFAM"と呼ばれる米国ビッグテックの一角を占める。2004年，当時ハーバード大学の学部生だったマーク＝ザッカーバーグを中心にしてSNSサイトFacebookが立ち上がり，同年にFacebook社が設立。2011年には世界最大のSNSの地位を確立し，時価総額で世界トップクラスの企業へと躍り出る。2021年には，Meta Platformsに社名変更。同社の傘下にFacebook, Instagram, WhatsApp, Threadsなど，多数のSNS事業が位置付けられる体制となった。一方，メタ社に関しては，ユーザの個人情報を過度に収集し過ぎている点，SNS内部のコンテンツを表示させるアルゴリズムが不透明である点などが指摘されている。

フェイスブック🅑［Facebook］　世界最大のソーシャルネットワーキングサービス(SNS)。実名で現実の知り合いと交流やつながりができるのが特徴。2022年3月末時点において，約29.4億のアクティブユーザ数を有する。

ツイッター［Twitter］　世界的なマイクロブログサービスであり，ソーシャルメディアの一種。2023年7月時点における月間アクティブユーザ数は約5億4100万。もともとは，2006年に起業家ジャック＝ドーシーらが立ち上げたものだが，2022年に実業家イーロン＝マスクが約440億ドルで買収した。2023年7月，マスクはTwitterのブランド名をXに変更。投稿を意味するtweetもpostに置き換えられた。URLもtwitter.comからx.comに変更される予定である。

プラットフォーマー🅑　2010年代から普及しつつある和製英語。定義は曖昧だが，ネット上で人々が活動する上での基盤(プラットフォーム)を所有する企業や個人を指すことが多い。FacebookやInstagramを運営するメタ社，Xを所有するイーロン＝マスクなどが代表例である。本来，インターネットは個人が自由に活動できる

空間だが，現在は「プラットフォーマー」が提供するプラットフォームにユーザ登録して「プラットフォーマー」があらかじめ構築したルールやしくみを遵守しながら行動している人々が大半を占める。そのプロセスにおいて個人情報を提供させられ，その個人情報に基づいて最適化された広告をプラットフォーム上で閲覧させられることになる。

フィルターバブル **C** [filter bubble]
2011年に，米国の著作家エリ＝パライザー(Eli Pariser, 1980-)によって提示された概念。思想フレーム (ideological frame) とも呼ばれる。各個人がネット上においてフィルタリングされた特定の情報を与えられ続けること。検索サイトやSNSは，ユーザの検索履歴，居住地，趣味趣向などに基づき，アルゴリズムを通して，各個人が関心をもちやすく，肯定しやすい情報を提示する。その結果，各個人は，情報バブルの中に放り込まれて，もともと有していた関心，価値，思想をさらに強化することになる。

エコーチェンバー **C** [echo chamber]
同質的な関心，価値，思想をもつユーザ同士が参加して閉鎖的空間が形成されることによって，異質な見解が遮断され，参加者たちの同質的見解がさらに先鋭化すること。日本語に訳せば「反響室」であり，閉じられた空間の中で，自らが何らかの見解を発すると，類似する見解がエコーのように返ってくる，という一種の比喩的概念である。「異質なもの」を技術的に排除しやすいネット空間特有の現象として論じられることが多い。ただし，学校，職場，議会，ニュース番組などのリアル空間でも，同質的なメンバーを集めれば，エコーチェンバー現象は容易に形成される。

ネットいじめ　インターネット上におけるいじめ行為あるいはハラスメント行為。世界各国で深刻な社会問題となっている。既存のいじめ行為と比較して，加害者が匿名性を保持しやすい点，不特定多数の人間が加害行為に加わりやすい点，時間や場所に拘束されることなく加害行為を継続しやすい点が特徴的である。

告発サイト　(こくはつ―)　インターネットを用いておこなわれる内部告発手段。政府や企業などの機密情報を公開する，オーストラリア人のアサンジ氏が創始したウィキリークスなどが知られる。

スノーデン事件　(―じけん)　2013年，アメリカ国家安全保障局 (NSA) の元職員エドワード＝スノーデンが香港で複数マスメディアの取材に応じ，NSA によるグローバルな情報監視体制の実態を暴露した事件。彼の提示した内部資料によれば，NSA は全世界で毎月970億回に及ぶ電話／メール／チャット／転送ファイルなどの傍受を実行しており，Google をはじめとする大手テックがこれに協力している。スノーデンによれば，NSA は日本を含めた38か国の大使館等施設も盗聴対象としている。このスノーデンの告発を受けて，世界各国がアメリカのスパイ行為を非難したが，当時のオバマ米大統領は「我々を非難している国も含めて，どこの国も諜報活動をやっているではないか」と反論した。

クラウドファンディング**A**　(**ＣＦ****B**)
[crowd funding]　クラウド(群衆)とファンディング(資金調達)との合成語。インターネットを通じて不特定多数の個人から小口の資金を集めるしくみ。アメリカ発祥の手法だが，世界に広まった。出資者が見返りを求めない「寄付型」，見返りとして商品やサービスを受け取る「購入型」，利益配分がある「投資型」などがある。

発光ダイオード(ＬＥＤ) [light emitting diode]　(はっこう―)　紫外・可視・赤外の自然光を出す素子。可視光(青・赤・緑)の発光ダイオードを組み合わせて白色ＬＥＤがつくられるようになり，省エネで長寿の照明用として普及した。とくに，青色発光ダイオードの発明や実用化の功績により，日本の赤﨑勇・天野浩・中村修二の３氏に2014年のノーベル物理学賞が授与された。

ＡＩ **A**②**(人工知能****A**②**)** [artificial intelligence]　(じんこうちのう)　機械が人間の知性をシミュレートすること。古来より人間自身によって営まれてきた学習，推論，判断，理解，表現，問題解決などの営みが機械によって代行可能となる。1956年に学術研究分野の１つとして確立され，機械学習やロボット工学の技術開発などによって，

2010年代に本格的な実用化を遂げた。AIを適用した既存事例としては，検索エンジン，レコメンダシステム，チャットボット，自動運転車などが挙げられる。一方，人工知能の進化に伴って，多数の既存職業が失われる可能性，人工知能を人間の手で制御不可能となる可能性などが指摘されている。

ChatGPT　2022年11月に米国 OpenAI 社がリリースした人工知能チャットボット。GPT とは，言語モデル Generative Pre-trained Transformer のことであり「生成可能な事前学習済トランスフォーマ」を意味する。チャット形式で人工知能との対話が可能となる。リリースからわずか2ヶ月後の2023年1月には，全世界のユーザ数が1億人を突破した。

アルゴリズム　[algorithm]　問題に対する解の導き方を定式化すること。現代社会では，コンピュータ-プログラムを用いることで膨大かつ綿密な定式化が可能となる。たとえば，検索エンジンにおける検索結果表示順位という問題について，アルゴリズムによって自動的に一定の解を導き出すことができる。また，投資の世界でも，コンピュータ-プログラムを活用することで，ある条件を満たした場合にいかにトレードするかというプロセスをすべて自動的に執行できる。アルゴリズムに基づいてミリ秒単位のトレードを無限に繰り返すことも可能である。

シンギュラリティ　[technological singularity]　テクノロジーの進化が人為的に管理不能な次元に達して，人間世界に修復不可能な変化をもたらすとされる仮説上のポイント。研究者たちの間では，シンギュラリティへの到達時期として2045年前後を挙げる声が多い。シンギュラリティへの到達過程において，最も深刻な影響を受けるのが労働である。このまま IT やAI の社会的浸透が進むと，多くの職業の消滅／価値低下が不可避的となる。たとえば，いわゆる「大卒文系」が担ってきた事務，経理，法務，翻訳，通訳などに関しては，その大部分がテクノロジーによる自動化を余儀なくされ，大量の失業者を出したり，賃金水準の大幅な低下をもたらすものと予想されている。

IoT　**Ｂ**[Internet of Things]　モノのインターネット。すべてのモノをインターネットでつなごうとする試み。スマートフォン経由で遠隔操作ができるエアコンなど，家電や自動車といった身の回りのモノ自体がインターネットに直接つながるようになってきた。

スマートフォン　**Ｂ**②[smartphone]　多機能携帯電話のこと。スマホ。「賢い電話」の意。携帯電話機能にタッチパネル式のパソコン機能を搭載し，アプリとよばれる多様なソフトを用いる。

同 スマホ **Ｃ**

無料通話アプリ　①(むりょうつうわ-)　料金がかからないで通話やメッセージ交換ができるソフトウェア。スマートフォンやタブレット端末に機能を追加する。LINE（ライン）などが代表例。

ビッグ-データ　**Ｂ**②[big data]　単に大量のデータであるだけでなく，さまざまな種類や形式が含まれ，これまでのデータベース管理では分析などが難しいデータ群のこと。たとえば気象情報やクレジットカードの履歴など。これらのデータの利活用には，個人情報の保護が課題となる。

ブロックチェーン　**Ｂ**[blockchain]　ブロックと呼ばれる情報単位が鎖のように連結して構築されるデータベース技術。ブロックチェーン上のデータは暗号化されており，世界中に分散された PtoP ネットワーク上に記録される。中央管理型ネットワークとは異なり，データの改竄(かいざん)が困難であり，運用コストも安価で済む。さらには，分散型ネットワークゆえにリスクの分散につながる利点もある。現在は暗号通貨のために利用されているが，将来的には，サプライチェーン管理，契約管理，著作権管理，公文書管理など，多様な活用シーンが期待されている。

フィンテック　**Ａ**[FinTech]　finance(金融)と technology(技術)を組み合わせた造語であり，伝統的な金融のしくみが IT/AI によって刷新される現象を指す。具体的事例としては，物理的貨幣を使用しないキャッシュレス決済の普遍化，暗号通貨およびブロックチェーン技術を用いた送金システム，人工知能によるローン審査，人工

知能による投資助言，クラウドファンディングによる資金調達，金銭の借り手と貸し手をオンライン上で仲介するソーシャルレンディングなどが挙げられる。既存の銀行業界はフィンテックに多大な影響を受けつつあり，支店削減や従業員入れ替えが今後大幅に進行すると見られている。

インターネット専業銀行 （―せんぎょうぎんこう）
通称は「ネット銀行」。実店舗をほとんど持たず，オンラインバンキングに特化した形態の銀行のこと。日本の金融庁では「新たな形態の銀行」の一種とされている。代表例としては，PayPay銀行，ソニー銀行，楽天銀行，住信SBIネット銀行などが挙げられる。実店舗運営コストがほとんど発生しないため，人件費を抑えて効率的な経営とサービスを展開できる点を最大の利点とする。

第四次産業革命 **C**（だいよじさんぎょうかくめい）　18世紀末以降の水力や蒸気機関による第一次産業革命，20世紀初頭の分業に基づく電力を用いた大量生産である第二次産業革命，1970年代初頭からの電子工学や情報技術を用いた第三次産業革命につづく産業上の技術革新。IoTやビッグ・データ，AIなどが活用される社会で，人の働き方やライフ・スタイルにも大きな影響を与えるとされる。　　　☞p.164（産業革命）

現代経済の諸相

混合経済 **A**②（こんごうけいざい）　資本主義下の自由競争・私有財産制に基づく自由な経済活動を保障しながら，政府の財政計画に基づく活動部門が大きな位置を占める経済のこと。修正資本主義ともいう。公共部門が民間部門とならんで大きな役割を果たしている経済体制である。第一次世界大戦後，さまざまな問題（失業・恐慌・独占など）に直面して，政府が経済に積極的に介入し，経済をコントロールすることにより対処しようとした。ケインズの理論が，その裏づけとなった。介入の方策は，公益事業の国営化，有効需要創出のための公共投資，フィスカル・ポリシーによる所得再分配，景気対策などがある。
　　　　　　　　　　同 修正資本主義 **A**

福祉国家 **A**②（**社会国家** **C**）（ふくしこっか）（しゃ

かいこっか）　夜警国家（自由国家）に対することば。経済政策により，完全雇用，不況・独占の弊害除去，所得の再分配などが確保され，社会保障制度を整備することにより国民生活が保障されている国家のこと。修正資本主義の一形態。第二次世界大戦中のイギリスのベヴァリッジ報告の社会保障の構想のなかで，その完成がめざされた。また，ケインズによる完全雇用政策の主張も契機として見逃せない。現在，高度な福祉国家を実現した北欧諸国が先進的福祉国家の目標とされている。福祉国家では「大きな政府」となりがちであり，財政負担の問題と経済効率との間で衝突が起こる。

大きな政府 **A**④（おお―せいふ）　経済・社会政策を強力におし進め，積極的に経済に介入することによって財政規模が非常に大きくなっている政府のこと。財政赤字や経済の非効率化などの弊害をもたらすことから，1970年代末以降，新保守主義のサッチャーやレーガンらによる「小さな政府」への転換が実践された。

夜警国家 **A**④（やけいこっか）　自由放任主義的な経済観のもとで，国家の役割は社会の秩序を維持することと外敵の侵入を防ぐことに限定すべきであるとする国家観をさす。ドイツの国家社会主義者ラッサールの用語。彼は自由放任経済を「富者・強者が貧者・弱者を搾取する自由である」と批判し，皮肉をこめて命名した。

安価な政府 **C**[cheap government]（あんか―せいふ）　自由主義的経済観のもとで，国家の経済活動に果たす役割を必要最小限にとどめ，国防・治安などの業務のみをおこなうことにより，財政支出・租税負担を最小限にした政府のこと。アダム＝スミスの『諸国民の富』の主要な主張の一つである。小さな政府と同義。

小さな政府 **A**⑥（ちい―せいふ）　市場機構や自由競争などの自由主義的経済政策をおし進めることにより，経済活動に介入せず，財政規模を縮小させようとする政府のこと。安価な政府と発想を同じくする。1970年代末からのサッチャーやレーガンらの就任にともない，新保守主義（新自由主義）としてこの考え方が復活した。第二次世界大戦後の政府の肥大化による財政赤字，経済

活力の衰退への反省から主張されたものであるが，福祉切り捨てとの批判もある。

新自由主義 Ⓐ② （ネオ-リベラリズム）
［neo-liberalism］（しんじゆうしゆぎ）　古典的な自由主義やケインズ政策に基礎をおくのではなく，市場原理（至上）主義と個人の自由・自己責任とに根本的な信頼をおく考え方。フリードマンらを中心としたアメリカのシカゴ学派の影響が強くみられる。イギリスのサッチャー政権やアメリカのレーガン政権・ブッシュ（父子）政権などに影響を与えた。南米などでは，この思想が貧困と格差の拡大につながるとして，反新自由主義の潮流を生んだ。

対 反新自由主義

新保守主義 ［neo-conservatism］（しんほしゆしゆぎ）　ネオ-コンサーヴァティヴ（ネオコン）。孤立主義的な従来の保守主義とは異なり，自国の脅威には単独での軍事行動も是とする立場をとる。政治的には，国家がすべてに優先するという国家主義の立場に近い。アメリカのレーガン政権の時代に台頭し，ブッシュ（父子）大統領の政策に強い影響を与えた。

同 ネオ-コンサーヴァティヴ（ネオコン）

サッチャリズム Ⓒ ［Thatcherism］　1979年にイギリス首相に就任したサッチャーが，経済活性化のために小さな政府をめざしてとった財政引き締め策。財政支出の削減，国有企業の民営化，減税，福祉政策の転換，労働組合の規制強化，政府規制の緩和などの政策を総称していう。その評価をめぐって賛否が分かれる。

レーガノミクス Ⓑ ［Reaganomics］　1981年にアメリカ大統領に就任したレーガンの経済政策。スタグフレーションを解消し，強いアメリカを復活させるために，経済面で小さな政府をつくるべきだとした。具体的には大幅減税，歳出削減，政府規制の緩和，通貨供給量抑制による経済再建計画である。スタグフレーションからは脱却したが，財政赤字と経常収支の赤字（双子の赤字）を生み出した。

類 双子の赤字 Ⓐ

市場原理主義 Ⓒ① （しじようげんりしゆぎ）　市場に備わる自動調節機能や市場経済のメカニズムに過度の信頼をおく経済学の立場。自己

責任と規制緩和などの価値観を強調する一方，政府の市場経済への介入を拒否し，さまざまな社会的共通資本を排撃する。アメリカのフリードマンらの主張をさし，新自由主義と同義で用いられることもある。

社会的市場経済 （しやかいてきしじようけいざい）　労働者の権利や社会的弱者の擁護などを重視しつつ市場経済と両立しようとする立場。つまり市場原理だけに経済を任すのではなく，国家の介入などにより社会的公正と経済的繁栄を実現していくことを目的とする。1948年にドイツの経済学者が提唱し，同国の経済政策として採用されてきた。EU（欧州連合）の新条約（リスボン条約）にも，この理念がうたわれている。

グリーン-ニューディール　世界的な金融危機に直面して，アメリカのオバマ政権が重視する経済政策。1930年代におこなわれた「ニューディール」になぞらえて命名された。ブッシュ（子）政権が後ろ向きだった地球温暖化対策などに積極的に取り組み，景気浮揚や雇用創出などをはかろうとするもの。

トランポノミクス ［Trumponomics］　米国トランプ政権下で実施されていた経済政策の俗称。大型減税と大規模な公共投資を柱とする。かつてのレーガノミクスとの類似性が指摘される。

アベノミクス Ⓒ② 　2012年から2020年まで続いた日本の安倍政権が実施していた経済政策の俗称。大幅な金融緩和と公共事業を中心にした財政拡大，民間投資を引き出す成長戦略という「三本の矢」によって，デフレからの脱却と円高是正をおこなおうとした。円安へと転換し，物価も上昇基調に転じたが，肝心の賃金がそれに追いつかず，景気の回復は十分果たせなかった。2015年には「新・三本の矢」として，希望を生み出す強い経済，夢をつむぐ子育て支援，安心につながる社会保障，を打ち出した。具体的には国内総生産（GDP）600兆円，希望出生率1.88，介護離職ゼロなどが目標。

トリクルダウン ［Trickle-down］　したたり落ちるの意で，アベノミクスの根底にある経済の考え方。大企業や富裕層がもうかれば，その恩恵がいずれ庶民にもいきわた

る，というもの。現実にはそうした政策は格差拡大をもたらすとの指摘があり，経済協力開発機構（ＯＥＣＤ）もこの考え方に懐疑的な見解を示した。

生産性革命（せいさんせいかくめい）　安倍政権時代に掲げられた経済的スローガンの１つ。人工知能（ＡＩ）やＩｏＴ，ロボットなど新しい技術を動員して経済を成長させようという触れ込み。生産性を上げるためと称した「働き方改革」関連法などはその一環とされる。　☞ p.307（働き方改革）

現代貨幣理論　**Ｃ**［Modern Monetary Theory］（げんだいかへいりろん）　MMT と略される。非主流派の経済理論の一種であり，政府が税収額に制約されることなく国債発行によって財政出動することを大幅に許容する。同理論によれば，政府は，自国通貨建て赤字国債を発行しても，自国通貨の発行権を実質的に保持している以上，債務を返済可能であり，インフレーションを適切に管理できれば，健全な国家経済を維持できるとする。

⊜MMT Ｃ

ＧＡＦＡ　**Ｂ**［Google, Amazon, Facebook, and Apple］　アメリカを拠点とする世界的テック企業である Google(Alphabet)，Amazon，Facebook(Meta)，Apple の４社を指すビジネス用語。"GAFA" に Microsoft を加えた "GAFAM" という言葉も存在する。2020年５月，GAFAM の合計時価総額が約5.3兆ドルとなり，５社のみで日本の東証一部上場企業全体の時価総額を上回った。

アップル　**Ｂ**［Apple］　GAFA の一角を占める世界的テック企業。1976年，ウォズニアックやジョブズらが設立。1984年より Macintosh シリーズを世界展開し，個人が家庭でコンピュータを利用する文化を普及させた。1997年より第６代 CEO に就いたジョブズによって，iPod，iMac，iPhone，iPad などの革新的商品を次々と成功させ，2011年には時価総額で世界最大の企業となった。2023年７月時点における時価総額は約2.8兆ドルで，世界１位の地位を維持している。

マイクロソフト　［Microsoft］　世界最大シェアを誇るパソコン用 OS である Win-dows の開発と販売をてがける多国籍テック企業。1975年，ポール＝アレンとビル＝ゲイツによって設立。1995年，Windows95の成功によって，OS として世界標準の地位を獲得。Word，Excel，PowerPoint などで構成される Office も，世界標準のオフィススイートとなった。2023年７月時点における時価総額は約2.4兆ドルで世界２位。

グーグル　**Ｂ**［Google］　GAFA の一角を占める世界的テック企業。1998年設立。アルゴリズムを活用した検索エンジンを開発して，世界標準のウェブ検索サービスとなる。その後，ネット関連サービスの全域におよぶ事業を展開し，爆発的な成長を遂げた。一方，その強大な市場支配力やプライバシー情報収集体制が世界各国で政治的懸念材料とされている。2015年には，複合コングロマリット化を目指して Alphabet 社を設立。Google はその子会社となった。2023年７月時点における Alphabet 社の時価総額は約1.7兆ドルで世界４位。

アマゾン　**Ｂ**［Amazon］　世界最大規模の電子商取引サイト Amazon.com の運営企業。GAFA の一角を占める世界的テック企業。1994年，ジェフ＝ベゾスによって設立。1995年，オンライン書店として事業開始。その後，衣類，飲食品から家電製品まで幅広い商品を取り扱う総合Eコマースサイトへと成長。さらに，Kindle（電子書籍），Prime Video（オンライン映像配信），AWS（クラウドコンピューティングサービス）など，インターネット関連事業を多角的に展開している。2023年７月時点における時価総額は約1.4兆ドルで世界５位。

アリババ　［Alibaba］　中国を拠点とする多国籍テック企業。中国では「阿里巴巴集団」と表記。1999年，元大学講師ジャック＝マーらによって設立。その後，検索サイト，ソフトウェア開発，電子マネーなどに事業範囲を拡大し，中国を代表するネット関連企業に成長した。2023年７月時点における時価総額は約2,400億ドル。

ネットフリックス　［Netflix］　オンライン映像配信を手がける多国籍テック企業。1997年，オンラインDVDレンタル会社

として設立。2007年，自社の中核事業を
ストリーミング配信にシフトし，グローバ
ルな事業展開に成功。2023年 6 月時点に
おけるユーザ数は約2.4億人。時価総額は
約4400億ドル。全世界のネット通信量の
約 1 割は Netflix 視聴によるものと推計さ
れている。

2章 現代経済のしくみ

1 市場

市場機構と価格の役割

市場 **Ａ**⑲ [market]（しじょう）　財やサービスの交換や売買がなされる場。商品の需要者（買い手）と供給者（売り手）が出会い，取り引きすることにより価格が形成される場でもある。この場は，①需要者と供給者が直接取り引きする具体的で特定の場，②不特定の需要者と供給者が取り引きする抽象的な場，の2通りに分けられる。①には，小売市場・卸売市場・見本市などがあり，②には，労働市場・金融市場・外国為替市場などがある。

労働市場 **Ｃ**③（ろうどうしじょう）　☞ p.300（労働市場）

金融市場 **Ａ**②（きんゆうしじょう）　資金の貸し借りや証券の売買をおこなう市場。需要者は主に企業部門であり，供給者は余剰部門としての家計部門である。金融機関や証券会社が取り引きを仲介する。そこで決定される資金融通の価格が金利である。期間により，短期金融市場と長期金融市場に分かれる。

証券市場 **Ｂ**③（しょうけんしじょう）　有価証券（公債・社債・株式）が取り引きされる市場。そこでの価格が，利子・配当・株価である。株式市場と債券市場に分かれる。株式市場は出資をし，配当を受ける株式証券の取り引きの場であり，債券市場は確定した利子を付ける証券の取り引きである。

類 株式市場 **Ｂ**① 債券市場 **Ｃ**

資本市場（しほんしじょう）　金融市場のうち，長期貸付市場と証券市場（株式市場・債券市場）などのこと。前者は金融機関が中心となり，1年をこえる資金の取り引きをおこなう市場であり，後者は証券会社が取り持つ株式・公社債の取引市場である。長期金融市場という場合もある。

外国為替市場 **Ａ**③（がいこくかわせしじょう）　外国為替が取り引きされる市場。中央銀行・外国為替銀行（日本では旧東京銀行）・為替ブローカー（仲買人）・一般取引業者などにより構成される。この取り引きは，電話などでなされるため具体的な場所はない。外国為替の需給により各国通貨の交換比率（為替レート）が決まる。

市場経済 **Ａ**①（しじょうけいざい）　市場を通して経済的資源が配分される経済システムのこと。資本主義経済では，自由な経済活動と自由競争を通じて市場メカニズム（市場機構）がはたらき，経済的資源が最適に配分されたり，経済の整合化がなされている。このような経済体制が市場経済である。ここでの国家の経済的役割は，必要最小限のものに限るべきだとされる。しかし現実には，完全な市場経済の国は，資本主義国においても見いだせず，政府による経済への介入，経済計画による経済の誘導がなされている。市場経済の反対の概念が計画経済である。

市場メカニズム **Ａ**⑧（**市場機構Ｃ**）[market mechanism]（しじょう-）（しじょうきこう）　市場における価格変動により，資源配分がなされるしくみ。価格メカニズムともいう。売り手と買い手がお金さえ払えば自由に取り引きできる市場では，価格機構が働いて需要と供給が等しくなり，資源が最適配分される。価格機構とは，価格の変動により需給が一致する機能をいう（価格の自動調節機能）。市場においては，選択の幅が広ければ広いほど，また売り手と買い手の数が多ければ多いほど，価格機構はうまく作用する。しかし，独占・寡占，公共財の供給，公害など，実際には市場メカニズムが十分に機能しない分野があり（市場の失敗），計画化や規制による市場メカニズムへの介入も必要とされている。

同 価格メカニズム **Ｃ**

完全競争市場 **Ｂ**④（かんぜんきょうそうしじょう）　完全競争の条件が備えられた市場。完全競争とは，①市場に売り手と買い手が多数いて，個々の需要と供給の変更が価格に影響しない，②資本調達が容易，③事業への参入・離脱が自由，④売り手と買い手が市場・情報を熟知している，⑤製品の差別化がない，などの条件が必要。現実にはほとんど存在しない。

不完全競争市場 **Ｃ**（ふかんぜんきょうそうしじょう）

完全競争市場でも独占市場でもない市場。市場における価格決定を左右するほどの力を持つ売り手（あるいは買い手）が存在する市場である。価格決定に影響力をもつ少数の企業が存在する場合や，多数の売り手はいるが製品の差別化によりある程度の独占が可能な場合などがある。

市場占有率 B（**マーケット−シェア B**）[market share]（しじょうせんゆうりつ）　ある企業またはいくつかの企業の製品の販売高・生産高が，その産業の市場全体の販売高・生産高に占める割合のこと。市場での寡占度，生産の集中度のバロメーターとなる。

市場の失敗 A 6[market failure]（しじょうしっぱい）　市場機構による資源の適正配分ができない分野があること，もしくは市場機構による資源配分の限界をさす用語。①独占や寡占による市場の支配，②市場を通さずに，他の経済主体に利益をもたらす外部経済の問題，または公害のように他の経済主体に不利益をもたらす外部不（負）経済の問題，③国防・警察などのサービスや道路・上下水道などの公共財のように，だれもが必要としているのに市場が存在していない問題などをさす。これらについては，政府が資源配分に積極的に介入することが必要である。その他，売買される商品やサービスの品質に関して，売り手と買い手のあいだに大きな情報格差があることで発生する，情報の非対称性（不完全性）もこれに含める（逆選択）。

情報の非対称性 A 7（じょうほう−ひたいしょうせい）　取り引きされる財・サービスの品質などについての情報内容が，各経済主体の間で格差があること。市場の失敗の一種。たとえば労働市場で，労働者の能力は本人にはわかるが，雇用する側にはわからない場合，中古車市場で，事故車などの情報が売り手にはわかるが，買い手にはわからない場合などが例。アメリカの経済学者Ｊ．Ｅ．スティグリッツらの研究に基づく。

政府の失敗 C[government failure]（せいふ−しっぱい）　「市場の失敗」を補うためにおこなわれる政府の経済活動が，費用分担を誤るなど効率性や公正性に反した結果をもたらすこと。「小さな政府」を主張する人たちが強調する考え方でもある。

外部効果 C（がいぶこうか）　ある経済主体の経済行動が，市場を通さず，他に利益または損害をもたらすこと。外部経済と外部不（負）経済を総称したもの。

外部経済 A 2（がいぶけいざい）　他の経済主体の経済活動が，市場における取り引きを通さず直接によい影響を与えること。近隣に養蜂業者がいて，ミツバチが花粉の交配をするために得をする果樹園主の例や，駅の新設によりその周辺地域が発展して恩恵を受ける例などがあげられる。

外部不経済 A 5（**外部負経済 C**）（がいぶふけいざい）（がいぶふけいざい）　他の経済主体の経済活動が，市場における取り引きを通さず直接に悪い影響を与えること。企業が出す公害により社会全体に不利益をもたらす例や，周囲の反対運動にもかかわらずショッピングモールが建設され，自然豊かな里山が失われたという例がその典型。公害の例では，住民に被害を与え，また企業が公害防止費用を節約することにより，政府や地方公共団体が対策費用を負担することになるなどの影響がおこる。この場合，外部不経済によってもたらされる費用を社会的費用として企業に負担させる必要がある。これを社会的費用の内部化という。

類 社会的費用の内部化

価格 A 9（かかく）　財やサービスの価値を貨幣の単位で示したもの。一般には商品の値段を価格というが，広義には賃金・利子率・為替レート・地代なども含まれる。自由主義経済では，価格は商品の価値を示す指標であり，経済はこれを軸に運営されている。

市場価格 C 2（しじょうかかく）　財・サービスが市場において取り引きされる時の価格。需要と供給の関係によって変動する。完全競争のもとでは市場価格は常に均衡に向かう。たとえば市場価格が均衡価格より上昇すると，供給量は増えて供給超過（売れ残り）となって価格は下がり，新たな均衡価格が生まれる。逆に，市場価格が均衡価格より下落すれば，需要量は増えて需要超過（品不足）となり，価格は高騰する。

均衡価格 A 1（きんこうかかく）　完全競争市場において，需要と供給が一致した時に成立する価格。市場の買い手は，価格が高くなれ

ば需要量を減らし，安くなれば需要量を増やす。市場の売り手は，価格が高くなれば供給量を増やし，安くなれば供給量を減らす。このような需給の不均衡が一致した価格が均衡価格である。均衡価格の時の取引量を均衡取引量とよぶ。

価格の自動調節作用 [2]（かかく-じどうちょうせつさよう）　価格機構ともいう。価格が変動することにより，需要と供給が調整され，最終的には均衡していくはたらきをさす。ある商品の需要量が供給量に比べて多いと，価格が上がる。売り手にとっては利潤が増えるから，より多く供給しようと生産を増やす。同時に価格が上がったので買い手は需要量を減らし，需要量が供給量に比べて多いという状態は解消される。逆に，供給量が需要量に比べて多いと価格は下がる。売り手の利潤は減るので，生産を減らす。同時に，価格が下がったので買い手は需要を増やし，供給量が需要量に比べて多いという状態は解消される。このように価格が変化しながら，需要と供給が均衡する状態に価格と数量が決まっていく。需要と供給を均衡させることから，価格には資源を適切に配分するはたらきがあるとされる。

　　　　　　　　　　　[同] 価格機構 [C]

需要 [A][12]［demand］（じゅよう）　市場で，財やサービスを買い手が購入しようとすること。貨幣支出の裏づけのある需要をケインズは有効需要とよんだ。需要は，価格の変化に応じて増減する。所得が変わらずに，ある商品が値上げされれば，ほしいという気持ちに変化はなくても，需要量は減少する。したがって，需要とは社会全体の需要量をさしている。

需要曲線 [A][26]（じゅようきょくせん）　自由競争を前提とした市場において，価格の変化に応じた需要量の増減をグラフ化したもの。縦軸を価格とし，横軸を需要量で示す。この場合，価格の変動以外は考えず，価格変動に対する需要量の変化を考える。需要量は価格が上昇すると減少する。逆に，価格が下降すると需要量は増加する。こうした関係をグラフにすると，右下がりの曲線となる。

需要曲線のシフト [16]（じゅようきょくせん-）　需要曲線が価格以外の要因の変化で移動すること。たとえば価格の変化がなくても所得が増加（減少）すると，需要量は増える（減る）。この現象をグラフ化すれば，需要曲線が右（左）へ移動することにより示される。これが需要曲線のシフトである。

需要の価格弾力性 [5]（じゅよう-かかくだんりょくせい）　価格の変化が，需要量をどれくらい変化させるかを示す指標。価格の変化率で需要の変化率を割ったもの。たとえば，価格が25％下がり，需要量が50％増えた場合，価格弾力性値は2である。1より大であれば弾力的，1より小であれば非弾力的である。生活必需品は非弾力的であり，ぜいたく品は弾力的である。

供給 [A][15]［supply］（きょうきゅう）　売り手（供

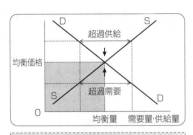

●需給関係による価格の決定
　右下がりのDD線を需要曲線，右上がりのSS線を供給曲線という。二つの曲線の交点で均衡価格が決定される。もし価格が均衡価格より低いなら超過需要が生じ，逆に均衡価格より高いなら超過供給が発生する。それぞれの場合，価格は矢印の方向に調整される。
　いま，所得が増えたり，所得税の減税がおこなわれた場合，①需要曲線は右にシフトして，均衡価格は上昇し，均衡量も増加する。逆にその商品に対する好みが減退したり，消費税が引き上げられた場合，②需要曲線は左にシフトして，均衡価格は下落し，均衡量も減少する。
　一方，生産工程の技術進歩があったり，商品のブームがあった場合，③供給曲線は右にシフトして，均衡価格は下落する。逆に，原材料の値上がりがあると，④供給曲線は左にシフトして，均衡価格は上昇する。

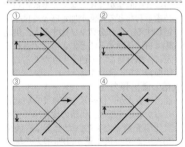

給者)が市場で貨幣と引き換えに商品を提供すること。経済で扱う「供給」とは，供給量であり，「供給する」という行為そのものではない。また，個人や一企業だけではなく，産業全体の供給量をさしている。完全競争の下で，供給量は商品の価格が上がると増加する。高く売れるとなれば，利潤を求めて多くの企業が産業に参入して，より多く生産したり販売したりする。逆に，価格が下がれば，利潤を望めないということで，多くの企業は撤退するため，供給量は減少する。

供給曲線 Ａ25 (きょうきゅうきょくせん)　価格に対する供給量の変化をグラフ化したもの。完全競争市場においては，売り手(生産者)は，価格が上昇すれば販売量(生産量)を増加させ，価格が下落すれば販売量(生産量)を減少させる。この関係をグラフにすると，右上がりの曲線となる。

供給曲線のシフト 15 (きょうきゅうきょくせん-)　供給曲線が価格以外の条件の変化で移動すること。価格が変化しなくても設備投資や技術革新などの要素が加わると，供給量は増加する。これをグラフ化すると，供給曲線は右に移動することによって示される。逆に，原材料などの値上がりがあると，供給曲線は左に移動する。

供給の価格弾力性 (きょうきゅう-かかくだんりょくせい)　価格の変化が，供給量をどれくらい変化させるかを示す指標。価格の変化率で供給の変化率を割ったもの。たとえば，価格が25％上がり，供給量が50％増えた場合，価格弾力性値は2である。1より大であれば弾力的，1より小であれば非弾力的である。土地は限られた資源であり，非弾力的なものの典型例。

需要・供給の法則 (じゅようきょうきゅう-ほうそく)　完全競争市場において，需要量が供給量を上まわれば価格は上がり，供給量が需要量を上まわれば価格は下がるというメカニズム。これは，価格が下がれば需要量は増え，価格が上がれば需要量は減るという需要法則と，価格が下がれば供給量は減り，価格が上がれば供給量は増えるという供給法則とからなる。

超過需要 Ｂ4 **と超過供給** Ｂ4 (ちょうかじゅよう-ちょうかきょうきゅう)　需要・供給の法則で，供給量より需要量が多い場合を超過需要とよび，需要量より供給量が多い場合を超過供給という。超過需要の場合は価格が上昇し，超過供給の場合は価格が下落する。市場経済では，超過需要と超過供給をくり返しながら需要と供給が一致して，均衡価格に到達する。

取引量 1 (とりひきりょう)　市場で取り引きされる財・サービスの量のこと。需要・供給のグラフでは横軸であらわされるが，単に取引量と表示されている場合には，需要量であるか供給量であるか，を分けて考える必要がある。

購買力 Ａ (こうばいりょく)　ある通貨でどのくらいの財やサービスが購入できるかを示す能力。購買力平価という形で用いられる場合が多い。これは一国の物価指数の逆数であらわされる。各国通貨の購買力を比較することにより，その通貨の対外的な実力が認識できるので，外国為替の有力な決定理論の一つに購買力平価説がある。
☞ p.397(購買力平価)

後方屈伸供給曲線 (こうほうくっしんきょうきゅうきょくせん)　労働市場において，縦軸に賃金率(単位時間あたり賃金)，横軸に労働供給量(労働時間)をとると，労働供給曲線が右上がりに上昇したのち，後方に曲がっていく形状を示す。一般に，労働の供給量は賃金率が上昇すれば増大するが，ある時点をこえると労働者はそれ以上の賃金率上昇を望まず，労働時間を減らして余暇を増やしたいと考えるからである。供給の法則の例外とされる。

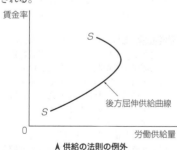

▲ 供給の法則の例外

ギッフェンの逆説 (-ぎゃくせつ)　価格の上昇が需要量の増大をもたらし，価格の下落が需要量の減少をもたらす財があるという説。

イギリスの経済学者ギッフェンが発見した
ため，この名がある。たとえば，消費者の
生活水準が非常に低い場合，食糧への需要
の大部分はパンにあてられるが，所得が増
えるとパンを少なくしてそれ以外の副食を
とろうとする。もし，パンの値段が下がる
と，生活水準の低い人には所得の上昇と同
様の効果をもたらし，パンの価格低落がむ
しろその需要量を減少させることになる。
この関係を図で示すと右上がり（左下が
り）の需要曲線となり，需要の法則の例外
とされる。

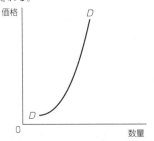

▲ 需要の法則の例外

屈折需要曲線 （くっせつじゅようきょくせん） 主とし
て，寡占市場における需要曲線の形状。こ
の市場では各企業は，競争相手が価格を引
き下げるときはそれに追随し，価格を引き
上げるときは自社は価格をそのまま据え置
いてシェアを高めようとする。このため需
要曲線はある時点を境に，右下方は急な傾
斜，左上方は緩やかな傾斜となり，通常の
需要曲線とはやや異なった形となる。アメ
リカの経済学者Ｐ．スウィージーによって
名づけられた。

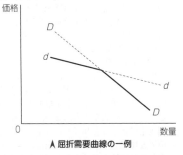

▲ 屈折需要曲線の一例

市場の変化と独占禁止政策

寡占・寡占市場 [10]（かせんかせんしじょう） 市場
において，2者以上の少数の売り手また
は買い手が存在し，市場を支配している状
態。買い手が少数の場合には需要寡占とい
い，売り手が少数の場合には供給寡占とい
う。寡占市場では，他企業の動向を考えな
がら，企業の意思決定をするという相互依
存関係がある。寡占市場では，ブランド・
デザイン・品質などの非価格競争がおこな
われることが多い。1者の市場占有率が
飛びぬけて高い場合を，ガリヴァー型寡占
という。

　　　　　　類 ガリヴァー型寡占

独占 Ａ[4]（どくせん） 市場において，売り手
または買い手が1者しかいない状態。した
がって競争はなく，完全競争市場の対極に
ある。売り手が多数で買い手が1者の場
合を，買い手独占（需要独占），買い手が
多数で売り手が1者の場合を，売り手独
占（供給独占）という。日本では，この意
味での独占は，実際には政府企業の一部を
除けば存在しないため，寡占の意味で使わ
れることが多い。

複占 （ふくせん） 市場において，売り手または
買い手が2者しかいない状態のこと。寡
占の一種である。現実にはほとんどなく，
寡占企業の行動を考える際の理論的モデル
とされる。

独占価格 （どくせんかかく） 市場を独占する企業
が，自己の利潤を最大にするために自ら決
めた価格。市場価格より高くなる。平均利
潤に独占利潤を上乗せしたものとされてい
る。一方，独占価格を参入阻止価格として
とらえる考え方もある。外部からの市場参
入を阻止することができる程度までの高さ
に決定された価格である。

寡占価格 （かせんかかく） 寡占市場で決定され
る価格。寡占企業同士が，市場価格による
のではなく，生産価格に平均利潤を上まわ
る超過利潤を得られるように設定された価
格をさす。

管理価格 Ｂ[4]（かんりかかく） 市場の需給関係
で価格が決まるのではなく，独占・寡占企
業が市場支配力を背景に自ら固定的に設定
する価格。明らかな協定によるカルテル価
格とは異なり，価格先導者（プライス-リー

ダー)が設定した価格に他企業も追随するという形式をとる。①価格の伸縮性が小さい，②不況期でも価格を下げず，生産量により調整するために下方硬直的となる，などの特徴があり，インフレーションやスタグフレーションの原因となる。
　類 プライス-リーダー **A**①

カルテル価格 (-かかく)　同一産業内の独立企業同士が，協定を結んで市場を独占することにより，最大の利潤を獲得できるように企業自らが設けた価格。これによりインフレの発生，資源配分の不効率，技術革新への取り組みの欠如などの弊害がおこる。

プライス-リーダーシップ **C** (価格先導制) [price leadership] (かかくせんどうせい)　寡占市場において，価格先導者とされる企業が，価格決定・価格変更をすると他の企業もそれに追随するという市場慣行のこと。暗黙の共謀・協定であり，あるいはカルテル協定に基づかない相互依存行為である。これにより企業は，価格競争を避けて，価格の不安定性や市場の不確実性を除くことができ，しかも法の網にかからない。ここで設定される価格は，その価格によって最も少ない利潤しかあげられない企業が成り立つ価格であり，しかも産業外から参入できない価格でもある。

価格の下方硬直性 **A**① (かかく-かほうこうちょくせい)　寡占市場で価格が下がりにくい現象をいう。需給の法則によれば，需要量が少なく供給量が多ければ，価格は下がるはずだが，寡占市場では，市場を支配する少数の企業が操業を調整して価格を維持しようとするため(管理価格)，価格は下がらないことが多い。

競争的寡占 (きょうそうてきかせん)　市場が少数の企業によって寡占化されていても，シェア獲得の競争が活発におこなわれ，競争的市場並みの価格に近い状態になること。技術進歩などで市場規模が拡大しているときに発生しやすいとされる。

非価格競争 **A**④ (ひかかくきょうそう)　価格以外の手段でなされる企業間競争のこと。具体的には，ブランド・デザイン・広告宣伝・特許・品質・割賦販売・アフターサービス・流通業者に対する販売条件などがある。非価格競争は，一般に寡占市場でおこなわ

れる。寡占市場での価格引き下げは，他企業も追随するため効果を持たないからである。

製品差別化 (せいひんさべつか)　競合する企業の製品が基本的な機能や性能・品質の面ではとんど同じである場合に，他社との違いを強調するためにおこなわれる行為のこと。そのためにブランド・デザイン・アフターサービス・包装などの価格以外の手段で自社製品の優位を宣伝し広告することになる。

ブランド **C**② [brand]　特定の企業の製品であることがイメージされる記号(ロゴマーク)・形状・名称・デザインなどを総称したもの。

広告・宣伝 **B**③ (こうこくせんでん)　企業等が自社製品を不特定多数の人々に周知して，商業上の利益を図ること。管理価格下での非価格競争の有力な手段である。広告が商品内容の告知であれば，消費者の商品知識に対する啓蒙的役割を促進する。しかし，説得のための売り込みだけになると，過剰広告や広告費激増によるコスト上昇など社会的浪費となる。特に，20世紀以降，消費資本主義が本格化すると，広告は，大衆の欲望や劣等感を刺激して消費行動に走らせる機能を高度化させてきた。21世紀に入ると，インターネット上で収集された個人情報に基づいて，各個人に最適化されたオンライン広告をソーシャルメディアなどに流し込む戦略が生まれている。

モデル-チェンジ [model change]　自動車や家電製品などの商品のデザインや性能を変えること。技術が急速に進歩する時や産業分野においては，モデル-チェンジが激しく起こるが，不必要なモデル-チェンジによって消費者の購買意欲を喚起しようとする場合もある。小規模の変更はマイナー-チェンジという。

ニッチ市場 **C** [niche market] (-しじょう)　特殊な需要を満たすために存在する小規模な市場。日本語では「隙間市場」と呼ばれることが多い。市場が小規模であればあるほど，大企業が参入しないため，中小零細企業にとって有利である。また，大規模市場と比較して，消費者の細かいニーズに合わせた特殊な商品やサービスが生まれやすい。現代において隆盛を極めるオンライ

ンショッピングでは，小規模の需要しかないニッチ市場の商品でも幅広く取り揃えることが容易となり，結果として顧客獲得・売上増大に結びつく（ロングテール）。

依存効果 **B**②(いぞんこうか)　個人の消費行動が，時代の流行，生活環境などの影響を受けること。つまり，消費が生産過程に依存するという意味。大衆消費社会の宣伝・広告の弊害という面を強調するために，アメリカの経済学者ガルブレイスが自著『ゆたかな社会』のなかで用いたことば。

デモンストレーション効果 **B**②(-こうか)　個人の消費行動が，他の平均的な消費水準，生活スタイルの影響を受けること。所得水準が同じであれば，現代社会では見栄や模倣などにより全体が同じような消費行動をする。耐久消費財などの新製品への買い換えにおよぼす効果も含む。この場合は，宣伝・広告の力が見逃せない。

反トラスト法 **C**［Anti-Trust Act］(はん-ほう)　アメリカの独占禁止法制の総称。シャーマン法(1890年)や，それを補完するクレイトン法(1914年)，連邦取引委員会法(1914年)，それらを解釈した判例から成り立っている。

シャーマン法［Sherman Anti-Trust Act］(-ほう)　アメリカの独占禁止法の根幹となる法律。南北戦争後から多くの分野で大企業による独占が形成され，さまざまな濫用行為がおこなわれた。こうした動きに反対する世論を背景に，1890年に成立。全8か条からなり，カルテル・トラストなどを禁止し，その行為者に5万ドル以下の罰金，1年以下の実刑を科す。しかし，独占行為の定義があいまいだったために実効は上がらず，クレイトン法などにより強化がはかられた。

クレイトン法［Clayton Act］(-ほう)　シャーマン法を補うアメリカの独占禁止法の一つ。全26か条からなり，取引制限・企業合併などを禁止している。シャーマン法の細則ともいうべき法律。1914年成立。1947年に制定された日本の独占禁止法のモデルとなった。

独占禁止政策 (どくせんきんしせいさく)　市場機構を維持し，良好な成果をもたらすためにおこなわれる競争維持政策のこと。アメリカ

の独占禁止政策が最も強力で，他の先進資本主義国でも同様におこなわれている。日本では第二次世界大戦後，経済民主化の一環として独占禁止法が制定され，公正取引委員会が設置されている。

独占禁止法 **A**⑬(どくせんきんしほう)　独占・寡占にともなう弊害が国民生活に及ぶことを除くために，1947年に制定された法律。正式名は「私的独占の禁止及び公正取引の確保に関する法律」。市場を独占すること，不当に取り引きを制限すること，不公平な取り引きをすること，などを禁止している。また過度に産業が集中しないよう，そして公正に自由競争がなされるような状態を確保することを目的とする。それによって，一般消費者の利益を守り，資源の適正配分をはかろうとしている。ただし，公正取引委員会が指定する書籍・新聞などは適用除外されている（再販売価格維持制度）。独占禁止法は，1953年の改正で不況カルテル・合理化カルテルが認められるようになり（その後，1999年に廃止された），規制は大幅に緩和された。しかし1977年の改正の際，違法なカルテルへの課徴金制度，独占的企業に対する分割，企業の株式保有規制の強化などが定められ，規制が強められた。また1997年の法改正で持株会社の設立が解禁された。

類 不況カルテル **C**　合理化カルテル **C**

再販売価格維持制度 (さいはんばいかかくいじせいど)　独占禁止法が原則として禁止する再販売価格の指定を例外的に認める制度。再販制と略す。独禁法では，メーカーが販売店に小売価格を指定することを不公正な取引として禁止しているが，書籍・雑誌・新聞・レコード・音楽テープ・同CDの6品目については言論の自由や文化保護の立場から再販価格を認めてきた。自由競争の観点からこれらを廃止する動きもある。

持株会社 **A**(もちかぶがいしゃ)　事業活動を営むことが目的ではなく，他の複数の会社の株式を保有することによって，それらを支配することを目的とする会社。純粋持株会社，ホールディング-カンパニーともいう。1997年の独占禁止法改正で設立が解禁となった。この背景には，不況と外国金融に対抗できる大金融機関を育成しようとする

ねらいがある。そのため，当初は銀行・証券会社が再編に向けて設立した金融持株会社が多かったが，現在ではさまざまな業種で導入がすすんでいる。

　同 **ホールディング-カンパニー** **C**

公正取引委員会 **A**7（こうせいとりひきいいんかい）　略称は「公取委」。独占禁止法の運用を目的に設けられた行政委員会。1947年に総理府外局として設置。他から指揮監督を受けることなく，独立して職務をおこなう。委員長と4人の委員は学識経験者から任命され，合議制をとる。委員任期は5年。独禁法への違反行為の差し止め，排除措置命令，カルテルの破棄勧告など，準司法的権限をもつ。行政的権限や再販価格維持品目を指定する立法的権限などもある。現在は内閣府の外局。

企業の巨大化と市場

規模の利益 **C**2（きぼりえき）　スケール-メリット。規模の経済ともいう。企業が生産規模を拡大して，大量生産をおこない，製品一つあたりの生産費用を低くし，より多くの利益を得られるようにすること。これにより直接，価格を低下させることができ，賃金上昇による価格上昇圧力を緩和することができる。一方，規模の利益を得るためには，技術革新や資本力などが不可欠であり，大企業化による生産の集中を生みだすことになる。

　同 **スケール-メリット** **B**2　**規模の経済** **A**1

集積の利益 **C**6（しゅうせき-りえき）　一定のエリアに関連産業が数多く立地することで，費用の節減などによって得られる正の経済効果。しかし過度な集積は，交通の混雑など社会へのマイナス要因ともなる。

生産の集中 （せいさん-しゅうちゅう）　ある特定の産業分野において，少数の大企業が全生産高に対する生産比率を高めていくこと。これは資本の集中，技術革新，価格支配，株式会社の発展と並行しておこっており，市場の寡占化を進めることになった。

生産集中度 （せいさんしゅうちゅうど）　ある産業において一企業または上位のいくつかの企業の生産高の，全生産高のなかで占める割合・度合を示すバロメーター。寡占化が進むにしたがって，生産集中度は高くなる。

日本では，ビール・板ガラス・タイヤ・パソコン・自動車などの主要品目で，非常に高い生産集中度を示している。

資本の集積 **C**1（しほん-しゅうせき）　個々の企業が，自らの利潤を蓄積して生産規模を拡大していくことをいう。

資本の集中 **C**1（しほん-しゅうちゅう）　いくつかの企業が，競争や信用を手段として合同したり合併したりして，その規模を拡大すること。一般には，大資本が小資本を吸収する過程であり，これによって巨大企業・寡占企業が成立する。集中をとおして，カルテル・トラスト・コンツェルンなどが形成される。

証券取引所 **B**3（しょうけんとりひきじょ）　株式や債券などの有価証券を売買・取引する施設や機関のこと。2023年現在の時価総額で見ると，ニューヨーク証券取引所（米国），NASDAQ（米国），上海証券取引所（中国）が証券取引所の世界トップ3である。日本国内には，東京証券取引所，札幌証券取引所，名古屋証券取引所，福岡証券取引所の4つが存在する。さらに，日本最大手の東京証券取引所の中には，取扱企業の規模等に応じて，プライム市場，スタンダード市場，グロース市場という3つの株式市場が存在する。

　類 **日本取引所グループ（JPX）**

信用取引 （しんようとりひき）　客が証券会社に一定の委託証拠金を納め，証券会社の信用を得て株式などの売買をおこなう方法。客は手持ち資金の多少にかかわらず証券会社の金や株券を借用して，株式の売買をすることができる。

株式 **A**14（かぶしき）　本来は，株式会社の株主の持ち分をあらわす地位をさすが，一般にはその地位を象徴する有価証券をいう。株式会社は，株式の額面額を表示した額面株式，または株式数だけを表示した無額面株式を発行できる。日本では1982年の商法改正で，新設会社の額面金額は1単位あたり5万円以上となった。現在では単位株制度が廃止され，単元株制度が導入された。このもとでは，売買単位である1単元の株式数を自由に決定できる。なお，2009年には改正商法が施行され，株券不発行制度が発足した。これにより，株式

（株券）のペーパーレス化と電子化が実現した。

上場 Ａ（じょうじょう）　企業の株式が証券取引所で公に売買される対象となること。上場するには，取引所による一定の審査が必要となる。会社にとっては，上場することによって，会社の社会的信用性が高まり，資金が調達しやすくなる，などの利点がある。一方，株式が不特定多数によって売買されるため，買収のターゲットにされる，非上場企業より社会的責任は強く問われる，などの側面も出てくる。

ダウ平均株価（へいきんかぶか）　アメリカの証券取引所に上場している主要30社の株価を元に算出される株価指数。1896年よりダウジョーンズ社によって計算開始。現在の算出企業はＳ＆Ｐダウ−ジョーンズ−インデックス社。世界で最も有名かつ影響力のある株価指数である。一方，まだ上場企業数が少なく，計算技術も未発達だった19世紀末〜20世紀初頭の頃の事情から，わずか30社しかサンプル対象としておらず，アメリカ株式市場全体を正確に反映しているとは言い難いという批判もある。

Ｓ＆Ｐ500　ダウ平均株価と並んで世界的影響力を有する株価指数であり，アメリカの証券取引所に上場している主要500社の株価を元に算出するもの。1957年よりスタンダード＆プアーズ社によって計算開始。現在は，ダウ平均株価と同じくＳ＆Ｐダウ−ジョーンズ−インデックス社によって算出されている。ダウ平均株価がシンプルな株価平均型株価指数となっているのに対して，Ｓ＆Ｐ500は，時価総額加重平均型株価指数に分類される。これは対象企業の時価総額を考慮した計算方法であり，小規模な企業の株価変動によって株価指数全体が大きく影響されるのを防ぐ効果がある。

ナスダック〔NASDAQ〕　1971年に全米証券業協会が主導して開設された証券取引所。当時，世界初のコンピュータネットワークによる証券取引システムを導入したことで注目を浴びた。NASDAQ とは National Association of Securities Dealers（全米証券業協会）による Automated Quotations（自動株価表）を示す頭字語である。ナスダック上場企業全体の株価を元に算出

される株価指数をナスダック総合指数といい，ダウ平均株価，Ｓ＆P500と並んで，アメリカの代表的な株価指数となっている。Ｓ＆P500と同じく時価総額加重平均型株価指数の一つである。

日経平均株価 Ｃ（にっけいへいきんかぶか）　東京証券取引所一部上場銘柄のうち，代表的な225銘柄の平均株価をさす。日本経済新聞社が発表。経済の動向を知る指標の一つ。

東証株価指数 Ｃ（とうしょうかぶかしすう）　東京証券取引所一部上場の全銘柄の時価総額を，基準時の1968年1月4日の時価総額と比較して指数化したもの（基準時＝100）。ＴＯＰＩＸ（トピックス）ともよばれ，経済の動向を知る指標となる。

株主 Ａ6（かぶぬし）　株式会社の所有権をあらわす株式のもち主のこと。株主は出資額を限度として責任を負うのみである。株主は個人株主と法人株主に分かれる。日本では，法人株主としての生命保険会社や投資信託などの機関投資家が多量の株式売買をおこなっており，株式市場に相当の影響を与えている。株式会社間の株式の相互もち合いをとおした株主の機関化現象がみられた時期もあった。2022年における所有者別持株比率は，外国法人等25.6％，金融機関25.5％，事業法人等23.0％，個人その他が22.7％などとなっている。

個人株主（こじんかぶぬし）　個人の名義で株式を所有している株主のこと。株価の変動をみて売買し，利益を得ようと株式を購入している者が多い。所有者別持株比率で見ると，戦後の10年間は50-60％台であり，最も主要な株主の形態だった。しかし，その後，機関化現象の中で相対的に減少していき，80年代以降は一貫して20％台となっている。

法人株主（ほうじんかぶぬし）　法人の名義で株式を所有している株主のこと。多くは金融機関・事業法人・公共機関・外国法人などである。特に，証券投資の収益を主な収入源とする生命保険会社・銀行・年金基金・各種組合などを機関投資家という。近年，機関化現象といわれる，法人株主の比率の増大がみられたが，デフレの影響もあり法人比率は頭打ちになった。

類 **機関投資家** Ｂ

株価　**B**②（かぶか）　発行された株式の市場価格のこと。特に，流通市場での価格をさすことが多い。株価は毎日，時間ごとに変化する。その要因は基本的には需要と供給であり，その株式に対する買いが多ければ株価は上昇し，売りが多ければ株価は下落する。

配当　**A**（はいとう）　株主に分配される株式会社の利益のこと。一般的には，年1回決算の期末配当だが，中間配当をするところも多い。もともと株主は，配当による利益を求めることを株式所有の目的としており，配当は株価形成の大きな役割を果たしてきた。業績や政策上の理由で，配当は増減する。

キャピタルゲイン　**B**［capital gains］　株式などの売買から得られる利益のこと。資本利得。逆に売買損をキャピタルロスという。
　　　　　同 資本利得　**対** キャピタルロス

インサイダー取引　**C**（─とりひき）　会社役員などの会社関係者が，公表前の内部情報を利用しておこなう違法な証券取引。一般投資家が不利になるため，金融商品取引法で禁止されている。大手証券会社などで発覚している。

ストック-オプション［stock option］　自社の株を経営者や従業員に一定の価格で購入する権利を与えること。会社への帰属意識を高める効果があるとされ，1997年の商法改正で本格的に導入された。

所有と経営の分離　**A**⑤（しょゆう－けいえいぶんり）　株式会社などで，資本の所有者である株主と経営を担当する経営者とが分離し，同一でないこと。資本と経営の分離，経営者革命ともいう。資本主義の初期においては，資本を所有する資本家が会社の経営権も握っていたが，経営規模の拡大などで，株主という形で多数の投資家を得るようになった。個人株主は，配当や株価の値上がりによる利益獲得が目的で経営参画には関心がないから，大株主が経営権を握ることができた。しかし，規模の拡大と管理機構の肥大化が進むと専門の経営者が必要となり，資本所有者は経営者を雇用することで経営を代行させるようになった。こうして，所有者と経営者の分離が進展した。
　　　　　同 資本と経営の分離 **B**　経営者革命

ディスクロージャー　**A**［disclosure］　情報開示。通常は，株主などに対する企業の財務内容の公開をさすことば。

株主総会　**A**（かぶぬしそうかい）　株式会社の株主によって構成される経営の最高意思決定機関。①会社の合併・解散，②取締役・監査役の選任・解任，③株式配当の決定，④定款の変更，などの権限を持つ。決算期ごとの定時総会と，必要とされる時に開催される臨時総会とがある。決議には，過半数でおこなう普通決議と3分の2以上の賛成が必要な特別決議とがある。株主は株式の保有数に応じた議決権を持つが，総会に出席しない一般株主が増えたため，株主総会の権限は縮小した。1950年の改正商法により，株主総会の権限の多くは取締役会に委譲され，株主総会の形骸化が指摘される。

取締役　**A**（とりしまりやく）　株式会社の必置機関の一つ。株主総会で選任・解任され，会社の業務を執行する。任期は原則2年。従来は3人以上必要だったが，2006年の会社法によって1人でも可となった。その会社とは直接利害関係のない外部の社外取締役を置くこともできる。

社外取締役　**A**（しゃがいとりしまりやく）　自社以外から招いた取締役。学識経験者などがくわわることもある。会社には常駐せず，経営状況や取締役会などに対して外部の目でチェック機能を果たすのがねらい。東京証券取引所によれば，2名以上の独立社外取締役を選任するプライム上場企業の割合は，2022年時点で99.2％。

取締役会　**C**（とりしまりやくかい）　株主から株式会社の経営を委ねられた業務執行機関。株主総会で選任された取締役によって構成されるが，取締役は株主である必要はない。株主総会の権限を除く，すべての経営の意思決定が取締役会でおこなわれる。代表取締役の選任，新株の発行，社債の発行，中間配当の決定，などが主な内容。取締役会を設置しない会社もある。

委員会設置会社　**C**（いいんかいせっちがいしゃ）　会社法で，委員会を置くことを定款に定めた株式会社。2015年の会社法改正により指名委員会等設置会社となった。従来，取締役と監査役を中心に構成されてきたが，監

査役を廃止し，社外取締役を過半とする指名・報酬・監査の3委員会と執行役の設置が認められるようになった。執行役を中心にした迅速な業務の進行と，各委員会による監督機能の強化をめざしたもの。アメリカの企業統治が手本。

顤**指名委員会等設置会社** C

最高経営責任者 C② （ＣＥＯ C②）［chief executive officer］ （さいこうけいえいせきにんしゃ）　アメリカの法人組織における地位名称であり，理事会や取締役会によって選任され，組織経営に関する最高責任者となる人物。日本でも会社経営者がCEOを称することがある。しかし，日本の会社法に根拠づけられたものではなく，あくまで非公式な通称に過ぎない。

最高執行責任者 C （ＣＯＯ C）［Chief Operating Officer］ （さいこうしっこうせきにんしゃ）　ＣＥＯの指揮の下，業務執行の日常的運用(operation)に関する最高責任者となる人物。日本でも会社幹部がＣＯＯを称することがあるが，日本の会社法に根拠づけられたものではなく，あくまで非公式な通称である。

執行役員（ＣＯ A）［Corporate Officer］ （しっこうやくいん）　取締役会が決めた経営方針を執行する権限を委譲された者。法律上の役員が兼務することもあれば，従業員が担うこともある。会社法上の根拠を持たない非公式な名称にすぎず，その役割や権限は，会社によって異なる。単なる従業員が「執行役員」を名乗る場合，法律上の役員と外部から誤解される問題も生じる。

株主権 C （かぶぬしけん）　株式会社に対して持つ株主の権利。株主個人の財産的利益のために認められた自益権と，会社経営に関与する共益権とがある。前者は，配当を受ける権利や増資する際の新株を引き受ける権利，会社が解散する際に残っている財産の分配を受ける権利など。後者は，株主総会で株数相応の議決権，会社経営の違法行為を防止・排除するための監督権，取締役・監査役の解任を求める権利などをいう。

証券会社 C③ （しょうけんがいしゃ）　証券取引法（現在は金融商品取引法）に基づいて，有価証券の売買などを業務とする株式会社。1998年に免許制から登録制へと変わった。

損失補塡 （そんしつほてん）　有価証券（株式・債券など）の売買で生じた損失を，売買後に証券会社が投資家に補うこと。証券取引法では事前の損失補塡は禁止されているが，事後の補塡は禁止されていなかった（現在は禁止）。このため，大蔵省（財務省）は1989年に通達で事後の損失補塡を禁じたが，1991年に多数の証券会社による損失補塡が明らかになった（証券スキャンダル）。これを防止するため，1992年に証券取引等監視委員会が設立された。

顤**証券スキャンダル**

株主代表訴訟 B （かぶぬしだいひょうそしょう）　株主らが，会社に損害を与えた役員の経営責任を追及し，損害賠償を求める訴訟制度。大和銀行ニューヨーク支店の巨額損失事件をめぐる裁判などがある。2006年施行の会社法によって，一定の制限がくわえられた。

法人資本主義 （ほうじんほんしゅぎ）　巨大企業などの法人同士で，他企業の資本を相互に所有しあう企業経営のあり方。特に戦後の日本では，大企業間の株式持ち合いによる安定株主工作が進み，法人企業による持ち株比率がかなり高くなっている。こうした状態では会社の乗っ取り防止にはなるものの，株式の流通量が少ないため，株価の値上がりがおこりやすい。

経営者支配 （けいえいしゃしはい）　所有（資本）と経営の分離により，専門的な経営者が，会社を実質的に支配していることをいう。この場合，所有者としての出資者は，現実には支配の地位を喪失している。現代の企業，特に巨大な株式会社では，専門的な経営者でなければ組織を効率的に運営できず，企業経営の実権が専門の経営者に移っている。

自己資本 A⑦ （じこほん）　株式の発行によって調達される資本および利潤の社内留保金，当期純利益，払込資本金のこと。他人資本に対する用語。総資本に占める自己資本の割合を自己資本比率という。

自己資本比率 B② （じこほんひりつ）　自己資本を総資本（総資産）で割った比率。この比率が高いほど総資本の安全性が高いとされ，企業の安定性を示す指標となる。日本の企業の場合，高度経済成長期に銀行からの借り入れによって設備投資をしたこともあり，自己資本比率は低い。☞p.243（B

ＩＳ規制）

内部資金 C（ないぶしきん） 自己資本のうち企業が利潤を社内に留保・蓄積した内部留保と，土地を除く資産（機械・設備など）の毎年の目減り分を積み立てる減価償却引当金の二つから構成される資金のこと。いずれも金利負担のない資金。

内部留保A3（社内留保）（ないぶりゅうほ）（しゃないりゅうほ） 企業の利益を配当・役員賞与・税金として配分した残りを，会社内部に留保・蓄積したもの。利益剰余金の蓄積を示す。企業自身の自己金融の原資が増え，無利子の資金が増えることにより，不況の時期でも安定した配当などを続けることができるとされる。しかし，景気回復期に賃金上昇がおさえられ，内部留保が積み上がってきたのだから，雇用情勢の悪化に際して，これを失業者の支援などにあてるべきだとする意見もある。国内企業の内部留保は，2021年度で約516兆円。

自己金融（じこきんゆう） 企業の資金調達の方法の一つ。内部金融ともいう。企業が内部留保や減価償却などの自己資金から資金を調達すること。この比率が高いほど，経営は良好となる。

同 **内部金融 C**

他人資本 A3（たにんしほん） 企業が銀行などの金融機関から借り入れたり，社債などを発行して調達する資本のこと。企業会計上は負債として表示され，一般に他人資本の比率が小さいほうが倒産の心配が少ない。高度経済成長期の日本の企業は，銀行からの借り入れによって設備投資をしたため，他人資本の比率が欧米先進国に比べて高い。

外部金融 B（がいぶきんゆう） 株式・社債・借入金などによって資金を企業の外部から調達すること。株式・社債などの発行による調達を直接金融といい，銀行からの借り入れによるものを間接金融という。

借入金 B（かりいれきん） 他人資本の一つ。一定の確定利子をつけて返済しなくてはならない企業の債務。買掛金や支払い手形などの商業信用と，利子を目的とした資本信用の二つの形態がある。

社債 A2（しゃさい） 株式会社が発行する債券。証券市場で公募され，少額の資金を広く集めて巨大化するという点で株式と似た調達機能を持つ。一定の条件のもとで株式に転換できる転換社債，収益のある時だけ利払いをする収益社債，配当もつく参加社債などがある。しかし，他人資本である点，企業の業績とは無関係に確定の利子をつけて返済しなくてはならない点など，株式とは根本的に異なる。

コマーシャル-ペーパー（ＣＰ B）［Commercial Paper］ 企業が運転資金などの短期資金を調達する方法。長期資金を社債で調達するように，ＣＰを機関投資家などに発行して資金を集めることができる。アメリカが起源で，日本でも1987年に解禁された。

大企業 B6（だいきぎょう） 巨額な資金を集めて，多数の労働者を雇用し，大規模な機械・設備を設けることにより大量生産・大量販売をおこなう企業。株式の発行により不特定多数の株主から資金を大量に集めることが可能になり，社債や銀行からの融資などによっても大量の資金を集めることが可能になった。

巨大企業（きょだいきぎょう） 大企業の規模をさらに巨大化させたもの。市場を支配すると同時に国家に対しても大きな影響力を持つ。アメリカの軍産複合体がその典型である。

独占企業（どくせんきぎょう） ある産業・業種部門において市場を独占している企業のこと。法的に独占が認められている公企業は別として，私企業では現実に存在しない。

寡占企業 C2（かせんきぎょう） ある産業・業種部門において市場の多くを支配し，市場価格に影響を及ぼすことができるいくつかの企業のこと。こうした企業は，特定産業で独占的支配をするだけでなく，多様な形態で巨大な金融機関と結合し，その国の経済を支配する。

コングロマリット A3［conglomerate］本業とは異なった産業・業種にまたがって，合併や買収をくり返すことにより，巨大化した企業。複合企業ともいう。アメリカでは，1960年代に次々と誕生した。多くは企業内部の余剰資金を名門・有名企業の買収や乗っ取りに投入して成立した。異業種合併のため，一部門が不振でも好調な他部門によって危険分散がなされるなどの長所をもつ。

同 **複合企業 Ａ**

多国籍企業 Ａ⑧（ＭＮＥ，ＭＮＣ）［multinational enterprise, multinational corporation］(たこくせききぎょう)　本社を母国に置き，多数の国に子会社を持つ世界的な企業。超国籍企業ともいう。1950年代以降，米国の海外直接投資が高まるとともに増大した。技術的独占を有するため，子会社がその技術により海外においても独占的利潤をあげることができる。海外の子会社に経営権を委ねるものと，全体的な意思決定を本社がおこなって，子会社を管理する二つの形態がある。関係国の相互依存と技術移転がなされること，より安く効率のよい企業活動が世界的な視野でおこなわれるため，世界的な資源の適正配分がなされることなどが長所とされるが，租税回避地（タックス-ヘイブン）への利潤移転による脱税，進出先の国の政策との衝突などの問題点も持つ。1980年の国連総会で，多国籍企業を規制する決議が採択された。

同 **超国籍企業（ＴＮＣ）**

国際企業　(こくさいきぎょう)　アメリカの経済学者Ｒ.ヴァーノンらによって用いられた呼称で，世界的規模の大企業のこと。1960年代以降，貿易・資本などの世界的な交流に着目して，自由主義に基づく国際化された生産をおこなう企業活動が称賛された。

世界企業［world enterprise］(せかいきぎょう)　アメリカの経営学者ドラッカーによる呼称。国境をこえて経済活動を営む企業をさす。各国で事業を展開，世界単位で経営戦略をおこなう。国際企業ともいう。

ドラッカー［Peter Ferdinand Drucker, 1909～2005］　オーストリア生まれのアメリカの経営学者。ヒトラー政権から逃れてイギリスに移住。1937年にアメリカへ渡り，企業を社会的制度としてとらえる独自の視点から経営学を研究した。経営コンサルタントとしても知られる。主著に，ゼネラル-モーターズ（ＧＭ）の経営実態を分析した『企業の概念』などがある。

Ｍ＆Ａ　Ａ③［merger and acquisition］　合併と買収によって他企業を支配すること。1980年代に入って，アメリカでは税制改革・独禁法緩和・資金過剰などによりＭ＆Ａが活発化した。会社ころがしにより利益をあげることが目的のものと，事業の再編成・再構築が目的のものとがある。1980年代後半から，日本でもおこなわれるようになった。Ｍ＆Ａの件数は世界的に増加し続けている。2021年におけるＭ＆Ａの規模は，過去最高となる5.8兆ドルに達した。

ＴＯＢ　Ｃ［Takeover bid］　「株式公開買い付け」と訳される。ある企業の株式を大量に取得したい場合に，新聞広告などにより一定の価格で一定の期間に一定の株数を買い取ることを表明し，一挙に株式を取得する方法。1971年に導入。相手の合意を得ずにおこなう敵対的買収の手段ともされる。日本では，ライブドアが2005年にニッポン放送株を買い集めた事例などがよく知られている。

同 **株式公開買い付け**　類 **敵対的買収 Ｃ**

ＭＢＯ（マネジメント-バイアウト）［Management buyout］　経営者・従業員が企業やその事業部門を買収して独立するＭ＆Ａの一形態。経営者が大株主になれば外部からの影響を少なくでき，敵対的買収の防衛策にもなる。

ＩＰＯ Ｂ（新規株式公開）［Initial Public Offering］(しんきかぶしきこうかい)　企業が証券取引所において不特定多数の投資家から資金を得るために自社株式を公開すること。株式上場ともいう。

企業集団　Ｂ(きぎょうしゅうだん)　いくつかの企業が，互いに独立性は保ちながら連携することによって協調的行動をとる企業の集まりのこと。主力銀行や商社を中心に，系列金融，株式の持ち合い，「社長会」とよばれる経営者同士の人的な結びつき，原材料の供給販売などの相互関係が形成されてきた。グループ内の利益を極大化するとともに対外的に膨張・発展しようとして系列化が進められた。日本では近年，これまでの企業集団の枠をこえて，合併・再編などがおこなわれている。

六大企業集団　(ろくだいきぎょうしゅうだん)　戦後日本に形成された六つの企業集団。三井・三菱・住友（以上財閥系），第一勧業・三和・芙蓉(ふよう)（以上銀行系）の六つをさした。

株式の持ち合い　Ｃ③(かぶしき-も-あ-)　会社同士が相互に株式を持ち合うこと。企業の系

列化や企業集団の形成を促進する役割を果たしたが, 1990年代以降は株価の急落などにより銀行を中心に持ち合いを解消する動きが広がった。近年では買収防衛の観点から持ち合いを推進する企業も出てきた。

企業系列 **C** (きぎょうけいれつ) 複数の企業が通常の取引以外に資本などの面で相互に結合した形態。大企業間の結びつきを示す「ヨコの系列化」と, 大企業とその関連中小企業間の結合をあらわす「タテの系列化」がある。

2 貨幣と金融

貨幣の役割

貨幣 **A** **5** (かへい) いわゆる「おかね」のこと。貨幣はもともとは, 商品と商品との交換のなかだちをするもの。古くは石や貝殻などが使われたが, 持ち運びや保存などの必要から, 金属の貨幣や紙幣が広く使われるようになった。なお, 現在使われている貨幣のことを通貨ともいうが, 通貨という意味で「貨幣」を使うこともある。

貨幣制度 (かへいせいど) 貨幣に関する制度・しくみのこと。金を中心にした, かつての金本位制や, 現在の管理通貨制度などがその代表例。どのような通貨制度を採用するかで, その国の経済が左右される。

グレシャムの法則 (ーほうそく) イギリスの財政家グレシャムによりとなえられた法則。一般に「悪貨は良貨を駆逐する」といわれる。材料の異なる2種類の通貨が流通した場合, 良貨は蓄蔵されしだいになくなってしまうということを意味する。

類 「悪貨は良貨を駆逐する」

貨幣の機能 **2** (かへい-きのう) 次の四つの機能がある。①商品などの価値をはかる物差しとしての価値尺度機能。②貨幣が商品と商品との交換の際に使用されるという流通(交換)手段機能。③商品やサービスを購入する際, その代金を支払うために使用さ

▲ 貨幣の機能

れるという支払い手段機能。④貨幣をためることにより, いつでも好きな商品やサービスが得られるという価値の蓄蔵手段機能。

価値尺度 **B** **2** (かちしゃくど) 貨幣のはたらきの一つ。商品やサービスの価値をはかる物差しとして貨幣が使用されること。たとえば, 1個200円のケーキと, 1個400円のケーキを比べた場合, 400円のケーキの方が貨幣の数量が多いので, 価値があると考えられる。金額の多少は必ずしも価値の大小に結びつくとはいえないが, 商品経済の形をとる場合, 貨幣によって価値の大小がはかられる。

流通手段 (りゅうつうしゅだん) 貨幣の持つはたらきの一つ。貨幣は商品やサービスの交換のなかだちをすることができるので, このはたらきを流通(交換)手段とよんでいる。たとえば, ある家電メーカーに勤める人は, 給料としておかねをもらうが, それを使って生活に必要な食料品やその他の商品・サービスを購入できる。もし貨幣がなかったら, その人は給料として「電化製品」をもらい, それを農家に持っていって食料品と交換することになる。商品経済の時代にあっては, 人々は生きて行くのに必要なものを貨幣によって購入するのである。

支払い手段 **C** **4** (しはらーしゅだん) 貨幣の持つはたらきの一つ。決済手段ともいう。商品やサービスなどを購入した時, 代金の支払いとして使われる貨幣の役割。物々交換の時代にあっては, 物と物とを直接交換しなければならなかった。商品経済の時代になり, 貨幣が支払い手段として広く使われるようになった。貨幣はあらゆる商品やサービスに使用でき, 長期の保存がきいて, 持ち運びに便利だからである。

同 決済手段 **C**

価値の蓄蔵手段 **4** (かち-ちくぞうしゅだん) 貨幣の持つはたらきの一つ。貨幣をためておけば, その貨幣でいつでも希望する商品を購入できることから, 貨幣をためることが価値をためる(蓄蔵する)ことにもなる。貨幣の持つこのようなはたらきを価値の蓄蔵手段という。商品のなかには, 腐敗したり変質したりするものがあるが, 貨幣にはそれがない。

通貨 **A** **7** (つうか) 現在使われている貨幣(お

かね）のこと。日本の通貨には，日本銀行券（紙幣）と補助貨幣（コイン）・小切手・商業手形などがある。通貨は，現金通貨と預金通貨とからなる。現金通貨とは，そのままでただちに使用できる通貨であり，預金通貨とは預金の形をとっているものである。現在では，現金通貨より預金通貨の方がその量が多い。通貨は経済活動のいわば血液にたとえられ，経済活動が盛んになれば，それだけ通貨も必要となる。また，通貨はその国の政府が信用を与えたものであり，各国とも常に自国の通貨価値の安定に努めている。

地域通貨 ①（ちいきつうか）　国の法定通貨とは別に，特定の地域やコミュニティで使用可能な通貨。エコ−マネーもこの一種。これらの循環で地域経済を活発にすることが狙い。日本でもさまざまな地域通貨が創設されている。

類 エコ−マネー

暗号資産 A①[Crypto Assets]（あんごうしさん）　物理的な形がなくインターネット上で取り引きされる通貨に似た機能をもつもの。G20などの国際会議や日本の法律上では，暗号理論を用いて運用されることから，暗号資産の呼称で統一。仮想通貨ともいう。日本では「資金決済に関する法律」（2021年施行）において次の性質をもつものと定義される。「①不特定の者に対して，代金の支払い等に使用でき，かつ，法定通貨（日本円や米国ドル等）と相互に交換できる。②電子的に記録され，移転できる。③法定通貨または法定通貨建ての資産（プリペイドカード等）ではない」。代表的な暗号資産には，ビットコインやイーサリアムなどがある。

同 仮想通貨 A

暗号通貨 [cryptocurrency]（あんごうつうか）　暗号理論によって取引記録の保護や通貨供給量の統制が図られている種類のデジタル通貨。通称は「クリプト crypto」。ブロックチェーン等を用いた分散制御型の運用がなされ，中央集権的な統制主体は存在しない。現在は無数の種類の暗号通貨が出現しているほか，国家や企業が独自の暗号通貨を発行しようとする試みが見られる。日本では「仮想通貨」と「暗号通貨」が混同され

がちだが，仮想通貨とは，法定通貨の地位にない種類のデジタル通貨全般を指しており，暗号通貨とは概念的に区別される。

ビットコイン C[Bitcoin]　2009年より実用化され，2023年現在において世界最大の流通規模を誇る暗号通貨。2008年に，Satoshi Nakamoto と名乗る匿名の存在によって開発された。この存在が何であるかは現在も不明であり，個人なのか組織なのかも分かっていない。1ビットコインの価格は，2015年初頭で300ドル弱だったが，2021年には一時6万ドルを突破した。2023年7月末時点においては，約2.9万ドルである。時価総額では約5,700億ドルであり，世界最大の金融サービス企業であるVISA（約5,000億ドル）を上回る。2021年，エルサルバドル共和国は，ビットコインを自国の法定通貨に加えると決定した。「法定通貨としてのビットコイン」に関する世界初の試みである。

中央銀行デジタル通貨 C[CBDC：central bank digital currency]（ちゅうおうぎんこうつうか）　中央銀行が発行する種類のデジタル通貨（CBDC）。ビットコインなどの暗号通貨システムに触発されて，現在，世界各国の中央銀行で検討されている新通貨構想である。2023年現在，日本銀行を含めて114カ国の中央銀行がCBDCの立ち上げを検討している。また，中国人民銀行のデジタル人民元，インド準備銀行のデジタルルピーなど，5つの中央銀行がすでにCBDCを実用化させている。

電子マネー B（でんし−）　紙幣や硬貨のように形がある「おかね」とは異なり，おかねを同じ価値の電子情報に変換したもの。カードや携帯電話などのICチップに，おかねの情報を記録して使う。日本国内の代表例として，前払いプリペイド型のSUICA（JR東日本発行），後払いポストペイ型のiD（NTTドコモ発行）などがある。

通貨制度 A①（つうかせいど）　どのような種類の通貨を，どのくらいの通貨量で発行するのかという通貨のしくみのこと。通貨制度には，金本位制と管理通貨制度がある。金本位制とは，その国の通貨の発行量を金の保有高に応じて増減する制度である。これに対して管理通貨制度とは，通貨の発行量

を中央銀行や財政当局などが調整する制度である。現在は，日本を含む世界各国は管理通貨制度を採用している。

金本位制 Ｂ②（きんほんいせい）　通貨の価値基準を一定量の金との等価関係で示す制度。金を本位通貨とする通貨制度で，保有する金の量に通貨発行高が規制されるため，通貨への信用は高まるが，経済の変動に柔軟に対応できない傾向があった。19世紀初頭，金融の中心だったイギリスが世界で最初に実施し，その後多くの国で金本位制を採用したが，金保有高以上に通貨の発行をせまられた国が多く出現するにいたり，1930年代にはこの制度は崩壊した。

金地金本位制 （きんじがねほんいせい）　金本位制の一種。中央銀行が金貨幣のかわりに金地金に兌換（だかん）する制度。第一次世界大戦後のイギリスがこの制度を採用した。

金為替本位制 （きんかわせほんいせい）　金本位制の一種。通貨当局が金地金本位制の国の通貨を一定の金為替相場で交換する制度。アメリカのドルを中心とした初期のＩＭＦ（国際通貨基金）は，これにあたる。

管理通貨制度 Ａ⑤（かんりつうかせいど）　1930年代以降，金本位制をやめた各国が採用した通貨制度。金本位制のもとでは，各国とも金の保有高に応じて通貨を発行するが，管理通貨制度においては，通貨の発行額は中央銀行・政府によって決定される。このため，各国とも自国の経済事情に応じて，通貨の発行ができる。特に，金保有額が少なく，通貨があまり発行できなかった国にとっては便利な制度であった。管理通貨制度は国内事情を重視した制度であるため，国際的な調整が必要になってくる。また各国とも通貨の増発を招きやすく，このことが先進国に特有なスタグフレーションの原因の一つになったといわれる。

現金通貨 Ａ②（げんきんつうか）　いわゆる「キャッシュ」，そのままで使えるおかねのこと。日本では，貨幣である日本銀行券と補助貨幣であるコインとからなる。近年，キャッシュカードやクレジットカードなどの普及により，現金通貨の果たす役割は以前よりも小さくなった。現金通貨が不足すると円滑な経済活動に支障をきたすが，逆に多くなりすぎるとインフレを招く恐れも

ある。このため，日本銀行や財務省などでは現金通貨の増減に絶えず注目している。

本位貨幣 Ｂ②（ほんいかへい）　その国において，中心となる貨幣のこと。金が本位貨幣であれば金本位制度，銀が本位貨幣であれば銀本位制度という。現在では本位貨幣は存在しない。

補助貨幣 Ｃ（ほじょかへい）　補助的な役割を持つ硬貨（コイン）など。小額の取り引きに利用される。日本では，500円，100円，50円，10円，5円，1円の6種類を独立行政法人造幣局が製造している。現在では単に「貨幣」という。

　　　　　　　　　　　類硬貨Ｃ④（コインＣ）

銀行券 Ｂ（ぎんこうけん）　いわゆる紙幣のこと。現金通貨の中心となるもので，現在の日本では，日本銀行だけが，唯一，銀行券を発行している。なお，1930年代以降は，各国とも金本位制度をやめ，管理通貨制度を採用しており，銀行券の発行高は中央銀行や政府によって決められている。また現在の各国の銀行券は，かつての金本位制度下のような兌換券ではなく，不換紙幣である。

　　　　　　　　　　同日本銀行券Ｂ①

兌換紙幣 Ｂ③（だかんしへい）　金本位制の下にあって，金と交換できる紙幣のこと。兌換紙幣の発行限度は，その国の金保有高に制約されるから，兌換紙幣は金の価値に裏づけられたものといえる。しかし，各国とも金保有高によって兌換紙幣の発行が制限されることになる。

　　　　　　　　　　　同兌換銀行券Ｃ

不換紙幣 Ａ③（ふかんしへい）　兌換紙幣に対して，金との交換ができない紙幣で，管理通貨制度において発行される紙幣。不換紙幣は金の保有高という制約がないだけに，発行量が多くなり過ぎてインフレを招くこともある。不換紙幣は，その国の政府の信用によって強制通用力を持たせたものである。

　　　　　　　　　　　　同不換銀行券

預金通貨 Ａ②（よきんつうか）　預金の形をとっている通貨のこと。預金は，小切手を利用して決済の手段として利用されたり，一定の条件のもとで現金通貨に交換することができるため，現金通貨と同様に扱われることがある。最近では，小切手の普及などにより，預金が現金通貨と同様の役割を果た

すようになった。

小切手 （こぎって）　銀行に当座預金を持っている個人や法人が発行する有価証券のこと。小切手の持参者に，銀行は現金を支払うことになる。小切手を利用すると，現金を扱わずに決済ができ，安全であり便利である。小切手を利用することにより，銀行は預金高をはるかにこえて預金通貨を創造することができる。

手形 （てがた）　支払いを一定期間待ってもらうために発行する有価証券のこと。手形には，約束手形と為替手形がある。約束手形とは，額面の資金を，手形の発行者が一定の期日に，支払うことを約束したもの。為替手形とは，手形の発行者が，持参人に一定の期日に資金を支払うよう委託したもの。一定の期日に支払いをしなかった場合，この手形を不渡り手形という。

要求払い預金 （ようきゅうばらい-よきん）　普通預金や当座預金など，預金者がいつでも引き出せる預金のこと。国民が財布がわりに利用したり，企業が支払いのために利用するものである。

当座預金 **3** （とうざよきん）　企業などが持っている銀行預金の一種で，いつでも自由に引き出せるもの。この点では，普通預金と同じであるが，当座預金では小切手で引き出すところに特徴がある。当座預金は支払いのための預金であり，貯蓄性がないので利子がつかない。当座預金を開設しているのは，銀行と取り引きがあり，しかも信用のある企業などである。

普通預金 **2** （ふつうよきん）　出し入れが自由な銀行預金のこと。預金者にとって，定期預金と比べた場合に利子は低いが，財布がわりに利用できるので便利。最近は，銀行側の省力化などのため，キャッシュカードで出し入れされることが多い。庶民が資金を預けたりする場合の預金として，また決済の手段としても広く利用されている。

譲渡性預金 **（ＣＤ** **）** （じょうとせいよきん）　一般の定期預金は他人に譲渡することができないが，譲渡が許されている定期預金のこと。1979年から運用が開始され，主として企業などが余裕資金を運用する場合に利用される。

外貨預金 （がいかよきん）　ドルやユーロなど外貨でなされている預金のこと。外貨で預金すれば，為替の変動により大きな利益が得られることもある（逆に，損失を受けることもある）。

定期預金 （ていきよきん）　預け入れ期間をあらかじめ定めて，その期間が満了となるまでは払い戻しできない預金。変動金利預金や期日指定定期預金など，多様な種類がある。

　　　　　　　　　　　　　　　同 **定期性預金**

大口定期預金 （おおぐちていきよきん）　金融の自由化の流れのもと，1985年につくられた大企業や資本家を対象とした定期預金。従来，証券市場などに流れていた資金の吸収をねらいとする。自由金利商品であり，当初は最低預金額が10億円であったが，限度額の引き下げで1000万円以上の定期預金を大口定期預金とよぶことが多い。

市場金利変動型預金 （しじょうきんりへんどうがたよきん）　従来の定期性預金は，規制金利商品であったが，金融の自由化の流れのもと，1985年につくられた。しかし，完全な自由金利ではなく，ＣＤ（譲渡性預金）金利に連動する。

休眠預金 （きゅうみんよきん）　長期間，金銭出し入れのない預金口座のこと。銀行預金は，商法では5年間取り引きがないと預金者は権利を失うとされるが，実際には請求があると払い戻されることが多い。払い戻した分を除いても毎年約500億円の休眠預金が発生しており，10年以上放置されているものを民間の公益活動に活用するための法律が2016年に制定された。

資金の循環と金融のしくみ

資金 **2** （しきん）　企業をおこしてモノやサービスを生産したり，金融などの経済活動をおこなうための「おかね」。資本主義社会では，他人から資金を借りて経済活動をおこなう場合が多い。

金融 **7** （きんゆう）　手持ちの資金に余裕がある家計や企業などが，資金を必要とする企業や家計などに貸したり，融通したりすること，また，借りたり，融通したりしてもらうこと。金融の仕事をするのが，銀行などの金融機関である。金融には，直接金融と間接金融とがある。前者は金融機関を

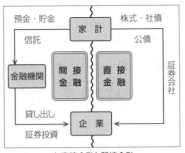

▲ 直接金融と間接金融

とおさないで資金を融通することであり，後者は金融機関を通じた金融のことである。現代では，間接金融の割合が大きいが，直接金融の比重も高まる傾向にある。

直接金融 Ａ5(ちょくせつきんゆう)　資金を必要とする企業や個人が，金融機関などの第三者を介することなく，直接的に資金を調達すること。企業が株式や債券を発行することは，直接金融の代表例である。

間接金融 Ａ6(かんせつきんゆう)　金融機関をとおしておこなわれる資金の融通のこと。銀行などの金融機関は家計や企業から余裕資金を預かり，それを企業や個人に貸し出している。日本では，直接金融に比べて間接金融の割合が大きい。

利子 Ａ2(りし)　資金を融通することに対して支払われる一定の貨幣量のこと。金利ともいう。通常では，融通を受けた資金(元本)に一定割合(この割合を利子率という)の資金(利子)を加えて，返済することになる。

利子率 Ｃ(りしりつ)　資金を融通してもらう場合の，その資金(元本)に対する利子の割合のこと。金融市場の資金に対する需要と供給の関係で変化する。一般に，資金を借りたい人や企業が多い時には利子率が上がり，その逆のケースでは利子率が下がる。

債権 Ａ4(さいけん)　ある特定の人(債権者)が別の特定の人(債務者)に対して，物の引き渡し，金銭の支払いなどの一定の行為(給付)を請求する権利。所有者など物を直接支配する権利である物権に対置される。財産権のなかの主要なものである。

債務 Ａ8(さいむ)　債権に対立する概念。特定の人(債務者)が別の特定の人(債権者)に対して，物の引き渡し，金銭の支払いなどの一定の行為(給付)をなすべき義務をいう。契約や法律などにもとづいて生じる。

債券 Ａ4(さいけん)　国・地方公共団体・法人などが，資本市場を通じて大量の必要資金を多くの提供者(投資家)から調達するために発行する有価証券。国が発行した国債，地方公共団体が発行した地方債，企業が発行した社債などがある。資金提供者は自由に換金できる。

金融機関 Ａ7(きんゆうきかん)　金融活動をおこなう機関。日本では銀行・証券会社・保険会社などのほかに，ゆうちょ銀行や労働金庫・ＪＡ(農業協同組合)なども金融機関に含まれる。銀行には，普通銀行(都市銀行・地方銀行)と信託銀行があり，ほかに日本政策金融公庫などの政府系金融機関がある。地域に密着した信用金庫や信用組合などの中小金融機関もある。

銀行 Ａ7(ぎんこう)　金融機関の中心となるもの。日本では日本銀行が中央銀行にあたり，それ以外の銀行を市中銀行という。一般に銀行という場合は，市中銀行をさすことが多い。また，銀行は普通銀行と，その一種である信託銀行とに大別される。普通銀行とは「銀行法」で規定された銀行で，大都市を活動の本拠とする都市銀行と，地方都市を本拠地とする地方銀行とに分かれる。信託銀行とは，国民から長期の資金を預かり運用する銀行のこと。銀行の本来の利益は，預金者から集めた資金を企業などに貸し出し，企業などからもらう利子と預金者に支払う利子との差額。

中央銀行 Ａ4(ちゅうおうぎんこう)　一国の金融の中心機関で，通貨の発行，通貨の流通量の調節，景気の安定など経済活動全般にわたるはたらきを持つ銀行のこと。日本では日本銀行，アメリカではＦＲＳ(連邦準備制度)，イギリスではイングランド銀行，中国では中国人民銀行がそれにあたる。通貨を発行する立場上，通貨に対する国民の信頼を獲得するとともに，物価の安定をはかることが，中央銀行の大きな役割である。なお，これらの活動は中央銀行がその国の政府，特に財政当局と調整をはかっておこなう。

連邦準備制度Ｂ(ＦＲＳ)〔Federal Reserve System〕（れんぽうじゅんびせいど）　アメリカの中央銀行制度の総称。1913年の連邦準備法に基づき創設された。全国に設立された12の連邦準備銀行を，ワシントンの連邦準備制度理事会（ＦＲＢ）が統括するシステムになっている。

連邦準備制度理事会B（ＦＲＢB）
〔Federal Reserve Board〕（れんぽうじゅんびせいどりじかい）　アメリカの中央銀行制度の最高意思決定機関。7人の理事からなり，現在の議長（中央銀行総裁に相当）はジェローム＝パウエル。理事は大統領の任命と上院の承認が必要で，任期は14年。アメリカでは中央銀行が存在しないため，ニューヨーク連銀など12の連邦準備銀行が事実上の中央銀行業務をおこなっているが，ＦＲＢのことを中央銀行とよぶことも多い。

政府系金融機関 C（せいふけいきんゆうきかん）　政府が全部または一部を出資している金融機関のこと。日本ではかつては2銀行・9公庫があったが，近年の行政改革のなかで整理・統合がおこなわれ，現在は，日本政策金融公庫，国際協力銀行，沖縄振興開発金融公庫，日本政策投資銀行，商工組合中央金庫の5つが存在している。

日本銀行 A19（にほんぎんこう）　日本の金融の中心となる中央銀行。松方正義の提議により，ベルギーの制度を模して1882年に設立された。銀行券の発行，政府の銀行，市中銀行との取り引きなどを業務とする。日本銀行は，資本金1億円（うち55%が政府出資）の認可法人であり，日本銀行政策委員会の決定に基づき，金融政策の中心として活動している。日本銀行のおこなう金融政策は，公開市場操作（オープン-マーケット-オペレーション）をメインとする。従来は公定歩合操作・預金準備率操作も金融政策の重要な手段であったが，現在ではおこなわれていない。また日銀は，通貨価値の安定と日本経済の発展をはかっている。近年，国際化の時代にあって，為替の安定も重要な仕事になっている。2023年現在の総裁は，元東大教授の植田和男。

日本銀行政策委員会（にほんぎんこうせいさくいいんかい）　日本銀行の最高意思決定機関。総裁，副総裁2名，審議委員6名の計9名で構成される。金融政策決定会合は月1〜2

回開かれ，政策金利である短期金利（無担保コールレート翌日物）の誘導目標などを決める。会合の議事録などは公開される。かつては政府代表委員がこれに加わっていたが，政府からの独立性を確保するため現在では廃止。ただし，財務大臣等は必要に応じて出席できる。

　　　　　類 金融政策決定会合 C2

政策金利 B3（せいさくきんり）　中央銀行が金融政策判断に基づいて決定する金利。日本では，公定歩合を政策金利としてきたが，現在では借りた資金を翌日に返す無担保コールレート翌日物（オーバーナイト物）がそれにあたる。2013年4月の日銀の金融政策決定会合で，金融政策の指標を金利から資金供給量に変更，日銀が供給するお金の量であるマネタリーベースを2年で2倍にするとした。

マイナス金利 A5（-きんり）　中央銀行が政策金利を0%より低くすること。通常，金融機関に預金すると利子を得られるが，マイナス金利だと預ける側が利子（手数料）を払う。日本銀行は2016年，日本の金融史上で初のマイナス金利政策を導入した。市中銀行が日銀にお金を預ける際に適用されるが，一般の預金者が銀行に預けるお金にマイナス金利が適用されるわけではない。

日銀短観 C1（にちぎんたんかん）　景気の実態を把握するため，日本銀行が四半期ごとにおこなうアンケート調査。正式には「全国企業短期経済観測調査」という。約1万社が対象。景気動向を占う重要な経済指標とされる。

日銀券発行残高（にちぎんけんはっこうざんだか）　日本銀行券は古くなると，廃棄処分にされる。一方，新しい日本銀行券も発行されている。これらを総合したものが，日銀券発行残高であり，日本銀行が資金量の調整をするための指標となる。

マネタリーベース C2〔monetary base〕民間の保有する現金と，民間の金融機関が日銀に預けている当座預金の合計。日銀が供給する通貨の総量で，信用創造の基礎となる。ハイパワードマネー，ベースマネーともいう。日銀が公表した2023年7月のマネタリーベースは約651兆円。

マネーストック A9〔money stock〕　国

内の個人や法人などが持っている通貨（貨幣）を合計したもの。実体経済を流通しているお金の規模を示す。かつての名称は，マネーサプライ（通貨供給量）。マネーストック統計では，現金通貨と預金通貨を合計したものをＭ１（エムワン）といい，それに準通貨（定期預金など）やＣＤ（譲渡性預金）をくわえたものをＭ３（エムスリー）とよんでいる（ゆうちょ銀行も含む）。通貨量は，好況時には増加し，不況時には減少する。一般に，通貨量が多すぎると，インフレの危険性があるので，日本銀行はマネーストックの動きに絶えず注意しながら金融政策を実施している。

同 マネーサプライ**Ｃ**（通貨供給量**Ｃ**）
類 Ｍ１**Ｃ**　Ｍ３**Ｂ**

流動性の罠　(りゅうどうせい-わな)　金融緩和をしても金利が下がらず，金融政策が有効性を失うこと。超低金利政策が実施されたにもかかわらず，企業の投資需要が伸びなかったため，1990年代末に日本はこの現象に陥ったと指摘された。ケインズ経済学で提唱された考え方で，流動性トラップともいう。

マーシャルのk　貨幣量を名目国民所得で割った数値。イギリスの経済学者マーシャルに由来する。この場合の貨幣量とは，現金と預金通貨に定期性預金などをくわえたもので，その国の貨幣量が適切かどうかを判断する指標とされる。

発券銀行　**Ａ**①(はっけんぎんこう)　銀行券を発行する銀行のこと。1882年の日本銀行創設以後は，日本銀行のみが銀行券を発行している。日本銀行の役割のなかでは発券銀行としての業務が最も基本的なものといえる。日本銀行が発行する銀行券（印刷は国立印刷局）には強制通用力があり，日本銀行は発行について同額の保証をすることになっている。従来，銀行券の発行限度は大蔵大臣（当時）が閣議を経て定めていたが，1997年の日本銀行法改正でこの規定が廃止された。

銀行の銀行　**Ａ**　(ぎんこう-ぎんこう)　日本銀行は，一般の国民や企業との取り引きはせず，市中銀行などの金融機関とのみ取り引きをしている。日本銀行のこのはたらきを「銀行の銀行」とよぶ。日本銀行は市中金融機関に資金を融資したり（この時の利子率が基準割引率および基準貸付利率），預金準備として市中金融機関の預金の一定割合（この割合が預金準備率）を預かったりしている。

政府の銀行　**Ａ**③(せいふ-ぎんこう)　日本銀行は，国庫金を出し入れしたり，国債を売買したりする。政府の銀行とは，このような日本銀行の持つ機能をあらわした言葉。政府の主な収入は国税で，これらは国庫に入るが，日本銀行はそれを保管・運用する役割をもち，国庫金の支出もすべておこなっている。政府が特別の事業を実施するにあたり，資金が不足している時には，国債を発行して広く民間から資金を集めるが，国債の売買や払い出しなどの業務もおこなっている。

「最後の貸し手」機能　③(さいご-か-てきのう)　日本銀行の持つ役割を示した言葉。日銀は物価の安定と信用秩序の維持を二大目的とし，発券銀行，銀行の銀行，政府の銀行という三大機能を備えている。これに加えて，金融機関が経営危機におちいったり破綻したりしたときに，預金者の預金引き出しに応じるため緊急の融資をおこなうなど，金融システムの安定を維持する役割をさす。イギリスの経済学者Ｗ.バジョットの著書『ロンバード街』に由来するといわれる。

国庫金　**Ｃ**③(こっきん)　国家が保有している資金のこと。国家の主な収入源は国税であるが，雑収入や繰越金などのすべてを含む。国庫金は政府の銀行である日本銀行が保管し，出納を扱っている。

日本政策投資銀行　(にほんせいさくとうしぎんこう)　日本開発銀行（復興金融金庫の後身）と北海道東北開発公庫とが統合し，1999年に発足した政府系金融機関。設備投資などの長期資金の供給をおこなう。2008年に株式会社化されたが，政府が株式を100％保有している。公共的観点からの投融資が期待される金融機関であり，新型コロナウイルス問題においては，2021年４月までに累計約2.2兆円の「危機対応融資」を実施している。

市中銀行　④(しちゅうぎんこう)　日本銀行以外の銀行のこと。都市銀行と地方銀行がある。集めた資金を企業などに融資している。財務省や日本銀行の指導を受ける。一般にな

じみのある銀行であり，日本の金融機関の中心的存在。

都市銀行 **C**（としぎんこう）　大都市に主な営業網を持つ普通銀行のこと。旧財閥系の銀行が多く，預金量も地方銀行をはるかにしのぐ，日本を代表する大銀行（メガバンク）である。それぞれ系列の大企業などとの金融取り引きが多い。都市銀行は日本の企業集団の中核となってきた。また，金融の自由化にともない，外国銀行に対抗する必要から，都市銀行同士の合併・再編もおこなわれた。三菱ＵＦＪ銀行・みずほ銀行・三井住友銀行などがある。

地方銀行 **C**（ちほうぎんこう）　地方に主な営業網を持つ市中銀行のこと。それぞれ都道府県単位で支店網があり，その地方の経済に密着している銀行である。上位の地方銀行には都市銀行にせまるものもある。横浜銀行・福岡銀行などがある。

第二地方銀行 **C**（だいにちほうぎんこう）　かつて相互銀行とよばれていた。主に中小企業むけに資金を供給していた銀行。1982年以降，普通銀行に改組された。

信用 **A**①（しんよう）　相手を信じて経済活動をおこなうこと。信用には商業信用と銀行信用との二つがある。売り手は代金の獲得を期待して，たとえば，買い手から手形を発行してもらう（商業信用）。なお，売り手は期限前に銀行で，手形を換金することができる（銀行信用）。

銀行信用　（ぎんこうしんよう）　銀行は，資金を必要とする企業などに貸し付ける。その際，銀行は貸し付けの企業などに対して返済を期待するわけで，いわば銀行は信用を与えることになる。現在では，一般に貸し付けの時には銀行は担保をとる。なお，銀行は預金量をこえて積極的に信用を与えることもできる。これを銀行の信用創造という。

商業信用　（しょうぎょうしんよう）　売り手が買い手に与える信用のこと。ある商品を売る場合，買い手に現金がない際に，後日の支払いを期待して売り手は買い手に商品を渡す。つまり，売り手は信用を買い手に与える。買い手は，期日を決めて支払いを約束する（約束手形など）。このような商業における信用関係を商業信用という。

預金 **A**⑧（よきん）　銀行や信用金庫などに預

けておくお金。ゆうちょ銀行（旧郵便局）などでは貯金という。預金には，出し入れ自由な普通預金，一定期間は出し入れをおこなわない定期預金，一定期間に一定額を積み立てていく積立預金などがある。預金は，企業などに貸し出され，経済活動の拡大に大きな役割を果たす。日本の高度経済成長の背景には，国民の高い貯蓄率があった。

信用創造 **A**⑥（しんようそうぞう）　銀行がその社会的信用を背景に，預金量をはるかにこえる資金を貸し出すこと。銀行は集めた預金（本源的預金）のなかから支払い準備金を残し，それを上まわる資金を，現金を動かすことなしに企業などに貸し出す。それは多くの場合，企業間の取り引きには現金が使われず，銀行は貸し付けをおこなう企業の当座預金に入金し，その企業は取引先の決済には小切手などを利用するからである。この信用創造によって，銀行は預金量以上の貸し出し能力を持つことになる。借りたい需要はあるのに，金融機関からの資金供給がほそる現象を信用収縮という。

対信用収縮 **C**

	預　金	支払い準備金	貸　付
A銀行	100万円	10万円	90万円
B銀行	90	9	81
C銀行	81	8.1	72.9
D銀行	72.9	7.29	65.61
⋮	⋮	⋮	⋮
合　計	1,000万円	100万円	900万円

最初のA銀行に100万円の銀行預金があり，支払い準備率が10％の場合，A銀行は支払い準備率10％に見合う10万円をのぞいた90万円までを貸し付けることができる。それがB銀行に預金される。こうした操作が続くと預金は増えつづけ，

$$最初の預金額 \times \frac{1}{支払い準備率} 倍$$

すなわち，預金総額は最初の預金額の10倍にまで達し，900万円が信用創造されたことになる。

▲ 信用創造の例

預貸率　（よたいりつ）　銀行は資金を集めて，それを融資しているが，その両者の関係を示したものが預貸率である。つまり，預金総量に対する貸出総量の比率で，預貸率が高くなるとオーバーローンになる。

オーバーローン　〔overloan〕　銀行が自行

で保有する預金額以上に貸し出しや投資を
おこなうこと。経済活動が盛んな時，ゆき
すぎた融資がなされるとオーバーローンに
なる。オーバーローンになると，銀行は日
本銀行から資金を借り，不足を補うことに
なる。一般に，オーバーローンは銀行経営
の不健全化を示す。

ノンバンク **B**[2][non-bank]　資金貸し付
けを業務とする金融業の通称。銀行は預金
受け入れと資金貸し付けの両方をおこなう
が，ノンバンクは資金貸し付け業務のみを
行う。代表的ノンバンクには，信販・消費
者金融・サラ金・リースなどがある。

ＮＰＯバンク　市民が自発的に出資した資
金により，環境・福祉・生活困窮者支援な
どの社会的な事業活動をおこなうＮＰＯ（民
間の非営利団体）や個人に融資することを
目的として設立された非営利金融。低利で
の融資などサラ金とは本質的に異なるが，
法的には同じ貸金業法の規制を受ける。

シャドーバンキング **A**（影の銀行）(かげ-ぎ
んこう)　中国において金融当局による規制
が及ばない銀行。必ずしも違法ではないが，
取引のしくみや業務内容がはっきりしない
ため，「影の」という形容詞をつけてよば
れる。みずから預金を集めず，銀行からお
金を借りて金融業務をおこなうノンバンク
とは異なる。

格付機関(かくづけきかん)　債務者あるいは債務
者の発行する債券等の経済的信用性を評価
する機関。世界的な格付機関として，ムー
ディーズ，スタンダード＆プアーズ，
フィッチ-レーティングスが有名。主な評
価対象としては，国家，地方自治体，企業，
非営利団体など。評価スコアは，評価対象
者の発行する債券等の金利に影響を与える。
概して，評価スコアが低いほど，金利が高
くなる。一方，2007〜08年の世界金融危
機では，大手格付機関によって最高の評価
スコアとなっていた有価証券が瞬時に無価
値となるなど，その評価能力が疑問視され
ることもある。また，2010年の欧州ソブ
リン-ショックでは，大手格付機関による
格下げという行為そのものが危機のさらな
る悪化を招いたとして批判されている。
☞ p.403（ソブリン-ショック）

現代の金融政策

金融政策 **A**[14]（きんゆうせいさく）　物価の安定や
信用秩序の維持などの政策目標を達成する
ために，中央銀行が銀行券を発行し，通貨
や金融の調節などをおこなうこと。日本で
は，主として日本銀行が金融政策を担当し
ている。具体的には，公開市場操作・公定
歩合操作・預金準備率操作があるとされて
きた。公開市場操作とは，日本銀行が手持
ちの有価証券を売買することにより，資金
量を調整することをいう。日本銀行が市中
金融機関に貸し出す時の利率を公定歩合と
いうが，これを上下することにより，国内
での資金量を増減することを公定歩合操作
といった。預金準備率操作は，日本銀行が
市中金融機関に対して，強制的に預金させ
るその割合（預金準備率）を上下すること
により，国内での資金量を増減させること。
現在では，日本銀行の金融政策というと，
一般的には公開市場操作をさす。

金融引き締め政策 **A**[6]（きんゆうひきしめせいさく）
景気が過熱して，インフレーションの恐れ
が出てきた時などに，日本銀行が市場の資
金量を減らすこと。日本銀行が手持ちの有
価証券を売ったりする。かつては，公定歩
合や預金準備率を上げ，資金量を減少させ
たりした。金融引き締めが長く続くと，住
宅建築が落ち込んだり，国民の購買力が落
ち込んだり，企業が倒産したりする。

金融緩和政策 **B**[16]（きんゆうかんわせいさく）　景気
が落ち込んだ場合，日本銀行が市場の資金
量を増やすために，買いオペレーションを
おこなう政策。かつては，公定歩合や預金
準備率を引き下げたりした。不況時には金
融緩和政策がとられるが，この期間が必要
以上に長くなると，物価の上昇などを招き
やすくなるので，通貨価値の安定化の面で
日本銀行の判断が大切となる。2006年，
量的緩和政策が解除された。

公開市場操作 **A**[8]（オープン-マーケッ
ト-オペレーション **C**[2]）[open mar-
ket operation]（こうかいしじょうそうさ）　市中
の資金量を調節するために，日本銀行が手持
ちの国債などの有価証券を売買する政策。
日本銀行が有価証券を売ることを売りオペ
レーション（売りオペ），有価証券を買う
ことを買いオペレーション（買いオペ）と

いう。たとえば，日本銀行が10億円の国債を売ると，10億円分の通貨が日銀にもどってくることになり，国内の通貨量を減少させることになる。景気が過熱ぎみで，物価の上昇などが懸念される時におこなう。逆に，日本銀行が10億円の国債を買うと，10億円分の通貨が日銀から出ていくことになり，それだけ市中の資金量は増大する。現在，日本銀行が最も重要視している金融政策である。

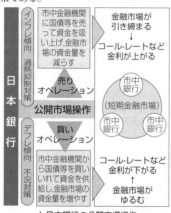

▲ 日本銀行の公開市場操作

資金吸収オペレーション Ｂ④(しきんきゅうしゅう-)　売りオペレーションのこと。日本銀行が国債などの有価証券を売ること。売りオペ。景気過熱に対してブレーキをかけ，通貨価値の安定と経済活動の健全な発展をはかるためにおこなわれる。
　　　　　　　　　[同]売りオペレーション Ｂ②

資金供給オペレーション Ｂ②(しきんきょうきゅう-)　買いオペレーションのこと。日本銀行が国債などの有価証券を買うこと。買いオペ。景気が停滞し不況の心配がある時に，市中の資金量を増加させるためにおこなう。
　　　　　　　　　[同]買いオペレーション Ｂ②

コール Ａ[call]　金融機関同士が，1日あるいは数日という短期間の資金を融通しあうこと。コール資金を借り手から見た時がコールマネー，貸し手から見た時がコールローン。現在，「無担保コール翌日物」の金利が，日銀の金融政策の誘導対象となっている。

公定歩合操作 Ｃ(こうていぶあいそうさ)　日本銀行が市中金融機関に資金を貸し出す時の利子（公定歩合）を上下することにより，国内の資金量を調整する，かつての政策のこと。経済活動が停滞した時には，日本銀行は公定歩合を引き下げる。すると，市中金融機関も貸し出し金利を引き下げ，民間企業などは資金が借りやすくなる。資金量が増えることにより，経済活動は活発化する。景気が過熱した時には，日本銀行は公定歩合を引き上げる。かつては金融政策の中心だったが，現在では公定歩合に政策の意味はなく，この言葉自体を日銀は用いていない。

金利 Ａ③(きんり)　資金を貸し出したことに対して一定の割合で支払われる資金（利子）。また，利子の割合のこと。経済活動にとって資金は不可欠であるが，金融機関をとおして資金を借りたり，調達することにより経済活動が成立している。その結果生まれる利益の一部を資金の提供者に還元するが，還元される資金の提供資金に対する割合が金利である。
　　　　　　　　　[類]預金金利①

公定歩合 Ａ(こうていぶあい)　中央銀行の金利のこと。日本の場合，日本銀行政策委員会によって，公定歩合が定められた。日本銀行が公定歩合を引き上げると，民間金融機関もそれにならって貸し出し金利を引き上げた。一般に，金利が上昇すると企業にとって資金コストが増大することになり，経済活動にブレーキとなって作用した。現在，日本銀行では公定歩合という用語のかわりに「基準割引率および基準貸付利率」を使っている。これは，公定歩合に政策的意味がなくなったことによる変更である。
　　　　　　　　　[類]基準割引率および基準貸付利率 Ｃ②

市中金利 (しちゅうきんり)　民間金融機関の貸し出し金利のこと。従来，日本銀行が設定する公定歩合に準じて決められてきた。個人や企業にとって身近な金利であり，直接的に経済活動に影響を与える。

高金利政策 Ｃ(こうきんりせいさく)　金利を高めに設定する政策。一般に，インフレーションの恐れがあるとか，経済活動に必要以上の拡大があった時に，実施される。

低金利政策 Ｃ(ていきんりせいさく)　金利を低めに設定する政策。企業倒産が多くなると

いった景気停滞時に採用される。低金利によって資金量を増大し，経済活動を刺激することがねらい。日本銀行は2006年，ゼロ金利政策を解除したが，2010年から再び，事実上のゼロ金利政策がおこなわれている。

預金準備率操作 **Ⓑ③**（よきんじゅんびりつそうさ）　日本銀行が市中金融機関に対して，預金の一定割合（預金準備率）を強制的に預金させる制度。支払い準備率操作ともいう。準備預金制度は預金の支払いのためのもので，利子はつかない。この準備率を引き上げると，市中金融機関はそれだけ日本銀行に預金しなければならず，貸し出せる資金量が減る。一般に景気が過熱した時には準備率を引き上げ，景気を刺激したい時には引き下げる。1991年におこなわれて以来，預金準備率は変更されておらず，金融政策としては用いられていない。

　　　　　　　　　同支払い準備率操作

支払い準備金（しはらーじゅんびきん）　市中金融機関が，預金者への払い戻しに備えて手元に残す資金のこと。支払い準備金は一部を現金で手元に残し，残りを日本銀行に預金する。景気がよい時は支払い準備金は多くなる傾向があり，逆に景気が悪い時には，少なくなる傾向がある。

準備預金 **Ⓒ**（じゅんびよきん）　日本銀行が市中金融機関に対して，預金などの支払いのために日本銀行に強制的にさせる預金。「準備預金制度に関する法律」に基づく。準備預金に対しては利子はつかない。一般に，景気がよい時は日本銀行は準備預金の率を高くし，市中の資金量の減少をはかる。景気が悪い時には準備預金の率を低くする。

　　　　類支払い準備率②　預金準備率**Ⓑ①**

窓口規制（窓口指導）（まどぐちきせい）（まどぐちしどう）　日本銀行が市中金融機関に対して，その貸出量の調整を行政指導すること。一般に金融引き締めの時に，市中金融機関に対して貸し出しの抑制を指導してきた。1991年に廃止された。

非伝統的金融政策 **Ⓒ①**（ひでんとうてききんゆうせいさく）　1990年代末以降，中央銀行（日本銀行）がおこなっている従来（公開市場操作など）とは異なる金融政策の総称。コマーシャルペーパー（ＣＰ）の発行など。とくに，2008年の世界金融危機に対応するた

めとされた。日本では，2016年からマイナス金利政策も実施されている。

護送船団方式 **Ⓑ**（ごそうせんだんほうしき）　弱小金融機関を含め，金融機関全体の存続と利益を守ることを主眼として，大蔵省（財務省）がおこなってきた金融行政のこと。戦時中，物資輸送のために編成された護送船団の航行速度を，最も船足のおそい船に合わせたことからこの名称がある。

金融の自由化 **Ⓑ②**（きんゆうーじゆうか）　金利を自由化したり金融機関の営業分野を拡大したりすること。日本では金利の規制や金融機関の営業分野を固定してきた。しかし，国際化が進展するなかで，外国からの市場開放要求や，国債乱発への対抗策として銀行内部からの要求を背景に，金融機関の営業分野の垣根を取りはらったり，金利を自由化する動きが進んだ。金利の自由化とは，金融機関が自由に預金金利を決めることで，預金者は金利の高低を参考に預金先を選ぶことになるため，高い金利や預金者サービスの拡大が要求される。金融機関にとっては，資金を集めるコストがかかるようになり，競争力の弱い金融機関が淘汰される現象があらわれている。

マネー–ロンダリング［money laun］　資金洗浄。犯罪などの不正な手段で得た，いわゆるヤミ資金を，銀行などに預金することによって資金の出所をわからなくすること。汚い資金を洗うことによって，資金をきれいにするという意味。

インフレ–ターゲッティングⒷ（インフレ目標政策Ⓒ）［inflation targeting］（ーもくひょうせいさく）　一般的には，インフレを抑制するために物価上昇率の数値目標を定めて金融政策を実施すること。一方，日本では，1990年代末から，デフレ–スパイラルから脱却するインフレ誘導策として主張されてきた。2012年末から始まった安倍政権は，デフレ脱却策の1つとして消費者物価の前年比上昇率を2％とする目標を定めたものの，実現には至らなかった。一方，岸田政権下の2022年には，新型コロナ問題やウクライナ情勢などによるエネルギー高騰や原材料不足などに起因して，2％を大幅に超えるインフレ率を記録した。

量的・質的金融緩和 **A**（りょうてきしつてききんゆうかんわ）　日銀が安倍政権下で進めてきた新たな金融政策。いわゆるアベノミクスの第一の矢にあたる。量的とはマネタリーベースを大幅に増やすこと，質的とは日銀が金融機関などから買い入れる国債の種類を大幅に広げること。異次元緩和ともよばれる。

経済の金融化 **C**（けいざい-きんゆうか）　経済活動全体のなかで，金融市場や金融機関の重要性あるいは影響力が異常に高まる現象をいう。新自由主義的金融理論の広がりで，こうした事態が顕著になった。

私たちの生活と金融

消費者信用（しょうひしゃしんよう）　販売信用と消費者金融とを合わせたもの。販売信用とは，消費者が商品やサービスを購入する際に，その支払いを一定期間，猶予するもの。ローンやクレジットなどがその代表例。これらは現金がなくてもほしいものを購入することができるので，高額の商品を購入する場合に便利である。消費者金融とは，消費者に対して必要な現金を貸すこと。質屋やサラ金などの貸金業がこれにあたる。

消費者金融 **C** ③（しょうひしゃきんゆう）　資金を必要とする消費者に対して，一定の利子をとって資金を貸し出すこと。消費者が収入をこえて商品やサービスを購入する時に不足する資金を借りる（業者の立場では貸す）行為が消費者金融であり，質屋やサラ金（サラリーマン金融）などがその例である。消費者金融は，消費者が将来予定される収入をあらかじめ取り崩して使うものである。しかし，予定収入が入らなかったり，予定収入をこえて支出した場合など，返済が破綻することになる。近年，違法な高利で貸し出しをおこない，消費者を多重債務や自己破産に追い込むヤミ金融などが社会問題化している。

圝ヤミ金融 C

多重債務 **A** ①（たじゅうさいむ）　サラ金などに複数の借入先があり，借入金の額が個人の返済能力を上回り，返済そのものが不能となった状態。自己破産などを申し立てるケースが多い。

グレーゾーン金利 **C** ②（-きんり）　出資法の上限金利29.2％と利息制限法の上限金利15～20％との間の金利のこと。利息制限法の上限金利より高い金利は違法だが，貸金業者への罰則がないために事実上は29.2％が上限とされ，多重債務問題の一因となってきた。2006年に最高裁がこの金利を無効とする判決を出したこともあり，その後，貸金業規制法などが改正され，出資法の利息限度も20％に引き下げられた。当時は，法改正に伴って，過払い利息の返還請求が急増し，経営破綻する貸金業者も相次いだ。

圝貸金業法 B ②

住宅金融（じゅうたくきんゆう）　一戸建て住宅やマンションなどを新築・増改築したり購入したりする時に，資金を借りること。一般に住宅は高額なものであり，手持ち資金だけでは資金が十分でないことが多いので，金融機関などから必要な資金を借りることになる。独立行政法人である住宅金融支援機構のほか，市中金融機関や勤務先などの住宅金融もある。

クレジット **B**〔credit〕　信用や割賦（かっぷ）販売をさす。現在では，クレジットカードの意味で使われることが多い。クレジットカードは，カード会社や金融機関などが，希望する消費者の資産や年収などをもとに信用を与え，発行する。この利用により，消費者は手持ちの現金なしに商品やサービスを購入できる。カードの持ち主は，一定の期日後に利用額を一括や月割などで返済する。

圝クレジットカード

カード破産（-はさん）　おもにクレジットカードの使いすぎ（またその返済のために複数の債務を負う多重債務）により，返済不能に陥ること。

自己破産 **A** ①（じこはさん）　主に債務者自身が地方裁判所に申し立てる破産のこと。裁判所で破産宣告がなされ，免責決定を受けると，生活必需品以外の財産は返済にあてられ，その上で残った借金などの債務は免除される。一方，自己破産者本人名義の不動産は手放さなくてはならない。自家用車も状況によって処分対象となる。クレジットカードも利用できなくなり，裁判所の許可がなければ居住地を変更できなくなる。自己破産者数は2003年の約24万件をピークに減少し続けており，2013年以降は6万

件台から7万件台のあいだで推移している。

ローン Ⓐ ② [loan] 借金のこと。消費者が必要な資金を借りたり，あるいは割賦販売を利用することをいう。代表的なものに住宅ローンや自動車ローンなどがある。消費者は，一度に多額の資金を支出しなくとも高額な商品やサービスを購入できる。一方，販売する企業にとっても販路の拡大ができる。ローンはあくまでも借金であるので，利用者は利用額に手数料や利子を加えて返済する必要がある。

キャッシュレス社会 Ⓒ (-しゃかい) 物理的な貨幣を使わずとも決済が日常的に可能となっている社会。クレジットカードや電子マネーが主たる決済手段となる。2022年における日本のキャッシュレス決済比率は36.0%。国際比較すると，米国55.8%，英国63.8%，仏国47.8%，韓国93.6%，中国83.0%などとなっており（2020年時点の数値），日本社会の現金依存体質が問題視されている。

プリペイドカード [prepaid card] 料金を前払いしたカード。ＰＣと略される。ＮＴＴのテレフォンカードがその代表例だった。ＪＲのSuicaカード，図書カード，コンビニエンス-ストアのカードなど各種のカードが流通している。利用者は現金を持ち歩く必要がなく，発行者側では，資金を事前に獲得でき，それを他に運用できるというプラス面がある。

ホーム-バンキング [home banking] 家庭と銀行との間をオンラインで結ぶことにより，預金者が銀行の窓口に直接行かなくても預金の出し入れや，残高照会などをおこなうことができること。

銀行カードローン (ぎんこう-) 銀行が発行したカードを使ったローン。銀行やコンビニのＡＴＭ（現金自動預け払い機）から無担保で借りられる。サラ金なみの高金利の場合もあるが，貸金業法の規制は受けない。日本弁護士連合会（日弁連）などが規制強化を求めている。

③ 財政と租税

財政のしくみ

財政 Ⓐ ⑯ (ざいせい) 国や地方公共団体など公共部門の経済活動をさすことば。民間部門の自由な経済活動が市場によって調整され，資源が適正に配分されるというのが資本主義経済の原則であるが，それには根本的な欠陥（市場の失敗）が存在するため，公共部門の経済活動，つまり財政が一定の役割を果たす必要がある。それを主に管轄するのが財務省である。財政の機能としては，公共財の供給，所得の再分配，経済の安定化策などがある。19世紀までは，財政の機能を国防・警察など最低限のものに限定することが望ましいとされたため，一国経済に占める財政の規模は小さかった。しかし，今日では政府にはより多くの経済的役割を果たすことが期待されているため，財政規模が拡大している。

財政民主主義 Ⓑ ① (ざいせいみんしゅしゅぎ) 国家や地方自治体の財政活動には，議会の同意が必要であるという思想。日本国憲法第83条「国の財政を処理する権限は，国会の議決に基いて，これを行使しなければならない」は財政民主主義の思想を反映している。

財政収入 (ざいせいしゅうにゅう) 政府がさまざまな活動をおこなっていくために必要となる財源，収入のこと。租税・官業収入・手数料・公債などから構成されるが，租税収入の割合が最も大きい。

財政支出 Ⓒ ⑤ (ざいせいししゅつ) 政府が活動をおこなうために支払われる経費のこと。国民の財政に対する要求が多様化し，国民経済のなかに占める財政支出の割合が高くなっているのが，現代国家の特徴である。

均衡財政 (きんこうざいせい) 租税収入を主とした経常収入と，短期的に消費される財・サービスの購入へ支出される経常支出が均衡する状態にある財政のこと。これに対し，経常支出が収入を超過している状態を，赤字財政とよぶ。均衡財政では，経常収入の限度内に支出の規模をおさめることになる。古典的な財政原則では，均衡財政が望ましいとされた。

財政制度 (ざいせいせいど)　租税や予算・決算・会計など政府の収入・支出に関する諸制度。日本の財政制度の基本的原則は，日本国憲法第7章の「財政」に規定されている。この規定を受けて財政法や会計法などが，財政制度の細部を規定している。民主主義国家の財政では，次の三つの財政制度を設ける必要があるとされる。その第一は，租税や公債など国民の負担となるものは，議会の承認がなければ実行できないこと。第二には，議会における予算の審議・議決は，民主的な予算制度に基づかなければならないこと。第三には，決算についても，民主的な決算制度によって議会の承認を得なければならないこと。憲法の規定では，毎年会計検査院が検査し，その報告とともに内閣は国会に提出しなければならない。

財政法 **B**①(ざいせいほう)　予算など，財政の基本に関して規定した法律。日本国憲法に基づいて1947年に制定された。財政民主主義の原則を具体的に規定している。財政法第4条は国債の発行を原則的に禁止しており，建設国債は，同条の但し書きで認められている。また，第5条は日銀の直接引き受けによる国債発行を禁止している。

会計法 (かいけいほう)　1947年に制定された，国の収入・支出に関する手続き，会計に関する行政機構，契約に関する手続きなどを定めた法律。

予算 **A**⑪(よさん)　一定期間(日本では4月1日～翌年3月31日)の財政収入・財政支出の予定的見積もりを数字であらわしたも
の。予算の種類に，一般会計・特別会計・政府関係機関予算などがある。従来，単年度ごとに編成されてきたが，イギリスなどのように複数年度で構成する案も出されている。　☞ p.97 (予算)

歳入 **A**⑪(さいにゅう)　一会計年度における財政上の一切の収入。日本の一般会計歳入は，租税および印紙収入・官業益金および官業収入・政府資産整理収入・雑収入・公債金・前年度剰余金受け入れの6項目から構成されている。近年の歳入内訳では，租税および印紙収入の割合が最も大きく，ついで公債金収入が大きくなっている。従来，財務(大蔵)大臣が歳入・歳出の予算案などを編成してきたが，2002年度から一時期を除き，内閣府の経済財政諮問会議の手に移った。

歳出 **A**⑫(さいしゅつ)　一会計年度における財政上の一切の支出。一般会計歳出を主要経費別に分類すると，近年では社会保障関係費の割合が最も高く，続いて国債費・地方交付税交付金等・公共事業関係費・文教及び科学振興費・防衛関係費の順。なお歳出分類としては，国家機関費・地方財政費などのように目的別に分類する方法や，厚生労働省・文部科学省などのように所管別に分類する方法もある。

補正予算 **B**④(ほせいよさん)　当初予算を修正するために編成される予算。予算は，年度の開始前に議会の審議・議決をへて成立するのが原則である。しかし，予算の成立後，社会情勢の著しい変化によって予算の過不

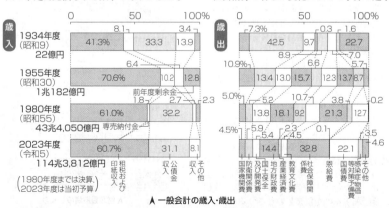

▲ 一般会計の歳入・歳出

足が生じたり，予算内容の変更が必要になる場合がある。通常，秋以降に1回以上の補正予算編成がおこなわれることが多い。

決算 **C**①(けっさん) 一会計年度の終了後に，歳出・歳入の実績を確定した数値で表示したもの。各省庁の決算報告書に基づいて財務省が作成し，会計検査院による検査・確認をへた後，内閣から国会へ提出されなければならない。

国の財政 (くに－ざいせい) 政府のおこなう経済活動のうち，中央政府の経済活動をさす。政府の諸活動は，財政的な裏づけがあってはじめて実施され，国の財政の動向をみれば，国家の性格を知ることができる。たとえば，1934〜1936年の日本政府の最大歳出項目は軍事費であり，一般会計全体の45％程度を占めていた。これは，当時の軍国主義的体質を端的に示している。また，1965年には国土保全費の割合が大きく，当時の政府が経済成長を第一の目標とする国家運営をしていたことを示している。

一般会計 **A**⑫(いっぱんかいけい) 政府の通常の活動にともなう歳入・歳出を経理する会計。このほかに，特別会計と政府関係機関予算などがある。一般会計の歳入は，租税など6項目から構成されている。租税収入の割合が圧倒的に大きかったが，石油危機の後には租税収入の不足を補うために大量の国債が発行され，公債金に依存する割合（公債依存度）が大きくなった。一般会計の歳出は，国債費・社会保障関係費・地方交付税交付金等・公共事業関係費などに分類できる。国債の償還や利払いのための国債費の割合が大きいことが，他の歳出項目を圧迫していると指摘されている。

一般歳出 (いっぱんさいしゅつ) 国の一般会計歳出のうち，国債費と地方交付税交付金等の義務的な経費を除いたもの。政策的な経費にあたる。2011年度予算からこの区分（概念）が用いられなくなり，地方交付税交付金等と合わせて「基礎的財政収支対象経費」とよばれるようになった。

　　　　　　　　　類基礎的財政収支対象経費

特別会計 **A**⑤(とくべつかいけい) 国がある特定の事業をおこなう場合などに設けられる会計。国の会計は一種ですべての歳入・歳出を経理するのが望ましいとされる（単一予算主義）。しかし，現代の財政は規模が大きく，内容も複雑になっているので，特別会計が設置されるようになった。現在はその規模の抑制と統廃合がおこなわれ，「特別会計に関する法律」に基づき13あるが，最終的には11に縮減される。2022年度予算における特別会計の歳出総額は約467.3兆円，重複分を除いた純計額は約218.5兆円である。

財政投融資 **A**⑥(ざいせいとうゆうし) 国の制度や信用によって集められた資金を財源としておこなわれる投資や融資。その資金は，郵便貯金・厚生年金・国民年金などの積立金からなる資金運用部資金を中心にまかなわれてきた。これらの資金が，公団や政府系金融機関などを通じて，住宅・福祉・道路・中小企業・農林水産業など，民間資金の供給が不十分になりがちな分野に，低利・長期の有利な条件で投融資されてきた。資金の運用については，政府が財政投融資計画を作成し，国会の承認を得て決定される。財政投融資の規模は，一般会計に比してかなりの額に達し，「第二の予算」ともよばれる。現在，郵便貯金などの資金運用部への預託制度が廃止され，また政府関係機関が財投機関債を発行して市場から資金を調達するのが原則となった。

類財政投融資計画 **B** **同**第二の予算 **C**

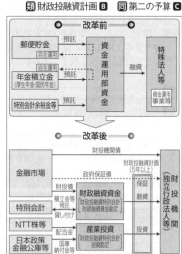

▲ 財政投融資のしくみ

財投債 [B][2]（ざいとうさい）　財政投融資特別会計国債の略で，財政投融資の資金を調達するために発行される政府保証のついた債券。2007年度までは，経過措置として郵便貯金などの直接引き受けがあったが，現在では全額市中発行となった。2021年度では，約10.1兆円を発行している。

財投機関債 [B][2]（ざいとうきかんさい）　財政投融資の資金を調達するために，財投機関が個別に発行する政府保証のない債券。2021年度では，18機関が合計約3.2兆円を発行している。

資金運用部資金（しきんうんようぶしきん）　大蔵省（財務省）資金運用部に委託された資金のこと。資金運用部資金法によって，郵便貯金や厚生年金・国民年金の積立金などは，大蔵省の資金運用部に預託しなければならないとされてきた。2001年度から廃止。

政府関係機関予算 [B][2]（せいふかんけいきかんよさん）　国民生活金融公庫・中小企業金融公庫・国際協力銀行など，政府の全額出資によって設立・維持されてきた政府系金融機関の予算のこと。なお，政府関係機関は統廃合の結果，現在は沖縄振興開発金融公庫・日本政策金融公庫・国際協力銀行・国際協力機構有償資金協力部門の4機関になった。

防衛関係費 [C][5]（ぼうえいかんけいひ）　一般会計の歳出項目の一つ。防衛省や安全保障会議などの経費に関する一般会計歳出をさす。1976年の「防衛計画の大綱」でGNP1％枠が設けられたが，1987年から総額明示方式に転換した。また，2022年より，政府方針として，今後5年間をかけて，防衛費を対GDP比2％までに増大させることになった。この背景として，NATOが加盟国に対して防衛費を対GDP比2％以上にするよう要請するなど，対GDP2％が防衛費の国際標準となりつつある点が大きい。

社会保障関係費 [C][6]（しゃかいほしょうかんけいひ）　一般会計の歳出項目の一つ。生活保護・社会福祉・年金医療介護保険給付・保健衛生・雇用労災などからなる。予算額全体の4分の1強，基礎的財政収支対象経費の約4割を占めている。戦後，福祉国家を目標に増額されてきたが，近年では伸び率が鈍化している。

公共事業関係費 [C][4]（こうきょうじぎょうかんけいひ）　一般会計の歳出項目の一つで，主要経費別に分類したもの。道路整備・治山治水・住宅市街地・下水道・環境衛生などの支出からなる。景気対策などに効果を発揮してきた面もあるが，近年では数多くの無駄な事業が指摘されてきた。2011年の東日本大震災を契機に政府の国土強靱化政策のもと，復活の傾向にある。目的別で分類した場合の，国土保全及び開発費と近似。

[類]**国土保全及び開発費**

租税の役割

租税 [A][20]（**税金** [A][8]）（そぜい）（ぜいきん）　政府が，歳入調達を目的として，強制的に，何ら特別の対価なしに，他の経済主体から徴収する貨幣のこと。租税の主目的は，国や地方公共団体が独自の活動をおこなうための経済的基礎の確保という点に求められる。また，租税は権力を背景として強制的に徴収され，その支払いは必ずしも提供されるサービスの便益とは一致しない。ただし，租税は所得の再分配や経済安定の手段としても利用され，目的税のように特定サービスの対価としての性格を持つものもある。

アダム＝スミスの租税原則（そぜいげんそく）　望ましい租税のあり方について，イギリスの経済学者アダム＝スミスが『諸国民の富』のなかで示した原則。公正・明確・便宜・徴税費最少の四つをさす。

ワグナーの租税原則（そぜいげんそく）　ドイツの経済学者アドルフ＝ワグナーが示した9項目の租税原則のこと。望ましい租税制度の原則として，ワグナーは国家社会主義の立場から，①十分な収入，②収入弾力性，③税源選択，④税目選択，⑤負担普遍，⑥負担公平，⑦明確，⑧便宜，⑨徴税費最小，の九つの条件を示した。

租税負担率 [3]（そぜいふたんりつ）　国民所得に対する国税と地方税を合わせた租税収入の割合。日本の租税負担率は28.1％（2023年度見通し）。他の先進諸国と比較すれば，日本の租税負担率は低いが，急速な人口の高齢化にともない，福祉などの面で財政需要が増大し，租税負担率が上昇している。

国民負担率 [C][9]（こくみんふたんりつ）　租税負担率に社会保障負担率を加えたもの。日本の

国民負担率は46.8％（2023年度見通し）。国際比較的に見ると，米国32.3％，英国46.0％，仏国69.9％，独国54.0％などとなっている（いずれも2020年実績）。また，国民負担率に財政赤字分を加味したものを「潜在的な国民負担率」といい，日本は53.9％である（2023年度見通し）。

類 潜在的な国民負担率

租税法律主義 A③（そぜいほうりつしゅぎ）　税の創設，税率の変更などは，すべて法律の裏づけが必要であるという原則。法の支配の考え方から生まれた制度である。古くはイギリスのマグナ=カルタ（1215年）や権利章典（1689年），フランスの人権宣言（1789年）などにも取り入れられ，近代憲法の重要な構成要素となっている。日本国憲法では，第84条などに租税法律主義を規定している。

垂直的公平 A⑥（すいちょくてきこうへい）　課税の公平性について論ずる際，所得水準など経済状態のちがいに応じて税負担を求めること。所得税などの累進税率は，この考え方に基づく。

水平的公平 A（すいへいてきこうへい）　課税の公平性について論ずる際，同じ経済状態の人に同等の負担を求めること。消費税はこれにあたるとされるが，現実には逆進性も持つ。

国税 A⑦（こくぜい）　租税のうち，納税先が国である税のこと。租税収入全体の6割弱が国税収入である。直接税では所得税・法人税・相続税など，間接税では消費税・酒税・たばこ税・揮発油税・関税などである。このうち，所得税・法人税・消費税・酒税で，国税収入の約8割を占める。

地方税 B⑦（ちほうぜい）　☞p.123（地方税）

		直接税	間接税
国税		所得税 法人税 相続税 贈与税 地価税(停止中)	消費税 酒税 たばこ税 揮発油税 関税
地方税	(都)道府県税	道府県民税 (都民税) 事業税 自動車税(種別割)	道府県たばこ税 (都たばこ税) 地方消費税 ゴルフ場利用税
	市(区)町村税	市町村民税 (特別区民税) 固定資産税	市町村たばこ税 (特別区たばこ税)

▲おもな租税の種類

直間比率 B②（ちょっかんひりつ）　税収に占める直接税と間接税の割合。日本の直間比率（国税＋地方税）は，1960年時点で61:39だったが，その後，直接税の比率が増して，1990年には79:21となった。しかし，消費税の導入・増税によって間接税の割合が高まっていき，2020年時点では65:35となっている。国際比較的に見ると，米国77:23，英国58:42，仏国55:45，独国55:45である（いずれも2020年時点）。

直接税 A⑥（ちょくせつぜい）　税法上の納税義務者と税を負担する者（担税者）が同一である租税のこと。国税では，所得税・法人税・相続税などが，地方税では，住民税・固定資産税・事業税などがある。国税・地方税とも税収全体に占める直接税の割合が大きい。直接税では所得税のように，累進税率の適用が可能であり，所得の再分配に効果がある。しかし，多額の徴税費用がかかるという欠点がある。そのために，直間比率の見直しなどが進められた。

所得税 A⑮（しょとくぜい）　個人の1年間の所得金額に対して課せられる国税。個人が給与・配当・事業などから得た所得額から，医療費・社会保険料など各種の控除額を差し引いた額が課税対象になる。納税には，納税者自身が書類を作成して税務署に納める確定申告による方法と，個人の給与から使用者が税金を天引きする源泉徴収による方法とがある。2020年から納税者全員に適用される「基礎控除」の額が，現行の38万円から原則48万円に引き上げられた。

類 確定申告　源泉徴収 B

法人税 A⑤（ほうじんぜい）　株式会社や協同組合など法人の各事業年度の所得にかかる国税のこと。ただし，学校法人や宗教法人は，収益事業を除いて納税義務が免除されている。また，納税義務は国内の日本法人だけでなく，外国法人にもある。国税としては所得税・消費税に次いで額が多い。法人税法に基づいて課税され，基本税率は23.2％である。

相続税 A③（そうぞくぜい）　死亡した人から相続した財産にかかる国税。相続によって取得した財産の総額から，故人の借金や葬儀費用，基礎控除額を差し引いた額が，課税対象となる。配偶者や未成年者に対する特

例措置もある。適用される相続税率は，10
～55％の累進課税となっている。資産所
有の格差を是正する役割がある。2015年
から課税される相続財産が引き下げられた
ため，納税者が大幅に増えた。

贈与税 **B**（ぞうよぜい）　個人からの贈与により
取得した個人に対して，その取得した財産
に課される国税。一般に個人に対してかか
り，法人の場合は所得税の対象となる。生
前の贈与により，相続税を免れるのを防ぐ
ねらいもある。

住民税 **1**（じゅうみんぜい）　その地域に住む個
人・法人を課税の対象としている道府県民
税と市町村民税をいう。東京都の場合は，
都が都民税を，23区が特別区民税を課し
ている。住民税の税率は一律10％である。

固定資産税 **B5**（こていしさんぜい）　固定資産を
課税の対象として，その所有者に課せられ
る地方税のこと。固定資産とは土地・家屋
や工場の機械設備など，長期間にわたって
使用される資産をいう。毎年1月1日現
在の固定資産所有者は，固定資産課税台帳
に登録され，納税義務者となる。

間接税 **A8**（かんせつぜい）　税法上の納税義務
者と実際に税を負担する者が異なる租税の
こと。消費税や酒税・たばこ税が代表的な
間接税。税金分が価格に上乗せされている
から，最終的には消費者が税を負担するこ
とになる。間接税は，所得の多寡に関係な
く国民が負担するから，生活必需品が課税
対象となった場合，低所得者の税負担が重
くなるという欠陥がある。また，特定の商
品を課税対象とする個別間接税の場合，ど
の商品に課税し，どの商品を非課税とする
かの区別が合理的にできない欠点もある。
しかし，徴税費用が安いなどの利点があり，
消費税の導入や消費税率の引き上げなどで
間接税の割合が高まっている。

	利　点	欠　点
直接税	累進課税ができる（垂直的公平）	所得隠し・脱税景気に左右される
間接税	消費にかかり公平景気の影響が少ない	逆進的

▲ 直接税と間接税

酒税 **B2**（しゅぜい）　ビール・ウイスキー・清
酒など酒類にかかる国税。納税義務を負う

のは，酒類の製造業者と，輸入品では輸入
業者。酒税額は，製造業者・輸入元から出
荷された酒類の数量に税率をかけて算出。

関税 **A15**（かんぜい）　輸入品に対して課せら
れる国税。かつて，関税は他の税と同様に，
財政収入の確保を目的としていたが，今日
では自国産業の保護を目的とした保護関税
がほとんどである。納税義務者は，原則と
して商品の輸入者である。

消費税 **A32**（しょうひぜい）　消費支出に課され
る税。国際標準では付加価値税（VAT:
value-added tax）と呼ばれる。1950年代
にフランスが初めて導入し，現在は170カ
国以上で運用されている。日本では，
1940年に贅沢品に課せられる物品税が導
入されたが，1989年に廃止。同年に消費
税が導入された。生活必需品も課税対象と
なるため，逆進課税であるとして，当時の
世論は反発した。竹下政権が導入した当初
の消費税率は3％だったが，1997年に橋
本政権が5％に引き上げ，2014年に安倍
政権が8％に引き上げた。2019年には，
安倍政権がさらに10％に引き上げたが，
同時に飲食料品などを8％とする軽減税
率制度が導入された。1989年当時の消費
税収入は，税収全体の3％程度にすぎな
かったが，2020年には初めて20％を超え，
日本の税収の中心を占めるに至っている。

類 付加価値税 **C**　軽減税率 **B1**

地方消費税 **B**（ちほうしょうひぜい）
☞p.123（地方消費税）

益税（えきぜい）　消費者が支払った消費税のう
ち，納税されずに事業者の手元に残る分。
消費税の中小業者への特例措置により生じ
ていると批判された。現在では，相当程度
解消されているともいわれる。

インボイス制度（―せいど）　2023年10月より
日本で税制上導入された「適格請求書等保
存方式」のこと。売り手が買い手に対して
請求書を発行する際に，適用税率や消費税
額を厳密に伝えるもの。これを適格請求書
（インボイス）とよぶ。売り手たる事業者は，
買い手から要求された場合，インボイスを
交付する義務を負う。買い手側も，発行さ
れたインボイスを保存する必要がある。売
り手と買い手の双方に適格請求書を保存さ
せることで，税制遵守を促進することが狙

いである。

たばこ税 **C**（ーぜい）　たばこにかかる税。国たばこ税23.5％と地方たばこ税（都道府県と市町村）26.3％，さらにたばこ特別税と消費税がかかり，商品価格の61.7％が税金。

自動車税 **C**（じどうしゃぜい）　自動車の所有者に対し，その自動車の主たる定置場の所在する道府県において課される普通税。2019年10月から名称が自動車税種別割りとなった。同様の市町村税としては軽自動車税種別割りがある。

自動車取得税（じどうしゃしゅとくぜい）　自動車の取得者に対し，その主たる定置場の所在する道府県において課されていたが廃止され，2019年10月から自動車税環境性能割が導入された。環境負荷の少ない車の普及をめざす。

類 自動車税環境性能割

自動車重量税（じどうしゃじゅうりょうぜい）　自動車の重量に応じ，その使用者に課される国税。税収の3分の2が一般財源に，3分の1が市町村の道路整備の財源にあてられる。

揮発油税 **C**（きはつゆぜい）　揮発油に対して課される税金で，道路特定財源の一つ。揮発油税と地方道路税とをあわせたものが，「ガソリン税」である。ガソリンには，揮発油税と消費税が二重課税されている。

道路特定財源（どうろとくていざいげん）　道路整備のためだけに使途が限定された税金。ガソリン税（国税）・軽油引取税（地方税）などがあり，自動車利用者が負担している。これらの税には従来の税率に加えて暫定税率が上乗せされているため，批判が強い。2009年度から一般財源化がおこなわれた。

類 暫定税率

特定財源 **2**（とくていざいげん）　使途を特定の歳出分野に限った税収。代表的なものが道路特定財源。受益と負担の関係がはっきりするが，歳出の硬直化につながるとされる。

一般財源 **5**（いっぱんざいげん）　使途が限定されない税収。国の予算では，特定財源を除いたものをいう。地方公共団体の場合，地方税や地方交付税などをさし，この割合が大きいほど地方財政が安定する。

累進課税 **A**①（るいしんかぜい）　課税対象の金額が増えると，より高い税率が適用される課税のしくみ。納税者はその支払い能力に応

じて課税されるべきであるという考え方から採用されている。所得税の場合，高所得者には高税率が，低所得には低税率が適用されることによって，所得の再分配効果を持つ。しかし，税率の段階が細かいと，わずかな所得の上昇で高い税率が適用され，勤労意欲に悪影響を与えるという指摘がある。1989年の税制改革では所得税の最高税率を引き下げ，税率のきざみも12段階から5段階に簡素化されたが，現在の税率は7段階（5・10・20・23・33・40・45％）となっている。

逆進性 **B**④（ぎゃくしんせい）　消費税のように，原則すべての財・サービスが課税対象であり，食料品・医療品のような生活必需品にまで課税されると，低所得者の収入に占める税負担の割合が大きくなるという税の性格。課税標準が大きくなるに従って税率が低くなるしくみは逆進課税とよばれるが，実際に採用される例はほとんどない。

類 逆進課税 **C**②

租税特別措置（そぜいとくべつそち）　何らかの政策目標を達成するために租税を減免・優遇する例外措置のこと。所得税や法人税など国税や，地方税について多くの項目があり，見直しが検討されている。租税特別措置法に基づく。

政府税制調査会（せいふぜいせいちょうさかい）　税制について基本的事項を調査する内閣総理大臣の諮問機関。政党にも同名の機関があるため，区別する意味で政府税調とよばれる。30人以内の委員と若干名の特別委員とで構成。

民間税制調査会（みんかんぜいせいちょうさかい）　民間税調。学者や弁護士など，税金の専門家らが2015年に立ち上げた団体。税制について納税者の立場から政府に提言などをおこなう。

利子所得優遇（りししょとくゆうぐう）　預貯金や公社債などの利子から得られた所得が利子所得。利子所得には，貯蓄優遇策として税負担を軽減する措置がとられてきたが，これを利子所得優遇という。

不公平税制（ふこうへいぜいせい）　税負担のあり方が人や立場によって不公平なこと。所得税の捕捉率の不公平を示す言葉として，俗にクロヨン（給与所得者9割，事業所得者6

割，農業所得者4割）や，トーゴーサンピン（給与所得者10割，事業所得者5割，農業所得者3割，政治家1割）などがある。しかし現実には，給与所得控除がかなり高いことなどもあり，それほど格差はないとの指摘もある。

　　　類 クロヨン **C** 2　　トーゴーサンピン

外形標準課税 （がいけいひょうじゅんぜい）　企業の所得ではなく，事業規模や資本金などを基準に課税する方式。法人事業税（道府県税）のなかに取り入れられ，赤字企業も課税対象となる。2004年からは全国の資本金1億円超の企業を対象として一律に導入された。法人税減税のための財源として，この税の課税対象を拡大する動きもある。

法人事業税 **C** （ほうじんじぎょうぜい）　法人がおこなう事業に対して課される道府県税。

法人住民税 （ほうじんじゅうみんぜい）　法人に課される道府県民税と市町村民税を合わせた税。

法人実効税率 3 （ほうじんじっこうぜいりつ）　法人税を計算する際，法人税・法人事業税・法人住民税の表面上の税率ではなく，法人事業税を損金算入するなどして計算し直した実際の税率。日本はアメリカより低く，イギリス・スウェーデン・ドイツなどよりも高い。政府は，賃金や設備投資をふやした企業に対して，法人税の実効税率を現状の30％前後から最大で約20％に引き下げるとしている。

ふるさと納税 **B** 8 （－のうぜい）　自分の故郷や支援したい地方公共団体に寄付をすると，その分が所得税や住民税から差し引かれる制度。制度本来の趣旨は，都市部から地方に税収の移転を促すこと。2000円をこえた分が，所得税と居住地の住民税から控除される（1割が上限）。2008年度から導入され，寄付者には各地方公共団体が特産品を贈るなどするため，利用がすすんできた。2015年度からは税金軽減額の上限を2倍にするなどの拡充策が実施された。ただし，法改正により，2019年より，返礼品が寄付額の30％以下の地場産品に限定されることになり，返礼品競争の抑制が図られた。2020年度のふるさと納税受入額は約6,725億円。ふるさと納税受入件数は約3,488万件。

復興特別税 （ふっこうとくべつぜい）　2011年の東日本大震災からの復興のため，復興財源確保法に基づいて課される時限的な増税。復興特別所得税は2013年1月から25年間，税額に2.1％を上乗せ。住民税は2014年6月から10年間，年1,000円引き上げ。復興特別法人税については，2012年から2014年まで，税額の10％を追加徴収された。

　　　類 復興財源確保法

NISA **C** （少額投資非課税制度 **C**）[Nippon Individual Savings Account]（しょうがくとうしひかぜいせいど）　2014年から日本で開始された少額投資非課税制度。株式投資等における売却益や配当を一定限度内で非課税とするもの。現在は120万円が限度額であり，非課税期間は最大5年である。この「一般NISA」とは別に，2016-2023年の期間内で，未成年者の子をもつ親向けの「ジュニアNISA」が実施。2018-2042年の期間内で，積立投資信託を対象とする「つみたてNISA」が実施。2024年からは，非課税無期限化などを特徴とする「新しいNISA」が実施される。NISA導入の背景には，日本人の金融資産を「貯蓄から投資へ」振り向けたい政府の意向が見えるが，この点，投資のリスクについて，国民に十分に理解させていないのではないかという批判もある。

　　　類 ジュニアNISA

森林環境税 **C** （しんりんかんきょうぜい）　住民税に1人あたり年1000円を上乗せして徴収する新たな目的税。約6000万人が対象となる。間伐など森林の環境を保全するための財源とする。2024年から導入。同名の地方税（目的税）がいくつかの地方公共団体で実施。　**⇒** p.260（森林環境税）

出国税 （しゅっこくぜい）　国際観光旅客税。日本から海外に出る人に対して，チケット発券の際に1人あたり1回につき1,000円を課す新たな目的税。日本人だけでなく，外国人も対象となる。観光資源の整備などに活用するため，2019年から導入。

公債と国民生活

公債 **A** 4 （こうさい）　国や地方公共団体が財源を調達するために発行する債券のこと。発行主体別に区別すれば，国が発行するものを国債，地方公共団体の発行するものを地

方債という。公債発行による財源調達については，古くから議論があり，古典派経済学者の多くは，公債発行によって政府が浪費的体質となることを懸念していた。今日では一般に，①一時的な財源不足を補う機能，②公共投資の財源をまかなうための機能，③不況時に財政支出を増加させる目的で財源を確保するための機能が，公債発行に認められている。

国債 Ａ28 (こくさい) 公債のうち，国が発行しているもの。国債のみを指して公債とよぶこともある。国債には償還期間によって，短期・中期・長期・超長期の区別がある。日本の財政法は「国の歳出は，公債又は借入金以外の歳入を以て，その財源としなければならない」（第4条）と，国債発行を原則的に禁止している。しかし，同条の但し書きは，公共事業などの財源としての国債の発行を認めている。

クラウディング-アウト [crowding out] 公債発行によって民間投資が圧迫されること。本来は「押し出すこと」という意味。公共投資を増やすために国債を大量発行すれば，金融市場から資金が吸い上げられて金利が上昇し，民間投資が押し出される。

建設国債 Ａ11 (けんせつこくさい) 財政法第4条は，原則として国債の発行を禁止している。しかし，同条の但し書きでは「公共事業費，出資金及び貸付金の財源については，国会の議決を経た金額の範囲内で，公債を発行し又は借入金をなすことができる」として

いる。この規定に基づいて発行されるのが，建設国債である。1966年度に初めて導入された。建設国債の発行による資金で道路や港湾・橋などを建設すれば，それはその後，長期間にわたって利用可能である。したがって，その資金を現在の世代だけで負担するのではなく，後の世代を含めて返済していくことによって世代間の負担が公平になるという考え方から，発行が認められる。

赤字国債 Ａ12 (あかじこくさい) 事務的諸経費や人件費など，経常的経費の支出にあてる財源確保のために発行される国債。財政法第4条は，国債発行による財源確保を基本的に認めず，同条但し書きも，赤字国債は認めていない。それは，赤字国債による経常的費用への支出はその年度限りのもので，後世代に何の恩恵も与えないのに，国債償還の費用は後世代が負担しなければならないからである。したがって，赤字国債の発行には特別立法が必要になる。日本では，1965年度にオリンピック景気の反動（昭和40年不況）で歳入不足となったため，それを補填する事実上の赤字国債（歳入補填公債）が発行された。その後，第一次石油危機後の歳入不足を補うために，1975年度の補正予算で特例法にもとづき発行された。以降，年ごとに赤字国債の発行は増え，財政の公債依存度が高まった。1980年代後半の好景気で税収が増加したため，1991年度から発行が中止されたが，1994

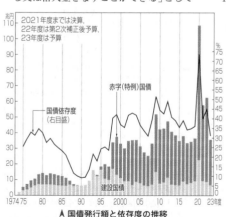

▲ 国債発行額と依存度の推移

▲ 国債残高の推移

年度から再び発行されている。

特例国債 Ａ7（とくれいこくさい）　赤字国債の別称。財政法は国の歳入が国債に依存することを原則的に認めておらず，したがって赤字国債の発行には，その年度限りの特別措置として「公債の発行の特例に関する法律案」を政府が国会に提出し，その承認を得なければならなかった。このため，特例国債ともいわれる。現在は，特例法によって，予算案が成立すれば自動的に特例国債が発行できるようになっている（特例公債法）。

公債依存度 Ｃ4（こうさいいそんど）　国の歳入総額に占める公債金の割合。日本の公債依存度は，石油危機後の1970年代に30％台にまで上昇したが，1980年代後半の好景気で税収が増え，一桁台にまで下降。しかし，1990年代以降は再び上昇し，現在は30％台で推移している。公債依存度が高いと，国債の元利払いのための国債費の割合が増大し，福祉や教育など他の歳出項目を圧迫し，財政の機能が損なわれる。

同 国債依存度 Ｂ6

国債残高5（**公債残高**Ｃ3）（こくさいざんだか）
（こうさいざんだか）　国が発行した国債（公債）の，ある時点での合計額を示したもの。日本の普通国債残高は2022年度時点で約1043兆円である。対 GDP 比率は約261％であり，世界最悪の水準である。

国債の市中消化 Ｂ2（こくさい-しちゅうしょうか）
財政法第5条は，国債が日本銀行の直接引き受けで発行されることを原則として禁止している。したがって，国債は個人や市中の一般金融機関などが買い入れる方式で発行されなければならない。これを国債の市中消化の原則という。日銀の直接引き受けによって国債を発行すれば，通貨量を必要以上に増加させ，インフレーションを生む危険性が高まるからである。

政府の財政政策

財政政策 Ａ7（ざいせいせいさく）　政府の経済活動である財政のはたらきを通じておこなわれる政府の政策のこと。財政政策の役割は，公共部門への資源配分，所得の再分配，景気調整の三つに整理できる。これらはいずれも，市場メカニズムが内在的に持つ欠陥を，政府の活動によって是正しようとする

ものである。財政政策の手段には，財政支出政策，租税政策，財政投融資・補助金など補助的政策の三つがある。福祉国家をめざし，国民の最低限度の生活の確保が国家の責務であるとされ，ケインズが財政支出によって完全雇用の維持が可能であることを明らかにして以来，財政政策は最も重要なものとなった。

有効需要 Ａ（ゆうこうじゅよう）　実際に支払い能力をともなった需要のこと。ケインズは，国民所得の水準が，有効需要の大きさに依存して決定されることを明らかにした。つまり，一国経済の産出水準は，消費支出と投資支出の合計にみあうところに決定される。ただし，有効需要が不足し，完全雇用を実現する国民所得の水準よりも現実の国民所得が低ければ，失業が発生する。この場合，有効需要を増加させ，完全雇用が実現される水準まで産出水準を高める必要がある。ケインズは，政府が財政支出を増加させることによって，有効需要を増やし，完全雇用を達成することが可能であるとした。

完全雇用 Ｃ2（かんぜんこよう）　現行の賃金水準で働く意思と能力を持った人々が完全に雇用されている状態のこと。ケインズは，こうした人々が雇用されていない状態を非自発的失業とよんで，現行の実質賃金を容認しないために起こる自発的失業，誤算や変化による摩擦的失業などの自然失業と区別した。ケインズは非自発的失業を解消することが，失業・不況克服の方法であると考え，政府が有効需要を創出したり増大させたりすることにより，完全雇用が実現するとした。近年，非自発的失業は減り，他の原因による方が多い。その場合，需要増大によって失業を解消しようとすると，賃金上昇を招くだけで，完全雇用の効果をみることはできない。

類 非自発的失業

フィスカル-ポリシー Ａ3（**補整的財政政策**）〔fiscal policy〕（ほせいてきざいせいせいさく）完全雇用の維持やインフレの防止など，経済安定化のために意図的に財政の内容や規模を操作する政策のこと。裁量的財政政策ともいう。経済活動が停滞し，失業者が増加していれば，公共事業など財政支出を増

やして完全雇用が実現できる水準まで経済
活動を活性化する必要がある。景気の過熱
期には，増税や財政支出の削減により，有
効需要を抑制する政策をとる。フィスカ
ル-ポリシーの背景から，国民所得の水準
は有効需要の大きさに依存するから，有効
需要の不足を政府支出の増加によって補い，
国民所得の水準を高めることで失業を防ぐ
ことができるというケインズの考え方があ
る。1930年代の不況期にアメリカで実施
されたニューディールは，フィスカル-ポ
リシーの代表的な例。ケインジアンの一人，
ハンセンが基礎づけた政策である。

同 裁量的財政政策 B

租税政策（そぜいせいさく）　政府が財政政策の目
標達成手段として租税を利用すること。累
進課税制度を設ければ，所得分配の不公平
などを緩和することができる。また，累進
税率が適用されることによって，好況期に
は所得の伸び以上に税額が増えるから，景
気の過熱が抑えられる。不況期に税率を下
げれば，国民の消費需要が増え，不況から
の回復に役立つ。

減税・増税政策 **3**（げんぜいぞうぜいせいさく）　政
府が租税の額を増減させることにより景気
を安定的に推移させることをねらいとする。
景気が下降ぎみの時は，減税政策がとられ
る。逆に景気が過熱ぎみの時には，増税政
策をとる。ただ，増税に対しては反対が強
く，なかなか理論どおりにならないことが
多い。また，減税政策をとるときは減税分
の財源をいかに確保するかが問題になる。

財政の機能 **1**（ざいせいきのう）　財政が一国の
経済のなかで果たす役割をさす。資本主義
経済は，市場メカニズムを基本としている
が，市場メカニズムには内在的な欠陥があ
るため，財政が一定のはたらきをすること
が必要となる。今日の財政には，アメリカ
の財政学者マスグレイヴが分類した①公共
部門への資源の適正配分，②所得の再分配，
③景気調節の三つの機能を果たすことが期
待されている。

資源の適正配分 **B3**（しげん-てきせいはいぶん）　財
政の機能の一つ。国防・警察・消防などの
公共財は，市場メカニズムではまったく供
給されないか，不十分な供給にとどまる。
市場メカニズムは希少資源のすぐれた配分

方法であるが，完全ではない。そこで政府
が，市場メカニズムによっては供給されな
い部分に，資源を適切に配分する役割を担
うようになる。近年になって社会福祉，社
会資本の充実，公害防止，科学技術開発な
どもその対象とされてきた。

所得の再分配 **B17**（しょとく-さいぶんぱい）　財政
の機能の一つ。市場が決定する所得の分配
は，不平等なものとなりがちである。そこ
で，政府は高所得者から低所得者に所得を
移転するという政策をとる。これが所得の
再分配である。累進的な所得税などの税制
と生活保護など社会保障給付が所得再分配
の手段となる。累進課税制度では，高所得
者ほど高率の税をかけ，低所得者には低率
ないし無税にして再分配をはかる。社会保
障政策では，低所得者へ生活保護費を支給
することにより再分配をはかる。

景気調節機能（けいきちょうせつきのう）　財政のし
くみのなかに景気を安定化させ，誘導する
機能を持つことを景気調節機能または安定
化機能という。一つは財政のしくみが景気
を安定化させる自動安定化装置（ビルト-
イン-スタビライザー）によるもので，累
進税制度・社会保障がそれを支えている。
もう一つは財政政策により景気抑制や景気
刺激をはかるフィスカル-ポリシー（補整
的財政政策）の持つ機能である。

**自動安定化装置 A（ビルト-イン-スタビ
ライザー A2）〔built-in-stabilizer〕**（じ
どうあんていかそうち）　財政構造自体に組み込ま
れた，自動的に景気変動を安定化するよう
に働くしくみ。好況期の租税収入と国民所
得の伸び率を比較すると，税収の伸び率の
方が大きい。これは，企業利潤の増大で法
人税収入が大きくなり，個人所得が増加す
ると，所得税の適用税率が累進税率表に
よって上がるためである。このため，企業
の投資や個人消費が抑えられ，景気の過熱
を防ぐことができる。不況期には，所得の
減少から所得税が累進税率表によって下が
り，雇用保険や生活保護など社会保障給付
が増加し，それが需要を下支えして，景気
の落ちこみを防ぐ。しかし，自動安定化装
置による財政の景気調節機能は，それほど
効果の大きいものではなく，これだけで現
実の経済の安定化は難しい。

政府支出の乗数効果 (せいふししゅつ-じょうすうこうか) 政府支出が1単位増加した時,そこから波及して,政府支出増加額の数倍の所得を生み出す効果のこと。財政支出の増大が民間経済主体の経済行動に影響を与えず,物価上昇を引き起こさないという仮定の下では,政府支出の増大が産出水準を引き上げ,その乗数倍の所得増加を生む。

乗数理論 (じょうすうりろん) 投資支出の1単位の増加から波及して,乗数倍だけ国民所得が増加することを説明する理論。国民所得がある水準の時,投資支出が1兆円増えたとする。その1兆円は,必ずだれかの所得となり,貯蓄か消費に回される。ここで,1兆円のうち80%が消費されるとすれば,今度は0.8兆円が次のだれかの所得になり,さらに同じく80%が消費に回されれば,0.64兆円がだれかの所得となる。この過程が無限にくり返されれば,最終的には5兆円だけ国民所得が倍加する。つまり,所得が1単位増えた時,そのうちどれだけを支出するかをc(この例では,0.8)とすれば,$1／(1-c)$を,最初の投資支出増加分に掛けた額だけ国民所得が増加する。この時,$1／(1-c)$を乗数とよぶ。

健全財政 (けんぜんざいせい) 政府の経常的支出が経常的収入と均衡した状態にある場合をいう。アダム=スミスら古典派経済学者によれば,健全財政こそが望ましいとされていた。民間経済主体と同様,政府も借金を避けて勤倹貯蓄に励むことで経済的な繁栄がもたらされると考えたからである。日本の財政法は,健全財政が財政運営の基本であるとしている。しかし石油危機後の1975年度からは歳入不足を補うために赤字国債が発行され,原則が破られた。

プライマリー‐バランスⒶ⑬(基礎的財政収支Ⓐ⑧) [primary balance] (きそてきざいせいしゅうし) ＰＢともいう。国債発行を除く税収などの歳入と,国債の元利払いを除いた基礎的財政収支対象経費などの歳出との比較をさし,財政の健全化を示す指標となる。ＰＢの均衡とは,政策的支出を新たな債務に頼らず,その年度の税収等ですべてまかなうことができる状態。政府は2020年度の黒字化をめざしたが,達成は

困難となり25年度,さらに27年度に先送りした。

歳出・歳入一体改革 Ⓒ (さいしゅつさいにゅういったいかいかく) 財政再建策として,歳出の削減と歳入の改革とを同時におこない,プライマリー‐バランス(基礎的財政収支)を黒字にするための政府の政策をさす。しかし,歳出削減は地方公共団体からの,歳入改革(増税など)は国民からの反発を招くおそれがある。

赤字財政 (あかじざいせい) 租税などの経常的収入を上まわる支出がなされている財政のこと。ケインズによって,有効需要の不足から国民所得の水準が完全雇用を達成できない時には,政府が積極的に赤字財政を組み,政府支出を増やすことで有効需要を増大させることが必要だとされるようになった。そこでは,赤字分を公債の発行でまかなうことが合理化される。しかし,不況期の財政規模の拡大は国民に受け入れられても,好況期の財政規模の縮小は歓迎されない。したがって,赤字国債の発行残高が累積的に増大し,元利払いなど国民の経済負担が大きくなる。

同 財政赤字 Ⓐ⑥

財政の硬直化 Ⓐ④ (ざいせい-こうちょくか) 国債の償還や地方交付税支出などの固定的な歳出が増大し,財政の弾力的な運用が困難になること。財政の本来的な機能が低下する。

財政再建 Ⓑ④ (ざいせいさいけん) 日本では1966年度以降,建設国債の発行が続き,石油危機後の1975年度からは赤字国債の発行が本格化した。国債の発行残高が累積的に増大し,元利払いに充当するための国債費の歳出に占める割合が大きくなった。国債費の比重が大きくなったことで,高齢社会の進展に備えた福祉政策など,新しい政策課題に応じる財政運営が困難になった。これを財政の硬直化という。そこで,国債に依存した財政体質を改善するために,財政再建をめざすようになった。財政再建にむけて,歳出規模の伸びを全体としておさえ込む政策がとられ,また,消費税が財源確保の一つとして導入された。しかし,1994年度当初予算から再び赤字国債が発行され,財政赤字が深刻化した。そのため財政再建が急務となっている。

ポリシー-ミックス Ⓐ③［policy mix］
完全雇用・景気政策・国際収支の均衡など
複数の政策目標を同時に達成するため，複
数の政策手段が組み合わされて利用される
こと。たとえば，完全雇用と国際収支の均
衡という目標を同時に達成する場合には，
政策手段としては，財政政策と金融政策と
為替政策がある。経済状況が，国内経済の
過熱，国際収支の黒字という状況にあるな
ら，国内経済の景気過熱を解消するために
財政支出を抑制し，国際収支の黒字を減ら
すために，外国為替市場で円買い・ドル売
り介入して円高に向かわせるべきである。

為替政策　（かわせせいさく）　為替レート（為替相
場）を操作することによって経済政策目標
を達成しようとする政策。インフレを抑制
することは，自国通貨を高くする方向に為
替レートを変動させ，輸入物価を引き下げ
ることによって可能となる。国際収支の赤
字を解消するには，自国通貨を切り下げ，
輸出が促進されるようにすればよい。

４ 国民所得と経済の成長

国民所得と国内総生産

国富 Ⓐ⑩（こくふ）　一国における居住者の資
産の合計をストックの概念でとらえたもの。
国民の経済活動によって蓄積された成果を
あらわす。国民資産（非金融資産＋金融資
産）から負債を差し引いたもので，非金融
資産（実物資産）と対外純資産の合計に等
しい。正味資産ともいう。その内訳は，有
形非生産資産（土地など），有形固定資産
（工場・機械など），無形固定資産（特許
権・商標権など），在庫，対外純資産（債
権など）からなる。国民所得を生みだす元
本でもある。2021年末時点における日本
の国富は約3859兆円。そのうち固定資産
が約2088兆円となっている。

　　　　　　　　　　　　　　同正味資産

国民資産　（こくみんしさん）　非金融資産と金融資
産とを合わせたもの。国民経済をストック
の視点からみた指標で，内閣府が毎年末時
点での数値を公表。2020年末で約１京
1892兆円，うち金融資産は約8583兆円。

資産 Ⓐ⑨（しさん）　経済的な価値を持つ蓄積
されたストックとしての富。実物資産・金
融資産，有形資産・無形資産などに分けら
れる。実物資産は，建物や道路・機械など
の固定資産，原材料や完成品の在庫などの
流動資産からなり，金融資産は現金や有価
証券などの資産である。また，公共部門で
の資産を社会資本とよぶ。

資産格差　（しさんかくさ）　所得階層別に資産（実
物・金融）の保有残高に差があること。今
日の日本では，２人以上世帯で１世帯あ
たり平均3500万円の資産を保有している
が，その保有は高所得階層ほど多い。
1980年代末にはバブル経済による株価・
地価の高騰で，資産格差が拡大した。

逆資産効果 Ⓒ⑤（ぎゃくしさんこうか）　保有して
いる資産の実質的価値が下落することに
よって，消費や投資が抑制されること。逆
に，資産価値の上昇が消費や投資の活性化
につながることを資産効果という。

社会資本 Ⓐ⑦［social overhead capital］
（しゃかいしほん）　社会全体の経済活動にとって，
基礎的に必要な公共性のある資本のこと。
生産に直結する企業などの生産資本と対比
され，社会的共通資本ともよばれる。これ
らは公共財をつくる資本のストックで，市
場における蓄積ができないため，政府や地
方公共団体・公社・公団などによって形成
されてきた。日本の社会資本の形成は明治
期以来，産業基盤の整備にウエートが置か
れ，生活関連社会資本の立ち遅れが指摘さ
れている。

社会的共通資本　［social common capital］
（しゃかいてききょうつうしほん）　社会全体にとって
の共通の財産として，社会的な基準にした
がって管理・維持される装置などの総称。
社会的間接資本，社会資本ともよばれる。
①森・川・大気・水などの自然環境，②道
路・公園・上下水道などの社会的インフラ
ストラクチュア，③教育・医療などの制度
資本，の三つに大別される。国や地域が自
然と調和し，優れた文化水準を維持しなが
ら，持続的に経済活動をおこない，魅力あ
る社会を実現するのに，とりわけ必要不可
欠なものである。アメリカの経済学者ヴェ
ブレンが提起し，日本では宇沢弘文が定式
化した。

産業関連社会資本 ②（さんぎょうかんれんしゃかいしほ
ん）　生産基盤社会資本ともいわれる。社会

資本のうち，生産基盤の拡充や整備などをはかるためのものをさす。港湾・道路・鉄道，工業用地・工業用水の建設・整備など。

同 生産基盤社会資本③

生活関連社会資本（せいかつかんれんしゃかいしほん）
生活基盤社会資本ともいわれる。社会資本のうち，国民の生活基盤である住宅・上下水道・公園，病院などの医療施設など。日本では，住宅・下水道・公園などの社会資本の不足がめだつ。

同 生活基盤社会資本

国土保全社会資本（こくどほぜんしゃかいしほん）　国土を保全したり，災害を防止するための社会資本をいう。山崩れ・地すべりを防止する治山事業，洪水防止のための河川改修などの治水事業，などがあげられる。

国民所得Ⓐ⑥（ＮＩＡ②）[National Income]（こくみんしょとく）　一国の居住者が一定期間（通常は１年間）において，財・サービスを生産して得た所得の合計，価値の総額。経済活動をフローの概念でとらえた国民経済計算の用語。国民所得は「国民総所得－固定資本減耗－間接税＋補助金」で示される。また，国民所得には，生産に使用した生産要素の大きさで表示した要素費用表示国民所得と，市場価格で表示した市場価格表示国民所得の２種類の表示方法がある。国民所得指標は，市場で取り引きがおこなわれていないものが算入されないばかりか，社会的にマイナスになるものも価格がつけば，プラス計算されてしまうため，国民福祉との関連で限界が指摘されている。

類 要素費用表示の国民所得
市場価格表示の国民所得

名目国民所得①（めいもくこくみんしょとく）　物価の変動を調整する前の，市場価格に基づいてあらわした国民所得。特定の期間の国民所得を貨幣単位で測定し，表示したものなので，インフレの時には，実質的な成長がなくても，前期（過去）よりも名目国民所得が増加することがあり，実際に成長があったかは明らかでない。

実質国民所得Ⓒ（じっしつこくみんしょとく）　国民所得を，物価変動の影響をデフレート（修正）し，ある基準年（度）の貨幣単位で評価しなおしたもの。国民所得は財・サービスを貨幣単位で表示したものだが，貨幣の価値は変化するので，異なる二つの年（度）で，実質的な所得水準の比較はむずかしい。そこで，比較年（度）の名目国民所得を物価水準で修正して求める。

生産国民所得Ⓐ（せいさんこくみんしょとく）　国民所得（ＮＩ）を生産面でとらえた概念。一定期間に各種の産業部門で生産された価値の総額を示すもの。産業別国民所得ともよばれる。各産業で生産された最終生産物の価値合計から固定資本減耗分と「間接税－補助金」を差し引いて算出される。その内訳は，第一次産業所得・第二次産業所得・第三次産業所得・海外からの純所得である。

分配国民所得Ⓐ（ぶんぱいこくみんしょとく）　国民所得を分配面でとらえた概念。国民所得は賃金・地代・利潤のかたちで分配される。財やサービスなど最終生産物を生産するために参加した企業・個人・政府にどう所得が配分されたかを示すもの。雇用者所得（賃金など），個人業主所得，個人財産所得，法人所得，政府事業所得の合計額である。

支出国民所得Ⓐ（ししゅつこくみんしょとく）　国民所得が企業や個人（家計），政府などに分配された後，どのように消費・投資されたかを支出面からとらえた概念。支出国民所得の内訳は個人消費・民間投資・政府支出である。支出国民所得に減価償却費を加えると国民総支出（ＧＮＥ）になり，それは国民総生産と同額となる。国民所得の支出面は，国民総支出の統計を通常は使用する。

三面等価の原則Ⓐ（さんめんとうかげんそく）　生産・分配・支出の三つの国民所得（ＮＩ）が一致するという原則。国民所得は一国の経済活動の流れをフロー（貨幣の流れ）で分析したもので，１年間の付加価値の合計である。それは，生産→流通→消費の観点からとらえられ，経済循環においては，生産・分配・支出として分析される。これらの生産・分配・支出の各国民所得は，同じものをそれぞれ別の面からとらえたもので，理論上は同額となる。

国民総支出Ⓑ③（ＧＮＥⒷ③）[Gross Na]（こくみんそうししゅつ）　国民総生産（ＧＮＰ）を支出の面からとらえた概念。ＧＮＰと同額になる。この額からは，どのような経済主体によって財やサービスが購入されたかがわかり，国民粗支出ともいわれる。

国民総支出を構成する項目は，民間最終消費支出・政府最終消費支出・国内総資本形成・経常海外余剰（輸出－輸入）の４項目である。

個人消費（個人消費支出①）（こじんしょうひ）（こじんしょうひししゅつ）　個人が消費財を購入する行為とそれにともなう支出。国民経済計算では，支出国民所得の一項目として，国内総資本形成や政府支出などとともに，最終需要の一部分として景気の動向を左右する。

民間消費（みんかんしょうひ）　政府など公共部門をのぞいた民間部門の消費。消費者（家計・個人）と企業による消費に分かれる。

政府消費（せいふしょうひ）　政府の支出で，政府による財・サービスの購入である。国民経済計算の支出国民所得における消費者の支出，企業の支出（民間投資）とともに一項目を構成する。

経常海外余剰　◯②（けいじょうかいがいよじょう）　国民総支出（GNE）を構成する項目の一つ。「輸出と海外からの所得」から「輸入と海外への所得」を差し引いたもの。国際収支表では貿易収支とサービス収支などの合計額に等しい。現在の国民経済計算では「海外からの所得の純受取」と表記されている。

国民総生産　◯⑦（GNP◯⑤）［Gross National Product］（こくみんそうせいさん）　国民経済において，一国の一定期間（通常は１年間）に生産され，市場で最終的に売買された合計金額である総生産額から，中間生産物の価値額を差し引いた金額のこと。中

農家　[100]　小麦　　　　　　100円
製粉会社　[100][200]　小麦粉　中間生産物　＋300円
パン屋　[300][300]　パン　　　＋600円
　　　　　　　　　　　　　　　　1,000円

　経済が，小麦を生産する農家と，小麦粉をつくる製粉会社と，パンを焼くパン屋から成り立っているものとする。農家が生産した小麦は，製粉会社に原料として売られる。製粉会社は小麦粉をつくるが，それはパン屋に原料として売られ，さらにパン屋はパンを生産する。その時，経済全体の生産総額は100円＋300円＋600円で1,000円となるが，このなかには農家が生産した小麦と，製粉会社が生産した小麦粉が二重に計算されている。国民総生産を求めるためには，総生産1,000円から二重に計算されている中間生産物（原料など）の額400円を差し引く。こうして求められた付加価値600円が国民総生産となる。

▲ **国民総生産の考え方**

間生産物とは他の企業・産業が原材料として生産したもので，中間生産物が二重計算されないように差し引く。国民総生産とは，外国で生産活動をしている日本企業や日本人が，日本に送金した所得も含まれる。しかし，日本国内で生産活動をしている外国企業が，海外に送金した所得は含まれない。この国民総生産から固定資本減耗分を差し引くと，市場価格表示の国民純生産（NNP）となり，さらに「間接税－補助金」を差し引くと国民所得（NI）になる。現在の国民所得統計では国民総所得（GNI）という。

グリーンGNP②（グリーンGDP◯②）　現行の国民経済計算の概念を批判的にとらえた指標の一つ。環境の質の低下や資源の減少などにともなってかかる社会的コストを，GNP（GDP）に反映させようと，1991年のOECD（経済協力開発機構）で合意された。具体的には，GDPから帰属環境費用（環境を悪化させないために追加的に必要な経費の推計額）を差し引いたもの。

生活GNP（せいかつ−）　現行の国民経済計算を修正しようと考えだされた指標の一つ。従来のGNPに労働時間や物価などを加味した新しい生活指標として提唱するために，厚生労働省が検討に入ったバロメーター。

国民総幸福◯（GNH◯）［Gross National Happiness］（こくみんそうこうふく）　正式な経済用語として確立されたわけではないが，GDPやGNPにかわって「豊かさ」を問い直す概念として主張されている。生態系の豊かさ，伝統文化や精神文化の維持，経済的な公正さ，よい政治という四つの指標がある。2008年，王政から立憲君主制に移行したブータンの新憲法にもり込まれた。

ベター−ライフ−インデックス（BLI）［Better Life Index］　「より良い暮らし指標」と訳される。OECD（経済協力開発機構）が2011年に提唱した豊かさを測る新しい概念。

中間生産物　◯⑥（ちゅうかんせいさんぶつ）　生産過程の中間段階において，その財の生産のために使用される（他でつくられた）生産物のこと。中間財ともいう。原材料や燃料な

どの生産財がこれにあたる。なお，国民経済計算では，年（度）内に消費されず，在庫投資となって翌年に持ちこされた中間生産物は，最終生産物の取り扱いになる。中間投入ともいう。

同 中間投入

最終生産物 [1]（さいしゅうせいさんぶつ） 生産工程の最終段階でつくられた完成品のこと。最終生産物はその使いみちから，最終消費財と最終生産財に分類され，消費されるか在庫投資などとなり，生産者に販売されるか，輸出される。

付加価値 **A**[4][value added]（ふかかち） 生産物を生産する過程で新たに生みだされた正味の価値のこと。国民経済において，1年間に新たに生産された財・サービスの総額から，それを生産するのに要した原材料や燃料・動力，さらに有形固定資産の減価償却費（固定資本減耗分）を差し引いた残りの部分である。付加価値は，生産の諸要素に対する報酬である賃金・利子・地代・利潤の合計でもある。そして，国全体の一定期間内の付加価値の合計は，国民純生産（NNP）となる。

フロー **A**[2][flow] 一国の経済活動をとらえる経済のバロメーターの一つ。消費や所得などにおいて一定期間（3か月とか1年など）の財・サービスや貨幣の流れをみるものをさす。代表的なものには，国民総所得（GNI），国民純所得（NNI），国民所得（NI）などがある。このほかに家計調査・鉱工業生産・産業連関表・国際収支表など，主要な経済統計の大部分はフローに関するものである。

ストック **A**[4][stock] 経済活動をとらえるためのバロメーターの一つ。一定の時点における企業や家計など経済主体が保有する財産（資産）を集計したもの。資産の蓄えであり，国富・国民総資産ともいわれる。一国のストックの規模を示す国民総資産残高は，資本ストック（生産設備など），実物資産ストック（住宅・在庫・土地など），金融資産ストック（預貯金・債券・株式など）から構成されている。

国民純生産 **B**[2]（**NNP** **B**[5]）[Net National Product]（こくみんじゅんせいさん） 一定期間内（通常は1年間）に，各種の生産要

素の提供によって居住者が報酬として受け取った総額で，付加価値（最終生産物）の合計。国民総生産（GNP）から固定資本減耗を差し引いたもので，国民総生産よりも，その年の純粋な生産額がわかる。

固定資本減耗 **A**[1]（こていしほんげんもう） 建物や設備・機械などの有形固定資産が，生産過程で消耗（減耗）または減失した額を示すもの。また，企業の通常の生産活動による消耗として，企業会計上の費用と評価されるものを減価償却（費）という。国民総生産（GNP）には含まれるが，生産のための費用とみなされるため，国民所得（NI）には含まれない。

同 減価償却 B（減価償却費 B）

間接税 **A**[2]（かんせつぜい） 税金を納める人と，その税金を実質的に負担する人とが異なる税金。消費税や酒税などがある。国民所得統計上は，間接税が含まれた分だけ製品価格は高く表示されるため，間接税を差し引く必要がある。

補助金 **C**[9]（ほじょきん） 国が一般会計から，たとえば，幼稚産業の保護や対外競争力の強化などの政策目的の実施のために交付する金銭的給付のこと。各種の助成金や交付金などが含まれる。国民所得統計上，補助金が出ている分だけ製品価格は低く表示されるため，補助金分を加算する必要がある。

国内総生産 **A**[21]（**GDP** **A**[19]）[Gross Domestic Product]（こくないそうせいさん） 一国内で通常は1年間に生産された総生産額から中間生産物を差し引いたもので，新たに生産された付加価値のみを計算したもの。自国民であるか，外国人であるかに関係なく，その国での生産活動でつくりだされた所得をさす。農家の農産物の自家消費，持ち家の帰属家賃，警察・消防・公教育などの公共サービスはGDPに計上される。一方，家事労働やボランティアなどの社会活動，株式の売却益など，市場で取り引きされないものはGDPに算入されない。

一人あたりGDP **B**[GDP per capita]（ひとり-） 国民一人あたりの平均的な経済力を示す数値であり，一国の経済水準を測る基本的指標である。日本の一人あたりGDPは，1990年代には世界トップ10に位置していたが，現在は30位前後にまで落ち

込んでいる。アジア諸国のなかでも，この30年間でシンガポール，香港，マカオなどに抜かれており，2020年OECD発表統計において，韓国にも抜かれたことが判明した（購買力平価基準）。

1 労働時間あたりＧＤＰ［GDP per hour worked］(-ろうどうじかん-)　その国の国民が1時間労働した場合に，どれだけの量のアウトプットがもたらされるかを示すもの。労働生産性を示す基本的指標である。日本の1労働時間あたりＧＤＰは40ドル前後であり，ＯＥＣＤ加盟国の中でも下位に属している。

国内総支出Ｂ（ＧＤＥＢ）［Gross Domestic Expenditure］(こくないそうししゅつ)　一国内における経済（生産）活動によって生みだされた付加価値を支出項目の合計としてとらえたもの。国内総生産を支出面からとらえたものである。

国内純生産Ｃ②（ＮＤＰＡ）［Net Domestic Product］(こくないじゅんせいさん)　国内で産出された純付加価値の合計。国内総生産から固定資本減耗分を差し引いたものが，市場価格表示の国内純生産である。

総・純概念［gross/net concept］(そうじゅんがいねん)　国民経済計算における区別をあらわすことば。「総」とは，固定資本減耗（減価償却費）を含む概念。「純」とは，それを含まない概念。

国内・国民概念［domestic/national concept］(こくないこくみんがいねん)　国民経済計算上の区別をあらわす。「国内」とは，国内領土にある経済主体を対象とする概念で，国内総生産（ＧＤＰ）は国内領土での生産活動の成果である。「国民」とは，その国の居住者主体を対象とする概念で，国民総生産は，居住者に帰せられるべき生産物とされる。海外子会社で一時的に働く日本人は「国民」概念には含まれるが，「国内」概念には含まれない。逆に，日本で一時的に働く外国人は「国内」概念には含まれるが，「国民」概念には含まれない。

国民純福祉Ａ（ＮＮＷＡ）［Net National Welfare］(こくみんじゅんふくし)　国民福祉指標の一つ。福祉国民所得ともいわれる。従来の国民総生産や国民所得では，国の経済規模ははかれても，公害などの問題に関して国の豊かさや国民福祉の観点からは不十分であるとの批判が強かった。そこで1970年代に，国民福祉をはかる指標として作成されたバロメーターである。ＮＮＷは，①政府消費，②個人消費支出，③政府資本財サービス，④個人耐久消費財サービス，⑤余暇時間，⑥市場外活動（主婦の家事労働時間を女性の平均賃金で評価）の6項目を合計し，マイナス項目としての①環境維持費，②環境汚染，③都市化にともなう損失の3項目を控除したものとして示される。汚染や損失など価格評価しにくい項目が多く，現実の利用は難しい。

　　　　　　　　　同福祉国民所得

家事労働　**Ｃ**　(かじろうどう)　家庭内での炊事・洗濯・掃除・育児などの労働のこと。ボランティアなどの社会活動も含めてアンペイドワーク（無償労働）ともいう。従来は主に専業主婦（主夫）によって担われてきた。

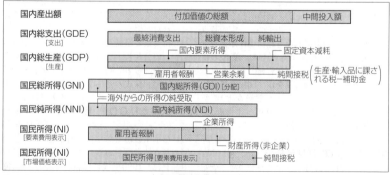

▲ GDP関連指標の諸概念

国民所得勘定では，家事労働は市場で取り引きされないためカウントされない。内閣府がおこなった無償労働の貨幣換算額は女性全体で一人当たり年間約192万8000円，専業主婦は約304万1000円だった。

同アンペイドワーク（無償労働）

余暇 C（よか）　労働から解放された自由な時間。経済の発展や所得水準の向上により，国民の余暇生活への欲求が増大してきた。国民所得勘定では，カウントされないため，何らかの方法で余暇時間も計算すべきであるとして，国民純福祉（NNW）などが試みられている。

生活水準 C2（せいかつすいじゅん）　一国または一つの社会のなかで営まれている衣食住や文化などの生活内容の程度のこと。その基準はさまざまであるが，経済学的には消費水準や所得水準で数量的に計測される。また，GDP（国内総生産）を国民一人あたりに換算すれば生活水準の国際比較が可能となる。半面，生活水準には健康・治安・社会環境など計測しにくい要素もある。内閣府は新国民生活指標（豊かさ指標，PLI）によって生活水準の指数化を試みている。

国民経済計算体系 C5［System of National Accounts］（こくみんけいざいけいさんたいけい）　一国における1年間の経済活動の全体像とその循環過程を各種の経済データを集計・整理して，包括的に把握したもの。1953年に国連によって計算体系の基準が示された（旧SNA）。1978年度には日本も国連の新基準に従った新SNAに移行した。内閣府が『国民経済計算年報』を公刊している。

新SNA統計（しんSNAとうけい）　新国民経済計算体系のこと。国連が1968年に各国に提示，日本は1978年度にこの方式に全面的に改めた。新SNAの内容構成は，GNPを中心とする従来の国民所得統計を母体にして，それまで独立の統計だった産業連関表・資金循環表・国民貸借対照表・国際収支表の四つの統計を統合し，五つの経済勘定で構成。2000年10月から，国連が1993年に勧告した新しい国際基準である93SNA統計に移行した。これにともない，GNPにかわってGNI（国民総所得）が用いられ

ている。さらに2016年末から，国連で2009年に採択された新基準「2008SNA」へ移行した。

国民総所得 A6（GNI A5）［Gross Na］（こくみんそうしょとく）　93SNA統計への移行にともない，従来のGNPにかわって用いられている概念。GNPと同じものだが，GNPが生産物の測度であるのに対して，GNIは所得（分配面）からとらえた指標である。

国民純所得（NNI）［Net National Income］（こくみんじゅんしょとく）　国民総所得（GNI）から固定資本減耗分（工場や機械などの減価償却分）を差し引いたもの。市場価格表示の国民純所得ともいう。

金融資産 B5（きんゆうしさん）　貨幣および貨幣請求権である債権の総称。現金・預貯金・有価証券・貸付金・各種信託などがある。たとえば，現金や預金・国債・社債・株式などは家計にとっての金融資産であり，貸し出しは銀行にとっての金融資産である。金融資産から負債を引いた額を純金融資産という。野村総合研究所によると，2021年時点において，純金融資産が1億円を超える「富裕層」は，日本国内に約149万世帯ほど存在し，国内全世帯の約2.7%を占める。

実物資産 C2（じつぶつしさん）　有形資産とほぼ同義で，金融資産に対する概念。建物・機械装置・港湾・治水・道路・交通，また鉄道車両や自動車をはじめとする輸送手段などの固定資産と，原材料・完成品の在庫などの流動資産からなる。国民経済計算では，非金融資産という。

固定資産 B（こていしさん）　流通を目的とせず，長期間にわたって所有する財産。土地や建物などの有形固定資産と，特許権や商標権などの無形固定資産に大別される。

棚卸資産（たなおろししさん）　商業では，商品や未着品，工業など製造業では，製品や半製品・仕掛品・原材料など，棚卸し（現在高の調査）によって数量や金額を把握することができる資産をいう。

在庫品 C（ざいこひん）　企業が商品を生産・販売する過程で有する実物資産のストック。原材料や製品をいう。

雇用者所得 2（こようしゃしょとく）　雇用者とは，

生産活動の従事者のうち，個人業主や無給の家族従業者を除いた者をいう。法人企業の役員なども雇用者である。雇用者所得は勤労所得・労働所得ともいわれ，労働力を提供する対価として受け取る給与や賞与などをさす。国民経済計算では雇用者報酬というが，この場合は雇い主が支払う現実の社会負担も含む。

同 雇用者報酬 **C** ②

企業所得 ①（きぎょうしょとく）　企業の得た利潤から，利子などの他人資本に対するものを控除した残額で，企業の純利益のこと。民間法人企業所得・個人企業所得・公的企業所得に分類される。

法人所得 （ほうじんしょとく）　法人企業が経済活動によって得た利益のこと。営業による収益はもちろん，営業外利益（受取利息・有価証券売却益・雑収入）など，対外取り引きによって生じたすべての収益が含まれる。企業会計においては，益金（利益）の総額から，費用や損金の総額を差し引いた額。

個人業主所得 （こじんぎょうしゅしょとく）　政府や企業などに雇われずに，個人が自ら独立して事業を営むことによって得られる所得。事業収入ともいわれる。農家や商工業の自営業者・開業医・弁護士・著述業などの所得があげられる。

財産所得 **C** （ざいさんしょとく）　利子所得・配当所得・賃貸料所得などのように，保有する資産を他に利用させることによって生じる所得（収入）。国民経済計算では，金融資産，土地（地代）および無形資産（特許権・著作権など）の賃貸または出資によって生じるものをさす。

要素所得 **C** （ようそしょとく）　財やサービスの生産に用いられた資本や労働・土地などの生産要素に分配される所得。支払い側からは要素費用という。

法人留保 （ほうじんりゅうほ）　法人所得から，税（法人税・土地税など）や配当・役員賞与などを差し引いて残った未分配の利益のこと。利益準備金・任意積立金などからなる。内部留保・社内留保ともいわれる。

国内総資本形成 （こくないそうしほんけいせい）　国民総支出（GNE）の一項目で，国内に現存する総資本へ新たに追加される財・サービスの価値額。国内総固定資本形成（政府・企業の設備投資，政府・家計の住宅投資）と在庫品増加。

純投資 （じゅんとうし）　一定の期間内における資本ストックの増加分（国民経済計算の総資本形成）から，固定資本減耗引き当て分を差し引いたもの。国民所得から消費を差し引いた部分に等しい。

経済成長

経済成長 **A** ⑧（けいざいせいちょう）　一国の国民経済の規模が長期間に量的に拡大することであり，国内総生産（GDP）や国民所得（NI）が年々増加する現象をいう。第二次世界大戦後の世界各国は，経済成長を経済政策の最重要目標としてきた。経済成長の速度を示すバロメーターが経済成長率である。経済成長を促進するプラス要因としては，教育水準の高い良質な労働力の供給，資本蓄積の上昇と設備投資の増加，技術進歩などがある。経済成長のマイナス要因としては，労働力人口の減少，地球温暖化やオゾン層破壊などの環境問題，異常気象，原油価格の上昇などがある。

経済成長率 **A** （けいざいせいちょうりつ）　一定期間内（通常は1年間）における経済進度を示すバロメーター。国内総生産（GDP）の対前年（度）伸び率で示される。一国の経済状態の好・不況をあらわす重要な指標である。経済成長率には，物価上昇分を含む名目経済成長率と，これを含まない実質経済成長率とがある。なお，経済成長率の算定は，次の式による。

$$\frac{ある年のGDP - 前年のGDP}{前年のGDP} \times 100 (\%)$$

名目経済成長率 **B** ①（めいもくけいざいせいちょうりつ）　経済成長率の一つで，物価水準の変動を調整せずに，物価変動分も含めた成長率のこと。名目国内総生産の対前年（度）伸び率で示される。

類 名目国内総生産 ④

実質経済成長率 **A** ⑦（じっしつけいざいせいちょうりつ）　経済成長率の一つで，実質成長率ともよばれる。物価水準の変動を調整したもので，一般に経済成長率といえばこの数値をさす。名目経済成長率よりも経済実態に見合った，より正確な数値であるといえる。実質国内総生産の対前年（度）伸び率で示

される。

類実質国内総生産 **C**⑥

GDPデフレーター　**B**③　物価変動を修正し，国民所得統計の名目値を実質値に換算するために用いられる物価指数のこと。インフレで膨張した名目値をもとに戻す（デフレートする）ことからこうよばれる。計算式は次のとおり。

$$実質GDP = \frac{名目GDP}{GDPデフレーター}$$

高度経済成長　**A**⑬（こうどけいざいせいちょう）
☞ p.237（高度経済成長）

安定成長　**B**［stable growth］（あんていせいちょう）　日本では，高度経済成長の過程で，インフレーションの慢性化，過疎・過密の問題，社会資本の立ち遅れ，国際収支の不均衡，公害問題などのひずみが発生した。こうした問題を解決し，バランスのとれた成長を達成していくことを安定成長という。

マイナス成長（ーせいちょう）　実質国内総生産が前年（度）に比べて減少し，経済成長率がマイナスになること。内閣府の統計によれば，新型コロナウイルス問題が起きた2020年度の実質成長率はマイナス4.6%。これは世界金融危機が生じた2008年度のマイナス3.6%を超える近年最悪の数値である。

景気変動

景気　**A**⑦［business conditions］（けいき）　経済の全般的な活動水準や活動状況，個々の企業や産業界の好・不調をあらわすことば。景気には必ず波がともなう。経済活動が活発で，生産・販売が増加し，利益が上がり，雇用者が増加する過程を好景気（好況）といい，逆に経済活動が沈滞して，売れ行きが悪く，利益が減り，企業の倒産や失業者の増加がめだつ過程を不景気（不況）という。景気のよし悪しを判断する基準は，最終的には経済の活動水準を示す国内総生産（GDP）の増減などによる。

景気指標（けいきしひょう）　景気変動のようすをみるための経済指標。物価指数・鉱工業生産指数・有効求人倍率・百貨店販売額・機械受注・企業収益・倒産件数など個別の指数を総合して作成される。その代表に，内閣府が毎月公表する景気動向指数（DIや

CI）がある。①景気に先行して動く，東証株価指数などの先行指数，②景気とほぼ一致して動く，有効求人倍率などの一致指数，③遅れて動く，家計消費支出などの遅行指数からなる。

景気動向指数　**C**（けいきどうこうしすう）　景気の好・不況の局面をいち早く把握するための指数。景気に反応しやすい28系列の経済指標に基づく。数値は毎月，内閣府によって作成・公表される。景気変動を量的にとらえたコンポジット－インデックス（CI）と，景気変動の方向性をとらえたディフュージョン－インデックス（DI）とがある。従来は主としてDIが用いられてきたが，近年では国際的な動向にあわせ，CIを中心にした公表形態となっている。CIは基準年を100として，指数がそれより上昇すれば景気は拡張局面に，下降すれば後退局面にあると判断される。

同コンポジット－インデックス**C**（CI **A**）
ディフュージョン－インデックス**C**（DI **A**）

景気循環　**A**④（**景気変動 A**②）（けいきじゅんかん）（けいきへんどう）　経済活動が活発な時期と停滞する時期とが循環する，資本主義経済に特有な経済変動のこと。資本主義経済では生産の無政府性（無計画性）から，見込み生産がおこなわれるため，社会全体の需要と供給に不均衡が生じ，景気の変動が発生する。景気は，好況→後退→不況→回復という4局面を循環する。このうち，景気後退が急激かつ大規模にあらわれる現象を恐慌（パニック）とよぶ。1929年の世界大恐慌はよく知られている。また，循環の原因や期間のとらえ方によって，コンドラチェフの波・クズネッツの波・ジュグラーの波・キチンの波などに区別される。

好況　**A**②［boom］（こうきょう）　景気循環の谷

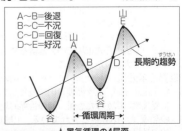

▲ 景気循環の4局面

（ボトム）から山（ピーク）へかけての局面。経済活動が最も活発な状態をさす。有効需要が持続的に拡大し，商品への需要が供給を上まわり，企業の生産活動が活発になって失業者も減少する。また，物価の上昇をともなうことが多い。

後退　**Ａ**②［recession］（こうたい）　景気循環における景気の下降局面をいう。ゆるやかな縮小過程。好況による過剰生産が表面化して，物価の下落，企業利潤の低下，企業の設備投資の縮小，倒産・失業者の増大がみられ，実質国民所得の低下が引き起こされる。

不況　**Ａ**⑩［depression］（ふきょう）　経済活動が全面的に低下・停滞した景気循環の谷の局面をさす。総供給に対して有効需要が不足するため，商品が売れ残り，在庫が増加，価格は下落して，生産や所得（利潤）は減少する。企業倒産が起こり，失業者も続出することになる。

回復　**Ａ**［recovery］（かいふく）　景気循環中の最終局面となる。不況による生産縮小が続いた結果，過剰な生産設備の整理がおこなわれ，供給する生産量に対して有効需要が多くなり，商品の需給バランスが均衡化し，新たな投資や新技術導入を契機に生産が再開される時期。また雇用が安定し，失業者が減少するため，経済活動全体に活気がもどる。

恐慌　**Ａ**④［crisis, panic］（きょうこう）　景気の後退が急激かつ大規模に生ずる現象。需要の減退により，商品は予想された市場価格での販売が不可能になり，また銀行の取り付け騒ぎなども起こり，価格・信用の両経済領域が全面的な不能に陥る，経済全体の一時的まひ状態でもある。恐慌は，資本主義の固有の欠陥とされる。1825年にイギリスで起こった経済恐慌が最初とされ，それ以来，19世紀をとおして約10年周期で発生している。1929年のアメリカ・ウォール街の株式市場での大暴落を発端とする世界大恐慌が知られる。

世界経済恐慌（せかいけいざいきょうこう）　一国の過剰生産恐慌が，次々と他の国に波及して，世界規模に広がった恐慌。初の世界的規模の恐慌は，1857年とされている。1930年代の世界大恐慌は，経済活動の水準の落ち込み，不況期間の長さなど類をみないものとなった。

世界大恐慌［The Great Depression］（せかいだいきょうこう）　☞ p.166（世界大恐慌）

ブラック-マンデー［Black Monday］　1987年10月19日（月），ニューヨーク株式市場で起こった株価大暴落のこと。この日，株式の売り注文が殺到，平均株価は前日比で22.6%，508ドル値を下げ，過去最大の下げ幅となった。東京をはじめ世界中の株式市場も連鎖反応を起こし，「世界大恐慌の再来か」と脅威を与えた。

世界金融危機　**Ｂ**⑩（せかいきんゆうきき）　☞ p.403（世界金融危機）

長期波動　**Ｂ**（ちょうきはどう）　約50〜60年を周期とする長い期間の経済変動。発見者で，旧ソ連の経済学者の名をとって，コンドラチェフの波ともいわれる。この波動の原因については，シュンペーターの唱えた技術革新によるものとする説が有力。第1波動は綿業を中心とする産業革命（18世紀末〜19世紀半ば），第2波動は鉄鋼業と鉄道の発展（19世紀後半），第3波動は電気・科学・自動車の発展（1890年代〜1920年代），第4波動はコンピュータ・航空機・石油化学の発展（第二次世界大戦後），そして1980年代後半から現在を，情報化を軸とする第5波動とする主張がみられる。

同コンドラチェフの波　**Ａ**③

コンドラチェフ　**Ａ**③［N. D. Kondratieff, 1892〜1938］　旧ソ連の経済学者。農業問題や景気変動の研究者として知られ，特にアメリカやイギリスの1780〜1925年の145年間の物価水準などの統計から，時代の基本的技術の革新と関連づけ，約50〜60年間の長い周期を持つ波動（長期波動）を分析した。

中期波動　**Ｂ**（ちゅうきはどう）　約7〜10年を周

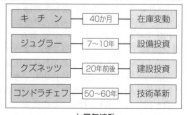

キチン	40か月	在庫変動
ジュグラー	7〜10年	設備投資
クズネッツ	20年前後	建設投資
コンドラチェフ	50〜60年	技術革新

▲ 景気波動

期とする景気循環。主に企業の設備投資に起因する景気の波動。在庫循環を三つほど含む。19世紀後半に，フランスの経済学者ジュグラーが，主著『フランス・イギリス・合衆国における商業恐慌とその周期的な反復』(1862年)で，銀行の貸し出し額や利子率・物価の統計から発見したため，ジュグラーの波とよばれる。景気循環の主要な型であり，主循環ともいわれる。

同 ジュグラーの波 A3　主循環

ジュグラー A3〔J. C. Juglar, 1819〜1905〕 フランスの医師で経済学者。約7〜10年の周期を持つ商業恐慌を景気循環の一局面としてとらえ，その規則的反復を統計的に明らかにした。主循環ともいわれる中期波動の発見者として知られる。

設備投資変動 (せつびとうしへんどう) 設備投資を主な原因とする循環。約7〜10年を周期とする波動。主循環・中循環，またはジュグラーの波ともいわれる。

建築循環 (けんちくじゅんかん) クズネッツが発見した景気変動。クズネッツの波ともよばれる。アメリカでの住宅やビル建築を起因とする国民総生産(GNP)に，20年前後(主循環の約2倍)の波動がみられるとした。

同 クズネッツの波 A4

クズネッツ A4〔Simon Smith Kuznets, 1901〜85〕 旧ソ連に生まれ，後にアメリカに帰化した経済学者・統計学者。1929年の世界大恐慌を契機に，既存のあらゆる統計資料を駆使してGDPやGNPの基礎となる国民所得勘定をつくり上げた。また，移民や人口の自然増加率，鉄道敷設や貨幣供給との関連で，経済は20年前後の周期を持つことを明らかにした。1971年にノーベル経済学賞を受賞した。

短期波動 B (たんきはどう) およそ40か月(3〜4年)を周期とする短い期間の景気波動。主に企業の在庫投資の変動が原因とされる。在庫循環・小循環ともよばれる。また，アメリカの経済学者J.キチンによって明らかにされたので，キチンの波ともいわれる。

同 キチンの波 A2

キチン A2〔Joseph Kitchin, 1861〜1932〕 アメリカの経済学者。アメリカ・イギリスの1890〜1922年の間における手形交換高や卸売物価および利子率の動きを時系列に

分析，約7〜10年の周期を持つジュグラーの波のほかに，約40か月を周期とする短期波動があることを1923年に発見。

在庫変動 (ざいこへんどう) 企業による在庫投資の変動に起因する，平均40か月を周期とする景気変動の一つ。短期循環・小循環，またはキチンの波といわれる。

投資 A6 (とうし) 利潤獲得を目的に，資本や資金を投下し，利潤と資本を回収すること。特に実物資産(製品や原材料・固定資本設備)のストックの増加分。投資は，経済発展の原動力であり，設備投資の動向は経済の変動と重大な相関関係を持つ。

設備投資 A6 (せつびとうし) 企業が将来の生産活動を拡大しようと，機械設備の増設や工場規模の拡大をはかる投資。資本形成ともいう。景気変動や経済成長の要因として重要。設備投資は，まず需要を創出する。設備投資による需要は，需要全体の約15〜20%を占め，経済成長率の動きを左右する。さらに，完成後には供給力として機能する。日本の高度経済成長の要因の一つ。

在庫投資 C (ざいことうし) 一定期間において原材料や製品の在庫が増減すること。企業による一定量の原材料や製品の確保を在庫という。在庫は投機的動機や販売不振などにより，比較的短期間に変動する。在庫による景気循環を，キチンの波とよぶ。

景気政策 (けいきせいさく) 景気を安定させるためにおこなわれる財政・金融政策の総称。景気安定化政策ともいわれ，基本的には景気変動を緩和させ，安定的な経済成長を目的とする。景気過熱の恐れがあれば財政・金融面からの引き締めを主体とする景気抑制策を実施する。一方，景気後退の場合には，財政支出の拡大，減税，金融緩和などの景気刺激策をおこなう。

景気刺激策 1 (けいきしげきさく) 景気の後退期におこなわれる，財政支出の拡大，減税，金融緩和を主な内容とする景気安定化政策。特に公共事業(土木・建設)への財政資金の投入は，スペンディング-ポリシー(呼び水政策)といわれる。また，その資源は公債発行でまかなわれる。日本の建設国債はこの例。

景気抑制策 (けいきよくせいさく) 総需要が供給能力を上まわり，物不足や物価の上昇などが

あらわれる景気の過熱期に，金融の引き締めや投資規制，財政収縮などの政策をおこなうこと。これによって経済不安を回避し，恐慌などの発生を防止する。景気安定化政策の一つ。

傾向波動　(けいこうはどう)　時間の経過(月・四半期・年などの単位)の順に整理した時系列変動で，長期にわたり成長や後退などの傾向を示すもの。景気波動ともいわれる。

循環波動　(じゅんかんはどう)　一定の周期で上下に変動するもので，通常は季節変動を除いたものをさす。いわゆる経済の好況・不況である景気変動は，この代表的なもの。

3章 現代の日本経済

1 日本経済のあゆみ

日本経済の発展

殖産興業 **C**（しょくさんこうぎょう）　明治前期に日本が経済の自立をめざした近代産業育成政策。官費による官営事業（主に鉄道・電信・鉱山・造船・鉄鋼・製糸・紡績など），工業技術の導入，各種の助成・奨励をおこなった。これにともない，商業や交通に対する制限の撤廃，地租や通貨制度の改正，銀行制度の発足など，経済の基盤整備がおこなわれた。

日本の産業革命　（にほん-さんぎょうかくめい）　産業革命は18世紀のイギリスに始まり，各国に波及した。日本では19世紀後半から，政府主導で産業革命が進展した。列強の帝国主義政策に対抗するためにも，経済的な自立が急務となり，内発的産業化や資本の蓄積を待たずに遂行された。一方で，農村の安価な労働力を利用した産業資本の確立や周辺国への軍事的行動の強行など，さまざまなゆがみも生じた。

寄生地主制 **B**４（きせいじぬしせい）　大土地を所有している地主が，その所有地を小作農民に貸し付けて耕作させ，小作料（小作米）を徴収し，その米を販売する土地所有形態をさす。地主が所有する耕地を自ら耕作せず，農村工業や農村商業による富の蓄積をおこなったため「寄生」とよばれた。地租改正後に公認され，身分関係としても作用し，封建的な社会関係を第二次世界大戦後まで残した。

経済の民主化　（けいざい-みんしゅか）　日本の非軍事化・民主化のためにGHQ（連合国軍総司令部）がおこなった日本経済の大変革。労働組合運動の合法化，財閥の解体，農地改革などを主な内容とする。これらの経済民主化は，占領統治政策としておこなわれた。日本の軍国主義や封建制の基盤を排除するのが，占領軍の初期の目的であり，これらの政策によって全農地の約90％が自作地となった。

財閥解体 **B**（ざいばつかいたい）　GHQ（連合国軍総司令部）による占領統治政策で，過度集中排除（独占禁止）とも関連する。それは，①財閥の存在や経済力の過度の集中が，戦争の原因となった，②独占的資本は，自由な経済，企業の発達の妨げになった，と考えられたからである。持株会社整理委員会によって三井・三菱・住友・安田の四大財閥をはじめ，中小財閥の所有株式の公開処分がおこなわれた。また，財閥系列も含め，独占傾向を持つとみなされた企業の分割がおこなわれた。銀行はその指定を免れた。持株会社を中心に子会社を系列のなかに組みこんで支配した財閥は最終的には解体され，以後，銀行を中心に資本系列の再編成と株式の持ち合いへと移行した。

過度経済力集中排除法　（かどけいざいりょくしゅうちゅうはいじょほう）　独占的資本（大企業）を分割し，再編成するために，1947年に制定された法律。

農地改革 **A**１（のうちかいかく）　☞ p.254（農地改革）

労働組合の合法化　（ろうどうくみあい-ごうほうか）　GHQによる経済の民主化の一つ。治安維持法を廃止して，1945年に労働組合法を制定したのをはじめ，労働三権の保障，労働三法の制定がなされ，労働関係の民主化をめざした。

傾斜生産方式 **B**２（けいしゃせいさんほうしき）　戦後の経済再建のための重点産業復興政策。政府は1946年に「石炭・鉄鋼の超重点的増産計画」を決定，輸入重油と石炭を重点的に鉄鋼部門に配分し，増産された鉄鋼をさらに石炭生産部門へと配して，循環的に増産をはかろうとした。また，復興金融金庫から設備・運転資金が重点的に融資された。1949年のドッジ-ラインの採用によって停止された。経済学者の有沢広巳らが提唱した。

復興金融金庫 **B**１（ふっこうきんゆうきんこ）　1947年に設立された政府機関。戦後の経済再建過程で傾斜生産方式が採用された際，重点企業の資金需要をまかなった。長期の設備資金の供給をおこなう金融機関の役割を果たした。一方で，その資金を日銀引き受けの復金債でまかなったため，インフレ（復金インフレ）をもたらした。1949年のドッ

ジーラインの実施にともなって，1952年に日本開発銀行（現在の日本政策投資銀行）に吸収された。

ガリオア🅑（ＧＡＲＩＯＡ🅑）[Government Appropriation for Relief in Occupied Area Fund]　占領地域救済政府資金。アメリカ政府の予算から占領地域の救済にあてられた資金で，主として食料・医薬品など生活必需品の輸入にあてられた。

エロア🅒（ＥＲＯＡ🅒）[Economic Rehabilitation in Occupied Area Fund]　占領地域経済復興援助資金。アメリカ政府の予算から占領地域の経済自立や復興にあてられた資金で，主として綿花・羊毛など工業原料品の輸入にあてられた。

経済安定九原則　🅑④（けいざいあんていきゅうげんそく）　1948年，アメリカ政府がＧＨＱを通じて日本政府に指令した，インフレ収束を基調とする経済自立のための政策。均衡財政・税収強化・厳選融資・賃金安定・為替管理などをドッジ-ラインとして実施。

ドッジ-ライン　🅑③[Dodge Line]　1948年の経済安定九原則の実施のために，1949年にアメリカ政府から派遣された銀行家ドッジが来日，超均衡予算案を軸にインフレをおさめる経済政策を立案した。公債発行停止や単一為替レートの設定などが実施された。その結果，インフレは収束したが，ひどい不況（安定恐慌）におちいった。ドッジ-プランともよばれ，戦前の松方財政や井上財政とならぶ典型的なデフレーション政策であった。
　　　　　　　　　　　　　　🈔ドッジ🅑

竹馬経済　（たけうまけいざい）　アメリカのデトロイト銀行頭取ドッジが，当時の日本経済の歪みを指摘した言葉。生産も輸出も，一見して順調に増加しているようにみえるが，現実にはアメリカの経済援助と，企業の赤字分を補塡する価格差補給金という“竹馬”によって支えられており，この二本の足を外さなければ日本経済の真の自立と安定はないと述べた。

超均衡予算　🅒（ちょうきんこうよさん）　インフレを収束させるためにおこなわれた増税と財政支出の削減のこと。1949年，ドッジの指示で実施された。

シャウプ勧告　🅑①（-かんこく）　1949年（第1

次）と50年（第2次），連合国軍最高司令官に提出された日本税制調査団の報告書。団長を務めたコロンビア大学の経済学者シャウプの名に由来する。所得税など国税と総合課税による，直接税中心の制度確立を勧告した。所得税の累進課税制度や地方税の独立税化などが導入された。戦後の日本税制の根幹をなした。
　　　　　　　　　　　　　　🈔シャウプ🅑①

単一為替レート　🅒②（たんいつかわせ-）　一国の通貨の外国通貨との交換比率。ドッジ-ラインで，1ドル＝360円の単一為替レートが設定され，日本は国際経済に復帰した。

安定恐慌　🅒（あんていきょうこう）　インフレーションを収束する時に起こる恐慌。インフレを収束させるためには，増税と財政支出の削減による超均衡財政の実施や金融の引き締めによる通貨量の抑制などが実施される。これによって，企業が倒産したり，購買力の低下や生産の停滞，失業の増加という一種の恐慌状態が出現する。ドッジ-ラインはインフレを収束させたが，日本経済は安定恐慌におちいり，中小企業の倒産や失業者が急増した。

朝鮮特需　①（ちょうせんとくじゅ）　特需とは，戦争にともなって発生した戦争関連物資やサービスの特別需要をさす。ドッジ-ラインで不況となった日本経済は，1950年から始まる朝鮮戦争の特需で好景気を迎えた。繊維関係と鉄鋼分野を中心に輸出の拡大はめざましく，さらには消費需要の増大をもたらし，設備投資の増加を支えた。しかし，戦争による特需・好景気は一時的なものに終わり，1954年には景気は後退した。
　　　　　　　　　　　　　　🈔特需景気🅒

特需　🅑（とくじゅ）　戦争にともなって発生した戦争関連物資やサービスの特別な需要のこと。朝鮮戦争やヴェトナム戦争時のそれが有名。

神武景気　🅐⑤（じんむけいき）　1954年の11月から1957年6月頃までの好景気のこと。「日本はじまって以来」という意味で神武景気とよぶ。この期間には，民間設備投資が伸び，新製鉄所や石油コンビナートの建設，家庭用電気製品の生産拡大によって，物価の安定のもとで実質的な経済の成長が実現した。

「もはや『戦後』ではない」 **C**2(-せんご-)
1956年の『経済白書』に記された日本経済を分析したことば。「もはや『戦後』ではない。われわれはいまや異なった事態に当面しようとしている。回復を通じての成長は終わった」という厳しい表現で，戦後復興による経済成長からの脱皮が主張された。高度経済成長の始まりを告げるメッセージとして語られることが多いが，背後には「今後は，終戦直後のような順調な経済成長は期待できない」という警戒感があったとされる。

『経済白書』 **C**(けいざいはくしょ)　1947年から経済企画庁(経済安定本部)が執筆・編集してきた日本経済に関する年次報告書。1年間の日本経済の総合的な分析と今後の動向などについてまとめたもの。1956年の白書は，前年の日本経済の動向を「もはや『戦後』ではない」と評した。2001年の新省庁体制の発足にともなって内閣府編となり，書名も『経済財政白書』となった。

スクラップ-アンド-ビルド 〔scrap and build〕　技術革新などによって古くなった生産設備などを廃棄し，新しい高性能の設備投資をおこなって生産の拡大をはかることをいう。

なべ底不況 (そこふきょう)　1957年から約1年間みられた景気後退のこと。神武景気で過剰投資が発生したため，なべの底のように長い期間，景気は停滞すると考えられた。しかし，実際にはV字型の回復をたどり，次の岩戸景気につながった。

高度経済成長 **A**13(こうどけいざいせいちょう)　1960年の池田勇人[ﾋﾞ]首相による「国民所得倍増計画」の発表前後から，1973年の石油危機の頃まで，年平均実質10％をこえる経済成長が継続した期間をいう。「世界の奇跡」ともいわれるようなダイナミックな発展をとげた。高度成長の要因として，国内的には①積極的な技術革新の導入，②安価で優秀な労働力，③活発な設備投資，④国民の高い貯蓄率，⑤政府の活発な産業育成・保護政策，⑥低い軍事支出と民需中心の経済，⑦終身雇用と年功序列賃金による労使協調路線の形成など。国際的には①自由主義社会を中心とする世界的な経済発展，②相対的に割安な為替レートで輸出が有利，

③継続的に生じた戦争特需，④安価な原料・燃料資源の入手，などがあげられる。

消費革命 **C**(しょうひかくめい)　国民の所得水準の上昇にともない，高度経済成長期に生じた消費生活様式の急激な変化。耐久消費財の普及やレジャーブームなどがみられ，大衆消費社会の到来が指摘された。1959年の『経済白書』で初めて用いられた語でもある。

三種の神器 **C**3(さんしゅ-じんぎ)　高度経済成長の時期に庶民が欲した三つの高価で有用な耐久消費財。具体的には，白黒テレビ・冷蔵庫・洗濯機。その後，カラーテレビ・乗用車・エアコンが新三種の神器とよばれた。元は，皇位の象徴として歴代天皇が継承してきたとされる三つの宝物の意。

岩戸景気 **A**3(いわとけいき)　1958年6月から1961年12月頃までの約42か月にわたる好景気。神武景気を上まわる，天の岩戸以来の好景気という意味。この時期は特に「規模の経済」の追求が強まり，量産規模拡大投資が増加した。さらに臨海工業地帯(地域)のように，エネルギーの石油への転換を背景に新立地の工業地帯の開発が進んだ。政府の公共投資も，インフラストラクチュア(経済基盤)の整備を中心に増加した。農村人口が都市に急速に吸収されたのもこの頃である。

技術革新 **A**6(イノヴェーション**A**3)
〔innovation〕(ぎじゅつかくしん)　☞ p.176(技術革新)

「投資が投資を呼ぶ」 **C**(とうし-とうしよ-)
1960・61年発行『経済白書』で使用された表現。設備投資は需要を拡大するが，供給過剰になるので，設備投資には限界があるとするのが常識であるが，昭和30年代前半はさらに設備投資を誘発しつづけた。

国民所得倍増計画 **B**3(こくみんしょとくばいぞういかく)　1960年，経済審議会(2001年廃止)の答申を受け，池田勇人内閣によって閣議決定された計画。1961年度から70年度の10年間で国民所得を2倍にするというもの。このため，①社会資本の充実，②産業構造の高度化，③貿易と国際経済協力の促進，④人的能力の向上と科学技術の振興，⑤経済の二重構造の緩和と社会的安定の確保，などの政策が遂行され，10年を待た

ずに目標値に達した。

同 所得倍増計画 **B**②

貿易自由化計画大綱 ①(ぼうえきじゆうかけいかくたいこう)　1960年に閣議決定された貿易自由化のための計画。1963年には輸入自由化率80％を目標にした。実際には92％を達成し，欧米なみの自由率になり，ＧＡＴＴ11条国・ＩＭＦ8条国へ移行し，ＯＥＣＤへの加盟が実現した。　☞ p.399（ＧＡＴＴ11・12条国），p.398（ＩＭＦ8・14条国），p.401（ＯＥＣＤ）

国際収支の天井 **B**③(こくさいしゅうし-てんじょう)　自由貿易下では，輸入が増大した場合，輸入代金支払いをまかなうだけ輸出が増えないと，外貨準備の不足から，国際貿易は停滞せざるをえない。こうした限界を国際収支の天井とよぶ。1960年代前半までの日本経済は，しばしばこの天井にぶつかった。

オリンピック景気 **B**③(-けいき)　1964年の東京オリンピック開催準備の過程で，諸需要が増加したためにおこった好景気。1962年10月から1964年10月頃まで続いた。東海道新幹線や高速道路などの建設が象徴的。

東京オリンピック **C**②(とうきょう-)　1940年に東京でオリンピックが開催される予定だったが，日中戦争長期化のなか政府が開催権を返上。敗戦後の1964年，改めて東京オリンピックが開催された。非欧米地域における初の大会であると同時に，日本の復興と経済成長を国内外にアピールするイベントにもなった。2020年には，2回目の東京オリンピックが予定されたが，新型コロナウイルス問題によって，翌2021年に延期された上で実施された。終了後に「五輪利権」をめぐる汚職問題で，逮捕者が続出している。

日本万国博覧会 (にほんばんこくはくらんかい)　1970年，大阪・吹田市の千里丘陵で開かれた万国博覧会。通称「EXPO'70」。EXPOはExposition（博覧会）の略。大阪万博の統一テーマは「人類の進歩と調和」。

昭和40年不況 **C** (しょうわ-ねんふきょう)　1964（昭和39）〜1965年の不況。「証券不況」ともよばれた。国際収支の悪化，過剰設備投資で資本稼働率が低下し，企業の収益が後退したため，政府は国債発行で対応した。

同 証券不況

転換期 (てんかんき)　1962年の『経済白書』で指摘された言葉。設備投資中心の成長から消費や財政主導の成長への移行について言及。昭和40年不況は過剰設備投資への調整とみられたが，当時は転換期で，成長率が大幅に低下するという悲観論が高まった。

歳入補塡公債の発行 (さいにゅうほてんこうさい-はっこう)　昭和40年不況（証券不況）の際，金融を緩和しても企業は設備投資を増やさず，景気は回復しなかった。そのため政府は，財政支出を増やして需要を喚起し，景気回復をはかった。しかし，不況で税収が減じ，戦後初めて事実上の赤字国債が発行された。　☞ p.220（赤字国債）

産業再編成 (さんぎょうさいへんせい)　1960年代後半には貿易と資本の自由化に備え，日本の国内産業の大型化と効率化が進められ，大型合併による業界の再編成が見られた。自動車や石油化学を重点産業とする政府主導の法案は廃案となったが，再編の結果，新日本製鉄などが誕生した。

金融再編成 **C** (きんゆうさいへんせい)　産業再編成によって規模を拡大した企業の資金需要を，メインバンクとなる銀行が，十分にまかなえない恐れが発生し，金融機関の合併がおこなわれた。この結果，第一銀行と日本勧業銀行が合併し，1971年に第一勧業銀行（現みずほ銀行）が誕生した。

重厚長大・軽薄短小 (じゅうこうちょうだい・けいはくたんしょう)　重厚長大とは製鉄業のような巨大な生産設備を持つ基幹的な産業をいい，軽薄短小とはエレクトロニクスに象徴されるハイテク産業をいう。重厚長大産業は工業化社会の中心であるのに対し，軽薄短小産業は情報化社会の象徴である。

いざなぎ景気 **B** (-けいき)　1965年から1970年の約57か月にわたる好景気。自動車や家電製品など耐久消費財の需要が拡大し（3Ｃ＝カー・カラーテレビ・クーラー），設備投資が増大した。半面で，公害・インフレーションなどの問題も顕在化した。この時期は，「昭和元禄(げんろく)」ともよばれ，1968年には日本のＧＮＰ総額が西ドイツを抜き，資本主義国で第2位となった。

日本列島改造論 **C** (にほんれっとうかいぞうろん)　1972年に田中角栄首相が提唱した開発論。

公共投資を軸に，産業を分散して都市の過密を解消し，地域格差の是正をねらった。しかし石油危機後の金融緩和も重なり，狂乱物価の一因となった。

石油危機Ⓐ⑤（オイル-ショックⒷ①）
［oil crisis］（せきゆきき）　1973年の第四次中東戦争の際，アラブ産油国は原油生産の抑制，原油価格の大幅引き上げをおこなう「石油戦略」をうち出した。原油価格は4倍となり，日本国内では，卸売物価（現企業物価）が前年同月比で30％以上高騰した。この影響で，「狂乱物価」とよばれる深刻なインフレが生じ，翌1974年には戦後初のGNPマイナス成長を記録した。これを第一次石油危機という。しかしその結果，日本経済の質的変化をもたらし，石油の備蓄や代替エネルギーの開発，省エネルギー技術の革新がおこなわれ，重厚長大産業中心の規模の拡大から，軽薄短小産業中心の多様化・個性化へと企業活動も変化した。その後，1979年にイラン革命の影響で原油価格は再び高騰し，第二次石油危機をまねいた。これを機に世界は1980年代の低成長時代を迎えた。日本はこの時期の省エネ努力が減量経営，製品コストの引き下げ，さらに新製品市場の開発などの技術革新につながり，国際競争力をつけた。
同第一次石油危機Ⓐ⑧　第二次石油危機Ⓑ⑥

狂乱物価　Ⓑ③（きょうらんぶっか）　物価が急騰し，経済の混乱をまねくこと。2度の石油危機（オイル-ショック）期の物価上昇はその典型。特に第一次石油危機の際，買い占めや売り惜しみがおこり，トイレットペーパーや洗剤などのみせかけ需給が逼迫した。こうした要因によって，価格を引き上げる必要のない製品まで便乗値上げされ，物価は異常に上昇した。

経済社会基本計画（けいざいしゃかいきほんけいかく）　1973年2月に閣議決定された5か年計画のこと。民間主導型の高度経済成長路線から，財政主導型の高福祉安定成長への経済活動の転換をめざしたが，1973年の石油危機と狂乱物価のなかで中断。

低成長（ていせいちょう）　経済の成長率が低くなること。1960年代の平均実質経済成長率は約11％。これが，1970年代になると約5％に半減する。こうした減速過程は

1971年のニクソン-ショックと，円の切り上げ（変動為替相場制への移行）に始まり，石油危機後の1974年には戦後初のマイナス成長（−1.2％）を記録した。石油危機がおこった1973年を中心に，前後各10年間の平均実質経済成長率を比べると，日本の場合は前10年が10.3％，後10年が3.7％と半減以下になる。この時期，先進工業国の経済成長率はことごとく半減した。

減量経営　Ⓒ①（げんりょうけいえい）　コンピュータ化やロボット化で正社員を減らしてスリム化し，パート労働や派遣社員など不安定臨時労働力で景気変動に備えること。石油危機後の日本の企業は，人員整理や新規採用の縮小，不採算部門の切り離しなどによって低成長に対処した。欧米先進工業国が石油危機から立ち直れずにいたなかで，日本経済は不況から立ち直り，「安定成長」の軌道にのることができた。

日本的経営　Ⓒ②（にほんてきけいえい）　ジャパニーズ-マネジメント。一般に終身雇用制・年功序列型賃金制・企業別労働組合を柱とした日本独特の経営体制をさす。高度経済成長期に経済発展の原動力となったが，バブル経済崩壊後は大きく変容した。

ジャスト-イン-タイム方式（-ほうしき）　生産工程において必要な部品が必要なときに必要な量だけそろうようにする方式。トヨタ自動車の「かんばん方式」がその典型。無駄な在庫をもたず，効率的な生産ができるとされるが，部品の非定期的な納入や配送による交通渋滞，下請け業者が抱える在庫の問題などが指摘されている。
同かんばん方式

QC（品質管理）（ひんしつかんり）　製品の品質を安定させ，高めるための生産管理方法。これを製造部門に限定せず，全社的におこなうものをTQC（総合的品質管理）とよび，第三次産業などにも導入されている。
類TQC

近年の日本経済

円高不況　Ⓐ③（えんだかふきょう）　変動為替相場制の下で円高になると，輸出型産業の輸出量が落ち込む。輸出量は同じでも，ドル決済の場合は輸出による円の受け取りが減少する。そのため，輸出向けの設備投資をし

た企業の倒産や失業が発生し，不況に至る。1985年のドル高是正のプラザ合意以降，急激な円高に至り，1986年の実質経済成長率は3.0％に落ち込んだ。それ以降，日本銀行が金融緩和政策などの不況対策を実施したが，後のバブル経済につながった。

プラザ合意 **A** 21 (-ごうい) ☞p.402（プラザ合意）

過剰流動性 (かじょうりゅうどうせい) 実物経済に対してマネーサプライ（マネーストック）が過剰になり，インフレーションが発生する原因となること。1980年代後半から1990年代初めにかけ，土地や株への投機的貨幣需要につられて貨幣供給が増加し，いわゆるバブル現象がおきた。

総需要管理政策 **C** (そうじゅようかんりせいさく) 財政・金融政策を適切におこなうことによって，国民経済全体からみた需要量を供給量に見合うように調整する政府の政策。1930年代以降，ケインズの提唱に基づき各国で採用されるようになった。不況の際は総需要拡大策が，景気が過熱気味のときは総需要縮小策がとられる。有効需要調整政策ともいう。

内需主導型政策 **C** 5 (ないじゅしゅどうがたせいさく) 国内の需要増大を経済の成長要因とする政策。石油危機後の民間レベルでの減量経営は，投資の抑制と個人消費の停滞を引き起こし，経済成長は輸出（外需）への依存傾向が強かった。アメリカの経常収支の対日赤字の是正問題から，1985年のプラザ合意以降，日本は内需拡大政策をとり，輸入の拡大と貿易黒字の縮小をめざした。

輸出主導型経済 (ゆしゅつしゅどうがたけいざい) 工業化のために外資を導入し，対外債務に頼る場合には，輸出でかせいだ外貨で支払いをしなければならない。また，自国に鉱産物資源やエネルギー資源などが乏しく，輸入に頼る国の工業化は，高付加価値製品の開発・生産と，加工貿易による輸出志向型をとる。アジアNIEs（新興工業経済地域）や日本などは，このタイプである。

集中豪雨型輸出 (しゅうちゅうごうがたゆしゅつ) ☞p.419（集中豪雨型輸出）

世界同時不況 **C** 1 (せかいどうじふきょう) 1971年のニクソン-ショックや，1973年の第一次石油危機により，日本など先進国の経済はインフレーションと景気後退が同時に起きるスタグフレーションに陥った。1979年のイラン革命にともなう第二次石油危機の影響で，1980年代前半には「世界同時不況」に陥り，1982年の世界のGDP総額は前年比マイナスとなった。1991年の世界同時不況の背景には湾岸戦争やソ連解体などがあった。戦後3番目の大きな世界不況で，とくに日本は，バブル経済の崩壊後，長期不況が続いた。さらに2001年，アメリカ同時多発テロによる世界同時不況が

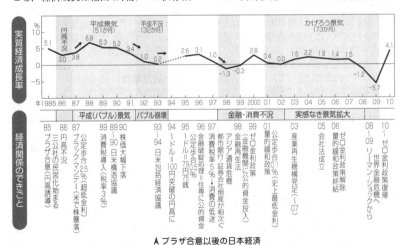

▲ プラザ合意以後の日本経済

あった。2008年からは，世界金融危機（リーマン-ショック）にともなう大不況が進行した。

経済構造調整（けいざいこうぞうちょうせい）　1985年のプラザ合意以後，日本の貿易黒字に対して，欧米先進国はその不均衡を是正するために，産業・財政・金融など経済の構造を変えることを要請，輸出主導型経済から内需主導型への変革が求められた。政府は1986年，経済構造調整推進本部をおき，輸入制限品目の市場参入緩和，流通規制の緩和などの検討をおこなった。

バブル **A** [bubble]　本来は，泡の意。株・債券・土地・建物などの資産価格や評価益が異常に高騰すること。1630年代のオランダで起きた「チューリップ狂」，18世紀初めのイギリスで起きた「南海泡沫事件」などが典型例とされるが，1980年代後半から1990年代初めまでの日本でもバブル経済が発生した。

　同 バブル経済 **A**⑰　（バブル景気 **A**③）

平成景気 **C**（へいせいけいき）　いわゆるバブル景気のこと。1985年のプラザ合意により引き起こされた円高不況に対してとられた，公定歩合の引き下げや通貨供給の増大により，資金が土地や株式に流れて発生した。

リゾート法（-ほう）　国民の余暇活動を支えるような保養・行楽の施設を整備して地域振興をはかる目的で1987年に制定。正式

には総合保養地域整備法という。バブル経済を背景に，テーマパークやゴルフ場などリゾート開発がおこなわれたが，後のバブル崩壊で失敗した例も少なくない。

　類 リゾート開発

バブル崩壊 **B**②（-ほうかい）　1989年におこなわれた地価や株価の高騰に対するテコ入れ（公定歩合の引き上げや地価税）により，地価や株価が下落し，金融機関の不良債権問題などが発生し，景気が後退したこと。

「失われた30年」②（うしな-ねん）　1990年代初頭から2020年代の現在に至るまで，30年以上にわたって日本経済が停滞している状況を指す。1990年代の日本は，バブル崩壊による金融不安や構造不況が続いて「失われた10年」とよばれた。2000年代に入ると，小泉構造改革が実行されたが，経済成長は低迷したままであり，年金不安問題や世界金融危機なども重なって「失われた20年」と表現された。2010年代に入ると，人口減少問題，社会保障問題，財政赤字問題などが解決困難な次元に進み，国民全体に将来的不安が生じる。安倍政権下のアベノミクス政策も経済成長にはつながっておらず，さらには，世界的なIT革命，AI革命への乗り遅れも深刻化した。こうした状況が「失われた30年」と表現されている。

　類「失われた10年」**B**　「失われた20年」**C**

財テク **C**（ざい-）　財務テクノロジーの略。高度なテクニックによって資金の調達や運用をすること。本来，資金の調達や運用は専門の金融機関がおこなっていたが，1980年代には世界的に金融機関以外の企業が，余裕資金を株や土地などに投機するなどの方法で財テクをおこなった。

地価 **C**（ちか）　土地を売買する時の単位面積当たりの価格。実際の取引価格である時価（実勢価格）のほかに，地価公示法による公示価格，国土利用計画法による基準地価，相続税評価額，固定資産税評価額がある。高度経済成長以降では，1960年前後，1975年前後，1980年代後半のバブル経済期と，地価は3度高騰した。しかし，バブルの崩壊以降，地価は下落した。

金融・不動産業（きんゆうふどうさんぎょう）　営利目的で土地や建物などの不動産を担保として金銭や資金の融通をおこなう事業。バブル

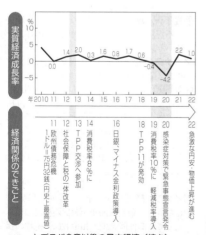

▲ プラザ合意以後の日本経済（続き）

経済の時期，多くの金融機関が不動産を担保として資金の融資をおこなったが，バブルの崩壊により不動産の価格が下落したため，担保の価値が低下，融資した資金の回収が困難になった。

金融不安 **C** (きんゆうふあん)　バブル崩壊後の金融機関の破綻や不良債権，貸し渋りなどを背景に，1997年から起きた金融機関に対する不安。とくに民間企業で資金繰りへの不安が大きかった。

金融再生法 **C** (きんゆうさいせいほう)　1998年に成立。正式名は「金融機能の再生のための緊急措置に関する法律」。金融システムの安定化をはかるため，金融機関の破綻処理の方法などを定めた。1998年，日本長期信用銀行に初めて適用された。

金融健全化法 (きんゆうけんぜんかほう)　1998年に成立。経営破綻を未然に防ぐため，金融機関に公的資金を注入するための法律。1999年，大手15銀行に対して総額7兆円余の公的資金が注入された。

財政構造改革法 (ざいせいこうぞうかいかくほう)　財政危機や赤字国債依存体質から脱却するため，1997年に制定された法律。不況が深刻化し，翌98年には小渕恵三内閣のもとで施行が停止された。

不良債権 **A**5 (ふりょうさいけん)　回収が不能・困難になった，金融機関が融資した貸出金。バブル崩壊後，金融機関の抱えた多額の不良債権により金融機関の倒産や貸し渋りが発生した。2000年代に入り，デフレ経済の下で不良債権が急増し，その処理をめぐって政治問題化した。

　　　　　　　　　題 不良債権処理問題 **C**3

産業再生機構 (さんぎょうさいせいきこう)　企業の再生と不良債権の処理を促進するため，2003年に政府関与で設立された株式会社。銀行が所有する不振企業の株式・債券を買い取り，それらの企業の経営立て直しなどをおこなった。2007年に解散。

金利の自由化 **C**2 (きんり-じゆうか)　預貯金などの金利を金融市場の実勢にあわせて変動させること。従来，金利は規制下にあったが，金融の国際化にともなって1980年代から自由化が進んだ。1985年の大口定期預金金利の自由化に始まり，1994年には当座預金以外の金利の完全自由化が実現した。

金融ビッグバン **B**11 (きんゆう-)　ビッグバンは，宇宙の始まりの大爆発をさす。ここから転じて，サッチャー政権のもとで，1986年にイギリス証券取引所が実施した証券制度の大改革をさすようになった。売買手数料の自由化，株式売買のコンピュータ化，取引所への銀行の参加などの結果，ロンドン市場は活性化した。日本でもこれにならい，各種規制緩和，金融持株会社の解禁と活用，外国為替業務の自由化など，金融制度の改革が実施された。これを日本版ビッグバンという。スローガンは「フリー・フェア・グローバル」の三つ。

　　　　　　　　　題 日本版ビッグバン7
　　　　　　　フリー・フェア・グローバル

金融システム改革法 **C**1 (きんゆう-かいかくほう)　フリー・フェア・グローバルを原則とした日本版ビッグバンに対応するために整備された法律。1998年成立。銀行・証券・保険業務への新規参入などが盛り込まれ，日本の金融システムの自由化は一気にすすんだ。

談合 **C** (だんごう)　公共事業等において，複数の入札業者が事前に話し合って落札価格や落札業者などを決めておくこと。談合は公平な競争を妨げるものであり，独占禁止法の禁止条項や刑法の談合罪に該当する。外国企業の参入を妨げる経済障壁として諸外国からも批判されている。

平成不況 **B**8 (へいせいふきょう)　バブル崩壊後の不況。1991年2月から1993年10月まで続いた。

マイナス成長 (-せいちょう)　☞ p.231（マイナス成長）

住専問題 (じゅうせんもんだい)　住専とは，個人向け住宅ローンを専門とするノンバンク，住宅金融専門会社。バブル経済のときに不動産向けに多額の融資をしたため，バブル崩壊後に多額の不良債権を抱えることになった。1996年成立の住専処理法により公的資金が投入された。

　　　　　　　　　題 住宅金融専門会社

ペイオフ **A**2 [pay-off]　金融機関が破綻した場合，金融機関が預金保険機構に積み立てている保険金で，預金者に一定額の払い戻しをおこなう制度。払い戻し額の上限

は，預金者一人当たり元本1000万円とその利息。2005年4月から，これまで凍結されてきたペイオフが全面解禁された。中小企業向けの融資を専門におこなう日本振興銀行が破綻処理を申請し，2010年に初のペイオフが発動された。

預金保険機構 **C**（よきんほけんきこう）　経営不振の金融機関が，預金の払い戻しができなくなった際，その金融機関の預金払い戻しに応じる機関。金融機関の破綻処理もおこなう。預金保険法に基づき1971年に設立。信託を含む銀行・信用金庫・労働金庫などに加入を義務づけている。

国際決済銀行B（**BIS** **A**②）〔Bank for International Settlements〕（こくさいけっさいぎんこう）　各国の中央銀行などによって1930年に設立された銀行。ビス。本店はスイスのバーゼルにある。国際金融協力などで重要な役割を果たす。

ＢＩＳ規制 **B**②（びすきせい）　ＢＩＳ（国際決済銀行）のバーゼル銀行監督委員会が定めた銀行経営健全化のための統一基準。国際業務を営む銀行の自己資本比率（自己資本÷総資産×100）を8％以上とするもの。2010年には，国際的な金融危機を防ぐために新たな基準が設けられた。バーゼル3とよばれるこの基準は，①返済の必要がない株式や，利益を積み上げた内部留保だけで構成する，質の高い中核的自己資本（コアティア1）の比率を7％以上とする，②8％の現行自己資本比率を引き上げる，ことなどを求めている。　☞p.197（自己資本比率）

類バーゼル3

貸し渋り **A**②（かーしぶー）　バブル崩壊後，日本の金融機関が融資条件を厳しくして貸し出しに慎重になったこと。要因として，不良債権の増大とＢＩＳ規制があげられる。

貸し剥がし（かーはがー）　金融機関が企業などにすでに融資している資金を強引に回収すること。金融機関が融資額を減らして自己資本比率を上げるためにおこなわれた。

ゼロ金利政策 **A**②（-きんりせいさく）　日本銀行が1999年，無担保コール翌日物金利を実質0％にした政策。2001年からは公定歩合も0.10％に引き下げられた。2006年にいったん解除されたが，10年から不況を

背景に復活した。

類超低金利政策

量的緩和政策 **A**⑪（りょうてきかんわせいさく）　日本銀行が2001年から06年までおこなった超金融緩和政策。短期金融市場の金利を実質0％に引き下げても景気悪化とデフレが進んだため，金融調節の目標を「金利」から「資金量」に切りかえた。これによって，銀行などに資金がふんだんに注ぎこまれた。

構造改革 **A**⑥（こうぞうかいかく）　自由な経済活動と市場機構が十分に機能するよう，障害となる規制や制度の見直し・廃止をおこなう全体的な改革。とくに，小泉純一郎内閣のもとで，郵政事業の民営化，特殊法人の整理，不良債権の処理，規制緩和の推進などがおこなわれた。いわゆる「痛み」をともなうこれらの改革の結果，大企業を中心に景気回復がなされたが，国民のあいだに所得などの格差が広がった。

かげろう景気（-けいき）　2002年2月から08年2月までつづいた景気拡大期の呼び名で，当時の与謝野馨経済財政相が命名。いざなぎ景気（57か月）やバブル景気（51か月）を上回り，戦後最長の73か月におよんだ（当初の暫定設定では07年10月までの69か月）。しかし，輸出企業が空前の利益をあげる一方，労働者の賃金抑制で個人消費が伸び悩むなど，「実感なき景気回復」とも評された。いざなみ景気ともよばれる。

同実感なき景気回復**B**①　いざなみ景気**C**

新成長戦略（しんせいちょうせんりゃく）　2010年に成立した民主党の菅直人内閣がかかげた「強い経済，強い財政，強い社会保障」という目標を実現するための政策。2020年度までの経済運営の指針とした。具体的には，実質経済成長率を年2％超，名目経済成長率を年3％超，などとするもの。菅内閣を引き継いだ野田佳彦内閣は2012年，「日本再生戦略」を閣議決定した。

類日本再生戦略

日本再興戦略（にほんさいこうせんりゃく）　経済財政諮問会議の「骨太の方針」とともに，自民党の安倍晋三内閣の経済政策の中心となったもの。首相が議長を務める産業競争力会議がまとめ，閣議決定される。アベノミクスの第三の矢である成長戦略の中核をなす。

1億総活躍プラン（-おくそうかつやく-）　保育士

や介護職員の待遇改善などで子育てや介護の支援をおこなおうとする安倍政権下の政策。給付型奨学金の創設なども含む。一億総活躍担当国務大臣も設置されたが，2021年に廃止された。

産業構造の変化

産業構造 **B** **5**（さんぎょうこうぞう）　一国の全産業の特徴を，労働力や生産額の各産業分野間の構成比で示したもの。産業は，農業・製造業・サービス業などさまざまに分類される。よく知られる産業分類として，第一次産業・第二次産業・第三次産業がある。また産業構造は社会の変化を反映し，所得水準の向上による需要構造の変化や技術革新などにより，長期的に変化する。第一次産業は農業・林業・水産業・牧畜業など。第二次産業は工業・建設業・鉱業など。第三次産業は金融業・サービス業・不動産業・通信業・出版業・自由業など，第一次・第二次産業以外のすべてが含まれる。

類 第一次産業 **C** **8**　第二次産業 **C** **10**
第三次産業 **C** **11**

産業構造の高度化 **B**（さんぎょうこうぞう−こうどか）
各国の産業の比重が，経済の発展につれて，第一次産業から第二次産業へ，さらには第三次産業へと移行すること。「農業よりも工業のほうが，また工業よりも商業のほうが所得が大きい」と述べたイギリスのペティの説をもとに，労働力の構成比の変化から，イギリスの経済学者コーリン＝クラークがこの法則を指摘したため，ペティ・クラークの法則とよばれる。ドイツの経済学者ワルター＝ホフマンは工業について，消費財産業と，機械などを生産する資本財産業（投資財産業）とに分け，経済の発展につれて前者の比率が低下することを発見した。これをホフマンの法則という。

類 ペティ・クラークの法則 **B** **3**
ホフマンの法則

第一次・第二次・第三次産業の比率 **4**（だいいちじだいにじだいさんじさんぎょう−ひりつ）　明治初期の1872年の日本の産業構造は，就業人口で第一次産業が84.9％，第二次産業が4.9％，第三次産業が10.2％を占め，典型的な農業国だった。当時の欧米諸国の第一

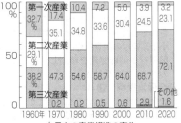

▲日本の産業構造の変化

次産業の比率は50％を割っていた。明治政府の殖産興業政策の結果，第一次産業の就業者の比率は時代とともに低下し，国勢調査などによれば昭和に入って50％を割り（1930年で49.7％），1980年には10.4％，2015年には3.6％まで減少した。ペティ・クラークの法則が，日本にも欧米先進国にも同様にみられる。

国勢調査 **C**（こくせいちょうさ）　国の基本的な行政資料として，人口や世帯構成，産業構造などを把握するために，5年ごとに全国民を対象としておこなわれる調査。1920年以降，10年ごとに大規模調査が，その中間年に簡易調査が，総務省統計局の主管で実施されている。この結果が，衆議院議員小選挙区の区割り見直しや地方交付税の分配などにも利用される。

軽工業 **2**（けいこうぎょう）　繊維・食品・印刷工業など，鉄などと比較して軽いもの，特に消費財を生産する工業をさす。

鉱業 **1**（こうぎょう）　鉄や銅など，地下資源である鉱石を採掘・精錬して金属を取り出す産業。第二次産業に分類される。

工業立地 （こうぎょうりっち）　ある地域に工業が成立するための基本的な条件。原材料や労働力の供給，原材料や製品の輸送など。条件は産業の種類や時代によって変化するが，必要な条件を満たす最適地が選ばれる。また，企業がより安価な労働力を求めて海外移転するなど，より条件のよい地域への工場の移転も起こる。

国内資源立地 （こくないしげんりっち）　工業立地の基本条件を，国内で資源を確保しやすい地に求めること。製鉄所が産炭地の近くに設立される例など。

消費市場立地 （しょうひしじょうりっち）　工業立地の基本条件を消費地の近くに求めること。

臨海工業地帯 C（臨海工業地域）（りんかいこうぎょうちたい）（りんかいこうぎょうちいき）　東京湾や大阪湾沿岸など臨海部の工業集中地域。臨海部は港湾に恵まれ，原料の搬入や製品の搬出に都合がよく，鉄鋼・造船・石油化学などの重厚長大産業が集中している。南関東・東海・近畿中央部を経て，北九州に至る地域を太平洋ベルト地帯とよぶ。
　　　　　　　　　　　　　類太平洋ベルト地帯

コンビナート C2［Kombinat］　密接に関連する生産技術・工程などを中心に生産の効率化・合理化をはかるために，複数の企業が地域的に結びついて集団を形成したもの。コンビナートは，旧ソ連では鉄鋼と石炭を中心に形成されたが，わが国では石油化学コンビナートがその典型。結合には，①原料加工工程の連続性によるもの，②副産物や製品の相互利用によるもの，③材料の総合利用によるもの，などがある。

就業人口 1（しゅうぎょうじんこう）　経済活動人口中，調査時に就業している者。日本の労働力調査では，生産年齢人口である15～64歳の人口のうち，調査月末の1週間に1時間以上の収入をともなう仕事をした者をいう。潜在失業者を含む。

高学歴化（こうがくれきか）　同世代のなかで，高学歴者の比率が高まること。高学歴化により，就業人口のなかの新規学卒者の高年齢化が進行する。日本では高校進学率は98.8％，大学（短大も含む）進学率は57.9％である（平成30年度）。同世代で15歳ないし16歳で社会に出る者（中卒者）は極めて少数で，18歳から就業する者（高卒者）が増え，22歳を過ぎてほぼ全員が就業人口となる。

高等教育の普及（こうとうきょういく-ふきゅう）　大学・短大への進学率が上昇すること。日本では1960年代半ばから上昇，18歳人口に占める大学・短大への進学率は，1966年の16.1％から2020年には58.1％となった。

国境なき経済［borderless economy］（こっきょう-けいざい）　ヒト・モノ・カネ・情報などが，国境にとらわれずに移動する経済。ボーダレス経済ともいう。企業活動や国際金融システムなどが，従来の国家や民族の枠をこえておこなわれること。貿易規模の拡大，交通の発展，情報・通信の発達など

が背景にある。多国籍企業の活動や外国人労働者なども身近な問題になってきた。
　　　　　　　　　　　　同ボーダレス経済

経済のソフト化・サービス化 B4（けいざい-か-か）　**☞ p.179**（経済のソフト化・サービス化）

知識集約型産業 C（ちしきしゅうやくがたさんぎょう）　労働力や生産設備より，知識・ノウハウ・技術などの持つ価値が重要視される産業分野。①教育，②研究・開発，③コミュニケーション・メディア，④情報機器，⑤情報サービスの五つの分野があげられ，第四次産業ともよばれる。

サービス産業 C（-さんぎょう）　財の生産以外の経済活動にかかわる産業のすべてをさす。不動産・運輸・卸売・小売・情報・飲食・文化・スポーツ・レジャー・金融などが含まれる。第三次産業の主要分野を構成する。

地上デジタル放送（ちじょう-ほうそう）　デジタル信号を利用した地上波でのテレビ放送。2003年から東京・大阪・名古屋の三大都市圏の一部で開始。2011年からは，アナログ放送にかわって全面的に実施。これに対応して，新しく電波を発信する東京スカイツリーが建設された。地デジと略す。

情報産業 C1（じょうほうさんぎょう）　コンピュータ・通信機器などの情報関連機器の製造および関連するソフトウエア開発や情報処理関連産業の総称。コンピュータ産業は，無公害・高付加価値・資源節約の知識集約型産業といわれ，情報化の進展とともに，1970年代以降，重要産業として政策的支援を受けてきた。ニューメディアや電気通信産業の発達もめざましい。

情報サービス産業（じょうほう-さんぎょう）　各種情報やデータの収集・分類，コンピュータ処理などのサービスをおこなう産業をさす。

エレクトロニクス産業 C（-さんぎょう）　**☞ p.177**（エレクトロニクス産業）

半導体 C（はんどうたい）　金属のように電気の流れやすいものと電気の流れない絶縁体との中間の物質。ゲルマニウム・シリコンなど。これらを利用して，1948年にトランジスタが，1960年には集積回路（IC）が発明され，その後のエレクトロニクス産業や情報化社会の発展の基礎となった。

メカトロニクス産業［mechatronics ＝

mechanics + electronics industry]〔-さんぎょう〕　日本でつくられた合成語。複数業種にわたる製品開発例の一つで，メカニクス（機械工学）とエレクトロニクス（電子工学）との領域が総合された産業。ロボットや人工知能などが典型。

アモルファス化〔-か〕　無定形状態化すること。経済市場において，従来の商品やサービスでは発展が望めなくなってきている状況をさす。

先端産業〔せんたんさんぎょう〕　技術・ノウハウの先頭をいく産業。エレクトロニクス・光通信・新素材・バイオテクノロジー（生命工学）など。コンピュータと通信技術を組み合わせたコンピュータ-ネットワークやオンラインシステムの開発，ニュー-メディアやエレクトロニクス関連産業をさす。新しい技術革新の方向は「エネルギー消費が少なく，情報を基本的な資源とする」（未来学者のトフラー）ものとされる。

同先端技術産業　類トフラー

ハイテク産業 C〔-さんぎょう〕　ＬＳＩ（大規模集積回路）・センサー・レーザーなどの高度先端技術（ハイテクノロジー）を基盤とする産業。①ＬＳＩなどのマイクロエレクトロニクス，②コンピュータやセンサーなどの頭脳を持つ機械を中心とするメカトロニクス，③セラミックスなどの新素材産業，④レーザーを中心とする光産業，⑤バイオテクノロジーを中心とする生物利用技術，などの分野がある。

類ハイテク B

研究開発部門〔けんきゅうかいはつぶもん〕　企業における生産部門や営業部門ではなく，生産に必要な新技術や新製品の開発を担当する部門。先端技術の急激な発展により，特にハイテク産業において研究開発部門の重要性が高まっている。

バイオインダストリー[bioindustry]　生物技術産業。遺伝子（ＤＮＡ＝デオキシリボ核酸）を操作して組み換える研究や，品種改良などのバイオテクノロジーを産業技術として応用したもの。

ファイン-セラミックス[fine ceramics]　精製した人工原料からつくる高性能の陶磁器類の一つ。耐熱性・絶縁性などに優れ，先端産業分野で用途が広がっている。

ニュー-セラミックスともいう。

同ニュー-セラミックス

産業構造審議会〔さんぎょうこうぞうしんぎかい〕　通商産業（経済産業）大臣の諮問機関。1964年設置。委員は学識経験者で，定員130名以内。総合部会を中心に，各種の部会や小委員会がある。産構審と略称。

ホームショッピング[home shopping]　通信販売・カタログ販売・テレビショッピング・インターネットなどを利用し，家庭に居ながらにして買い物をすること。社会の情報化にともなって増加している。

コンビニエンス-ストア　コンビニエンスとは「便利」の意。主に飲食料品を扱い，売り場面積30㎡以上250㎡未満，営業時間が1日14時間以上のセルフサービス販売店（経済産業省による定義）。長時間営業（年中無休，24時間営業も多い）をおこなう，小さなスペースで食品・日用雑貨などを扱う小売店をさす。経営形態には直営チェーン店とフランチャイズ制によるものとがある。スーパーマーケットとの系列関係もみられる。

ＰＯＳシステム〔ぽす-〕　販売時点情報管理システム。ＰＯＳとは pointofsales の略。コンビニエンス-ストアなどでの商品管理方法。コンピュータとバーコードによって消費の動向を即座に把握し，単品ごとに販売・在庫管理を効率よくおこなう。

同販売時点情報管理システム　類バーコード

プライヴェート-ブランド（ＰＢ）　大手の流通・小売業者などが自ら企画や開発をおこない，外部に生産を委託して独自のブランド名で販売する商品。これに対して，製造業者が自社製品に付けるものをナショナル-ブランドという。

対ナショナル-ブランド

消費の多様化〔しょうひ-たようか〕　経済の発展，所得水準の向上にともなって，人々の欲求が多様になり，それにあわせて消費が多様になること。所得水準が向上するにつれ，生活に直接関係のない，しかも他人とは異なるモノや情報などを求めるようになった。

ライフ-スタイル[life style]　人間が営む生活様式。衣食住だけでなく，行動様式や価値観，交際や娯楽などトータルな暮らし方を意味する。生活水準の向上，価値観の

多様化，情報化の進展などにより，人々の
ライフ-スタイルが変化してきた。

レジャー産業（-さんぎょう）　ホテル・旅行・娯
楽・外食産業など，余暇生活に関連した産
業をさす。日本の経済発展にともない，
人々はモノだけでなく，余暇生活の充実を
求めるようになった。このような人々の
ニーズの変化に対応して，近年ではレ
ジャー産業の発展がめざましい。

デジタルデバイド［digital divide］　情報
格差のこと。インターネットなどの急速な
普及の陰で，個人間の年齢・能力の差異や，
国家間の経済格差などによって，情報通信
を利用できる人と，そうでない人（情報弱
者）との間で格差が広がる事象。
　　　　　　　　　　　同 情報格差

企業城下町（きぎょうじょうかまち）　一つの大企業
を中心に，その関連企業などが集積して社
会や経済の基盤ができた町。トヨタ自動車
の愛知県豊田市，日立製作所の茨城県日立
市，パナソニックの大阪府門真市など。

ＯＥＭ［original equipment manufac］
相手先のブランド名で生産する方式やその
製品。委託する側は自社で製造するよりも
低価格で仕入れができ，受託する側も大量
生産によるメリットがあるとされる。自動
車部品や家電製品，ＯＡ機器など，さまざ
まな分野で普及している。

格安航空会社（ＬＣＣ）［Low Cost Carri-
er］（かくやすこうくうがいしゃ）　運賃を安く設定し
た新しいタイプの航空会社。航空自由化を
背景にアメリカで最初に導入された。使用
機種の統一化や人件費コストの圧縮など，
さまざまな手段で経費を切り詰め，その分
を安い航空運賃に反映させる。2012年か
ら日本でも3社による運航が始まった。

ネットスーパー　インターネットを通じ
て顧客の注文を受け，スーパーマーケット
などから自宅まで商品を届けるサービス。
スーパー大手のほか，通販大手，生協など
が取り組んでいる。社会的な背景に，身近
な地域から商店が消えたことによる「買い
物弱者」などの存在もある。
　　　　　　　　　類 買い物弱者 C

2 都市問題

核家族 C（かくかぞく）　一組の夫婦とその未婚
の子どもからなる家族をさす。第二次世界
大戦後に家父長的家族制が解体され，昭和
30年代頃から核家族化の傾向が著しく
なった。資本主義社会以前は，家業をおこ
なうために家族全員で共同生活を営むこと
が多く，必然的に家父長的家族（拡大家
族・直系家族）を形成した。資本主義が発
達し，工業社会となると，生産労働の場は
家庭の外に移った。こうして，従来同居し
ていた親と子の世帯は，より小さな世帯に
分離していった。それまで大きな権力を
持っていた家父長の力は衰え，家族は夫婦
単位で独立・対等の関係に変化した。
2010年の国勢調査では，これまで総世帯
数の3割以上を占めてトップだった「夫婦
と子」の世帯数が，単独世帯数を初めて下
回った。

都市化 C（としか）　都市に人口が集中して都
市が肥大化すること。日本の都市化は，明
治期以降から続くすう勢的変化であるが，
第二次世界大戦後，大都市圏への急激な人
口集中と，都市以外の人口の急減という現
象（過密と過疎）が同時に進行した。明治
期以来の産業化・工業化とよばれる産業構
造の変化による労働力移動が最大の理由で
あり，産業構造は農業中心から，工業中心
へと移行した。工業社会は大量の労働力を
必要とし，人口の都市への集中は，第三次
産業としてのサービス業や商業の発達をう
ながした。加えて，1955年頃からの高度
経済成長による重化学工業化と技術革新が，
都市化の傾向に拍車をかけた。都市化とそ
れに基づくライフ-スタイルの変化は家
庭・地域社会のあり方を大きく変化させた。

人口集中（じんこうしゅうちゅう）　都市または都市
圏へ人が集中すること。人口集中の結果，
地価騰貴とそれによる住宅難・通勤問題・
水不足・環境汚染など，生活基盤関連施設
に関するさまざまな問題が発生した。

ドーナツ化現象 C（-かげんしょう）　地価高騰な
どにともない，大都市の私鉄ターミナル駅
などを中心にみられる現象。駅周辺の宅地
は地価高騰で手が出ず，この部分を空洞に

したように周辺に住宅が形成された結果，都市中心部に人口の空洞化が生じた。

スプロール現象 **C** (-げんしょう)　都市が周辺に向けて，無秩序・無計画に虫食い状態に拡大している現象をいう。都市は，土地区割り・道路建築物・上下水道などが計画的に整備されてはじめて正常に機能する。スプロール化が進むと，公共施設など社会資本の整備が困難になる。これに対して，商店・公共施設・住宅などが街の中心部に集中し，歩いて日常生活をすごせるような「コンパクトシティ」とよばれる街づくりへの関心が広がっている。

類コンパクトシティ **B** **5**

Uターン ［U-turn］　地方から大都市へいったん就学・就職した者が，人口の過密，環境汚染などによる都市機能の低下や雇用機会への不満という現実を前に，再び地方にもどる現象をいう。高度経済成長後の1975～85年頃に指摘された。

Jターン ［J-turn］　地方から都会へでてきた労働者のなかで，大都市周辺の交通網の発達を利用し，都市周辺や地方の中核都市に定住する者が増えている現象をさす。完全にふるさとにもどらないことから，UではなくJターンとよぶ。

Iターン **C** ［I-turn］　大都市の出身者が地方企業などに就職や転職をして，そこに定住すること。移住先を自らの好みで自由に決めるのが特徴である。こうした人たちを，過疎化対策として政策的により寄せようとする地方自治体もある。

Vターン ［V-turn］　進学などで地方から大都市に出た者が，出身地とは別の地方に就職したり移住したりすること。

過密問題 **2**(かみつもんだい)　人口が過度に都市に集中することによって引き起こされる諸問題。公害や交通問題，社会資本の不足などがある。

過疎問題 **2**(かそもんだい)　都市と農村との経済格差のため，農村人口が都市に流出して，急激に減少することにともなう諸問題。人口の急減により，農村のコミュニティや行政組織が崩壊するなどの問題が発生した。過疎対策として政府は，1977年に第三次全国総合開発計画（三全総）を策定，若年層の地方定住を促進しようとした。

挙家離村 (きょかりそん)　家族全員で農山村を捨てて，都市に移住すること。1960年代以降の高度経済成長にともない，多くの人々が離村し，都市に移住して労働者になった。

限界集落 **B** **2**(げんかいしゅうらく)　過疎化が著しくすすみ，共同体として維持できIなくなった集落（地域）。65歳以上の高齢者がその地域人口の過半数を占め，冠婚葬祭などの共同生活が困難になることなどが目安とされる。しかし，「限界」という強い響きをもつネーミングに違和感を表明する地方公共団体の関係者も少なくない。

土地基本法 **C** (とちきほんほう)　1989年に成立した法律。土地利用について，公共の福祉優先や計画的利用，土地投機の抑制，受益者負担の原則などを定める。この法の制定により，バブル経済の終息につながった。

全国総合開発計画 (ぜんこくそうごうかいはつけいかく)　1962年策定。新産業都市を指定して開発の拠点とした。一方で，過密・過疎の問題，公害の問題を引き起こした。

新全国総合開発計画 (しんぜんこくそうごうかいはつけいかく)　1969年策定。高速交通体系の整備と大規模産業開発の推進をはかった。

第三次全国総合開発計画 **1**(だいさんじぜんこくそうごうかいはつけいかく)　1977年策定。定住圏構想を打ち出し，国民の生活を優先する計画を提示した。

第四次全国総合開発計画 (だいよじぜんこくそうごうかいはつけいかく)　1987年策定。高速交通ネットワークの形成と多極分散型国土建設をめざした。

第五次全国総合開発計画 **1**(だいごじぜんこくそうごうかいはつけいかく)　1998年策定。目標年次は2010～15年。多軸型国土を提唱した。なお，政府はこれ以降の全国総合開発計画を廃止する方針を決めている。

国土形成計画 (こくどけいせいけいかく)　全国総合開発計画にかわって策定された国土の利用・整備・保全をすすめるための長期計画。根拠となる法律も「開発」の文字を削除し，2005年に国土形成計画法となった。計画は，国全体の大まかな方針を示す全国計画と，地域ブロックごとの広域地方計画との二つを柱とする。

テクノポリス計画 (-けいかく)　テクノポリス

とは，テクノロジーと都市を意味するポリスとを組み合わせた造語で，工業集積の著しい地域に高度技術産業都市をつくる構想をさす。1983年のテクノポリス法（高度技術工業集積地域開発促進法）に基づき，89年までに全国で26地域が指定された。

類テクノポリス法
（高度技術工業集積地域開発促進法）

ＰＦＩ **C** [Private Finance Initiative] プライヴェート-ファイナンス-イニシアティヴ。道路や公民館の建設・維持管理など，これまで公共部門が担ってきた社会資本の整備に民間資本を導入するしくみ。民間資本主導と訳される。サッチャー政権時代のイギリスを先例とし，日本でも1999年にＰＦＩ法（民間資金等の活用による公共施設等の整備等の促進に関する法律）が制定された。

ライフライン **C** 電気・ガス・水道など，市民の社会生活に不可欠な線や管などで結ばれた施設。交通網などのシステムも含む。地震や台風などでこれらの一部が切断されると，広範囲に機能麻痺が引き起こされる。

ランドマーク [1] [landmark] その地域の象徴となるような建物や記念碑。都市を活性化させる取り組みとして，東京都墨田区の「東京スカイツリー」や大阪市阿倍野区の「あべのハルカス」などの超高層建物の建築が続いている。

類東京スカイツリー[1]　あべのハルカス[1]

空き家問題 **C** （あーやもんだい）　居住者がいなくなった空き家にかかわる諸問題。空き家は全国で約846万戸，空き家率は13.6％（2018年調査）と過去最高を記録した。過疎地だけでなく都市部にも広がり，景観や治安上の問題も指摘される。背後には，少子高齢化や負担増などによる所有放棄がある。2015年から空き家対策法が全面施行され，所有者に適切な管理などを求めている。地方公共団体やＮＰＯ法人などによる空き家バンクの取り組みも始まっている。

類空き家バンク

民泊 [1]（みんぱく）　外国人旅行者などを，民家やマンションの空き家に有料で宿泊させること。国家戦略特区の一環をなす。旅館業法では，有料宿泊は事前の営業許可が義務

づけられる。2018年には，無許可営業などへの罰則を強化した民泊新法（住宅宿泊事業法）が施行された。

統合型リゾート施設整備推進法 [2]（ＩＲ整備推進法）（とうごうがた-しせつせいびすいしんほう）　観光振興を目的に，カジノなどを併設したリゾートの整備をはかるための法律。2016年に議員立法で成立。カジノ解禁法ともよばれた。2018年には，カジノ設置地域は全国で3か所，日本人の入場料は6000円，入場回数は週3回・月10回まで，などとするカジノを含むＩＲ実施法が成立。その際，カジノ依存症への対応が急務とされ，ギャンブル依存症対策基本法も制定された。

同カジノ解禁法　ＩＲ実施法

3 中小企業問題

中小企業 **A** [14]（ちゅうしょうきぎょう）　資本金・従業員数・生産額などが中位以下の企業をいう。中小企業基本法によれば，①製造業などでは資本金3億円以下の会社並びに従業員300人以下の会社及び個人，②卸売業では資本金1億円以下の会社並びに従業員100人以下の会社及び個人，③サービス業では資本金5000万円以下の会社並びに従業員100人以下の会社及び個人，④小売業では資本金5000万円以下の会社並びに従業員50人以下の会社及び個人，と定められている。中小企業の比率（製造業）は，事業所数で約99％，従業者数で約69％，出荷額等で約49％を占めている。

業　　種	資　本　金	従業員数
製造業など	3億円以下	300人以下
卸　売　業	1億円以下	100人以下
小　売　業 サービス業	5,000万円以下 5,000万円以下	50人以下 100人以下

▲中小企業の定義　中小企業基本法による

二重構造 **A** [3]（にじゅうこうぞう）　一国経済のなかに，近代的な産業と前近代的な産業が併存すること。日本経済においては，少数の近代的な大企業の下に大多数の前近代的な中小企業が下請け化されて，親会社—子会社の関係が存在している。両者の間には，

賃金などの格差や，支配・従属関係がみられる。経済学者の有沢広巳が1957年に指摘した。

類 親会社 C①　子会社②

下請け A②（したう-）　大企業が製造過程の一部を他の中小企業に請け負わせる制度。時には二重・三重の下請け関係が存在する。一般に下の下請けほど企業規模が小さく，特定の企業からの注文しか受けられず，企業の系列化にも結びつく。その場合，親会社の経営不振はすぐに下請けに波及し，不況下に切り捨てられる下請け企業も多い。一方で，他企業が進出していないくぼみ（すきま）分野で活動するニッチ産業もある。

類 ニッチ産業 B④

系列化（けいれつか）　大企業と中小企業が，親会社と下請けという関係で結合されるように，企業間で生産・流通・販売の密接な結合関係にあること。

賃金格差 C②（ちんぎんかくさ）　日本の大企業と中小企業の間の企業規模別賃金格差が大きい。その原因として，①生産性の違い，②中小企業の低賃金労働による低コスト化，③労働組合の有無とその組織力の差，などがあげられる。

企業間格差（きぎょうかんかくさ）　大企業と中小企業間の格差をいう。設備投資率・付加価値生産性などで比較される。両方とも大企業ほど高くなる傾向がある。設備投資率は労働者一人あたりの有形固定資産投資総額，付加価値生産性は労働者一人あたりが一定期間に生み出す付加価値額をいう。

類 設備投資率　付加価値生産性

原料高・製品安（げんりょうだかせいひんやす）　下請

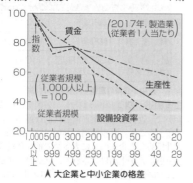

▲ 大企業と中小企業の格差

けの中小企業が大企業から購入する原料・機械などは，独占価格で割高である。一方，中小企業の大企業への製品の納入は，中小企業間の過当競争を利用され，安い加工賃や代金で買いたたかれる。中小企業経営の圧迫要因の一つとされる。

資本集約型産業 C（しほんしゅうやくがたさんぎょう）　一定の生産物を生産するのに必要なコストのなかで，資本の投入率が大きい産業。資本装備率の高さが指標となる。重化学工業のような，機械化の進んだ巨大企業が典型。

労働集約型産業（ろうどうしゅうやくがたさんぎょう）　一定の生産物を生産するのに必要なコストのなかで，労働力（賃金）が他の生産要素よりも大きい産業。農業・商業・サービス業のように，機械化が困難な産業がその典型。繊維・工芸などの軽工業も該当する。

景気の調節弁（けいき-ちょうせつべん）　大企業の下請けや系列化された中小企業が，景気変動による生産増減のしわ寄せを強いられることをさす。具体的には，不景気の時に親会社が，下請け企業に納入させている部品の単価を切り下げたり，発注を停止したりする。こうして，不景気が直接，大企業に波及することを防ぐ。

中小企業金融機関（ちゅうしょうきぎょうきんゆうきかん）　中小企業に対して融資を専門におこなう金融機関。中小企業は大企業に比べ，資金の調達が困難であり，その打開が目的。政府系機関では中小企業金融公庫など（統廃合などで一つの組織に再編）が，民間機関では信用金庫・信用組合などがある。

信用保証協会（しんようほしょうきょうかい）　中小企業が金融機関から資金を借り入れる際，その債務を保証する機関。全国の都道府県別に設置され，金融機関が中小企業に融資して貸し倒れになった場合には全額弁済する。中小企業にとって，金融の「最後のとりで」ともいわれる。

中小企業庁 C（ちゅうしょうきぎょうちょう）　1948年に中小企業庁設置法によって設置された経済産業省の外局。中小企業を育成・発展させ，その経営を向上させる条件の確立を目的としている。中小企業に対する資金の融資の斡旋もおこなっている。

中小企業基本法 A⑤（ちゅうしょうきぎょうきほんほう）　1963年制定。中小企業の基本的目標

を示した法律で，中小企業政策の憲法ともいわれる。中小企業の近代化の促進と，大企業との生産性格差の是正を目標とした。1999年に大幅に改正され，「多様で活力ある成長発展」という政策理念を掲げた。

小規模企業振興基本法 （しょうきぼきぎょうしんこうきほんほう）
従業員20人（商業・サービス業は5人）以下の小規模企業が地域経済や雇用の担い手となっていることに着目し，2014年に制定された法律。中小企業基本法を補完する役割もある。事業の持続的な発展とそれを支援する国の基本計画策定や地方公共団体の責務などを規定している。

分野調整法 （ぶんやちょうせいほう）
1977年制定。豆腐・クリーニングなど中小企業の多い事業分野への大企業の進出を抑え，中小企業の事業活動の機会を適正に確保するための法律である。正式には「中小企業の事業活動の機会の確保のための大企業者の事業活動の調整に関する法律」という。

下請代金支払遅延等防止法 （したうけだいきんしはらいちえんとうぼうしほう）
1956年制定。下請け取り引きの公正化を目的に，大企業の下請け単価の不当な切り下げや，下請け代金支払いの遅れの規制などを定めている。違反行為に対する公正取引委員会の勧告制度も規定。

下請中小企業振興法 （したうけちゅうしょうきぎょうしんこうほう）
1970年制定。下請け中小企業の近代化の効率的な促進，下請企業振興協会による取り引きあっせんの推進などによって，下請け企業の振興をはかることが目的。親企業との間で準拠すべき振興の基準策定，国の指導・助言などを定めている。

中小企業挑戦支援法 （ちゅうしょうきぎょうちょうせんしえんほう）
中小企業の起業を支援するための法律。2003年施行。従来，会社設立時に株式で1000万円，有限で300万円の資本金が必要だったが，特例として1円でも会社（確認会社）の設立が可能になった。

中小企業等金融円滑化法 （ちゅうしょうきぎょうとうきんゆうえんかつかほう）
資金繰りの悪化やローン返済に苦しむ中小企業や個人を救済するため，ローンの借り換えをしやすくすることなどを目的として制定された法律。返済猶予法ともよばれる。2013年3月終了。

中小企業経営承継法 （ちゅうしょうきぎょうけいえい

しょうけいほう）
中小企業の経営者の死亡等により事業活動の継続に影響が出た場合，資金供給の支援措置を講ずるなど，経営の引き継ぎを促進するための法律。

中小企業協同組合 （ちゅうしょうきぎょうきょうどうくみあい）
1949年に施行された中小企業等協同組合法の規定に従って組織された協同組合。中小企業を組合員として，組合員の互助を目的としている。

ベンチャービジネス　**B**③［startup company］
新たなテクノロジー，イノベーション，ビジネスモデルによって，急速な成長性が見込まれている新興企業のこと。「ベンチャービジネス」「ベンチャー企業」は和製英語および英語の誤用であり，近年は「スタートアップ企業　startup company」と言い換えられている。スタートアップ企業のなかでも，評価額が10億ドルを超える企業を「ユニコーン」とよぶ。2022年には，日本の内閣において，スタートアップ企業を支援する「スタートアップ担当大臣」という役職が新設された。

類ベンチャー-キャピタル**C**　エンジェル**C**

能力発揮型中小企業 （のうりょくはっきがたちゅうしょうきぎょう）
専門的知識や創造的才能を生かして，知識集約度の高い活動をおこなう中小企業。

研究開発型中小企業 （けんきゅうかいはつがたちゅうしょうきぎょう）
研究や開発を主な目的として活動をする中小企業。大企業や大学の研究機関を飛び出した人たちが多い。

インキュベーション ［incubation］
もともとは卵がかえる，または培養を意味する語。初期段階のベンチャー企業に対して，実務・経営面で国や地方公共団体などが支援・育成をおこなうこと。その機関のことをインキュベーターという。アメリカなどで普及している。

類インキュベーター**C**

アウトソーシング　**C**②［outsourcing］
外注。企業が業務の一部を専門会社に委託すること。コンピュータ関連分野などに多かったが，現在ではあらゆる業務に及ぶ。

異業種間交流 （いぎょうしゅかんこうりゅう）
異なる業種の多数の中小企業が，技術交流をおこない，そこから新製品の開発をめざすこと。メカトロニクス（機械技術と電子技術の結

合）がその典型例。

地場産業 **A** **9**（じばさんぎょう）　ある特定の地域で，その地域の特性や伝統を生かした特産品を生産する産業のこと。伝統産業ともいわれる。通常，中小企業が多い。輪島・会津・山中の漆器，瀬戸・益子・有田の陶磁器などが知られている。

園 伝統産業

大規模小売店舗法 **C**（だいきぼこうりてんぽほう）大店法と略称。百貨店やスーパーマーケットなどの大規模小売店が，ある地域に進出する際，その地域の中小小売業に悪影響を及ぼすことを防ぐ目的で，1973年に制定された。1993年の改正で，出店調整期間を短縮し，地方公共団体による規制を廃止して，出店規制が緩和された。1998年には大店法にかわって（2000年廃止），大規模小売店舗立地法などが制定された。これによって大型店の出店規制はさらに緩和され，地域の小売業関係は，景気の低迷とあいまって壊滅的な打撃を受けた。

園 大店法①

大規模小売店舗立地法 **3**（だいきぼこうりてんぽりっちほう）　大店立地法と略称。大店法にかわって2000年6月から施行された。店舗面積1000㎡超の大型店の出店に際し，住民合意をふまえて生活への影響などを審査する。地元の小売業者を保護するという発想が改められ，大型店の出店規制が大幅に緩和された。

園 大店立地法①

まちづくり三法 **C**（-さんぽう）　大規模小売店舗立地法・改正都市計画法・中心市街地活性化法の三つの法律をさす。住環境の整備と市街地の商業機能の再生を目的としたものだが，あまり有効に機能していない。

サプライ-チェーン **B** **5**[supply chain]生産活動に不可欠な資材や部品などの供給連鎖または供給網のこと。2011年の東日本大震災で現地部品メーカーなどが被災，供給網が切断された。このため，自動車や電機などの関連分野で減産に追い込まれ，改めてこれらの役割の重要性が再認識された。また，2011～12年のタイの大洪水の際にも，日本の生産活動は甚大な影響を受けた。なお，生産・流通・販売を一つの過程ととらえ，全体を適切に管理する手法を

サプライ-チェーン-マネジメントという。

シャッター通り商店街（-どおーしょうてんがい）地方都市の商店街などの衰退を象徴することば。シャッター街ともいう。駅前商店街などでは，郊外に立地した大型店舗に客を奪われ，後継者不足もともなって廃業などが相次いでいる。

園 シャッター街

アウトレット-ショップ **1**[outlet shop]シーズンが過ぎたりして売れ残った商品や，店頭展示などで傷がついた商品（B級品）を安価で販売する店舗。衣料品などの例がある。アウトレットとは「排出口」の意。

ショッピング-モール **1**[shopping mall]多数の小売店が集まった大規模な複合商業施設。本来は，遊歩道を中心に備えた商店街をさした。広い駐車場があり，郊外に立地することが多い。

4 物価問題

物価 **A** **9**（ぶっか）　一定範囲での複数の商品の価格を，ある基準で総合化したもの。物価の変動が，国民の生産・消費生活に影響することを物価問題という。また，物価が一定期間に平均してどの程度，上昇または下降したかを示したものを物価変化率（％）という。

類 物価変化率

物価指数 **A**（ぶっかしすう）　一定期間の物価水準の変動を測定するための，指標となる統計数字。基準年の物価水準を100として，比較年の物価水準を指数で表示する。全品目を同じ比重で計算するのではなく，生活などへの影響度の大きさに応じて個別価格

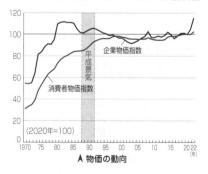

▲ 物価の動向

にそれぞれ独自のウエートをかける。基準年の価格にウエートをかけるのがラスパイレス方式，比較年の各品目にウエートをかけるのがパーシェ方式である。日本では前者が採用されている。この物価指数は，実質GDPの計算や，名目賃金から実質賃金を算出するために用いられるので，デフレーター(実質化因子)といわれる。

消費者物価 **A**③(しょうひしゃぶっか)　小売店と消費者との間で売買される商品の物価。消費者の購入する商品・サービスの物価水準を示す消費者物価指数が用いられる。総務省統計局が作成し，毎月発表される。
> 類 消費者物価指数 **B**⑦

企業物価 **A**(きぎょうぶっか)　企業相互で取り引きされる商品の物価。以前は，卸売段階の物価水準をみる指標として，卸売物価(指数)が用いられてきたが，2003年から企業物価(指数)に呼称が変更された。日本銀行が調査・作成し，定期的に発表している。
> 類 企業物価指数 **B**② 卸売物価 **C**

インフレーション **A**⑦[inflation]　管理通貨制度のもとで，その社会の商品流通に必要とされる以上の不換紙幣が発行・流通し，貨幣価値が下落，その結果として物価が継続的に上昇する現象。インフレーションの影響により，賃金や預貯金が目減りし，不平等な所得分配となる。インフレと略称。

コスト−プッシュ−インフレーション **A**③[cost-push inflation]　賃金や原材料費の上昇によって生じるインフレーション。特に賃金をさすことが多い。

ディマンド−プル−インフレーション **A**④[demand-pull inflation]　総需要(国民の購買力の向上や政府の財政支出の伸びなど)によって生じるインフレーション。

財政インフレーション (ざいせい−)　政府の財政支出の増大，特に赤字公債などの発行によって生じるインフレーション。

輸入インフレーション (ゆにゅう−)　輸入品の価格上昇や，輸出増大による累積黒字が原因で，通貨供給量が増大して生じるインフレーション。

生産性格差インフレーション (せいさんせいかくさ−)　中小企業のような生産性の低い企業が，賃金コストの上昇分を価格に転嫁することで生じるインフレーション。

ギャロッピング−インフレーション [galloping inflation]　駆け足のインフレーションともよばれ，急激に物価が上昇するインフレーションのこと。石油危機後の日本経済はその典型例。

ハイパー−インフレーション **B**②[hyper inflation]　超インフレーション。物価の騰貴と通貨価値の下落が，急激かつ極度に起こる現象。1923年にドイツで起こったマルク価値の天文学的暴落などが代表例。

クリーピング−インフレーション **C** [creeping inflation]　しのびよるインフレーションともよばれ，物価がジワジワとゆるやかに上昇する現象。管理価格による価格の下方硬直性などが原因とされる。

コア−インフレーション [core inflation]　実際に観測された物価上昇のうち，短期的な物価変動の影響を取り除いた，長期的な変動に基づく物価上昇のこと。具体的には，食料やエネルギーなどの価格変動を除いたものをさすことが多い。

賃金と物価の悪循環 (ちんぎん−ぶっか−あくじゅんかん)　賃金と物価が相乗的・循環的に上昇を続けること。賃金の上昇は，企業にとっては，生産費用の上昇を意味する。そのため，企業は製品の価格の引き上げによって，賃金上昇分を価格に転嫁する。こうして物価が上昇すると，労働者にとっては，実質賃金の低下を意味するため，賃上げを要求する。さらに企業は，賃金上昇分を製品の価格に転嫁する。このように賃金の上昇が物価を上昇させ，それがまた賃金を上昇させるといった，スパイラル(らせん)状にインフレが進行する悪循環に陥る。

デフレーション **A**⑥[deflation]　通貨量が商品流通に必要な量以下であるか，有効需要が供給に対して不足するために物価が下落する現象。インフレーションとは逆の現象で，景気の後退や不況に直接結びつく。デフレと略称。不況時に物価の下落がおこり，それがさらに不況を悪化させることをデフレ−スパイラルという。
> 類 デフレ−スパイラル **A**⑥

価格破壊 (かかくはかい)　商品やサービスの価格を大幅に下落させること。1990年代のバブル経済崩壊後，低価格販売を志向するディスカウント−ストアの成長や円高に

よる割安な輸入品の増加などが要因となっ
て生じた。

インフレ-ギャップ ［inflationary gap］
総需要が，完全操業・完全雇用の生産水準
を上まわる場合の需給量の差のこと。物価
の上昇をもたらすので，インフレを生じさ
せるギャップという意味で用いられる。対
策としては総需要の抑制が必要となる。

デフレ-ギャップ ［deflationary gap］ 完
全雇用を達成するのに必要な有効需要より，
現実の有効需要が下まわった場合の需給量
の差のこと。失業や遊休設備をもたらす。
インフレ-ギャップの逆。

インフレ対策 （－たいさく） インフレが進行す
るのを止める政策。インフレの種類によっ
て対策が立てられる。金融政策として，公
開市場操作（オープン-マーケット-オペ
レーション）のうち売りオペレーションな
どが，財政政策として，増税や公共事業の
縮小などがある。特に，戦争中などの非常
事態時には，物価統制令が出される。

所得政策 ［incomes policy］（しょとくせいさく）
政府が企業や労働組合に対して，賃金など
所得の上昇率を労働生産性の上昇率以下に
抑え，物価の安定をはかろうとする政策の
こと。これは，物価の上昇はコスト-プッ
シュ-インフレによるものとする考えに基
づくが，価格メカニズムによる資源の最適
配分の方が有効であるとの批判もある。

価格政策 （かかくせいさく） 価格安定のため，政
府がおこなう政策。公定価格の操作，公共
料金の調整などが，価格抑制策として実施
されることが多い。

物価スライド制 Ｃ （ぶっかせい） 賃金や年金
などを一定の方式にしたがって，物価にス
ライド（連動）させる政策。インフレーショ
ン期に，名目値と実質値の差による不利益
を相殺するためにおこなわれる。インデ
クセーションともいう。

　　　　　　　　　　　　同 インデクセーション

リフレーション ［reflation］ 景気循環の
過程で，デフレーションからは脱したが，
インフレーションにはなっていない状態。

ディスインフレーション ［disinflation］
景気循環の過程で，インフレーションから
は脱したが，デフレーションにはなってい
ない状態。

スタグフレーション Ａ ７ ［stagflation］
景気が停滞しているにもかかわらず，物価
が上昇していく現象。景気停滞（スタグ
ネーション）と物価上昇（インフレーショ
ン）の合成語。1973年の石油危機以降，先
進国で広まった。景気停滞時には，物価が
下がるのが一般的であったが，その考えが
適用できないため，この造語が生まれた。
イギリスの元蔵相Ｉ．マクラウドが議会演
説のなかで最初に用いた。原因は，景気停
滞期において消費的な財政支出が拡大した
ことなどが考えられる。これ以降，ケイン
ズ的な処方箋が否定され，「小さな政府」
的な政策がとられるようになった。

差益還元 （さえきかんげん） 円高などによって売
買の間に生じた利益を還元すること。
1985年９月のプラザ合意以降の急激な円
高，原油価格の下落の際，企業はコスト低
下分（差益）を製品価格に反映させて価格
を下げ，消費者に還元した。

内外価格差 Ｃ （ないがいかかくさ） 同一または同
種の商品価格に，国内と国外とで格差があ
ること。一般には，国外よりも国内の方が
高い場合に問題となる。1970～90年代に
さまざまな問題点が指摘されたが，経済の
グローバル化などで，近年では内外価格差
は縮小傾向にある。

フィリップス曲線 Ｃ ① （－きょくせん） 物価上
昇率と失業率との負の相関関係（トレード-
オフ）をあらわした曲線。物価上昇率と失
業率とは，前者が高いときは後者は低く，
前者が低くなると後者は高くなる，という
関係を示す。イギリスの経済学者フィリッ
プスの名前にちなむ。彼がイギリスの経験
から導きだした賃金上昇率と失業率との関
係が，のちに物価上昇率と失業率との関係
と同一視されるようになった。しかし，こ
れらは短期的には当てはまるが，長期的に
は該当しないともいわれる。

⑤ 食料と農林漁業問題

農地改革 Ａ ① （のうちかいかく） 第二次世界大戦
後，労働関係の民主化，財閥解体とともに
ＧＨＱによりおこなわれた改革。1945年
の第一次農地改革が不徹底であったため，
翌1946年の自作農創設特別措置法と改正

農地調整法に基づいて第二次農地改革がおこなわれ，寄生地主の全小作地と在村地主の1町歩をこえる小作地が，小作人へ売却された。この結果，1949年には自作農が急増し，小作地は1割ほどに減った。農民の生活向上は国内市場を拡大させ，高度経済成長を生み出す要因の一つとなった。しかし，自作農の経営規模は零細で，生産性の発展にはつながらなかった。

零細経営 **C** (れいさいけいえい)　耕地面積が小さく，農業所得額が低い農業経営形態のこと。2016年統計で，日本の1人あたり農地面積は約3.5aであり，国際比較的に少ない。アメリカは126a，イギリスは26a，フランスは44a，ドイツは20aである。労働生産性も低く，兼業農家も多い。さらに都市近郊では農地が宅地に変わり，耕地面積はますます減少傾向にある。

農地法 **A** **4** (のうちほう)　戦後，農地改革により創出された自作農保護を目的として，1952年に制定された法律。その後1970年に抜本的に改正され，借地主義への転換がみられた。1980年の改正では現物小作料が容認され，1993年には農業生産法人設立要件も緩和された。

農家 **B** **1** (のうか)　農業センサスによる農家の定義では，1990年から10a以上の経営耕地面積をもつ世帯のこと。高齢化と後継者不足などで農家の数は減りつづけている。経営耕地面積でみても，1ha未満の販売農家が半数以上を占めている。総農家戸数は2020年で約175万戸。明治期以来の専業・兼業農家のほかに，販売農家・自給的農家という分類が導入され，1995年からは主業農家・準主業農家・副業的農家の3区分も用いられている。なお，GDP（国内総生産）全体に占める農業の割合はおよそ1％である。

販売農家 (はんばいのうか)　農家のなかで，商品生産を目的として農業を営み，経営耕地面積30a以上または農産物販売金額50万円以上の農家をいう。2020年で約103万戸，総農家の6割弱を占める。

自給的農家 (じきゅうてきのうか)　飯米自給などを主たる目的とする農家で，経営耕地面積30a未満かつ農産物販売金額50万円未満の農家をいう。2020年で約72万戸。

専業農家 **C** (せんぎょうのうか)　世帯員中に1年間に30日以上雇用兼業に従事するか，販売額10万円以上の自営兼業に従事した兼業従事者が1人もいない農家をいう。2019年で約37万戸。

兼業農家 **C** (けんぎょうのうか)　世帯員中に兼業従事者が1人以上いる農家をいい，農業と兼業を比較してどちらの所得が多いかで，農業を主とする兼業を第一種兼業農家，農業を従とする兼業（農外所得が多い）を第二種兼業農家と区別する。
同 第一種兼業農家　第二種兼業農家

主業農家 **C** **2** (しゅぎょうのうか)　農業所得が主（農家所得の50％以上が農業所得）で，1年間に60日以上自営農業に従事する65歳未満の者がいる農家。2020年で約23万戸。

準主業農家 **C** (じゅんしゅぎょうのうか)　農外所得が主（農家所得の50％未満が農業所得）で，1年間に60日以上自営農業に従事する65歳未満の者がいる農家。2020年で約14万戸。

副業的農家 (ふくぎょうてきのうか)　1年間に60日以上自営農業に従事する65歳未満の者がいない農家。2020年で約66万戸。

農業所得と農外所得 **C** (のうぎょうしょとく-のうがいしょとく)　農業生産から得た所得が農業所得。他産業に雇用されたり，自家営業に従事して得た所得が農外所得。

農業従事者 **2** (のうぎょうじゅうじしゃ)　15歳以上の農家の世帯員で，年間1日以上自営農業に従事した経験がある者をいう。

農業就業人口 **1** (のうぎょうしゅうぎょうじんこう)　農業従事者のうち，自営農業のみに従事した者または自営農業以外の仕事に従事していても年間労働日数で自営農業が多い者をいう。

基幹的農業従事者 (きかんてきのうぎょうじゅうじしゃ)　農業就業人口のうち，ふだんの主な状態が農業である者をいう。家事や育児を主とする者は含まれない。65歳以上の比率は約70％（2020年）。

農業専従者 (のうぎょうせんじゅうしゃ)　農業従事者のうち，自営農業に従事した日数が150日以上の者をいう。

農業基本法 **A** **5** (のうぎょうきほんほう)　1961年に制定された農業政策の目的と方針を定めた法律。農業の生産性向上と，農民と都市勤労者との間の所得格差の是正とを目的と

した農業構造改革の方向性を提示。農業規模拡大と近代化，米作を中心とした経営から畜産・果樹を含む耕作品目の選択的拡大，などがうたわれた。1999年に改正され，食料・農業・農村基本法が制定された。

食料・農業・農村基本法 Ａ④(しょくりょうのうぎょうのうそんきほんほう)

従来の農業基本法にかわり，1999年に制定された法律。新農業基本法ともいう。食料の安定供給の確保，農業の持続的発展，農村の振興と農業の多面的機能の発揮などを規定している。

農業の多面的機能 ③(のうぎょう-ためんてききのう)

新農業基本法で認められた農業の役割や機能をさす。国土保全，水源涵養，自然環境保全，良好な景観形成，文化の伝承，情操教育など。これらの機能については日本学術会議の答申に基づき民間の研究所による貨幣評価の試算もおこなわれている。

農業の機械化 (のうぎょう-きかいか)

農業の機械化は，19世紀からイギリス・アメリカで，労働生産性や経済効率を高めるために推進されてきたが，狭い耕地では難しい。また，機械化導入による借金で"機械化貧乏"とよばれる問題も生じている。

農業経営基盤強化促進法 (のうぎょうけいえいきばんきょうかそくしんほう)

1992年の新農業政策に基づき，1993年に制定された法律。将来の日本農業を担う，経営感覚に優れ，効率的かつ安定的な経営体としての農家の育成を目的とする。市町村が認定した農家を中心に，認定農家の支援措置の創設などを盛りこんでいる。

農業近代化 (のうぎょうきんだいか)

労働集約的で，生産性の低い小規模・零細な日本の農業経営を根本的に転換すること。具体的には，経営規模の拡大，機械化などによる生産性の向上などを意味する。そのためには共同化や法人化が必要であり，その点で企業化とも一致する。

農業協同組合 Ｂ(のうぎょうきょうどうくみあい)

農協，ＪＡと略称。1947年発足。耕作農民のみによって構成される農業者の団体。加入者を対象とした信用供与，生産物の販売・購買，共済事業などをおこない，特定分野の専門農協を基礎とし，都道府県レヴェルの中央会・信連・経済連・共済連など業務ごとに組織化されている。2015年

には，これまで農協の司令塔的な役割を果たしてきたＪＡ中央(全国農業協同組合中央会)の指導・監査権限を廃止する改革などが，政府主導でおこなわれた。

食糧管理制度 Ａ④(しょくりょうかんりせいど)

1942年制定の食糧管理法に基づき，コメ・ムギなど主要食糧の流通・消費の国家管理によって，需給と価格の安定化・調整を達成するための制度。戦後の食糧不足の時代には，有効性を持ったが，1960年代半ばからのコメの需給関係の緩和などにより，1970年代からは過剰米への対策が重要となった。このため，各種の改革がおこなわれたが，1990年からは，自主流通米価格形成機構の設立によりコメの価格への市場原理も導入され，その結果，1995年には食糧管理法は廃止され，食糧法に移行した。

類 食糧管理法 Ｃ

食糧法 Ａ(しょくりょうほう)

食糧管理法にかわって，コメやムギなどの食糧の生産・流通について定めた1995年施行の法律。正式には「主要食糧の需給及び価格の安定に関する法律」。新食糧法ともいう。この法律で，かつて違法とされてきたヤミ米(自由米)が，計画外流通米として公認された。

同 新食糧法 Ｂ⑥

農産物価格維持制度 (のうさんぶつかかくいじせいど)

農業恐慌時などに暴落した価格を引き上げるために設置された制度。農家所得の保障と農産物価格の安定を目的とする。日本では1942年に成立。戦後は，食糧管理制度がその役割を果たした。

米価 (べいか)

旧食糧管理制度の配給制の下では，1949年に設置された米価審議会の答申によって，米価は事実上決定されてきた。しかしこの米価の決定は，政治的要求を反映したものとの批判も多かった。1995年に施行された食糧法では，コメの輸入などを背景に，①コメの民間流通を軸とした制度の確立と運営，②自主流通米価格を中心に米価への市場原理の導入，③備蓄・生産調整その他に関する政府・民間の協力，④コメ流通ルートの規制緩和と多様化の実現，などが定められた。

米価審議会 (べいかしんぎかい)

1949年に設置された農林水産大臣の諮問機関で，生産者代表・消費者代表・学識経験者ら25名以内

で構成。コメ・麦などの価格決定に関する基本事項の調査・審議をおこなった。2001年の中央省庁再編の際に廃止された。

戸別所得補償制度 C③（こべつしょとくほしょうせいど）

すべての販売農家を対象に，コメ・麦・大豆・飼料作物など重点作物の販売価格が生産費を下回った場合，その差額をもとに所得補償する制度。正式には「農業者戸別所得補償制度」という。民主党がマニフェスト（政権公約）に掲げた農業政策の一つ。2010年度から順次実施されたが，自民・公明連立政権のもとで18年度から廃止。

同農業者戸別所得補償制度①

減反政策 A①（げんたんせいさく）

1960年代後半になると，コメの消費量の低下と生産量の増加により，政府の古米在庫量が増えた。この対応策として，主に生産量の削減という方法がとられた。コメの減反（生産調整）政策は1971年から本格的に開始された。減反面積は行政側から農家に割り当てられ，これに応じた農家には一定の基準で奨励金が交付された。食糧法の下では，減反は個々の農家の自由意思を尊重するとされたが，実際には従来の方式が踏襲された。政府は，2018年度には減反政策を廃止した。

コメの過剰生産 C（かじょうせいさん）

食糧不足の解消のため，第二次世界大戦後，コメの増産がはかられてきた。しかし社会が豊かになり，食生活が多様化するつれてコメの消費量は減少，1960年代後半から生産量が消費量を上まわるようになった。政府は1971年から，コメの減反政策など生産調整を本格的に実施した。

離農化 （りのうか）

兼業農家の増大とともに，高齢化した兼業農家を中心に，農業労働力の不足などから耕作面積の縮小や，農業をやめる傾向が強まっている。これを離農化といい，農村の過疎化に拍車をかけている。

食料自給率 A⑧（しょくりょうじきゅうりつ）

国内で消費する食料の量のうち，国内生産でまかなえる割合。日本の食料自給率（カロリーベース）は，1965年に73％だったものが2022年には38％となっており，長期にわたって減少し続けている。国際比較的に見ても，米115％，英54％，仏117％，独84％，伊58％，加221％などとなっており

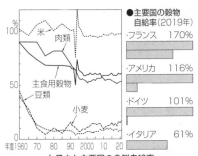

●主要国の穀物自給率（2019年）
・フランス　170％
・アメリカ　116％
・ドイツ　101％
・イタリア　61％

▲ 日本と主要国の食料自給率

（2020年カロリーベース数値），日本の数値の低さが際立っている。

食料自給力 （しょくりょうじきゅうりょく）

国内の農地などを最大限に活用した場合に，国内生産だけでどれだけの食料を生産することが可能かを試算した指標。農林水産省が2015年に初めて試算した。それによると，農地の潜在的な生産能力をフル活用して確保できるカロリーは，必要なうちの7割程度だった。

食料安全保障 A②（しょくりょうあんぜんほしょう）

1980年代のソ連での農業不作により，世界的に飼料・穀物不足となった際，登場した考え方。1988年には北アメリカ大陸を50年ぶりの大かんばつが襲い，小麦・飼料作物・大豆などの生産が減少し，世界的な食料危機が叫ばれた。国連食糧農業機関（FAO）は，食料安全保障について「人々すべてが常時必要とする基本食料に物理的・経済的に確実にアクセスできること」と定義している。日本の食料・農業・農村基本法でも，食料政策の重要な柱として位置づけている。

コメの市場開放 （しじょうかいほう）

旧食糧管理制度の下では，コメは一粒も輸入しないという方針を堅持してきた。しかし，GATT（関税と貿易に関する一般協定）のウルグアイ−ラウンドで，コメについては1995年から，国内消費量の4〜8％をミニマム−アクセス（最低輸入量）として受け入れた（現在は年間約77万トン）。1999年からは，それ以外の輸入米に高率の関税（778％）を課して輸入を開始した。

類ミニマム−アクセス A⑤（最低輸入量 B）
コメの関税化 C②

農産物の輸入自由化 (のうさんぶつ-ゆにゅうじゆうか)
1975年以降，日本への農産物輸入自由化の圧力が高まりつづけ，特にアメリカからの12品目の自由化要求に対応して，1991年から牛肉やオレンジの自由化がはじまった。この結果，日本が輸入制限をしている農産物はほとんどなくなり，低価格農産物の輸入量が大幅に増加するようになった。

穀物メジャー (こくもつ-)　☞ p.413 (穀物メジャー)

緑の革命 (みどり-かくめい)
1960年代以降，穀類の高収量品種の栽培を灌漑・肥料などの技術革新と並行してすすめ，発展途上国の人口増大に対応した食料増産をはかる取り組み。育種から社会経済の改革に至るまで幅広い内容を含む。言葉としては，アメリカのレスター＝ブラウンがレポートで用いてから急速に広まった。フィリピンの国際稲研究所（ＩＲＲＩ）が開発した新品種ＩＲ-8は，ミラクル-ライス（奇跡のコメ）ともよばれ，東南アジア諸国が「緑の革命」を推進する契機となったが，必ずしも定着したとはいいがたい。

生産緑地 (せいさんりょくち)
市街化区域において，継続して農業をおこなう意思を持つ農家の農地。生産緑地法に基づいて指定され，宅地なみ課税が免除される。都市圏の農地は，農業生産の場であるばかりでなく，防災・水質浄化などの機能も期待される。

食育 Ⓒ (しょくいく)
食生活の乱れ，栄養バランスの崩れ，食に関する知識不足などに対し，食の安全や食品の栄養特性，食文化などの情報提供や，地域での実践活動を推進しようとするもの。このため，2005年に食育基本法が制定された。
圞食育基本法Ⓒ

スローフード Ⓒ② [slow food]
外食やコンビニに象徴されるファストフードが，食生活や食文化の荒廃をもたらしたとの反省をふまえ，食における自然で質の高いものを守ろうとする考え方や運動。近年，日本でもスローフードにかかわるＮＰＯ（非営利組織）や市民運動がふえ，伝統食の復活，農業者との連携，食育推進などの活動が活発になっている。

フード-マイレージ Ⓒ [Food Mileage]
食生活の環境への負荷の度合いを数値化した指標。食料輸送量に輸送距離を掛けあわせて算出される。イギリスで提唱された。

地産地消 Ⓑ⑥ (ちさんちしょう)
その地域で採れた農産物をその地域内で消費しようとする取り組みや運動。地元産の野菜を小・中学校の給食の材料として使うなど，食の安全とも関連して多様な形態をとる。

有機農業 (ゆうきのうぎょう)
農薬や化学肥料を使用しないで，たい肥などの自然の有機肥料を用いて生産をおこなう農業。自然農法ともいう。近年，食品の味だけでなく安全性についても関心が高まり，注目されている。ＪＡＳ（日本農林規格）法の改正で，2001年から，国産だけでなく輸入も含めた有機農産物や食品の認証制度がスタートした。農林水産省が1990年代に提起した環境保全型農業もこれに近い形態。
圞環境保全型農業

有機ＪＡＳマーク (ゆうきじゃす-)
審査を受け，ＪＡＳ法（農林物資の規格化及び品質表示の適正化に関する法律）の一定の基準に適合した場合，付けることができるマーク。品名にも「有機」「オーガニック」と表示できる。表示には，第三者機関の審査と認証が必要。2011年から2013年にかけて農林水産省が有機表示の不正で指導した事例が182件にのぼったことが判明した。

エコファーマー
農薬や化学肥料の使用を減らした農業に取り組む農業者のこと。1999年に制定された持続農業法で創設された認定制度に基づく。2020年3月末時点の認定件数は約8.4万。

残留農薬 (ざんりゅうのうやく)
耕作の大規模化・機械化の進展とともに，化学肥料や農薬が大量に使用され，生産物に残留したもの。これによる体内の異常や生態系の変化などが問題となっている。

ポスト-ハーヴェスト [post-harvest]
穀物・野菜・果物などの貯蔵や輸送に際し，害虫やカビの発生を抑えるため，収穫後に農薬を散布すること。日本では輸入農産物のなかから残留農薬が検出された。

生物農薬 (せいぶつのうやく)
農薬・化学肥料による人間の健康や生態系への悪影響を懸念し，害虫の天敵を代わりに使うこと。天敵農薬ともいう。柑橘類の害虫に対する天敵などが発見されている。

バイオ野菜（-やさい）　土を使わないで，肥料を溶かした培養液を用いて栽培された野菜。水耕は消毒などが容易だとされる。現在，ミツバ・カイワレダイコン・トマト・キュウリなどの栽培で実用化されている。

遺伝子組み換え作物B（GM作物C）（い でんしく-か-さくもつ）（-さくもつ）　耐病性や日持ち性などの機能をもつ遺伝子を人工的に組み込んだ作物。日本国内では，GM作物の商業栽培はバラ以外おこなわれていない。遺伝子組み換えは農産物の品種改良などに有用だが，本来は自然界に存在しないため，その危険性を指摘する声が強い。農林水産省は1996年に7品目の遺伝子組み換え農産物の食品安全性を認め，輸入が可能となった。大豆・トウモロコシなど5作物と，それらを原料とする24品目については，2001年から表示が義務づけられた。現在では，表示義務は9農産物33加工品群に広がっている。ただし，加工度の高いしょうゆや食用油などには表示義務はない。

道の駅（みち-えき）　「鉄道に駅があるように，道路に駅があってもよいのでは」という発想で，1993年に創設。市町村などが申請し，国土交通省が認定する。休憩機能・情報発信機能・地域連携機能・防災機能をもつ。休憩施設のほか，産地直売センターなどを備え，地域振興の核となっているところも多い。2023年時点における道の駅の数は1209。

六次産業化　**A**⑪（ろくじさんぎょうか）　"第一次産業（生産）である農林水産業が，第二次産業（加工）や第三次産業（流通・販売）をも手がけること（1×2×3＝6次）。農業者によって運営される農村レストランなどが代表的事例である。六次産業化を推進するため，2010年に「六次産業化・地産地消法」が制定された。2021年度における六次産業の販売額は，農業関連2兆666億円，漁業関連2178億円となっている。"

牛海綿状脳症C（BSEC）［Bovine Spongiform Encephalopathy］（うしかいめんじょうの うしょう）　牛の脳の組織にスポンジ状の変化を起こし，起立不能等の症状を示す遅発性かつ悪性の中枢神経系の疾病。2001年から食用牛の検査と脳・脊髄などの危険部位の焼却を義務化した。アメリカ産牛肉の

輸入禁止措置が一時とられた。「人が牛を狂わせた病気」という意味で，狂牛病ともいう。

同　狂牛病

口蹄疫（こうていえき）　牛・羊・豚などの家畜がかかるウイルス性疾患。家畜法定伝染病の一つ。1週間ほどの潜伏期をへて発熱，口内などに水泡ができる。まれに人間にも感染する。防除が困難で，2010年に宮崎県で発生した際，多くの牛が殺処分された。

トレーサビリティ　C②［traceability］　食の安全を確保するため，食品などがいつ，どのような経路で生産・流通・消費されたかの全履歴を明らかにする制度。BSE（牛海綿状脳症）の発生を契機にして，2003年に牛肉トレーサビリティ法が成立した。

類　牛肉トレーサビリティ法C

鳥インフルエンザ　C（とり-）　鳥類の間でウイルスにより感染する高病原性のインフルエンザ。1990年代後半にアジアで大流行した。日本では2004年に初めて発生，鶏の大量死亡被害を出した。人への感染力は弱いとされるが，東南アジアなどで死亡者も出ている。

新型インフルエンザ（しんがた-）　2009年，メキシコから発生し，世界的な大流行（パンデミック）となったインフルエンザ。豚がもっていたインフルエンザA型ウイルス遺伝子が人間にうつって変異したもの。世界保健機関（WHO）は，警戒水準を最高レヴェルのフェーズ6と宣言した。

☞ p.322（パンデミック）

グリーン-ツーリズム　B②［green tourism］　都市住民が農山村に出かけ，自然や文化に触れながら現地の人たちと交流する滞在型の余暇活動。とくに，島や沿海部の漁村に出かけて体験する活動をブルー-ツーリズムとよぶこともある。また，自然環境や地域の生態系などを大切した新しい旅行スタイルをエコ-ツーリズムという。

類　エコ-ツーリズム

市民農園（クラインガルテン）（しみんのうえん）　都市の住民が週末の休日などを利用して自家製の野菜や果物などを栽培するために貸し出された小規模な農園。ドイツの例などを参考に，幅広く開設されている。そのた

めの法律も整備されている。

棚田 C （たなだ）　山の斜面につくられた階段状の水田。美しく独特な景観を提供し，洪水の防止にも役立つなど，その多面的な機能が注目されている。

里山 （さとやま）　人の住む地域の近くにあり，そこに住む人たちの暮らしと密接に結びついた自然環境。小さな山林や湖沼など。

森林・林業基本法 （しんりんりんぎょうきほんほう）　1964年制定の林業基本法にかわり，2001年に成立した法律。林業従事者の地位向上などを定めた旧法から，持続可能な森林経営の推進などを柱とする。

森林の環境保全機能 （しんりん−かんきょうほぜんきのう）　森林が本来もつ環境を守るさまざまな役割。生物多様性保全，地球環境保全，土壌保全と土砂災害防止，水源涵養，快適環境形成，保健・レクリエーション，文化・教育，物質生産という八つの機能がある。また，こうした機能を維持するため，都市住民らによる森林ボランティア（フォレスト−サポーター）が活動している。
☞ p.256（農業の多面的機能）
類 森林ボランティア（フォレスト−サポーター）

中山間地域 （ちゅうさんかんちいき）　農業地域区分で中間農業地域と山間農業地域をあわせた地域。山林や傾斜地が多く，農業の条件が平地に比べて不利なところが多い。農地の耕作放棄の防止や多面的機能を維持するため，個別の協定に基づき農業者に補助金を直接支払う制度が実施されている。

中山間地域等直接支払い制度 （ちゅうさんかんちいきとうちょくせつしはら−せいど）　過疎がすすむ中山間地域の耕作放棄防止と多面的機能強化のために，直接所得補償をおこなう制度。2000年から実施されている。

森林環境税 C （しんりんかんきょうぜい）　住民参加の森林保全をめざして高知県で2003年から導入された目的税。個人・法人の県民税均等割りを一律に年間500円増額したもの。その後，少なくない県で導入されている。一般には森林保全税ともいう。2024年からは国の新税としても導入される。

木材自給率 （もくざいじきゅうりつ）　丸太に換算した木材の国内生産量の国内総需要に対する割合。1950年代半ばに90％をこえていたが，輸入自由化により急低下し，2000年代初

めに約19％と最低を記録。近年では，何とか30％台を回復している。

国際捕鯨委員会（ＩＷＣ） （こくさいほげいいいんかい）　クジラ資源の保護などを目的に，国際捕鯨取り締まり条約にもとづいて1948年に設立された機関。日本は1951年に加入した。動物愛護精神の普及とあいまって反捕鯨運動が活発になり，捕鯨を支持する日本などと，これに反対する欧米諸国などとが激しく対立している。なお，日本が南極海でおこなってきた調査捕鯨に関して，国際司法裁判所（ＩＣＪ）は2014年，国際捕鯨取り締まり条約に違反するとして停止命令を出した。このため日本は調査捕鯨を一時中断したが，捕獲数を大幅に削減した新たな計画のもとで2015年末に再開した。さらに2018年，日本は捕鯨持続派と捕鯨反対派の共存を求めるIWC改革案を提示したが，ＩＷＣ総会はこれを否決。日本は2019年にＩＷＣを脱退した。

水産基本法 （すいさんきほんほう）　2001年に制定された水産業（漁業と水産加工業）に関する施策について，基本理念などを規定した基本的な法律。

沿岸漁業 （えんがんぎょぎょう）　10トン未満の漁船を使っておこなわれる漁業の総称。日帰り程度の漁場で，家族経営が主な担い手。

沖合漁業 （おきあいぎょぎょう）　10トン以上の比較的大型の漁船を使い，200海里内の沖合水域でおこなわれる漁業の総称。漁業種類別の生産量では最も多い。

遠洋漁業 C （えんようぎょぎょう）　200海里水域外の公海などで操業する規模の大きな漁業の総称。かつては日本漁業の担い手として発展したが，現在は衰退している。

養殖業 （ようしょくぎょう）　ブリ・タイ・ヒラメなどの魚類，カキ・ホタテなどの貝類，ノリ・ワカメなどの海藻類を養殖する漁業の総称。海面（浅海）でおこなうものと，内水面（河川・湖沼）でおこなうものがある。

栽培漁業 （さいばいぎょぎょう）　農業と同じ発想でおこなわれる漁業。つまり，海域に種苗（稚魚）をまいて成長させ，成魚を漁獲する方式。近年では栽培技術が発達し，多種の魚介類について取り組まれているが，海の生態系への影響を懸念する声もある。

築地市場 （つきじいちば／つきじしじょう）　かつて東京

都中央区にあった公設卸売市場。世界有数の規模を誇った。外郭には築地場外市場商店街がある。老朽化に伴って，2001年に豊洲市場（東京都江東区）への移転が決定。2018年，豊洲市場が開場し，2020年までに築地市場は解体された。なお，豊洲市場移転が進められる過程では，予定地から環境基準値を大幅に上回る有害物質が検出され，移転の是非をめぐる論争が繰り広げられた。

6 資源・エネルギー問題

資源問題 （しげんもんだい）　資源とは，最も広い意味では人間の生活を向上させるために利用できるものをさす。資源は大別すると，自然界に存在する天然資源とそれを有効に利用するための労働力などの人的資源，科学技術や生産制度などの文化的資源がある。一般に資源問題という時には，天然資源に関する諸問題をさすことが多い。

天然資源 ②（てんねんしげん）　地球上の資源には，地下資源・水資源・森林資源・動物資源などがあるが，ここでいう天然資源とは，工業・燃料原料となるものをさす。地球上の一定の地域に偏在し，資源として有用性の高いものが化石燃料である。現在のエネルギーのうち9割を化石燃料でまかなっている。石炭は太古の植物が炭化してできた物質で，泥炭・褐炭・無煙炭・燃料炭などに分けられる。石油は天然のままのものを原油という。石油資源は他に，天然ガス・オイルシェール・タールサンドなどがある。化石燃料は，酸性雨や温暖化の原因となり，埋蔵量が有限であるなどの問題を持つ。

資源埋蔵量 （しげんまいぞうりょう）　鉱物資源などが地下に存在している量をいう。存在の確認により，確認埋蔵量・推定確認埋蔵量・予想埋蔵量に分けられる。このうち採掘が可能なものを可採埋蔵量という。可採年数は，現在の確認量を年間の生産量で割った数字で示される。可採年数は資源埋蔵の新発見，採掘技術の進歩などにより伸びる。たとえば，2018年時点の原油の可採年数は50.0年（推定）であるが，新たな埋蔵原油の発見などで伸びることもある。しかし，資源が有限であることに変わりはない。

地上資源 （ちじょうしげん）　地上に存在する太陽光・太陽熱・風力・潮力・バイオマスなどの資源の総称。自然エネルギーや再生可能エネルギーの内容とほぼ一致する。地球環境と調和的で，無限にあるのが特徴とされる。エネルギー密度が低く，天候に左右され安定性に欠けるなどの課題がある。環境に大きな負荷を与えるウラン・石油・石炭・天然ガスなどの地下資源との対比で用いられる。

エネルギー革命 Ｃ（-かくめい）　人間が消費するエネルギー源の種類に関する，大きな変化をいう。古代・中世では薪炭（しんたん）が一般的であったが，産業革命前後から石炭などが使用されはじめ，第二次世界大戦後には，石油・天然ガス・液体ガスなどの流体エネルギーの需要が急増した。現在では，先進国を中心に，ウランなどの核分裂を利用した原子力エネルギーの使用量も激増している。

エネルギー問題 （-もんだい）　現在使用されているエネルギー源はすべて有限であり，その大量使用は大気汚染や地球温暖化などの環境汚染・破壊につながり，将来の世代が使用すべき資源の消滅にもつながる。また，資源産出国・地域は一部にかたより，資源ナショナリズムの観点からも，資源の安定供給など問題点も多い。したがって，現在ではエネルギー消費にともなう環境問題と，クリーンなエネルギー源の開発などがせまられている。

資源ナショナリズム Ａ③（しげん-）　自国の資源に対する恒久主権の主張。かつて植民地であった発展途上国は資源の供給国であったが，資源の開発や取り引きは，国際的な巨大資本によっておこなわれ，不利な立場に置かれた。このようななかで発展途上国は，しだいに自国の資源は自国のために利用されるべきであるという「資源ナショナリズム」にめざめていった。

新エネルギー技術開発 （しん-ぎじゅつかいはつ）　化石エネルギーも原子力エネルギーも，環境破壊や資源枯渇の問題などをともなう。このため，特に第二次石油危機以後，新エネルギー源の開発と無公害社会の建設を目的に，新エネルギー開発が着手された。1993年には「ニューサンシャイン計画」が

スタートした。研究開発プロジェクトには太陽光・地熱などの「再生可能エネルギー」，燃料電池開発の「エネルギー・環境企画及びシステム」，石炭の液化などの「エネルギー高度変換・利用」，二酸化炭素排出量の固定化・安定化をめざす「地球環境技術」などが含まれる。

類ニューサンシャイン計画

『成長の限界』 C（せいちょう-げんかい）　1968年，世界の科学者・経済学者らが集まって，「ローマ-クラブ」という地球の未来について研究・提言した組織を創設した。この組織が，1972年に第1回報告として出したのが『成長の限界』である。地球社会が現在のような発展を続ければ，100年以内に地球が滅びるという警告を発し，ゆるやかな成長と資源消費抑制の必要性，人口問題，環境保護などを提言した。

類ローマ-クラブ

省資源・省エネルギー C ③（しょうしげんしょう-）　資源・エネルギーのむだな消費を抑え，効率的な利用をおこなうこと。日本では，第二次石油危機が起きた1979年から1982年の間に研究成果があがった。この期間の経済成長率は3.5%だったのに対し，エネルギー需要は原油消費を中心に3.8%減少した。省エネルギー政策では，同時に省資源・新技術開発や再利用などの研究がおこなわれている。

一次エネルギー C ①（いちじ-）　石炭・石油・天然ガスの化石燃料のほか，水力・原子力（核燃料）・地熱など，主として加工せず使われるエネルギー。2021年度における日本の一次エネルギー総供給割合は，石油36.3%，石炭25.4%，天然ガス21.5%，再生可能・未活用10.0%，水力3.6%，原子力3.2%となっている。

二次エネルギー C（にじ-）　電力・都市ガス・コークスなど，主として一次エネルギーを加工・変換してつくられたエネルギー。

循環資源 （じゅんかんしげん）　資源としてくり返し利用ができるものをいう。たとえば，金属から再生金属をつくったり，古紙から再生紙をつくったりするのは資源循環（リサイクル）をしていることになる。省エネ・省資源のために，非循環資源をいかに循環

させるかが今後の課題である。

クリーン-エネルギー C [clean energy]　廃棄物や有害物質を出さないエネルギーのこと。電気・LPG・水素などをさす。

電気自動車 C（でんきじどうしゃ）　電動輸送機器（EV: electric vehicle）の一種であり，電気をエネルギー源とする自動車のこと。1970年代の石油危機以来，世界各国で電気自動車構想が真剣に検討されてきたが，2000年代に入ると，バッテリ性能がリチウムイオン電池によって飛躍的に向上し，実用化段階に入る。2010年代に入ると，EVメーカーテスラ社が急成長を遂げ，電気自動車への本格的転換が始まった。電気自動車は，ガソリン車の抱える有害排出物や騒音の問題を大幅に解消するものと期待されている。部品点数も大幅に少なくなり，家電に近い形で生産できるため，Appleなどの異業種企業が参入することも期待される。一方，日本の自動車産業は，こうした電気自動車への世界的転換に乗り遅れている。2021年，日本政府は，ガソリン車販売を2035年までに中止させる方針を示した。

テスラ [Tesla]　2003年に設立されたアメリカの電気自動車およびクリーンエネルギー関連企業。CEOはイーロン＝マスク。電気自動車市場における世界最大シェアを誇る。2020年には，時価総額でトヨタを抜き，世界最大の自動車メーカーとなった。2023年7月時点におけるテスラの時価総額は約7200億ドルで世界9位。

水素自動車 [hydrogen vehicle]（すいそじどうしゃ）　水素をエネルギー源とする自動車。より狭義では，既存のガソリンエンジンやディーゼルエンジンのしくみをそのまま温存して，水素を燃焼させて動く自動車のこと。ガソリン車と比較して有害排出物が少ない。既存のガソリン車の機構をそのまま使うので，従来の自動車業界の利益を守ることが容易である。一方，世界的には電気自動車がスタンダードになりつつある現状において，水素ステーションの遍在的な普及可能性が重大課題となっている。

燃料電池自動車 [FCV: fuel cell vehicle]（ねんりょうでんちじどうしゃ）　燃料電池を搭載して電気モーターで動く自動車。燃料としては

水素やアルコールを用いることが多い。水素を用いるものは「水素燃料電池自動車」と呼ばれ，広義における水素自動車に含まれる。

代替エネルギー ①(だいたい-)　石油に代わるエネルギーのこと。石油危機を契機として，開発に着手した。代替エネルギーのうち原子力の実用化が進められてきたが，1986年に起こったソ連のチェルノブイリ原発事故を契機に安全性が改めて問われることになった。太陽光発電・地熱発電・風力発電・潮力発電・波力発電・海洋温度差発電・バイオマス発電・燃料電池などがある。太陽光を電気エネルギーに変える太陽光発電は，一般住宅でも取り入れられている。火山・温泉などの地熱を利用した地熱発電は，東北地方や大分県などで発電所が動いている。海洋温度差発電は，海面近くの比較的温かい水と深海の冷水との温度差を利用したもので，ミクロネシアのナウル，鹿児島県の徳之島に施設がある。

ローカル-エネルギー [local energy]　それぞれの地域の特色や，施設を利用した小規模な発電。水力・太陽光・地熱・風力・家畜廃棄物・メタンガス・バイオマスなどによるものが，日本各地で研究・開発されている。

ソフト-エネルギー [soft energy]　太陽光・風力・波力・潮力・バイオマスなどの自然のエネルギーのこと。再生が可能で，環境への影響が相対的に少ない。これに対し，原子力・化石燃料はハード-エネルギーという。

再生可能エネルギー **A** 6(さいせいかのう-)　太陽光・太陽熱・風力など，自然現象のなかでくり返し使えるエネルギーの総称。自然エネルギーともいう。無尽蔵に存在するが，大規模な供給や，経済的な効率を高める取り組みがおこなわれている。脱原発をすすめるドイツは，再生可能エネルギーの発電割合が4割を超える（2018年）。

同 自然エネルギー

再生可能エネルギー特別措置法 **C** ③(さいせいかのう-とくべつそちほう)　風力や太陽光などの再生可能エネルギーで発電した電力の買い取りを電力会社に義務づけた法律。2011年，福島第一原発事故を受けて成立。

固定価格買い取り制度 **B** ④(ＦＩＴ**C**)　[Feed-in Tariff] (こていかかくかーと-せいど)　再生可能エネルギーで発電した電力を固定価格で一定の期間，電力会社が買い取るしくみ。2012年施行の再生可能エネルギー特別措置法により導入された。買い取り価格をやや高めに設定し，その部分は電気料金に上乗せされる。2014年，太陽光発電の急増で，電力会社の送電網の能力が対応できず，新たな接続を中断する事態になった。

エネルギー基本計画 (-きほんけいかく)　2002年に制定されたエネルギー政策基本法に基づき，政府に策定が義務づけられた中長期的なエネルギー計画。総合資源エネルギー調査会の意見を聞いて政府案がつくられ，閣議決定する。原則として3年をめどに見直される。2011年の福島第一原発事故を受け，当時の民主党政権は原発ゼロの方向に舵をきったが，その後自民党の安倍晋三政権のもとで，原子力をベースロード電源と位置づけるなど，基本計画は従来の原発重視の政策に逆もどりした。2018年に閣議決定された第5次基本計画でも，前回のそれを踏襲した。

ベースロード電源 (-でんげん)　さまざまな発電方式のうち中核となる電源。政府の定義では，燃料費が安く，常に一定の電力をつくり出すことができる原子力・水力・石炭火力・地熱の4種類。日本では，この比率を福島第一原発事故前の約6割に戻そうとしているが，欧米では2030年には5割前後に減少すると予想されている。

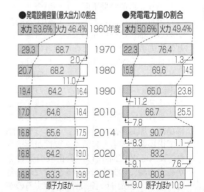

●発電設備容量(最大出力)の割合			●発電電力量の割合		
水力 53.6%	火力 46.4%	1960年度	水力 50.6%	火力 49.4%	
29.3	68.7	1970	22.3	76.4	
	2.0			1.3	
20.7	68.2	1980	15.9	69.6	14.5
	11.0				
19.4	64.2	16.4	1990	65.0	23.8
			11.2		
17.0	64.6	18.4	2010	66.7	25.5
			7.8		
16.8	65.6	17.5	2014	90.7	
			8.3	1.1	
16.8	64.2	2020	83.2		
			9.1	7.6	
16.8	63.3	19.8	2021	80.8	
原子力ほか			9.0 原子力ほか 10.9		

▲ 日本の発電エネルギー源別割合の推移

エネルギーミックス🅒（電源構成）（でんげんこうせい）　発電にかかわる電源の構成比率。2021年に経済産業省が発表した案では，2030年度における「野心的な見通し」として，再生エネルギー36-38%，原子力20-22%，液化天然ガス20%，石炭19%などを目標に掲げている。

発電コスト（はつでん-）　1キロワット時あたりの発電にかかる費用。2020年の経済産業省試算では，石炭火力12.5円，液化天然ガス火力10.7円，原子力11.5円，石油火力26.7円，陸上風力19.8円，洋上風力30.3円，太陽光（事業用）12.9円，太陽光（住宅）17.7円などとなっている。

小水力発電（しょうすいりょくはつでん）　河川の水をためずに，そのまま利用した発電方式。まち中の狭い川や農業用水路で，水車を使って電力を生み出すため，再生可能な自然エネルギーとして注目を集めている。小水力の発電規模は欧州では1万kW以下，日本では1000kW以下とされる。

スマートグリッド🅑②〔Smart Grid〕　IT（情報技術）を駆使して電力を送電・受電の双方から最適に自動調整する次世代送電網。「賢い送電網」と訳される。アメリカのオバマ前政権がグリーン-ニューディールの目玉とした政策。

ＰＰＳ（特定規模電気事業者）〔power producer and suppliers〕（とくていきぼでんきじぎょうしゃ）　1999年の電気事業法改正で，既成の電力会社の電線を使って新たに電力の小売り市場に参入した電気事業者。新電力ともいう。自前で発電所をもつ場合と，他社の発電設備を用いて電気を供給する場合がある。福島第一原発事故後，東京電力などの電力会社からこうした事業者に供給を切り替える企業などが増え，注目される。
　　　　　　　　　　　　　　　回新電力

発送電分離🅒（はっそうでんぶんり）　電力供給における発電事業と送配電事業を分離すること。これまで電力会社がほぼ独占してきた。福島第一原発事故を受けて，これらを分離して市場競争のもとに置く必要性が指摘されている。2012年には，公正取引委員会が電力市場での公平な競争を促すため，発電・送電・小売りの各部門を分離するのが望ましいとする提言を発表した。発電所か

ら電気を流す基幹送電線の利用率が，大手電力10社平均で2割程度だとわかった。これまで電力各社は「空きがない」としてきたが，この空きを使って送電線を柔軟に運用できれば，新たに自然エネルギーで発電する電力を受け入れることが可能となる。

電力システム改革②（でんりょく-かいかく）　日本の電力供給などを抜本的に改めるしくみ。第一段階は電力を地域間で融通できるようにする（2015年から）。第二段階は電力の小売りを全面的に自由化する（2016年から）。第三段階は発電・送電の分離をおこなう（2020年から）。

バイオマス🅐②　「再生可能な，生物由来の有機性資源で化石資源を除いたもの」（バイオマス-ニッポン総合戦略の定義）。化石資源ではなく，現生生物体の構成物質起源の産業資源。家畜糞尿などから生成したメタン，木質廃材などから抽出したエタノール，廃植物油などの自動車燃料化などがある。近年，東南アジアなどから輸入するパーム油を使ったバイオマス発電が急増。

バイオエタノール①　サトウキビのかすや廃木材，大麦やトウモロコシなどの植物を原料とするエタノール。天然ガスや石油などの化石燃料からつくられた合成エタノールと区別するためにバイオエタノールとよぶ。バイオエタノール燃料は，石油の代替燃料として注目されている。一方で，世界の家畜飼料をうばい，穀物の価格を上昇させて食品の値上げを招いている。

燃料電池🅒（ねんりょうでんち）　水素を使って発電する電池。メタノールや天然ガスなどの燃料から水素を取り出し，燃料電池内で酸素と化学反応させ，電気エネルギーと水が発生する。

太陽光発電④（たいようこうはつでん）　太陽の光を電気エネルギーに変える太陽電池を住宅の屋根などに置き，発電するシステム。二酸化炭素を発生しないため，温暖化対策にも有効とされる。日本では2030年までに，全世帯の約3割の一般住宅に普及させる計画がある。

シェールガス🅒　堆積岩の頁岩（けつがん）中に存在する天然ガス。採掘しやすい在来型ガスに対して，高度な採掘技術を要するため非在来型ガスともよばれる。埋蔵量は在来型

の5倍と推計されている。近年，アメリカで採取の技術革新が進み，生産量が急増している。日本でも2012年，はじめて採掘に成功した。

メタンガス **C**[1]　メタンともいう。天然ガスの主成分で，無色・無臭の可燃性気体。燃やすと青色の炎をあげる。家畜の糞尿や沼地などの腐敗した有機物からも発生する。

メタンハイドレート　水とメタンが固まった氷状の物質で天然ガスの一種。深海底の地下や永久凍土層にある。日本近海にも大量に埋蔵されている。2013年には愛知・三重県沖で，世界で初めてメタンハイドレートからメタンガスを採取することに成功した。

資源インフレ　(しげん-)　資源利用可能量や価格などの制約から物価上昇が資源に波及し，原・燃料価格を引き上げていくこと。スタグフレーション(不況と物価上昇の同時進行)を起こしやすい。

資源の自己開発　(しげん-じこかいはつ)　日本など資源の大部分を輸入に頼る国が，資源を確保するためにおこなっている開発投資をさす。アジアやオーストラリアなどでの大陸棚の資源開発，海底の開発，発展途上国での現地生産への経済協力など。

海底資源　(かいていしげん)　大陸棚の付近には，海産物のほか，鉱物資源の存在が確認されている。石炭は古くから開発され，三池炭田・釧路炭田などは陸地から海へと掘り進んでいった。また，石油も大陸棚の付近に多い。開掘技術が進歩すれば，さらに開発がおこなわれる可能性が高い。

レア-メタル **B**[rare metal]　天然の存在量が少なく，貴重な金属の総称。ニッケル・クロム・リチウムなど。希少金属ともいう。電子機器などに用途が広く，携帯電話やハイブリッドカーなど先端工業に不可欠な資源。

レア-アース **B**[rare earth]　自然界では少量しか産出しない希少元素。スカンジウム・イットリウムなどの希土類のこと。地殻のなかに含まれている量が少ないため，この名がある。鉄鉱石の副産物として採取されることが多く，先端技術分野には不可欠な資源とされる。レア-アースなど3品目に関して中国がおこなった輸出規制に対

して，日本・アメリカ・EUが共同で世界貿易機関(WTO)に提訴，2014年に同協定違反と判断され，中国は規制を撤廃した。

都市鉱山　(としこうざん)　携帯電話やゲーム機などに使われ，価格も高騰しているレア-メタルの希少性を鉱山に見立てた表現。これらを回収するために小型家電リサイクル法が施行されている。　☞ p.276 (小型家電リサイクル法)

原子力発電 **A**[2]**(原発** **A**)　(げんしりょくはつでん)
(げんぱつ)　原子炉でウランを核分裂させ，その時に発生する熱で蒸気をつくり，タービンを回して発電するしくみ。原子炉にも種類があり，日本では燃料にウラン235の割合が比較的低いものを使う「軽水炉」が稼働している。また，タービンを回す水蒸気の形態の違いから加圧水型(PWR)と沸騰水型(BWR)の2種類がある。日本では1960年からおこなわれ，最大時で総発電量の2割以上を供給していた。燃料の供給や価格の安定の面ですぐれているが，安全性の面では福島第一原発事故によって致命的欠陥が露呈した。2012年春に日本の全原発がいったん止まったが，夏場の電力不足を名目に関西電力大飯原発が再稼働した。その後，定期検査などで2013年9月以降，すべての原発が停止した。原発の再稼働には新しい規制基準に適合することが必要となった。また，2023年にはGX(グリーントランスフォーメーション)脱炭素電源法が成立して，最長60年間としていた原発運転期間が延長されることになった。2022年末時点において，日本国内には，廃炉済を除くと33基の原発が存在しており，そのうち稼働中のものは10基ある。
類 新規制基準

世界の原子力発電所　(せかい-げんしりょくはつでんしょ)　2022年時点において，31か国で400基以上の原子力発電所が稼働している。多い順に，米国93基，仏国56基，中国54基，露国37基，日本33基。世界の発電電力量に対する原子力の割合は，約10.3%を占める(2017年)。一方，原発保有国のなかにも原発の廃止や縮減に動くケースがある。たとえば，ドイツでは，かつて原発が国内発電量のうち約1/4を占めていたが，

2011年福島事故以降，稼働中の17基が次々と停止され，2023年に原発は全廃された。一方，世界的な原発依存国であるフランスも，福島事故を受けて70％以上になる原発依存度の縮小を目指してきたが，マクロン政権に入ると，温暖化ガス排出ゼロを目指すとの名目から，再び原発を推進する動きを見せている。

核分裂（かくぶんれつ）　ウランやプルトニウムなどの重い原子核が，中性子の照射によって同程度の質量をもつ2個以上の原子核に分裂する現象。その際，非常に大きなエネルギーが放出される。

核融合（かくゆうごう）　水素などの質量の小さい元素の原子核同士が衝突し，別の大きな原子核に変わる核反応。太陽エネルギーのもととなっており，莫大なエネルギーを放出するために，これを発電に利用できれば，エネルギー問題は解決する可能性がある。しかし，人工的に核融合を成功させた例はまだない。

原子力発電所事故 ①（げんしりょくはつでんしょじこ）　原発事故は，国際原子力機関（ＩＡＥＡ）などが1992年に提言し，各国で採用された国際原子力事象評価尺度（ＩＮＥＳ）を用い，レベル0～7の8段階で評価される。レベル3までを「異常な事象」とよび，4以上を「事故」という。

スリーマイル島原発事故 Ｃ（-とうげんぱつじこ）　1979年，アメリカで発生したレベル5の事故。初の炉心溶融（メルトダウン）事故により，放射性物質が外部にもれた。このため非常事態宣言が出され，付近の住民が避難した。被害者ら約2000人は，のちに損害賠償請求訴訟をおこした。核燃料や汚染水の除去に約14年を要した。原発存続の是非について市民が再考する契機となった最初の大事故。採算悪化などのため，同原発は2019年に運転を終了した。今後60年かけて廃炉作業が実施される。

チェルノブイリ原発事故 Ｃ（-げんぱつじこ）　1986年，旧ソ連（現ウクライナ）で発生したレベル7の事故。第4号機の原子炉の爆発・火災により多量の放射性物質が国境をこえて飛散した。この事故による死者は31人，負傷者203人（一般人を除く）。周辺30キロ圏内の13万人以上が避難した（当時

のソ連政府発表）。放射能汚染は欧州のみならず，北半球の広い範囲で確認された。事故炉は放射能もれを防ぐため，コンクリートで固める「石棺」（せっかん）とされ，2000年にはこの原発全体が閉鎖された。しかし，現在でも晩発性障害に苦しむ人は多い。

福島第一原発事故 Ｂ③（ふくしまだいいちげんぱつじこ）　2011年に福島県双葉町・大熊町にある東京電力福島第一原子力発電所で発生したレベル7の事故。東日本大震災での地震と津波などが重なり，電源・冷却機能が全面的に喪失。メルトダウンや水素爆発がおこり，多量の放射性物質が飛散した。その量は，セシウム137換算で広島型原爆の約168個分ともいわれる。作業員が被ばくし，広範な地域の土壌や海が放射能で汚染され，多くの住民や関係自治体が避難や退避を余儀なくされるなど，危機的な事態を招いた。原発を運営する東京電力は，収束までの作業の見通しを示した「工程表」を公表したが，放射性物質の排出抑制，原子炉や使用済み核燃料の安定冷却，高濃度汚染水の処理，さらに雇用破壊や風評被害への対応など，現在も問題は山積している。この事故では，政府・経済産業省・東京電力などが「原子力安全神話」につかり，危機管理や情報公開のまずさなどが重なったことで被害が拡大，住民の不安や不満をあおる結果となった。政府は2011年末に収束宣言をおこなったが，実態とかけ離れているとの反発の声が強い。2013年8月，政府の事故収束宣言にもかかわらず，当地で高濃度の放射線量を含む多量の汚染水漏れ事故が新たに発覚。この事故に対して原子力規制委員会は「重大な異常事象」（レベル3）と判断した。

廃炉 Ｃ（はいろ）　老朽化や事故などで稼働できなくなった原子力発電所の原子炉を処分・解体すること。廃炉にむけては技術的に困難な課題が山積する。国内での最初の例は1998年に閉鎖された東海原発（茨城県）。2023年時点で，廃炉が決定済あるいは検討中となっているものが24基存在する。

高速増殖炉「もんじゅ」（こうそくぞうしょくろ-）　ウランを燃料とする通常の原発とは異なり，使用済み核燃料から取り出したプルトニウ

ムを燃料とする特殊な原発の原型炉。福井県敦賀市にある。冷却材のナトリウムの扱いが難しいなど危険性が高く，世界でも実用化された例はない。日本では，1995年に発生したナトリウムの火災事故などトラブルが続出して運転が中止されてきた。現在は廃炉措置がすすめられている。政府は核燃料サイクル実現のため，後続炉となる「高速実証炉」の開発を2030年代をめどにすすめるとしている。

臨界事故　(りんかいじこ)　臨界とは核分裂反応において1個の中性子が連鎖反応を起こす状態をいうが，1個以上になると核分裂反応は急速に拡大していき，それが核燃料工場で生じると臨界事故となる。1999年，茨城県東海村にある核燃料加工会社JCOで，高速実験炉「常陽」の燃料をつくる過程で，ウラン溶液が臨界に達し，レベル4の被ばく事故を引き起こした。死者を出したほか，多くの放射能が放出された。

内部被ばく（体内被ばく）　(ないぶひ-)　(たいないひ-)　身体の外から放射性物質により受けた被ばくである外部被ばくに対して，食品などと一緒に体の内部に取り込んでしまった放射性物質からの被ばくをいう。体内に取り込まれると，細胞が集中的に放射線を浴びることになり，危険度が高い。

国際原子力機関Ⓐ③（ＩＡＥＡⒶ③）　[International Atomic Energy Agency]　(こくさいげんしりょくきかん)　1957年，原子力の平和利用と軍事への転用阻止を目的に設立された機構で，国連の関連機関の一つ。アイゼンハウアー米大統領が創設を提唱した。本部はウィーンにあり，2005年ノーベル平和賞を受賞。原子力関連施設の核査察などをおこなう。現在の事務局長はアルゼンチンのラファエル＝グロッシ。

プルトニウム　Ⓒ[plutonium]　元素記号Pu，原子番号94。原発などでウランが核分裂するさいに発生し，放射能毒性がきわめて強い。原子爆弾の原料ともなるため，国際的にきびしい規制下におかれている。日本は国内に，原爆6,000個分に相当する約47トンも蓄積しているとされる。

核燃料サイクル　Ⓒ(かくねんりょう-)　ウラン鉱石からウランを核燃料化し，原発で燃やして使用済み核燃料を再処理，残ったウラン

とプルトニウムを回収して廃棄物を処理するまでの過程をいう。青森県六ヶ所村の核燃料サイクル施設で，2006年からプルトニウムをとり出す試運転が始まったが，放射性物質による汚染が危惧される。

プルサーマル　Ⓒ[plutonium thermal use]　普通の水を減速材・冷却材に用いる軽水炉で，使用済み核燃料を再処理して取り出したプルトニウムを燃やそうとする試み。実際には，プルトニウムとウランのＭＯＸ（混合酸化物）燃料を使う。核燃料サイクルの実現に必要な工程といわれるが，ウラン用に設計された原子炉で，異なる特性の燃料を使用するため，安全性を疑問視する向きもある。2009年から佐賀県の九州電力玄海原子力発電所で試運転が始まり，国内初の営業運転をおこなった。現在は，2017年に再稼働した福井県の関西電力高浜3,4号機がプルサーマル。

　　　　　類ＭＯＸ燃料Ⓒ（混合酸化物燃料）

放射性廃棄物　Ⓒ(ほうしゃせいはいきぶつ)　原子力施設から出る核分裂生成物や，放射能を持つ物質の付着した衣類や器具などをいう。

原子力損害賠償法　(げんしりょくそんがいばいしょうほう)　原子力事故による損害が発生した際，同事業者への損害賠償責任の集中と無過失責任などを定めた法律。1961年制定。巨大な天災地変や社会的動乱による損害は免責されるという条項がある。国による援助規定もある。

原子力損害賠償・廃炉等支援機構　(げんしりょくそんがいばいしょうはいろとうしえんきこう)　福島第一原発事故の損害賠償や廃炉を確実にするための組織。政府と，東京電力を含む原子力事業者が資金を出して2011年に発足した。支援を受けた事業者は機構に特別負担金を納めて返済する。

原子力損害賠償紛争審査会　(げんしりょくそんがいばいしょうふんそうしんさかい)　原子力による損害が発生した場合，和解の仲介や，紛争当事者が自主的に解決できるよう指針を策定することなどをおこなう。2011年，政令に基づき文部科学省に設置された。

原子力損害賠償紛争解決センター　(げんしりょくそんがいばいしょうふんそうかいけつ-)　原子力損害賠償紛争審査会の示した指針のもとで，東京電力と原発被災者のあいだの具体的な仲

介などをおこなう組織。同センターに対して，福島県浪江町の住民約1万5000人や，同県飯舘村の住民約300人が原発事故にともなう慰謝料の増額を申し立てた裁判外紛争解決手続き（ADR）で，東京電力側がセンターの示した和解案（仲介案）を拒否したため，交渉は決裂した。　☞p.112（裁判外紛争解決手続）

原発事故調査委員会（げんぱつじこちょうさいいいんかい）福島第一原発事故を受けて，その原因などを調査・究明するために設けられた事故調査・検証委員会。東京電力，政府，国会がそれぞれ設置した三つの事故調がある。そのほか，根本な事故原因に「原子力ムラ」の問題があると指摘した民間の事故調もある。東電事故調は，社内の副社長ら8人で構成。東電自身の責任には踏み込まず，想定外の津波が事故の主因であるとする報告書を提出した。政府事故調は，首相が指名した12人の専門家で構成。関係者への約1500時間にわたるヒアリングなどがおこなわれ，東電の対応に問題があったと指摘，政府の機能不全にも言及した報告書を提出した。国会事故調は，国会の承認を得た地震学者や被災地代表ら10人の民間人で構成。国政調査権に依拠した強い権限をもち，菅直人前首相らを参考人として聴取。事故を「人災」と位置づけ，東電と政府の対応をきびしく批判する報告書を提出した。
　類　東電事故調　政府事故調　国会事故調
　　　　　　　　　　　　民間事故調

原子力基本法（げんしりょくきほんほう）　1955年制定の原子力行政のあり方を定めた法律。1954年に日本学術会議が勧告した，「自主・民主・公開」という原子力平和利用三原則をとりいれ，核技術を平和利用に限定することを定めている。原子力委員会がこの法律に基づいて原子力行政を実施する。2012年の法改正で，同法の基本方針に「我が国の安全保障に資する」という文言が加えられたため，核武装への布石と警戒する声もある。

原子力委員会（げんしりょくいいんかい）　1956年，原子力基本法と原子力委員会設置法に基づいて総理府（現在は内閣府）に設置。原子力の研究・開発・利用に関する行政の民主的な運営をはかるのが目的で，委員長と

2人の委員からなる。

原子力安全委員会（げんしりょくあんぜんいいんかい）1978年に原子力委員会から分離，特に安全規制を担当することになった。1999年に起きた東海村核燃料工場の臨界事故を契機に，国家行政組織法に基づく総理大臣の諮問機関となり，スタッフも拡充された。事務局は内閣府に置かれた。2012年，原子力規制委員会と原子力規制庁の発足にともない廃止された。

原子力安全・保安院（げんしりょくあんぜんほあんいん）原子力関連施設の安全審査や事故の際の対応など，原子力安全行政を担当する経済産業省の一組織。2001年の中央省庁再編で設置されたが，福島第一原発のシビアーアクシデント（苛酷な事故）を受け，2012年の原子力規制委員会と原子力規制庁の発足にともない廃止された。　☞p.102（原子力規制委員会）

電源三法（でんげんさんぽう）　電源開発促進税法・特別会計法・発電用施設周辺地域整備法の三つの法律を総称したもの。反対運動の高揚などで，原発建設が円滑にすすまなくなったため，1974年に制定された。これらの法律に基づき，立地による利益を地元に還元するための交付金（俗に原発マネーとよばれる）が支給される。

東電検査データ捏造事件（とうでんけんさーねつぞうじけん）　2002年，東京電力が原発の検査記録を捏造していたことが，外国人の元検査担当者の内部告発で発覚。福島県と新潟県にある原子炉17基中13基で，部品のひび割れを隠したり検査データを改ざんするなどの不正がおこなわれ，電力会社や国への不信感が高まった。

反原発と脱原発（はんげんぱつーだつげんぱつ）　「反原発」とは，原子力発電の即時廃止を求める考え方や運動を指す。一方，類似語として「脱原発」がある。これは，原発の果たした一定の役割を認識したうえで，時間的猶予を経て最終的な撤廃を求める考え方や運動である。「反原発」「脱原発」は，チェルノブイリ原発事故を契機に1990年代以降，欧州を中心に広がった。とくに，福島第一原発事故後には，両者の立場があいまって再生可能エネルギーへのシフトとともに，原発ゼロを求める動きが強まっている。

類金曜デモ　首都圏反原発連合

原発ゼロ・自然エネルギー推進連盟（原自連）（げんぱつ―しぜん―すいしんれんめい）（げんじれん）
脱原発や再生可能エネルギーを推進する民間団体。2017年に発足した。吉原毅<small>つよし</small>会長。小泉純一郎・細川護熙<small>もりひろ</small>の両元首相が顧問を務める。2018年，国内原発の即時停止や新規建設の中止などを求める「原発ゼロ・自然エネルギー基本法案」を発表した。

ひだんれん　原発事故被害者団体連絡会の略称。集団訴訟の原告や裁判外の紛争解決手続きを申し立てた住民らが2015年に設立した全国組織。国や東京電力の謝罪と賠償，暮らしと生業の回復などを求めている。2017年，前橋地裁が国と東電に損害賠償を命ずるなど，いくつかのケースで損害賠償を認める判決が出されている。

原子力補償条約（ＣＳＣ🅐）（げんしりょくほしょうじょうやく）　正式には「原子力損害の補完的補償に関する条約」。原発の保持国同士が，重大な事故の際に賠償能力を補償支援しあうことを目的とする。被害への備えとされるが，現実には事故の賠償責任は発生国の原発メーカーが負うため，原発輸出国には有利だとされる。アメリカ・モロッコ・日本など6か国が締結し，2015年に発効した。

日米原子力協定（にちべいげんしりょくきょうてい）　原発の使用済み核燃料を再処理してプルトニウムを抽出することをアメリカが日本に認めた取り決め。1988年発効。2018年に30年の満期をむかえ，自動延長された。日本のプルトニウム大量保有をめぐり，内外で懸念の声が高まっていた。

国民福祉の向上

1 公害の防止と地球環境問題

公害問題と環境保全

公害 **A** 14（こうがい）　個人や企業の諸活動にともなって生じる環境悪化や，人間の生命・健康・財産への被害などを総称したもの。公害には，①企業活動にともなって発生する産業公害，②人口の都市集中や生活関連社会資本の立ち遅れから生じる都市公害（生活公害ともいう，自動車の排気ガス中の窒素酸化物による光化学スモッグが具体例）などがある。また，環境基本法では，大気汚染・水質汚濁・土壌汚染・騒音・振動・地盤沈下・悪臭の七つを公害と定義している（典型七公害）。しかし近年，これらの定義にあてはまらない公害も増え，原因も複雑になってきた（複合汚染）。各地方公共団体が受理した公害の苦情件数では，大気汚染が最も多く，次いで騒音・悪臭・水質汚濁の順。また，不法投棄もかなりある。2011年の福島第一原発事故後，公害にならい「核による被害・災害」との意味をこめて，核害という概念が提起されている。

類 典型七公害 **2**　複合汚染　核害

産業公害 **B**（さんぎょうこうがい）　企業の生産活動などにともない，広範囲に発生する公害。人の健康や生活環境に悪影響をおよぼす大気汚染・水質汚濁・土壌汚染など。

都市公害 **B**（としこうがい）　人が都市で日常生活することによって発生する公害。産業公害に対する言葉で，生活公害ともいう。ごみ・生活雑排水・近隣騒音の問題など。

同 生活公害 **B**

大気汚染 **B** 5（たいきおせん）　人間の経済活動によって大気が汚染されること。1960年代から，特に石油化学コンビナートの亜硫酸ガス排出による大気汚染が深刻化した。四日市・川崎などではぜんそくが問題となり，訴訟に発展した。また，自動車の排気ガスに含まれる窒素酸化物と炭化水素が，紫外線で化学反応を起こし，有害物質を発

生させ，眼や呼吸器に障害を起こす光化学スモッグも，大気汚染が原因。

類 光化学スモッグ **C**

水質汚濁 **A** 2（すいしつおだく）　生活雑排水や工場排水により，湖沼や河川の水質が悪化すること。健康項目と生活環境項目からなる水質環境基準が設けられている。健康項目としてはカドミウム・シアンなどが，生活環境項目としてはBOD（生物学的酸素要求量）やCOD（化学的酸素要求量）などが定められ，湖沼富栄養化防止のために窒素やリンの基準も定められている。

土壌汚染 **B**（どじょうおせん）　土壌が有害物質によって汚染されること。カドミウム・ヒ素・銅・クロムなどによる汚染がある。

騒音 **C** 2（そうおん）　建設・工場・自動車の騒音以外に，最近では人間の耳では聞きとりにくい低い音や機械や空調・電車などによる低周波の空気振動が，吐き気・頭痛などの健康被害を引き起こしている。

振動（しんどう）　工場の操業や工事，航空機や鉄道や自動車の運行による振動・揺れによって被害が出ること。

地盤沈下 **C**（じばんちんか）　地下水のくみ上げ等により地面が沈下し，建造物や水道管やガス管などに被害が出ること。

悪臭（あくしゅう）　不快なにおい。工場など事業活動にともなって排出される悪臭物質を規制するため，悪臭防止法（1971年）も定められている。

足尾銅山鉱毒事件 **A** 3（あしおどうざんこうどくじけん）　1880年代から，古河財閥の経営する足尾銅山から流出する鉱毒のために農作物や魚が汚染され，渡良瀬川流域の住民らが被害を受けた事件。この一帯でおきる毎年の洪水が被害を広げ，農民たちは銅山の操業停止や損害賠償などを求めて反対運動に立ち上がった。栃木県選出の代議士田中正造はこの運動の先頭に立ち，1891年に帝国議会で鉱毒問題を追及，1901年には天皇直訴にまでおよんだ。日本の公害問題の原点。

類 田中正造 **A**

別子銅山煙害事件 **C**（べっしどうざんえんがいじけん）　別子銅山は愛媛県新居浜市にあり，1690年に発見された。鉱毒による河川汚染や，製錬所から出る亜硫酸ガスの煙害などが，

	新潟水俣病	四日市ぜんそく	イタイイタイ病	水　俣　病
被害地域	新潟県阿賀野川流域	三重県四日市市	富山県神通川流域	熊本県水俣湾周辺
被　　告	昭和電工	三菱油化など，石油コンビナート6社	三井金属工業	チッソ
提　　訴	1967年6月	1967年9月	1968年3月	1969年6月
訴訟内容	水質汚濁工場廃水中に含まれる有機水銀が魚類を介して人体に入り水銀中毒を起こしたとして賠償を請求	大気汚染コンビナートの工場から排出される亜硫酸ガスや粉塵などによりぜんそくになったとして6社の共同責任を追及	水質汚濁鉱業所から流れ出た鉱毒が上水・農地を汚染し，カドミウム中毒を起こしたとして賠償を請求	水質汚濁工場廃水中に含まれる有機水銀が魚類を介して人体に入り水銀中毒を起こしたとして賠償を請求
判　　決	1971年9月公害病患者らの原告側全面勝訴	1972年7月公害病患者らの原告側全面勝訴	1972年8月公害病患者らの原告側全面勝訴	1973年3月公害病患者らの原告側全面勝訴

▲ 四大公害訴訟

1880年代から問題となり，瀬戸内海の四阪島への製錬所の移転などがおこなわれた。1973年閉山。

四大公害訴訟 B3 (よんだいこうがいそしょう)　水俣病訴訟・新潟水俣病訴訟・イタイイタイ病訴訟・四日市ぜんそく訴訟の四つの訴訟をさす。いずれも1960年代後半の高度経済成長期に提訴された。裁判では，すべて原告(被害者)側が全面勝訴。企業の加害責任を認め，被害者への損害賠償を命じた。

水俣病 A3 (みなまたびょう)　熊本県水俣湾周辺で1953年ころから1960年ころにかけて発生した公害病。公式確認は1956年。手足がしびれ，目や耳が不自由になったり死にいたる症状を示した。チッソの工場から出た廃液のメチル水銀が原因であった。

新潟水俣病 A (にいがたみなまたびょう)　1964年から1970年ころにかけて阿賀野川流域で発生した。第二水俣病ともいう。原因は，昭和電工が排出したメチル水銀で，熊本県の水俣病と同じ症状を示した。新潟水俣病の公式確認は1965年。1971年に第1次訴訟で勝訴した後も，被害者らは国による賠償などを求め，5次にわたり裁判がおこなわれてきた。

同 第二水俣病

水俣病被害者救済法 C (みなまたびょうひがいしゃきゅうさいほう)　水俣病に特徴的な感覚障害などの症状がある人を「被害者」として救済するための法律。認定されると一時金や医療費などが支給される。水俣病の公式確認は1956年。国は1968年に公害病と認定したが，1997年にその基準を厳格化。これ

まで「患者」と認定したのは約3000人にすぎない。そのため，未認定患者が訴えた裁判が長く続いた。1995年，村山富市内閣は患者と認めないまま約1万1000人の被害者に一時金を支払うことで解決をめざした(第一の政治決着)。その後，2004年の最高裁判決を契機に患者認定を求める申請が急増，その収拾策として2009年に同法が制定された(第二の政治決着)。しかし，2012年7月末でこの救済策の申請が締め切られた。この間，申請者は約6万人に達したが，潜在的な対象者はまだ多数いるとみられる。

イタイイタイ病 A2 (-びょう)　骨がもろくなり「痛い痛い」と叫んで死ぬところから名前がついた公害病。富山県神通川流域で，1922年から発病が確認されている。三井金属鉱業神岡鉱業所が排出したカドミウムが原因。1968年，日本初の公害病として認定された。認定患者は約200人。2013年に被害者団体と原因企業との間で合意書が交わされ，全面解決した。

四日市ぜんそく A (よっかいち-)　1961年ころから三重県四日市市周辺で発生。呼吸器系が侵され，ぜんそく発作の症状を示した。原因は昭和石油など6社の石油コンビナートから排出された亜硫酸ガス。

環境破壊 B3 (かんきょうはかい)　人間が，生活にともなう活動によって地球規模で自然環境を破壊すること。経済活動が進み，人口も増加し，居住範囲が広くなることにより，自然環境が破壊される範囲も拡大している。大気汚染・水質汚濁・地盤沈下といった公

害は，環境破壊の一つの側面である。

ハイテク汚染 **C** (－おせん)　有機溶剤（トリクロロエチレン）など先端産業から発生する汚染。金属加工・半導体の洗浄剤として広く使用されているが，これを地下に流すため，地下水の汚染につながっている。ＩＴ（情報技術）関連生産の増大にともない，ＩＴ公害とよばれる現象も広がっている。

類 ＩＴ公害

食品公害 (しょくひんこうがい)　食品加工の段階で保存料・合成着色料・発色剤・酸化防止剤・カビ防止剤などが使用されている。現在，厚生労働省から使用が認められているものは350種ほど。食品公害とは，これらの食品添加物や残留農薬を原因とした公害をさし，森永ヒ素ミルク中毒事件・カネミ油症事件などがある。

薬品公害 (やくひんこうがい)　製薬会社などが安全性を十分に確認せずに薬を製造・販売したため，その副作用により発生した公害をさす。薬害事件ともいう。

スモン事件 **C** (－じけん)　☞ p.285（スモン事件）

サリドマイド事件 **C** (－じけん)　☞ p.285（サリドマイド事件）

薬害エイズ事件 **C** (やくがい－じけん)　1980年代，エイズウイルス（ＨＩＶ）に汚染された血液製剤で血友病患者の多くがエイズを発症，死亡者を出した事件。背後に，政治家と官僚と製薬会社との癒着(ゆちゃく)構造があった。

薬害肝炎事件 (やくがいかんえんじけん)　血液製剤「フィブリノゲン」などを投与された人たちがＣ型肝炎ウイルスに感染した事件。被害者たちは国や製薬企業を相手に集団訴訟をおこした。裁判の過程で和解案が示されたが，被害者側は拒否。その後，政府との交渉のなかで被害者たちが求めた「全員一律救済」が確認され，2008年に被害者救済法が成立した。2009年には，Ｃ型肝炎だけでなく，集団予防接種で注射器を使い回しされたために発症したＢ型肝炎の被害者も含め，すべてのウイルス性肝炎患者の救済をめざす肝炎対策基本法が議員立法として成立した。

イレッサ事件 (－じけん)　イレッサとはイギリスの製薬会社が開発した肺がんの治療薬の商品名。日本では2004年，イレッサを服用し，その副作用で死亡した患者の遺族が，製薬会社や国を相手に提訴。2011年，大阪地裁は製薬会社に賠償を命じたが，国の責任は認めなかった。その直後，東京地裁が製薬会社と国の責任を認める判決を出した。しかし同じ11年，東京高裁は一審・東京地裁の判決を取り消し，遺族側の請求を全面的に退けた。2013年には，最高裁が患者遺族らの上告を棄却した。治療効果のある患者もいるため，薬は現在でも年間約9000人が服用しているといわれる。

海洋汚染 (かいようおせん)　富栄養化などを原因として植物プランクトンの異常発生が生じ，海水を汚染する現象。養殖漁業では魚の窒息死などの被害を受けている。湖沼などの静水域で，生活排水・汚水によるアオコの異常発生も同質の現象。

ゴルフ場の農薬汚染 (－じょう－のうやくおせん)　ゴルフ場の芝生などの維持には，殺虫剤・除草剤・殺菌剤など30種以上の農薬の散布が必要とされる。このため，ゴルフ場のプレーヤーばかりではなく，周辺の住民に対しても，地下水や水道水などが汚染され，健康上の影響が懸念される。

有害物質 (ゆうがいぶっしつ)　人体や環境に悪影響をおよぼす物質。重金属類・窒素酸化物・硫黄酸化物が代表例だが，新しく合成される化学物質が増加し，猛毒のダイオキシンを含む有機塩素系化合物なども登場している。特に近年，生殖機能などに障害をおよぼすとされる環境ホルモン（内分泌かく乱化学物質）の危険性が指摘されている。

PFAS　ペルフルオロアルキル化合物及びポリフルオロアルキル化合物 (perfluoroalkyl substances and polyfluoroalkyl substances) の略称であり，有機フッ素化合物の総称である。自然界で分解されず，海底や土壌に堆積し続けることから「永遠の化学物質 forever chemicals」とも呼ばれる。水や油をはじく性質から，フライパン，包装用紙，ワックスなどの生産に利用されてきた。しかし，環境の影響が深刻であることから，近年は世界各国で使用を控える傾向が強まっている。一方，2021年に日本の環境省が発表した調査内容によれば，国内81地点（架線や地下水）において高濃度の PFAS が検出されており，今後，

厳格な法規制が図られることも予想されている。

ストック公害 （-こうがい）　人間の身体や商品，環境中に蓄積した有害物質が長期間にわたって被害をもたらす公害。人体に影響を及ぼすまで最長で数十年かかるといわれるアスベストはその典型例である。浄化のための費用は膨大な額にのぼる。

アスベストB3（**石綿**B3）B3〔asbestos〕（せきめん／いしわた）　繊維状の鉱物で，飛散物を吸いこむと肺がんなどを引き起こす。日本では高度経済成長期から建築材などに多用されていた。潜伏期が長いため，近年になって多くの被害者が出ている。このため，健康被害を受けた人を救済するアスベスト新法（石綿による健康被害の救済に関する法律）が2006年に制定された。労災補償の受けられない周辺住民などの患者にも療養手当などを給付する。大阪・泉南アスベスト訴訟で最高裁は2014年，被害者や遺族らの訴えに対して，初めて国の責任を認め，損害賠償を命じた。

ダイオキシン　B〔dioxin〕　塩素系のプラスチックなどを燃やすと発生する猛毒物質。ゴミ焼却場とその周辺から検出され，大きな社会問題となった。このため，総排出量を規制するダイオキシン類対策特別措置法が，1999年に制定された。ヴェトナム戦争時にアメリカ軍が大量に使用した枯れ葉剤に含まれていたことで有名。

環境ホルモンC（**内分泌かく乱化学物質**）（かんきょう-）（ないぶんぴつ-らんかがくぶっしつ）　生体にとりこむと性ホルモンに似た作用をもたらし，生殖機能障害や悪性腫瘍などを引き起こすとされる。ダイオキシン類やポリ塩化ビフェニル類などに含まれる。1996年に出版された『奪われし未来』という書物のなかで，コルボーンらがその危険性を警告した。最近では，神経系や脳への影響なども指摘される。

　　　　　　　　　　　　　類コルボーン

ＰＣＢ（ポリ塩化ビフェニル）〔polychlorobiphenyl〕（-えんか-）　肝機能障害や嘔吐などの被害を引き起こすとされる有機塩素化合物。日本では1975年から製造中止。

廃棄物　B（はいきぶつ）　不必要なものとして捨てられるもの。ゴミなどの一般廃棄物と，

廃油や汚泥などの産業廃棄物がある。2020年度における一般廃棄物の総排出量は4167万トン。産業廃棄物の総排出量は３億7382万トンであり，そのうち約53％が資源として再生利用される。埋立地が減少し，不法投棄が問題となっている。生産と廃棄とを一体で考えていくことが課題となっている。

　　　　　　　　　　　　類一般廃棄物C

産業廃棄物　C1（さんぎょうはいきぶつ）　廃棄物処理法により規定された６種類（燃えがら・汚泥・廃油・廃アルカリ・廃酸・廃プラスチック類）と施行令第１条に規定されたものを合わせて20種類がある。

　　　　　　　　　　　　類廃棄物処理法C

生物指標　（せいぶつしひょう）　環境中に生存する生物の種類から，環境の汚染度を計測すること。たとえばサワガニ・カワゲラの生息はきれいな水を示し，ヒルやイトミミズの生息は汚い環境を示す。

生物濃縮　（せいぶつのうしゅく）　生物の体外から取り入れたものが体内に高濃度で蓄積する現象。生態系中の食物連鎖で，小さい生物が大きい生物に食べられるという過程をとる。この連鎖によって生物の体内に，有機水銀・カドミウムなどの体内で分解できない物質が入りこむと，連鎖をへるごとにそれらが体内に濃縮されていく。

　　　　　　　　　　　　類食物連鎖

マイクロプラスチック　C　海洋に流出したプラスチックゴミで，大きさが５ミリを下まわるもの。これらは海中を漂い，拡散する過程で，海に溶け込んだＰＣＢなどの有害物質を吸着。それを魚や貝が食べると食物連鎖によって有害物質が濃縮され，生態系に悪影響を与える。ＥＵ（欧州連合）では，加盟28か国が協力して，海洋汚染を広げる原因になる使い捨てプラスチック製品を禁止することになった。

ＰＭ2.5　2.5マイクロメートル以下の微小粒子状物質。中国などで大気汚染の原因の一つとなっている。花粉対策用マスクでは防げず，人体への影響も指摘されている。発生源は工場や自動車，砂塵などさまざまである。

環境基本法　A7（かんきょうきほんほう）　1967年施行の公害対策基本法と，1972年制定の

自然環境保全法に代わって，1993年に環境政策全体に関する基本方針を示すために制定された法律。従来バラバラにおこなわれていた国・地方公共団体・事業者・国民などの各主体の協力と参加が不可欠という立場から，環境基本計画に基づく環境行政の推進を規定している。

　　　　類 公害対策基本法 Ａ⑤　自然環境保全法

環境権　Ａ⑤（かんきょうけん）　☞ p.71（環境権）

環境アセスメント　Ａ（かんきょう―）　開発行為をおこなう場合，それが自然環境に与える影響を事前に調査・予測・評価すること。地方公共団体の条例レヴェルで先行して導入されてきたが，1996年の中央環境審議会の答申に基づき，1997年6月に環境影響評価法（環境アセスメント法）が成立した。調査項目に関して地方公共団体や住民の意見を反映させることになったが，アセスメント自体を各事業の主務官庁がおこない，評価するなど不十分な点も多い。なお，予算化されたが長期間着工されていない公共事業などについて，中止を含めて再評価することを「時のアセスメント」とよぶ。

　　　　　　　　　類 環境影響評価法 Ｂ⑤
（環境アセスメント法 Ｂ⑦）　時のアセスメント

悪臭防止法　（あくしゅうぼうしほう）　悪臭による環境汚染から生活を守るための法律。アンモニア・メチルメルカプタン・硫化水素など12種類を規制物質としている。

水質汚濁防止法　Ｃ（すいしつおだくぼうしほう）　1970年に制定された河川・海洋の水質保全のための法律。①排水に国が一律の基準を設け，都道府県知事に上乗せ基準を設ける権限を与える，②知事に排水停止と処罰権を与える，などが規定されている。

大気汚染防止法　Ｂ⑥（たいきおせんぼうしほう）　ばい煙規制法を吸収して1968年に制定。1997年に，ダイオキシンなどの有機化合物の抑制を目的に改正。条文には，ばい煙の排出量の規制，排出基準に関する勧告，自動車の排気ガスの許容量などを規定する。都道府県知事は大気汚染を常時監視する義務があり，公害発生企業は損害賠償義務を負う。

騒音規制法　Ｃ（そうおんきせいほう）　1968年に制定。工場や建設現場などに関する規制と，

市町村長への改善命令権の付与，和解の仲介制度などについて定めている。1971年に地域全体への騒音基準も定められ，違反者には罰則規定もある。

公害健康被害補償法　Ｂ④（こうがいけんこうひがいほしょうほう）　公害病の疾患の内容とその発生地域を指定し，救済の対象とすることを定めた法律。1973年に公害被害救済法を改正して制定された。公健法と略称。従来，患者認定審査会が水俣病認定患者・イタイイタイ病認定患者などの公害疾患者を認定してきた。このうち大気汚染系疾患については，1988年3月までに地域指定を解除したため，以後の新規認定患者は出ていない。しかし，大気汚染が消滅したわけではない。

公害被害認定患者　（こうがいひがいにんていかんじゃ）　1969年制定の公害被害救済法と，それを引きついだ公害健康被害補償法に基づいて，患者認定審査会により公害疾患者と認められた人々をさす。水俣病・イタイイタイ病・慢性ヒ素中毒症などの特異的疾患と，大気汚染を原因とする呼吸器系の非特異的疾患に関して，地域と疾患を指定して認定する。しかし，1988年に大気汚染地域の指定が解除された。

公害罪法　（こうがいざいほう）　1970年に制定された「人の健康に係る公害犯罪の処罰に関する法律」。事業活動にかかわる公害を生じさせたものを処罰する。故意の場合は3年以下の懲役もしくは禁錮，または300万円以下の罰金。過失は2年以下の懲役または200万円以下の罰金。刑罰不遡及の原則から，水俣病・イタイイタイ病など過去の例は訴追されない。

公害防止条例　Ｃ②（こうがいぼうしじょうれい）　都道府県単位で制定された公害防止のための条例。公害関係法の基準よりも厳しい場合がある。1949年の東京都工場公害防止条例を最初の例とし，神奈川県・大阪府・福岡県・川崎市などで制定されている。

無過失責任　Ａ①（むかしつせきにん）　現代民法の考え方は，過失責任に基づく被害補償である。しかし，公害については1970年代以降，過失の有無にかかわらず，加害原因者が損害賠償責任を負うべきであるとされるようになった。大気汚染防止法・水質汚濁防止

法も，人の健康に有害な物質を排出した事業者に対する無過失責任を明文化している。現在では商品欠陥による事故についても，製造物責任（ＰＬ）法に基づき，製造者などに損害賠償の責任を負わせる。

損害賠償責任 **B** ②（そんがいばいしょうせきにん）　故意または過失により，他人に損害を与えた時に負う損補填の責任。加害者の故意や過失が明確な場合は責任の所在も明確であるが，不明確な場合もある。1972年に改正された大気汚染防止法（第25条）などでは無過失責任の考え方をとり入れ，公害発生源の企業は故意・過失の有無を問わず，公害によって生じた損害を賠償する責任を負うべきことを定めた。

汚染者負担の原則 **A** ④（ＰＰＰ **A** ①）[Polluter Pays Principle]（おせんしゃふたん−げんそく）　環境汚染を引き起こした者が，その浄化のための費用を負担すべきとする原則。経済協力開発機構（ＯＥＣＤ）が1972年に加盟国に勧告した。主な内容は，国の定めた基準を維持するのに必要な費用を汚染者が負担すること，防止費用は製品価格に反映させ国の補助などをおこなわないことなど。日本では，四大公害訴訟にみられる深刻な健康被害の教訓を踏まえて1970年代にこの原則が確立され，公害健康被害補償法などにこの考え方が生かされている。

拡大生産者責任 **B**（ＥＰＲ **B** ②）[Extended Producer Responsibility]（かくだいせいさんしゃせきにん）　生産者が製品の生産だけでなく，廃棄やリサイクルまで責任を持つという考え方。ＯＥＣＤの提唱に基づき，循環型社会形成推進基本法にもその理念が盛り込まれている。

ライフサイクル−アセスメント [life cycle assessment]　製品が生産されてから廃棄されるまでに，資源やエネルギーをどれだけ使い，各種の汚染物質を出すかを定量的に分析して，環境への影響を総合的に評価する方法。企業が環境負荷の少ない製品づくりをおこなう指針にもなる。

環境基準 **C**（かんきょうきじゅん）　環境基本法および公害関係各法に基づいて定められた大気汚染・水質汚濁・騒音などの基準。1973年に環境庁から示された。大気汚染については二酸化硫黄・光化学オキシダン

ト・浮遊粒子状物質などの濃度が，水質については全国一律の健康保護基準と，河川・海域ごとの生活環境保全基準が，騒音については地域ごとの基準値が，それぞれ決められている。大気汚染・水質汚濁の改善のため，1970年からは事業所ごとの排出物を，一定地域ごとに総量規制する方針がとられた。

濃度規制 **B**（のうどきせい）　環境基準の設定方法の一つ。規制すべき汚染・汚濁物質を，排出されるガスや水に対する濃度によって限度を定めたもの。大気汚染物質の規制などは当初，これによっておこなわれたが，後にそれに加え，総量規制が導入された。

総量規制 **A**（そうりょうきせい）　環境基準の設定方式の一つ。従来の濃度規制では，汚染・汚濁物質の排出量の規制が甘く，また生物濃縮の問題などもあった。このため，一定地域に排出される汚染・汚濁物質の合計量を基準にして規制されるようになった。

公害国会 **C** ②（こうがいこっかい）　公害対策関係の14本の法律が一気に改正・成立した1970年末の第64回臨時国会をさした言葉。焦点だった公害対策基本法から「経済の健全な発展との調和を考慮する」という条項が削除されるなど，日本の公害法体系を前進させる画期となった。

環境庁 **A** ③（かんきょうちょう）　環境行政を一元的に執行するため，1971年に発足した官庁。1970年設置の公害対策本部が前身。大気汚染防止法・水質汚濁防止法をはじめ公害関連法に基づく基準の設定や監督とともに，関係行政機関の環境保全に関する事業費・補助金などの調整をおこなう。2001年の中央省庁再編で，環境省に昇格した。

　　　　　　　類 環境省 **A** ③

公害等調整委員会 **B**（こうがいとうちょうせいいいんかい）　公害にかかわる紛争解決などをはかるため，1972年に設置された行政委員会。あっせん・調停・仲裁・裁定などをおこなう。委員長と委員6人の計7人からなり，独立してその職務にあたる。現在は総務省の外局。

環境マーク（かんきょう−）　環境に配慮した商品などに付けられるマーク。消費者がそれを選択・購入する際の判断目安となる。環境

省の指導のもとで日本環境協会が認定するエコーマークが最も普及している。経済産業省では商品の容器や包装に,「紙」「プラ」(プラスチック)などと記した識別マークを2001年から導入し,分別廃棄をすすめている。

類エコーマーク C

循環型社会形成推進基本法 A 4 (じゅんかんがたしゃかいけいせいすいしんきほんほう)　2000年成立,2001年に施行された法律。この法律で循環型社会とは,ゴミを出さない社会としての物質循環の確保,出たゴミについては資源として再利用する,環境負荷の低減,と規定した。この法律に基づき,2003年に循環型社会形成推進基本計画が決定された。関連法規として食品リサイクル法・建設資材リサイクル法・グリーン購入法などが制定されている。

資源循環型社会 (しげんじゅんかんがたしゃかい)　単に循環型社会ともいう。広義には自然と人間とが共存・共生する社会システムを意味し,狭義には廃棄物の発生を抑え,リサイクルしていくことで資源の循環をはかる社会のことである。

同循環型社会 A

3R B (三つのR) (みっ―)　従来の大量生産・大量消費・大量廃棄の社会から,廃棄物を減らして資源の有効活用をはかる循環型社会を形成する過程で必要とされる取り組みを,三つの英語の頭文字で示したもの。リデュース[Reduce]は設計の工夫などで廃棄物の発生を抑制すること。リユース[Reuse]は使用済みの製品や部品をそのまま再使用すること。リサイクル[Recycle]は原材料や部品を資源として再生利用すること。この順序で環境への負荷削減の効果を高め,企業・行政・消費者が一体となって循環型社会の構築がめざされる。なお,リフューズ[Refuse]は発生源からゴミを断ち,ゴミになるものは買わないという意味で,これを加えて4Rともいう。

類リデュース A　リユース A
リサイクル A 3　リフューズ C　4R C

リサイクル法 C (―ほう)　正式名は「再生資源の利用に関する法律」。分別回収のための材質表示や廃棄物の再資源化などを規定し,資源の有効利用をめざす。1991年に

施行。2000年に抜本的な改正がおこなわれ,資源有効利用促進法(資源の有効な利用の促進に関する法律)となった。個別のリサイクル関連法に,容器包装リサイクル法・家電リサイクル法・食品リサイクル法・建設資材リサイクル法・自動車リサイクル法・グリーン購入法・小型家電リサイクル法がある。

同資源有効利用促進法

容器包装リサイクル法 C (ようきほうそう―ほう)　家庭ゴミに占める割合の高いビン・ペットボトル・ダンボールなど容器・包装材料のリサイクルを義務づけた法律。1995年に制定,1997年から施行された。

家電リサイクル法 C (かでん―ほう)　ブラウン管テレビ・液晶テレビ・プラズマテレビ・冷蔵庫・冷凍庫・洗濯機・エアコン・乾燥機の8品目の家電製品のリサイクルを製造者などに義務づけた法律。1998年制定,2001年施行。費用を負担する消費者のあいだで批判の声もある。

小型家電リサイクル法 (こがたかでん―ほう)　使用済み携帯電話などの小型家電から貴金属やレア‐メタル(希少金属)を取り出して再利用するための法律で,2013年から施行。実施は地方公共団体がおこなうが,義務づけられていないため,取り組みにバラツキがある。

食品リサイクル法 (しょくひん―ほう)　スーパーやコンビニの売れ残りや飲食店の食べ残しなど食品廃棄物の発生を抑制し,その再生利用を促進することなどを目的とした法律。2000年に制定された。

建設リサイクル法 (けんせつ―ほう)　特定の建設資材の再資源化を促進するための法律。資源を有効に活用し,建設廃棄物を減らすのが目的。2000年に制定された。

自動車リサイクル法 (じどうしゃ―ほう)　自動車部品などの再資源化を推進するための法律。使用済みの自動車を引き取り,フロンガスやエアバッグなどの回収と適正な処理を自動車メーカーなどに義務づけている。2002年に制定された。

グリーン購入法 C 2 (―こうにゅうほう)　国や地方公共団体などが環境負荷の低減に役立つ物品を率先して購入することなどを定めた法律。2000年に制定された。これに関連

して，2008年に印刷・コピー用紙などで再生紙を販売する製紙会社の再生紙偽装事件が発覚した。

環境税 **B**3（かんきょうぜい）　地球温暖化防止のためにヨーロッパ諸国（オランダ・デンマーク・スウェーデン・ドイツなど）で徴収されている租税。炭素税もその一つ。環境対策のための租税政策の手段で，1920年にイギリスの経済学者ピグーが提唱した。日本でも，2012年から石油・石炭・天然ガスなどの化石燃料に課税する環境税（地球温暖化対策税）が導入された。

類 炭素税2

ゼロ-エミッション **B**1［zero emissions］生産方法の技術革新や産業間の連携を強化することで，廃棄物などの排出をゼロにしようとするものである。ただ，個々の企業でゼロにすることができたとしても，経済活動の全体で廃棄物を発生させないようにしなければ意味がない。

ハイブリッドカー（ハイブリッドバス）［hybrid car／bus］　ハイブリッドとは雑種・混成という意味。ハイブリッドカー（ハイブリッドバス）とは電気モーターとガソリンエンジン（内燃機関）を組み合わせた，2種類以上の動力源を持っている車のことである。二酸化炭素の排出量が半減し，窒素酸化物の排出量も規制値の10分の1となった。

類 低公害車　低燃費車

アイドリング-ストップ　停車中にエンジンをかけっぱなしにしないで，止めること。環境保護とともにエネルギーの節減にもつながる。

コージェネレーション **B**［cogeneration］熱と電力を同時に供給するエネルギーの供給システム（熱電併給システム）のこと。エネルギーを有効利用しようとするもので，一般の発電ではエネルギーの利用効率は40％程度であり，残りは廃熱となってしまう。そこで，この廃熱を回収して利用すると，約70〜80％の有効利用が生まれる。ホテルや病院などで導入されている。

同 熱電併給システム **C**

デポジット制 2［deposit-refund systems］（-せい）　デポジットとは預かり金のこと。製品本来の価格にビンや缶などの預かり金を上乗せしておき，消費された際，それを返却すれば預かり金が戻されるシステム。

シヴィル-ミニマム **C**［civil minimum］市民生活を送るうえで最低限必要とされる社会的設備・環境の基準をいう。

アメニティ **C**［amenity］　人間が生活する環境や気候条件などにかかわる快適性の水準を示す。イギリスでは，歴史的町並みを保存する運動などを通じて，アメニティの考え方が発達してきた。

ナショナル-トラスト運動 **C**（-うんどう）　無秩序な開発から自然環境や歴史遺産を守るため，広く国民から基金を募り，土地や建物を買ったり寄贈を受けたりして，保存・管理する運動。1895年，産業革命期のイギリスで始まった。日本では1964年，鎌倉市在住の作家大佛次郎が，鶴岡八幡宮の裏山の宅地造成に反対，問題の土地を寄付金を募って買い取る運動が最初の例とされる。ほかにも和歌山県の天神崎の自然を守る運動，北海道の知床半島で400ha以上の土地を確保した運動，などが知られる。

立ち木トラスト（た-き-）　ゴルフ場建設反対運動のなかで，建設予定地にある立ち木を買い取り，所有住民の名前を記した札をぶら下げておく運動。建設中止の例もある。

古都保存法（ことほぞんほう）　1966年制定。正式には「古都における歴史的風土の保存に関する特別措置法」という。歴史的遺産の保護と両立しうる新しい街づくりの方策が講じられ，京都・奈良・鎌倉などで歴史遺産の法的保存措置がとられた。

重要文化財（じゅうようぶんかざい）　文化財保護法に基づく有形文化財のうち，文部科学大臣が指定した重要なもの。

国宝（こくほう）　国の重要文化財のうち，文部科学大臣が指定し，法律によって保護・管理が定められた建造物や美術品など。重要無形文化財保持者のことを人間国宝とよぶ。

類 人間国宝

世界遺産 **C**（せかいいさん）　1972年にユネスコで採択された世界遺産条約（日本は1992年に加入）に基づいて登録される遺産。文化遺産・自然遺産・複合遺産の3種類があり，登録されると，景観や環境保全が義務づけられる。2023年1月時点において，

世界遺産に登録された物件	種類	所在地
法隆寺地域の仏教建造物	文化	奈良
姫路城	文化	兵庫
屋久島	自然	鹿児島
白神山地	自然	秋田・青森
古都京都の文化財	文化	京都・滋賀
白川郷・五箇山の合掌造り集落	文化	岐阜・富山
原爆ドーム	文化	広島
厳島神社	文化	広島
古都奈良の文化財	文化	奈良
日光の社寺	文化	栃木
琉球王国のグスクおよび関連遺産群	文化	沖縄
紀伊山地の霊場と参詣道	文化	奈良・三重・和歌山
知床	自然	北海道
石見銀山遺跡とその文化的景観	文化	島根
小笠原諸島	自然	東京
平泉の文化遺産	文化	岩手
富士山	文化	静岡・山梨
富岡製糸場と絹産業遺産群	文化	群馬
明治日本の産業革命遺産	文化	長崎県など8県の23施設
国立西洋美術館を含むル=コルビュジエの17建築作品	文化	日本など7か国
宗像・沖ノ島と関連遺産群	文化	福岡
長崎と天草地方の潜伏キリシタン関連遺産	文化	長崎・熊本
百舌鳥・古市古墳群	文化	大阪
奄美大島，徳之島，沖縄島北部及び西表島	自然	鹿児島・沖縄
北海道・北東北の縄文遺跡群	文化	北海道・青森・岩手・秋田

▲日本の世界遺産（2023年5月時点）

1157の世界遺産が登録されている（文化遺産900，自然遺産218，複合遺産39）。国別では，1位イタリア58件，2位中国56件，3位ドイツ51件となっており，日本は25件が登録されている。

世界の記憶（せかい～きおく）　1992年に開始されたユネスコ三大遺産事業の1つであり，歴史的価値のある記録物を保存・公開する制度。かつては「世界記憶遺産」とよばれた。2023年時点において494の記録物が登録されている。主なものとして，アンネの日記，フランス人権宣言などがある。日本国内の記録物については，2023年時点において9件が登録されている。一方，過去において，南京虐殺事件や従軍慰安婦問題の関連資料が登録申請対象になった際には，日本政府が異議を唱えている。

無形文化遺産　**C**（むけいぶんかいさん）　ユネスコの三大遺産事業の一つで，2006年の無形文化遺産条約に基づいて認定される祭礼・芸能等の無形の遺産。日本からは能楽，人形浄瑠璃，歌舞伎，和食，和紙，山・鉾・屋台行事など22件が登録されている。

世界ジオパーク（せかい～）　科学的にみて重要な，美しい地質遺産を含む自然公園のこと。これらを守るため，ユネスコの支援を受けて世界ジオパークネットワークなどが認証する。2015年からユネスコの正式事業となった。2023年時点で，48カ国において195のジオパークが認定されている。日本では，洞爺湖有珠山・糸魚川・島原半島・山陰海岸・室戸・隠岐・阿蘇・アポイ岳・伊豆半島の9地域が認定されている。

エコ–ファンド　**C**［eco-fund］　環境に配慮した企業を選定しておこなう投資信託。背景には企業に投資する際の社会的責任投資（ＳＲＩ）や，ＥＳＧ（環境・社会・ガバナンス）投資の考え方がある。

　　　　類社会的責任投資 **C**①（ＳＲＩ**C**②）ＥＳＧ投資 **B**

環境家計簿（かんきょうかけいぼ）　各家庭で環境保全の費用や効果を数量的に把握するための収支の記録。公表を前提としたものではないが，環境問題解決の一助になる。

エコポイント制度（～せいど）　正式名称は「エコポイントの活用によるグリーン家電普及促進事業」。2009年から2012年にかけて，日本政府が内需拡大と地球温暖化対策の推進のために実施した経済政策。省エネルギー性能の高い家電を購入した消費者に一定のエコポイントが付与された。

　　　　類家電エコポイント　住宅エコポイント

環境対応車の購入補助金（かんきょうたいおうしゃ–こうにゅうほじょきん）　高額で普及が進まない環境にやさしい乗用車を買いやすくするため，国から支給される補助金。対象は電気自動車（ＥＶ），プラグインハイブリッド車（ＰＨＶ），クリーンディーゼル車，燃料電池車で，補助額は車種で異なる。

エコカー減税　**2**（～げんぜい）　環境対応車を購入した消費者に対して，自動車取得税や自動車重量税を減免する施策。リーマン–ショック後の2009年から導入された。環境性能の高い車への乗り換えを促すよりも，消費刺激策という側面が強い。

地球環境問題

カーソン **C**〔Rachel Louise Carson, 1907〜64〕　アメリカの海洋学者・科学評論家。1962年に『沈黙の春』を著し，DDT（殺虫剤）などの農薬が自然環境を破壊すると警告した。同書では「春がめぐって来ても鳥さえさえずらない」などという表現で環境破壊を指摘している。

ＯＥＣＤ環境政策委員会（-かんきょうせいさくいんかい）　各国の環境に関する国内目標および国際公約の達成状況を審査・評価し，課題を明らかにするため，ＯＥＣＤ（経済協力開発機構）内に設けられた組織。1992〜93年に，日本を含む5か国を調査し，環境と経済に関する包括的計画と環境アセスメントの強化を訴えた。

ＯＰＥＣ環境委員会（-かんきょういいんかい）　1990年，ＯＰＥＣ（石油輸出国機構）内に設置された組織。地球温暖化の原因である二酸化炭素の削減方法として，排出される二酸化炭素の量に応じて税金をかける，当時の炭素税の構想が産油国には不利に作用するため，その対策を目的とした。

国連人間環境会議 **B**⑨（こくれんにんげんかんきょうかいぎ）　1972年にストックホルムで開かれた国際会議。この会議で「人間環境宣言」が採択された。「かけがえのない地球」をスローガンに，①人間居住の計画と管理，②天然資源管理の環境問題，③国際的な環境汚染，④環境問題の教育・情報・社会および文化的側面，⑤開発と環境，⑥国際的機構，などについて話し合われた。

自然保護スワップ（しぜんほご-）　自然保護団体が債務銀行から債券を購入し，これを債務国の環境保全費用にあてる政策。環境スワップ。現在，世界自然保護基金（ＷＷＦ）などでおこなわれている。

　　　　　　　同 環境スワップ

世界自然保護基金（ＷＷＦ）（せかいしぜんほごききん）　絶滅の危機にある野生生物の保護や，熱帯林などの生態系保全に取り組む世界最大の環境ＮＧＯ。1961年に世界野生生物基金として設立され，1986年に改称された。本部はジュネーヴにある。世界の100か国以上で活動し，日本にもＷＷＦジャパンがある。

ワシントン条約 **B**③（-じょうやく）　絶滅のおそれのある生物の取り引きについて輸入国と輸出国が規制をし，対象となる野生生物の保護を目的とする条約。1973年にワシントンで調印された。日本は1980年に加入。2016年の締約国会議で，絶滅のおそれがあるアフリカゾウの密猟を防ぐため，各国に象牙の国内市場の閉鎖を勧告する決議案が採択された。

ラムサール条約 **B**③（-じょうやく）　1971年にイランのラムサールで採択された「特に水鳥の生息地として国際的に重要な湿地に関する条約」。国際湿地条約ともいい，重要な湿地を各国が登録し，保全しようとするもの。日本は1980年に加入し，釧路湿原が初の登録湿地。従来は水鳥の生息地を対象に指定されてきたが，現在ではマングローブ林・サンゴ礁・ウミガメ産卵地など，国内の53か所が登録されている（2023年時点）。

環境難民（かんきょうなんみん）　環境破壊により，住んでいる土地を離れざるをえなくなった人たちのことをさす。かんばつ・砂漠化・森林破壊などが原因となる。アメリカのワールドウォッチ研究所のことば。

公害輸出（こうがいゆしゅつ）　国内では，公害の規制などが厳しいために，公害規制が少ない海外に工場を建設して，現地で公害をまき散らしたり，国内で使用禁止となった薬品などを，外国に輸出・販売することをいう。現地の裁判所で，操業停止の命令を出された日本企業もある。有害廃棄物の輸出規制などについては，1989年にバーゼル条約が結ばれている。

バーゼル条約 **B**③（-じょうやく）　有害廃棄物の国境をこえた移動（輸出）やその処分の規制などを定めた条約。1989年にスイスのバーゼルで採択され，1992年に発効した。日本での発効は翌93年。

地球サミットＡ**（国連環境開発会議**Ａ ⑥**）**（ちきゅう-）（こくれんかんきょうかいはつかいぎ）　1992年にブラジルのリオデジャネイロで開かれた国連主催の会議。ストックホルムでの国連人間環境会議（1972年）の20周年を記念して開かれ，全世界から各国の元首や政府首脳・国連機関，多くのＮＧＯ（非政府組織）が参加した。会議では，環境と開発に関するリオ宣言，21世紀に向けて

の行動計画としてのアジェンダ21，生物
多様性条約，気候変動枠組み条約などが採
択された。リオ宣言には「持続可能な開
発」という原則が盛りこまれた。

圞 アジェンダ21 **Ｂ** 4

環境開発サミット **Ｃ** 2 （かんきょうかいはつ-）　地
球サミットのアジェンダ21の実施状況を
検証するため，南アフリカのヨハネスブル
クで2002年に開かれた会議。正式名は「持
続可能な開発に関する世界首脳会議」。環
境保護と開発の両立などをめざす「ヨハネ
スブルク宣言」が採択された。

圞 ヨハネスブルク宣言 2

持続可能な開発 **Ａ** 5 **（持続可能な発展** **Ｃ**
2 **）** （じぞくかのう-かいはつ）（じぞくかのう-はってん）　地
球環境問題に対応したキーワード。正確に
は「環境的にみて健全で維持可能な発展」
という意味。つまり，将来世代の前途を損
なわず，現世代の必要を充足する開発（発
展）のあり方を示したもの。環境保全と開
発とは対立するものではなく，両立が可能
であるとする。「環境と開発に関する世界
委員会」（通称ブルントラント委員会）の
1987年の報告書『われら共有の未来』で初
めて提起され，1992年の国連環境開発会
議（地球サミット）でもこの理念がとりい
れられた。

圞 環境と開発に関する世界委員会
（ブルントラント委員会）

リオ宣言 **Ｃ** （-せんげん）　環境と開発に関する
リオ宣言。1992年，ブラジルのリオデジャ
ネイロで開かれた国連環境開発会議で採択
された宣言。地球社会における環境保全の
あり方を示す原則を掲げている。

気候変動枠組み条約 **Ａ** 8 **（地球温暖化防
止条約** **Ｃ** **）** （きこうへんどうわくぐ-じょうやく）（ちきゅう
おんだんかぼうしじょうやく）　1992年の国連環境開
発会議（地球サミット）において採択され，
94年に発効した温室効果ガス（ＧＨＧ）の
排出規制のための条約。当初は，二酸化炭
素などの排出量を2000年までに1990年の
レヴェルに戻す努力目標を設定した。その
後，同条約の締約国会議（ＣＯＰ）で具体
的な対策などが話し合われてきた。

国連環境開発特別総会 （こくれんかんきょうかいはつ
とくべつそうかい）　1997年に開催された国連の
特別総会。1992年の国連環境開発会議の

実施状況の確認と課題について議論した。

気候変動に関する政府間パネル **Ｃ** **（ＩＰ
ＣＣ** **Ｃ** **）** ［Intergovernmental Panel on
Climate Change］ （きこうへんどう-かん-せいふかん-）
1988年に国連環境計画（ＵＮＥＰ）と世界
気象機関（ＷＭＯ）が共同で設置した組織。
地球温暖化に関する科学的知見や環境・社
会経済に与える影響，その対応方法などに
ついて5年に1度，報告書を出している。
2007年にノーベル平和賞を受賞した。
2014年の報告書では，地球の温度上昇を
2度未満におさえるには，温室効果ガス
の排出量を2050年までに今より40〜70％
削減することが必要と指摘した。

森林破壊 1 （しんりんはかい）　熱帯林を中心に進
行している森林破壊の原因は，発展途上国
の人口増加を背景とした家畜の過放牧，薪
炭利用などのほか，木材輸出のための伐採
や農地化を目的とした開発などである。ま
た，熱帯林地帯は表土が薄く，伐採による
環境変化は回復がむずかしい。熱帯林は，
地球温暖化の原因の一つである二酸化炭素
の吸収源であり，多様な生物種の生息地帯
でもあり，森林保護の重要性が増している。

圞 熱帯雨林の消失 1

地球温暖化 **Ａ** 4 （ちきゅうおんだんか）　二酸化炭
素・メタン・フロンなど，温室効果をもつ
ガスが大気中に排出されることで地球の気
温が高まり，自然環境に各種の悪影響が生
じる現象。温暖化の影響には，海水面の上
昇などのほか，予想できない気候変動をも
たらす可能性が高く，農作物の収穫量にも
大きな影響が出るとされる。この対策は温
室効果ガス（ＧＨＧ）の削減以外になく，温
暖化ガスの排出規制や森林の保護などが必
要である。2020年における主要国の二酸
化炭素排出量割合は，中32.1％，米13.6％，
印6.6％，露4.9％，日3.2％などとなってい
る。日本政府は，2030年までに2013年比
で26％の温室効果ガスを削減する目標を
定めている。

圞 二酸化炭素 **Ｃ** 4　温室効果 **Ａ** 2
温室効果ガス **Ａ** 11 （ＧＨＧ）

京都議定書 **Ｂ** 16 （きょうとぎていしょ）　1997年に
京都で開かれた気候変動枠組み条約第3
回締約国会議（ＣＯＰ3）において，温室
効果ガスの排出削減目標を定めた初の国際

的枠組み。2008年から12年にかけて削減していこうとしたもので（第1約束期間），EUは8％，アメリカは7％，日本は6％の削減目標値が義務づけられた。アメリカのブッシュ政権は，経済に悪影響があるとして離脱したが，ロシアの批准で2005年に発効。しかし，世界1位の排出国アメリカと，2位の中国（いずれも当時）抜きでの発効となり，その後に課題を残した。2011年に南アフリカで開かれたCOP17では，2012年末で期限切れとなる京都議定書をそれ以降も延長し，すべての国が参加する新体制の枠組みを2015年までにつくるとした「ダーバン合意」を採択した。日本・ロシア・カナダは，京都議定書からの離脱を表明したが，第2約束期間は2013年から2020年までの8年間と決まった（ドーハ合意）。

　　　題COP3 B　　ダーバン合意　ドーハ合意

京都メカニズム　（きょうと-）　京都議定書の目標を達成するための措置。共同実施（JI），排出量取引（ET），クリーン開発メカニズム（CDM）の三つをさす。

共同実施（JI B）　（きょうどうじっし）　排出削減義務のある先進国同士で削減などのプロジェクトを実施し，投資した国がその削減量をクレジットとして獲得できる制度。京都議定書第6条で規定されている。

排出量取引 B2（ET B）［Emission Trade］（はいしゅつりょうとりひき）　二酸化炭素など温室効果ガスの削減目標を実現するため，国や企業間でその排出量を相互に取り引きする制度。京都議定書第17条で認められ，取引市場の創設も始まっている。排出権取引ともよばれる。

　　　同排出権取引 C4

クリーン開発メカニズム C2（CDM C4）［Clean Development Mechanism］（-かいはつ-）　温室効果ガスの削減義務を負う先進国が，義務を負わない発展途上国での排出量の削減事業に参加することによって，自国の削減目標達成に資する制度。京都議定書第12条に規定されている。

パリ協定　A9（-きょうてい）　京都議定書にかわり，2020年以降の温室効果ガス排出削減の新たな目標を定めた国際的枠組み。2015年にパリで開かれた気候変動枠組み条約第21回締約国会議（COP21）において190余の国や地域が取り組むことを決めた。世界の平均気温の上昇を産業革命（1850年頃）以前に比べて2度未満に抑制，さらに海面上昇に苦慮する島嶼国の訴えをふまえ1.5度未満に抑える目標を明記。削減目標を5年ごとに見直すことも義務づけられた。協定は2016年に署名式がおこなわれ，総排出量55％以上を占める55か国以上の批准という要件を満たし，同年末に発効した。日本は協定発効後に加入。2023年現在における批准国・地域は195。アメリカは，トランプ政権時の2020年に，地球温暖化そのものを懐疑してパリ協定を離脱。しかし，バイデン政権の下で2021年に復帰した。

オゾン層破壊　A（-そうはかい）　冷蔵庫やエアコンの冷媒，エアゾール製品，半導体などの洗浄に大量に使用されたフロンは成層圏まで上昇するとオゾン層を破壊し，地表に達する紫外線の量が増え，皮膚ガンになりやすいとされる。合成物質であるフロンは，地球の異常気象，生態系へ悪影響を及ぼす可能性があるため，1987年のモントリオール議定書でフロンなどオゾン層破壊物質の使用量の半減を決め，その後全廃された。

　　　題オゾン層 A2

ウィーン条約　B2（-じょうやく）　1985年に採択。オゾン層の保護を目的とした国際協力のための基本的な枠組みを定めた。正式には「オゾン層保護のためのウィーン条約」という。

モントリオール議定書　B1（-ぎていしょ）　オゾン層保護のためのウィーン条約（1985年採択）を具体化した議定書。1987年の国連環境計画（UNEP）の会議で採択された。オゾン層を破壊するフロンの生産・使用を規制し，段階的に削減することを目的とする。1995年の締約国会議で，オゾン層破壊物質の全廃が決められた。日本は，1988年に条約とあわせて加入した。2016年には，温室効果がきわめて高い「代替フロン」の生産を規制する議定書改定案が採択された。

オゾン-ホール　C［ozone hole］　主に南極に現れるオゾン濃度の極端に低い場所。国連機関が2010年に公表した報告書では，

国際的な努力でオゾン層破壊の進行に歯止めがかかったとされるが，南極でのオゾン-ホール回復にはさらに長期間がかかると予測されている。

紫外線 (しがいせん) スペクトルが紫色の外側にあらわれるもの，目には見えない光線。太陽光線中にある。オゾン層の破壊により，地表に達する紫外線の量が増えることで，皮膚ガンや白内障になりやすいとされ，また農作物への影響も懸念されている。

フロン **A**①[flon] クロロフルオロカーボン（塩素・フッ素・炭素の化合物）のこと。不燃・無毒で化学的に安定しており，圧縮すると液化する。エアコンなどの冷媒，スプレーなどの噴霧剤，半導体基板などの洗浄剤として利用されてきたが，1974年頃からオゾン層を破壊することがわかった。

酸性雨 **C**（さんせいう） 化石燃料の燃焼で，硫黄酸化物（SOx）や窒素酸化物（NOx）が大気中に増加，これが降雨のなかに溶けこむことでpH5.6以下の強い酸性値を示す。酸性雨により森林が枯れたり，土壌に被害が出るほか，湖沼や河川も酸性化して魚類の死滅・減少などが起きている。ヨーロッパでは歴史的建築物・石像などにも被害が出ている。

　類硫黄酸化物（SOx）　窒素酸化物（NOx）

生態系 **C**（エコ-システム）[ecosystem]（せいたいけい） 一定の地域に住む生物・無生物の間にある自然界の物質交代，代謝の構造全体のこと。生物とそれを取りまく気象・土壌・地形などの環境から成り立っている。生態系中の生物には生産者（緑色植物），消費者（動物や細菌），分解者（微生物）があり，環境中の無機物を含めて無機物─有機物─無機物の物質連鎖が存在する。ここに人為が働くと生物個体数が増減し，物質連鎖が不安定になる。また，氷河期のような気候変化により，地球上の温度が数度違ってくるだけで生物の数などが変化する。

砂漠化 **C**（さばくか） 人口の増加によって過放牧や過耕作が広がり，土地の保水力が弱まって不毛化する現象。国連環境計画（UNEP）によれば，世界の陸地の4分の1が砂漠化の影響を受けている。砂漠化の進行で食料生産が減り，生活手段を失って他

の土地に移る環境難民も出ている。こうした事態に対応するため，1996年に砂漠化防止条約が発効した。

国連環境計画 **B**③（ＵＮＥＰ**B**③）[United Nation Environment Programme]（こくれんかんきょうけいかく） ユネップ。1972年，スウェーデンで開かれた国連人間環境会議での議論に基づいて設立された。事務局はケニアのナイロビにある。国連本部に属し，国連が取り組む環境問題の総合的な調整などを任務とする。

野生生物種の減少 **B**（やせいせいぶつしゅげんしょう） 乱獲や生態系の破壊によって，生物種の絶滅が進行する現象。野生生物種は確認されたもので約140万種，未確認のものを加えると1000万種をこえるともいわれる。これらのうち，毎年数万種が絶滅しつつあるという。こうした危機に対応するため，1973年に絶滅のおそれのある野生生物の取り引きを禁じたワシントン条約が，1992年には生物多様性条約が締結された。

生物多様性条約 **B**⑤（せいぶつたようせいじょうやく） 特定の地域や種の保護だけでは生物の多様性を守ることができないとして，その保全を目的とした条約。1992年に採択され，翌93年に発効した。生物多様性の保全のために保護地域の指定と管理，保護種の指定や生息地の回復などが求められている。多様性とは生物種がさまざまに異なることを意味し，①生態系の多様性，②種間の多様性，③種内（遺伝子）の多様性，の三つを指す。国連は2010年を国際生物多様性年に定めた。また，同条約の第10回締約国会議（ＣＯＰ10）が2010年に日本で開かれ，医薬品等のもととなる動植物などの遺伝資源の利用を定める「名古屋議定書」（ＡＢＳ議定書）と，生態系保全をめざす世界目標である「愛知ターゲット」が採択された。なお，日本では2008年に生物多様性基本法が制定されている。また，名古屋議定書は2014年に発効，日本は17年に批准した。

　類名古屋議定書**C**　愛知ターゲット
　　　　生物多様性基本法

レッド-データ-ブック 絶滅のおそれがある野生生物をリストアップした資料集。危機を訴える意味で，赤い表紙が用いられ

ている。1966年から国際自然保護連合（I
UCN）が作製。日本でも，環境省が国内
版を発行している。

低炭素社会 ①（ていたんそしゃかい）　二酸化炭素な
どの排出を大幅に削減した社会のこと。温
室効果ガスの排出量を自然界の吸収量と同
じレヴェルにおさえるためには，化石燃料
依存からの脱出が不可欠とされる。

カーボンニュートラル Ⓒ[carbon
neutrality]　温室効果ガスの人為的な排
出量が，温室効果ガスの吸収量・除去量と
相殺されて，排出量が正味としてゼロにな
ること。英語圏では "net zero" と表現さ
れる。排出量を減らすには，経済構造やエ
ネルギー構造の大幅な見直しが必要となる。
一方，吸収量・除去量を増やすには，植林
や森林管理などを強化する必要がある。

カルタヘナ議定書（ーぎていしょ）　UNEP（国
連環境計画）における検討をふまえ，コロ
ンビアの都市カルタヘナでの会議を経て，
2000年に採択された議定書。正式には「生
物の多様性に関する条約のバイオセーフ
ティに関するカルタヘナ議定書」という。
バイオテクノロジーでつくりだされた生物
のうち，悪影響を及ぼすおそれがあるもの
に対する輸出入規制などがもり込まれた。
2010年に日本で開かれた締約国会議（MO
P5）では，越境移動した遺伝子組み換え
生物の安全な利用に関する「名古屋・クア
ラルンプール補足議定書」が採択された。
越境移動により大きな被害が出た場合，輸
出国側が輸入国側に損害賠償するなどの財
政的補償を定めたもの。
　　　　類 名古屋・クアラルンプール補足議定書

「もったいない」　ケニアの環境活動家で
ノーベル平和賞受賞者のワンガリ＝マー
タイが3R（リデュース・リユース・リサ
イクル）の精神をあらわすものだとして広
めた言葉。「MOTTAINAI」という
国際語になっている。

ヴァーチャル－ウォーター（仮想水）［vir-
tual water］（かそうすい）　農産物などの生産
に用いた水資源量を総計したもの。これを
輸入すると，結果として食物だけでなく，
水も輸入していることになる。日本におけ
るその量は，年間数百億㎥ともいわれる。

世界水フォーラム（せかいみず－）　深刻化する

水問題について協議する世界的な会議。そ
の第8回フォーラムが2012年にブラジル
で開かれ，172か国から約12万人が参加。
安全な水を供給する政府の役割などが強調
された。

核の冬（かく－ふゆ）　核戦争後の大火災で，地
球上空を多量のチリやススがとりまき，太
陽光線がさえぎられて起こると考えられる
寒冷化現象。1983年にカール＝セーガン
らアメリカの科学者たちが警告した。

エコロジカル－フットプリント［ecologi-
cal footprint］　一つの環境のなかで，持
続的に生存できる生物の最大量を足跡の大
きさによって視覚的に図示したもの。温室
効果ガスの排出量を二酸化炭素量に換算し，
足跡の大小で図示したものがカーボン－
フットプリントである。
　　　　類 カーボン－フットプリント

グリーン経済 Ⓒ②（ーけいざい）　環境保全と持
続可能な経済発展の両立をはかる経済のあ
り方。緑の経済ともいう。これに対して，
従来の環境破壊につながる大型開発や資
源・エネルギー多消費型の経済がブラウン
（茶色の）経済。2012年に開かれた国連持
続可能な開発会議（リオ＋20）でも主要な
テーマとなったが，その内容や定義・方策
などをめぐり，さまざまな議論がある。

グリーントランスフォーメーション［green
transformation］　略称はGX。意味は曖
昧だが，一般的には，地球環境と経済活動
が共存して持続可能な世界を構築するため
のあらゆる社会変革を指す。日本では，
2023年に「GX実現に向けた基本方針」が
閣議決定され，脱炭素，エネルギー安定供
給，経済成長の3点を同時に実現するこ
とが政策目標に掲げられた。

国連持続可能な開発会議 Ⓒ②（こくれんじぞくか
のう－かいはつかいぎ）　リオデジャネイロで2012
年に開かれた国連主催の会議。1992年の
地球サミットから20周年を記念して開催
された。通称はリオ＋20。会議では，グ
リーン経済の重要性や持続可能な開発目標
（SDGs）の創設などを盛り込んだ合意
文書「われわれが望む未来」が採択された。
一方で，先進国と新興・途上国などとの対
立を反映し，課題を実行する具体的なプロ
セスは見送られた。　☞ p.415（持続

可能な開発目標）

同 リオ＋20 **B**

水俣条約 **C**③（みなまたじょうやく）　正式名は「水銀に関する水俣条約」。人体や環境に悪影響をあたえる水銀の製造や輸出入を原則として禁止する条約。熊本県水俣市で2013年，国連環境計画（UNEP）が中心となって採択された。2017年発効。

プラスチック汚染［plastic pollution］（－おせん）　ペットボトルやレジ袋に代表されるプラスチック製品が地球環境を汚染している問題。大量消費されて捨てられたプラスチック製品は，やがて海洋に流れ込み，海中の生態系を破壊することになる。プラスチックは自然分解しにくい素材であり，いったん海中に滞留すると，数百年にわたって影響を及ぼす可能性が高い。

② 消費者問題と消費者の権利

消費者問題 **A**④（しょうひしゃもんだい）　国民が消費者として生活する過程で起こるさまざまな問題。欠陥商品・有害食品・薬害などの問題がある。企業が宣伝・提供する商品の一方的な受け手として，消費者が置かれていることに一因がある。

消費者保護 **A**③（しょうひしゃほご）　消費者が弱い立場にあることを考慮し，その利益を守るために消費者基本法などが定められている。また，国民生活センターや消費生活センターが設けられ，消費者相談を実施し，消費者の苦情処理や消費生活に関する情報提供などをおこなっている。

消費者主権 **A**③（しょうひしゃしゅけん）　市場経済のもとでは，究極的には消費者の選択や意思が生産のありようを決定するという考え方。政治における国民主権にならったもので，消費者運動のスローガンにもなっている。しかし，現実には消費者がよりよい商品を，より適正な価格で買う自由はなく，企業が価格を決定し，広告・宣伝などの手段を用いて消費者の欲求をつくり出すなど，消費者側の主体性が失われがちである。

消費者の権利 **C**③（しょうひしゃ－けんり）　消費者が企業に従属せざるをえない立場に置かれているもとでは，生存権の理念に基づいて，消費者の権利を確保することが要請される。

1962年にアメリカのケネディ大統領は，特別教書において①安全を求める権利，②知らされる権利，③選ぶ権利（選択できる権利），④意見が聞きとどけられる権利，の四つを消費者の権利として宣言した。

類 安全を求める権利　知らされる権利
選ぶ権利　意見が聞きとどけられる権利

消費者運動 **B**（コンシューマリズム**C**）［consumerism］（しょうひしゃうんどう）　消費活動に関して起こるさまざまな問題に，消費者自身が団結して取り組み，消費者の権利確保と消費生活の向上をめざす運動。1948年，主婦連合会（主婦連）が始めた不良マッチ追放運動が端緒。現在では，欠陥商品・誇大広告・不当な価格引き上げ・有害食品などのひずみを是正し，自らを守るために，有害商品の摘発，不当価格への異議申し立て，不買運動や消費生活協同組合運動などが幅広くおこなわれている。

類 主婦連合会 **C**（主婦連 **C**）

生活協同組合 **B**（生協 **B**）（せいかつきょうどうくみあい）（せいきょう）　消費生活協同組合法（1948年制定）に基づき，地域や職域につくられた法人。生活物資（消費材）の共同購入や共済などの事業をおこなう。消費者運動でも要かなめの位置にある。CO-OP。

グリーン-コンシューマー **A**　緑の消費者。環境にやさしい消費生活や環境への負荷の少ないライフスタイルを希求する人たちのこと。環境を大切にする立場から商品を購入したり，そうした商品の開発を企業に求めたり，時には企業の監視などもおこなう。また，こうした人たちによる活動や運動をグリーン-コンシューマリズムという。

類 グリーン-コンシューマリズム

欠陥商品 **C**①（けっかんしょうひん）　商品の使用に際して，当然備えているべき性能が欠如しているため，その使用目的を果たすことのできない構造上の欠陥を持った商品のこと。危険をともなう場合も多い。欠陥車や欠陥マンションなどがその代表例。

リコール **A**⑤［recall］　自動車などで欠陥が見つかった場合，生産者（メーカー）が国土交通省に届け出たうえでこれを公表し，購入者（ユーザー）に直接通知して無償で回収・修理をおこなうこと。道路運送車両

不当表示 C （ふとうひょうじ）　販売促進のため，商品やサービスの内容・取引条件などを，実際よりすぐれているように表示すること。鯨肉を牛肉ロース大和煮と表示していた事件（1960年）を契機にして，1962年に不当景品類及び不当表示防止法が制定された。

食品偽装 （しょくひんぎそう）　2007年におこった，食品の消費・賞味期限や産地などの偽装をめぐる一連の事件。ミートホープ・赤福・船場兆などで，次々と偽装が発覚した。

食品添加物 （しょくひんてんかぶつ）　食品の加工や保存などの目的で用いられる物質。天然から得られた塩・砂糖などと，化学的に合成した人工着色料や防腐剤などとがある。とくに後者については安全性を確保するため，食品衛生法などが定められている。

食品表示法 C （しょくひんひょうじほう）　品質はJAS（日本農林規格）法で，安全性は食品衛生法で，栄養成分は健康増進法で，それぞれバラバラに定められていた食品の表示について一つにまとめた法律。2013年に成立し，2015年から施行。表示基準は内閣総理大臣が定める。違反に対する罰則なども強化されている。

悪質商法 B （あくしつしょうほう）　法の網の目をくぐっておこなわれる詐欺まがいの商行為。近年，販売競争が激化し，悪質なサービス形態が次々に生みだされている。

マルチ商法 B （-しょうほう）　特典をエサに，ネズミ算式に出資者を募る連鎖販売取り引き。

ネガティヴ−オプション　通信販売業者が勝手に商品を送りつけ，消費者が「ノー」の意思表示や返品をしないと，購入するとみなして代金を請求する商法。

キャッチ−セールス　路上で勧誘し，商品の契約を結ばせる販売方式。

アポイントメント商法 C （-しょうほう）　「あなたの電話番号が当選した」など特別サービスをエサに，消費者を呼び出して売りつける商法。

振り込め詐欺 （ふ-こ-さぎ）　電話などを使って親族などをかたり，現金を銀行口座に振り込ませ，金銭をだまし取る詐欺の総称。オレオレ詐欺，ニセ電話詐欺ともいう。被害者は高齢の女性に多いこともあり，「母さん助けて詐欺」とよぶこともある。
同 ニセ電話詐欺

貧困ビジネス （ひんこん-）　格差社会の広がりを受け，生活困窮者をターゲットにした新手の悪質商法。特に，路上生活者に声をかけて生活保護を申請させ，その保護費の大半を施設使用料や食費・運営費として天引きする，社会福祉法に基づく一部の「無料低額宿泊所」などが問題になっている。

スモン事件 （-じけん）　スモンとは，下痢止め用に市販されていた薬の成分であるキノホルムによって生ずる神経障害のこと。1972年までに全国で1万7000人の被害者が出た。1971年，2人の患者が製造元の製薬会社と，その製造を承認した国を相手に損害賠償請求の訴訟をおこした。これをきっかけにして，全国各地で同種の訴訟が起こり，原告（被害者）側が勝訴した。

森永ヒ素ミルク中毒事件 C （もりながそ-ちゅうどくじけん）　1955年，森永乳業の粉ミルクを飲用した子どもの間で発生した中毒事件。岡山県を中心に広がり，被害者は約1万2000人ともいわれた。原因は，森永徳島工場でつくられた粉乳に含まれていたヒ素。刑事裁判では，徳島工場の製造課長に禁錮3年の実刑がいい渡された。また，被害者が国と森永を訴えた損害賠償請求訴訟では，1974年に和解が成立した。

サリドマイド事件 C （-じけん）　サリドマイドはドイツで開発された催眠薬で，日本でも1958年に発売された。1959年以降，これを妊娠中に服用した母親から障害のある子が生まれた。1963年に被害者39家族が製薬会社や国を訴えたが，その後国と企業が責任を認め，1974年に和解が成立した。日本では1962年にサリドマイドは販売中止となり，1971年には製薬会社が承認を返上した。しかし，最近になって血液ガンの一種である多発性骨髄腫やハンセン病などへの治療効果が注目され，サリドマイドの製造・販売が厚生労働省で再承認された。

カネミ油症事件 C （-ゆしょうじけん）　北九州市のカネミ倉庫が1968年に製造した米ぬか油で中毒が発生した事件。原因は，精油工程でポリ塩化ビフェニル（PCB）が混入したためとされたが，その後ダイオキシン類のPCDF（ポリ塩化ジベンゾフラン）

の毒性が強いことがわかった。約1万4000人が被害を申し出たが, 患者に認定されたのは約1900人(うち死亡は約400人)。2012年に被害者救済法が成立したが, 新法で増えた認定は228人であり, 全体の認定患者は2210人にとどまる。

「消費者は王様」 ③(しょうひしゃ-おうさま)　消費は美徳であり, 多くのモノを消費する消費者は, 企業にとって王様(大切なお客)であるという意味。高度経済成長の時代に, 企業の側から消費者を表現したことば。

企業の社会的責任Ａ②(ＣＳＲＡ) (きぎょう-しゃかいてきせきにん)　☞ p.161 (企業の社会的責任)

製造物責任法Ａ④(ＰＬ法Ａ) (せいぞうぶつせきにんほう)(-ほう)　製造物の欠陥で消費者が身体・生命・財産に損害を受けた時, 製造者に故意・過失がなくても, 賠償の責任を負わせる無過失責任を定めた法律。ProductLiabilityの訳で, ＰＬ法と略称される。1960年代にアメリカで発達し, 日本では1994年に制定され, 翌95年から施行。責任緩和策として, 製品を最初に開発した時にともなう危険の認定(開発危険の抗弁)や, 10年の時効などがある。

開発危険の抗弁 (かいはつきけん-こうべん)　製品の流通時点における科学的・技術的水準では, その製品の欠陥を認識することが不可能だったことを製造業者等が証明できた場合は, 免責されるという考え方。製造物責任法では, 製品の欠陥によって他人の生命・身体・財産に損害を与えたときは, 製造業者が故意・過失のあるなしにかかわらず賠償責任を負うのが原則だが, その例外として同法第4条に規定されている。

私的自治の原則 Ａ③(してきじち-げんそく)　個人間の私法関係(権利義務の関係)をその自由な意思にまかせ, 国家が干渉しないとする考え方で, 近代法の基本的な原則の一つ。契約自由の原則や遺言自由の原則などがその具体例である。行政組織の公的自治(自治行政)に対する用語。

約款 Ｃ(やっかん)　企業が消費者との契約を効率的におこなうため, あらかじめ画一的に書面で示された個々の条項。2017年の民法改正でこの規定を新設。消費者の利益に反する不当な約款は無効となる。

契約 Ａ⑫(けいやく)　2人以上の当事者の申し込みと承諾によって成立する法律行為のこと。契約当事者は, 契約に拘束される。この原則には, 契約の当事者は, 互いに対等・平等であるという前提がある。ところが, 最近の訪問取り引きの激増や, セールス-テクニックの発達で, 売り手と消費者の契約関係が, 対等・平等とはいえなくなってきた。このため, 分割払いの割賦販売・訪問販売などの場合, 成立した契約を一定の期間内に違約金なしで解除できるクーリング-オフ制度が設けられている。また, 親の同意がない未成年者による契約も, 取り消すことができる。

クーリング-オフ Ａ⑤[cooling-off]　頭を冷やすという意味で, 消費者が結んだ購入などの契約を解除できる制度。特定商取引法に規定されている。消費者は, うっかりして, あるいは興奮状態で契約を結ぶこともあるが, 一定期間中(原則として8日間, マルチ商法は20日間)であれば, 一定の条件の下で契約を解除できる。ただ, 自動車など商品によっては, クーリング-オフの対象外となる。契約の解除は原則として, 内容証明郵便によって通知する。

消費者契約法 Ａ⑫(しょうひしゃけいやくほう)　消費者を不当な契約から守る目的で制定された法律。2000年に成立し, 2001年4月から施行。事業者は消費者に対して契約内容をわかりやすく伝えることが義務づけられた。消費者は, 「誤認または困惑」した場合に契約の申し込みや受諾の意思表示を取り消すことができる。2006年の法改正で, 一定の消費者団体(適格消費者団体)が消費者全体の利益を守るために, 事業者の不当な行為に対して裁判を提起できる消費者団体訴訟制度が導入された。また, 2018年には, 2022年からの成年年齢引き下げ(18歳)にともなう, 消費者被害の拡大を懸念し, デート商法や就職セミナー商法などに言及した法改正が行われた。

類 適格消費者団体Ｃ　消費者団体訴訟制度Ｂ⑤

消費者保護基本法 Ａ(しょうひしゃほごきほんほう)　1968年, 消費者の利益を保護する目的で制定された法律。国・地方公共団体・企業の消費者に対する責任と消費者の役割, 企業による危険の防止や, 計量・規格・表示

の適正化，消費者保護会議の設置などが定められた。多くの地方公共団体で消費者保護条例を制定したが，いずれも国の保護基準よりも進んだものになっている。2004年に，消費者の権利などをもり込んだ消費者基本法に改正された。

消費者基本法 🅐⑦(しょうひしゃきほんほう)　消費者保護基本法にかわって，2004年に制定された法律。消費者を「保護」の対象とするのではなく，「消費者の利益の擁護及び増進に関し，消費者の権利の尊重及びその自立の支援」(同法第1条)などを基本理念として定めている。これにともない，従来の「消費者保護会議」も「消費者政策会議」に改められた。

食品安全基本法 🅑④(しょくひんあんぜんきほんほう)　ＢＳＥ(牛海綿状脳症)，食品の原産地偽装表示，残留農薬などの問題を受けて2003年に成立。国や地方公共団体，事業者などに食品の安全を確保する義務などを定めた。この法律に基づき，農林水産省や厚生労働省に勧告権を持つ食品安全委員会が内閣府に設置された。

　　　　　　　類食品安全委員会🅒②

消費者関連法 (しょうひしゃかんれんほう)　悪質な販売から消費者を保護するために制定された，さまざまな法律をさす。

特定商取引法 🅑⑥(とくていしょうとりひきほう)　訪問販売・通信販売・電話勧誘販売・連鎖販売取引など六つの販売類型について，クーリング-オフ等を定めた法律。2000年に訪問販売法を改正して成立。2009年から訪問販売の再勧誘禁止など規制が強化された。

割賦販売法 🅑(かっぷはんばいほう)　割賦販売による取り引きを公正にし，その健全な発達をはかることを目的とした法律。

海外先物取引規制法 (かいがいさきものとりひきせいほう)　悪質な海外先物取引の勧誘による被害を防止するための法律。

宅地建物取引業法 (たくちたてものとりひきぎょうほう)　宅地や建物をあつかう業者の資格制度と規制を目的に制定された法律。

無限連鎖講防止法 (むげんれんさこうぼうしほう)　ネズミ講防止のため制定された法律。無限連鎖講の禁止と国などの任務，罰則などについて定めている。

消費者行政 (しょうひしゃぎょうせい)　生産者であ

る大企業の圧倒的優位から，消費者の利益を守るための行政。消費者基本法など消費者関連法の制定，地方公共団体における消費生活センターの役割などがあげられる。ただ，企業への規制が必ずしも罰則をともなわず，問題点も指摘されている。

消費者庁 🅐②(しょうひしゃちょう)　従来，縦割り・寄せ集めの典型とされた消費者行政を統一的・一元的におこなうため，内閣府の外局として2009年に設置された省庁。食品の表示基準，製造物責任，悪質商法の予防と被害者救済などが主な業務。また，有識者らで構成される消費者委員会が同庁などの監視にあたる。

　　　　　　　　　類消費者委員会

国民生活センター 🅑③(こくみんせいかつ―)　消費者行政の一環で，1970年に特殊法人として設立された。消費者問題に関する調査研究・情報管理・苦情処理・商品テストなどの業務をおこなう。現在は独立行政法人。

消費生活センター 🅐③(しょうひせいかつ―)　モノやサービスについての消費者からの苦情相談，商品テストの実施，事業者への指導などをおこなう行政機関。地方公共団体の消費者行政の窓口。各都道府県に1か所以上あり，この中心となるのが国民生活センターである。消費者の立場にたって相談に乗る行政の窓口としての役割は大きい。

商品テスト (しょうひん―)　商品の性能・成分・品質・安全性などを検査すること。複数の類似商品の比較や，その商品による被害の分析などがある。

消費者被害救済制度 (しょうひしゃひがいきゅうさいせいど)　消費者が商品やサービスによって，被害を受けた場合の救済・補償に関する制度全体をさす。行政機関の仲介による苦情処理，司法的救済，消費者被害救済基金制度などがある。

消費者団体 🅑④(しょうひしゃだんたい)　消費者の権利・利益の擁護を目的として行動・運動する組織。政府の消費者団体基本調査では，協同組合・企業・業界団体を除く民間組織のみを対象としている。日本消費者連盟・日本生活協同組合連合会・主婦連合会・全国消費者団体連絡会などがある。

類日本消費者連盟　日本生活協同組合連合会🅒
　　　　　　　　　全国消費者団体連絡会

国際消費者機構（ＣＩ Ａ）［Consumers International］(こくさいしょうひしゃきこう)　1960年に設立されたＩＯＣＵが1995年にＣＩと名称変更。消費者問題の解決に必要な国際協力の実現が目的で，国連各専門機関の諮問機関としての地位を持つ。本部はロンドン。日本の消費者団体では，日本消費者協会・全国消費者団体連絡会が正会員，日本消費者連盟などが提携会員，国民生活センターが政府関係機関会員。

消費者事故調(しょうひしゃじこちょう)　正式には消費者安全調査委員会。2012年，消費者安全法の改正によって消費者庁に設置。消費者の生命などにかかわる事故が起こった場合，原因を調査し，内閣総理大臣に再発防止のための勧告などをおこなう。

集団的消費者被害回復制度(しゅうだんてきしょうひしゃひがいかいふくせいど)　多数の消費者被害を回復するため，まず国の認定を受けた「特定適格消費者団体」が原告となって事業者を訴え，勝訴した後に個々の消費者が裁判手続きに加わるしくみ。同時に，消費者は損害賠償も求めることができる。消費者裁判手続き特例法に基づく。2013年末に成立し，16年末に施行。

3 労働問題と労働者の権利

労働運動・労働組合

労働問題 Ｂ③(ろうどうもんだい)　利潤の追求を原則とする資本主義社会において，不利な立場にたつ労働者が直面する労働上の諸問題。低賃金・長時間労働など労働条件の問題，解雇・失業などの雇用問題，所得の不平等な分配など社会正義にかかわる問題がある。こうした労働問題の解決・改善のために，労働者は団結して労働組合をつくり，集団的に対抗するようになった。これを労働運動といい，資本主義の発達の早かったイギリスで最初に発生した。労働運動は各国で政府などの徹底した弾圧を受けた。しかし使用者側も，安定した労働力を確保するためには労働条件の改善が必要と考え，やがて労働者の団結権や団体交渉権，団体行動権（争議権）などの労働基本権が確立されていった。

類 労働運動 Ｂ

年	事　　項
1799	（英）団結禁止法成立
1811	（英）ラッダイト（機械破壊）運動起こる
1825	（英）労働者団結法成立
1833	（英）一般工場法成立
1838	（英）チャーティスト運動（～1848年）
1839	（独）工場法成立
1847	（英）10時間労働法成立
1848	『共産党宣言』（マルクス・エンゲルス）
1864	第一インターナショナル
1868	（英）労働組合会議（TUC）成立
1871	（英）労働組合法成立（労働組合公認）
	（仏）パリー・コミューン
1878	（独）社会主義者鎮圧法成立
1886	（米）メーデー始まる。アメリカ労働総同盟(AFL)成立
1889	第二インターナショナル
1900	（日）治安警察法成立（団結禁止）
1906	（日）労働党結成，労働争議法成立
1911	（日）工場法成立（16年実施）
1919	国際労働機関（ILO）成立
1920	（日）初のメーデー
1929	世界大恐慌始まる
1935	（米）全国労働関係法（ワグナー法）成立
1945	（日）労働組合法成立
	世界労働組合連盟（WFTU）成立
1946	（日）労働関係調整法成立
1947	（日）二・一スト中止。労働基準法成立
1949	国際自由労働組合連盟（ICFTU）成立
1959	（日）最低賃金法成立
1985	（日）男女雇用機会均等法・労働者派遣法成立
1991	（日）育児休業法成立
1995	（日）育児・介護休業法に改正
1997	（日）男女雇用機会均等法・労働基準法改正
2006	（日）労働審判制度開始
2015	（日）労働者派遣法改正
2018	（日）働き方改革関連法成立
2019	（日）改正入管法施行，外国人の就労拡大
	ハラスメント規制法成立
	（ILO）ハラスメント禁止条約採択
2020	（日）同一賃金同一労働の施行

▲ 労働問題のあゆみ

労使関係 Ｃ(ろうしかんけい)　資本主義社会において，労働する者と彼らを使用して労働の成果を受けとる者との関係をいう。双方の利害対立から種々の労働問題が生まれる。

労働者 Ａ㉓(ろうどうしゃ)　労働力を商品として提供し，賃金を得ることによって生活する者。生産手段を持たないため，自分の身につけている技術や能力を賃金などの対価で使用者・資本家に売る。勤労者ともいう。

資本家 Ｂ④(しほんか)　生産手段を所有する者。資本を投資・融資して経済活動に影響力を持つことができる。労働者を雇い入れて使用することから使用者ともいう。

労働者の窮乏化(ろうどうしゃきゅうぼうか)　資本主義経済においては，資本家は資本を有し，労働者は労働力という商品を有する。資本は増殖するが，商品は等価交換なので増殖しない。このため，資本主義経済においては労働者は困窮化し，社会主義革命が起こ

る，というマルクス主義の学説。

低賃金・長時間労働 **C**（ていちんぎんちょうじかんろうどう）　利潤を確保するため，賃金を引き下げ，長時間にわたって労働させること。第二次世界大戦前の日本など，一般に初期の資本主義国や発展途上国に特有の労働条件である。これらの劣悪な労働条件（女性・幼年労働も含めた）を改善するため，工場法が制定された（イギリスでは1833年，日本では1911年）。

ラッダイト運動 **B**（－うんどう）　機械うち壊し運動ともいう。1811〜17年にイギリスの織物工場を中心に労働者が起こした機械を破壊する暴動。産業革命が進み，紡績機や織機など機械生産となると，それまで手工業で働いていた職人たちが職を失った。彼らはその原因が機械そのものにあると考え，各地で機械の破壊運動をおこなった。

　　　　　　　同機械うち壊し運動**B**

工場法 **B**（こうじょうほう）　工場や炭坑での過酷な児童労働や長時間労働を制限し，労働者の保護を目的とした法律。1833年にイギリスで初めて制定。日本では1911年に制定，1916年から施行されたが，戦後の労働基準法の制定で廃止。12歳未満の就労禁止，女性労働者と15歳未満者の1日12時間以内の労働制限などを定めた。

チャーティスト運動 **A**⑤（－うんどう）
☞ p.7（チャーティスト運動）

インターナショナル **A**［International］労働者の国際的な連帯組織。1864年にロンドンで結成された第一インターナショナルでは，マルクスが理論的指導者を務めた。1889年にはパリにおいて欧米各国の社会主義政党・労働者組織の代表が集まり，第二インターナショナルの創立大会が開催された。労働者の連帯，労働条件改善の要求，戦争や帝国主義反対をかかげた国際的組織としての意義は大きい。第一次世界大戦の勃発とともに事実上，崩壊した。

　　　　　類第一インターナショナル**C**
　　　　　　　第二インターナショナル**B**

労働組合会議 **C**（**TUC****C**）［Trades Union Congress］（ろうどうくみあいかいぎ）1868年にイギリスで結成された職業別労働組合の全国組織。議会での労働立法を通じて労働者の権利拡大をめざした。

アメリカ労働総同盟**C**（ＡＦＬ**C**）
［American Federation of Labor］（－ろうどうそうどうめい）　ゴンパーズによって1886年に結成された労働組合の全国的連合体。熟練労働者を中心に構成された。8時間労働，賃金引き上げ，少年労働の廃止などをかかげ，直接行動を避けて穏健な運動を展開した。1955年，ＣＩＯと合同してＡＦＬ－ＣＩＯ（アメリカ労働総同盟産業別組合会議）となった。

　　　類アメリカ労働総同盟産業別組合会議
　　　　　　　　　　（ＡＦＬ－ＣＩＯ）

産業別労働組合会議**C**（ＣＩＯ）［Congress of Industrial Organization］（さんぎょうべつろうどうくみあいかいぎ）　1938年にＡＦＬから分離して結成された産業別労働組合の全国的連合体。未熟練労働者の組織化を果たした。1955年にＡＦＬと再合同した後は穏健化し，階級闘争を排して，資本主義の枠内での労働者の生活改善をめざした。

ワグナー法 **B**［Wagner Act］（－ほう）　発案者の名をとってこうよぶ。正式名は全国労働関係法。世界大恐慌に対してアメリカでとられたニューディールの一環として，1935年に実施された労働立法である。労働者の団結権・団体交渉権を保障し，労働者の団結権を使用者が妨害することを不当労働行為として禁止した。労働者が就職した後に労働組合への加入を義務づけるユニオン・ショップ制も認めている。

タフト・ハートレー法 **C**［Taft-Hartley Act］（－ほう）　1947年に制定された労使関係法。連邦公務員や政府職員のストライキ禁止，大規模争議の80日間停止命令，クローズド・ショップの禁止など，ワグナー法を大きく制限し，第二次世界大戦後の労働運動を抑える役割を果たした。

国際労働機関**A**⑦（ＩＬＯ**A**⑨）［International Labor Organization］（こくさいろうどうきかん）　☞ p.342（国際労働機関）

ＩＬＯ憲章 **C**（－けんしょう）　1946年に採択されたＩＬＯの根本規則。前文と40か条からなり，フィラデルフィア宣言が付属している。ヴェルサイユ条約第13編（労働編）が創立当初の憲章だったが，国連の成立で現在の形となった。世界の平和は社会正義を基礎とすること，労働条件の改善などに

ついて定めている。国際労働機関憲章ともいう。

　🔲 国際労働機関憲章

ＩＬＯ条約（-じょうやく）　国際労働機関（ILO）が条約のかたちで設定した国際的な労働基準。加盟国が条約を批准すると，法的拘束力をもつ。これまで191の条約が採択されているが，日本が批准しているのは50にすぎない。日本が批准拒否している主な条約としては，年次有給休暇条約，有給教育休暇条約，差別待遇禁止条約，母性保護条約，パートタイム労働保護条約などがある。

世界労働組合連盟🅲（ＷＦＴＵ🅲）
[World Federation of Trade Unions]（せかいろうどうくみあいれんめい）　世界労連と略称。1945年，パリで結成された第二次世界大戦後初の国際的労働組織。発足時は56か国，6600万人を数えた。東西冷戦の激化とともにアメリカのＡＦＬ-ＣＩＯなどが脱退して国際自由労連を結成した。

　🔲 世界労連

国際自由労働組合連盟（ＩＣＦＴＵ）
[International Confederation of Free Trade Unions]（こくさいじゆうろうどうくみあいれんめい）　国際自由労連と略称。東西冷戦を背景に1947年，世界労連を脱退したアメリカ・イギリス・オランダ・ベルギーなどの労働組合を中心に，1949年にロンドンで結成された国際的労働組織。結成時48か国，4800万人。2006年解散。

　🔲 国際自由労連🅲

国際労働組合総連合（ＩＴＵＣ）（こくさいろうどうくみあいそうれんごう）　グローバル-ユニオンと略称。国際自由労連と国際労連（ＷＣＬ）とが合併して2006年に結成された。163か国・地域の組合員約1億8000万人を擁する世界最大の国際労働組織である。本部はベルギーのブリュッセルにある。

　🔲 グローバルーユニオン

欧州労働組合連盟（ＥＴＵＣ）[European Trade Union Confederation]（おうしゅうろうどうくみあいれんめい）　欧州労連と略称。欧州の36か国から85全国組合と欧州レベルの10産業別組合が加盟し，組合員は約6000万人。1973年に設立され，本部はブリュッセルにある。労働組合としての役割だけで

なく，欧州連合（EU）の社会的パートナーとして，その労働政策にも関与する。

　🔲 欧州労連

労働組合期成会　🅲（ろうどうくみあいきせいかい）　1897年，片山潜や高野房太郎らを中心に組織された労働運動団体。労働組合の設立をよびかけるなど日本の労働運動の先がけとなったが，1900年に制定された治安警察法によって弾圧された。

友愛会　🅱（ゆうあいかい）　治安警察法による労働運動弾圧のなかで，鈴木文治らがキリスト教的人道主義の立場から1912年に結成した労働組合。穏健な労使協調主義の立場をとった。第一次世界大戦後の1919年には，大日本労働総同盟友愛会と改称した。その後，戦時好況の反動による不況と恐慌の時代に，運動も戦闘的なものに変化した。

日本労働総同盟　🅱（にほんろうどうそうどうめい）　略称は総同盟。第一次世界大戦後の米騒動・戦後恐慌という時代状況のなかで，1921年に大日本労働総同盟友愛会は日本労働総同盟と改称，労使協調主義を捨てて急進化した。その後，路線の対立で分裂した。そのうち左派系の組合は1937年に結社禁止の措置を受けて解散を余儀なくされた。一方，総同盟の右派指導者はしだいに右傾化し，自ら軍国主義体制に協力し，1940年には日本労働総同盟も解散，大日本産業報国会が結成された。

大日本産業報国会　🅲（だいにっぽんさんぎょうほうこくかい）　日中戦争の時期に全国の事業所単位で組織された産業報国会が，1940年に大同団結して結成。戦争遂行のための労務機関の役割を果たした。ＩＬＯを脱退した政府は1938年，国家総動員法を施行して労働力・物資ともに軍事目的に統制・運用する措置をとった。

『日本之下層社会』（にほんのかそうしゃかい）　1899年に発表された横山源之助の著書。明治期における労働者の貧しい生活状況が描かれている。

『職工事情』（しょっこうじじょう）　1903年刊。工場法制定の基礎資料とするため，政府の農商務省がおこなった調査をまとめたもの。当時の日本の工場における過酷な労働実態が正確に記されている。

『女工哀史』（じょこうあいし）　1925年に発表され

た細井和喜蔵の著作。同時代に紡績工場で働く女性労働者の長時間労働や低賃金・深夜労働，拘束された寄宿舎生活など，その過酷な実態が描かれている。

治安維持法 Ⓐ（ちあんいじほう）　☞ p.37（治安維持法）

日本労働組合総評議会 Ⓑ②（総評 Ⓑ②）
（にほんろうどうくみあいそうひょうぎかい）（そうひょう）
1950年に結成された労働組合の連合体。結成当初は穏健な立場をとっていたが，やがて急進化。労働運動の中核をにない，総評を脱退して結成した同盟とともに日本の労働界を二分した。しだいに政治主義的な傾向を強めていったが，1959〜60年の三井三池争議の敗北後は，経済闘争を運動の中心にすえた。1989年，解散して連合（日本労働組合総連合会）を結成した。

全日本労働総同盟 Ⓑ（同盟 Ⓐ①）（ぜんにほんろうどうそうどうめい）（どうめい）　総評の方針に反対する一部の組合が脱退して1954年に全日本労働組合会議を組織し，これを母体として1964年に同盟を結成した。民間企業の労組を中心とし，労使協調・反共主義の立場をとった。1987年に解散，総評とともに連合を形成した。

全国産業別労働組合連合（新産別）（ぜんこくさんぎょうべつろうどうくみあいれんごう）（しんさんべつ）
1949年結成。総評・同盟・中立労連とともに労働4団体の一つ。1988年に解散して旧連合に加盟した。

中立労働組合連絡会議（中立労連）（ちゅうつろうどうくみあいれんらくかいぎ）（ちゅうりつろうれん）
1956年結成。1987年に解散して同盟とともに旧連合を結成した。

日本労働組合総連合会 Ⓐ②（連合 Ⓐ⑤）
（にほんろうどうくみあいそうれんごうかい）（れんごう）　1989年に結成された日本における労働組合のナショナルセンター。低成長下で急落する一方の組合組織率を前に，戦後の労働界を二分してきた総評と同盟が再統一したもの。結成当時の組織人数は800万人だったが，2022年時点では約684万人にまで減少している。同年には，連合の方針を「労使協調主義」と批判するかたちで，全国労働組合総連合（全労連）も結成されている。結成時の組織人数は153万人，2022年時点では約48万人である。また，旧国労を中心に

した全国労働組合連絡協議会（全労協）も存在する。結成時は約30万人，2022年時点では約8万人である。

　　　類 全国労働組合総連合 Ⓑ（全労連 Ⓐ）
　　　全国労働組合連絡協議会 Ⓒ（全労協 Ⓑ）

ナショナル-センター Ⓑ［national center of trade union］　その国の労働組合の中央組織をいう。アメリカのAFL-CIOなど。日本ではかつての総評や同盟などがこれにあたるが，労働界の再編後は，連合が最大規模のナショナル-センターとなった。

未組織労働者（みそしきろうどうしゃ）　いかなる労働組合にも加盟していない労働者。1980年代以降，組合組織率は急激に落ちこみ続けており，2022年時点で約16.5%である。

管理職ユニオン［manager's union］（かんりしょく）　近年の不況下で，リストラの波が中間管理層におよぶようになったため，管理職らがこれに対抗してつくった労働組合。日本では管理職になると組合から抜けるのが一般的だが，法制上は管理職が労働組合をつくっても問題はない。

フリーター全般労働組合（ーぜんぱんろうどうくみあい）　非正規雇用労働者を中心にしたインディーズ（独立）系の労働組合。雇用形態にかかわらず，1人でも加入できる。連合などのナショナル-センターとは別に，独自の立場でメーデーを開催するなど，ユニークな活動で知られる。

首都圏青年ユニオン（しゅとけんせいねんー）　おおむね35歳までの若者を対象にした労働組合。パート・アルバイト・派遣など，雇用形態に関係なく個人でも加入できる。上部団体（全労連）をもつが，それにとらわれず創意工夫を生かした活動をしている。

反貧困ネットワーク（はんひんこんー）　新自由主義経済のもとで顕著になった「貧困問題」の解決に取り組むネットワーク。労働組合だけでなく，市民グループ・NGO・学者・弁護士など幅広いメンバーにより，2007年に発足した。2008年末から09年初にかけて，労働組合などの諸団体とともに取り組まれた「年越し派遣村」（東京・日比谷公園）の活動は全国から注目された。

　　　　　　　　　類 年越し派遣村 Ⓒ

労働基本権と労使関係

労働基本権 **Ａ**①(ろうどうきほんけん)　憲法第25条に規定された生存権を，労働者が具体的に確保するための基本的な権利。勤労権と労働三権を合わせたもの。第27条には，「すべて国民は，勤労の権利を有」するとして，すべての国民が労働の機会を得ることを規定している。そのうえで，それが得られない場合には国に対して労働の機会を求め，不可能な場合には必要な生活費を請求する権利を持つとされる。これを勤労権という。さらに第28条で，「勤労者の団結する権利及び団体交渉その他の団体行動をする権利は，これを保障する」と規定し，団結権・団体交渉権・団体行動権（争議権）の労働三権を保障している。個人事業主として働く歌手や技術者が労働組合法上の「労働者」にあたるかどうかをめぐって争われた裁判で，最高裁は2011年，形式的な契約ではなく実質的な就労の実態を検討したうえで，「労働者にあたり，団体交渉権がある」と判断した。なお，「労働者」かどうかについて，労働基準法（第9条）よりも労働組合法（第3条）の方が広く定義している。
類 労働三権 **Ａ**④　勤労権 **Ｂ**③

団結権 **Ａ**⑤(だんけつけん)　労働者が労働条件の改善を要求して労働組合を組織する権利。労働三権の一つ。

団体交渉権 **Ａ**(だんたいこうしょうけん)　労働者が労働組合などを通じて使用者と労働条件に関して交渉する権利。労働三権の一つ。

団体行動権Ａ（争議権Ａ）　(だんたいこうどうけん)(そうぎけん)　団体交渉が決裂した時に争議行為などをおこなう権利で，労働三権の一つ。

労働三法 **Ａ**(ろうどうさんぽう)　労働基準法・労働組合法・労働関係調整法のこと。生産手段を持たない労働者は雇用主である使用者よりも弱い立場に置かれる。その不利益を排除し，労働者の権利を守るために保障された労働基本権を具体的に法制化したもの。

労働基準法 **Ａ**⑰ (ろうどうきじゅんほう)　労働条件の最低基準を示して労働者を保護するための法律。労基法と略。
同 労基法

労働組合法 **Ａ**④(ろうどうくみあいほう)　労働者の団結権・団体交渉権を保障して労使間の集団交渉を認めた法律。労組法と略。
同 労組法

労働関係調整法 **Ａ**②(ろうどうかんけいちょうせいほう)　労使の自主的な解決が困難な場合に備え，労働争議の調整と予防を目的とする法律。労調法と略。
同 労調法

労働契約 **Ａ**⑥(ろうどうけいやく)　労働者が使用者に対し，賃金や給料などの対価をもらって労働の提供を約束する契約。イギリスの法学者メーンは，労働者と使用者は封建的な身分にしばられた賦役から解放され，自由意思で雇用契約を結ぶようになったとして，「身分から契約へ」の変化と評価した。しかし，この契約自由の原則は，必ずしも労使の対等な関係を意味しない。労働者は自分の労働力を売る以外に生活の手段はないので，不利な契約でも受け入れる。利潤を追求する使用者は，低賃金・長時間労働を労働者に対して求める。こうして，労働者は使用者に対して従属的な立場にたたざるをえなくなる。日本では労働基準法によって労働条件の最低基準を規定し，その基準に達しない労働契約を無効としている。

労働契約法 **Ａ**(ろうどうけいやくほう)　労働条件の決定など，労働契約に関する基本的事項を定めた法律。2007年制定。これまで判例に頼ってきた解雇などの雇用ルールも明文化されている。2012年の法改正で，パートなどの有期労働契約が5年をこえて更新された場合，労働者の申し込みで無期労働契約に転換できるしくみが導入された。

労働条件 **Ｃ**⑥(ろうどうじょうけん)　賃金・労働時間などについて，労働者と使用者の間に結ばれる雇用上の条件。労働条件は労働者に不利に定められがちだが，国は労働基準法などによって労働者を保護している。労働基準法はその総則で，労働者が人たるに値する生活を保障すること，労使が対等の立場であること，均等待遇を処すこと，男女同一賃金，強制労働の禁止，中間搾取の排除，公民権行使の保障を規定し，続いて労働契約，賃金，労働時間・休憩・休日・年次有給休暇，安全および衛生，年少者・妊産婦等の保護，災害補償，就業規則，監督機関などについて定めている。付属法として最低賃金法・労働安全衛生法などがあ

る。就労条件ともいう。

同 就労条件

労働協約 Ａ（ろうどうきょうやく）　労働組合と使用者または使用者団体との間で，労働条件などについて結ばれた文書による協定。団体協約ともよばれ，労働組合法に規定されている。労働協約の基準が個々の労働者の労働契約の内容を規律するという規範的効力をもつため，労働協約に違反する労働契約の部分は無効となる。また，労働協約は3年をこえて定めることはできず，就業規則よりも優先度は高い。

就業規則 Ｂ１（しゅうぎょうきそく）　労働条件の具体的な細目と労働者が守るべき職場規則を定めたもの。労働基準法では，常時10人以上を雇用する使用者に対し，これを作成して労働基準監督署へ届け出ることを義務づけている。就業規則は法令や労働協約に反してはならない。また，就業規則の基準に達しない労働条件を定めた労働契約は，その部分が無効となる。

均等待遇（きんとうたいぐう）　労働基準法において，使用者が，労働者の国籍・信条または社会的身分を理由として，賃金・労働時間その他の労働条件について，差別的取り扱いを禁止されていること（第3条）。憲法第14条の法の下の平等の理念を労働関係において具体化したもの。

賃金 Ａ11（ちんぎん）　使用者が労働者に，労働の対価として支払うすべてのもの。賃金を生活の手段とする労働者を保護するため，労働基準法は，前借金の禁止，強制貯金の禁止，通貨で直接に全額を1か月に1度以上一定の期日を定めて支払うこと，休日・時間外・深夜労働などの割増賃金，などを定めている。また，賃金の最低基準が最低賃金法によって定められている。終身雇用制のもとでは，賃金の額が労働の内容や能力よりも勤続年数の長さに比例する年功序列型賃金制がとられることが多かった。しかし近年，仕事の内容に応じて賃金を決める職務給や，仕事の遂行能力に応じた職能給が取り入れられたり，高齢化と定年延長による中高年の賃金上昇率の低下がみられ，年功賃金にも変化が見られる。

類 職務給　職能給 Ｃ

年功序列型賃金制 Ａ６（ねんこうじょれつがたちんぎ

ん）　学歴別に決まった初任給を基礎に，勤続年数や年齢によって賃金が上がっていくしくみ。終身雇用制に対応した日本的経営の特色の一つとされてきたが，職務給・職能給の導入など，近年では様変わりしている。

年俸制 Ｃ（ねんぽうせい）　企業が，労働者個人の能力評価や仕事の実績をもとに，年間の賃金を決定する制度。個人が毎年の目標を設定，その達成度に基づいて会社との交渉にのぞみ，翌年（度）の年間給与が決められるというのが一例。

男女同一賃金の原則 Ｃ３（だんじょどういつちんぎんげんそく）　労働基準法第4条にある「使用者は，労働者が女性であることを理由として，賃金について，男性と差別的取扱いをしてはならない」という規定に基づく。賃金以外の労働条件についての規定はないが，差別的取り扱いについては憲法第14条に違反すると考えられており，男女別定年制は違法との判決が出ている。1951年のILO100号条約では，同一価値労働同一賃金の原則（ペイ-エクイティ）を定めている。日本は1967年に批准したが，実効措置に乏しい。

類 ペイ-エクイティ

成果主義 Ｂ２（せいかしゅぎ）　仕事の成果や達成度に応じて賃金などを定める制度。1990年代後半から多くの企業で取り入れられた。しかし，賃金カットの口実に使われるなど，評価のしかたや不公平さをめぐって働く側から不満の声が根強い。政府の『労働経済白書』（2008年版）でも，労働者の意欲減退や満足感低下につながることなどを指摘している。

歩合給（ぶあいきゅう）　売上高や契約高などの成績に応じて支払われる賃金。出来高給ともよばれる。時間給に比べ，労働能率を高めようとするものではあるが，労働者の低賃金化に結びつく場合も少なくない。

同 出来高給

最低賃金制 ３（さいていちんぎんせい）　労働者を保護するために労働者に支払われる賃金の最低額を保障する制度。日本では，1959年に制定された最低賃金法によって，都道府県ごとに決定される。決定方法は，まず毎年夏に中央最低賃金審議会（厚生労働相の

諮問機関）が引き上げの目安を示し，それに基づいて各地方最低賃金審議会が具体的な額を提示，地域別最低賃金を決める手続きとなっている。最低賃金審議会は，労働者代表・使用者代表・公益代表によって構成。現実の最低賃金は，生活保護の給付水準を下回る「逆転現象」が生じている地域こそ解消されたが，全国加重平均で時給961円（2022年度）と高くはない。

　　　　　　　　　　　類 **最低賃金法** Ⓐ 7

賃金格差 Ⓒ 2 （ちんぎんかくさ）　企業の規模や性別・年齢などによる賃金の格差。おおむね，大企業よりも中小企業の方が，男性よりも女性の方が，高齢者よりも若年者の方が賃金は低い。年齢による賃金格差は狭まりつつある。一般的に日本の企業間賃金格差は欧米諸国に比べて大きい。男女の賃金格差に対しては，男女同一労働同一賃金の原則により禁止されているが，正社員と非正社員などの雇用形態の違いにより格差は広がっている。

労働時間 Ⓐ 8 （ろうどうじかん）　労働者が使用者の指揮・命令に従って労務を提供する時間。日本の長時間労働は国内外で問題となり，1987年と1993年に労働基準法が改正され，それまでの1日8時間1週48時間の原則に対し，1週40時間と定められ，1997年4月から完全適用された。厚生労働省調査によると，労働者1人あたりの平均年間総実労働時間は，1960年度で2426時間だったが，長期的には減少トレンドにあり，2021年度は1777時間である。ただし，こうした減少の要因は，全労働者のうちパートタイム労働者の比率が高くなっている点にある。パートタイム労働者を除いた一般労働者に限定すると，この20年間にわたって，年間2000時間前後で横ばいに推移している。

　　　　　同 **就業時間** Ⓒ　類 **インターヴァル規制**
　　　　　　　　　　　（勤務間インターヴァル Ⓒ ）

みなし労働時間制 Ⓒ （-ろうどうじかんせい）　実労働時間ではなく，一定の時間働いたものとみなす，例外的な労働制度。労働基準法では，坑内労働（第38条），事業場外労働（第38条の2），裁量労働（第38条の3，第38条の4）について適用される。

裁量労働制 Ⓐ 7 （さいりょうろうどうせい）　みなし労働時間制の一つで，業務の性質上，労働時間や仕事のすすめ方などを大幅に労働者本人にゆだねる労働制度。厚生労働省令で定める専門性の高い弁護士や新聞記者など19業務（専門業務型）に適用される。また，事業運営の企画・立案・調査・分析をおこなう業務（企画業務型）では，本人の同意があり，労使委員会が決議し使用者が行政官庁に届け出ることで同様の扱いができる。残業代は定額となるが，休日や深夜の割増賃金は支払われる。1987年から導入され，1998年に適用が拡大された。厚生労働省の2021年調査では，裁量労働制を適用された労働者の労働時間は，1ヶ月平均171時間36分，1日平均8時間44分だった。

変形労働時間制 Ⓑ （へんけいろうどうじかんせい）　法定労働時間（週40時間）の枠内で，ある一定期間，一日の労働時間を弾力的に決められる制度。フレックス-タイム制が代表例。

フレックス-タイム制 Ⓑ 8 （-せい）　予め設定された総労働時間の範囲内で，従業員が始業終業時間や労働時間を自ら決定できる制度。日本では，労働基準法改正によって，1988年から導入された。概して，必ず就業すべき時間帯としてコアタイムが予め定められ，それ以外の従業員によって調整可能な時間帯としてフレキシブルタイムが設けられる。類似的制度である裁量労働制は，時間ではなく成果に着目した制度であり，適用できる職種にも制限がある。一方，フレックス-タイム制はあくまで労働時間に着目して賃金が計算されるしくみであり，適用できる職種にも制限はない。

労働時間の国際比較 （ろうどうじかん-こくさいひかく）　日本の長時間労働は，過労死や過労自殺などを生む一方，「仕事中毒」との国際的な批判をよび，経済摩擦の一つともなっている。欧米諸国の労働時間はドイツの週38時間，フランスの週35時間など日本に比べてかなり短く，また週休二日制の普及度や，年次有給休暇の日数と消化率なども，際立って高い。

法定労働時間 Ⓒ （ほうていろうどうじかん）　法的に規定された労働時間。日本では労働基準法によって定められている。労働基準法の法定労働時間は1987年と1993年に大幅に改正され，現在は1日8時間，1週40時間。

類 1日8時間労働　週40時間労働 **C**

時間外労働 **B** (じかんがいろうどう)　法定労働時間をこえて時間外または休日におこなう労働。労働基準法第36条の規定により使用者は時間外労働や休日労働をさせる場合は，労働者の過半数で組織する労働組合または労働者の過半数を代表する者と書面による協定（三六協定）を結び，労働基準監督署に届けなければならない。時間外労働には25～50％の範囲内（月60時間をこえる部分は50％，休日労働は35％以上）で割増賃金を支払わなければならない。2019年の労働基準法改正によって時間外労働は原則として月45時間，年360時間が上限となった。

類 三六協定 **C**

残業手当 **1** (ざんぎょうてあて)　労働者の残業に対して支払われる割増賃金のこと。労働基準法第37条により，使用者は労働者に通常賃金の割増賃金を支払わなければならない。

サービス残業 **B** **1** (-ざんぎょう)　労働者が残業申請をせず，残業手当なしで残業すること。"ふろしき残業"などと俗称されるが，実態は賃金不払い残業である。営業・研究・事務などの職種に多い。残業申請をしない背景には，労働時間が把握しにくいこと，申請しがたい雰囲気があることなどが指摘されている。政府によるサービス残業の正式データはないが，総務省の労働力調査（労働者が回答）と厚生労働省の毎月勤労統計（事業主が回答）の差として年間約300時間（試算）が把握できる。

年次有給休暇 **B** **4** (ねんじゆうきゆうきゆうか)　労働者が労働から解放されて有給で保障される年間の休暇。労働基準法第39条は6か月の勤続と8割以上の出勤を条件に，10日以上の有給休暇を定めている。パートやアルバイトなどの場合も，同様の条件のもと，働いた日数に比例して保障される（1週間に4日働く人は6か月後に7日，3日働く人は同5日など）。日本は現在，労働者に年次有給休暇を取得させることを義務づけるＩＬＯ条約を批准していない。2019年の労働基準法改正によって時間外労働は原則として月45時間，年360時間が上限となった。

週休二日制 **C** **2** (しゆうきゆうふつかせい)　1週間に2日を休日とする制度。厚生労働省の調査によると，何らかのかたちで週休二日制をとっている企業は85％ほどだが，完全週休二日制の採用は40％程度にとどまっている。2002年度からは公立学校も完全週休二日制（学校五日制）となった。なお，日本の労働法では，労働者に週1日の休日（あるいは4週間で4日の休日）を与えることが定められているのみであり，週休二日制は法律上の公的ルールではない。

解雇 **B** (かいこ)　使用者が，労働者との労働契約を一方的に解約すること。労働基準法では，使用者が労働者を解雇する時には，原則として30日前にその予告をするか，平均賃金の30日分以上の解雇予告手当を支払わねばならない。また，労働者が業務上の傷病により休業している期間およびその後30日間，産前産後の休業期間およびその後30日間は原則として解雇できない。2003年の労働基準法改正で設けられた解雇ルールの規定（第18条の2）は，2007年に新たに制定された労働契約法のなかに移された。

類 解雇ルール

整理解雇 (せいりかいこ)　個別の労働者の事情に基づく解雇ではなく，使用者の事情に基づく解雇。ある企業が事業場を閉鎖することにし，そこの労働者を全員解雇するような場合が典型例。整理解雇をするときは，①事業上の必要性，②解雇を回避する努力，③解雇人員の選定が合理的，④従業員への説明や手続きを尽くしていること，の四つの要件をみたすことが必要とされる。

失業の諸形態 (しつぎょう-しょけいたい)　労働者が労働する意思と能力を持ちながら，労働の機会を得られず，職業につけない状態を失業という。就業を希望し職を探しながらも職業に就けない者を完全失業者という。希望の職業につけずに家業や農作業を手伝って再就職の機会を待っている者や，劣悪な条件のもとで意にそわずに働いている者を潜在失業者という。イギリスの経済学者ケインズは，自著『雇用・利子および貨幣の一般理論』のなかで，自発的失業・摩擦的失業・非自発的失業の三つに分類，現代の失業の多くは非自発的失業だと指摘した。

失業率　**B**②(しつぎょうりつ)　総務省統計局の「労働力調査」に基づく完全失業者の割合。月末最後の1週間における労働力人口に対する失業者の割合を出したもの。2022年の平均完全失業率は2.6％。男性は2.8％，女性は2.4％。完全失業者数は約179万人だった。

女性と年少者の保護　(じょせい─ねんしょうしゃ─ほご)　女性および18歳未満の年少労働者に対して特別に保護をすること。労働基準法は，①15歳未満の児童は，労働者として使用できない，②未成年者にかわってその保護者または後見人は労働契約を結んだり賃金を受け取ることはできない，③年少者および一部をのぞいた女性を深夜業(午後10時から午前5時までの労働)に使用してはならない，④産前産後の女性を就業させてはならない，ことなどを規定していた。このうち，労働基準法の改正で，残業や深夜業を規制した女性保護規定が1999年から撤廃され，児童の使用禁止期間が2000年から義務教育の修了時点までとされた。

男女雇用機会均等法　**A**⑥(だんじょこようきかいきんとうほう)　女性労働者が男性と同等の機会・待遇で就業の機会を得ることを目的に制定された法律。勤労婦人福祉法の改正法。女性差別撤廃条約の批准に対応して1985年に成立，翌86年から施行された。これにともない，労働基準法の一部が改正され，女性労働者の時間外労働の制限や休日労働の禁止などの制限が緩和された。均等法では，男性のみの募集・採用，女性のみに未婚者・自宅通勤などを条件とすること，女性に昇進の機会を与えないことなどの禁止が定められたが，その多くが罰則なしの禁止か企業の努力義務にとどまっていた。このため，1997年に改正され，それまで努力義務であった平等処遇が禁止規定に強化された。是正勧告に従わない企業を公表したり，職場でのセクシュアル−ハラスメントの防止義務を事業主に課すなどの改正がおこなわれた。2006年の改正では，直接には差別的条件ではないが，結果として不利益になる一定の間接差別の禁止や，女性だけでなく男性に対するセクハラ防止義務なども盛りこまれた。

間接差別　(かんせつさべつ)　直接には差別とならないが，結果として女性など一定の人々に不利益をもたらす基準や慣行。2006年に改正された男女雇用機会均等法に，その禁止が盛り込まれた。具体的には①募集・採用の際，業務と関係なく一定の身長・体重を要件とすること，②合理的理由のない全国転勤を総合職の募集・採用の要件とすること，③転勤経験を昇進の要件とすること，の3事例が間接差別にあたる。

女性差別撤廃条約　**B**④(じょせいさべつてっぱいじょうやく)　**⇨** p.63 (女性差別撤廃条約)

コース別人事制度　(─べつじんじせいど)　総合職と一般職などのコース別の採用方式。男女雇用機会均等法の制定による男女別採用の廃止にともない，多くの企業で採用されつつある。総合職は幹部候補コース，一般職は事務作業中心コースである。

単純労働　**C**と熟練労働　(たんじゅんろうどう─じゅくれんろうどう)　専門的な技能・技術を要しない労働を単純労働，要する労働を熟練労働という。日本では，かつて単純労働のための外国人入国を認めていなかった。しかし，労働力不足に伴って，2018年に制度が改正されて，新たな在留資格「特定技能」の下，外国人の単純労働が可能となった。

ワーク−ライフ−バランス　**A**②[work life balance]　ワーク(仕事)とライフ(生活)のバランスをとるという意味。長時間労働が恒常化し，家事や育児・余暇などの生活が犠牲になっているという現状を改善しようとする試みでもある。1990年代のアメリカ企業において，仕事と生活を両立させようと実践されてきた考え方で，具体的には健康対策や育児・介護支援，在宅勤務などが求められる。

リモートワーク　**C**②[remote work]　(ざいたく─)　自宅やサードプレイス(カフェ，ラウンジ，公共施設など)において労働すること。通信機能が発達した1970年代以降において，先進国を中心に普及し始めた労働形態である。2020年に起こった新型コロナウイルス問題において，リモートワークに移行する企業が世界中で相次いだ。一方，リモートワークによって労働時間と自由時間の明確な区別が失われる点，企業が従業員を遠隔的に常時監視するシステムが構築されやすい点などが指摘されている。

類ＳＯＨＯ（ソーホー）　テレワーク**A**③

出向　**C**（しゅっこう）　従業員を子会社や系列会社などの企業にさしむけて働かせること。もとの企業との契約を保持したままの在籍出向と，これを解消して出向先の企業との雇用関係をつくる移籍出向とがある。

配置転換　**C**（はいちてんかん）　企業において労働者の仕事の場所・内容などの配置をかえること。略して配転。配置転換には，住宅問題や子どもの教育問題，新しい仕事への不適応などの問題点が指摘されている。

定年　**B**④（ていねん）　一定の年齢に達した労働者が自動的に退職になること。かつては55歳で定年になる例が多かったが，現在では60歳定年制が一般的である。公的年金支給開始年齢が，段階的に65歳に引き上げられるため，2006年から定年延長も含め65歳までの継続雇用が義務づけられた。しかし，再雇用される場合でも，その多くは，身分が嘱託（しょくたく）などにかわり，賃金が引き下げられることが危惧される。

女性の定年差別　②（じょせい－ていねんさべつ）　女性労働者の定年を，男性労働者より早期に設定すること。男女雇用機会均等法では，差別的な処遇として禁止されている。裁判でも，日産自動車の男女差別定年制（男性55歳，女性50歳）に関して，「不合理な差別で公序良俗に違反し，無効」との判例がある（1981年，最高裁）。

結婚退職制　（けっこんたいしょくせい）　女性労働者が結婚をしたことにより退職をすることを労働契約に盛りこむこと。男女雇用機会均等法第11条で禁止している。1966年に東京地裁で，結婚退職制を導入していた住友セメントに対して，結婚後も勤務を続けていた女性社員を解雇した事件で，無効を言い渡した判決が出ている。

こども家庭庁　（－かていちょう）　子どもに関する諸政策を管轄するため，2022年に設置された日本の行政機関。内閣府の外局という位置付けにある。従来，日本における子ども関連行政は，内閣官房，文部科学省，厚生労働省などに分かれており，それらを一元化するための機関である。

育児休業　**B**②（いくじきゅうぎょう）　出産後の一定期間，子どもの養育のために職場を離れること。1992年から施行された育児休業法により制度化された。同法では男女とも申請により，1歳に満たない子（一定の場合は2歳未満の子）を養育するための育児休業をとれるように規定された。しかし，この法律では休業中の所得保障や罰則規定がないなどの問題があり，1994年に雇用保険法を改正し，育児休業給付金が支給されることになった。現在の育児休業給付は休業前賃金の原則67％（取得後6か月経過後は50％）。また，1995年には介護休業も含んだ育児・介護休業法が制定され，1999年から施行された。厚生労働省調査によると，2022年における育児休業取得率は，男性17.13％，女性80.2％。日本政府は，2025年までに，男性取得率50％を目標に掲げている。

類育児・介護休業法　**A**

パパ・ママ育休プラス　（－いくきゅう－）　現状では約8％という男性労働者の育児休業取得を促進するための政策。父母がともに育児休業をとった場合，父親の育児休業取得期間を1歳2か月まで延長するというもの。2009年の改正育児・介護休業法で導入された。日本版パパークオータともいう。

介護休業　**A**（かいごきゅうぎょう）　家族介護をおこなうため，一定期間職場を離れること。1995年制定，99年施行の育児・介護休業法（育児休業，介護休業等育児又は家族介護を行う労働者の福祉に関する法律）に基づく。介護の対象は配偶者・父母・配偶者の父母など扶養義務のある者。通算93日を上限に，1人につき3回までの分割休業が認められ，雇用保険から休業前賃金の原則67％の給付金が支給される。2009年から，要介護状態の家族が1人の場合は年5日，2人以上の場合は年10日の介護休暇が新設された。

労働基準監督機関　（ろうどうきじゅんかんとくきかん）　労働基準法の違反防止のため，厚生労働省内に置かれた労働基準局，地方の都道府県労働局，都道府県内の労働基準監督署のこと。それらに配置された労働基準監督官は，事業場・寄宿舎などを臨検し，帳簿や書類の提出を求めることができる。

類労働基準局　都道府県労働局
労働基準監督署**A**　労働基準監督官

労働組合　**A**⑯　（ユニオン**C**）（ろうどうくみあい）

「労働者が主体となって自主的に労働条件の維持改善その他経済的地位の向上を図ることを主たる目的として組織する団体又はその連合団体」（労働組合法第2条）をいう。憲法に保障された勤労権を守り、団結権・団体交渉権・団体行動権を行使するための団体。その運営にはあくまで労働者の自主性が重んじられる。その形態には、産業別組合・職業別組合・企業別組合がある。また、労働組合員数を雇用者数で除した労働組合推定組織率は2022年時点で16.5％。

類 労働組合推定組織率

産業別労働組合 **C** (さんぎょうべつろうどうくみあい)
職種に関係なく一定産業に従事する全労働者によって組織される。

職業別労働組合 **1** (しょくぎょうべつろうどうくみあい)
同一の職種・職業に従事する労働者によって組織する。日本ではあまりみられない。熟練工が中心。

企業別労働組合 **B6** (きぎょうべつろうどうくみあい)
同一企業の従業員によって組織される。日本ではこの形態が主流であるが、企業単位という性格から企業間競争に巻き込まれやすく、使用者によって支配される「御用組合」におちいる可能性も高い。

団体交渉 **A4** (だんたいこうしょう)　使用者に対して弱い立場にある個々の労働者が、団結しておこなう労使間の対等な交渉のこと。労働者は要求を貫徹するために、争議行為という圧力手段を背景にして交渉する。労働組合からの団体交渉の申し入れを、使用者側は正当な理由なく拒否してはならない。

不当労働行為 **A4** (ふとうろうどうこうい)　労働組合の結成や運営など労働三権の行使に対する使用者の干渉や妨害行為。アメリカのワグナー法の影響が強くみられる。労働組合法第7条に次の4種が定められている。①組合の結成や加入、組合活動を理由に解雇その他の不利益な取り扱いをすることと、組合への非加入や脱退を条件に雇用契約を結ぶこと（黄犬契約）。②団体交渉の申し入れを正当な理由なく拒否すること。③組合の結成や運営に支配・介入することと、組合運営のための経費を援助すること。④不当労働行為の申し立てなどを理由として不利益な取り扱いをすること。不当労働行為に対しては、労働委員会へ行政的救済や、裁判所へ司法的救済を申し立てることができる。ただし、公務員の場合には団体交渉の拒否や支配・介入を禁止する規定はなく、救済の申し立ても人事院におこなう。

類 黄犬契約 **C**

便宜供与 (べんぎきょうよ)　企業が組合員の給料から組合費を天引きして労働組合にわたすチェック=オフ制など、使用者が組合に対して便宜をはかること。一般に不当労働行為にはあたらないと解釈されるが、労使間の癒着を招きやすい。

ショップ制 **C** (-せい)　組合員資格と従業員資格との関係を定める制度。日本の大企業では、ユニオン=ショップが一般的であるが、解雇に際しての規定があいまいな尻抜けユニオンである場合が多い。

類 尻抜けユニオン

オープン=ショップ **C** [open shop]　組合への加入が労働者の自由意思に任される協定。

ユニオン=ショップ **C** [union shop]　従業員採用の際には、組合員であるなしは問わないが、採用後は組合への加入を義務づけ、組合を脱退した場合には解雇される協定。

クローズド=ショップ **C** [closed shop]　特定組合の構成員でなければ採用ができないとする協定。

労働争議 **C3** (ろうどうそうぎ)　労働者と使用者との間に発生する争議。労働者が労働条件を維持・改善するために、使用者に対して団体行動を起こすことは憲法第28条に保障されている（団体行動権）。労働争議に関しては、労働関係調整法によってその予防・解決がはかられる。争議行為ともいう。

同 争議行為 **B4**

ストライキ **B1** [strike]　労働組合の指示で労働者が集団的に労務提供を拒否する行為。同盟罷業ともいう。争議行為の一つ。

同 同盟罷業 **C**

サボタージュ **B** [sabotage]　意識的に作業能率を低下させる行為。労働者側によるもの。怠業ともいう。争議行為の一つ。

同 怠業 **B1**

ロックアウト **C** [lockout]　労働者による争議行為に対して、使用者側がおこなう対抗措置で、作業所を閉鎖して労働者を職場

から締めだす行為。作業所閉鎖（工場閉鎖）ともいう。

同 作業所閉鎖 C （工場閉鎖）

刑事免責 C （けいじめんせき）　団体交渉や争議行為などの労働組合の行為が，形式的には犯罪の構成要件にあたる場合でも，それが正当なものであるときは，刑法第35条（法令または正当な業務による行為は罰しない）の適用によって処罰されないという原則。ただし，暴力の行使は正当な行為とは解釈されない。労働三権の保障に対応し，労働組合法第1条2項に規定されている。

同 刑事上の免責

民事免責 C 2 （みんじめんせき）　労働組合がおこなうストライキなどの正当な争議行為によって損害を受けたとしても，使用者は組合や組合員個人に対して賠償を請求できないという原則。労働三権の保障に対応し，労働組合法第8条に規定されている。

同 民事上の免責 2

労働委員会 A 4 （ろうどういいんかい）　労働争議に際して，労使双方の自主的な解決が困難な場合に，その調整（斡旋・調停・仲裁）にあたることを目的として設置された公的機関。使用者委員・労働者委員・公益委員で構成され，中央労働委員会（中労委）・都道府県労働委員会などがある。労働委員会が解決を助言する斡旋，具体的な解決案を示す調停については，その受け入れは関係当事者にゆだねられるが，仲裁の裁定に関しては労使双方とも拘束される。

類 中央労働委員会 B （中労委）　斡旋 A 3
調停 A 3　仲裁 A 3

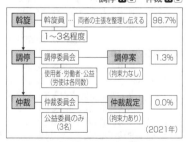

▲ 斡旋・調停・仲裁

労働審判制 B 3 （ろうどうしんぱんせい）　個々の労働者と事業主との間に生じた民事紛争で，労働審判官（裁判官）1名と労働審判員（労働者側・使用者側の推薦者）2名とが共同で審理し，和解や審判をおこなう制度。2006年から開始された。当事者の申し立てに基づき，原則3回以内の審理で結論が出される。

個別労働紛争解決制度 C （こべつろうどうふんそうかいけつせいど）　解雇や労働条件の引き下げなど，個々の労働者と事業主との間の紛争を迅速に解決するための裁判外の制度。2001年に成立した「個別労働関係紛争の解決の促進に関する法律」に基づく。都道府県労働局に助言・指導機能などをもたせたもの。同局に設置された，学識者からなる紛争調整委員会が，当事者の申請によりあっせんなどをおこなう。

緊急調整 C （きんきゅうちょうせい）　電気・ガス・水道など公衆の利益に関係する公益事業での争議に際して，「国民経済の運行を著しく阻害し，又は国民の日常生活を著しく危くする虞れ」がある場合に，内閣総理大臣によってなされる調整。緊急調整の決定が公表された時には，関係当事者は公表から50日間は争議行為をおこなえない。

スト規制法 C （きせいほう）　正式名は「電気事業及び石炭鉱業における争議行為の方法の規制に関する法律」。電源ストや停電ストの規制を目的に，1953年に制定された。

公務員の労働三権 2 （こうむいん～ろうどうさんけん）　国家公務員・地方公務員は，1948年の芦田均首相にあてたマッカーサー書簡に基づく政令201号公布以降，その地位の特殊性や職務の公共性から労働基本権に厳しい制限を受けている。労働三権のうち団結権は認められているが，団体交渉権が制限されるほか，争議権は否定されている。警察官などは国家公務員法によって団結権も禁じられている。このような法規制に対しては，憲法第28条の規定に反するとの強い批判

区　分	団結権	団体交渉権	争議権
民間企業労働者	○	○	○
国家公務員　一般職公務員	○	△	×
自衛隊員，警察・刑事施設等職員	×	×	×
特定独立行政法人職員　印刷・造幣など	○	○	×
地方公務員　一般職公務員	○	△	×
警察・消防職員	×	×	×
地方公営企業職員　鉄道・バス・水道など	○	○	×

▲ 労働三権の保障と制限　△＝協約締結権なし

がある。争議権の禁止をめぐり最高裁判所は，全逓東京中央郵便局事件の判決（1966年）や東京都教職員組合事件の判決（1969年）で，いずれも限定つきで合憲とした。しかし，全農林警職法事件の判決（1973年）や全逓名古屋中央郵便局事件の判決（1977年）では一律禁止を合憲とし，今日にいたっている。なお，公務員の労働基本権を制限する代償措置として，人事院の勧告によって，労働条件の維持・改善をはかることになっている。

　　　　　　　　　　　　　　類 政令201号

労働市場の変化と雇用問題

労働市場 **C**③（ろうどうしじょう）　資本主義の下で労働力が商品として取引されること。労働力の売り手は労働者，買い手は使用者であり，労働力の対価は賃金として支払われる。好況時には需要が供給を上回り，失業する者は減少しやすい。逆に，不況時には供給が需要を上まわり，失業者が増加しやすい。戦後日本では，長期雇用文化の下，労働市場の流動性が過度に少なかったと言われる。一方，現代では，女性の労働参加，パートタイム労働の増加などが労働市場に変化をもたらしつつある。また，ギグワーカー (gig worker) と呼ばれるネット上のプラットフォームを介した労働形態が，21世紀の労働市場のあり方に影響を与えている。

労働力人口 **C**⑤（ろうどうりょくじんこう）　15歳以上の人口から非労働力人口（通学者や家事従事者，病気や老齢で働けない者）を除いた人口をいう。就業者と完全失業者を合わせた人口でもある。15歳以上人口に対する労働力人口の割合を労働力率という。

　　　　　　　　　　　　　　類 労働力率③

完全失業率 **C**③（かんぜんしつぎょうりつ）　働く意思と能力をもち，現に求職活動をしているが，就業の機会が得られない者を完全失業者といい，その労働力人口に占める割合を完全失業率という。完全雇用とは完全失業率がゼロの状態ともいえる。日本の完全失業率は，1990年ころまでは欧米諸国にくらべ2分の1から6分の1と低かったが，1995年ころから3％をこえ，一時期は4〜5％台となった。現在は2.4％前後で推

移している。統計上，完全失業率は実態より低くなる傾向にあるといわれる。

失業 **B**⑥（しつぎょう）　労働者が労働する意思と能力を持ちながら，職業に就けない状態をいう。労働力に対する需要の季節的変動にともなって発生する季節的失業，景気変動にともなって発生する景気的失業のほか，経済的構造の変化によって起こる大量の失業を構造的失業とよぶ。日本では従来，職種・地域によって需要と供給が食いちがうミスマッチ現象などが問題とされたが，近年は不況にともなうリストラや，非正規雇用者などの解雇による失業が急増している。

ワーク-シェアリング **B**⑤［work sharing］　仕事の分かち合い。労働者一人あたりの労働時間を減らし，雇用の水準を維持すること。フランス・ドイツ・オランダなどで導入されている。他の政策と組み合わせて，雇用を増大させる効果があるとされる。

有効求人倍率 **B**（ゆうこうきゅうじんばいりつ）　公共職業安定所（ハローワーク）における，新規学校卒業者を除いた一般の有効求人件数を有効求職件数で割ったもの。労働市場の需給関係を示す指標の一つとされる。2022年平均は1.31倍。近年ではかつての事情と異なり，背景に求人の増加（とくに介護・保育・医療分野）と求職者の減少がある。現実には，この数値の上昇が必ずしも景気の良さを反映した指標とはならない。

ハローワーク **C**　職業安定法に基づき設置された公共職業安定所（職安）の愛称。無料での職業紹介や職業指導，雇用保険の失業給付などをおこなう。1990年からこの名称が使用されている。管轄を国から地方公共団体へ移そうとする動きもある。

　　　　　　　　　　　　同 公共職業安定所 **C**

職業安定法 **C**③（しょくぎょうあんていほう）　1947年制定。職業安定行政の基本となる法律で，憲法に保障された労働権や職業選択の自由の理念に基づく。労働者の募集，職業紹介などとその実施機関について規定。従来，この法律で労働者の供給事業を禁止してきたが，1999年の法改正で，民間による有料の職業紹介が原則自由化された。

労働市場の二重構造（ろうどうしじょうにじゅうこうぞう）　低賃金・重労働などの理由で労働力の供給が需要を大きく下まわる市場と，高

賃金・厚待遇などの理由で労働力が集中する市場の二つに労働市場が分かれること。前者には中小企業が，後者には大企業が当てはまることが多い。

労働移動率（ろうどういどうりつ）　労働市場においては，就職したり離職したりする労働力の移動があるが，移動者数を常用労働者数で割った値を労働移動率という。好況下では，労働移動率は高くなる。

外国人労働者問題 2（がいこくじんろうどうしゃもんだい）　経済の国際化が進むにつれて，日本で働くことを目的に入国した外国人をめぐる諸問題。日本で働く外国人は，専門職につく労働者や在留資格の範囲で単純労働につく労働者などと，不法就労の状態で単純労働にたずさわる労働者とに大別される。とくに，発展途上国内から大量の外国人が流入して特定の産業分野に受け入れられた。政府は1990年，出入国管理及び難民認定法（入管法）を改正して不法就労を厳しく排除。労働基準法・労働契約法・最低賃金法などの労働法規や，健康保険法・厚生年金保険法などは，不法就労も含むすべての外国人労働者に適用される。他方，雇用保険法などは不法就労者には適用がない。2018年には入管法を再び改正し，外国人労働者の受け入れ拡大にむけて，最長5年程度の新たな在留資格（特定技能）を設けた。厚生労働省への届け出によると，2022年10月時点における外国人労働者数は約182万人。国籍別では，ベトナム人（外国人労働者数全体の25.4%），中国人（21.2%），フィリピン人（11.3%）の順となっている。

類 不法就労 B2　特定技能 A2
出入国管理及び難民認定法 B2（入管法 C）

外国人技能実習制度 C（がいこくじんぎのうじっしゅうせいど）　外国人に対する技術・技能・知識の習得を目的として導入されたしくみ。企業や農家が発展途上国などから若者を実習生として原則3年間受け入れる。1993年開始。2022年10月時点において，国内に約32万人の外国人技能実習生が存在する。現実には，安価な労働力利用や人権侵害の事例が多発したため，労働法規が適用される雇用関係に改められた。

ビザ（査証）［visa］（さしょう）　外国への入国の際，正当な理由と資格を持ってその国を旅行する者であることを証明する旅券の裏書き。入国先の領事館などが発行する。短期滞在の場合には，国同士で相互に免除としている例が多い。

在留資格 C2（ざいりゅうしかく）　外国人が日本に在留することについて，法の定める一定の資格。出入国管理及び難民認定法において27種類の資格が定められている。通常，上陸許可とともに入国審査官により決定され，旅券（パスポート）に記載される。

専門職制度 C（せんもんしょくせいど）　高度の専門知識を持つが部下を持たない者に対し，ふさわしい待遇をするシステム。各自の能力や資質に応じた配置が目的だが，管理職のポスト不足から採用することも多い。

雇用調整 C（こようちょうせい）　事業活動の一部を縮小し，雇用を減少させること。一時帰休制（レイオフ）をとって雇用関係を継続することが多く，国も雇用調整助成金制度により補助している。

労働災害 B2（ろうどうさいがい）　労働者が仕事中に負傷したり，病気にかかったり，死亡したりするなどの災害を被ること。労働基準法第8条により，使用者は労働災害を受けた労働者に対して無過失の補償責任を負う。しかし，労働災害を使用者が労働基準監督署に届けず，労働者が労働災害の認定を受けられないケースが存在する。また，過労死（過労自殺）については認定基準が厳しく，労働災害と認定されるケースも少ないため，裁判に訴える事例が増えている。

過労死・過労自殺 C5（かろうし・かろうじさつ）　長時間・過重労働による過労・ストレスにより突然死に至る（また自ら命を絶つ）こと。2014年成立の過労死防止法によって，過労死の法的定義が為される一方，過労死防止に向けた国の責務が規定された。脳・心臓疾患による労災認定では，発症前の1か月間に100時間または2〜6か月間平均で月80時間をこえる時間外労働が過重の基準とされる。

過労死防止法（かろうしぼうしほう）　過労死等防止対策推進法。働き過ぎで命を落とすことのない社会をめざす法律で，2014年に成立した。過労死対策の責任は政府にあることを明記したうえで，実態調査やその報告

書を毎年公表する。過労死した人の遺族らの働きかけが，法成立を強く後押しした。

職業病（しょくぎょうびょう）　特定の職業に従事することによって起こる，主に慢性の病気。かつては鉛中毒・振動病・塵肺などが知られたが，近年ではOA化・IT化にともない，テクノストレスなどを訴える人が増えている。

　　　　　　　　　　　　　題テクノストレス

メンタル−ヘルス［mental health］　精神衛生・心の健康の意。近年，職場での人間関係や業務の繁忙によるストレスなどから精神的な疾患にいたるケースが増え，企業も定期的に診断やカウンセリングに取り組むことが多い。快適な職場環境の形成を目的とする労働安全衛生法を改正し，医師などによる従業員のストレス−チェックを事業者に義務づける制度が2015年からはじまった。

労働安全衛生法　**B**（ろうどうあんぜんえいせいほう）　労働者の安全衛生を確保するために，1972年に制定された法律。労働災害防止や危険防止の基準の確立と責任体制の明確化などの措置をとることを，使用者に求めている。

一時帰休制（レイオフC**）**［layoff］（いちじききゅうせい）　不況時に，景気回復後に呼び返すことを前提に，一時的に休職させる制度。使用者は労働基準法第26条の規定により，平均賃金の60％以上の休業手当を支払わねばならない。

終身雇用制　**A**②（しゅうしんこようせい）　新規学校卒業者のみを正規従業員として採用し，特別な場合を除いて定年まで雇用する制度。日本では大企業や官庁を中心に広くおこなわれてきた。終身雇用制の下では，労働者は職種を狭く限定されず，広範囲に配置転換されながら，勤続年数に応じて上昇する賃金を受け取る。企業の要求に対して忠実な労働者を育成できる半面，競争がないため創造性を欠くなどの結果にもなりやすい。また，大企業への雇用機会は学校卒業時に限られるため，労働市場も閉鎖的になりがちだった。近年，子会社への出向や早期退職など，雇用の流動化や能力主義的な対策がとられたり，契約社員やパートタイム労働者など，雇用形態の多様化が進んでいる。

労働分配率　**C**②（ろうどうぶんぱいりつ）　企業が形成した付加価値総額のなかに占める人件費の割合，または国民所得に占める雇用者報酬の割合。労働者への分配率が高ければ，労働者の生活水準は上昇するが，企業にとっては賃金コストが高くなる。日本の平均的な労働分配率は欧米諸国に比べて低く，70％程度とされてきた。近年，非正規雇用の増大などを背景に，労働分配率は下がる傾向にあり，とくに大企業において著しい。経済産業省調査によると，2020年度における労働分配率は50.7％。

労働生産性　**C**②（ろうどうせいさんせい）　単位あたりの労働に対する生産物の量，労働能率のこと。一定の労働量に対する生産量，または一定の生産物に対して要した労働時間であらわす。労働生産性の向上の要因は，科学技術の発展にともなう生産方法や生産手段の改良，労働者の熟練などである。

中高年労働者（ちゅうこうねんろうどうしゃ）　40歳代以上で働く能力と意思のある労働者。高齢社会が進む一方，日本の中高年齢層は勤労意欲が高く，また公的年金の支給開始年齢の65歳引き上げもあって，中高年労働者の就業問題が注目され，エイジレス雇用の必要性も強調されている。高年齢者の雇用促進を目的とする高年齢者雇用安定法が2004年に改正され，年金支給開始年齢に合わせた定年引き上げか継続雇用の拡充などの対策が事業主に義務づけられている。

高年齢者雇用安定法　**B**②（こうねんれいしゃこようあんていほう）　正式名は「高年齢者等の雇用の安定等に関する法律」。55歳以上の高年齢者の安定した雇用の促進などを目的に，定年の引き上げ，継続雇用制度の導入，定年制の廃止のいずれかの措置を事業主に義務づけた。継続を希望する労働者全員が雇用されるのが原則。年金支給年齢の引き上げにともなう措置でもある。

シルバー人材センター（−じんざい−）　定年退職後などに，臨時的・短期的な就業を望む高年齢者に対して，地域に密着した仕事を提供することなどを目的につくられた一般社団法人・財団法人。高年齢者雇用安定法に基づき，市町村区域ごとに都道府県知事が指定をおこなう。ここで働く高齢者は「生きがい就労」とされて最低賃金法など

の労働法規が適用されず，深刻な労災事件も相ついでいる。

非正規雇用 Ⓐ21 (ひせいきこよう)　有期雇用で労働者を雇用すること。フルタイム無期雇用で雇用される従業員(俗にいう正社員・正職員)に対応する用語。具体的には，パートタイマー・アルバイト・契約社員・派遣社員などをさす。フルタイム無期雇用の従業員よりも賃金や待遇などの労働条件の面で劣るケースが多い。総務省調査によると，被雇用者全体における非正規従業員の割合は，2022年で36.9%である。とくに女性の場合は，半数以上が非正規従業員である。非正規雇用の労働者が同じ仕事内容の正社員との賃金格差は違法だと訴えた裁判で最高裁判所は2018年，労働契約法第20条に照らして賃金差は項目ごとに精査する必要があるとして，一部の手当の不支給を違法とする初めての判断を示した。

対 正規雇用 Ⓐ12

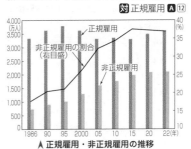

▲正規雇用・非正規雇用の推移

プレカリアート [precariat]　現代における身分の不安定な非正規雇用労働者層をさす。「不安定な」という意味のイタリア語「プレカリティ」と，「労働者階級」を意味するドイツ語「プロレタリアート」とを合わせた造語。いわゆるインディーズ(独立)系の労働組合(ユニオン)の中心を担う。自由な発想で格差社会の解消を訴え，若者たちへの共感を広げている。

春闘 Ⓑ [spring offensive] (しゅんとう)　春季闘争の略。労働組合が毎年春，賃金や労働時間などの労働条件の改善要求をかかげ，産業別に統一して企業と交渉する行動形態。1956年に総評(日本労働組合総評議会)などによって始められたが，バブル崩壊後の景気低迷・リストラ・賃金破壊(年功賃金から年俸制や成果主義への移行)などによ

り，春闘方式の見直しが進んでいる。

障害者雇用促進法 Ⓐ2 (しょうがいしゃこようそくしんほう)　身体障害者や知的障害者，精神障害者の雇用促進をはかるため，1960年に制定された法律。一定の割合で障害者を雇用する義務を負う。法定雇用率は，民間企業では雇用労働者の2.3%，国や地方公共団体では3.0%で，実際の達成率は欧米諸国に比べて非常に低い。未達成の場合は不足分納付金を納めることになっている。2018年には障害者雇用水増し問題が発覚している。

人材銀行 (じんざいぎんこう)　中高年齢者の雇用促進のため，各地の公共職業安定所(ハローワーク)内に設けられた職業紹介制度。総務・経理や，機械・電気の技術などの専門的技能者を有効に活用しようというもの。

職業訓練制度 Ⓒ (しょくぎょうくんれんせいど)　職業訓練法に基づいて労働者が就業に必要な技能の習得や向上などの訓練をおこなう制度。1985年に職業訓練法は大幅に改正され，職業能力開発促進法となった。国や事業主などの責務も定める。

労働市場の変化 (ろうどうしじょうへんか)　第一次石油危機以後，求人は大きく落ち込んでいたが，1986年末からの景気回復を機に求人倍率(有効求人数÷有効求職者数)は1をこえ，求人超過となった。完全失業率(完全失業者数÷労働力人口。労働力人口＝就業者＋完全失業者)も，円高不況の影響で，1982年に2.8%と過去最高だったのが，1989年には2.3%に低下，完全失業者数は142万人となった。景気の回復とともに，中途採用や転職も増加した。1990年代に入るとバブル景気が崩壊，雇用不安が深刻化した。1990年代後半以降，深刻な不況を背景に，企業のリストラや解雇による失業が急増するなど，労働市場は経済情勢に応じて大きく変動している。

若年労働力 (じゃくねんろうどうりょく)　中学卒・高校卒を中心とする20歳代くらいまでの新規学卒者をさす。バブル期には，若年労働力の求人倍率は2倍前後を示したこともあったが，近年，新規学卒者の就職難などが社会問題化している。一方，離職率は中卒7割，高卒5割，大卒3割といわれ(いわゆる七・五・三問題)，上昇傾向にある。

その理由として、イメージによる就職、転職をあおる社会的風潮、フリーター志向など若者の意識変化などがあげられる。

類 七・五・三問題

フリーター B2　フリーアルバイターの略。学生ではないが、定職につかず、主にアルバイトやパートタイムで非正規雇用者として働く、15〜34歳の若者のこと。長引く不況と就職難で、その数は一時200万人をこえた。このため、都道府県が設置したジョブカフェや、一定期間試行後に常用雇用へ移行するトライアル雇用による就職支援、企業実習と座学を組み合わせたデュアルシステムによる能力開発の実施、ハローワークによる常用就職支援事業、政府による「若者の自立・挑戦のためのアクションプラン」などがおこなわれるようになった。

類 ジョブカフェ　デュアルシステム
若者の自立・挑戦のためのアクションプラン

ニート B2（**ＮＥＥＴ** B2）〔Not in Education, Employment, or Training〕　イギリスで生まれた用語。学校にも行かず仕事にもつかず、職業訓練も受けていない若者たちのこと。日本では15〜34歳の非労働力人口のうち、家事も通学もしていない者を「若年無業者」とよび、その数は約60万人に達する。

類 若年無業者

ワーキングプア A1　働く貧困層のこと。もともとアメリカで生まれた用語だが、公式な定義はない。就労しているにもかかわらず、所得が低く通常の生活が困難な世帯や個人が若者を中心に急増している。背景には、長期にわたる不況や非正規雇用者の増大など、雇用環境の劇的変容がある。日本では、年収200万円以下のワーキングプアが1000万人をこえる。

ブルシット-ジョブ 〔bullshit jobs〕　アメリカの人類学者デヴィッド＝グレーバー（1961〜2020）が提示した概念であり、社会上に存在する無意味かつ不必要な仕事のこと。彼によれば、現代社会における労働の半分以上はそうした「ブルシット-ジョブ」であり、その類の仕事に従事する労働者は、自分の存在価値をめぐって精神的苦悩を抱えやすい。たとえば、目上の人間に優越感を与えるための仕事、雇用主のために他者を脅したり騙す仕事、組織の問題を一時的に取り繕ってごまかす仕事、組織が何か有益なことをやっているかのように見せかける仕事、無意味な仕事を従業員に割り当てる仕事などを挙げている。

女性労働力（じょせいろうどうりょく）　日本において、労働力人口総数に占める女性の割合は、1990年時点で40.6％だったが、2020年では44.3％となっている。女性労働者のあり方として、学校卒業後にいったん就職するものの、結婚出産を機に離職し、子の成長後に再就職するケースが見られてきた（M字型雇用）。一方、出産後に女性の正規雇用率が低下する現象も指摘されている（L字型雇用）。また、女性労働者は増加し続けているものの、家事労働や育児に関しては、いまだに女性が多くを負担している傾向が見られる。

類 M字型カーブ3（M字型雇用2）

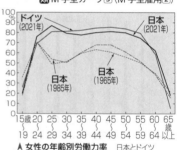

▲ 女性の年齢別労働力率　日本とドイツ

パートタイム労働者 B5（**パートタイマー** 1）（-ろうどうしゃ）　1日、1週間、1か月あたりの所定労働時間が通常の労働者より短い労働者。厚生労働省調査によると、パートタイム労働者人口は、1965年度で168万人だったが、近年著しく増加しており、2021年度は1431万人である。そのうち、女性が961万人を占めている（約67％）。これは、女性労働者側の就業ニーズと、企業側の雇用ニーズとが一致した結果ともされるが、企業側の人件費削減や雇用の調節弁として利用されているという指摘もある。これらの労働者にかかわる法律としてパートタイム労働法（1993年成立、正式には「短時間労働者の雇用管理の改善等に関する法律」）がある。日本のパートタイム労

働者の賃金水準は，正規雇用の6割弱と，欧州諸国と比べて低さが際立つ。また，2016年から厚生年金と健康保険の加入基準が変わり，週20時間以上働くパートなどの短時間労働者にも拡大された。

國パートタイム労働法 B 2

サービス労働者 (–ろうどうしゃ)　主として第三次産業に勤める労働者。産業構造の高度化につれ，1990年代に入ると，国内生産および全就業者の60％以上を第三次産業が占め，雇用形態も多様化しつつある。

派遣労働者 **C 4** (はけんろうどうしゃ)　雇用関係を結んだ派遣元事業主が，企業・事業所などとかわした労働者派遣契約により企業・事業所などへ派遣される労働者。派遣先の指揮・命令関係に入るが，派遣先との契約関係はない。2021年時点における派遣労働者数は約142万人であり，被雇用者全体の約2.5％を占める。また2000年からは，派遣先が正社員採用することを前提にした「紹介予定派遣」という方式が導入。近年は，派遣会社と無期雇用契約を結んだ上で，派遣労働者として働く「無期雇用派遣」という方式も導入されている。

國紹介予定派遣

労働者派遣法 **A 7** (ろうどうしゃはけんほう)　正式には「労働者派遣事業の適正な運営の確保及び派遣労働者の就業条件の整備等に関する法律」。労働者派遣事業法ともいう。1985年に制定。派遣事業や派遣労働者の雇用安定，労働条件などについて定めている。派遣事業は常用雇用型と登録型とに分けられ，制定当初は通訳やソフトウェア開発など26種の業務に限られていたが，この規制が1999年に原則自由化された。2004年からは製造業にも適用されるようになり，派遣期間が最長3年となった。このため，一日単位など極端に短い派遣期間の日雇い派遣という方式が一般化し，製造現場の劣悪な労働環境のもとで働く若者が増えている。また，経済情勢に影響されて安易に解雇されるケース（派遣切りや雇い止め）もめだつ。こうした事態を受け，2012年に法改正がおこなわれた。焦点だった登録型派遣や製造業派遣の原則禁止部分は削除され，規制強化が大きく後退した。一方，30日以内の日雇い派遣が原則禁止

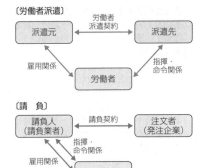

〔労働者派遣〕

〔請　負〕

＊形式的には請負だが，実態は労働者派遣をおこなっていることを偽装請負という。職業安定法や労働者派遣法に違反する。

▲ **労働者派遣と請負の違い**

されたほか，違法行為があった場合は派遣先が直接雇用したとみなす「みなし雇用」の規定が盛り込まれた。2015年には，派遣労働者を企業が受け入れる期間の上限（3年）を撤廃するなど，非正規雇用の固定化や増加につながる可能性がある法改正がおこなわれた。

同労働者派遣事業法 C **國日雇い派遣 C** **派遣切り C**

偽装請負 (ぎそううけおい)　形式的には請負を装いながら，実際は労働者派遣に該当する雇用実態をいう。請負とは，当事者の一方（請負人）がある仕事を完成することを約束し，相手（注文者）がその仕事の結果に対して報酬を支払う契約をさす（民法第632条）。この場合は，請負人側が自ら雇った労働者に仕事の指揮・命令をする。これに対して派遣は，派遣元ではなく派遣先が労働者への指揮・命令をおこなう。実態が派遣なのに，請負を装うことは労働者派遣法に違反することになる。背景には，2003年に同法が改正され，製造業にも人材派遣が可能となったことがある。その結果，請負と派遣との境界が不明確になり，労災事故への対応や社会保険の加入など，労働者にしわ寄せがいく問題が深刻化している。

出稼ぎ労働者 (でかせ–ろうどうしゃ)　1か月以上1年未満，家を離れて他所に働きに行き，

賃金を得る労働者。労働条件が悪く、雇用契約も不安定な中小企業や下請け会社で、臨時工・季節工として働く例が多い。

労働力移動 ②（ろうどうりょくいどう）　よりよい労働条件を求めて、労働者が他企業や他産業に移動すること。転職もその一つ。年功序列型の終身雇用関係の多い日本では少なかったが、近年の不況のなかでリストラによる移動や、中小企業やサービス業では若年労働者を中心に増えている。

リストラ🅐（リストラクチュアリング🅐⑥）〔restructuring〕　企業経営上、収益の悪い部門を削るなどその事業の再構築をはかること。バブル経済崩壊後は、中高年労働者の解雇・退職という形で進行した。

ディーセント-ワーク🅒②〔decent work〕　労働者が健康で生活でき、かつ満足できる職業に就いて働くこと。世界の労働の現実をふまえ、ＩＬＯ（国際労働機関）が提起した新しい概念で、各国でさまざまな取り組みが始まっている。日本では、正規雇用化の推進や長時間労働の是正など多くの課題がある。

雇用対策法🅒（こようたいさくほう）　日本の雇用政策に関する基本的な法律。1966年に制定・施行。国の雇用対策の基本計画についても定める。2007年の法改正で、募集・採用の際の年齢差別が原則として禁止された。

年齢差別禁止（ねんれいさべつきんし）　企業が求人（募集・採用）の際、年齢制限を原則として禁止すること。雇用対策法第10条にもり込まれ、2007年から実施された。

インターンシップ③〔internship〕　高校生や大学生が在学中に一定の期間、将来の自分の進路と関連した職場や企業などにおいて、無給あるいは有給で就業体験をする制度。これに対して、有給で職業体験をさせ、就職支援をする試みをバイターンという。

類バイターン

キャリア開発（－かいはつ）　キャリアとは、職業生活を中心としたその人の経歴全体を意味する。就業以前の学校生活、家庭生活、余暇の過ごし方、退職後の生活などを含め、生涯を通じて追求されるものである。キャリア形成の相談にのる専門職をキャリア-

カウンセラーという。

名ばかり管理職（な－かんりしょく）　権限もないのに肩書きだけ管理職とされた労働者。ファストフード店などサービス業の職場で増大している。労働基準法でいう管理監督者とは、労働条件の決定や人事権などについて、経営者と一体的な立場にある場合に限るが、実態はそれとはかけ離れ、ただ働きの残業や長時間労働の温床とされる。

ネットカフェ難民（－なんみん）　アパートなどを借りる収入がないため、インターネットを常備した喫茶店などで寝泊まりする若者たちをさす。労働組合「首都圏青年ユニオン」の調査でその存在が知られるようになった。2019年に東京都が発表した調査結果によると、ネットカフェをオールナイト利用する「住居喪失者」は、東京都全体で約4000人存在するものと推計される。

ワンストップ-サービス〔one stop service〕　鳩山由紀夫内閣のもとで、緊急雇用対策としてハローワーク（公共職業安定所）で実施された、職業紹介や生活保護の申請手続きなどを一か所でおこなえるようにした取り組み。

キャッシュ-フォー-ワーク（ＣＦＷ）〔Cash for Work〕　「労働の対価による支援」と訳される。自然災害や紛争などの被災地で、その復旧・復興のために被災者自身が労働に関与し、その労働に対価が支払われることによって、被災者の生活の支援がなされる手法をさす。義援金などの無償の支援と異なり、支払われる金額の分だけ、地域社会に新たな価値を生み出し、復興の過程を豊かにする効果をもつ。東日本大震災の際にも実践された。

求職者支援制度（きゅうしょくしゃしえんせいど）　雇用保険の適用を受けていない労働者を対象に、就職などを支援するための新たな枠組み。2011年に法制化された。対象者には月10万円が支給され、職業訓練などをおこなう。雇用保険に未加入の非正規雇用者の増加や、失業期間の長期化などが背景にある。生活保護制度との関連など、問題点も指摘されている。

ブラック企業🅒②（－きぎょう）　明確な定義はないが、一般に法令を軽視または無視して、若者などの労働者に過酷な働き方を強いる

企業。就活（就職活動）中の学生のあいだで「就職したらひどい目にあうので避けたほうがよい」とされる会社でもある。ブラック企業対策の一環として厚生労働省は2014年，情報をもとに選んだ全国の約5000社を調査。その結果，全体の8割以上の職場で長時間労働や残業代不払いなどの法令違反があることがわかり，是正勧告をおこなった。また，近年ではこうした動きがアルバイトなどの職種にも広がり，ブラックバイトとして社会問題になっている。2015年には，ブラック企業の監督・指導にあたる過重労働撲滅特別班（通称「かとく」）が東京と大阪の労働局に設置された。

🈭 ブラックバイト

青少年雇用促進法 (せいしょうねんこようそくしんほう)　ブラック企業に対する規制などをもり込んだ法律。2015年成立。残業代不払いなどの違法行為をくり返す企業や，セクハラなどで社名が公表された企業による新卒求人をハローワークが拒否することなどを定めている。

限定正社員 **C** (げんていせいしゃいん)　職種や勤務地などを限定した正社員。労働市場の二極化が進むなかで，正社員と非正規社員の中間的な位置づけ。解雇ルールの緩和も視野に置く政府の規制改革会議で検討中の新しい雇用形態とされるが，すでに同様の制度を導入している企業も少なくない。

ホワイトカラー-エグゼンプション **C**　アメリカでのモデルを参考にして，一定以上の年収がある労働者を労働時間規制から外す法制度。労働時間の配分を自己の裁量に任すかわりに，残業代などが支払われない。労働基準法改正により，2019年に「高度プロフェッショナル制度」という名称で正式導入された。対象となるのは，年収1075万円以上であり，かつ，金融商品開発者，金融ディーラー，コンサルタント，アナリスト，研究開発者の職に就く者である。

🈟 残業代ゼロ制度
高度プロフェッショナル制度 **A** **2**

高度プロフェッショナル制度 **A** **2** (こうどー せいど)　高度な年収水準の下，特定の高度専門業務に就く労働者に関して，労働基準法の定める労働時間制限の対象から除外す

る制度。略称は「高プロ」。現段階では，研究開発，コンサルティング，金融アナリスト，金融ディーラー，金融商品開発のいずれかの業務に従事し，かつ年間賃金が1075万円以上の労働者が対象となる。

プレミアムフライデー　月末の金曜日に仕事を早めに終え，買い物や家族との団らんの時間を増やそうとする，経済団体と行政が連携した取り組み。プレ金。2017年から始まった。

働き方改革 **A** (はたらーかたかいかく)　安倍政権下で推進された労働・雇用政策。①残業代ゼロ制度（高度プロフェッショナル制度）の新設，②裁量労働制の拡大，③残業時間の上限規制，④同一労働同一賃金の考え方をもり込んだ労働基準法・労働契約法改正案などからなる一括法案（働き方改革関連法案）が一部修正のうえ2018年に成立した。

🈭 働き方改革関連法 **A**

4 社会保障と社会福祉

世界の社会保障

社会保障 **A** **29** (しゃかいほしょう)　疾病・負傷・出産・老齢・廃疾・死亡・業務災害・失業・多子・貧困などの場合に一定の保障をおこなうことを通し，国民生活を安定させることを目的とする国家政策。保障の種類や水準，実施方法などは国によって異なる。ＩＬＯの「社会保障の最低基準に関する条約」（ＩＬＯ102号条約，1952年）は，社会保障を医療（現物給付）・疾病給付（現金給付）・失業給付・老齢給付・業務災害給付・家族給付・出産給付・廃疾給付及び遺族給付の9部門に分類。その実施方式は公的サービス・強制的社会保険・任意的社会保険・公的扶助のいずれかによるとしている。各国の社会保障制度では，これらのすべての給付部門か，またはいくつかの給付部門の組み合わせでおこなわれ，国民の生涯にわたる生活が国家により制度的に保障されている。

社会保障の経済的効果 (しゃかいほしょうーけいざいてきこうか)　第二次世界大戦後に世界各国で本格化した社会保障は，国家による経済・社会生活への介入を代表する制度である。最低限度の生活の維持と所得再分配をとおし

て，有効需要を高める効果があり，拠出金や支払いを通じて国民の購買力平準化による景気変動抑制効果がある。巨額な社会保障関連の積立金運用は，資本蓄積としての効果がある。

生活保障　(せいかつほしょう)　社会保障と雇用の二つの分野を，不可分の要素として結びつけた言葉。背景に格差社会の広がりがある。人々の生活が成り立つには，まず働き続けることができ，万が一働けなくなったときには所得が保障され，再び働けるような支援が不可欠になる。経済や社会の構造を，個々人の日々の生活という観点からとらえなおすという意味で，「生活保障システム」とよぶこともある。

社会権的基本権　**C**　(しゃかいけんてききほんけん)　20世紀に入ってから，実質的な平等を確保するために保障された，生存権・労働基本権などを総称したもの。単に社会権ともいう。生存権は20世紀初めのワイマール憲法に初めて定められ，その後，国連の世界人権宣言(1948年)や国際人権規約(1966年)でも規定されている。　☞ p.12 (社会権的基本権)

救貧法　**A**　[poor law]　(きゅうひんほう)　困窮者の生活を救済するために制定された法。この考え方は，イギリスでは11世紀頃からみられたが，体系的に確立したのは1601年の救貧法(エリザベス救貧法)が最初である。この法は，病人・老人・子どもなど労働能力のないものだけを救済した。

ビスマルク　**B**②　[Otto von Bismarck, 1815～98]　鉄血宰相といわれ，近代国家ドイツの創設に力をつくした。社会主義者鎮圧法を制定する一方で，1883年に労働者の病気やけがに対して治療費を支給する，世界最初の社会保険である疾病保険法を成立させた。これをアメとムチの政策という。
　　　　　　　　　　　類 アメとムチの政策 **B**

疾病保険法　**C**③　(しっぺいほけんほう)　ビスマルクによって1883年に制定された，世界最初の社会保険を規定した法。

社会主義者鎮圧法　**C**②　(しゃかいしゅぎしゃちんあつほう)　ビスマルクが1878年に制定した社会主義者を弾圧するための法。集会・結社の制限・禁止を主たる内容とする。

社会保障法　**B**④　[Social Security Act]　(しゃかいほしょうほう)　ニューディールの一環として1935年制定。1933年にアメリカのF.ローズヴェルト大統領は，世界大恐慌を克服するために経済保障委員会を組織し，対策を検討させ，その答申に基づいて経済社会法が立案され，老齢年金や失業保険などが実現した。議会ではこの法案を社会保障法とよぶべきだとし，世界初の「社会保障」ということばが使われた。

ベヴァリッジ報告　**A**⑥　[Beveridge Report]　(ーほうこく)　チャーチル政権の求めに応じ，イギリスの経済学者ベヴァリッジらが1942年にまとめた「社会保険及び関連事業に関する報告書」をさす。社会保障制度の先駆的モデルとなった。これに基づき労働党政府は戦後，「ゆりかごから墓場まで」をスローガンにした社会保障制度を確立した。ベヴァリッジは報告書のなかで，社会保障制度は，社会保険(強制保険料を拠出)，国民扶助(無拠出)，任意保険の三つの方法を組み合わせておこなわれるべきだと説いた。そして，三つのうち社会保険を社会保障の柱にすえた。ケインズの理論を受け入れ，社会保険の原理を貫くには，完全雇用政策の実施が必要であるとした。
　　　　類「ゆりかごから墓場まで」**A**③

フィラデルフィア宣言　**B**③　(ーせんげん)　1944年のILO第26回総会が発した宣言。必要とするすべての者に，所得と医療の面で社会保障の措置を拡張することをILOの義務とした。これは，第二次世界大戦後のILOの目的に関する基本原則となった。

各国の社会保障制度　⑥　(かっこく一しゃかいほしょうせいど)　イギリスでは，ベヴァリッジ報告に基づき，「ゆりかごから墓場まで」をスローガンとした戦後の労働党政権の下で，家族手当法(1945年)・国民保険法(1946年)・国民保健サービス法(1946年)などが実施された。後に，サッチャー政権により大幅に見直しがおこなわれた。北欧諸国では，1960年代以降，社会保障制度が急速に整えられた。国により多少異なるが，老齢保障，医療保障，母子・児童福祉，障害者福祉などは共通に発達している。社会保障費の国家予算に占める割合が高く，高福祉・高負担が特色。ドイツでは，世界ではじめて社会保険を実施した国であり，社会保険

を中核としている。フランスでは，保険制度を中心に，伝統的に家族手当を重視している。アメリカでは，個人主義思想と民間保険が発達しているため，公的な社会保障制度はあまり整っていない。

福祉国家 **Ａ**②（社会国家 **Ｃ**）（ふくしこっか）（しゃかいこっか）　☞ p.183（福祉国家）

日本の社会保障と福祉

日本の社会保障 ⑥（にほん-しゃかいほしょう）　大日本帝国憲法法下では，権利としての社会保障という考え方はなく，恩恵の性格が濃厚だった。1874年制定の恤救規則は，労働能力のない者にわずかなコメ代を給付するものだった。その後制定された健康保険法（1922年）・救護法（1929年）・国民健康保険法（1938年）なども，軍事色が強かったり恤救規則の延長でしかなかった。敗戦後の憲法第25条に基づき，社会保険・公的扶助・社会福祉・公衆衛生の四つの施策がおこなわれるようになり，日本の社会保障制度は急速に拡充された。

恤救規則 **Ｃ**（じゅっきゅうきそく）　1874年に制定された貧民救済のための法。労働能力のない者（老齢・重病・13歳以下）にコメ代を給付した。

救護法（きゅうごほう）　1929年に恤救規則に代わって制定され，1932年に実施された救貧法。失業者などは対象からはずされた。

社会保障制度審議会（しゃかいほしょうせいどしんぎかい）　1948年につくられた内閣総理大臣の諮問機関。1950年に「社会保障制度に関する勧告」を答申，日本の社会保障制度を，社会保険・公的扶助・社会福祉・公衆衛生の四つの分野からなると規定した。

社会保障と税の一体改革 **Ｂ**（しゃかいほしょうぜいいったいかいかく）　社会保障の基盤整備を税の改革と同時にすすめようとする民主党政権の政策。2012年に関連法が成立した。税については，消費税率が2014年4月から8％に引き上げられた。一方，社会保障の分野では，年金受給に必要な加入期間が25年から10年に短縮され，パート労働者の社会保険への加入要件が緩和されることになった。子育て支援については，幼稚園と保育所の機能をもつ現行の「認定こども園」制度が一部拡充された。また，社会

保障制度改革国民会議が内閣に設置された（現在は廃止）。

社会保障制度改革推進法（しゃかいほしょうせいどかいかくすいしんほう）　社会保障と税の一体改革関連法の一つ。2012年に制定。社会保障のあり方として「自助，共助及び公助」と明記するなど，国・地方公共団体の公的な役割が後退する内容。この法律に基づき，将来の社会保障制度について検討する「国民会議」が内閣に設置された。

　類 自助 **Ｂ**①　共助 **Ａ**　公助 **Ｂ**

社会保険 **Ａ**⑪（しゃかいほけん）　疾病・負傷・出産・老齢・障害・失業・死亡などが原因で仕事の機会を失ったり，労働能力を喪失または減少させたりした時，加入者と国の拠出保険料を基金として一定の給付をおこなう制度。社会保障制度の中核をなす。①雇用労働者などを被保険者とする健康（医療）保険，②老齢・障害・死亡などで失った所得を保障し，本人や家族の生活安定や福祉向上を目的とする年金保険，③失業した場合に失業給付などをおこなう雇用保険のほか，労働者災害補償保険・介護保険の5部門がある。

国民皆保険 **Ａ**⑨（こくみんかいほけん）　すべての国民が，本人（被保険者）または家族（被扶養者）として，いずれかの医療保険に加入している状態をさす。国民健康保険法の全面改正（1958年）によって，すべての市町村・特別区に国民健康保険の実施が義務づけられ，1961年から国民皆保険が実現した。

医療保険 **Ａ**⑦（いりょうほけん）　疾病・負傷・分娩などに必要な医療や経済的な損失に対し

▲ 日本の医療保険制度（2022年3月末時点）

て，費用の給付をおこなう。日本では1961年にすべての国民がいずれかの医療保険に加入する国民皆保険が実現した。日本の医療保険は，被用者保険（健康保険）と住民保険（国民健康保険）の二つに大別される。医療保険加入者が医療機関で診療を受けた際，窓口で支払う自己負担の割合は，小学生～69歳が3割，未就学児と70～74歳が2割，75歳以上が1割（現役なみ所得者は3割）など，年齢により異なる。

国民健康保険　Ｂ⑥（こくみんけんこうほけん）　被用者以外の一般国民を被保険者とし，疾病・負傷・出産・死亡に関して医療その他の保険給付をおこなう制度。1938年に，軍事的労働力を保全する視点から，農山漁村民を対象とする医療保険として創設された。1948年，市町村公営の原則がうち出され，1958年の国民健康保険法の全面改正により国民皆保険を確立した。国保と略。無職者もこれに加入する。市区町村が保険者となって運営をおこなう市町村国保と，同種の事業や業務に従事する一定地域内の居住者（開業医・土木建設業者など）が独自に組合をつくって運営をおこなう国保組合との2種がある。現在，市町村国保について，運営主体を都道府県へと広域化するプランが検討されている。
類 市町村国保　国保組合

健康保険　Ａ①（けんこうほけん）　被用者とその家族の疾病・負傷・死亡などに対して給付をおこない，生活の安定をはかる職域保険。5人以上の従業員を雇用する企業を対象とする医療保険。政府管掌健康保険（2008年から公法人「全国健康保険協会」管掌に移行，通称「協会けんぽ」）と組合管掌健康保険とがある。1922年に制定され，1927年から施行された健康保険法に基づく。日本で最も歴史の古い社会保険。
類 政府管掌健康保険　組合管掌健康保険

健康保険組合　③（けんこうほけんくみあい）　健康保険法に基づき健康保険事業を運営するためにつくられた公法人。主に大企業の労働者が対象で，事業主が単独または共同で設立。設立条件は単独の場合，常時700人以上，共同の場合には3000人以上。労働者の収入の一定割合を，原則として労使折半で保険料として徴収，それを財源に医療費を支払う。

協会けんぽ（きょうかい-）　健康保険組合をもたない，主として中小企業の労働者を対象にした健康保険制度の通称。2008年までは政府管掌健康保険（政管健保）とよばれたが，管轄していた社会保険庁の解体が決まり，運営が新設の全国健康保険協会に引き継がれた。全国一律だった保険料率は都道府県ごとに決められるため，地域格差が発生している。
同 協会管掌健康保険

保険料　Ｂ⑤（ほけんりょう）　社会保険の負担金をさす。被保険者負担・事業主負担・患者負担・国庫負担などに分けられる。医療・年金など保険料負担による社会保険を拠出制といい，生活保護など拠出によらないものを無拠出制という。

介護保険　Ａ⑪（かいごほけん）　介護を要する国民に向けて，在宅または施設で介護サービスを提供する社会保険制度。介護保険法が1997年に成立し，2000年から実施。主な内容は，①市町村区を運営主体とする，②65歳以上を中心として40～64歳も対象に含む，③介護費用の1割を利用者負担とし，残りを公費・保険料で半分ずつ負担，④保険料負担は40歳以上の全国民，⑤要介護認定（要介護1～5，要支援1～2）は介護認定審査会が実施，などとなっている。2005年には介護予防サービスが新設。2014年には，一定所得以上の人の利用料負担を2割に引き上げる（2018年からは3割負担の人も），要支援1～2を介護保険給付から外して地方公共団体の事業に移す，特別養護老人ホームの入所を要介護3以

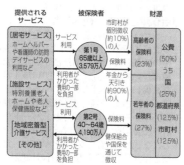

▲介護保険のしくみ

上に制限する，などと法改正された。65歳以上の介護保険料は月額平均で6014円（2021〜23年度）。2022年1月時点において，要介護認定を受けた人は約690万人であり，実際の介護保険利用者は約596万人である。

類**公的介護保険制度** B4　**介護保険法** B

年金保険 A5（ねんきんほけん）　老齢・障害・死亡などで失った所得を保障し，生活安定や福祉向上を目的とする社会保険。年金保険の給付の事由には老齢・障害・遺族の3種類がある。

公的年金制度 B8（こうてきねんきんせいど）　国が管理・運営する社会保障制度の一つ。国民や労働者の老齢・障害・死亡などを対象とし，年金や一時金を支給して，本人・遺族の生活安定を目的とする。日本では1961年に，国民皆年金が実施されて以後，保険料を一定期間支払うことを条件とする拠出年金制度が確立した。1986年からは，国民年金が全国民に共通する制度となり，それに厚生年金保険（共済年金）を上乗せする2階建ての制度となった。給付内容については，国民年金から支給される基礎年金は定額であるが，厚生・共済両年金では在職中の報酬に応じた比例制度をとった。1994年には，支給開始年齢を段階的に65歳へと引き上げる改正がおこなわれた。2015年から共済年金は厚生年金に一元化された。また，年金の受給資格期間（受給に必要な納付期間）が，従来の「25年以上」から「10年以上」に短縮された。

国民皆年金 A4（こくみんかいねんきん）　すべての国民が何らかの年金に加入している状態を

▲日本の年金制度

さす。1961年に発足した国民年金の実施により実現した。

確定拠出年金 C（かくていきょしゅつねんきん）　企業や加入者が一定の保険料を拠出し，それを運用した収益などに応じて給付額が決定される年金。企業型と個人型とがあり，2001年から導入された。アメリカの制度を参考にしたため，日本版401kともいう。

同**日本版401k** C

基礎年金制度 C6（きそねんきんせいど）　各年金制度を一本化して基礎年金（国民年金）部分を共通化させ，その上に厚生年金の報酬比例部分を上乗せする。1986年施行。20〜60歳未満の者は保険料の納付義務がある。各種年金制度間の格差緩和を目的としたもの。国民年金の支給月額は満額で66,250円（2023年）。

老齢年金 C（ろうれいねんきん）　老齢のため労働が困難となった者を対象に，その生活維持・安定を目的に支給される年金。公的年金その他の各種年金に一定期間加入し，保険料を支払い続けて資格を満たした場合，一定の年齢後から支給される。国民年金の場合，原則として65歳支給。2017年から受給資格期間が25年から10年に短縮。

遺族年金 C（いぞくねんきん）　公的年金加入者が死亡した時，遺族となった人の生活の維持・安定を目的に，18歳未満の子どもか，子どものある妻に，支給される。国民年金の場合は遺族基礎年金が支給されるが，厚生年金加入者の場合は，遺族厚生年金の上乗せがある。

国民年金 A8（こくみんねんきん）　公的年金の対象者になっていなかった農民・商店主などの自営業者を対象とした年金制度。1961年発足。1986年から，全国民を加入者とする基礎年金制度に改められた。自営業者などを第1号被保険者，会社員・公務員などを第2号被保険者，専業主婦（主夫）を第3号被保険者としている。1992年の改正で，20歳以上の学生も第1号被保険者として強制加入となった。年金給付は老齢・障害・死亡についておこなわれ，老齢基礎年金は原則65歳から支給される。保険料は原則として定額となっているが，ほぼ毎年引き上げられてきた。

類**第1号被保険者　第2号被保険者**

第３号被保険者①

厚生年金 **A**⑤（こうせいねんきん）　常時５人以上を雇用する個人事業所または常時１人以上を雇用する法人事業所などの従業員や，公務員等を対象にした公的年金制度。保険料は労使で折半。給付内容が定額部分と報酬比例部分とに分かれていたが，1985年の改正で定額部分が基礎年金（国民年金）となった。年金給付は老齢・障害・死亡の際，基礎年金に上乗せした年金として支給される。また，1994年の改正で支給開始年齢が段階的に65歳まで引き上げられた。現在，事業所の加入逃れが深刻化している。

共済組合 **C**（きょうさいくみあい）　国家および地方公務員や私立学校教職員などの医療保険と年金保険の運営主体。共済保険と共済年金とがある。共済年金は2015年から厚生年金に一元化された。

マクロ経済スライド **B**③（-けいざい-）　年金の給付水準の伸びを抑制するためのしくみ。2004年の年金制度改革の際に導入された。このしくみを適用すると，保険料を段階的に引き上げた後に上限で固定する一方，年金給付額の伸びが賃金や物価の伸びよりも低めに抑えられることになる。2015年度に初めて適用された。

年金改革法（ねんきんかいかくほう）　将来の年金水準を確保するためと称して，2016年に制定された法律。実際には支給額が抑制されることになり，批判の声が根強い。

社会保険庁の解体（しゃかいほけんちょう-かいたい）　社会保険庁は，国民年金や厚生年金保険に関連する業務を管轄してきた厚生労働省の外局。年金記録の管理不備などが問題となって2010年に解体。代わって特殊法人「日本年金機構」が設立され，年金業務が移管された。同機構では，インターネットで自分の年金記録が確認できる「ねんきんネット」や「ねんきん定期便」などのサービスを実施している。悪質な滞納者への強制徴収などは，委託を受けた国税庁がおこなう。医療部門については，政府管掌健康保険（中小企業の労働者など約3500万人が加入）の運営が2008年から新設の公法人「全国健康保険協会」へと移された（協会けんぽ）。

類 日本年金機構 **C**

年金積立金管理運用独立行政法人 **C**（ＧＰＩＦ **C**）（ねんきんつみたてきんかんりうんようどくりつぎょうせいほうじん）　総額で140兆円超にのぼる国民年金や厚生年金の積立金の大部分を運用する機関。積立金の運用は従来，安全資産として国内債券を中心におこなわれてきた。安倍晋三政権はこれを見直し，リスク資産とされる国内株式や外国株式の比率拡大を打ち出し，株式重視の運用に転換した。ＧＰＩＦが非人道兵器・クラスター爆弾の製造企業の株式を保有していることが2017年に発覚，ＥＳＧ（環境・社会・ガバナンス）投資の原則に反するという指摘がある。

社会保障費の財源（しゃかいほしょうひ-ざいげん）　社会保障の財源調達は，労働者大衆，事業主，政府・国家の３者の組み合わせでなされ，各国によって負担する割合が異なる。財政難から，厚い福祉を求めるなら，受益者負担でより多く負担せよという，高福祉・高負担論が主張されている。

財政方式（ざいせいほうしき）　支給年金の基金を構成する方式をいう。保険加入者が払い込んだ保険料の積み立て原資から支給するのが積み立て方式であり，支給する各年度の現役労働者の支払い保険料から支給するのが賦課方式である。日本の公的年金の財政方式は積み立て方式で開始されたが，のちに一部賦課方式を取り入れた修正積み立て方式が採用された。現在では，賦課方式をベースにして積み立て方式を加味した修正賦課方式とされるが，高齢化の進展にともない世代間の負担の公平も課題となる。

積み立て方式（つ-た-ほうしき）　保険加入者が払い込んだ保険料の積み立て原資から支給する。物価の上昇などにより積立金の価値下落が生じるため，経済変動の激しい時期には制度が崩壊する恐れがある。

賦課方式 **A**②（ふかほうしき）　各年度の現役労働者の支払い保険料から支給する。経済変動には強いが，現役労働者と被支給者との比率が変動するような高齢社会の到来期には制度が崩れる可能性がある。

修正賦課方式（しゅうせいふかほうしき）　賦課方式を基本として一部に積み立て方式を取り入れた年金の財政方式。日本では，積み立て方式を中心に制度がスタートしたが，現在

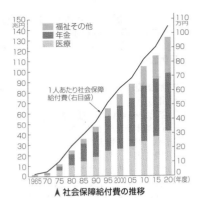

▲ 社会保障給付費の推移

は賦課方式がベースになっている。これを修正積み立て方式とよぶ場合もある。

類 修正積み立て方式

給付 B②（きゅうふ）　日々の生活において，なんらかの事故に直面し，社会保障の対象者となった時，支給されるものをさす。現金給付・現物給付・サービス給付などがある。

社会保障給付率 ④（しゃかいほしょうきゅうふりつ）　社会保障によって給付された総費用である社会保障給付費の，国民所得に対する比率。社会保障による所得の再分配の度合いを示すもので，日本は2015年度で約30%。アメリカよりは高く，イギリスとほぼ同じ水準だが，スウェーデン・フランス・ドイツよりはかなり低い。部門別の社会保障給付費の額は，年金が5割近くを占め，医療がそれにつづく（約3割）。

日本の人口（にほん・じんこう）　日本では，1947～49年頃にベビーブームで人口が急増。高度成長期にも増大し，1967年には1億人を突破した。現在は少子高齢化がすすみ，2008年の1億2,808万人をピークに人口減少に転じた。2023年2月時点における日本の総人口は1億2463万人。そのうち日本人人口は1億2172万人。14歳以下は11.5%，15～64歳は59.4%，65歳以上は29.0%。国立社会保障・人口問題研究所の推計では，将来人口は2053年に1億人を割り込み，65年には8,808万人，高齢化率も38.4%となる。

類 人口減少社会 B⑦　年少人口③
生産年齢人口 C③　老年人口 C④

高齢化社会 B⑦（こうれいかしゃかい）　一般的に

は，国の総人口に占める65歳以上の人口の割合（高齢化率）が7%以上14%未満の社会をいう。日本は1970年にこの段階に到達した。

類 高齢化率 B⑤

高齢社会 A④（こうれいしゃかい）　65歳以上の人口の割合が14%以上21%未満の社会をいう。日本は1994年にこの段階に到達した。

超高齢社会 B②（ちょうこうれいしゃかい）　65歳以上の人口の割合が21%以上の社会をいう。日本は2007年，世界で初めてこの段階に達した。

団塊の世代（だんかい・のせだい）　他の世代に比べ，人数が多い1947～49年のベビー−ブーム期に生まれた世代のこと。毎年約200万人程度だった出生数が，この時期は年間約270万人に上昇した。堺屋太一の小説名に由来。

類 ベビー−ブーム

平均寿命③（へいきんじゅみょう）　死亡年齢の平均のこと。0歳の人が期待できる平均余命である。平均寿命は，その国の保健衛生や社会福祉水準を示す指標とされる。一般に先進国では長く，発展途上国では短い。日本の1947年の平均寿命は男性50.06歳，女性53.96歳だったが，2022年には男性81.05歳，女性87.09歳で世界最高水準。2002年に世界保健機関（WHO）が発表した，何歳まで健康に生きられるかを示す健康寿命でも，日本は平均78.6歳で世界一だった。2019年に厚生労働省が発表したこの数値は男性72.68年，女性75.38年。

類 健康寿命 C

高齢社会 A④と社会保障 A㉙（こうれいしゃかい・しゃかいほしょう）　高齢化は老年人口比率（65歳以上の老年人口÷日本人人口）で示される。日本は急速度で進んでおり，その比率は2022年10月時点で総人口の29.0%を占める。2017年推計では，2065年に38.4%に達すると予測されている。人口高齢化は55歳以上の高年労働力の増加をもたらし，社会的影響も大きい。定年年齢と年金支給開始年齢とのギャップなどの問題も発生する。

雇用保険 A④（こようほけん）　失業や事故という生活不安に対し，所得保障をおこない，再就職を促進させることを目的とする社会保険。1975年から施行された雇用保険法

により運用されている。従業員が1人以上いれば強制加入となる。保険料のうち，失業給付にあてられる分は労使で折半し，その他の分は使用者が負担する。なお，雇用保険と労災保険をあわせて労働保険という。

類 **労働保険**

労働者災害補償保険 Ａ⑤（ろうどうしゃさいがいほしょうほけん）　略称は労災保険。業務上の事由による負傷・疾病・廃疾・死亡などの際に給付をおこなう社会保険。業務外を給付事由とする健康保険とは異なる。1947年に制定された労働者災害補償保険法に基づき，使用者が保険料を全額負担する。

同 **労災保険** Ａ②

公的扶助 Ａ⑦（こうてきふじょ）　日本の社会保障を形成する四つの制度のうちの一つ。社会保障の目的は，国民に最低限度の生活水準（ナショナル-ミニマム）を保障し，国民生活を安定させることにあり，そのため社会保険と公的扶助があい補って目的を達成させる。公的扶助は社会保険の対象とならない生活困窮者などの最低限度の生活を確保することをめざし，国家が生活を援助する制度である。日本では，憲法第25条の生存権規定に基づき，生活保護法を中心に公的扶助が実施されている。

生活保護 Ａ⑯（せいかつほご）　憲法第25条の理念を具体化するため，生活保護法に基づき生活困窮者に対して，国の責任で無償の経済給付をおこなう制度。申請者の所得が資力調査（ミーンズテスト）などの結果，生活保護基準を下まわると，基準との差額分が公費で支給される。生活保護法では，金銭給付をおこなう生活扶助・住宅扶助・教育扶助・葬祭扶助・生業扶助・出産扶助と，現物給付をおこなう医療扶助・介護扶助の合わせて8種類を規定している。高齢化や所得格差の広がりを背景にして，生活保護受給世帯が急増（2022年3月時点において約164万世帯）する一方，支給要件の厳格化と生活扶助の基準額引き下げがおこなわれた。社会保障費削減の一環として，生活保護費に上乗せされていた母子加算や老齢加算が全廃されたため，その復活を求める動きもある（2009年に母子加算のみ復活）。

類 生活扶助 Ｂ①　住宅扶助 Ｃ　教育扶助 Ｃ①　葬祭扶助 Ｃ　生業扶助 Ｃ　出産扶助 Ｃ②　医療扶助 Ｂ　介護扶助 Ｃ

朝日訴訟 Ａ②（あさひそしょう）　☞ p.67（朝日訴訟）

堀木訴訟 Ａ④（ほりきそしょう）　☞ p.67（堀木訴訟）

民生委員（みんせいいいん）　社会福祉事業に協力する地域ボランティア。各市町村ごとに推薦され，厚生労働大臣が委嘱する。地域の実態を把握し，要保護者の保護指導や，時には生活の指導などにあたる。

ナショナル-ミニマム Ａ④〔national minimum〕　社会保障の国民的最低基準と訳される。イギリスのフェビアン協会の創立者ウェッブが提唱した。「労働者をして生産者ならびに市民としての実力を有する状態に維持せしむる」のに必要な国民の最低限度の生活水準を示したもの。

社会福祉 Ａ⑤（しゃかいふくし）　憲法第25条の生存権規定に基づき，貧困者や障害者・児童・高齢者など援護育成を必要とする社会的弱者が自立し，その能力を発揮できるように，国・地方公共団体などがおこなう諸活動をさす。たんに福祉ともいう。日本の社会福祉事業は，児童福祉法（1947年）・母子及び寡婦福祉法（1964年）・老人福祉法（1963年）・身体障害者福祉法（1949年）・知的障害者福祉法（1960年）などの法律に基づいておこなわれている。

同 福祉 Ａ⑤

福祉事務所 Ｃ（ふくしじむしょ）　社会福祉法に基づいて設置された社会福祉行政を担当する現業機関。正式には「福祉に関する事務所」という。町村は任意設置だが，それ以外の都道府県と市は必置。福祉六法に定める援護・育成・更生の事務などをおこなうが，実際は生活保護関係の比重が大きい。ケースワーカーは社会福祉主事。

福祉六法 Ｂ（ふくしろっぽう）　生活保護法，児童福祉法，身体障害者福祉法，知的障害者福祉法，老人福祉法，母子及び父子並びに寡婦福祉法の六つの法律をさす。

児童福祉法 Ａ②（じどうふくしほう）　1947年制定。児童の健全な育成を目的とする。1997年に大幅な改正がおこなわれた。

身体障害者福祉法 Ｂ（しんたいしょうがいしゃふくしほ

う）　1950年施行。身体障害者の機能回復と自立援助を目的とする。1993年改正。18歳以上の該当者には，申請により身体障害者手帳が交付される。

知的障害者福祉法　**B**（ちてきしょうがいしゃふくしほう）　1960年施行。知的障害者のための福祉サービスについて定める。

老人福祉法　**A**（ろうじんふくしほう）　1963年制定。高齢者の健康維持と生活の安定化によって老人福祉を実現する。

母子及び父子並びに寡婦福祉法　**A**（ほしおよ-ふしなら-かふふくしほう）　1964年制定。母子・父子福祉について，資金の貸し付け，雇用促進などを定めている。2014年に現在の名称に変更。

福祉元年　（ふくしがんねん）　経済成長政策優先から福祉を重視する政策へと転換がはかられた1973年のこと。この年，政策目標として「活力ある福祉社会の実現」が掲げられ，医療や年金などの社会保障や，社会資本の充実がめざされた。しかしその直後，石油危機などによる財政危機にみまわれ，個人の自助努力と家族・地域社会の負担が強調されるようになった。これを日本型福祉社会論という。

障害者　**A**④（しょうがいしゃ）　心身に障害のある者のこと。障害者施策の基本理念と，国や地方公共団体の基本的責務などを定めた障害者基本法が1993年に制定。厚生労働省によれば，2022年時点における障害者人口は，身体障害者約436万人，知的障害者約109万人，精神障害者約419万人。国連では，障害者権利条約が2006年に採択（日本は2014年に批准）。近年，障害者を特別扱いするのではなく，障害者とそれ以外の者が共生する社会こそノーマルであるという考え方（ノーマライゼーション）が一般化してきた。障害者の自立・就労については障害者雇用促進法があり，民間企業では全従業員の2.3％，国や地方公共団体では原則3.0％の雇用を義務づけられている。

障害者基本法　**A**②（しょうがいしゃきほんほう）　すべての国民が障害の有無によって分け隔てられることなく，相互に人格と個性を尊重し合いながら共生する社会を実現するため，障害者の自立と社会参加の支援等の施策を推進するための法律。1970年制定の心身

障害者基本法を抜本的に改正し，1993年に成立した。国連障害者権利条約を批准するための国内法整備の一環として，2011年に大幅な法改正がおこなわれた。このなかで，障害を理由にした差別の禁止，社会的障壁の除去が規定されたほか，手話が初めて法律上の言語として認められた。

ノーマライゼーション　**A**③［normalization］　障害者も健常者も，高齢者も若者もすべて人間として，普通（ノーマル）な暮らしをともに送り，生きていく社会こそノーマルだ，とする実践運動や施策。デンマークの知的障害のある子を持つ親の運動のなかから生まれた考え方で，欧米諸国や日本でも定着してきた。障害者の普通学校への入学の動きなど，さまざまな具体的運動となっている。

インテグレーション　［integration］　統合の意。障害者などの隔離を排し，みんないっしょに学んだり活動したりしようとする考え方。ノーマライゼーションと通底する理念でもある。

インクルージョン　**C**［inclusion］　包摂（ほうせつ）の意。インテグレーションと同様に用いられることもあるが，インクルージョンの方が自由度を認める度合いが強いため，インテグレーションにかわって障害児教育などの分野で広く使用されるようになった。

バリアフリー　**A**②［barrier-free］　障害者などが普通の生活ができるよう，身体的・精神的なバリア（障壁）を取り除こうという考え方。現実には，物理的バリア，制度的バリア，意識のバリア，文化・情報のバリアの四つの課題があるとされる。

バリアフリー新法　**C**（-しんほう）　バリアフリーをめざし，2006年に制定された法律。正式名は「高齢者，障害者等の移動等の円滑化の促進に関する法律」。障害者や高齢者が駅や空港を容易に利用できるよう事業者に求めた交通バリアフリー法と，建築物のバリアフリー化を目的としたハートビル法とを一体化し，内容を拡充した。

　　　　類交通バリアフリー法　ハートビル法

ユニヴァーサルデザイン A④（ＵＤ②）
［Universal Design］　すべての人が平等に使える機器や製品をデザインしようとする考え方。アメリカの建築家ロン＝メイ

スが1980年代から用いた。①だれでも公平に利用できる，②使用上，自由度が高い，③使い方が簡単，④必要な情報がすぐに理解できる，⑤うっかりミスや危険につながらない，⑥少ない力でも楽に使用できる，⑦アクセスしやすい大きさとスペースを確保する，の七つの原則がある。

障害者自立支援法 **C** （しょうがいしゃじりつしえんほう） 障害者への福祉サービスなどを総合的に定めた法律。2006年に施行。利用料が「応益負担」となったため，障害の重い人ほど経済的負担が増えるなど，問題点が多い。2012年に法改正がおこなわれ，障害者総合支援法となったが，応益負担の実態は変わっていない。

> **類** 障害者総合支援法 **B**

障害者差別解消法 **B** （しょうがいしゃさべつかいしょうほう） 障害者基本法の理念に基づいて，障害を理由とする差別の解消を推進するための法律。2013年に成立し，2016年から施行された。国連の障害者権利条約批准に向けての国内関連法の一つ。

精神保健福祉法 （せいしんほけんふくしほう） 精神障害者の福祉充実を目的に1950年に制定された精神保健法が，1995年に精神保健福祉法（精神保健及び精神障害者福祉に関する法律）に改められた。精神障害者の自立と社会経済活動への参加を援助するのが基本理念。相模原障害者施設殺傷事件（相模原市の「津久井やまゆり園」で2016年，元施設職員の男に19人が殺害され，27人が負傷）を契機に，措置入院患者の支援強化を柱とする法改正が検討されたが，障害者ら当事者からは，監視強化や医療の治安維持化を懸念する声が根強かった。

障害者虐待防止法 （しょうがいしゃぎゃくたいぼうしほう） 家庭や職場，施設などで障害者への虐待を発見した人に通報を義務づけ，国や地方公共団体に保護などを求めた法律。2011年に議員立法で成立した。

合計特殊出生率 **B** 6 （ごうけいとくしゅしゅっしょうりつ） 1人の女性が生涯に産む子どもの数の平均推計値。妊娠可能な15歳から49歳までの女性の年齢別の出生率を合計したもの。2.1前後が，人口の増減がない人口置換水準とされる。厚生省（厚生労働省）の人口動態統計では1947年に4.54だったが，その後は長期的に減少トレンドにあり，2022年は1.26である。

> **類** 人口置換水準

完結出生児数 （かんけつしゅっしょうじすう） 結婚から15〜19年経過した夫婦の平均出生子ども数。その年の「傾向」を示す合計特殊出生率に対して，「実績」にあたる。出生動向基本調査によると，日本の数値は2015年時点で1.94人。戦後，大きく低下したあと，1970年代には2.20人前後で，比較的安定して推移してきた。

少子化 **A** 2 （しょうしか） 出生数と出生率が低下し，子どもの数が少なくなること。そうした社会を少子化社会という。そのことがまた，高齢化を加速させることにもなる。1992年の『国民生活白書』で初めて用いられた。

> **類** 少子・高齢化 **A** 12 少子・高齢社会 **B** 1

少子化社会対策基本法 **C** （しょうしかしゃかいたいさくきほんほう） 少子化に対処する施策の策定と実施を総合的に推進するため，2003年に制定された法律。国・地方公共団体・事業主・国民の責務などを定める。

次世代育成支援対策推進法 （じせだいいくせいしえんたいさくすいしんほう） 急速に少子化が進行するなかで，次代の社会を担う子どもを育成する家庭などへの支援に関する基本理念や行動計画などを定めた法律。2003年に制定された。国や地方公共団体，事業主，国民の責務なども規定している。2015年までの時限立法だったが，10年間延長された。

子ども・子育て応援プラン （こ-こそだ-おうえん-） 少子化社会対策大綱に基づき2004年に決定され，2005年度から5年間にわたって取り組まれてきた政府の子育て支援プラン。各施策には数値目標を掲げる。新新エンゼルプランともいう。なお2010年には，新政権のもとで「子ども・子育てビジョン」が策定された。2014年には，子ども・子育て会議により，新たな子ども・子育て支援制度がつくられた。

> **同** 新新エンゼルプラン **類** 子ども・子育て会議

子ども・子育て支援新制度 **B** （こ-こそだ-しえんしんせいど） 就学前の子どもの保育や教育をめぐる新しいしくみ。2015年から実施。保育需要の増大などに対応するため，従来の公的保育制度が一定程度緩められ，民間

企業の参入が容易になった。幼稚園や保育所，認定こども園(保育所と幼稚園の両機能を備えた施設)などを一つに束ねる制度となったが，施設ごとに職員配置基準や保育室の面積，給食の有無などが異なり，保育の条件や環境に事実上の格差が生じることを危惧する声もある。待機児童の解消のため，近隣の市町村間で利用者の調整をおこない，地方公共団体の枠をこえた「越境入園」などを柱とする制度改正が2018年におこなわれた。

保育・幼児教育の無償（ほいくようじきょういくむしょう）保育や幼児教育にかかる費用を無償にすること。安倍晋三内閣が「人づくり革命」政策の一環として打ち出したもの。認可保育所や幼稚園を利用する3～5歳児の全員，0～2歳児は低所得層を対象とする。認可外施設の利用者へも上限を決めて補助をおこなう。財源には消費税をあてるため，税率が10％に引き上げられた2019年から全面実施。

イクメン❸とイクジイ　イクメン(育メン)は育児に積極的に参加する父親のこと。イメージが先行するきらいがあり，男性の育児休業取得率は約8％にすぎない。イクジイは育児に熱心にかかわる祖父のこと。地域の子育て講座などで学ぶ人たちも増えている。また，育児や介護の支援に積極的な職場の上司をイクボスという。
題イクボス

待機児童　❸**2**（たいきじどう）認可保育所に入所を希望しても，定員オーバーなどで保育所に入ることができない子どものこと。景気の悪化などを背景に共働き世帯が増えたため，2008年秋以降急増した。厚生労働省によると，2022年4月時点における待機児童数は2944人で，近年は減少傾向にあるという。

児童手当　❸**3**（じどうてあて）（国連憲章第7章）児童の健全育成などを目的として支給される手当。1971年の児童手当法に基づく。出生率の低下などに対応して数次の法改正がおこなわれた。一定条件の下に，小学6年の終わりまでの期間，養育者に支給された。子ども手当の新設で一時停止されたが，2012年度から復活した。現在の支給額は子ども1人あたり月額で，3歳未満が1

万5,000円，3歳から小学生が1万～1万5,000円，中学生が1万円。所得制限が設けられている。

児童扶養手当　❸**2**（じどうふようてあて）低所得のひとり親家庭(母子家庭や父子家庭)などに支給される手当。児童扶養手当法に基づく。支給額は年収や子どもの数で決まる。子ども1人の場合の満額は月額約4.3万円。

子ども手当　❸（こてあて）2009年に成立した鳩山由紀夫政権が創設した手当。中学校卒業まで子ども1人あたり月額2万6000円(10年度は半額)を支給するというもの。それにあわせて扶養控除などが廃止・縮減された。2012年度から元の児童手当に戻った。

児童虐待　❸（じどうぎゃくたい）保護者などにより子どもの成長や発達を阻害したり，人権を侵害したりする行為。2000年制定の児童虐待防止法では児童虐待を，身体的虐待・性的虐待・ネグレクト(子育て放棄)・心理的虐待と規定している。2018年，警察機関が児童相談所に対して虐待の疑いがあると通告した未成年者の数は約8万人にのぼり，過去最悪を更新した。心理的虐待が全体の約7割を占めた。
題児童虐待防止法❸

児童相談所（じどうそうだんしょ）児童福祉法に基づき，都道府県や政令指定都市などに設置された行政機関。児相と略。2023年時点で全国に230か所設置されている。児童やその家庭に関する相談に応じ，虐待のおそれがある家庭への強制立ち入り調査などもおこなう。

親権の一時停止（しんけんいちじていし）児童の虐待防止のために最高で2年間，父母が未成年の子に対して持つ親権を停止できる制度(民法第834条の2)。2011年の民法改正により成立した。家庭裁判所の審判で停止を決定。虐待された本人も申し立てができる。

いじめ防止対策推進法（ほうしたいさくすいしんほう）子どもの生命などに重大な被害をあたえる事態に対して，学校・地方公共団体・国に報告義務などを定めた法律。2011年に大津市で起きたいじめによる中学生の自殺事件などを受け，2013年に制定された。

子どもの貧困率　❸（こひんこんりつ）家計にお

ける平均的な所得（正確には等価可処分所得の中央値）の半分を下回る世帯で暮らす18歳未満の子どもの割合。OECD（経済協力開発機構）による指標で，相対的貧困率としてあらわされる。日本では2021年時点で11.5%。ひとり親世帯に限定すると44.5%。近年，先進国内で子どもの貧困問題が深刻化している。そのほか，生存に必要な生活物資を確保できない貧困線（世界銀行に指標では1日2.15ドル未満での生活費）以下で暮らす子どもたちの割合を指す絶対的貧困率という概念もある。

　　類 相対的貧困率 **B**② 　絶対的貧困率 **C**

子どもの貧困対策法 **C**（こ−ひんこんたいさくほう）
正式名は「子どもの貧困対策の推進に関する法律」。貧困の連鎖を断ち，すべての子どもが健やかに育つことを目的に2013年に成立。成育環境によって子どもの将来が左右されないよう，さまざまな支援を国の責務として定めている。

ダブルケア ［double care］　子どもの育児と親の介護を同時進行でおこなうこと，またはそれをになう人たち。肉体的・精神的・経済的な負担が増し，仕事との両立が難しくなる。内閣府の推計で約25万人（2016年）。晩婚化や少子化，親世代の長寿化などが要因としてあげられる。

老人保健法 **C**④（ろうじんほけんほう）　75歳以上の老人の医療と，40歳以上の成人・老人に対する健康相談や健康検査などの保健事業を定めた法律。1983年から施行。老人医療が有料になるとともに，障害老人のための入居・利用施設である老人保健施設の設置が定められた。数度の法改正をへて，患者の負担額が大幅に引き上げられた。2008年に老人保健制度は廃止され，新たに後期高齢者医療制度が創設された。

後期高齢者医療制度 **A**⑥（こうきこうれいしゃりょうせいど）　2008年4月，老人保健制度を廃止して新たに創設された制度。75歳以上を対象とする独立型の健康保険で，保険料は原則全員から徴収する。保険料の徴収は市町村がおこない，財政運営は都道府県単位の広域連合が担当。財源は公費で5割，現役世代の保険料で4割，後期高齢者の保険料で1割をまかなう。制度の狙いは医療費の抑制にあるが，対象となる高齢者からの反発が強く，一部に保険料の負担軽減措置がとられたり，年金からの天引きをやめて口座振替を選択できるような修正がはかられた。高齢者医療確保法に基づく。2022〜23年度の保険料（見込み）は1人あたり平均で月 6,472円。保険料は2年ごとに見直される。

デイケア ［day care］　通所リハビリテーションともいう。介護保険制度では，老人保健施設や医療機関などで，日帰りで受けられる機能訓練サービスをさす。

　　同 通所リハビリテーション

デイサービス **B**［day service］　通所介護ともいう。介護保険制度では，デイサービスセンターなどで，日帰りで受けられる入浴や食事提供などのサービスをさす。

　　同 通所介護 **C**

ショートステイ **C**①［short stay］　在宅老人を一時的に老人ホーム（特別養護老人ホームなど）に滞在させ，介護すること。

特別養護老人ホーム **B**（とくべつようごろうじん−）　常時，介護などが必要で，自宅での生活が困難になった高齢者などに，日常生活上必要な介護や治療上の世話をおこなう施設。特養と略す。介護保険法上の名称は介護老人福祉施設という。2014年の法改正で，要介護3以上と認定された人しか入所できなくなった。

老人保健施設 **C**（ろうじんほけんしせつ）　入院治療の必要がなく，比較的症状が安定した高齢者などが早く家庭に復帰できるよう，看護・介護・リハビリテーションをおこなう施設。老健と略す。介護保険法上の名称は介護老人保健施設という。

グループホーム ［group home］　自力で生活が困難な認知症の高齢者などが，専門スタッフによる介護を受けながら，少人数で共同生活をおくる施設。介護保険法にもとづく高齢者用のほか，知的障害者・児童分野でも同様の施設がある。

ホームヘルパー **C**［home helper］　介護などを必要とする高齢者の家庭を訪問して世話をおこなう人。訪問介護員。介護保険法や老人福祉法などに基づき，家族だけで介護ができないケースがあると，ホームヘルパーの派遣を求めることができる。

在宅介護 （ざいたくかいご）　老人・障害者など一

人で日常生活を営むことが困難な人を対象
に，ホームヘルパーなどの専門家や家族の
手によって，食事・排泄・掃除・洗濯など
のＡＤＬ（日常生活動作）の援助や，話し
相手になるなどの社会的孤立を避ける援助
を「家の中」でおこなうこと。在宅で介護
を必要とする人とそれを担う人がともに
65歳以上である「老老介護」の割合が，
2013年に初めて5割を超えた。老老介護
で介護する側の約7割は女性である。一
方，介護のために離職する人は年間10万
人近くにのぼる（2017年）。

類 老老介護　介護離職

高齢者虐待防止法（こうれいしゃぎゃくたいぼうしほう）
2005年に議員立法で成立，翌06年から施
行された。正式には「高齢者虐待の防止，
高齢者の養護者に対する支援等に関する法
律」。深刻化する高齢者への虐待を防ぐこ
とと同時に，家族などの養護者の支援や負
担軽減なども定める。同法では高齢者虐待
を，身体的虐待・介護放棄・心理的虐待・
性的虐待などに分類。虐待の発見者は市町
村に通報する義務がある。

地域包括支援センター（ちいきほうかつしえん-）
地域における高齢者の心身の健康維持など
を支援する機関。介護保険の運営主体であ
る市町村などが中学校区程度を基準に設置
する。厚生労働省がすすめる地域包括ケア
システムの中核的な役割を担う。

類 地域包括ケアシステム B

ケアマネジャー（介護支援専門員）［care
manager］（かいごしえんせんもんいん）　介護保険
制度で，認知症などによって要介護や要支
援の認定を受けた人のためにケアプラン
（サービス計画）の作成などをする専門職。

類 ケアプラン C（サービス計画）

成年後見制度 C（せいねんこうけんせいど）　認知症
などにより判断能力の不十分な人が，契約
などをおこなう際に不利益をこうむらない
よう，保護や支援をおこなう制度。後見人
は，本人にかわって法律行為をすることが
できる。申し立てに基づき家庭裁判所が後
見人を選ぶ法定後見と，本人があらかじめ
選んでおく任意後見とがある。このうち法
定後見には，本人の判断能力に応じて補
助・保佐・後見の3タイプがある。1999
年の民法改正で導入された。なお，成年被

後見人には選挙権・被選挙権がなかったが，
裁判での違憲判決を経て公職選挙法が改正
され，これらの権利が認められた。2018
年には，この制度を利用した人が公務員な
どの資格を失う「欠格条項」を全廃する一
括法が国会に上程されたが，審議未了で不
成立。国家公務員法など約180の法律が対
象とされた。

認知症 C（にんちしょう）　成人後期に起こる慢
性的な知能低下。脳血管障害などで，より
早い時期にあらわれる場合もある。かつて
は「痴呆症」と呼ばれたが，差別的な表現で
あるとの批判から現在の呼称になった。
2020年時点における65歳以上の認知症患
者数は推定602万人で，有病率は16.7％。
2023年には認知症基本法が成立し，認知
症に関する基本理念と基本政策が定められ
た。

孤独死と孤立死（こどくし-こりつし）　孤独死とは，
誰にも看取られることなく，亡くなったあ
とに発見される死のこと。独居の高齢者だ
けでなく，中年・若年者も少なくない。こ
れに対して孤立死は，2人以上の世帯で
死後に発見されるケースが多く，社会から
孤立した死との意味あいが強い。

孤独対策推進法（こどくたいさくすいしんほう）　2023
年に日本で成立した法律。人々が孤独や孤
立に陥る状況を防ぐための基本方針を定め
たもの。現代日本は，家族関係，親族関係，
共同体関係といった社会関係が希薄化して
おり，人々が孤独状態に至りやすいとされ
る。孤独は，他者に支援を求める環境を失
うことを意味するほか，精神病などの健康
リスクを高める要因ともされている。ただ
し，個人の自由が既存の社会関係や社会的
因習からの解放によって高まる側面，人間
の苦悩の多くが人間関係や社会関係に起因
している側面なども古代から論じられてお
り，孤独を単にネガティブなものと捉える
ことには異論もある。

クオリティ－オブ－デス（ＱＯＤ）［quality
of death］「死の質」の意。医療・介護・
緩和ケアなどの質を数値化したもので，
100点満点で採点。2015年にイギリスの経
済誌が公表した。とくに緩和ケアやホスピ
スの充実に採点の重きがおかれる。1位
はイギリスで，2位はオーストラリア。

日本は14位だった。

終活 （しゅうかつ） 人生の最終ステージを自分らしくありたいと願っておこなわれる準備活動。葬儀・墓・相続・遺言書などにかかわる多様な取り組みがある。

ボランティア **C** [volunteer] 福祉や災害救援など社会生活の改善と安定化のため，自主的・自発的に自分の技術や時間を提供する人々のこと。1995年の阪神・淡路大震災への救援活動以後関心が高まり，各地方公共団体の社会福祉協議会には，ボランティアセンターを設置して，関係情報を提供しているところも多い。2004年の新潟県中越大震災などの際にも貴重な役割を果たした。有償でのボランティア活動もある。また，従業員がボランティア活動に参加できるよう，ボランティア休暇を導入する企業もある。

類 有償ボランティア　ボランティア休暇

阪神・淡路大震災 （はんしんあわじだいしんさい） 淡路島北部を震源として，1995年1月17日午前5時46分に発生した地震。神戸市を中心に，家屋の倒壊や市街地の火災などがおこり，死者は6434人にのぼった。一方，全国から駆けつけたボランティアたちの活動が注目され「ボランティア元年」とも言われた。

類 ボランティア元年

東日本大震災 **A**3 （ひがしにほんだいしんさい） 2011年3月11日午後2時46分，東北・三陸沖を震源としたM（マグニチュード）9.0の大地震による国内で最大規模の災害。地震後に巨大な津波が東北沿岸部などを襲い，死者・行方不明者は約2万人，避難者は最大時には数十万人規模に達した。また，福島第一原子力発電所が地震と津波により深刻な事故（シビア-アクシデント）をおこすなど，未曽有の被害をもたらした。6月には，復興対策本部などの設置，復興債の発行などを柱とする復興基本法が成立した。

類 復興基本法

エコノミークラス症候群 （-しょうこうぐん） 狭いところで長時間同じ姿勢でいると，足の血流が悪くなって血栓ができ，死亡する場合もある病気。かつて，航空機のエコノミークラス利用者に起こったため，この名

がある。2016年に発生した熊本地震の際，避難で車中泊をしていた人が亡くなって問題になった。

非営利組織 **B**7（ＮＰＯ**A**7）[Non-Profit Organization] （ひえいりそしき） 民間非営利団体ともいう。営利を目的とせず，社会的な活動をする民間団体のこと。政治活動は認められない。日本では，1995年に起こった阪神・淡路大震災以降，福祉やまちづくり・環境保護などの分野で，活動が活発化している。こうした活動を支援するため，これに法人格などをあたえる特定非営利活動促進法（ＮＰＯ法）も制定されている。また法人格を持った組織を，任意団体に対してＮＰＯ法人という。

類 特定非営利活動促進法 **A**11（ＮＰＯ法 **A**8）ＮＰＯ法人 **B**

認定ＮＰＯ法人 **B** （にんていーほうじん） ＮＰＯ法人のなかで，①収入に占める寄付金等の割合が20％以上，または3,000円以上の寄付者が年平均100人以上いる，②創設から1年以上が経過，などの要件を満たすと認定される。5年ごとに更新。税制の優遇措置などがある。2022年時点で，認定ＮＰＯ法人数は1265。

公衆衛生 **A**3 （こうしゅうえいせい） 疾病を防ぎ，広く国民の健康の保持・増進をはかるために営まれる組織的な活動をさす。活動の拠点は保健所であり，住民の疾病予防・保健衛生・環境衛生などの仕事を担当している。病気を未然に防ぐために，衛生教育・健康診断など予防衛生が重視される。

類 保健所 **C**2

健康増進法 **C** （けんこうぞうしんほう） 国民の健康づくりや病気予防を推進するため2003年に施行された法律。初めて嫌煙の推進を規定し，これによって官公庁や駅などの禁煙化・分煙化がすすんだ。第25条には，肺がんなどの死亡リスクを高めるとされる受動喫煙の防止などが規定され，2000年に始まった健康づくり運動「健康日本21」の法的裏づけとなった。なお，国際条約として「たばこ規制枠組み条約」が2005年に発効している。2018年には，東京五輪・パラリンピックにむけ，国よりも基準がきびしい受動喫煙防止条例が東京都で成立した。

類 受動喫煙　たばこ規制枠組み条約

セーフティーネット Ａ⑤〔safety net〕　安全網のこと。事故・災害など不測の事態や失業などの経済的不安に備えた制度をさす。2000年代以降に広がった国民の格差拡大に対応して，その整備の必要性が指摘されている。

社会保護の床 (しゃかいほごのゆか)　セーフティーネットにかわる概念で，最低限の水準という意味がある。ネットは網であり，穴があいているが，床は面であり，貧困への底支えとしての役割を果たすという考え方に基づく。2012年の国際労働機関（ＩＬＯ）の総会で第202号勧告として採択された。

ベーシック−インカム Ｂ③〔Basic Income〕　基本所得保障制度。社会で生活するための基本的な所得を，雇用の有無に関係なく，すべての人に公的に保障するしくみ。労働についての選択の自由度が高まるとされる。グローバリゼーション下で広がる雇用破壊への対応策として提起された。財源をどうするかなど，課題も多い。

ジェネリック医薬品 Ｃ (−いやくひん)　先発医薬品（新薬）の特許切れ後，同じ成分で製造された後発医薬品。新薬に比べて薬価が低いため普及がすすめば，国内の医療費削減や発展途上国の医療向上にもつながる。2018年，医療費の増大をおさえるため，生活保護受給者にジェネリック医薬品の使用を原則化する法改正がおこなわれた。

同 後発医薬品 Ｃ

薬事法 Ａ (やくじほう)　医薬品や医療機器，化粧品などについて，品質・有効性・安全性の確保を目的として1960年に制定された法律。現在は医薬品医療機器法と改称。2009年から施行された改正法で，一般用の医薬品は効果や副作用によって三つに分類・表示されるようになった。薬としての効果が高い第１類は薬剤師の対面販売が義務づけられた。ほとんどの薬は第２類（風邪薬・胃腸薬など）と第３類（ビタミン剤など）に属し，登録販売者の資格をとれば，薬剤師のいないドラッグストアやコンビニなどでも販売できるようになった。2014年からは一般用医薬品のネット販売も解禁された。販売業者には，薬の使用者への安全確保策が義務づけられた。また，覚せい剤や大麻に似た作用がある危険ドラッグ（脱法ドラッグ）の販売規制を強化する法改正が2014年末におこなわれた。

類 危険ドラッグ

国民医療費 Ｃ (こくみんいりょうひ)　病気やけがの治療で，全国の医療機関に支払われた医療費の年間総額。2020年度は約43兆円。国民１人あたり約34万円。高齢化のほか，高額薬の保険適用が続いたためとされる。国民医療費の対GDP比率は8.02％である。

混合診療 (こんごうしんりょう)　健康保険が適用される診療と，適用外の自己負担による自由診療とを組み合わせた診療形態。日本では原則禁止されている。混合診療の禁止の是非について争われた裁判で最高裁は2011年，禁止は保険医療の安全性や患者の負担軽減のためには有効であり，混合診療における全額自己負担は妥当との判断を示した。安倍政権下では，混合診療の範囲が拡大したが，医療格差が広がる恐れを指摘する声もある。

感染症 Ｂ⑦ (かんせんしょう)　細菌・ウイルスなどの病原菌が体内に入り込むことで起きる病気。以前は伝染病とよばれた。伝染性のインフルエンザなどだけでなく，非伝染性の破傷風なども含む。従来の伝染病予防法や性病予防法などを引きつぎ，1998年に感染症予防法（感染症の予防及び感染症の患者に対する医療に関する法律）が制定された。2014年に西アフリカで猛威をふるい，世界保健機関（ＷＨＯ）などが対策にあたったエボラ出血熱などは，最も危険度が高い第１類に分類されている。

類 エボラ出血熱 Ｂ①

ＳＡＲＳＢ **（重症急性呼吸器症候群**Ｃ**）** (じゅうしょうきゅうせいこきゅうきしょうこうぐん)　サーズ。2002〜03年，アジアを中心に世界に広がった感染症。病原体は新種のコロナウイルスで，発熱・せき・呼吸困難などをともなう。致死率は高齢者で50％をこえる。

ＭＥＲＳＣ **（中東呼吸器症候群）** (ちゅうとうこきゅうきしょうこうぐん)　マーズ。コロナウイルスによって引き起こされる感染症。発熱やせきなどの急性呼吸器症状や下痢などの消化器症状をともない，死亡率も高い。2012年にカタール人への感染確認が最初の例。これまで中東での発生が多かったが，2015年に韓国で感染が広がった。

新型コロナウイルス Ⓐ [SARS-CoV-2: Severe acute respiratory syndrome coronavirus 2]（しんがた-） 2019年に中国内陸部にて初めて確認され，その後，世界各地に感染拡大したウイルス。ヒトに対して呼吸器系疾患をもたらす可能性が高い。同ウイルスによって発症する病を2019年新型コロナウイルス感染症（COVID-19: Coronavirus disease 2019）とよぶ。世界各国のなかには，政府が非常事態宣言を発して，ロックダウンや渡航制限の措置に踏み切ったケースも多い。社会的距離拡大（ソーシャル-ディスタンス）の要請など，個々人の日常的行動に対して政府が介入するケースも生じた。

パンデミック Ⓑ [pandemic] 感染症の世界的流行のこと。複数の大陸をまたがるレベルの流行を指すことが多い。ギリシャ語の pan（すべて）と demos（人々）を組み合わせた言葉である。

ワクチン忌避 [vaccine hesitancy]（-きひ） 予防接種ワクチンに対する恐怖心や拒否態度のこと。科学的コンセンサスを得ているワクチンに関しても，忌避感情を有する人々は一定の割合で存在する。世界保健機関は，ワクチン忌避を「健康に対する世界的脅威」の一つに挙げている。ワクチンが忌避される背景には，科学に対する無理解，宗教によるタブー化，マスメディアによるワクチン副作用の煽動的報道などが存在する。

現代の国際社会

戦争を行うことについてまた戦争について、人々の間には有効な共通法が存在するという…人々がわずかな理由のためにあるいはなんの原因もないのに戦争を始めることや、またひとたび武力に訴えたさいには…なにかある法令があって認めているように神意法であろうと人意法であろうと、これに対するいっさいの尊敬がなくなってしまうことを認めるものである。

——グロティウス（『戦争と平和の法』より）

1章 国際政治と日本

1 国際社会と国際政治

国際社会の成立と発展

国際社会 **C** 13 （こくさいしゃかい）　主権国家を基本的な構成単位として成立する全体社会のこと。17世紀前半のヨーロッパにおいて成立した。そこでは、公権力的な支配による社会秩序はなく、国家相互間の永続的な交渉を前提とする力の論理、力の政治が支配する社会であった。しかし、第二次世界大戦後の植民地独立、アメリカ・ソ連（ロシア）・EC（EU）を中心とする勢力圏の形成、国連機構や集団安全保障体制の確立などにより、公権力に類似した機能の発展がみられる。さらに国際社会を、国家をこえた一つの世界と考え、各国政府・地方自治体・国際組織・NGO（非政府組織）・多国籍企業も行動主体と認め、国家中心的な権力関係では解決できない環境・資源・食料・難民などの課題に取り組む場とも考えられるようになってきた。

国内社会 （こくないしゃかい）　国際社会に対置して使用される。国際社会は、原則として公権力は存在せず、各国が国家利益を追求するパワー−ゲーム（権力闘争）の世界である。それに対して国内社会では、一定の領域内の全国民を服従させる公権力が存在し、しかもその権力の正統性は全国民の承認に依拠し、その行使は全国民の福祉の向上のためにあるとする。

国際関係 （こくさいかんけい）　国家間に成立する協調・対立などさまざまな関係をさす。国際関係が明確に意識されてくるのは、17世紀前半に近代国家が主権国家として、当事者能力を保持できるようになってからである。国際関係はまず、国家間の協調や平和をいかに維持・発展させるかを主題としてきた。しかし今日では、国家をこえた相互浸透システムが全地球的規模に拡大しているので、核・環境・人権・南北問題なども重要な領域になっている。

主権国家 **A** 10 （しゅけんこっか）　一定の領域・国民を持ち、他国からの支配や干渉を受け

ずに自国のことを自主的に決定する国家のこと。17世紀前半のヨーロッパ（1648年までおこなわれたウェストファリア会議）において成立した。今日の国際社会は，190か国をこえる主権国家間の関係を基本的枠組みとしている。主権国家は，軍・警察などの機構を独占，中央政府に優位する権力や権威を国内外に認めず，国家間関係は基本的には力の競合する無政府状況と認識し，自国の経済的・政治的・文化的優位性をめざす。したがって，このような国家間の関係は必然的に何らかの形での紛争・対立を内在している。

民族国家 C（みんぞくこっか）　言語・風俗・慣習・宗教などを同じくする者は，自然発生的に同胞意識を持つ。その集団は市民革命をへて同胞意識を高揚させ，自己の欲する政治体制を持つ権利があると主張する。この権利を実現して形成した国家が民族国家である。

国民国家 B［nation state］（こくみんこっか）　領土内の人間が文化的連帯感に基づいて政治的に統合されている国家。国民国家では，統一された言語・宗教・民族意識などによる「均質的な国民」が形成される一方で，少数派の言語・宗教・民族の排除や強制同化が実施される。また，国民国家の成立過程では，それまで存在しなかった国民文化や国民像が政府やメディアの手によって人為的に作り出されることもある。明治期以降の日本もその一例である。

主権平等 C2（しゅけんびょうどう）　主権国家が領土や人口の大小にかかわらず，すべて平等に扱われ，相互に対等であること。国際社会における原則。国家の主権は，その国の承認なしに他国などによって制限されることはない。

内政不干渉 A1（ないせいふかんしょう）　各国の国内政治に，他国が干渉しないこと。各国の主権を尊重するもので，国際法上の原則。国連憲章にも定められている。

三十年戦争 B（さんじゅうねんせんそう）　宗教改革後のヨーロッパにおける宗教戦争の最後で最大の戦争。発端は1618年に起こったドイツ地域内の新旧両派の宗教の自由をめぐる争いであったが，ハプスブルク家（ドイツ）とブルボン家（フランス）の対立を基軸

とした政治的な国際戦争に発展した。ウェストファリア条約（1648年）で終結。

　　　類 ウェストファリア条約 A

ウェストファリア会議 C4（-かいぎ）　1648年，三十年戦争を終結させたウェストファリア条約が成立した会議。主権国家を構成単位とする近代国際社会成立の指標とされている。会議では，①ドイツ各都市・各諸侯領ごとに宗教の自由を認め，カルヴァン派を公認し，②ドイツ帝国（ハプスブルク家が支配）内の諸侯に領邦内の自主権を認め（帝国は有名無実となる），③オランダとスイスの独立を認め，フランスなどの領土が確定した。この会議で成立した国際秩序は，フランス革命（1789年）にいたるまで，ヨーロッパの政治体制の土台となった。

ウィーン会議 C3（-かいぎ）　ナポレオン戦争に勝利した列強代表が，1814～15年にウィーンに集まって戦後のヨーロッパ秩序の再建について討議した会議。オーストリア代表メッテルニヒの保守反動主義（自由主義・国民主義の否定）とフランス代表タレーランの正統主義（フランス革命以前に存在した王朝を正統とする）の思潮が会議をリードした。また，イギリスが主張した勢力均衡の原則も指導理念となった。

帝国主義国家（ていこくしゅぎこっか）　軍事力あるいは政治経済的影響力による他国支配を国策とする国家。国内では資本主義が最高度に成熟し（独占資本主義），その内的エネルギーの発露として対外進出（植民地や領土権の拡大）をくわだてた。

三国同盟 B（さんごくどうめい）　1882年に成立したドイツ・オーストリア・イタリアの同盟。ドイツ帝国の宰相ビスマルクが提唱し，第一次世界大戦まで持続された。三国協商と対立した。

三国協商 B（さんごくきょうしょう）　1904年に成立したイギリス・フランスの協商と1907年成立のイギリス・ロシア協商をあわせた，対ドイツ包囲体制。三国同盟と対立した。

汎ゲルマン主義と汎スラヴ主義（はん-しゅぎ-はん-しゅぎ）　19世紀末以降，「民族のるつぼ」といわれたバルカンは，「ヨーロッパの火薬庫」と形容されるほどに政情が不安定だった。そのバルカン半島の民族運動で，ゲルマン（ドイツ）人を核に勢力の結集を

はかったのが汎ゲルマン主義。一方，スラヴ（ロシア）人を中心に勢力を拡大しようとしたのが汎スラヴ主義である。この両者の抗争が，第一次世界大戦を引き起こす原因の一つとなった。

第一次世界大戦 **B**②〔First World War〕（だいいちじせかいたいせん）　1914〜18年。イギリスの帝国主義政策（カルカッタ・カイロ・ケープタウン路線を強化する３Ｃ政策）とドイツの帝国主義政策（ベルリン・ビザンチウム・バグダッドを結ぶ３Ｂ政策）の対峙，ロシアの汎スラヴ主義とドイツの汎ゲルマン主義との対立，ドイツとフランスとの歴史的な国境争いが，バルカン半島での民族問題をめぐるサライェヴォ事件（1914年）を口火に爆発した戦争。近代兵器（戦車・軍用機・毒ガスなど）を駆使した国民総動員による全面戦争を人類は初めて経験した。この戦争は，戦場での勝敗によってではなく，連合国（日・米も参加）と同盟国（オーストリア・ドイツ・トルコ・ブルガリア）の総合生産力の差と，ロシア・オーストリア・ドイツの内部崩壊（革命）で終結した。

第二次世界大戦 **B**⑫〔Second World War〕（だいにじせかいたいせん）　1939〜45年。1929年の世界大恐慌をきっかけに，その対応をめぐって「持てる国」（イギリス・アメリカ・オランダなど先進資本主義諸国）と「持たざる国」（ドイツ・日本・イタリアなど後発の資本主義国）との対立が激化した。こうした状況のなかで1939年，ドイツがポーランドへ侵攻を開始した。イギリス・フランスはただちにドイツに宣戦，ここに第二次世界大戦が始まった。1940年に結ばれた日独伊三国同盟を背景に，翌1941年にドイツがソ連を奇襲し，同年末には日本がマレー半島に上陸，ハワイの真珠湾を攻撃すると，戦争は全世界に広がった。結局，第二次世界大戦はイギリス・アメリカ・フランス・ソ連・中国を中心とする連合国側が，日独伊枢軸国側のファシズムと軍国主義に対して勝利をおさめた。

政府間国際組織（ＩＧＯ）〔Inter-Governmental Organization〕（せいふかんこくさいそしき）　複数の国家により国際条約に基づいて設立された国際機構。国際社会の構成単位の基

本は主権国家であるが，かつての国際連盟や現在の国際連合，ＥＵ（欧州連合）・ＩＬＯなど多くのＩＧＯが設立され，重要な構成単位となっている。主権国家の国益中心の行動を制約する役割も持つ。

非政府組織A⑦**（ＮＧＯ A**⑬）〔Non-Governmental Organization〕（ひせいふそしき）　非政府間国際組織（ＩＮＧＯ）〔InternationalNon-GovermentalOrganization〕ともいう。公権力を行使する「政府機関」に対する用語。平和・人権・環境問題などについて，国際的に活動している民間の組織・団体をさす。世界労連（ＷＦＴＵ，世界労働組合連盟）・世界宗教者平和会議などがある。国連憲章第71条の規定に基づき，経済社会理事会は，国連の取り組む諸分野で活動をしている民間団体を，国連ＮＧＯとして認定。現在，アムネスティ-インターナショナル・赤十字国際委員会・地雷禁止国際キャンペーン・世界自然保護基金・国境なき医師団など，1000以上の団体が認定されている。

　　　　　　同非政府間国際組織（ＩＮＧＯ）

赤十字国際委員会C③**（ＩＣＲＣ C**）〔International Committee of the Red Cross〕（せきじゅうじこくさいいいんかい）　1863年に，スイス人実業家アンリ＝デュナンの提唱で創設。戦時における犠牲者を保護するための国際的な組織。委員は15〜25人。多くの国の委員で構成すると各国の利害がからんで円滑な活動ができないため，永世中立国のスイス人で構成。本部はジュネーヴ。

　　　　　　　　　　類アンリ＝デュナン

国際赤十字・赤新月社連盟（ＩＦＲＣ）〔International Federation of Red Cross and Red Crescent Societies〕（こくさいせきじゅうじせきしんげつしゃれんめい）　1919年に創設された赤十字社連盟が，1991年に各国の赤十字社，赤新月社の連合体として，現在の名称に変更。主として平時における自然災害・緊急災害等の被災者や国内避難民の救援などをおこなう。赤十字社，赤新月社は190の国・地域に広がっている。本部はジュネーヴ。なお，ＩＣＲＣとＩＦＲＣ，各国赤十字社の三つを総称して国際赤十字ともいう。

　　　　　　　　　　類国際赤十字

地雷禁止国際キャンペーン▣（ＩＣＢＬ Ｃ）〔International Campaign to Ban Landmines〕（じらいきんしこくさい〜） 世界各地で年間2万人以上の犠牲者を出している対人地雷を廃絶する運動を展開する国際ＮＧＯ。ワシントンに本部をおく。活動の柱としてきた対人地雷全面禁止条約が，1997年にカナダのオスロで採択された（1999年発効）。1997年ノーベル平和賞受賞。

グリーンピース Ｃ〔Greenpeace〕 積極的な調査活動と果敢な行動力で知られる国際的環境保護団体。1971年にカナダで設立され，本部はアムステルダムにある。

国境なき医師団▣❶（ＭＳＦＣ）〔Medecins Sans Frontieres〕（こっきょう〜いしだん） 国際的に医療ボランティア活動をおこなうＮＧＯ。1971年，フランスで結成された。パリなどに事業本部，ブリュッセルに国際事務局本部をおく。戦争や自然災害による被災者，難民への医療活動を幅広く展開。1999年ノーベル平和賞受賞。

オックスファム（ＯＸＦＡＭ） 第二次世界大戦中，ナチス占領下のギリシャ難民への支援から始まったＮＧＯ。イギリスのオックスフォード住民が1942年に設立したオックスフォード飢餓救済委員会が前身。今日では，イギリス・アイルランド・アメリカの各オックスファムがそれぞれ国連経済社会理事会のＮＧＯ資格を取得し，主として発展途上国への援助をおこなっている。

世界ＹＭＣＡ同盟（せかい〜どうめい） キリスト教信仰をもとに，理想社会実現をめざす国際的な青年団体。イギリスで設立された組織（1844年）を世界的に発展させ，1855年に現在の名称となった。人格の向上，社会の奉仕をかかげて，各種の社会・教育事業を活発におこなっている。また，女子キリスト教青年会の国際組織として，世界ＹＷＣＡがある。ＹＭＣＡは，YoungMen'sChristianAssociation の略。

世界宗教者平和会議（ＷＣＲＰ）〔World Conference on Religion and Peace〕（せかいしゅうきょうしゃへいわかいぎ） 1970年に設立。世界の主要な宗教であるキリスト教・イスラーム・ヒンドゥー教・仏教など，さまざまな宗教の国際的連合体。平和・人権・開発などの国際会議に宗教者の立場で参加，

特に国連の活動に協力している。

国際オリンピック委員会（ＩＯＣ②）〔International Olympic Committee〕（こくさいいいいんかい） オリンピック大会の開催・運営をはじめ，各種の競技を組織化する国際機関。フランスのクーベルタン男爵の提唱で，1894年に創設された。ＩＯＣ憲章によると，オリンピックはスポーツを通じて国際親善を発展させ，平和的な世界を建設することを目的にし，人種・政治・宗教などによる差別を許さないことを原則としている。本部はスイスのローザンヌ。

世界連邦運動〔Movements for World Federation〕（せかいれんぽううんどう） 国際社会に惨禍をもたらす主権国家の行為（戦争，特に原水爆の投下）などから人類を守るための運動。各国の主権を制限する超国家的な政治体制の実現をめざす。1946年に結成された「世界連邦政府のための世界運動」が有名で，1956年には世界連邦主義者世界協会（ＷＡＷＦ）と改称された。本部はアムステルダム。

核兵器廃絶国際キャンペーンＣ（ＩＣＡＮＣ ）〔International Campaign to Abolish Nuclear Weapons〕（かくへいきはいぜつこくさい〜） アイキャン。2007年に発足，スイスのジュネーブに拠点をおくＮＧＯ。平和や軍縮・人権などの問題に取り組む約100か国の500近い団体で構成される。日本からは7団体が参加。2017年，核兵器禁止条約を日本の被爆者らと連携し，国連の場で採択させるのに貢献した。同年のノーベル平和賞を受賞。

国際政治の特質

国際政治 ▣〔international politics〕（こくさいせいじ） 主として，国家間で展開される政治的な諸関係の総称。17世紀後半のヨーロッパにおける「主権国家」の成立とともに始まった。各国はいかに自国の利益を実現するかという目的達成のために，各国相互の関係を戦争と平和とのバランスのなかで追求した。しかし，第二次世界大戦後は，米ソ超大国の登場，アジア・アフリカ諸国の独立と台頭，多数の政府間国際組織や非政府間国際組織の誕生によって，平和共存への志向を強めてきた。また，多国籍企業

の動きや各国地方公共団体の国際交流なども無視できない。

国際関係の政治的要因（こくさいかんけい－せいじてきよういん）　国際関係の基本的要因の一つ。国際社会が17世紀のヨーロッパで成立して以来，各主権国家は自己に優越する権力・権威を国内外に認めず，軍隊・警察力などを保持しながら国家利益を追求してきた。そして，自己の国家的利益を少しでも多く実現するために，駆け引きや，同盟を形成して勢力を拡大してきた。しかし，国家間の調整が不調に終わった場合，決着は戦争によってつけられることもあった。

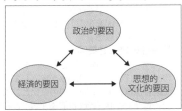

▲ 国際関係を規定する三つの要因

安全保障　**A**⑩（あんぜんほしょう）　外国の武力侵略から国家の安全を防衛すること。その方式としては，勢力均衡（バランス－オブ－パワー）方式と，集団安全保障方式がある。第一次世界大戦前は前者がとられていたが，大戦の勃発によってこの方式は破綻。そこで，国際連盟・国際連合の下では，集団安全保障方式がとられた。現在では，人間の安全保障という考え方が重視されている。

消極的安全保障と積極的安全保障（しょうきょくてきあんぜんほしょう－せっきょくてきあんぜんほしょう）　前者は，非核兵器保有国に対して核兵器の使用を禁止する措置のこと。後者は，非核兵器保有国が核兵器による攻撃や威嚇を受けた場合，保有国が援助を約束すること。ともに，ＮＰＴ（核兵器不拡散条約）に加入した非核兵器保有国が，核兵器に対する安全を確保するためのものとされる。

国家的利益　**C**（**国益B**②）［national interest］（こっかてきりえき）（こくえき）　各国家が国際社会において追求する国家的・国民的利益。ナショナル－インタレスト。その実体は明瞭でないが，国境の確保など国家にかかわる核心的事柄，自国の経済力・技術力・軍事力など国家の繁栄にかかわる事柄，

自国のヴィジョンで国際社会をリードしようとする主張・行動などが考えられる。

同 **ナショナル－インタレスト　C**

パワー－ポリティクス　**C**［power politics］　政治を支配・被支配の権力闘争としてとらえ，その観点から遂行される政治のこと。力の政治，権力政治ともいう。国際政治の本質をさす場合に用いられる。主権国家が併存する国際社会では，自国の安全保障の手段として最終的にたよるものは軍事力である，とする考え方。

同 **力の政治　権力政治　C**

勢力均衡　**A**④（**バランス－オブ－パワーB**）［balance of power］（せいりょくきんこう）　国際社会において，諸国が離散・集合しつつ，相互の力の均衡によって独立を維持しようとする外交・戦略のこと。国家間に戦争をおこさないという，相対的な安定と平和をもたらす指導原理と考えられた。17〜19世紀の西欧社会において，特にイギリスをバランサー（均衡者）とした勢力均衡策が有効に作用したとされる。しかし，各国の国力はたえず変化するので，均衡は一時的なものにすぎず，平和の維持が困難になる場合が多い。第一次世界大戦・第二次世界大戦をへて，この政策に対する信頼は弱まった。

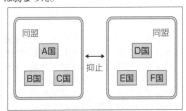

▲ 勢力均衡の考え方

軍事同盟　①（ぐんじどうめい）　二国またはそれ以上の国の間で，他国からの攻撃に対して共同で防衛にあたること。この場合，条約が締結され，相互援助の内容などが定められる。北大西洋条約機構（ＮＡＴＯ）・旧ワルシャワ条約機構（ＷＴＯ）・日米安全保障条約などが典型的。

集団安全保障　**A**⑧（しゅうだんあんぜんほしょう）　20世紀に入り，勢力均衡方式にかわって登場した国際平和維持のための制度。対立する多数の国家がたがいに武力の行使を慎むこ

とを約束し，それに反した国に対して集団の力で平和を維持する方法。加盟国は自衛の場合以外には武力行使が禁じられ，国際紛争を平和的に解決する義務を負う。言葉が似ている集団的自衛権が，主として自国と友好国との二国間関係が前提とされるのに対して，集団安全保障は多国間の枠組みで論じられることが多い。

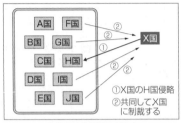

①X国のH国侵略
②共同してX国に制裁する

▲集団安全保障の考え方

ナショナリズム **A**①[nationalism]　一般的には，自己の独立・統一・発展をめざすネーション（民族や国民など）の思想と行動をさす。国民主義・国家主義・民族主義などと訳し分けられてきたが，その言葉の多様性ゆえに，今日では「ナショナリズム」とそのまま表記されることが多い。歴史的には，まず18世紀末のフランス革命に端を発し，19世紀のヨーロッパでドイツ・イタリアなどが近代国民国家を形成するスローガンとされた（国民主義）。19世紀末から20世紀にかけては，帝国主義・軍国主義と結びつき，他民族や他国への侵略を正当化するために唱えられた（国家主義）。さらに第二次世界大戦後になると，アジア・アフリカなどの諸民族が，民族自決や反植民地主義をかかげて解放・独立を求める際の合言葉となった（民族主義）。

　類国民主義 **C**　国家主義 **C**　民族主義 **C**

エスノナショナリズム [ethnonationalism]　出自や文化の同一性への信念を媒介とした集団であるエスニック−グループなどを主な担い手とするナショナリズムの形態。20世紀終盤以降，国民国家の内部でマイノリティ（少数派）とみなされてきた人々の分離・独立を求める運動などが顕著となり，注目を集めている。

国際主義 [internationalism]（こくさいしゅぎ）さまざまな形態の国家が併存する国際社会

で，国家主権の存在と独立を尊重しながら，諸国民の協調・連帯を重視する立場や運動のこと。日本国憲法前文にみられる精神でもある。これとは別に「万国の労働者，団結せよ」のスローガンにみられるような労働者階級の国境をこえた連帯運動（プロレタリア国際主義）をさす場合や，国際協調を基礎とする主権国家の平和志向の外交政策をさす場合もある。

世界主義（コスモポリタニズム） [cosmopolitanism]（せかいしゅぎ）　世界市民主義・万民主義ともいう。すべての人間は理性を共有し，理性の命ずる法則に従い，同じ権利・義務を持つ平等な存在であるとみて，個人を民族や国家をこえた世界人類の一員であるとする思想。

国際関係の経済的要因（こくさいかんけいーけいざいてききょういん）　国際関係を規定する基本的要因の一つ。17世紀に主権国家が成立して以来，先進各国は自国の国内市場の確保と拡張のために争い，国内経済（資本主義）の成熟とともに海外に進出，他国経済を侵食してきた。19世紀後半以降は，帝国主義政策による植民地獲得競争の結果，2度の世界戦争が引き起こされた。戦後の米ソ両大国による，自国中心の経済圏を確立するための経済援助競争や，1970年代の石油危機の一要因となった資源ナショナリズムの動き，南北問題・武器輸出問題・貿易摩擦問題などが，その例である。現在では，地球環境問題，人口爆発などの観点から，新たな国際経済秩序が模索されている。

帝国主義 **C** [imperialism]（ていこくしゅぎ）　広義には，他民族支配と領土拡張をめざす国家の侵略的傾向をいう。狭義には，19世紀末から西欧先進資本主義諸国が，発展の遅れた地域に権益を確保し，領土を拡大していった現象をさす。　☞ p.166（帝国主義）

植民地主義 [colonialism]（しょくみんちしゅぎ）　帝国主義の時代に市場の拡張と原料の確保，資本の輸出のためにおこなわれた対外政策のこと。国際信義や秩序を無視しても，植民地の領有・獲得・保持を基本政策とする。第二次世界大戦後，反植民地闘争や民族解放運動が活発化し，国連内にアジア・アフリカ・ラテンアメリカ諸国が多数を占めた

ことで，植民地主義は衰退した。

新植民地主義〔neo-colonialism〕（しんしょくみんちしゅぎ）　第二次世界大戦後，多くの植民地は独立し，武力による植民地支配は不可能となった。それにかわり，独立を認めつつ経済的・思想的に支配をめざす大国の新たな対外政策を，新植民地主義とよぶ。今日では多国籍企業の進出，ひもつき援助との関連で論じられる場合が多い。

二つの経済体制（ふた-けいざいたいせい）　国家に経済的秩序を与えている諸制度（貨幣制度・財産制度・税制・労働組合など）によって，特徴づけられた社会経済のあり方を経済体制という。資本主義・社会主義の二つの経済体制があるが，現実には両者の混合型もみられる。両者を分ける指標は，経済活動が市場原理によるか中央計画に基づくか，である。

南北問題　**A 6**（なんぼくもんだい）　北半球に多い先進工業国国家群と南半球に多い発展途上国国家群との間の経済的格差から生ずる諸問題。　☞ p.410（南北問題）

南南問題　**A 2**（なんなんもんだい）　発展途上国の間の，資源を「持つ国」と「持たざる国」との格差，また工業化に成功した新興工業経済地域（NIEs）と開発がいちじるしく遅れた後発発展途上国（LDC）との格差をめぐる諸問題。　☞ p.413（南南問題）

経済協力　**A**（けいざいきょうりょく）　☞ p.416（経済協力）

資源ナショナリズム　**A 3**（しげん-）　☞ p.412（資源ナショナリズム）

多国籍企業　**A 8**（MNE）〔multinational enterprise〕（たこくせききぎょう）　☞ p.199（多国籍企業）

国際関係の思想的・文化的要因（こくさいかんけい-しそうてきぶんかてきよういん）　文明の成立以来，その担い手は自分たちの文化の優越性を主張・誇示してきた。近代に入ると，単なる固有文化の競い合いにとどまらず，植民地化しようとする側の優越性の主張と，それに反発して固有文化を擁護しようとする側との抗争が大規模化・深刻化した。文化の相対的差異を文化の絶対的優劣，民族の優劣とする狂信のもとに，他文化や他民族を抹殺する国家的行為が出現した。古くは，

南北アメリカ大陸でのインディアン文明の破壊，第二次世界大戦中のユダヤ人虐殺，朝鮮半島での神道や創氏改名の強制，最近では南アフリカ共和国のアパルトヘイト政策などをあげることができる。

イデオロギーの対立（-たいりつ）　二つの経済体制（資本主義・社会主義）のうち，どちらを支持するかという政治的立場に基づく世界や人間に対する全体的見方の相違。それぞれのイデオロギーは，特定の組織や階級によって担われ，相互に相手の反真理性・非有効性を批判しつつ，同時に自己の立場の真理性・有効性をたたえ，冷戦下では理論闘争がくり返された。

反植民地主義（はんしょくみんちしゅぎ）　他国を植民地・半植民地にしようとする勢力や国家に対して，民族独立・民族解放を求める主張と行動をいう。この考え方は，1955年のアジア・アフリカ会議（バンドン会議）へとつながった。

反帝国主義（はんていこくしゅぎ）　他国を商品の輸出と工業原料および食料を確保するための市場，あるいは資本輸出市場として隷属させようとする勢力や国家に対して，反対する主張と行動をいう。

宗教的対立（しゅうきょうてきたいりつ）　長く悲惨な宗教戦争を教訓に，近代ヨーロッパでは国家と宗教の分離を原則の一つとしてきた。信教の自由と政教分離原則の保障がそれである。しかし今日，宗教的対立が戦争の危機と結びつく可能性が高まっている。イラン・イラク戦争（シーア派とスンナ派），インド・パキスタン戦争（ヒンドゥー教とイスラーム），中東戦争（イスラエルのユダヤ教とアラブのイスラーム）などが例。

スンニ派とシーア派〔Sunni and Shia Islam〕（-は-は）　イスラームの二大宗派。スンニ派はイスラーム全体の9割近くを占めており，イスラーム最大規模の宗派となっている。一方，シーア派はイスラーム全体の1割強であり，イランやイラクを中心に分布している。両派の対立は，預言者ムハンマド以降の指導者をめぐる考え方の相違から生じている。スンニ派では，クルアーン（コーラン）やハディースそのものを重視し，それら教典に従う限り，指導者は誰でもよい。一方，シーア派では，ム

ハンマドの血統につながる者が最高指導者となり，崇拝の対象となる。スンニ派社会では偶像崇拝が禁じられているが，シーア派社会では宗教指導者の肖像画が公共空間で展示されることも多い。

宗教紛争　(しゅうきょうふんそう)　宗教的対立が原因で起きた戦争や内戦。前項のイスラーム関係以外にも，スリランカのタミール人紛争(仏教とヒンドゥー教)や北アイルランド紛争(カトリックとプロテスタント)などがある。

類 宗教 B5

グローバリズム　C2[globalism]　グローブとは球体としての地球の意。地球全体を一つの共同体とする考え方。グローバリゼーションともいう。環境破壊・戦争・貧困などの問題に対して，従来の国民国家の枠をこえた人類の協力で解決をめざす。

類 グローバリゼーション B2

反グローバリズム　[anti-globalism]　(はん〜)　グローバリゼーションを先進国主導かつ市場経済万能主義のもと，自由主義経済を過度に進める流れであると捉え，それが貧富の格差の拡大や環境破壊，社会福祉の後退などの諸問題を発生させるという立場や運動。左翼組織や労働組合，環境保護団体など広範な人々が参加している。

グローカル　1[glocal]　グローバル(地球規模)とローカル(地域性)を結びつけた造語。全世界を包み込む流れと地域の特性を考慮した流れが合流すること。たとえば，地域の農業の衰退を心配して外国に農産物を輸出する取り組みをすることなどをさす。「地球規模で考え，地域で行動する」という言葉とも近い。

自民族中心主義　B2(じみんぞくちゅうしんしゅぎ)　自己の民族文化の優越性を強調し，他文化を劣等視する考え方。異質なものを排除する悪感情をともなう。エスノセントリズム・自文化中心主義ともいう。

同 エスノセントリズム A　　自文化中心主義 C

多文化主義　B3(たぶんかしゅぎ)　一つの国家または社会のなかに，複数の人種・民族がもつ言語や文化の共存を認め，そのための政策を積極的に進める考え方のこと。マルチカルチュラリズムともいう。

同 マルチカルチュラリズム C

文化相対主義　(ぶんかそうたいしゅぎ)　異なる文化の間においては，互いに優劣や善悪の関係にはないという考え方。各文化は，個々の自然環境や社会環境のなかで形成されてきたもので，それぞれの価値を有しているとされる。

文明の衝突　(ぶんめい〜しょうとつ)　冷戦終結後の国際政治は，イデオロギーや国家にかわって，文明を単位とした勢力間の対立を軸に再編されるとする説。アメリカの国際政治学者ハンチントンらの主張に基づく。

文明の同盟　(ぶんめい〜どうめい)　異文明間の共存をかかげ，西側とイスラームとの対話や相互理解を深める国連のプロジェクト。2004年にスペインのサパテロ首相が提唱。その後，トルコのエルドアン首相が共同発起人となって発足した。

② 国際法の意義と役割

国際法の成立

国際法　A7[international law]　(こくさいほう)　国家相互の関係を規律し，国際社会の秩序を維持するための法。国内法と異なり，これによって直接規律されるのは国家であるが，限られた範囲で国際機構や個人についても規律する。国際法の特質として，①統一的立法機関の欠如，②国際裁判の限界，③国際法の執行・制裁に関する組織の未確立などがあげられる。また，国際法の形成過程から，国際社会の慣習を各国が法として認めた不文国際法(国際慣習法・慣習国際法)と，条約など文書による約束である成文国際法(条約国際法)とに分けられる。そのほか，内容によって国際公法と国際私法(国内法)とに区分され，適用時による分類としては平時国際法と戦時国際法とがある。

国際法A7と国内法A1　(こくさいほう〜こくないほう)　国際法と国内法の規定が矛盾する場合にどちらを優先するかについては，次の三つの説がある。①国際法優位説(国際法を優先)，②国内法優位説(国内法を優先)，③二元論(国際法は国際関係において，国内法は国内において，効力を有する)。今日では多くの国で，国際法は憲法より下位におかれるが，法律より優位におく。

グロティウス Ⓐ④[Hugo Grotius, 1583〜1645]　オランダの自然法学者で、国際法の成立に最も重要な役割を果たした。「国際法の祖」「自然法の父」と称される。「野蛮人すらも恥辱とするような戦争」、すなわち三十年戦争に慨嘆、戦争は正当防衛など正当な原因に基づく場合にのみ合法的であり、戦争がやむをえない場合でも、一定のルールに従って行動しなければならないと主張した。主著『海洋自由論』（1609年）、『戦争と平和の法』（1625年）

『戦争と平和の法』 Ⓑ④（せんそうへいわのほう）　グロティウスの主著。三十年戦争のさなかの1625年に公刊。戦争の惨禍を少なくし、人類の平和を実現するために、戦争は正当な理由によるものでなければならないとし、やむをえず戦争をおこなう時でも、国家は相互に守るべき規範（国際法）に従わなければならないことを説いた。

『海洋自由論』（かいようじゆうろん）　グロティウスの主著の一つ。1609年に公刊。15世紀末からの「大航海時代」を背景に、スペイン・ポルトガルは大西洋・太平洋・インド洋の領有を主張し、許可なく航行することを禁じた。この主張に対して、グロティウスは、海洋はすべての国家に平等に開放されるものであると述べ、近代国際法の基本原則である公海自由の原則を説いた。

公海 Ⓐ①（こうかい）　領海と排他的経済水域・群島水域を除いた、いずれの国家主権にも属さない海洋。ここではすべての国の船舶に、公海自由の原則が認められている。公海を航行する船舶は、掲げる国旗の属する国の排他的管轄権に服するという原則がある（旗国主義）。また、国家が他国の船舶に干渉できる場合として、海賊行為がおこなわれているときなどがあげられる。なお、公海の上空と下部（海底の地中）は、基本的には公海と同様の法的性質を持つ。1982年の国連海洋法条約によって領海が３海里から12海里へと拡大され、また200海里までの排他的経済水域などが設定された。これらによって公海は従来より30％も狭くなったとする指摘もある。

公海自由の原則 Ⓐ③（こうかいじゆうげんそく）　すべての国民が他国の干渉を受けることなく、公海を自由に使用できるとする国際法上の原則。帰属からの自由（公海がどの国の主権の下にも置かれない）と使用の自由とからなる。使用の自由には、航行、漁業、上空飛行、海底電線やパイプライン敷設の自由などがある。国際慣習法として確立したが、現在では条約化されている。

国際法の主体（こくさいほう－しゅたい）　国際法は原則として、国家の権利・義務を定める法であるから、国際法の主体は国家にある。国家は国際法上の権利を有し、義務を負う。一方、各個人についても、20世紀以降、個人の権利が侵害された場合、直接国際法上の手段によってその救済を主張しうる制度がつくられるなど、国際法の主体と考えられるようになってきた。また、国際機構も、一定の範囲内で国際法の主体としての地位が認められている。

国際法の客体（こくさいほう－きゃくたい）　領域は国家の構成要素の一つで、国際法の客体である。

領域 Ⓐ⑤（りょういき）　領土・領海・領空からなり、国際法において特に制限されないかぎり、国家は領域において排他的な管轄権を行使することができる。国家の主権がおよぶ範囲をさすため、領域主権ともよばれる。

　　　　　　　　　　　　　　同領域主権

領土 Ⓐ（りょうど）　広い意味で領域と同義に用いられることもあるが、領域のなかの陸地の部分（河川・湖沼・港湾・内海などの内水を含む）をさす。この場合には領土は、領海や領空など他の領域と区別される。

領海 Ⓐ（りょうかい）　国家の主権（統治権）が及ぶ海洋の部分。国家の沿岸にそった一定の

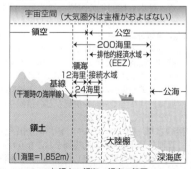

▲ 領土・領海・領空の範囲

幅を持った帯状の水域をさす。領海はその上部と下部を含めて国家の主権に服する。領海の幅は従来，3海里（1海里＝1,852m）とされていたが，1982年に採択された国連海洋法条約では，領海は基線（通常，海岸の低潮線）から12海里以内と定められた。日本も1977年に領海法を制定し，従来の3海里から12海里に改めた。

領空 B（りょうくう）　領土および領海の上空で，国家は排他的な主権を有する。人工衛星の出現により，領空の上限については諸説があるが，一般に大気の存在するところと解釈されている。航空機が，許可なく他国の上空を飛行することは，その国の領空侵犯（主権の侵害）となる。

無害通航権 C（むがいつうこうけん）　船舶が他国の領海を，その国の平和・秩序・安全・財政的利益を害さないかぎり，沿岸国の妨害なしに通過できるという権利。国際慣習法上認められてきたが，国連海洋法条約（1982年）で明文化された。ただし，航空機の領海上空の飛行や船舶の領海海面下の潜水による航行は含まれない。

排他的経済水域 A5（ＥＥＺ B）［Exclusive Economic Zone］（はいたてきけいざいすいいき）　領海の外側にあり，基線（干潮時の海面と陸地が接する低潮線）から200海里（約370km）までの範囲の海域。沿岸国はこの海底の上部水域，海底およびその下の生物と非生物の天然資源に対する排他的な管轄権を有する。1973年の第3次国連海洋法会議で世界の大勢となった。なお，水産資源のみにかぎれば漁業水域となるが，その他の鉱物資源なども含めれば，経済水域となる。日本も1996年の国連海洋法条約批准にともない，排他的経済水域を設定した。

漁業専管水域（ぎょぎょうせんかんすいいき）　沿岸国に漁業に関する管轄権が認められる水域。排他的経済水域と重なる。漁業水域ともいう。ここでは沿岸国の許可がなければ，他国は漁業が認められない。また，入漁料・漁獲量割り当て・漁業規制などの措置や条件を順守しなければならない。

接続水域 C（せつぞくすいいき）　沿岸国が出入国管理など特定の行政規制をおこなうために，領海の外側に設定した水域。国連海洋法条約に規定された。日本では「領海及び接続水域に関する法律」に基づき，基線から24海里までとしている。

群島水域（ぐんとうすいいき）　フィリピンなどのように多くの島々からなる群島国家において，その最も外側の島々を結ぶ直線の基線で囲まれた内側の水域。国連海洋法条約に規定された。群島国家の主権がおよぶほか，外国船舶の無害通航権などが保障される。

深海底制度（しんかいていせいど）　国連海洋法条約では，深海底とその資源は人類の共同の財産であり，国際的な管理（国際海底機構）の下で人類全体の利益のために開発がおこなわれ，その利益は国際社会に還元されるべきことを定めている。深海底には，マンガン団塊などの資源の埋蔵が確認されている。この制度は，1967年の国連総会でマルタの国連大使パルドがおこなった提案に基づく。

宇宙空間 C（うちゅうくうかん）　領空よりさらに上空の空間。この空間については国家主権の及ばないところとされる。1967年に国連で採択された宇宙条約は，天体を含めた宇宙空間の国家による領有の禁止，宇宙空間の人類全体の利益に立った平和利用などを定めている。

防空識別圏（ぼうくうしきべつけん）　領空の外側に設定した国土防衛上の空域。航空機による領空侵犯にそなえるために設けられる。国際法の規定ではなく，各国の判断でおこなう。日本は1969年に航空自衛隊が設定した。世界では20か国以上が設けている。2013年に中国が尖閣諸島の上空を含めてこれを設定したため，日本が強く抗議した。

国際法の種類

国際公法（こくさいこうほう）　国家間の関係に適用される法で，国際法と同義に使われる。国際私法に対する用語。

国際私法 C（こくさいしほう）　国際的な私人間の権利・義務関係に適用される法律（準拠法）を選び指定する法。近年，国際結婚や国際貿易，企業の海外進出など，国際的な私人間の問題が多くなってきた。しかし，各国共通の国際私法自体が少ないので，いずれかの国の法律を，選択・指定することになる。

平時国際法（へいじこくさいほう）　通常の平和な状

●成立形式による分類	
国際慣習法(不文国際法)	成文国際法
公海自由の原則 外交官の特権 （現在では条約化） 　　　　　　など	条約，協約，協定， 取り決め，議定書， 宣言，覚書， 交換公文　　　など

●適用時による分類	
平時国際法	戦時国際法
国家領域 外交使節 条約の一般的効力 紛争の解決　　　など	交戦者の資格 占領政策 捕虜の取り扱い 中立の条件　　　など

▲ 国際法の種類

態において適用される国際法。国籍，国家の領域，公海自由の原則，条約の一般的効力，紛争の解決などからなる。国際法は当初，戦争を主要テーマとして発展してきたが，今日では国際貿易の進展など国家間の相互依存関係が深まるにつれて，平時国際法の分野が拡充しつつある。

戦時国際法 (せんじこくさいほう)　戦争状態において適用される国際法。交戦国間の関係を定めたもので，戦争法ともよばれる。戦争状態においては，通常の平時国際法はその効力を一般的に停止されるが，戦争の手続きや方法，捕虜の取り扱いなどについて定めた戦争時における国家間のルールが存在し，適用される。

交戦法規 (こうせんほうき)　戦時国際法のなかでも交戦国相互間に適用される法規。戦争の残虐さを緩和し，無益な破壊をおさえるため戦争の手段と方法についてさまざまな規制をしている。

中立法規 (ちゅうりつほうき)　戦時国際法の一つ。交戦国と戦争に参加しない国＝中立国との関係に適用される法規。この法規により中立国は，交戦国双方に対して公平な態度をとり，かつ戦争に関与しないことが義務づけられる。

国際慣習法 🅰③(こくさいかんしゅうほう)　慣習国際法。不文国際法ともいう。国際法の形成過程で，国家間で暗黙に認められた合意，つまり国家間の慣行が法として認められたもの。国際法のなかで依然として重要な地位を占めている。条約が合意した当事国のみを拘束するのに対して，国際慣習法は国際社会全体に妥当する普遍的な国際法である。公海自由の原則や外交官の特権など，重要な国際法が多い。しかし，内容が不明

確であるなどの理由から，国際慣習法の条約化が国際機関を中心におこなわれている。
　　　　　同慣習国際法 🅲③　不文国際法 🅲

外交官の特権 🅱(がいこうかん-とっけん)　外交使節が駐在国において享有する特権および免除。外交上の伝統に基づく国際慣習法として確立されてきたが，1961年の「外交関係に関するウィーン条約」で明文化された。外交特権は，外交官が身体・生命・自由などがおかされないという不可侵権と，裁判権・警察権・課税権などを免れる治外法権からなる。

成文国際法 🅲(せいぶんこくさいほう)　国家間の明文で示された合意によって成文化された国際法。条約・協約・協定などがある。近代国家の発展とともに，国際関係は複雑化し，慣習だけでは不明確・不十分となり，国家間の合意で成文化された条約が生まれた。条約国際法ともいう。
　　　　　　　　　　　　　　　同条約国際法

条約 🅰⑥[treaty]（じょうやく）　明文化した文書による国家間あるいは国家と国際機構，国際機構相互間の合意で，法的拘束力を持つ。広義の条約には，協定・協約・取り決め・議定書・宣言・規約・覚書・交換公文などの名称も使われる。条約は国際法であるが，公布によって国内法と同じ効力を持つ。また，当事国の数によって，二国間条約と多数国間条約とに分類される。

条約の締結 ②(じょうやく-ていけつ)　一般に国際法上，条約を締結するための決まった手続きはなく，当事国が合意すれば，どのような手続きでもとれる。しかし通常は，全権委員による外交交渉→合意内容の成文化→署名(調印)→批准→批准書の交換または寄託→国連事務局への登録→国連事務局による登録，といった手続きをへて締結される。一般には批准書の交換または寄託によって効力を持つ。

条約の批准 (じょうやく-ひじゅん)　条約締結手段の一つである。条約が成立するためには，代表の署名に引き続いて批准の手続きがとられ，批准書の交換によって効力が発生する。批准とはその国の条約締結の意思の最終確認をさし，多くの国では議会の承認を必要とする。重要な条約については，国民投票をおこなう場合もある。

条約の留保（じょうやく-りゅうほ）　多数国間条約などで，国家が条約のある事項について自国に適用されないという意思表示をすること。留保を認めることで，加入が容易になるという長所を持つ。しかし，条約の同質性や立法効果を減少させるという欠点も指摘されている。

多数国間条約（たすうこくかんじょうやく）　多数の国家間で締結される条約。多辺的条約ともいう。今日，国家の相互依存関係や国際社会の組織化が進み，その締結数が増大している。一定数の条約の批准書の寄託があれば，寄託をすませた国の間で条約が発効する。国連憲章は，多数国間条約の典型例。

二国間条約　**C**（にこくかんじょうやく）　２か国間（当事国）の外交交渉によって締結された条約。個別条約・二辺条約ともいう。当事国のみに関連する特殊な問題を処理するために締結される。秘密外交を排除するため，国連加盟国は締結した条約を国連事務局に登録することになっている。

協定　**A②**［agreement］（きょうてい）　国家間の文書による合意の一つで，広義の条約に含まれる。一般に主要な条約の実施や細目に関する合意文書で，行政機関の合意のみによって成立し，議会の承認を要しない。

憲章　**A①**［charter］（けんしょう）　国際連合憲章・国際労働機関（ＩＬＯ）憲章のように，世界の大多数の国を含む多数国間条約あるいは一般条約につけられる名称。

共同宣言　**A**（きょうどうせんげん）　国家間の合意による発表。条約と同じ法的拘束力を持つものと，拘束力のないものとがある。

覚書（おぼえがき）　外交交渉や会議において討議の記録や論旨を記録したもの。交渉事項や問題を確認するために相手方に手渡される公式の外交文書。

議定書　**A②**（ぎていしょ）　条約の形式の一つ。独立したものもあるが，条約などに付属的なものとしてつけられることが多い。

交換公文（こうかんこうぶん）　国家間の合意を記した文書で，簡略な形式で結ばれる条約の一種。技術的な内容や迅速性を要することがらについて，同じ内容の公文を相互に交換し，確認しあうことで成立する。

国際法の発展

ハーグ平和会議　**C**（-へいわかいぎ）　万国平和会議。1899年，ロシア皇帝ニコライ２世の提唱によって，オランダのハーグで開催された軍備縮小と永続的な平和のための国際会議（第１回ハーグ平和会議）。ハーグ陸戦規則など戦時国際法に関する多くの条約が採択された。また，この会議で採択された国際紛争平和的処理条約によって，常設仲裁裁判所が1901年にハーグに設置された。国際法に基づいて設置された国際裁判所による紛争の平和的解決にむけて第一歩を踏みだしたものであり，画期的なことであった。1907年に開かれた第２回ハーグ平和会議では，開戦に関する条約や中立法規に関する多くの条約が締結され，国際平和機構の設立がめざされた。1915年に第３回の平和会議が予定されたが，第一次世界大戦の勃発により実現しなかった。

ハーグ陸戦条約（-りくせんじょうやく）　1899年の第１回ハーグ平和会議でつくられ，1907年の第２回会議で改正された戦時国際法。正式には「陸戦ノ法規慣例ニ関スル条約」という。日本は1911年に批准した。とくに，条約とセットになった付属書「陸戦ノ法規慣例ニ関スル規則」のなかで，陸戦の交戦当事者が守るべき具体的なルールを詳細に成文化した点で貴重である。

開戦に関する条約（かいせん-かん-じょうやく）　1907年の第２回ハーグ平和会議で採択された開戦の手続きに関する国際的なルール。これにより締約国は，戦争を開始するにあたって「理由を付した開戦宣言の形式または最後通牒の形式を有する明瞭かつ事前の通告」が必要であるとされた。

ジュネーヴ議定書（-ぎていしょ）　窒息性・毒性またはその他のガスおよび細菌学的戦争方法を，戦争に使用することを禁止した議定書（毒ガス等の禁止に関する議定書）。1925年に作成。戦時における一定の国際ルールとなっている。日本は1970年に批准。

不戦条約　**B③**（ふせんじょうやく）　戦争放棄に関する条約。1928年にパリで調印。提案者（ケロッグ米国務長官とブリアン仏外相）の名前をとって，ケロッグ・ブリアン規約ともいう。ソ連や日本も含めて世界の60か国以上が加盟した多数国間条約。国際紛

争解決のために戦争に訴えることを非とし，国家の政策の手段としての戦争を放棄することを宣言した。初めて，戦争の全面禁止をうたったものとして画期的意義を持つ。しかし，自衛戦争を認め，条約違反に対する制裁規定を欠くなど不徹底さを残した。この条約は，現在でも効力をもつ。

同 戦争放棄に関する条約 **C**
（ケロッグ・ブリアン規約）

ジェノサイド **A** ［genocide］「国民的・人種的・民族的または宗教的集団を全部または一部を破壊する目的」でおこなわれる集団殺害行為をさし，ナチス-ドイツによるユダヤ人などの大量虐殺はその典型。

同 集団殺害 **B** **2**

ジェノサイド条約 **B** （-じょうやく）集団殺害罪の防止および処罰に関する条約。1948年の国連総会で採択，1951年発効。ナチスに対する反省から生まれたもので，集団殺害を平時・戦時を問わず国際法上の犯罪とし，国際刑事裁判所によっても審理・処罰しうることを規定する。日本は未批准。

国際人権章典 （こくさいじんけんしょうてん）世界人権宣言と国際人権規約を合わせた名称。広義には，人権にかかわるその他の多くの条約も含むとされる。

世界人権宣言 **A** **5** ［Universal Declaration of Human Rights］（せかいじんけんせんげん）1948年12月，第3回国連総会で採択。前文と本文30か条からなる。イギリスの歴史家・国際政治学者であるE. H. カーラ が起草にあたった。人権を蹂躙（じゅうりん）したファシズム国家が侵略戦争を引き起こした反省をふまえ，国際的な人権の保障が世界

採択年	発効年	宣言・条約	日本の批准年
1948		世界人権宣言	－
	1951	ジェノサイド条約	未批准
1951	1954	難民の地位に関する条約	1981
1965	1969	人種差別撤廃条約	1995
1966	1976	国際人権規約（社会権・A規約）	1979
1966	1976	国際人権規約（自由権・B規約）	1979
	1976	国際人権規約第1選択議定書	未批准
1967	1967	難民の地位に関する議定書	1982
1973	1976	アパルトヘイトに対する処罰条約	未批准
1979	1981	女性差別撤廃条約	1985
1984	1987	拷問等禁止条約	1999
1989	1990	子どもの権利条約	1994
	1991	自由権規約第2選択議定書（死刑廃止議定書）	未批准
1998	2002	国際刑事裁判所設立条約	2007
2006	2008	障害者権利条約	2014
2008	2013	障害者権利条約選択議定書	未批准

▲ 世界の人権条約のあゆみ

平和の基礎になるという認識に立つ。F. ローズヴェルトの「四つの自由」からの影響が強くみられる。人権を自由権的基本権と社会権的基本権に大別し，すべての人民と国家が達成すべき共通の基準として作成された。人権を初めて国際法の問題としてとらえ，世界に大きな影響を与えた。なお，世界人権宣言が採択された12月10日は「人権デー」とされている。制定当初は法的拘束力は持っていないとされ，後に国際人権規約として条約化された。現在では国際慣習法として法的拘束力があるとする考え方が一般的になりつつある。

米州人権宣言 （べいしゅうじんけんせんげん）米州機構（OAS）加盟国で採択された地域的人権保障に関する宣言。正式名は「人の権利及び義務に関する米州宣言」。1948年5月，世界人権宣言に先立って採択された。1969年，米州人権条約が成立。

類 米州人権条約 **C**

ジュネーヴ諸条約 （-しょじょうやく）戦争や武力紛争に際し，戦闘行為に関与しない民間人（文民）や，戦闘行為ができなくなった捕虜・傷病者を保護し，戦争被害をできるだけ軽減することを目的とした条約。1949年に結ばれた四つの条約と1977年に採択された二つの追加議定書からなる。日本は1953年に4条約に，2004年には2議定書にそれぞれ加入した。2003年のイラク戦争の際，戦闘終結後におきた米兵によるイラク人虐待がこの条約に違反するかどうかが問題になった。

無防備都市 （むぼうびとし）軍事力で守られていない都市。非武装都市ともいう。戦争の際，その地域から戦闘員や武器を撤去するなど，抵抗の意思がないことを宣言することで，戦争の被害をできる限り抑えるのが目的。第二次世界大戦中のローマなどの例が知られる。戦争犠牲者の保護などを定めたジュネーヴ諸条約の第一追加議定書第59条には「紛争当事者が無防備地区を攻撃することは，手段のいかんを問わず，禁止する」とある。

難民の地位に関する条約 **B** （難民条約 **B** **10**）（なんみん-ちい-かん-じょうやく）（なんみんじょうやく）難民すなわち戦争や政治的・宗教的迫害などで国外に逃れざるをえなかった者，亡命

者の庇護やや定住を確保するため，法的地位，福祉，難民の追放・迫害の禁止などを定めた条約。1951年にジュネーヴで開かれた国連全権会議で採択（効力は1954年）。日本は1981年に批准，67年発効の難民の地位に関する議定書とともに加入した。これによって，社会保障制度は自国民と同等の待遇が与えられるべきであるとされ，在日韓国・朝鮮人を含む在日外国人に国民年金加入の道が開かれた。また，世界各地の難民を救済するための機関として国連難民高等弁務官事務所（UNHCR）がおかれ，条約加盟国はその監督に服する。2022年における日本の難民申請者数は3,772人であり，そのうち，難民と認定された外国人は202人。

類 **難民の地位に関する議定書 C**

難民 A 16（なんみん）　人種・宗教・政治的意見などを理由として迫害を受ける可能性があるために自国外におり，自国の保護を受けることのできない人びとをさす。通常，こうした人びとを政治難民とよぶことが多い。近年では，国内の飢餓・貧困などから逃れるために脱出した経済難民も増えている。また，これら発生原因などが多元化した難民の保護・救済に関する課題を総称して難民問題という。国連難民高等弁務官事務所によると，2022年末時点において，難民の数は約3530万人，国内避難民の数は約6250万人であり，それらを合わせた避難民の全体数は約1億840万人に及んでいる。

類 政治難民　経済難民 **C 2**
難民問題 **C 1**　世界人道サミット

国内避難民 A 5［internally displaced person］（こくないひなんみん）　戦争・内戦・自然災害などの理由によって，元々の居住地から逃れて，自国内の別地域にて避難生活を送っている人々。IDPと略される。広義では難民（refugee）の一種だが，厳密には，難民は国外に避難したケースを指し，国内避難民は文字通り国内で避難しているケースを指す。国連難民高等弁務官事務所によれば，2022年末時点における国内避難民の数は約6250万人であり，難民の数（約3530万人）を大きく上回っている。

ノン－ルフールマンの原則 A 3（－げんそく）

難民に対して，理由のいかんを問わず迫害の危険のある領域への退去強制を禁止すること。難民条約第33条に規定されている。

第三国定住 B 3（だいさんごくていじゅう）　長期間のキャンプ生活を余儀なくされた難民に対して，避難先以外の国（第三国）がおこなう救済制度。国連難民高等弁務官事務所の要請に応じ，日本では2010年からタイのキャンプに滞在するミャンマー難民の受け入れが始まった。

欧州人権条約（おうしゅうじんけんじょうやく）　正式名称は「人権および基本的自由の保護のための条約」。欧州諸国間で1950年に締結された（1953年発効）。法的拘束力のある条約によって，人権を国際的に保障しようとする先がけとなった。この条約の実施保障機関として，欧州人権委員会と欧州人権裁判所が設置された。　☞ p.336（欧州人権裁判所）

類 欧州人権裁判所

大陸棚に関する条約 2（たいりくだな－かん－じょうやく）　大陸棚についての基本原則を定めた条約。1958年の第1次国連海洋法会議で採択され，1964年に発効。沿岸国は大陸棚を探索し，その天然資源を開発するための主権を持つと定められている。

大陸棚 C（たいりくだな）　地理学上は海岸に接近し，水深200m位までの浅い海底をさすが，現在の国際法上の定義ではそれよりも広く，大陸縁辺部の外縁までおよぶとされる。地質的には大陸の延長にあり，深海底とはその性格が異なる。1945年のトルーマン宣言を契機に大陸棚への関心が高まり，後に天然資源の探索・開発が進んだ。日本では1996年，国連海洋法条約の批准にそなえて国内法を整備するため，排他的経済水域・大陸棚法などが制定された。

南極条約 C（なんきょくじょうやく）　南極における領土紛争を回避し，その国際化を実現するため，1959年に締結された条約（1961年発効）。この条約は，領土権を承認も否認もしないまま凍結し，南極での核実験や軍事活動を禁止した。南極の帰属は未確定のままであり，将来領土問題が発生する可能性もある。近年，この地域の海洋生物資源や地下資源が豊富であることが判明し，新たな対応が求められている。

外交関係に関するウィーン条約 （がいこうかんけいーかん-じょうやく）　外交関係については外交上の伝統に基づき，国際慣習法としておこなわれてきたが，これらの慣習を文書化したもの。1961年につくられた。国家間による交渉の日常化や，あいつぐ新興独立諸国家の国際社会への登場にともない，明文化された規則の必要性が高まったことなどが背景にある。日本は1964年に加入。

国際人権規約　🅰🄰⑨（こくさいじんけんきやく）　1948年に国連で採択された世界人権宣言を国際条約化して法的拘束力を持たせたもの。1966年採択，1976年発効。社会権規約（経済的・社会的・文化的権利に関する国際規約）および自由権規約（市民的・政治的権利に関する国際規約）の2規約から成る。さらに，自由権規約に関する個人通報制度を規定した第1選択議定書，死刑制度廃止を規定した第2選択議定書も，国際人権規約の一部を構成する。日本は，1979年に社会権規約および自由権規約を批准した。ただし，祝祭日の報酬，公務員の争議権，中等高等教育の無償化などについては，長年にわたって批准を留保してきた（中等高等教育無償化については2012年に受諾）。また，第1選択議定書および第2選択議定書についても，批准を拒否し続けている。

　　　🔁 A規約🄱①（社会権規約🄲）
　　　B規約🄱④（自由権規約🄲）

国際人権規約の実施措置（こくさいじんけんきやく-じっしそち）　A規約に関して締約国は，実施状況を社会権規約委員会（CESCR，18人の専門家で構成）に定期的に報告することになっている。委員会では報告を審理し，問題があれば勧告などをおこなう。B規約に関しては，自由権規約委員会（HRC，18人の専門家で構成。規約人権委員会ともいう）が締約国の提出した報告を審理したり，人権侵害を受けた個人からの救済申し立てについて審理などをおこなう。

個人通報制度　🄲（こじんつうほうせいど）　それぞれの条約に規定された人権が，締約国内で十分に保障されなかった場合，条約にもとづいて設置された人権委員会に被害者個人などが救済を申し立てる制度。国際人権規約（自由権規約）第1選択議定書，女性差別撤廃条約選択議定書，人種差別撤廃条約，拷問等禁止条約などのなかで，この制度が採用されている。個人からの通報が委員会で審理され，それが人権侵害と判断された場合，救済措置などの意見が関係国と個人に送付される。ただし，条約や議定書を批准していない国には適用されない。

宇宙条約　🄲（うちゅうじょうやく）　宇宙空間と天体は国家領有の対象とはならないこと，その軍事的利用を禁止し，平和的目的にだけ利用すべきことなど，宇宙に関する基本原則を定めた条約。1966年の国連総会で採択された。

人種差別撤廃条約　🅰①（じんしゅべつてっぱいじょうやく）　1961年の南アフリカ共和国での反アパルトヘイト運動の弾圧事件を契機に制定された。1965年の国連総会で採択，1969年に発効。正式名称は「あらゆる形の人種差別の撤廃に関する国際条約」。人種差別とは「人種・皮膚の色・血統ないし民族的・種族的生まれに基づく差別，排除，制限」などをいう。締約国に人種差別を撤廃する実施措置を求めている。実施機関として人種差別撤廃委員会が，締約国からの報告の審議および条約違反に関する申し立てを受理する。また一定の範囲内で，人種差別に関する個人の請願受理への道も開かれている。日本はアイヌ問題などで批准が遅れ，1995年に批准。

ハイジャック防止条約　（-ぼうしじょうやく）　航空機不法奪取防止条約。1960年代後半から多発したハイジャックに対処・防止するための国際条約。1970年に国連で採択，1971年から発効。飛行中の航空機内で，暴力による脅迫その他の威嚇手段を用いて，その航空機を不法に奪取する行為（ハイジャック）に対して，締約国は重い刑罰を科すことなどを規定している。

女性差別撤廃条約　🄱④（じょせいさべつてっぱいじょうやく）　☞ p.63（女性差別撤廃条約）

アフリカ人権憲章　（-じんけんけんしょう）　アフリカ統一機構（現アフリカ連合）加盟諸国間で締結された人権保障条約（1981年採択，1986年発効）。正式には「人及び人民の権利に関する憲章」。バンジュール憲章ともいう。個人の権利とならんで人民の権利を規定し，発展（開発）の権利という新しい人権に関する規定を取り入れている。

同 バンジュール憲章

国連海洋法条約 Ａ5（こくれんかいようほうじょうやく）　1973年から10年間に及ぶ議論の末，第３次国連海洋法会議で1982年に採択された（1994年発効）。「海の憲法」ともいうべき条約。1958年の海洋法４条約を全面的に再構成し，一つの条約にまとめたもの。正式には「海洋法に関する国際連合条約」という。320か条の本文と九つの付属書からなる。領海を12海里，排他的経済水域を200海里と規定し，国際海峡の通過通航制度や深海底資源の共同開発などについて定めている。日本は1996年に批准。

発展の権利に関する宣言（はってん-けんり-かん-せんげん）　1986年に国連総会で採択。発展の権利[righttodevelopment]は開発の権利ともいい，発展途上国によって主張された。自由権（第一世代），社会権（第二世代）につぐ，第三世代の人権の一つ。「発展」とは，すべての人がすべての人権と基本的自由を完全に実現することを可能にする経済的・社会的・文化的ならびに政治的な過程であるとしている。

子どもの権利条約 Ａ4（こ-けんりじょうやく）　児童の権利に関する条約。1989年の国連総会で全会一致で採択され，1990年に発効した。日本は1994年に批准。全54か条からなる。子どもを，大人に保護される対象としてではなく，権利を行使する主体として位置づけている。教育への権利（初等教育の義務・無償制，能力に応じて高等教育にアクセスできることなど）や，子どもに意見表明権や思想・良心・宗教の自由，結社・集会の自由などの市民的権利を保障している。この条約を補完するため「子どもの売買，子ども買春，子どもポルノ」「武力紛争への関与」「個人通報制度」に関する三つの選択議定書がある。

同 児童の権利に関する条約 Ｃ2

死刑廃止条約 Ｂ2（しけいはいしじょうやく）　正式名称は「死刑の廃止をめざす市民的及び政治的権利に関する国際規約第２選択議定書」。国際人権規約は生命に対する権利を規定し，死刑廃止が望ましいむね示唆している。これを受けて，1989年の国連総会で採択された。死刑廃止議定書ともいう。日本は未批准。2022年末時点において，死刑廃止国／停止国は141か国に達しており，死刑存置国は54か国となっている。OECD加盟国では，日本とアメリカの一部州のみである。

同 死刑廃止議定書

不戦宣言（ふせんせんげん）　22か国共同宣言ともいう。北大西洋条約機構（ＮＡＴＯ）とワルシャワ条約機構（ＷＴＯ）に加盟する22か国によって，1990年にパリで調印された共同宣言。武力による威嚇をひかえ，兵器は自衛と国連憲章に従う場合をのぞき使わないことなどを誓いあった。ポスト冷戦時代の安全保障新秩序の形成にとって画期的な宣言である。

障害者権利条約 Ｂ2（しょうがいしゃけんりじょうやく）　2006年の国連総会で採択され，2008年に発効。前文と本文50か条からなる。各国が障害者に，障害のない人と同等の権利を保障し，社会参加を促す努力をするよう求めている。国連障害者権利条約ともいう。日本は2014年に批准。

ハーグ条約 Ｃ（-じょうやく）　子どもの親権をめぐる国際的な紛争を解決するための条約。国際結婚の破綻で子どもを引き取る際，子どもを元の居住地にもどすことなどを定める。配偶者の暴力があるときは，返す義務はない。正式には「国際的な子の奪取の民事上の側面に関する条約」という。日本は2014年からこの条約に正式に加入した。

国際裁判

国際裁判制度 Ｃ1（こくさいさいばんせいど）　国際的な裁判機関が，原則として国際法を基準に審理をおこない，当事者を拘束する判決を下すことによって紛争の解決をはかろうとするもの。紛争の発生ごとに当事者の合意に基づき，そのつど選任される裁判官によっておこなわれる仲裁裁判と，国際司法裁判所のような常設の裁判所がおこなう司法裁判とに大別される。国際法に基づくこれまでの裁判機関としては，1901年に設置された常設仲裁裁判所，国際連盟の設立にともなって設置された常設国際司法裁判所，国際連合の主要機関の一つとして設置された国際司法裁判所，戦争犯罪など個人の人道法違反などを裁く国際刑事裁判所，国連海洋法条約に基づいて設立された国際

海洋法裁判所がある。

仲裁裁判 **B** (ちゅうさいさいばん)　国際紛争を平和的に処理・解決するための手段の一つ。司法裁判とともに国際裁判を構成している。紛争当事国が合意によって，適当な個人または団体に紛争の判断をまかせ，その判断に従うという方法。個別的仲裁裁判と常設仲裁裁判とに区分される。

ジェイ条約 (じょうやく)　1794年に英・米間で結ばれた友好通商航海条約。両国間の紛争を仲裁裁判によって平和的に処理・解決することを定めた。仲裁裁判が国際的に普及する契機となった条約。

国際紛争の平和的処理条約 (こくさいふんそうへいわてきしょりじょうやく)　1899年の第1回ハーグ平和会議で締結された紛争の平和的解決に関する条約(1907年改定)。国際的紛争が生じ，外交交渉によって解決することが困難な場合，第三者による周旋(幹旋)・調停・審査などの方法をあげ，仲裁裁判が有効であるとしている。この条約に基づき，1901年に常設仲裁裁判所が設置された。

常設仲裁裁判所 **B4** (**PCA C**) [Permanent Court of Arbitration] (じょうせつちゅうさいさいばんしょ)　紛争の平和的解決のために，当事国の仲裁をおこなう常設機関。1899年の国際紛争平和的処理条約によって定められ，1901年にオランダのハーグに設置された。裁判官を常置するのではなく，各国が任命した仲裁裁判官(各国4名以内，任期6年)の名簿をあらかじめつくっておく，という意味で常設の名が付される。中国による南シナ海領有権の主張を不当としてフィリピンが提訴した国連海洋法条約に基づく国際仲裁手続きで仲裁裁判所は2016年，中国側の権利主張について法的根拠がない，などとする裁定(判決)を下した。上訴はできない。中国はこの手続きへの参加を拒否してきたが，一方が不在でも手続きを進行できる。裁判は5人の仲裁人によりおこなわれ，裁判所の決定は両国に対して法的拘束力をもつ。

国際司法裁判所 **A9** (**ICJ A6**) [International Court of Justice] (こくさいしほうさいばんしょ)　略称はICJ。オランダのハーグにある国連の常設司法機関で，6主要機関の1つ。国際連盟下の常設国際司法裁判所を引き継ぐ形で1945年創設。国家間の法律的紛争を裁くものだが，当事国双方の付託によって裁判が始まり，その判決は法的拘束力がある。原則として一審制で上訴は認められない。訴訟当事者能力は原則として国際機関や個人には認められないが，国際機関の要請には勧告的意見を表明できる。1996年，国連への勧告的意見として「核兵器の使用は一般的には国際法違反」との判断を示した。裁判官は，総会と安全保障理事会の投票で選出される15人で構成。任期は9年，3年ごとに5名ずつ改選され，再選も認められる。日本からはこれまで，田中耕太郎・小田滋・小和田恆・岩澤雄司(現職)の4人が選出されている。日本については，過去に調査捕鯨をめぐって提訴され，2014年に敗訴している。また，2022年ロシアのウクライナ侵攻をめぐっては，ICJがロシアの軍事行動停止を求める暫定的命令を下したことで話題となった。

類 **勧告的意見 B**

国際刑事裁判所 **A8** (**ICC A2**) [International Criminal Court] (こくさいけいじさいばんしょ)　集団殺害罪，人道に対する罪，戦争犯罪などの重大犯罪をおこなった個人を裁くための常設の国際裁判所。1998年に国際刑事裁判所設立条約が採択され，2002年の発効によってハーグに設置。日本は2007年10月，設立条約に加入した。提訴できるのは，締約国と国連安保理・検察官の3者。裁判部や検察局など4部門からなり，検察官は訴追や捜査権限をもつ。逮捕状も発行できるが，その執行は各締約国にゆだねられている。最高刑は終身刑。現在の締約国は123か国。アメリカは軍関係者が責任を問われる可能性があるため未加入。ロシアや中国なども加入していない。ICCは2009年，スーダン西部のダルフール地方での大量虐殺などに関係したとして，同国のバシル大統領に，現職国家元首に対して初めて逮捕状を出した。また，裁判官は18名で構成され，斎賀富美子氏が日本人初の裁判官を務めた(2009年死去)。なお，これまで随時のものとしては，第二次世界大戦後のニュルンベルク国際軍事裁判所・極東国際軍事裁判所，1990年代の旧ユーゴ国際刑事法廷・ルワンダ国際刑事法

廷などがある。

国際司法共助（こくさいしほうきょうじょ）　司法共助とは，裁判所が証人尋問などの裁判上の手続きについて相互に補助しあうこと。これが外国との間でおこなわれるとき，国際司法共助という。自国の裁判の過程で，他国に存在する事件関係者の証言や供述を引き出すことを目的としたもの。

欧州人権裁判所（おうしゅうじんけんさいばんしょ）　人権保障のための国際法史上初の裁判所。欧州人権条約の実施保障機関として，人権委員会とともに設立された。発足は1959年で，所在地はフランスのストラスブール。

国際海洋法裁判所　**C**（こくさいかいようほうさいばんしょ）　国連海洋法条約に基づき，1996年にドイツのハンブルクに設置された国際裁判所。おもに，海洋に関する紛争の解決を役割とする。選挙で選ばれた21人の裁判官（任期9年）で構成され，国家だけでなく，欧州連合（EU）のような国際機関も訴訟当事者となることができる。

3 国際連盟から国際連合へ

国際連盟の成立

国際平和機構の構想　**C**（こくさいへいわきこう-こうそう）　国際紛争を解決し，世界の平和と安全を確保するための国際的な政治機構をさす。この構想は18世紀以降，サン-ピエールやカントなどの思想家によって提唱された。その背景には，紛争の解決や平和の確立が，該当する国家（群）の努力だけでは困難になり，国家の枠を超えた取り組みが求められる状況があった。

サン-ピエール　**B**[4][Saint-Pierre, 1658～1743]　フランスの聖職者，啓蒙思想家。ルイ14世の絶対主義を批判するなかで，多くの政治・経済の改革案を書いている。主著『永久平和論』

『永久平和論』　**B**[2]（えいきゅうへいわろん）　サン-ピエールの平和についての主著（1713～17年）。全3巻。彼は恒久的・普遍的な平和を確立するために，すべての国が加盟する国際平和機構の創設を提唱した。この提案は，ルソーやカントに受け継がれ，後の平和論に大きな影響を与えた。

カント　**B**[3][Immanuel Kant, 1724～

1804]　ドイツの哲学者。大陸合理論とイギリス経験論を批判・総合して，近代西洋哲学を集大成した。また，人間は理性に従って行為する自主的・自律的な主体として尊厳であるとした。その人間が手段としてではなく，互いに目的として尊敬しあう社会を理想とした。主著『純粋理性批判』『実践理性批判』『判断力批判』『永遠平和のために』

『永遠平和のために』　**C**[2]（えいえんへいわ-）　1795年刊。カントの主著で，『永久平和論』とも訳される。彼はこの書のなかで，国際的な永久平和を実現するために，常備軍の廃止，国際法の確立，自由な諸国家による国際平和機構の設立を提唱した。この考えは，後の国際連盟・国際連合に通ずる構想の端緒となった。

ウィルソン　**A**[Woodrow Wilson, 1856～1924]　アメリカの政治家で，第28代大統領。新しい自由を唱え，さまざまな革新政策を実施した。第一次世界大戦では連合国側に参戦し，大戦終結のための「平和原則14か条」を提唱した。パリ講和会議では，自ら首席全権となって会議をリードし，国際連盟の創設に尽力した。しかし自国では，モンロー主義の立場からヴェルサイユ条約が批准されず，国際連盟への加盟は果たせなかった。

平和原則14か条　**B**（へいわげんそく-じょう）　アメリカ大統領ウィルソンが1918年，上・下両院の合同会議で発表した第一次世界大戦終結のための平和原則。主な内容は，公開の会議による平和条約の締結と秘密外交の廃止，公海の自由，経済障壁の除去，軍備の縮小，植民地問題の公平な解決，民族自決主義，特別な規約に基づく国際平和機構の設立（国際連盟設立案）など。

パリ講和会議　**C**（-こうわかいぎ）　第一次世界大戦後の国際秩序を回復するための会議。1919年にパリで開かれた。戦勝国の連合国代表者のみが参加し，敗戦国は条約（ヴェルサイユ条約）の調印を求められただけだった。主要参加国はアメリカ・イギリス・フランス・イタリア・日本の5大国で，当初はアメリカ大統領ウィルソンの提唱した無併合・無賠償・民族自決を理想とした。しかし，各国の利害は対立したま

まで，民族自決の原則は認めたものの敗戦国に過酷な条約となった。

ヴェルサイユ条約 **Ｂ**（－じょうやく）　第一次世界大戦の結果，1919年にフランスのヴェルサイユ宮殿で結ばれた連合国とドイツ間の条約（1920年発効）。条文は15編440か条からなり，ドイツに対する制裁を主な内容とし，ドイツ本土のフランスなどへの割譲，海外領土の没収，軍備制限，戦争責任と賠償義務などを規定。国際連盟規約，国際労働機関の創設などの規定も含む。

ヴェルサイユ体制 **Ｃ**（－たいせい）　第一次世界大戦後，ヴェルサイユ条約などを基礎に成立したヨーロッパの国際秩序。イギリス・フランスが主導権をにぎり，ドイツの弱体化とソ連の孤立化を狙った。1929年の世界大恐慌や1933年のヒトラーの政権掌握，ソ連の台頭などで体制は崩壊した。

国際連盟 **Ａ**②〔League of Nations〕（こくさいれんめい）　国際社会での平和の維持，経済・社会・人道などの分野における国際協力の推進を目的とした諸国家の国際組織。平和の維持では，新しく集団安全保障方式がとり入れられた。軍備縮小などで紛争を未然に防ぐ措置を講ずるだけでなく，戦争に訴えた国に対しては，加盟国が協力して経済制裁を加えることを定めている。国際協力の推進については，労働・交通・保健衛生などの課題を掲げ，この分野においては創設者も予想しない成果をあげた。

国際連盟の成立（こくさいれんめい－せいりつ）　1000万人もの生命を奪った第一次世界大戦の惨禍を反省し，国際平和の維持と国際協力を目的に設立された世界初の国際平和機構。原加盟国は42か国。アメリカ大統領ウィルソンの「平和原則14か条」に示された国際連盟設立案を具体化したもの。1919年のパリ講和会議で，設立目的・機関・加盟国などを規定する国際連盟規約が起草・承認され，1920年に発足した。本部はスイスのジュネーヴ。

国際連盟規約 **Ｃ**①（こくさいれんめいきやく）　国際連盟の加盟国・目的・機関などを規定した取り決め。前文と26か条からなり，連盟の憲法とでもいうべき性格を持つ。前文で加盟国は，戦争に訴えない義務を誓約している。1919年にヴェルサイユ条約の一部（第1編）として調印された。

国際連盟の加盟国（こくさいれんめい－かめいこく）　連盟規約によれば，原加盟国とされたのは，第一次世界大戦の戦勝国32か国と規約への加入を招請された中立国13か国の計45か国。しかしそのなかで，アメリカが，モンロー主義（孤立主義）の立場から不参加となるなど，現実には42か国の加盟でスタートした。新加盟国は総会の3分の2の同意で加盟国になることが認められた。その後，ドイツ・ソ連などが加盟し，最大で60か国となった。他方，侵略行為を非難された日本（1933年），ドイツ（1933年），イタリア（1937年）が次々に脱退，ソ連もフィンランドを攻撃したため除名された（1939年）。

モンロー主義 **Ｃ**（－しゅぎ）　アメリカ第5代大統領モンローが1823年，議会への教書のなかで声明した外交政策。アメリカ大陸諸国とヨーロッパ大陸諸国の相互不干渉を主な内容とする。これが久しく，アメリカの孤立主義的な外交の主要な根拠になってきた。第二次世界大戦後に廃棄された。

集団安全保障 **Ａ**⑧（しゅうだんあんぜんほしょう）　国際連盟や国際連合のとる平和維持方式。国際平和の維持・確立のため，対立関係にある国家を含めた多数の国が条約によって結びつき，相互に戦争やその他の武力行使を禁止し，紛争を平和的に処理しようとする。従来の勢力均衡（バランス－オブ－パワー）方式に代わって採用された。違反国・侵略国に対して他の国々が協力して制裁を加え，違反行為や侵略行為を鎮圧・防止する。日本は，武力行使をともなう集団安全保障への参加は憲法によって禁じられていると解釈してきた。

委任統治制度（いにんとうちせいど）　第一次世界大戦後，敗戦国ドイツの植民地に対して，国際連盟の監督の下に適用された統治方式。住民の社会・文化的状況，経済状態，地理的条件などに応じて3種類の方式がとられた。この制度は，国際連合の信託統治に引きつがれた。

国際連盟の機構と活動

国際連盟の機関（こくさいれんめい－きかん）　主要な機関としては，総会・理事会・事務局が，

また自治的な独立の機関として常設国際司法裁判所と国際労働機関がある。さらに補助的な機関として多くの専門機関と、委任統治委員会・軍備縮小委員会などの委員会が置かれた。

総会 Ⓐ③(そうかい)　国際連盟の最高議決機関。全加盟国が大国・小国の別なく、一国一票の対等な立場で参加、毎年9月に開催された。討議内容は、国際連盟の組織・構成・活動・予算など、国際関係に関するあらゆる問題におよんだ。決定は投票国の全会一致を原則とし、手続き事項については多数決でおこなわれた。

類 全会一致の原則 Ⓒ

理事会 Ⓐ①(りじかい)　総会とならぶ最高機関の一つ。主に政治問題を扱い、平和を脅かす紛争だけでなく、関係国から出された小さな問題も処理した。連盟規約では、アメリカ・イギリス・フランス・イタリア・日本の5常任理事国と、総会で選出される任期3年の非常任理事国(4か国)から構成されることになっていた。しかし、アメリカの不参加により、常任理事国は4か国でスタート。ドイツ(1926年)とソ連(1934年)が加盟と同時に常任理事国に加わった(その後、ドイツ・日本は1933年、イタリアは1937年に脱退、ソ連は1939年に除名)。非常任理事国は1922年に6か国、1926年には9か国に増加された。理事会の決定は総会同様、全会一致を原則とし、手続き事項は多数決でおこなわれた。

事務局 Ⓐ(じむきょく)　ジュネーヴに常設。事務総長と専門職員・事務職員によって構成。その数は最大時で約700名を数えた。職員は、国際公務員として外交官なみの特別な地位を与えられた。初代の事務総長はイギリスのドラモンド。新渡戸稲造(にとべいなぞう)は1926年まで事務次長を務めた。

類 新渡戸稲造

常設国際司法裁判所 Ⓒ(じょうせつこくさいしほうさいばんしょ)　1921年、国際連盟の付属機関として、オランダのハーグに常設された司法機関。総会と理事会の投票で選出された15人の裁判官(任期9年)で構成された。当事国から委任された国際紛争にからんだ裁判のほかに、総会・理事会の要請により勧告の意見を述べることができた。しかし、

1939年に第二次世界大戦が勃発、ドイツのオランダ侵攻によりその機能は実質的に停止した。第二次世界大戦後は、国際司法裁判所(ICJ)に引き継がれた。

国際労働機関 Ⓐ⑦(ILOⒶ⑨)〔International Labor Organization〕(こくさいろうどうきかん)　1919年、ヴェルサイユ条約(第13編)に基づきジュネーヴに創設。労働条件の国際的な改善を通して、世界平和の確立をめざした。国際連盟と連携・協力して活動する自主的な独立の機関。その最高機関である総会は、加盟国ごとに4人の代表者(政府代表2、使用者・労働者代表各1)からなり、3分の2の多数決で条約や勧告を採択する。日常的な活動をおこなう理事会も政府代表28人、労使代表14人で構成される。原加盟国は43か国。現在は187か国が加盟。第二次世界大戦までに、1日8時間・週48時間労働、産前産後における女性労働の禁止、夜間における女性・年少者労働の禁止などの条約を採択している。1946年、国際連合の専門機関になった。国際連合の非加盟国も加入できる。日本は1938年に一時脱退したが、戦後の51年に再加盟し、54年から常任理事国となった。

国際連盟の欠陥 (こくさいれんめい-けっかん)　総会と理事会の決定は、全会一致を原則としていたため、連盟としての有効な意思決定が困難であった。したがって、大国が直接当事国となった紛争には積極的な介入ができず、連盟の平和維持機能がせばめられた。また、侵略国に対する制裁手段の不備や大国アメリカの不参加などは、連盟の活動に

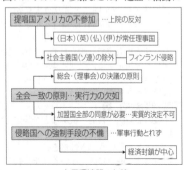

▲ 国際連盟の欠陥

大きな制約を与えた。

国際連盟の制裁　(こくさいれんめい−せいさい)　連盟規約に違反し，戦争に訴えた国に対して，全加盟国は一切の経済関係の停止などの非軍事的制裁をとることができた。1935年，イタリアがエチオピアを侵略すると，理事会はそれを規約違反と認定，加盟国はイタリアに対し，融資・貿易の中止などの経済的制裁を実施した。しかし，あまり効果はなく，エチオピア併合(1936年)という事態を迎え，総会は制裁を解除した。

国際連盟の崩壊　(こくさいれんめい−ほうかい)　1930年代に入ると大国が直接に当事者となる紛争が増え，平和維持機能は弱体化した。1931年の満州事変，1935年のイタリアのエチオピア侵略，さらにナチス−ドイツの侵略や，中国における日本の軍事行動の拡大に対して，有効な措置をとることができなかった。1946年4月，国際連合の成立にともなって解散を決議した。

国際連合の成立

大西洋憲章　**B**①(たいせいようけんしょう)　1941年8月，アメリカのF.ローズヴェルト大統領とイギリスのチャーチル首相が，大西洋のイギリス艦上などで会談し，共同声明として発表された戦後世界の構想。米英共同宣言ともいう。8項目からなり，領土不拡大・民族自決・貿易の自由・公海航行の自由・軍備縮小・恒久的な一般的安全保障制度の構想などが示された。1942年の連合国共同宣言に，この原則がとり入れられた。

連合国共同宣言　(れんごうこくきょうどうせんげん)　アメリカ大統領F.ローズヴェルトの提案に基づき，連合国26か国の代表が，1942年にワシントンで発表した共同宣言。26か国宣言ともいう。この宣言では大西洋憲章に賛同し，ドイツ・イタリア・日本などの枢軸国と戦い抜くことを決意し，団結を誓った。ここで初めて，UnitedNations(連合国)ということばが国際的に用いられた。

モスクワ外相会議　(−がいしょうかいぎ)　第二次世界大戦中の1943年10月，アメリカ・イギリス・ソ連の外相が，戦争を終結させる具体的な方法を討議するためにモスクワで開いた会議。会議後には，中国も加えてモスクワ宣言(4か国共同宣言)を発表した。この会議で，新しい国際平和機構の設立が大筋で合意された。

ダンバートン−オークス会議　**B**(−かいぎ)　1944年8〜10月，ワシントン郊外のダンバートン−オークスで，アメリカ・イギリス・ソ連(後に中国に交代)の代表が，戦後の新国際組織の具体案を作成するためにおこなった会議。2か月近くにわたる討議で，12章からなる「一般的国際機構設立に関する提案」(ダンバートン−オークス提案)が採択された。安全保障理事会の表決方式，信託統治，国際司法裁判所などの課題が未決定のまま残されたが，この提案は国際連合憲章の母体となった。

ヤルタ会談　**B**(−かいだん)　☞ p.357 (ヤルタ会談)

サンフランシスコ会議　**C**④(−かいぎ)　1945年4〜6月，サンフランシスコで開かれた国際平和機構設立のための全連合国の会議。第二次世界大戦に連合国として参加したすべての国が招請され，50か国が出席した。ダンバートン−オークス提案にかなりの修正と追加がおこなわれ，国際連合憲章が全会一致で採択された。

国際連合　**A**㉒〔United Nations〕(こくさいれんごう)　1945年10月，国際連合憲章に基づき，集団安全保障の考え方にそって，連合国を中心に成立した国際平和機構。原加盟国はアメリカ・イギリスなど51か国。日本も1956年に加盟が認められ，現在の加盟国は193か国に達している。国連の目的は国際社会の平和と安全の維持，諸国家間の友好関係の発展，多方面にわたる国際協力の推進などである。主要機関としては総会・安全保障理事会・経済社会理事会・事務局などがある。国際連盟崩壊の主因となった総会・理事会における全会一致制に代わって，多数決制が採用された。しかし，安全保障理事会の5常任理事国には拒否権が認められている。今日，財政・機構改革，安全保障理事会の構成国の拡大など，国連改革の必要性が指摘されている。

同 国連 **A**⑭

国際連合憲章　**B**⑥(こくさいれんごうけんしょう)　国際連合の目的・原則・組織・活動などを定

	国際連盟	国際連合
成立過程	アメリカの第28代大統領ウィルソンが提唱した「平和原則14か条」にもとづき, 1919年のパリ講和会議で, 国際連盟規約を作成	米・英・中・ソの4か国によるダンバートン-オークス会議での草案をもとに, 1945年6月のサンフランシスコ会議で採択
発足	1920年1月	1945年10月
原加盟国	原加盟国42か国。アメリカの不参加, ソ連の加盟遅延, 日独の脱退で弱体化	原加盟国51か国。大国を含む世界の独立国のほとんどが加盟
表決方法	総　会…全会一致制理事会…全会一致制	総　会…多数決 (重要事項は3分の2以上)安保理…5常任理事国に拒否権あり。15か国のうち9理事国以上の多数決
戦争防止	理事会への報告後3か月以内の戦争を禁止	自衛権以外の武力行使を禁止
制裁	経済制裁が中心	経済制裁以外に, 安保理の軍事行動も予定

▲ 国際連盟と国際連合

めた, 国連の憲法ともいうべき基本法。一般に国連憲章という。1945年6月, サンフランシスコ会議で採択され, 各国の批准をへて同年10月に発効した。前文と19章111か条からなる。憲章が第二次世界大戦中に, 連合国だけの会議で審議・決定されたため, 原加盟国が連合国に限定されたこと, 日本・ドイツ・イタリア・ルーマニア・ハンガリー・ブルガリア・フィンランドの7旧敵国に対する特別措置(旧敵国条項)を認めたことなどにつながった。憲章の改正は, 総会構成国の3分の2の賛成で採択され, かつ安全保障理事会のすべての常任理事国を含む国連加盟国の3分の2によって批准された時, 効力を生ずる。通常の手続きによる改正は, これまで3回おこなわれた。

|同| 国連憲章 **A**7　|類| 旧敵国条項 **C**

国際連合の目的　(こくさいれんごう-もくてき)　国連憲章前文では, 「われらの一生のうちに二度まで言語に絶する悲哀を人類に与えた戦争の惨害から将来の世代を救い」と国連創設の動機をうたっている。これを受けて, 第1条に三つの目的が規定された。第一は, 国際の平和と安全の維持。そのために, 戦争の防止と紛争の平和的な解決を実現する。第二は, 諸国間の友好関係の発展。人民の同権と自決の原則に基礎をおいて, 世界平和を強化する措置をとる。第三は, 経済・社会・文化・人道の分野における国際問題の解決と国際協力を推進すること。

国際連合の原則　(こくさいれんごう-げんそく)　国連憲章第2条は, 目的を達成するために, 国連と加盟国が守るべき七つの原則をあげている。①全加盟国の主権平等の原則。②憲章の義務の誠実な履行。③国際紛争の平和的手段による解決。④武力による威嚇・武力の行使をつつしむこと。⑤国連の行動に対する全面的協力。⑥非加盟国との協力関係の確保。⑦それぞれの国の国内管轄事項に対する不干渉。

国際連合の加盟国　(こくさいれんごう-かめいこく)　国連の加盟国には原加盟国と新加盟国がある。原加盟国とは, サンフランシスコ会議に参加して国連憲章に署名したか, ポーランドのように会議には参加できなかったが, 後に署名した合計51か国をさす。新加盟国とはその後の加盟国で, 原加盟国との地位に差はない。加盟の承認には, 安全保障理事会の勧告を受けて総会の決定が必要になる。常任理事国の拒否権が作用する。日本は1956年に加盟を認められ, 80番目の加盟国となった。2011年にスーダンから分離・独立した南スーダン共和国が新たに国連に加盟した。現在, 加盟国数は193か国。世界のほとんどの国が加盟しており(普遍主義の原則), 未加盟国は, ヴァチカン・コソヴォ・クック諸島・ニウエ。

国連加盟の手続き　(こくれんかめい-てつづき)　国連に加盟する条件は, 「憲章に掲げる義務を受諾し, 且つ, この機構によつてこの義務を履行する能力及び意思があると認められる」平和愛好国であること。加盟の承認は, 安全保障理事会の勧告に基づいて, 総会の決定によつておこなわれる。

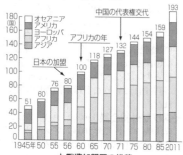

▲ 国連加盟国の推移

中国の代表権問題 （ちゅうごく-だいひょうけんもんだい）

1949年に中華人民共和国（北京の共産党政府）が成立したが，敗北した国民党政府（中華民国）が台湾に逃れ，なお中国の正統政府を名乗っていたことから生じた問題。北京政府は，中国の代表権の承認を求めてきたが，この問題は重要事項として加盟国の3分の2以上の賛成を必要としたため，実現しなかった。1971年の国連総会で，北京政府の代表権承認と国民党政府代表追放のアルバニア案が可決され，この問題に終止符がうたれた。

パレスティナの国連加盟問題 （-こくれんかめいもんだい）

イスラエルとの対立がつづくパレスティナ自治政府が2011年，独立国家の立場で初の国連加盟申請をおこなった問題。加盟は安保理の勧告をふまえ，総会出席国の3分の2以上の賛成で決定される。イスラエル寄りのアメリカが拒否権を発動すると加盟自体はできない。しかし，総会で過半数の加盟国が支持すれば，投票権のない「オブザーヴァー国家」の資格が得られ，国際刑事裁判所などへの加入の道も開ける。結局，2012年の国連総会でオブザーヴァー国家としての地位が認められた。

国際連合の機構－主要機関

主要機関 （しゅようきかん）　国連の主要機関は，総会・安全保障理事会・経済社会理事会・信託統治理事会・国際司法裁判所・事務局の6機関である。本部はニューヨークにある。総会の下に補助機関や特別機関が置

かれ，国連とは独立した多くの専門機関が設けられている。

総会 A 6 （そうかい）　国際連合の中心的な機関。すべての加盟国で構成される。総会には，毎年開かれる通常総会と，必要がある場合に招集される特別総会，「平和のための結集決議」に基づいて開かれる緊急特別総会などがある。通常総会は毎年9月の第3火曜日から開催される。議場は同心円状に配置され，大国・小国を問わず，すべての国が対等の立場で参加・発言するという理念が反映されている。

特別総会 A （とくべつそうかい）　国連憲章は，安全保障理事会の要請または加盟国の過半数の要請があった場合，特別総会を開くことができると定めている（第20条）。事務総長が招集する。これまで，軍縮特別総会などが開かれている。

緊急特別総会 C 3 （きんきゅうとくべつそうかい）　1950年の総会で採択された「平和のための結集決議」に基づいて開かれる総会。平和の維持について安全保障理事会が，常任理事国の拒否権行使で機能しない場合，安全保障理事会の9か国以上，または加盟国の過半数の要請により24時間以内に開催される。平和維持について総会の権限を強化する試み。これまでに10回開催。

総会の機能 （そうかい-きのう）　総会は，その審議・監督・財政・選挙という機能を通じて，国連の任務の中心的な位置を占める。審議については，総会は憲章の範囲内にあるすべての問題や事項，また，憲章に規定する

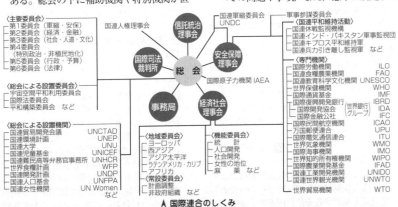

▲ 国際連合のしくみ

機関の権限と任務に関する事項を討議し，加盟国または安全保障理事会に勧告する権限が与えられている。監督については，総会の権限のもとに，経済社会理事会と信託統治理事会がその任務の遂行にあたる。財政については，国連予算を審議・承認する。選挙については，各理事会の理事国の選出や，国際司法裁判所の裁判官・事務総長の選出に関与する。

総会の表決 ③（そうかい-ひょうけつ）　重要事項（重要問題）については，出席かつ投票する加盟国の３分の２の多数によって可決される。その他の問題は，過半数の賛成で成立する。棄権した国は，投票をおこなわなかったものとみなされる。

重要事項（じゅうようじこう）　国際の平和及び安全に関する勧告，安全保障理事会の非常任理事国の選挙，経済社会理事会の理事国の選挙，新加盟国の承認，加盟国としての権利・権限の停止，加盟国の除名，信託統治制度の運用問題，予算問題などが含まれる。その他の問題は，一般事項・手続き事項とよばれる。重要事項に属するか否かの決定は，過半数の賛成によってなされる（重要事項指定方式）。

類一般事項　手続き事項⑥

重要事項指定方式（じゅうようじこうしていほうしき）　総会の採決において，３分の２の多数の賛成が必要な重要な問題（重要事項）に指定するやり方。たとえば中国の代表権問題において，中華人民共和国政府の加盟に反対するアメリカは，1961年の総会で「中国代表権を変更するいかなる提案も重要問題である」と提案し，過半数の賛成を得て重要事項に指定した。

加重投票制（かじゅうとうひょうせい）　国際機構の表決にあたり，その構成国の国力や貢献度によって票数に差異を設ける制度。国連総会などでは一国一票制がとられるが，ＩＭＦ（国際通貨基金）や世界銀行グループでは出資割当額などに応じた議決がおこなわれる。

対一国一票制 **C**③

コンセンサス方式 **B**（-ほうしき）　「全会一致」とは異なり，決定の際に賛否の投票によらず，議長提案に対して反対がなかったとして決議を採択する方法。国連の会議などで用いられる。これに対し，一国でも賛成すれば（全加盟国が反対しない限り）決定されるしくみをネガティヴ-コンセンサス方式という。ＷＴＯ（世界貿易機関）の紛争解決手続きなどで採用されている。

対ネガティヴ-コンセンサス方式 **B**

総会の補助機関（そうかい-ほじょきかん）　総会の任務遂行に必要な機関。主要委員会，常設・手続き委員会などがある。主要委員会は全加盟国で構成され，軍縮・経済など分野別に審議し，決議案のかたちで勧告をまとめる。常設委員会には行財政問題諮問委員会・分担金委員会などがあり，予算の検討をおこなう。

総会の特別機関（そうかい-とくべつきかん）　世界情勢の変化によって生じた新たな問題に対応するため，総会が設置した常設機関。国連貿易開発会議・国連児童基金・国連難民高等弁務官事務所・国連開発計画・国連環境計画・国連大学などがある。

国連児童基金B③（UNICEFB③） [United Nations Children's Fund]（こくれんじどうききん）　ユニセフ。発展途上国の児童への援助問題を扱う国連の常設機関。1946年の第１回総会で設立された，戦争で犠牲になった児童の救済を目的とする国連国際児童緊急基金を出発点とする。1953年に国連児童基金と改称され，常設機関となった。経済社会理事会の選出する任期２年・36か国による執行理事会が運営にあたる。現在，多くの国で給食・健康衛生・教育・職業訓練などの活動をくり広げている。1965年にノーベル平和賞受賞。本部はニューヨークにある。

国連難民高等弁務官事務所A⑧（UNHCRA⑤） [Office of the United Nations High Commissioner for Refugees]（こくれんなんみんこうとうべんむかんじむしょ）　母国を追われた難民の保護と救済を目的に，1951年に設置された機関。第二次世界大戦後，社会主義化にともなって東欧から大量流出した難民に対応するため，1946年に国際難民機関（IRO）が設けられた。UNHCRはその事業を引き継ぐかたちで発足，世界中の難民に救援の手を差しのべてきた。資金は各国政府と民間からの拠出でまかなわれる。２度のノーベル平和賞

を受賞。本部はジュネーヴにあり，世界126か国に340か所以上の現地事務所をもつ。緒方貞子が1990年から2000年まで高等弁務官を務めた。

国連貿易開発会議Ⓐ③（UNCTAD Ⓐ）〔United Nations Conference on Trade and Development〕（こくれんぼうえきかいはつかいぎ）　⇨p.411（国連貿易開発会議）

国連開発計画Ⓐ②（UNDPⒶ）〔United Nations Development Programme〕（こくれんかいはつけいかく）　国連における発展途上国への開発援助の中心的機関。1966年に発足，150以上の国と地域に対して，多角的な技術協力と資金援助をおこなっている。1990年から『人間開発報告書』を発行，1994年には「人間の安全保障」という概念を提唱して注目を集めた。

国連環境計画Ⓑ③（UNEPⒷ③）〔United Nations Environment Programme〕（こくれんかんきょうけいかく）　ユネップ。1972年，スウェーデンのストックホルムで開かれた国連人間環境会議の決議に基づき創設が決まった国連の常設機関。国連諸機関の環境保護活動を総合的に調整し，国際協力を推進している。日本は理事国。本部はケニアのナイロビにある。

国連人権高等弁務官（こくれんじんけんこうとうべんむかん）　1993年，世界人権宣言の採択45周年を記念して開かれた世界人権会議（ウィーン会議）の勧告にもとづいて設置された国連のポスト。人権の促進や擁護を目的とする。任期は4年。その任務は，ジュネーヴにある国連人権高等弁務官事務所（OHCHR）を通じておこなわれる。
⇨p.355（世界人権会議）
　　類国連人権高等弁務官事務所（OHCHR）

世界食糧計画Ⓑ（WFPⒷ）〔World Food Programme〕（せかいしょくりょうけいかく）　国連の食料援助機関。食料が欠乏する発展途上国への援助のほか，穀物の国際備蓄などもおこなう。各国政府の自主的な拠出に依存する。1961年に国連総会と国連食糧農業機関（FAO）の決議により設立。本部はローマにある。世界の飢餓状況を記したハンガーマップ（飢餓マップ）などを作成している。

国連大学Ⓑ（UNUⒷ）〔United Nations University〕（こくれんだいがく）　1973年の総会で採択された「人類の存続，発展および福祉に関する緊急かつ世界的な問題」に取り組むための国連の学術機関。学者の国際的共同体をめざし，人類の直面する問題を中心に国際理解を推進，各国の大学や研究所と連携して国際協力を深めるのが目的。東京・渋谷に本部をおき，1975年から活動。

国連人口基金Ⓑ（UNFPAⒷ）〔United Nations Fund for Population Activities〕（こくれんじんこうききん）　家族計画にかかわる取り組みなど，人口問題に対する技術援助をおこなう機関として，1967年の総会で人口活動信託基金が設立された。1969年に国連人口活動基金と改称，1987年に国連人口基金と再度改称された。国連は1974年を世界人口年に指定，それに基づき第1回世界人口会議がブカレスト（1974年）で，第2回会議がメキシコ市（1984年）で，第3回会議がカイロ（1994年）で開かれた。

UNウィメン　Ⓒ　世界の女性と女児の状況を改善するための新たな国連の機関で，正式には「国連男女同権と女性能力向上事業体」。国連女性機関ともいう。これまで女性問題を扱ってきた国連女性開発基金など四つの機関・部局を統合して2011年に発足した。日本も理事国。事務局長は南アフリカのプレジレ＝ムランボ＝ヌクカ。日本にも事務所がある。
　　　　　　　　　　　　同国連女性機関

安全保障理事会　Ⓐ㉖（あんぜんほしょうりじかい）　安保理と略称。国連において総会と並ぶ最も重要な機関。国連の目的である国際の平和と安全の維持について，第一次的に責任を負い，総会よりも優越した権限を持っているともいえる。総会は国連憲章の範囲内のすべての問題について，討議・勧告することができるが，安保理が取り扱っている紛争については，勧告できないことになっている。5常任理事国と10の非常任理事国の15か国で構成される。非常任理事国は2年の任期で，地理的配分の原則に基づいて総会で選出される。

安全保障理事会の機能　④（あんぜんほしょうりじかいきのう）　国際紛争の平和的解決と平和に

対する脅威・破壊，侵略行為の防止・鎮圧が主な任務。紛争の当事国は，平和的手段によって解決をはかる必要があるが，それが不調に終わった場合には，安全保障理事会に紛争を付託しなければならない。安保理では，それを受けて適当な調整方法や解決条件を勧告する。また，平和の破壊や侵略行為が生じた場合，外交関係の断絶・経済制裁という非軍事的措置がとられる。それでも不十分な場合には，武力行使をともなう軍事的措置がとられる。ＰＫＯもほとんどが安保理の決議によっている。新規加盟国の承認を総会に勧告したり，事務総長や国際司法裁判所裁判官の選出にも関与する。

安全保障理事会の表決 **4**（あんぜんほしょうりじかいーひょうけつ）
各理事国は一票の投票権を持ち，手続き事項は９理事国（いかなる理事国でもよい）の賛成によって決定される。その他の事項については，５常任理事国を含む９理事国の賛成が必要である。つまり，５常任理事国中１か国でも反対すれば，９理事国以上の賛成があっても決定されない。これを拒否権というが，常任理事国が表決に際して棄権したり，欠席した場合は，慣例として拒否権の行使とみなされる。

常任理事国 **Ａ16** と非常任理事国 **Ｂ6**（じょうにんりじこく-ひじょうにんりじこく）
安全保障理事会は，５常任理事国（Ｐ５）と10非常任理事国の15か国で構成される。常任理事国は，アメリカ・イギリス・フランス・ロシア・中国で，拒否権とよばれる特権をもつ。国連改革の一環として，常任理事国の増加をインド・ブラジル・ドイツ・日本などが求めている。非常任理事国は総会で選出され，任期は２年。５か国ずつが交互に改選されるが，引き続いては再選されない。憲章ができた当時は６か国であったが，後に10か国に増加した。10か国の地理的配分は，アジア２，アフリカ３，ラテンアメリカ２，東欧１，西欧その他２とされている。日本はこれまで12回，非常任理事国に当選している。

拒否権 **Ａ2**〔veto〕（きょひけん）
安全保障理事会の５常任理事国に与えられた大国の優越的権限（憲章第27条）。国連は，大国一致による国際平和の維持をはかろうとして，実質事項（手続き事項以外その他のすべての事項）の決定には，５常任理事国を含む９理事国以上の賛成が必要とされる。手続き事項か実質事項かの区別が不明確な場合，それを決定するのも実質事項の方式でおこなわれる。ここでも大国の拒否権が発動できるので，二重拒否権とよばれる。

類 大国一致 **Ａ1**

平和のための結集決議 **Ａ3**（へいわーのーけっしゅうけつぎ）
1950年の第５回総会で採択された決議。平和の維持に関して，安全保障理事会が常任理事国の拒否権発動によって機能しない場合，総会が武力行使を含む集団的措置について審議・勧告すること。総会休会中は，要請から24時間以内に緊急特別総会が招集され，侵略防止を勧告可能である。1950年朝鮮戦争勃発の際，ソ連が欠席のまま，安全保障理事会は北朝鮮軍の侵略と断定して「国連軍」の派遣を決定。その後，ソ連が理事会に復帰して拒否権発動したため，理事会は的確な行動をとれなくなった。そこで，総会の平和維持機能を効果的にするため，アメリカがこの決議案を提案した。「平和のための結集決議」は，これまで13回発動されている。最新のものは，2022年ロシアによるウクライナ侵攻に関する国連緊急特別総会を開くためのものであり，ロシアの拒否権発動に伴って発動された。

経済社会理事会 **Ａ2**（けいざいしゃかいりじかい）
国連の主要機関の一つで，経済・社会・文化的な面での国際協力の中心を担う。総会の下で，経済・社会・文化・教育・保健に関する国際的諸問題について調査・研究をするとともに，人権の推進を含めて総会・加盟国・関係専門機関に勧告をおこなう。総会の３分の２の多数決で選出される54か国で構成され，任期は３年，毎年３分の１ずつ改選。理事会の決定は，出席かつ投票する理事国の過半数の賛成でおこなわれる。

経済社会理事会の補助機関 （けいざいしゃかいりじかいーほじょきかん）
機能委員会として統計委員会・人口開発委員会など，地域経済委員会としてアフリカ経済委員会・アジア太平洋経済社会委員会など，常設委員会として非政府組織委員会・計画調整委員会など，が

おかれている。

地域経済委員会 （ちいきけいざいいいんかい）　国連の経済社会理事会の補助機関の一つ。アジア太平洋経済社会委員会・ヨーロッパ経済委員会・アフリカ経済委員会・西アジア経済社会委員会・ラテンアメリカ−カリブ経済委員会の5機関で，各地域内における共通の経済問題の解決と経済的協力・発展を目的としている。

アジア太平洋経済社会委員会（ＥＳＣＡＰ） （−たいへいようけいざいしゃかいいいんかい）　エスキャップ。経済社会理事会の地域経済委員会の一つで，アジア太平洋地域諸国の経済協力や経済発展の促進を目的としている。1947年，第二次世界大戦後の経済復興のため設けられたアジア極東経済委員会（ＥＣＡＦＥ）が，1974年に改称されたもの。本部はタイのバンコク。

ヨーロッパ経済委員会（ＥＣＥ） （−けいざいいいんかい）　国連の経済社会理事会の地域経済委員会の一つ。1947年，ヨーロッパ各国の経済復興計画を調整するために設立された。本部はジュネーヴ。

国連人権委員会 Ｂ （こくれんじんけんいいんかい）　経済社会理事会の補助機関で，1946年に発足。人権に関する問題について，経済社会理事会に提案・報告・勧告をする権限が与えられていた。世界人権宣言や国際人権規約などの起草にあたった。日本など53か国で構成。2006年，国連人権理事会に格上げ。

国連人権理事会 Ｂ３ （こくれんじんけんりじかい）　従来の国連人権委員会にかわり，国連改革の一環として2006年に設置された総会の補助機関。47の理事国で構成される。任期は3年（連続2期まで），日本も理事国に選出されている。国連加盟各国の人権状況を定期的・系統的に見直し，重大な人権侵害があった場合，総会の3分の2の投票で理事国の資格を停止できる。アメリカは，トランプ政権時に同理事会から離脱したが，バイデン政権になってから理事国として復帰した。またロシアは，2022年ウクライナ侵攻に伴って，国際人道法違反などを問われ，理事国資格停止に追い込まれた。

信託統治理事会 Ａ （しんたくとうちりじかい）　国連の主要機関の一つ。信託統治地域の自治また

は独立に向けて，住民の漸進的発展を促進するために，その地域を監督・指導することを任務とする。現在は，信託統治地域がすべて独立し，任務を終了している。

信託統治 Ａ （しんたくとうち）　自立が困難な地域に対して，施政権者（施政国）が信託を受けて統治する制度。国際連盟の委任統治制度を受け継いだ。パラオが1994年に独立し，現在，信託統治地域は存在しない。

国際司法裁判所 Ａ９ （ＩＣＪ Ａ６）〔International Court of Justice〕（こくさいしほうさいばんしょ）　☞ p.339（国際司法裁判所）

国際司法裁判所の裁判管轄権 ２ （こくさいしほうさいばんしょ−さいばんかんかつけん）　裁判管轄権とは，裁判所が取り扱う範囲についての権限。国際裁判所では，国内裁判所と異なり強制的な管轄権が認められず，紛争を裁判所に付託するかどうかは当事国（政府）の意思に任されている。したがって，国際紛争でも国際司法裁判所に付託されない場合が多い。

事務局 Ａ （じむきょく）　国連の主要機関の一つで，国連運営に関する一切の事務を担当する。最高責任者である事務総長の下に，多くの専門職・一般職の職員が配置されている。本部はニューヨークで，平和維持活動局・広報局などの部局を置いている。

事務総長 Ｃ２ （じむそうちょう）　国連事務局の最高責任者。国連という機構の行政職員の長（主席行政官）である。総会と三つの理事会のすべての会議において，事務総長の資格で行動し，それらの機関から委託された任務を果たす。国際平和と安全の維持について，安全保障理事会に注意を喚起することができるなど，平和維持の面でも一定の権限が認められている。いわば，人類の平和と国連憲章の番人でもある。事務総長は，安全保障理事会の勧告に基づいて総会が任命する。任期は5年。2006年末までの事務総長はコフィ＝アナン（ガーナ出身），2007〜16年末までは韓国出身の潘基文（パンギムン）。2017年からは，ポルトガル元首相のアントニオ＝グテーレス。

類 **アナン** Ｃ　**潘基文** Ｃ　**グテーレス** Ｃ

国連職員 （こくれんしょくいん）　国連で働く国際公務員。職員数は約4万人（2018年末）。国

際公務員として特別の地位を保障され，国連に責任を負い中立的な立場をとることが求められる。採用にあたって，地理的配分が重視されている。

国連分担金 C 4（こくれんぶんたんきん）　国連加盟国がその能力に応じて，国連経費を負担する金額のこと。国連の通常経費の3分の1は，加盟国が義務として課せられる分担金で，残りの3分の2は自発的拠出金によってまかなわれる。分担率は，総会で3年ごとに各国の国民総所得（GNI）を基準に決定される。2023年度の通常予算は約34億ドル。国別分担率は，米国22%，中国15%，日本8%，独国6%，英国4%などとなっている。分担金を滞納している国が多く，国連は財政的に苦しい状況にある。国連の予算は2019年まで2か年制だったが，2020年から単年制に切り替わった。

グローバル−コンパクト　[Global Com]　アナン元国連事務総長の提唱で2000年に発足した，企業などの自主行動に関する国際的な約束事。人権・労働基準・環境・腐敗防止の4分野について，参加する企業などが支持し，その実現に努力すべき10原則をさす。参加するのは企業だけでなく，NGOや地方公共団体なども含む。世界では160か国約1万3000団体とされる。2023年時点において，日本国内の加入企業・団体数は565。

国際連合の機構−専門機関

専門機関 C（せんもんきかん）　国際協力を目的とし，経済・社会・文化・教育・保健などの分野で国連と協定を結んで連携している国際機関。17（世界銀行グループを一つに数えると15）の機関が存在する。各専門機関の活動を調整し，また国連と専門機関の連絡協力には，経済社会理事会があたる。

国連食糧農業機関 B（ＦＡＯ B 1）　[Food and Agricultural Organization]（こくれんしょくりょうのうぎょうきかん）　ファオ。1945年設立。世界の食料・農業問題に取り組む国連の専門機関。ＦＡＯの目的は，人類の栄養・生活水準の向上，食料の生産・分配の改善，農村開発の促進などによって，世界経済の発展に寄与すること。特に，飢餓の根絶に重点をおいて活動している。本部はイタリ

アのローマ，加盟国数は194か国とＥＵ（欧州連合）である。

国連教育科学文化機関 A（ＵＮＥＳＣＯ A 1）　[United Nations Educational, Scientific and Cultural Organization]（こくれんきょういくかがくぶんかきかん）　1945年に採択されたユネスコ憲章をもとに，1946年に発足した国連の専門機関。教育・科学・文化を通じて国際協力を促進して，世界の平和と安全をはかることを目的に，多彩な活動をしている。日本は1951年に加盟。現在の加盟国数は194か国，本部はパリ。政治的偏向を理由に，1984年にアメリカが，85年にイギリスなどが脱退したが，その後に復帰した。2011年，オブザーヴァーだったパレスティナが正式加盟を果たすと，アメリカが分担金の支払いを停止，財政危機となった。2019年にアメリカは再び脱退。同時期にイスラエルも脱退した。ただし，アメリカについては，バイデン政権の下，2023年に正式に復帰した。

ユネスコ憲章（けんしょう）　1945年，ロンドンでの連合国教育文化会議で採択。その前文にユネスコの理念が示され，冒頭で「戦争は人の心の中で生まれるものであるから，人の心の中に平和のとりでを築かなければならない」と述べている。

世界保健機関 A 2（ＷＨＯ A 8）　[World Health Organization]（せかいほけんきかん）　1948年に設立された国連の専門機関。世界のすべての人民が最高の健康水準を維持できるように，感染症の撲滅や各国保健制度の強化，災害への援助などをおこなっている。本部はジュネーヴ，加盟国数は194か国。

国際民間航空機関 B（ＩＣＡＯ B）　[International Civil Aviation Organization]（こくさいみんかんこうくうきかん）　1947年に設立された国連の専門機関。国際民間航空における安全で秩序ある運航の保障を目的とする。加盟国数は193か国で，日本は1953年に加盟。本部はカナダのモントリオールにある。

万国郵便連合 B（ＵＰＵ B）　[Universal Postal Union]（ばんこくゆうびんれんごう）　郵便業務の国際協力を目的とする組織。前身は，1874年に創設された一般郵便連合で，日

本は1877年に加盟。1878年に現在の名称になった。1948年に国連の専門機関となり，加盟国数は192か国・地域で，本部はスイスのベルン。

国際電気通信連合B（ＩＴＵB）［International Telecommunication Union］（こくさいでんきつうしんれんごう）　電気通信の改善と合理的利用をめざす国際協力機関。1947年に国連の専門機関となった。主な事業は無線周波の割り当てと登録，電波妨害の防止，宇宙技術の利用，通信料金の基準の設定など。日本は1949年に加盟。加盟国数は193か国で，本部はジュネーヴ。

世界気象機関B（ＷＭＯB）［World Meteorological Organization］（せかいきしょうきかん）　気象業務の国際協力を推進する機関で，1951年に国連の専門機関となった。世界各国の気象業務の連携・データの標準化などで，気象情報の効率的な交換をはかっている。日本は1953年に加盟。本部はジュネーヴ。

国際海事機関C（ＩＭＯC）［International Maritime Organization］（こくさいかいじきかん）　1958年に設立された国連の専門機関。国際海運の安全・航行の効率化と制限の除去を目的とする。加盟国数は174か国で，本部はロンドン。

世界知的所有権機関B（ＷＩＰＯB）［World Intellectual Property Organization］（せかいちてきしょゆうけんきかん）　1970年に設立された国連の専門機関。知的財産権の国際的保護を目的とする。知的財産権とは主に，特許権・工業デザイン・商標などの産業財産権と，文学・音楽・芸術・写真・映画などの著作権からなる。日本は1975年に加盟。加盟国数は193か国で，本部はジュネーヴ。

国際農業開発基金B（ＩＦＡＤB）［International Fund for Agricultural Development］（こくさいのうぎょうかいはつききん）　1977年に設立された国連の専門機関。発展途上国における農業開発の促進や農業生産の増進などを目的に，発展途上国に資金供与をおこなっている。本部はローマ。

国連工業開発機関B（ＵＮＩＤＯB）［United Nations Industrial Development Organization］（こくれんこうぎょうかいはつき

かん）　ユニド。1985年に国連の専門機関となった。発展途上国における工業化の促進と，この分野における国連諸活動の調整を目的とする。本部はオーストリアのウィーン。

関連機関（かんれんきかん）　国連憲章にいう専門機関に入らないが，実質的にそれに準ずる国際機関をいう。国際原子力機関（ＩＡＥＡ），世界貿易機関（ＷＴＯ）など。

国連の集団安全保障

紛争の平和的解決　1（ふんそうのへいわてきかいけつ）　国家間に生じる国際紛争を，制裁などの強制的手段を用いないで，外交的処理や国際裁判・国際機構による処理という平和的な方法で解決すること。国連憲章は，加盟国に武力による威嚇及び武力の行使を禁止し，紛争を平和的に解決することを義務づけている。これを紛争の平和的解決義務という。また，安全保障理事会は，必要と認められる時は，紛争当事国に平和的な手段による解決を要請することができる。こうした努力にもかかわらず解決できない場合，紛争は安全保障理事会に持ち込まれ，強制措置をとるかどうかの決定ができる。

強制措置　1（きょうせいそち）　紛争を強制的に解決するための措置。国連加盟国は，紛争を平和的に解決する義務を負う。しかし，それでも紛争が解決せず，平和に対する破壊や侵略行為がおこなわれる場合，安全保障理事会は非軍事的措置を，またそれが不十分な場合は，軍事的措置をとることができる。非軍事的措置とは外交関係の断絶や経済制裁であり，軍事的措置とは安全保障理事会と加盟国の特別協定によって編成される国連軍を用いる場合である。

集団安全保障　A7（しゅうだんあんぜんほしょう）　多数の国家が互いに武力の行使をつつしむことを約束し，それに反した国に対して集団の力で平和を維持しようとするもの。対立する国家を含めてすべての関係国が，安全保障体制に参加するところに特色がある。国連もこの方式をとり，平和に対する脅威や破壊，侵略行為には，すべての加盟国が協力して防止・鎮圧する措置をとることになっている。

集団的自衛権　A2（しゅうだんてきじえいけん）　国

家の持つ自衛権の一つ。条約などで密接な関係にある他国に対して武力攻撃が発生した場合，これを自国への攻撃とみなして，攻撃を受けた国と共同して防衛にあたる権利。国連憲章第51条で規定されているが，武力侵略の事実の存在を前提にするなど，限定的にのみ認められたものである。その実態からみて，他国防衛権（他衛権）ともよばれる。これまで行使された事例として，ソ連などによるハンガリー事件・プラハの春・アフガニスタン侵攻，アメリカなどによるヴェトナム戦争・ニカラグアやグレナダ侵攻・湾岸戦争・アフガニスタン対テロ戦争などがある。圧倒的に大国による介入が多い。

類 他国防衛権（他衛権）

個別的自衛権 A2（こべつてきじえいけん）　主権国家が持つ国際法上の基本的権利。外国から急迫・不正な武力攻撃を受けた場合，緊急やむをえない範囲において，自国の利益を守るためにとられる武力行使をいう。この権利も国連憲章第51条で規定されている。

地域的安全保障（ちいきてきあんぜんほしょう）　国際の平和と安全を一定地域の諸国家の協力によって保障しようとするもの。国際連盟でも「地域的了解」を認めていた。国連憲章第8章は，国際平和と安全の維持に関する事項で，地域的の取り決めまたは地域的機関の存在を認め，地域の紛争を安全保障理事会に付託する前に平和的に解決することを奨励している。この機関が強制行動をとる場合は，事前に安保理の許可を必要とする。米州機構・アフリカ連合・アラブ連盟・北大西洋条約機構などがある。

国連憲章第7章（こくれんけんしょうだいしょう）　国連憲章は，第6章に示す「紛争の平和的解決」を原則とし，その措置が不十分な場合，「平和に対する脅威，平和の破壊及び侵略行為に関する行動」と題する第7章で，強制措置を規定している。憲章第41条では兵力を使用しない非軍事的措置を，第42条では軍事的措置を明文化している。また，第43～47条では，安全保障理事会と加盟国との特別協定に基づき，加盟国が提供する兵力によって部隊が編成され，安全保障理事会・軍事参謀委員会の指揮下に置かれることを定めている。

「国連軍」 A2（ＵＮＦ**B**）（こくれんぐん）　国際の平和と安全を侵す国に対して，国連が強制措置をとるため，国連憲章第43条に基づき編成される軍隊。この軍隊は，安全保障理事会と加盟国との間で結ばれる特別協定に基づいて編成される。これは加盟国がいつでも自国の軍隊を提供するという協定であるが，大国間の意見の対立により，特別協定は現在まで結ばれたことはない。したがって，本来の国連軍は成立していない。朝鮮戦争に際して1950年，安全保障理事会はソ連が欠席している最中，「国連軍」の派遣を勧告した。アメリカを中心に16か国が「国連軍」に参加したが，安全保障理事会の決定がソ連の欠席の下でおこなわれたこと，指揮が安全保障理事会と軍事参謀委員会ではなく，アメリカの任命する司令官にゆだねられたことなどを考えると，正式な国連軍とはいえない。今日，一般的に「国連軍」とよんでいるのは，国連が世界の紛争地域に派遣した平和維持活動をおこなう部隊のことである。これは紛争関係国の同意によっておこなわれるもので，国連が強制措置として派遣したものではない。

人間の安全保障 A8（にんげん～あんぜんほしょう）　従来の軍事力に頼った国家の安全保障ではなく，人間一人ひとりに着目し，その生命や人権を大切にしようとする考え方。1994年に国連開発計画（UNDP）が提唱して広まった。UNDPの定義によれば，経済，食糧，健康，環境，個人，地域社会，政治という7分野に関する安全保障から構成される。

国連の平和維持活動

平和維持活動 A3（ＰＫＯ**A9**）［Peace-keeping Operations］（へいわいじかつどう）　国連が平和を脅かす事態や紛争の拡大を防止するために，関係国の同意を得て，小規模な軍隊または軍事監視団を現地に派遣し，紛争の平和的解決をめざす活動をいう。この活動は国連憲章の規定にはなく，憲章第6章の紛争の平和的解決と，第7章の平和破壊活動に対する強制措置の中間に位置するという意味で，「第6章半」的性格をもつとされた。現在は第7章を根拠に派遣されることが多い。ＰＫＯの目的は紛争

国連コソヴォ暫定行政ミッション(UNMIK,1999〜)

国連キプロス平和維持軍(UNFICYP,1964〜)

国連西サハラ住民投票監視団
(MINURSO,1991〜)

国連レバノン暫定軍(UNIFIL,1978〜)
国連兵力引き離し監視軍(UNDOF,1974〜)
国連休戦監視機構
(UNTSO,1948〜)

国連インド・パキスタン
軍事監視団
(UNMOGIP,1949〜)

国連コンゴ民主共和国
安定化ミッション
(MONUSCO,2010〜)

国連南スーダンミッション
(UNMISS,2011〜)

▲ PKOが展開されているおもな地域（2023年6月現在，12地域で活動）

の鎮静化にあるため，中立的性格を保持しなければならない。そのため，紛争当事国のいずれかに有利な結果をもたらしたり，内政干渉になったりするような行為はつつしまなければならない。派遣される部隊も，紛争に利害関係をもつ国家や大国を避け，主に中立・非同盟の立場をとる国家の兵力による。ＰＫＯは，平和維持軍（ＰＫＦ）と非武装の停戦監視団などに区別され，ともに安全保障理事会の決議（総会決議の場合もある）によって設置され，事務総長が指揮をとる。第一次中東戦争の際に設けられた国連休戦監視機構(1948年〜)，湾岸戦争後に派遣された国連イラク・クウェート監視団(1991〜2003年)，東ティモールの独立支援のために派遣された国連東ティモール支援団(2002〜04年)などがある。1988年，ノーベル平和賞受賞。ＰＫＯ予算は各国から拠出され，分担率は国連通常予算の分担率を基礎に決められる。2022年度の国別分担率を見ると，米国26.95%，中国18.69%，日本8.03%，独国6.11%，英国5.36%の順。2022年度の総額は約63.78億ドルで，日本の負担額は約5.29億ドル。

同 国連平和維持活動 A9　類 第6章半の活動2

平和維持軍 A2（ＰＫＦ A）[Peacekeeping Forces]（へいわいじぐん）国連平和維持活動の一つ。紛争地域での戦闘の再発を防ぐため，交戦部隊の引き離しなどを主な任務とする。軽火器などの武器の携行が認められているが，自衛の場合以外の使用は禁じ

られている。1956年に始まったスエズ戦争の際に，緊急特別総会の決議をもとに派遣された第一次国連緊急軍が最初の例とされる。その後も多くの平和維持軍が派遣されている。

同 国連平和維持軍 C

停戦監視団 A（ていせんかんしだん）国連平和維持活動の一つ。パトロール活動など紛争地域の停戦監視を主な任務とする。平和維持軍と異なり，武器の携行は認められていない。1948年に派遣された国連休戦監視機構を最初の例として，その後も多くの停戦監視団が派遣されている。

選挙監視団 B1（せんきょかんしだん）国連平和維持活動の一つ。選挙の不正や選挙妨害を監視する役割を果たす。冷戦終結後の新形態の取り組みとして注目されている。

第一次国連緊急軍（だいいちじこくれんきんきゅうぐん）1956年から1967年まで，国連がスエズ運河地帯などに派遣した平和維持軍。1956年，エジプトのナセル大統領のスエズ運河の国有化宣言により中東情勢が緊迫，イスラエル軍のシナイ半島侵攻に次いで，イギリス・フランスが派兵した。イギリス・フランスの拒否権で，安全保障理事会の機能がマヒしたため緊急特別総会が開かれ，即時停戦，3国軍隊のエジプトからの撤退，国連緊急軍の派遣を決議した。インド・スウェーデンなど10か国からなる国連緊急軍は，軍隊撤退と停戦監視を通じて，中東での秩序維持に貢献した。

国連キプロス平和維持軍 C (こくれん-へいわいじ
ぐん) 1964年以降，国連が地中海のキプロ
ス島に派遣している平和維持軍。1960年
にイギリスから独立したキプロスでは，ト
ルコ系とギリシャ系の住民が対立，1963
年に内戦状態に突入した。安全保障理事会
はキプロス政府の要請を受け，1964年に
平和維持軍の派遣を決議した。当初は3
か月の予定だったが，現在も継続して駐留
している。

国連レバノン暫定軍 C (こくれん-ざんていぐん)
1978年以降，国連がレバノン南部に派遣
している平和維持軍。1978年，パレスティ
ナゲリラによるテロ行為の報復として，イ
スラエル軍がレバノン南部に侵攻した。安
全保障理事会はレバノン政府の要請を受け，
イスラエルに対する軍事行動の即時停止と
撤退の要求，レバノン暫定軍の派遣を決議
した。暫定軍はイスラエル軍撤退後も，現
在なお駐留を続けている。

国連休戦監視機構 C (こくれんきゅうせんかんしきこ
う) 国連がエジプト・レバノン・イスラエ
ルなどに派遣している停戦監視団。国連最
初の平和維持活動。1948年，アラブ諸国
とイスラエルの第一次中東戦争の際，パレ
スティナ休戦を監視するために設置された。
現在も活動を続けている。

国連イラン・イラク軍事監視団 (こくれん-ぐ
んじかんしだん) 1988年から1991年まで，国連
がイラン・イラク国境に派遣した監視団。
1987年，安全保障理事会は，1980年以来
戦争を続けてきたイラン・イラク両国に対
して，即時停戦と国境線までの撤退を求め
る決議を採択した。両国の停戦決議受諾を
受けて，1988年に26か国からなる監視団
が編成され，1991年まで停戦と撤退監視
にあたった。

**国連アフガニスタン・パキスタン仲介
ミッション** (こくれん-ちゅうかい-) 1988年から
1990年まで，国連がアフガニスタン・パ
キスタン国境に派遣した監視団。1979年
のソ連の侵攻によって発生したアフガニス
タン問題は，1988年にアフガニスタン和
平協定が結ばれた。この協定の実施を監視
するため，オーストリアなど10か国で構
成された監視団が派遣された。

国連カンボジア暫定統治機構 B (UNT

AC C) 〔U.N. Transitional Authority
in Cambodia〕(こくれん-ざんていとうちきこう) ア
ンタック。1992年設置。カンボジア内戦
の停止と新政府樹立に関する活動を任務と
するPKO。選挙監視，難民帰還，文民警
察，国土の復旧などの任務にあたった。日
本が中心的役割を果たした。

国連東ティモール暫定行政機構 (こくれんひが
し-ざんていぎょうせいきこう) 1999年の住民投票で
インドネシアからの独立を求めた東ティ
モールが，独立国家の体制が整うまで行政
を担当する機関として国連が設置。2002
年の独立後も，2度にわたって派遣。

国連待機軍 (こくれんたいきぐん) スウェーデン・
ノルウェー・フィンランド・デンマークな
どの北欧諸国やカナダが，国連の平和維持
活動に派遣するため，自国内に待機させて
いる軍隊をさす。

国連協力

国連海洋法会議 C (こくれんかいようほうかいぎ) 海
洋についての国際的秩序を確立するため，
国連主催で開かれた国際会議。第1次海
洋法会議(1958年)では，領海・公海・漁
業資源保存・大陸棚の四つの条約が採択さ
れた。第2次(1960年)では，みるべき成
果はなかった。第3次(1973～82年)では，
公海自由の原則の再検討をおこない，海洋
資源の再分割の方向を見いだそうとした。
そして1982年，国連海洋法条約を採択し
た。この条約では領海の幅員を12海里と
し，その外側に基線から24海里までの接
続水域を認めるとともに，200海里の排他
的経済水域や，国際海峡，群島水域を設定
した。大陸棚の詳細な境界や深海底資源の
共同開発なども定められた。条約は1994
年に発効，日本は1996年に批准した。

ナイロビ宣言 (-せんげん) 1982年，ナイロビ
の国連環境会議で出された宣言。国連人間
環境会議の10周年を記念して開催された。
人間環境会議からとられた措置を総括し，
以後の10年を展望した。この宣言では，
オゾン層の破壊，炭酸ガス濃度の増大，酸
性雨・水汚染・砂漠化など，地球環境の現
状に重大な懸念を表明し，その保全・改善
の努力を各国政府や国民に要請，具体的な
提言をおこなった。

かけがえのない地球 <u>C</u> [only one earth]
（-ちきゅう）　1972年，スウェーデンのストックホルムで開催された国連人間環境会議のスローガン。このスローガンの背景には，「宇宙船地球号」（アメリカの経済学者ボールディングらの言葉）が示すように，公害などによって破壊されてきた地球上の環境を，人類全体で分かちあって有効に活用し，美しい地球を将来の世代に残そうという考え方がある。

　　　　　　　類 宇宙船地球号① 　ボールディング①

世界人口会議 <u>C</u>（せかいじんこうかいぎ）　国連が国際人口年（1974年）に，世界の人口問題を討議するためにルーマニアのブカレストで開いた会議（第1回）。各国政府の人口問題を担当する代表者の会議で，人口分野における行動の指針となる「世界人口行動計画」を採択した。1984年に第2回会議がメキシコシティで，1994年には第3回会議がエジプトのカイロで開かれた。

世界食糧会議（せかいしょくりょうかいぎ）　1972〜73年の世界的な異常気象による食料危機を背景に，食料問題の国際協力をはかるため，1974年にローマで開かれた国連主催の会議。130か国が参加。「飢餓及び栄養不良解消に関する世界宣言」を採択した。この会議の決定に基づき，国連総会は食料問題に対する調整機関として世界食糧理事会（WFC）を，また食料生産を高めるため発展途上国へ資金を供与する国際農業開発基金（IFAD）を設立した。

世界人権会議（せかいじんけんかいぎ）　世界人権宣言の45周年記念と国際先住民年をふまえ，1993年にウィーンで開かれた国連主催の国際会議。171か国の国家代表や800をこえるNGOが参加した。会議では人権の普遍性が確認され，女性・障害者・子ども・先住民らの人権の重要性が言及された。そして最終文書として，ウィーン宣言および行動計画が採択された。なお，最初の世界人権会議は1968年にテヘランで開かれた。　☞ p.347（国連人権高等弁務官）

　　　　　　　　　　　類 ウィーン宣言 s

世界女性会議 <u>C</u>（せかいじょせいかいぎ）　国際婦人年（1975年）の年に国連主催で，メキシコシティにおいて第1回会議が開かれ，133か国が参加した。会議では，男女平等について

いての国家の責任と，性別役割分業の変革が必要であることが強調された。その後，1980年にコペンハーゲンで第2回会議が，85年にはナイロビで第3回会議が，1995年には北京で第4回会議が，さらにニューヨークで女性2000年会議が，それぞれ開かれた。

国連インドシナ難民会議 <u>B</u>（こくれん-なんみんかいぎ）　ヴェトナム・ラオス・カンボジアから流出したインドシナ難民の問題を解決するため，1989年にジュネーヴで開かれた会議。難民問題の解決をめざす包括的行動計画を採択した。

地球環境保全に関する東京会議（ちきゅうかんきょうほぜん-かんとうきょうかいぎ）　1989年，日本政府と国連環境計画（UNEP）が共催した国際会議。この会議には23か国の環境行政の責任者や環境問題研究者らが出席し，地球規模の環境破壊にどのような政策や技術で対応すべきかを話しあい，熱帯林の保全や，発展途上国の開発と環境汚染などについての提言を採択した。

国連開発の10年（こくれんかいはつねん）
　☞ p.411（国連開発の10年）

国際人口年（こくさいじんこうねん）　爆発的に増加する世界の人口問題の解決に向け，1年間を通じて国際協力をすすめるために，国連が1974年に設定した。この年，国連主催の世界人口会議が，ルーマニアの首都ブカレストで開かれた。

国際婦人年（こくさいふじんねん）　国連が全世界における男女平等をめざして，1975年に設定した。「平等・発展・平和」をスローガンに，社会のあらゆる分野に女性が参加してその発展をすすめ，男女平等を促進することを目的とした。

国際児童年（こくさいじどうねん）　子どもの権利をうたった「子どもの権利宣言」（1959年の国連総会で採択）の20周年を記念し，1979年に国連が設定した。特に，発展途上国の子どもたちが置かれている厳しい状況が再認識され，各国政府や国連機関などが子どものための政策・事業を具体化する契機となった。1989年の国連総会で，「子どもの権利条約」が採択された。

国際障害者年 <u>C</u>（こくさいしょうがいしゃねん）　障害者に対する理解と協力をはかるため，国連

が1981年に設定した。障害のあるすべての人々の社会における「完全参加と平等」をテーマに，さまざまな取り組みがおこなわれ，障害者自身による国際組織である障害者インターナショナルが結成された。翌1982年の国連総会では，「障害者に関する世界行動計画」が採択された。

国際青年年　（こくさいせいねんねん）　世界人口の約2割を占める青年（国連の規定では15〜24歳）の，社会発展や世界平和実現における重要性を再認識し，国連が1985年に設定した。「参加・開発・平和」をテーマに世界各国でさまざまな行事がおこなわれた。

国際平和年　（こくさいへいわねん）　「平和に生きる世界づくり」をテーマに，国連は1986年を平和推進のための行動年とした。積極的に世界の人々が平和に生きていけるような状況をつくるため，幅広い取り組みがおこなわれた。

国際識字年　（こくさいしきじねん）　世界の識字についての認識と識字率を向上させるために，ユネスコの提唱で，国連が1990年に設定した。識字とは，文字を読み書きできることで，それによって人間の全体的な能力の開花につながる。当時，69億人に達した人類のうち，非識字者は8億8000万人，そのうち半数以上が女性だとされた。ユネスコでは，識字教育の一環として「世界寺子屋運動」をおこなっている。

国際先住民年　（こくさいせんじゅうみんねん）　さまざまな差別や抑圧に直面する世界各地の先住民の人権問題を解決するため，1993年に国連が設定した国際年。この年，国連主催の世界人権会議がウィーンで開かれた。

国際協同組合年　（こくさいきょうどうくみあいねん）　株式会社などと異なり，営利を目的としない協同組合の貢献が広く認知されるよう，国連が2012年に設定。世界各地でさまざまな記念事業などが取り組まれた。

国際デー　（こくさい〜）　国際連合が特定のテーマごとに設定した記念の日。たとえば，国連が成立した10月24日が「国連デー」，世界人権宣言の採択された12月10日が「人権デー」という具合に，多くの日時がある。当日はそのテーマについて普及・啓蒙するイベントや取り組みが世界各地でおこなわれる。2011年の国連総会で，毎年10月11日を「国際ガールズデー」とすることが決められた。2012年のこの日には，発展途上国などで多くみられる児童婚（18歳未満の女児の強制結婚）の根絶がよびかけられた。

　　　　　　　　　　圞 国連デー　人権デー

国連ボランティア（UNV）〔United Nations Volunteers〕（こくれん〜）　青年の発展途上国の開発に果たす役割を重視して，国連が1970年に設置した制度。健康で，資質・技能に恵まれた21歳以上の男女を，国連機関や受け入れ国，特に発展途上国が実施する開発プロジェクトに派遣している。この制度は，国連開発計画（UNDP）によって運営されている。

青年海外協力隊 Ⓑ（せいねんかいがいきょうりょくたい）　日本において，独立行政法人の国際協力機構（JICA）が運営している海外ボランティア制度。1965年発足。志願者は190以上の職種から選ぶことができる。現在は，高度な経験や技能を要するシニア海外協力隊の制度も別途存在する。青年海外協力隊・シニア海外協力隊いずれも，対象年齢は20〜69歳。派遣期間は原則2年である。これまでの派遣隊員総数は4万人をこえる。

　　　　圞 国際協力機構 Ⓑ（JICA Ⓑ）
　　　　　　　シニア海外ボランティア

平和の配当　（へいわ〜はいとう）　冷戦終結後にあらわれた，軍事予算を削減してそれらを経済・社会開発に振り向けようという考え方。最初，アメリカで始まったが，現在では国連などでも議論されている。

④ 国際政治の動向

二つの世界の対立

二つの世界　（ふたつ〜せかい）　第二次世界大戦後に成立した，アメリカ合衆国を頂点とする資本主義陣営（西側陣営）とソ連を頂点とする社会主義陣営（東側陣営）間の政治勢力の対立した状況をいう。一方，この二つの世界にはさまれながら，東西どちらの陣営にも属さないアジア・アフリカ・ラテンアメリカを中心にした発展途上諸国が勢力をまし，第三世界を形成した。

東西問題　（とうざいもんだい）　東西対立ともいう。

年	事　項
1945	第二次世界大戦終結
1947	トルーマン-ドクトリン。マーシャル-プラン。コミンフォルム結成
1948	朝鮮，南北に分断。ベルリン封鎖
1949	NATO結成。中華人民共和国成立
1950	朝鮮戦争（〜53年）
1951	サンフランシスコ講和条約調印
1954	ジュネーブ協定（インドシナ休戦）
1955	A・A（バンドン）会議。ワルシャワ条約機構成立
1956	ハンガリー事件
1962	キューバ危機
1965	ヴェトナム戦争激化（〜75年）
1968	チェコ事件（プラハの春）
1969	中ソ国境紛争
1972	ニクソン米大統領訪中
1973	東西両ドイツ，国連加盟。第四次中東戦争
1979	米中国交正化。ソ連，アフガニスタンに侵攻
1980	イラン・イラク戦争（〜88年）
1989	ベルリンの壁開放。東欧諸国民主化。マルタ会談
1990	東西ドイツの統一
1991	湾岸戦争。ワルシャワ条約機構解体。南北両朝鮮，国連に同時加盟。ソ連解体
1992	ユーゴスラヴィア解体，内戦へ
1993	イスラエルとPLO，相互承認
2001	米同時多発テロ事件
2003	米英軍など，イラク攻撃（イラク戦争）
2011	中東・北アフリカ諸国で政治変革。シリア内戦
2022	ロシアがウクライナに侵攻

▲ 戦後国際政治の推移

第二次世界大戦後の，西側陣営（アメリカを中心とした資本主義陣営）と東側陣営（ソ連を中心とした社会主義陣営）間の対立から生じた問題。

資本主義陣営 ◯（しほんしゅぎじんえい）　西側陣営。資本主義経済に支えられたアメリカ・西欧諸国・日本などの国をさす。第二次世界大戦中は，日本・ドイツ・イタリアなどのファシズム勢力とアメリカ・イギリス・フランスなどの反ファシズム勢力に分裂したが，戦後はソ連など社会主義陣営に対抗するため，アメリカを中心に団結した。
同 西側陣営

社会主義陣営 ◯（しゃかいしゅぎじんえい）　東側陣営。1917年のロシア革命によって，ソ連が社会主義経済体制を志向する史上初の国家として登場した。第二次世界大戦後は，社会主義国が，東欧・中国・北朝鮮・ヴェトナム・キューバなどに拡大し，資本主義陣営に対抗する大きな勢力が形成された。しかし，ソ連の崩壊や東欧諸国の体制移行などで，社会主義国は激減した。
同 東側陣営 ◯

ヤルタ会談 Ｂ（-かいだん）　第二次世界大戦末期の1945年2月，クリミア半島のヤルタで大戦終結と戦後処理のため，F．ローズ

ヴェルト・チャーチル・スターリンがおこなった会談。国際連合の設立やドイツの分割管理などが決定されたほか，秘密協定としてソ連の対日参戦，千島列島と南樺太のソ連への帰属などが約束された。

ヤルタ協定 ◯（-きょうてい）　ヤルタ会談で取り決められた秘密協定。国連安全保障理事会の常任理事国に拒否権を認めることや，日本に対する協定（ソ連が対日参戦すること，その際に南樺太や千島列島のソ連領有を認めること）などが合意された。

チャーチル Ｂ[Sir Winston Churchill, 1874〜1965]　反共・反ファシズムの精神でイギリスの政界をリードした保守党の政治家。ドイツへの宥和政策を批判して，英仏ソの同盟を主張。1940年，ドイツ軍の猛攻でイギリスが危機に陥ると，チェンバレンと交代して首相の座についた。戦後は反ソ連の先頭にたち，1946年にはアメリカでの演説で，社会主義陣営の閉鎖性を「鉄のカーテン」とよんで非難した。

ローズヴェルト Ａ③[Franklin Delano Roosevelt, 1882〜1945]　アメリカ合衆国第32代大統領。民主党。1929年に始まった世界大恐慌への対策として，TVA（テネシー川流域開発公社）のような公共事業による失業対策などを柱とするニュー-ディール政策を実施した。対外的には善隣外交政策を推進，他国との関係を強化した。アメリカ史上初の4選を果たし，第二次世界大戦中は，ファシズムに対決する姿勢でリーダーシップを発揮した。

スターリン ◯[Iosif Vissarionovich Stalin, 1879〜1953]　ソ連共産党の指導者。レーニンの死後，その後継者としてソ連の政治動向に大きな影響を与えた。1936年の憲法（スターリン憲法）を起草した。1930年代初めに事実上の個人独裁を敷き，ソ連の工業化，農業の集団化を推進。反対派への大量粛清，強引な農業の集団化など，社会主義のマイナスイメージができあがる原因をつくった。死後，フルシチョフらに専制支配を批判された。

鉄のカーテン Ｂ[iron curtain]（てつ-）　チャーチルが1946年にアメリカでの演説で初めて使った表現。東西両陣営の境界に設けたソ連側の厳しい封鎖線に対し，皮肉

をこめて「北はバルト海のシュテッチンから，南はアドリア海のトリエステに至るまで，鉄のカーテンがおろされている」と述べた。

冷戦 **Ａ**⑨[cold war] （れいせん） 冷たい戦争。アメリカの政治評論家リップマンが自著の表題に用いて知られるようになった。米ソの対立を軸として，第二次世界大戦後まもなく生じた東側陣営と西側陣営との対立。東西冷戦ともいい，熱戦[hotwar]に対して，戦争にまでは至らない対立という意味で用いる。東欧や中国での共産党政権の成立，朝鮮戦争・スエズ戦争・ベルリン封鎖など，東西両陣営の対立は深まり，キューバ危機で核戦争直前にまで達した。

同冷たい戦争　東西冷戦**Ｃ**

インドシナ戦争 **Ｃ**（－せんそう） ヴェトナムの民族独立の戦い。日本が第二次世界大戦で敗れた直後の1945年，ヴェトナム民主共和国が独立を宣言した。しかし旧宗主国フランスはこれを認めず，1946年にヴェトナムとフランスとの間で戦争が始まった。1954年，ジュネーヴ会議で休戦協定が結ばれ，フランスはヴェトナムから撤退した。

トルーマン－ドクトリン **Ａ**[Truman Doctrine] アメリカ大統領トルーマンが1947年，共産勢力の伸長が著しいギリシャ・トルコへの軍事的・経済的な援助を声明。ソ連などの東側陣営拡大に脅威を感じたアメリカによる対ソ封じこめと，冷戦政策の開始の合図となった宣言。封じこめ政策。

同封じこめ政策②

マーシャル－プラン **Ａ**②[Marshall Plan] アメリカ国務長官マーシャルが1947年に発表した欧州経済復興援助計画。東西両陣営の対立のなかで，ヨーロッパの第二次世界大戦後の経済復興をアメリカの援助で実現しようとしたもの。西ヨーロッパ16か国が受け入れたが，ソ連と東ヨーロッパ諸国は拒否。しだいにヨーロッパの対米従属・対ソ防壁のための軍事援助的性格を強めた。1951年末に終了。

東西ドイツ分裂 （とうざい－ぶんれつ） 第二次世界大戦によるナチス－ドイツの敗北後，ドイツは東側をソ連，西側をアメリカ・イギリス・フランスの3か国の共同管理とされ

た。東西両陣営の対立激化や冷戦体制の下で，東西ドイツがほぼ同じ時期に別々の国家を樹立し，分裂国家のまま1973年，国連に同時加盟した。冷戦の終結にともない，1990年に東西ドイツは再統一された。

ベルリン封鎖 **Ｃ**（－ふうさ） 1948年4月～1949年5月，ソ連が西ドイツからベルリンへの交通を全面封鎖。西側は空中輸送で食料や燃料を西ベルリンに運び，東西両陣営の武力衝突の危機が高まった。封鎖のきっかけは，西側陣営（米・英・仏）がソ連に無通告で西ドイツの通貨改革を実施したため，ソ連側は西ドイツ政府樹立をくわだてる計画とみて反発した。

ベルリンの壁構築 ①（－かべこうちく） 1961年，東ドイツ政府によって構築された壁。東から西への脱出を防ぐため，西ベルリンを囲む形で約155キロにわたって設けられた。ドイツの東西分断後の1949～61年に，200万人以上の若年・熟練労働者や知識人などが東から西へ逃れたとされる。

朝鮮戦争 **Ａ**③[Korean War] （ちょうせんせんそう） 第二次世界大戦後，朝鮮半島には38度線をはさんで，北はソ連軍，南はアメリカ軍が駐留した。その後，南に大韓民国（韓国），北に朝鮮民主主義人民共和国（北朝鮮）が成立。1950年，北朝鮮が南進して両国間で軍事衝突が起こると，南にはアメリカ軍，北には中国義勇軍が加わり，激しい戦争となった。1951年以降，戦線は38度線周辺で膠着（こうちゃく）状態となり，戦争は泥沼化したが，1953年に休戦協定が成立した。韓国では「六・二五動乱」とよばれる。

朝鮮戦争休戦協定 （ちょうせんせんそうきゅうせんきょうてい） 1951年7月から始まった朝鮮戦争の休戦会議は，アメリカと中国の対立で難航したが，2年後の1953年7月に休戦協定が成立した。その後，38度線を斜めによぎる軍事境界線（休戦ライン）が敷かれ，朝鮮半島は南北分断国家が固定化された。正式な終戦協定が結ばれていないため，国際法上は交戦状態が継続していることになっている。2018年におこなわれた南北朝鮮首脳会談では，終戦を宣言して休戦（停戦）協定を平和協定に転換することなどで合意した。

二つの朝鮮 （ふた－ちょうせん） 朝鮮半島では，

朝鮮戦争の休戦協定によって38度線で南北に民族が分断され，二つの朝鮮として今日に至っている。2000年6月，南北朝鮮首脳会談が平壌（ピョンヤン）で開かれ，「統一朝鮮」へむけて動きだしたが，その後具体的な進展がない。

分断国家（分裂国家）（ぶんだんこっか）（ぶんれつこっか）　第二次世界大戦後の冷戦下で，米ソ二大強国の世界戦略（代理戦争）によって政治的・人為的に分断が固定化されてしまった国家のこと。南北ヴェトナム・南北朝鮮・東西ドイツなどである。しかし，ヴェトナムは1975年に統一され，東西ドイツも1990年に統合された。朝鮮半島でも，2000年に南北首脳会談が実現するなど，対話が進んだが，統一は実現していない。

中華人民共和国の成立（ちゅうかじんみんきょうわこくせいりつ）　日本が第二次世界大戦で敗北して以降，中国では国民党と共産党による内戦が激化し，1949年10月1日，毛沢東（マオツォトン）（ツォートン）が率いる共産党を中心とする勢力が勝利をおさめ，中華人民共和国の成立を宣言した。敗れた蔣介石（チァンチェシー）（チェシー）ら国民党の勢力は，台湾に逃げのびた。

北大西洋条約機構A⑥（NATOA⑧）　[North Atlantic Treaty Organization]（きたたいせいようじょうやくきこう）　北米および欧州諸国によって構成される軍事同盟。略称はNATO（ナトー）。1949年，西側諸国が東側諸国に対抗するために設立したもの。冷戦終結後は，周辺地域の紛争予防や紛争介入に重点を移した。これまで，ボスニアヘルツェゴビナ紛争，コソボ紛争，アフガニスタン紛争などに介入している。ソ連崩壊以降，旧東側諸国が次々とNATOに加盟。また，2022年ロシアのウクライナ侵攻に伴って，北欧諸国もNATO加盟申請の動きを見せている。発足当初の加盟国数は12だったが，2023年現在は31にまで拡大した。

太平洋安全保障条約③（ANZUS）（たいへいようあんぜんほしょうじょうやく）　アンザス。オーストラリア（A），ニュージーランド（NZ），アメリカ（US）の3か国で，1951年に結成。太平洋反共軍事同盟の一つとされるが，1980年代にニュージーランドが反核政策を実施し，亀裂が入った。

東南アジア諸国連合A④（ASEANA④）　[Association of South-East Asian Nations]（とうなん-しょこくれんごう）　東南アジア諸国によって構成される政治経済上の国家連合。1967年にインドネシア・タイ・シンガポール・マレーシア・フィリピンの5か国で結成。その後，拡大を続け，2023年現在は10か国で構成。2022年時点のGDP合計は約10兆ドルで，世界GDPの約7％を占める。ただし，拡大に伴って，加盟国間の経済格差や民主主義水準の違いなど「ASEANディバイド」と呼ばれる問題も生じている。現在，東ティモールが正式加盟を希望しているが，同国と対立しているインドネシアが難色を示すなど，不透明な状況にある。

　　　　　　　　圏ASEAN共同体C
　　　　　　　　ASEANディバイド①

ASEAN地域フォーラムB③（ARFB③）（-ちいき-）　ASEANが域外国を招くかたちで，安全保障に関する情報・意見を交換する場として1994年に発足した組織。ASEAN10か国とアメリカ・中国・日本・韓国・北朝鮮など合計26か国と欧州連合が参加している。北朝鮮が恒常的に加わる唯一の安保対話枠組みで，アジア・太平洋地域における多国間平和構築の先例とされる。

東南アジア友好協力条約（TAC）（とうなん-ゆうこうきょうりょくじょうやく）　平和の地域共同体づくりをめざし，ASEAN原加盟国が1976年に締結した条約。戦争の放棄などを明記している。1987年から加入資格を域外の国にも開放した。ASEAN10か国のほか，日本・中国・韓国・ロシア・オーストラリアなどが加入。2008年に北朝鮮が，09年にはアメリカも加わり，現在36か国と欧州連合からなる。

ルック-イースト政策（-せいさく）　1980年代，当時のマレーシア首相マハティール＝ビン＝モハマド（Mahathir Mohamad, 1925〜）が推進した近代化政策であり，日本人の協調精神や勤労精神を見習うべきであるとするもの。これ以後，マレーシアから日本に留学する若者の数は激増した。ただし，日本が経済的衰退を始めた2000年代以降は，欧米諸国や中国への留学生割合

が増える一方，日本への関心は失われている。マハティール自身も，近年は「ルック-イーストとは，日本の失敗から学び，同じ過ちをしないことも意味する」と述べている。

米州機構©②（ＯＡＳ©②）［Organization of American States］（べいしゅうきこう）アメリカ大陸での平和と安全の維持をめざして，1948年に結成された地域的集団安全保障機構。本部はワシントン。平和と安全の維持のほかに，米州諸国間の相互理解の推進と経済・社会・文化的発展も目的にしている。当初はアメリカ合衆国による中南米支配の道具といわれた。現在，米国とカナダ，中南米・カリブ海の計35か国が加盟。キューバは革命後の1962年に脱退したが，アメリカと国交を回復，大使館を相互に再開したり，米大統領のキューバ訪問などがおこなわれた。2017年，ベネズエラが機構からの脱退を表明した。

南米諸国連合（ＵＮＡＳＵＲ）（なんべいしょくれんごう）2008年，南米の12か国で発足。アンデス共同体と南米共同市場を軸に拡大した組織で，社会的・経済的な不平等の根絶や核兵器の廃絶などを共同目標に掲げる。アフリカ連合（ＡＵ）とも「南南協力」などで連携関係にある。

中南米カリブ海諸国共同体（ちゅうなんべいかいしょこくきょうどうたい）中南米・カリブ海地域の全33か国による地域機構。アメリカとカナダを除く枠組みで，2011年に正式発足した。事実上，キューバを排除する米州機構への対抗意識もみられるが，参加国の思惑は一様ではない。

アフリカ統一機構©（ＯＡＵ©）［Organization of African Unity］（-とういつきこう）アフリカ諸国の統一，連帯の促進，主権・領土・独立の確保，アフリカ人民の生活向上，植民地主義の根絶をめざして，1963年に結成された地域的国際機構。モロッコを除くすべての独立国と西サハラ（53か国・地域）が加盟。本部はエチオピアのアディスアベバ。2002年7月，アフリカ連合（ＡＵ）に移行した。

アフリカ連合Ｂ②（ＡＵＢ②）［African Union］（-れんごう）2002年にアフリカ統一機構から移行。55か国・地域が加盟。最

高機関である首脳会議のほか，国家をこえた全アフリカ議会・裁判所などをもつ。ＥＵ（欧州連合）を手本にした共同市場の創設や通貨統合などもめざしている。2017年，モロッコの加盟が承認された。

コミンフォルム　Ａ［Cominform］1947年，マーシャル-プランに対抗し，東欧諸国の結束をはかるためにソ連が設けた各国共産党の連絡・提携強化をうたった機関。国際共産党情報局といわれる。1956年に解散。

経済相互援助会議Ｂ（ＣＯＭＥＣＯＮＢ）［Council for Mutual Economic Assistance］（けいざいそうごえんじょかいぎ）コメコン。1949年，ソ連と東欧諸国の間でつくられた東側陣営の経済協力組織。社会主義的国際分業体制の確立をめざしたが，実質的にはソ連の経済発展に各国が従属させられた。冷戦終結や東欧民主化の流れのなかで矛盾が激化し，1991年に解散した。

中ソ友好同盟相互援助条約（ちゅうソゆうこうどうめいそうごえんじょじょうやく）1950年に締結された。アジアにおける日米安保条約などに対抗する役割を担った。中ソ論争をへて1980年に破棄。その後，2002年に中露善隣友好協力協定を締結した。

ワルシャワ条約機構Ａ②（ＷＴＯＡ④）［Warsaw Treaty Organization］（-じょうやくきこう）東欧友好協力相互援助条約に基づき創設された集団軍事機構。1955年，ＮＡＴＯと西ドイツの再軍備に対抗し，ソ連や東欧8か国で発足。ソ連のペレストロイカ政策と東欧民主化の嵐のなかで，1991年解散。

類 東欧友好協力相互援助条約

ソ連・北朝鮮友好協力相互援助条約（-れんきたちょうせんゆうこうきょうりょくそうごえんじょじょうやく）1961年に結ばれたソ連と朝鮮民主主義人民共和国との条約。韓国における1961年の朴正煕（パクチョンヒ）による軍事クーデタの発生や日韓会談の動きに対抗する意味あいが強かった。1996年に失効。2000年に，ロシアと北朝鮮との間で，新たに口朝友好善隣協力条約が締結。

平和共存

ジュネーヴ会議（-かいぎ）1954年4～7月に開かれたインドシナ戦争の休戦をめぐる

会議。アメリカ・イギリス・フランス・ソ連・中国・南北のヴェトナムなどが参加して休戦協定が結ばれた。この結果，ヴェトナム・ラオス・カンボジアの独立が認められた。アメリカは調印を拒否。

四大国巨頭会談 [2]（よんたいこくきょとうかいだん）
1955年7月，アイゼンハウアー（米大統領），イーデン（英首相），フォール（仏首相），ブルガーニン（ソ連首相）がジュネーヴに集まり，同年4月に開かれたアジア・アフリカ会議（バンドン会議）に対処する欧米側の姿勢を討議した会談。国際紛争を話し合いで解決する機運を高めたが，具体的成果は得られなかった。

平和共存 **C**（へいわきょうぞん）
異なる社会体制の国家が戦争で敵対することなく，平和的な競争を通じてともに地球上に存在できる，とする考え方。ソ連首相フルシチョフが，外交政策に積極的に採用した。

デタント **B**[1]（緊張緩和 **B**[1]）[détente]
（きんちょうかんわ）　東西両陣営の対立・冷戦がゆるみ，交渉や対話など友好的な外交関係が生まれる過程をさす。キューバ危機（1962年）後に，ド−ゴール仏大統領が用いてから一般化した。1972・73年の米ソ首脳の相互訪問による核不戦協定などはその代表例。しかし，ソ連のアフガニスタン侵攻（1979年）以降，アメリカが対ソ不信を示し，新冷戦とよばれる緊張状態が再発した。1985年，ゴルバチョフがソ連共産党書記長に就任したあと，再びデタントへと向かった。なお，旧ソ連の作家がスターリン死後の解放的な雰囲気を描いた小説の題名から「雪どけ」とよぶ場合もある。

同「雪どけ」**C**

レバノン内乱（-ないらん）
1958年5月，親西側政権への国内の反発が暴動化し，さらに7月のイラク革命の影響で内乱に発展した。革命を阻止するため米・英両軍が武力介入したが，国連などの決議で撤兵した。

ド−ゴール [Charles de Gaulle, 1890〜1970]
フランスの政治家。第二次世界大戦中，フランスがナチス−ドイツに降伏後，対独抵抗をよびかけて自由フランス政府をつくる。1944年のパリ解放後，臨時政府主席となったが，制憲議会で自らの案が否決されて1946年に下野した。1958年，ア

ルジェリア紛争の収拾をめざしてフランス政界に再登場，国民投票で第五共和制を樹立し，大統領選に大勝した。アメリカと一線を画する中国承認など，独自外交を展開した。

キューバ革命（-かくめい）
カストロやゲバラらの指導によって，1959年にバティスタ政権を打倒して反帝・反封建の民族主義・民主主義政権樹立を宣言した。この革命は1956年以降，農村を中心に展開されたゲリラによる武装解放闘争として知られる。革命後，アメリカとの国交断絶により，農地改革や砂糖会社の国有化など急速な社会主義化がすすみ，ソ連・東欧諸国などとの結びつきを強めた。

キャンプ−デーヴィッド会談（-かいだん）
1959年，ソ連首相フルシチョフとアメリカ大統領アイゼンハウアーとの会談。米ソ協調の精神が生まれ，ベルリン問題などでの対立はかかえつつも，米ソ「雪どけ」を象徴する会談となった。

フルシチョフ **C**[3][Nikita Khrushchev, 1894〜1971]
ソ連の政治家。スターリン死後の1953年，共産党第一書記に就任。スターリン批判をおこない，1958年には首相を兼務して平和共存政策をかかげた。訪米による米ソ「雪どけ」やデタント（緊張緩和）をもたらし，また「中ソ論争」を引き起こして中国との対立を深めた。農業政策の失敗などで，1964年失脚。

アイゼンハウアー [Dwight David Eisenhower, 1890〜1969]
連合国軍最高司令官として，第二次世界大戦でノルマンディー上陸作戦を指揮し，ナチス−ドイツを倒した。泥沼化した朝鮮戦争の解決をめざし，1952年に共和党候補として米大統領選に出馬，当選した。朝鮮戦争の休戦を実現したが，対東側外交ではダレス国務長官を起用して，「封じこめ政策」から一歩つき進んだ「巻き返し政策」を採用した。巨大な軍事組織と軍需産業が結合した軍産複合体の危険性を警告する一方，原子力発電など原子力の「平和利用」を推進し，国際原子力機関（IAEA）の設立を提唱した。

類巻き返し政策　軍産複合体 **C**

ウィーン会談（-かいだん）
1961年，アメリカ大統領ケネディとソ連首相フルシチョフの

会談。核・軍縮・ドイツ問題などが話し合われたが, 内容は公開されていない。

ケネディ △②[John Fitzgerald Kennedy, 1917〜63] 民主党出身のアメリカ第35代大統領。「ニュー-フロンティア」をキャッチフレーズに米大統領選に出馬して当選した。キューバ危機を切りぬけ, 部分的核実験禁止条約の調印などに成果をあげたが, 1963年11月に暗殺された。

キューバ危機 △③(-きき) 1962年10月, キューバに建設中のソ連のミサイル基地の撤去をアメリカ大統領ケネディが要求し, キューバを海上封鎖した。「核兵器の使用も辞さない」との決意を公表, あわや米ソ核戦争一歩手前まで緊張は高まった。しかし, ソ連首相フルシチョフが譲歩, ミサイル撤去を約束した。アメリカもキューバ不可侵を約して, 危機は回避された。

ホットライン ⊂[hotline] ホワイトハウス(アメリカ大統領執務室)とクレムリン(ロシア大統領執務室)など, 主要国首脳間を直接結ぶ回線のこと。核兵器による誤爆戦争などを回避するのが目的。キューバ危機後の1963年, 米ソ間で初めて設置。
〖同〗**直通回線**

ヴェトナム戦争 △②[Vietnam War] (-せんそう) 1954年のジュネーヴ協定によって南北分断国家となったヴェトナムでは, アメリカが共産主義化を防ぐという名目で, 南ヴェトナム独裁政権にテコ入れをおこなった。その後, 南ヴェトナム解放民族戦線を主体とする反米・反独裁の国民運動がもり上がると, アメリカは1965年, 北ヴェトナム爆撃(北爆)を開始, 最大時で50万をこえる大軍を投入したが, 北ヴェトナムと解放民族戦線側は根づよく抵抗した。戦争の長期化とともに, 内外から反米・反戦の声が高まり(ヴェトナム反戦運動), 1973年に和平協定が結ばれ, アメリカ軍は撤退した。1975年に南ヴェトナム政権が崩壊, 翌1976年には南北を統一したヴェトナム社会主義共和国が成立した。この戦争の過程で, 沖縄県の米軍基地などが使用された。
〖類〗**北爆 ヴェトナム反戦運動**

ブレジネフ-ドクトリン [Brezhnev Doctrine] ソ連共産党書記長ブレジネフ

が主張した制限主権論。社会主義陣営の全体の安全と利益のために, 一国の社会主義国の主権は制限を受けることもやむをえないというものである。1968年のソ連のチェコスロヴァキアへの軍事介入を正当化する論拠に使われた。

東西ドイツ基本条約 (とうざい-きほんじょうやく) 1972年に調印された東西両ドイツ相互間の国家承認などを内容とする条約。1969年に西ドイツに登場したブラントを首相とする社会民主党政権は, 東側陣営との緊張緩和をめざす東方政策(東方外交)を推進, この条約にまで到達した。この結果, 敵対関係にあった東西両ドイツの国連同時加盟が1973年に実現した。
〖類〗**東方政策(東方外交)**

欧州安全保障協力機構②(**OSCE**⊂②) [Organization for Security and Cooperation in Europe] (おうしゅうあんぜんほしょうきょうりょくきこう) 欧州の地域的安全保障機構。1975年にヘルシンキで開かれた, アメリカ・旧ソ連を含め欧州35か国による全欧安全保障協力会議(CSCE)が前身。1995年, 現在のOSCEに改組された。57か国が加盟, 日本もオブザーヴァーとして参加している。世界最大の地域的集団安全保障システムとなっており, 第二次世界大戦後のヨーロッパに新たな歴史を切り開いた意義は大きい。
〖類〗**全欧安全保障協力会議**⒝⑤(**CSCE**⒝⑤)

ヘルシンキ宣言 ⊂(-せんげん) 1975年, 全欧安全保障協力会議で調印された文書。第二次世界大戦後, 統一ドイツの脅威をおさえて, 現在ある国境の承認・維持および人権の尊重などが宣言された。また, 世界の平和と安全の強化のために, 信頼の醸成をうながす措置(軍事演習や軍隊の移動の事前通告など)が盛りこまれた。

多極化の動き

二極構造 (にきょくこうぞう) 第二次世界大戦後, 米国主導の西側陣営とソ連主導の東側陣営とに国際社会がブロック化した現象。戦後, 東ヨーロッパや中国・朝鮮半島・ヴェトナムなどに社会主義勢力が拡大すると, アメリカはこれを脅威と受けとめ, 西側陣営の団結を固めていった。一方, ソ連を中心と

する東側陣営もそれに対抗し，同盟国の連携を強化した。この二極構造は，基本的には1991年にソ連が解体するまで続いた。

多極化 **B**（たきょくか）　1960年代から，米ソの強い影響力から離脱し，自主的な動きをめざす国が多くなった現象をさす。西側陣営ではアメリカのヴェトナム戦争への軍事介入に対する西欧各国の批判や，経済力の相対的低下（双子の赤字）も重なって，アメリカの主導権は弱まった。フランスのNATO軍事機構からの脱退や部分的核実験禁止条約への不参加，西ドイツや日本などの経済力の回復・強化なども，多極化をうながす要因となった。東側陣営でも中ソ対立が決定的となり，また東欧ではソ連の圧力から脱出をめざす動き（ハンガリー事件・チェコ事件）がみられるようになった。こうして国際政治は，第三世界の形成も含め，多極化の時代へとむかった。

欧州経済共同体 **B** ②（ＥＥＣ **B** ②）〔European Economic Community〕（おうしゅうけいざいきょうどうたい）　1952年に発足したＥＣＳＣ（欧州石炭鉄鋼共同体）を母体とし，その加盟6か国で1958年に結成された。ヨーロッパ共同市場ともいう。6か国とはフランス・西ドイツ・イタリアとベネルックス3国。米ソにつぐ第三の経済圏をめざし，1967年にＥＣ（欧州共同体）へ，さらに1993年にはＥＵ（欧州連合）へと発展した。
類**欧州石炭鉄鋼共同体** **B**（ＥＣＳＣ **B**）

中ソの対立 **B**（ちゅうそ-たいりつ）　スターリン批判（1956年）以後に起こった社会主義の路線をめぐる中国とソ連との対立をいう。「中ソ論争」をへて，やがて軍事的にも両国がにらみあう状況にまで発展した。スターリン死去後，ソ連は西側との平和共存路線をめざし，これに中国が反発した。これが両国対立の始まりである。その後，キューバ危機におけるソ連の妥協的対応にも中国は反発。さらに，米ソが歩み寄った部分的核実験禁止条約にも中国は不参加を決定した。
類**中ソ論争** **C**

中華人民共和国の国連復帰（ちゅうかじんみんきょうわこく-こくれんふっき）　1971年の国連総会で，国連の中国代表権問題に関して，中華民国（台湾）の代わりに中華人民共和国を招請するというアルバニア案が可決された。ここに，中華人民共和国の国連への復帰が実現した。

ニクソン米大統領の訪中（-べいだいとうりょう-ほうちゅう）　1972年，米大統領ニクソンが突然中国を訪れ，毛沢東ら中国指導部と会談。上海コミュニケ（米中共同声明）を発表した。ニクソン訪中は，それまでの米中関係がアジアの冷戦の主要因となってきただけに注目をあびた。1979年には米中国交正常化が実現し，台湾とは断交した。
類**上海コミュニケ**

米中国交正常化 **C**（べいちゅうこっこうせいじょうか）　1972年のニクソン大統領，1974年のフォード大統領の訪中をへた1979年，カーター政権下で両国の国交正常化が実現した。

ヴェトナム和平協定（-わへいきょうてい）　ヴェトナム戦争終結をめぐるヴェトナム民主共和国・南ヴェトナム臨時革命政府・アメリカ政府・南ヴェトナム共和国政府の4者による協定。1973年にパリで締結。ヴェトナム人民の民族自決権尊重，敵対行為の停止，米軍の撤退などを内容とする。

東ヨーロッパの自立化（ひがし-じりつか）　第二次世界大戦後に成立した東欧の社会主義諸国のなかでの，ソ連の大国主義的押しつけ（スターリン主義）に反発する動きをとらえた言葉。ユーゴスラヴィアのコミンフォルム除名（1948年），ハンガリー事件（1956年），チェコ事件（1968年）などがそれにあたる事例である。

ハンガリー事件 **B** ③（-じけん）　1956年，スターリン批判をきっかけにハンガリーで自由化の要求が強まり，首都ブダペストで大衆が蜂起した事件。これを西側陣営の謀略とみたソ連は，軍事介入にふみ切り，自由化の動きを封じた。

チェコ事件 **C**（-じけん）　チェコスロヴァキアで1968年に起こったソ連などによる弾圧事件。ドプチェクを中心に「プラハの春」とよばれる自由化・民主化を求める改革の動きが高まると，ソ連はワルシャワ条約機構の5か国軍を動員して軍事介入をおこなった。これによって，チェコの改革派の試みは挫折した。

プラハの春 **B** ②（-はる）　チェコスロヴァキ

アで，保守色が濃いノボトニー政権に対して改革の動きが広がり，1968年春に改革派のドプチェクが政権をにぎった。彼は「人間の顔をした社会主義」をスローガンに，市民の基本的人権の保障，経済改革の推進，西側との経済交流などの改革を進めた。こうした一連の動きを，同国の首都名にちなんで「プラハの春」とよぶ。

連帯 **C**(れんたい)　ポーランドの自主的労働組合。食料品などの大幅値上げへの反対運動をきっかけに，1980年にポーランドで起こった労働者のストライキを指導した。政府側から独立した自主管理労組として公認され，スト権だけでなく経済運営，労組に対する幅広い権限，検閲の制限などをかちとり，ポーランド民主化の中心になった。

ワレサ［Lech Walesa, 1943〜］　ポーランドの造船所電気工の出身で，自主管理労組「連帯」の議長を務めた。その後の東欧民主化のなかで，ポーランド大統領に当選した(1990〜95年)。1983年にノーベル平和賞受賞。

ユーロコミュニズム　［Eurocommunism］一党独裁的・官僚的なソ連型社会主義のあり方を批判したイタリア・フランス・スペインなど西欧共産党の政治路線をいう。プロレタリア独裁の放棄，複数政党制と民主的政権交代を認める議会制民主主義など，民主主義を生かしつつ社会主義をめざした。

カンボジア紛争 **B**(ーふんそう)　カンボジアにおける1978〜91年の内戦。ヘン＝サムリン派(親ヴェトナム)に対する，反ヴェトナム3派(ポル＝ポト派〈親中国〉，ソン＝サン派，シアヌーク派)の戦い。とくに，ポル＝ポト派による虐殺は国際的な非難を受けた。1991年のパリ国際会議で，国連と最高国民評議会が憲法制定議会選挙まで統治することに合意し，内戦は終結した。
　　　　　　图 国連カンボジア暫定統治機構 **B**
　　　　　　　　　　　(ＵＮＴＡＣ**C**)

新冷戦

新冷戦 **A**(しんれいせん)　1979年のソ連のアフガニスタン侵攻にはじまる米ソの対立。アメリカのレーガン政権の「強いアメリカ」をめざす軍備増強政策と，対抗するソ連の軍備増強とが展開された。1985年のゴル

バチョフの登場以降に沈静化した。

第四次中東戦争 **B** **1**(だいよじちゅうとうせんそう)　1973年，エジプトのサダト大統領が失地回復をねらってシリアとともにイスラエルを攻撃，戦争となった。十月戦争ともいう。イスラエルの反撃にあったものの，アラブ産油国とＯＰＥＣ(石油輸出国機構)の石油戦略のおかげで政治的には勝利したとされる。第一次石油危機をまねいた点で，この戦争が持つ国際的影響は大きかった。
　　　　　　　　　　　　　图 十月戦争

天安門事件 **B**(てんあんもんじけん)　中国の天安門広場で，中国当局が民衆を弾圧した2度の事件をさす。第一次天安門事件は1976年4月，周恩来(チョウ・エンライ)首相の追悼をめぐり，北京の天安門広場で故人をしのぶ花輪を公安当局が撤去，これに市民が反発して騒乱となった。この事件で，鄧小平(トンシャオピン)が騒乱の首謀者とされ失脚した。第二次天安門事件は1989年6月4日，天安門広場で平和的に民主化運動を進めていた学生らにむけて，中国人民解放軍が戦車や装甲車をくりだし無差別に発砲，多くの犠牲者を出した。「六・四事件」ともよばれる。西側諸国は中国に対して経済制裁を実施，国際世論も強く批判した。1990年5月に共産党は問題処理をめぐって誤りがあったことを認めたが，事件で逮捕された運動家たちは有罪とされた。
　　　　　　　　　　　　　图 六・四事件

イラン革命 **B** **2**(ーかくめい)　1979年，パーレヴィー国王政権が打倒され，共和制国家に移行したイランの政治的変革。この革命の中心人物が，パリに亡命していた反国王・反米・反イスラエルの象徴であったホメイニである。彼はシーア派(イスラームの少数派)の指導者として，重要な役割を果たした。イランではイスラーム革命という。
　　　　　　图 ホメイニ **C**　图 イスラーム革命

エジプト・イスラエル平和条約 **1**(ーへいわじょうやく)　1979年に締結された条約。パレスティナ問題をめぐって，アラブのリーダーを自任するエジプト・サダト大統領のイスラエル訪問をきっかけに，和平交渉が進展，ワシントンでサダトとイスラエル・ベギン首相との間で平和条約が調印された。これにより，シナイ半島をめぐる両国間の

武力紛争に終止符が打たれた。

ソ連のアフガニスタン侵攻 B 4 (-れん-しんこう)　1979年，ソ連軍がアフガニスタンに軍事介入して，アミン首相を追放，親ソ派のカルマルを政権につけた事件。この軍事介入をソ連側は，両国間の「友好協力条約」によるものと正当化したが，ソ連圏以外の世界各国は認めず，アメリカなどは1980年のモスクワ＝オリンピックをボイコットした。新冷戦の始まりとされた出来事。

　　　　　同 アフガニスタン侵攻 B 5

イラン・イラク戦争 B (-せんそう)　1980年におこったイラン・イラク両国間の武力衝突。この戦争はペルシャ湾内での覇権の争奪戦ともいわれた。戦後のイランでは親米の国王政権がつづいたが，1979年のイラン革命で弱体化したすきに，革命の波及を恐れたイラク軍が大挙侵入，イラン側もこれに応戦した。1988年，国連決議を受け入れて停戦が実現した。戦闘は長期におよんだが，その背景には欧米やソ連・中国などによる大規模な武器輸出があった。また，両国は原油輸出大国であり，原油需給に与える国際的影響も大きかった。この戦争は，1990〜91年の湾岸危機・湾岸戦争へとつながった。

レーガン A [Ronald W. Reagan, 1911〜2004]　1980年の大統領選挙に共和党から立候補，現職の民主党カーターを破り，第40代アメリカ大統領に当選。1984年にも再選された。対ソ強硬路線をとり，軍拡によって「強いアメリカ」の復活をめざしたが，ソ連でゴルバチョフがペレストロイカ政策を打ちだすなかで，米ソ協調路線に変更されていった。

強いアメリカ (つよ-)　アメリカ大統領レーガンが，政策の中心にかかげたスローガン。ヴェトナム戦争敗北後の沈滞ムードと経済力の国際的地位の低下からの再興をめざし，文化的伝統やナショナリズムを背景に，新保守主義の考え方を採用した。

フォークランド紛争 C (-ふんそう)　1982年，イギリスとアルゼンチンがフォークランド（アルゼンチン沖500kmの大西洋上の諸島）の領有をめぐって武力衝突した事件。交戦の結果イギリスが勝利したが，領有権争いは未解決のままである。アルゼンチンでは，フォークランドをマルヴィナスとよぶ。

アンドロポフ [Yurii V. Andropov, 1914〜84]　1982年，ブレジネフ死去にともなうソ連の政権交代で登場した。急死までの短期間，党書記長としてソ連の政治にかかわった。

グレナダ侵攻 C (-しんこう)　1983年，アメリカを中心とした東カリブ海諸国機構軍が，カリブ海の社会主義国グレナダに侵攻，左翼政権を打倒して親米政権を樹立した。国連総会は，侵攻を非難する決議を採択した。

大韓航空機撃墜事件 (だいかんこうくうきげきついじけん)　1983年9月，ソ連領サハリン上空に侵入した大韓航空機が，ソ連側の警告を無視して飛行を続行，ソ連軍によって撃墜され，多数の犠牲者を出した事件。民間航空機を撃墜した点で，人道上批判されるが，侵犯の真の原因は不明である。

第三世界の台頭

第三世界 B 1 (だいさんせかい)　第一世界を西側諸国，第二世界を東側の社会主義，第三世界を発展途上国とする考え方。アジア・アフリカ・ラテンアメリカの発展途上国をさす。これらの国々は第二次世界大戦後に独立した国が多く，国連にも加盟して政治的力量を強めた。1973年の石油危機をまねいた石油戦略の成功，1974年の国連総会での新国際経済秩序（ＮＩＥＯ）の主張など，経済面での「南北格差」を抜本的に改革する発言力も増大している。

植民地 C 2 (しょくみんち)　帝国主義国家（欧米や日本などの列強諸国）によって抑圧・支配を受けていた国のこと。従属国ともいう。逆に植民地を支配した国を宗主国という。

　　　　　同 従属国　対 宗主国

植民地体制の崩壊 (しょくみんちたいせいほうかい)　帝国主義国家（欧米や日本などの列強諸国）によって抑圧・支配を受けていた植民地諸国は，第二次世界大戦後の民族独立運動によって，次々と独立し，今日ではほとんどの植民地が姿を消した。

民族独立運動 (みんぞくどくりつうんどう)　植民地諸国の人民が，帝国主義国家の支配を打ち破って，民族の独立を勝ちとった運動。こ

の運動は，各民族が外部からの強制を受けずに，自民族の意思に基づいて自らの社会や国家を自由に決定する民族自決権に裏づけられている。今日でもカナダ・ケベック州の分離・独立運動，スペインのバスク独立運動，旧ユーゴスラヴィアの各民族独立運動などが展開されている。

植民地独立付与宣言 C (しょくみんちどくりつふよせんげん) 1960年の国連総会で，アジア・アフリカ43か国の共同提案によって採択された宣言。この年は「アフリカの年」といわれ，国際世論をも喚起した。宣言は，あらゆる形態の植民地主義は急速かつ無条件に終結させる必要があるとしている。

アフリカの年 C (-とし) 植民地独立付与宣言をうけて，アフリカの17の植民地が独立を達成した1960年のことをさす。

周恩来 ［1898～1976］(チョウ＝エンライ) 中国共産党の有力な政治家の一人。中華人民共和国の初代首相。1954年のネルーとの平和五原則の合意など，外交面を中心に手腕を発揮した。

ネルー ［Jawaharlal Nehru, 1889～1964］インド国民会議派のリーダーとして，第二次世界大戦前からガンディーらと民族運動を指導した。1947年の独立後は初代首相。米ソ冷戦時代のなかで，発展途上国の政治的リーダーとして，平和共存・非同盟主義などで国際政治に貢献した。1954年には中国の周恩来との間で平和五原則に合意した。

平和五原則 C② (へいわごげんそく) 1954年，周恩来とネルーとの間で合意した原則。領土と主権の尊重，相互不可侵，内政不干渉，互恵平等，平和共存の五つをさす。

アジア・アフリカ会議 A (-かいぎ) A・A会議。1955年にインドネシアのバンドンで開かれたため，バンドン会議ともいう。反帝国主義・反植民地主義・平和共存の強化をうたい，スカルノ大統領のもとアジア・アフリカの29か国首脳が参加した。これは，アジア・アフリカ地域の代表による初の国際会議であり，会議で決定された平和十原則は，その後の世界政治に大きな影響を与えた。2005年と2015年に，それぞれ50周年と60周年を記念して首脳会議が開かれた。

同 バンドン会議 A

平和十原則 B (へいわじゅうげんそく) アジア・アフリカ会議（1955年）で決定された原則。会議のおこなわれた地名をとって「バンドン精神」ともよばれる。平和五原則をふまえ，基本的人権や国連憲章の尊重，人種と国家の平等などをうたっている。

非同盟主義 C (ひどうめいしゅぎ) インドの首相ネルーが1953年に提唱した考え方。米ソの軍事ブロックや大国支配を基調とする世界秩序に反対し，積極的中立主義・平和共存・反植民地主義の立場で行動すること。この考えにそって，1961年にベオグラードで第1回非同盟諸国首脳会議が開かれた。

非同盟諸国首脳会議 B (ひどうめいしょこくしゅのうかいぎ) 非同盟主義を外交方針とする諸国の首脳による会議。1961年にベオグラード（ユーゴスラヴィア）で初めて開かれた。インドのネルー，ユーゴスラヴィアのティトー，エジプトのナセルらが呼びかけ，25か国が参加，平和共存・反植民地主義を宣言した。現在，120か国が加盟，17か国がオブザーバー参加している。

非同盟諸国 B (ひどうめいしょこく) 平和共存や独立運動の支持，いかなる軍事同盟へも不参加（外国軍隊の駐留と外国軍事基地設置反対も含む）などを原則とする非同盟主義の考え方を外交方針とする国々。

ティトー ［Tito, 1892～1980］ユーゴスラヴィアにあって，第二次世界大戦中はナチス-ドイツの侵略に抵抗するパルチザン（ゲリラ）を指揮し，戦後は東欧初の人民共和国を建設し，首相・大統領を長く務めた。スターリン主義下のソ連と決別，独自の社会主義路線を歩んだ。また，ネルーらと非同盟勢力の結集に尽力した。

冷戦終結とポスト冷戦

ゴルバチョフ A③ ［Mikhail S. Gorbachev, 1931～2022］ ☞ p.26（ゴルバチョフ）

ペレストロイカ A ［perestroika］☞ p.26（ペレストロイカ）

アフガニスタン和平協定 (-わへいきょうてい) 1988年，ソ連・アメリカ・アフガニスタン・パキスタンの4か国で調印された文

書。1979年のソ連軍によるアフガニスタン侵攻・軍事占領に終止符をうち，ソ連軍の完全撤退を主たる内容としている。

東欧革命 **C**（とうおうかくめい）　1989年に始まる東欧諸国の一連の民主化のうごきをさす。第二次世界大戦終了後，ソ連の圧力と東西冷戦構造のなかで，東欧諸国は社会主義の路線を維持してきた。しかし1989年，経済の行き詰まりを打開すべく，ポーランドで政治改革の一環として，社会主義圏では画期的な自由選挙を実施，非共産党系首相が誕生した。ハンガリー・東ドイツ・チェコスロヴァキア・ブルガリア・ルーマニアにも，こうした脱共産化現象が広がり，元来ソ連圏に属していないユーゴスラヴィア・アルバニアにも及んだ。これらの流れは，東欧市民による市民革命の性格を持つ。それらをうながした背景として，東欧諸国に軍事介入しないというソ連のペレストロイカ政策の影響も大きい。

東欧の民主化 **1**（とうおう-みんしゅか）　東欧革命ともよばれる。1985年に旧ソ連のゴルバチョフ政権下で始まったペレストロイカの影響を受け，東欧各国は1989年以降，中央集権的な共産党の独裁体制から，複数政党制へ転換した。経済面でも価格の自由化，国営企業の民営化などを柱とする市場経済体制へ移行した。

ソ連の民主化（-れん-みんしゅか）　1985年以降，共産党書記長になったゴルバチョフによって，停滞した社会主義経済を活性化するため，政治・経済・社会全体の改革（ペレストロイカ）が強力に進められた。この改革で1990年に憲法が改正され，大統領制が導入された。さらに，共産党の一党独裁は廃止され，複数政党制が実現。また，国民の自由な意思による政治参加を推進するため，グラスノスチ（情報公開）がおこなわれた。しかし，1991年の保守派クーデタの失敗をへて，民主化の成果があらわれる前にソ連は解体された。

ベルリンの壁崩壊 **B**　**5**（-かべほうかい）　1961年，東西ベルリンの人々の往来を遮断する「ベルリンの壁」が東ドイツ政府によってきずかれた。東西冷戦の象徴ともいえるこの壁は，東ドイツ市民の西側への大量流出を食いとめてきた。しかし，1989年の東

欧諸国における民主化の動きは，東ドイツ市民に西側への出国をうながし，政府もその阻止は不可能と判断した。1989年11月，東ドイツ政府は壁の開放を決定，ここに30年近く続いた冷戦の象徴は崩壊した。

東西ドイツの統一 **2**（とうざい-とういつ）　1989年，ポーランドに始まった東欧民主化の激動は東ドイツにも及び，同年11月の「ベルリンの壁」の開放，東ドイツ解体をへて，各州を西側へ編入するという合併方式によって1990年10月，東西ドイツの統一が実現した。ドイツは1949年に西独，ついで東独がそれぞれ独立を宣言，東西冷戦下で分断国家として固定化されてきた。ドイツでは，プロイセンによる1871年の統一と区別して，「再統一」とよばれる。

ドイツ統一条約（-とういつじょうやく）　東西両ドイツの間で，1990年8月に締結された統一に関する条約。1990年2月，西ドイツ通貨を東に流通させるという通貨同盟の合意ができ，翌3月にはコール西ドイツ首相によって統一案が示され，西ドイツによる東ドイツの編入という方向が確定した。1990年10月3日を統一の正式日と定め，首都はベルリンに決まった。

マルタ会談 **A** **2**（-かいだん）　1989年12月，地中海のマルタ島でおこなわれたアメリカ大統領ブッシュ（父）とソ連共産党書記長ゴルバチョフとの会談をさす。第二次世界大戦後につくられた米ソによる冷戦構造の終結を宣言した。これまでの冷戦体制またはヤルタ体制にかわるものとされる。

冷戦の終結 **B**　**11**（れいせん-しゅうけつ）　マルタ会談により，長く続いた米ソによる冷戦終結が宣言されたこと。冷戦を支えた東西の軍事機構である西側の北大西洋条約機構は存続したが，東側のワルシャワ条約機構は1991年に解散した。

中ソ和解（ちゅう-わかい）　1960年代から始まった中国とソ連両国の政治・軍事・イデオロギー上の対立状態が，1989年のソ連・ゴルバチョフの訪中によって終止符が打たれた。中ソ両国は平和共存問題などをめぐる理論的対立，国境紛争にともなう武力衝突などで，対立を深めていた。

イラクのクウェート侵攻 **A**（-しんこう）　1990年8月，イラクは隣国クウェートへ

の武力侵攻に踏みきった。この背景には，イラン・イラク戦争の長期化や原油価格の値下がりなどで被ったイラク経済の行き詰まりを，経済的に豊かなクウェートを武力併合することで打開しようとしたことが考えられる。

サダム・フセイン **B** [Saddām Ḥusayn, 1937～2006]　1979年，イラク大統領に就任。1980年からのイラン・イラク戦争を指揮，1990年8月にクウェートに侵攻し，ペルシャ湾岸危機をまねいた。1991年1月，アメリカを中心とする多国籍軍との間で湾岸戦争を起こしたが，敗北した。その後，2003年のイラク戦争でも敗れ，サダム・フセイン体制は崩壊した。2006年に死刑が執行された。

対イラク制裁決議 （たいーせいさいけつぎ）　1990年8月，国連安全保障理事会がイラクのクウェート侵略に対してとった制裁決議。イラクとクウェートとの貿易の禁止，財政援助の禁止など経済的制裁が柱である。すべての国連加盟国と非加盟国に，この決議の順守をよびかけた。

対イラク武力容認決議 （たいーぶりょくようにんけつぎ）　1990年11月，安全保障理事会が再三の努力にもかかわらず，イラクがクウェートから撤退しないためにとった決議。1991年1月15日までにイラクが撤退しない時は必要な手段をとる権限を，クウェート政府に協力している加盟国に与えるというもの。この決議で事実上，多国籍軍の武力行使が容認された。

多国籍軍 **B** **3** （たこくせきぐん）　1990年のイラクのクウェート侵攻・占領に対して，米・英・仏・伊などの軍隊と，サウジアラビア・エジプトなどのアラブ合同軍が，ペルシャ湾とアラビア半島に展開した軍事力の全体をさすことが多い。国連憲章でいう国連軍とは異なる。

湾岸戦争 **A** **1** （わんがんせんそう）　クウェートに侵攻して占領を続けたイラク軍と，アメリカを中心に29か国からなる多国籍軍との戦争（1991年1～2月）。多国籍軍の一方的な勝利に終わり，早期停戦・クウェート解放が実現した。この戦争は，冷戦終結後の新しい国際政治秩序をいかに構築するか，という点でも注目された。種々のハイテク

兵器が実戦で本格的に使用された。この戦争において，日本は多国籍軍に向けて約130億ドルの経済的支援を実施した。

ソ連のクーデタ失敗 （一れんーしっぱい）　1991年8月，ソ連保守派によるクーデタが起こり，クリミア半島で避暑中のゴルバチョフ大統領を軟禁，「非常事態国家委員会」が非合法的に権力を掌握した。しかし，ロシア共和国大統領エリツィンら反クーデタ勢力の徹底的な抵抗にあい，わずか3日間でクーデタ政権は崩壊，ゴルバチョフは大統領に復帰した。クーデタの背景には，ソ連新連邦条約の調印を目前にひかえた保守派の危機感と，混乱した国内経済への民衆の不満とがあった。

エリツィン [Boris N. Yeltsin, 1931～2007]　1991年にロシア共和国（現連邦）大統領に当選，1996年再選。ペレストロイカ路線の積極的実践を主張した改革急進派のリーダー。1986年に党政治局員候補のポストについたが，クレムリン指導部の改革の遅れを批判して解任された。しかし，1989年に初めておこなわれた人民代議員大会の選挙で，圧倒的支持を得て当選。1991年のクーデタに際しては徹底的に対決し，これを失敗に追いこんだ。2000年，プーチン大統領と交代した。

ソ連共産党の解体 （一れんきょうさんとう一かいたい）　1991年のソ連保守派によるクーデタの失敗後，クーデタの中心人物の多くがソ連共産党幹部であったことから急速に批判が高まり，ゴルバチョフ大統領自身が党書記長を辞任するとともに党中央委員会を解散，党を解体した。現在では，ロシア共産党が野党として活動している。

バルト三国の独立 **2** （一さんごく一どくりつ）　バルト海に面したリトアニア・ラトヴィア・エストニアの3国をさす。1991年9月，ソ連国家評議会はバルト三国の連邦離脱を認め，独立を承認した。さらには国連の加盟承認へと発展，名実ともにソ連からの独立が実現した。バルト三国は，スターリン体制下のソ連とナチス-ドイツとの間で結ばれた秘密議定書（1939年，独ソ密約）に基づき，1940年にソ連へ編入（事実上の併合）されたが，もともと地理的にも歴史的にも北欧への帰属意識が強かった。

韓ソ国交樹立 （かん-こっこうじゅりつ）　1990年9月，韓国とソ連とが国交樹立を宣言。米ソによる南北朝鮮分断国家の成立と朝鮮戦争をへて，韓ソ両国は互いに敵視を続けてきたが，朝鮮半島にも「ペレストロイカ」の波が及んだ。これに引き続き，大韓民国と朝鮮民主主義人民共和国は1991年に国連同時加盟を果たした。

南北朝鮮の国連加盟 （なんぼくちょうせん-こくれんかめい）　1991年9月に開かれた国連総会で，南北朝鮮の国連同時加盟が承認された。第二次世界大戦後，46年間にわたって分断されてきた朝鮮半島に，緊張緩和と平和共存への動きをもたらし，2000年6月の南北朝鮮首脳会談へとつながった。

南北朝鮮首脳会談 （なんぼくちょうせんしゅのうかいだん）　大韓民国（南）と朝鮮民主主義人民共和国（北）の両国首脳による会談。これまで4度開かれている。第1回は2000年，韓国の金大中_{キムデジュン}大統領と北朝鮮の金正日_{キムジョンイル}朝鮮労働党総書記の間でおこなわれ，南北共同宣言に署名した。第2回は2007年，韓国の盧武鉉_{ノムヒョン}大統領と北朝鮮の金正日総書記の間でおこなわれ，南北首脳宣言に署名した。第3回は2018年，韓国の文在寅_{ムンジェイン}大統領と北朝鮮の金正恩_{キムジョンウン}朝鮮労働党委員長の間でおこなわれ，「完全な非核化」などを柱とした板門店_{パンムンジョム}宣言に署名した。第4回は，同じ首脳の間で米朝首脳会談に対応するため，第3回会談の約1か月後に緊急かつ短時間おこなわれた。

　　　　　　　　類 金大中　金正日

同時多発テロ事件　**A**⑤（どうじたはつ-じけん）　2001年9月11日，ニューヨークの世界貿易センタービルに旅客機2機が，ワシントン郊外の国防総省ビル（通称ペンタゴン）に1機が突っ込み，他に1機がピッツバーグ郊外に墜落した事件。9.11事件。世界貿易センタービルは崩壊，死者・行方不明者数千人に及ぶ無差別自爆テロとなった。アメリカの全空港が閉鎖されたのをはじめ，世界の金融の中心である証券取引所もほぼ1週間閉鎖され，世界的に株価の暴落を引き起こした。ブッシュ（子）米大統領は，オサマ＝ビンラディン率いるアルーカーイダの犯行と断定。アフガニスタンのタリバ

ン政権に身柄引き渡しを要求したが，この要求が拒否されると，報復攻撃をおこなった。その後，イギリスのロンドンやフランスのパリなどでも同時多発テロが発生した。

　　　　同9.11事件 **A**　パリ同時多発テロ **C**

アルーカーイダ　**C**［Al-Qaeda］　オサマ＝ビンラディンが率いる反米テロのネットワーク。2001年にアメリカで同時多発テロ事件（9.11事件）を引き起こしたほか，2005年のロンドン同時テロなど多くの国際テロ事件にも関与したとされる。カーイダとはアラビア語で「基地」の意。1980年代末，ソ連とのアフガニスタン戦争に参戦したイスラーム義勇兵を集めて結成されたが，1991年の湾岸戦争を契機に反米テロ路線に転換した。

オサマ＝ビンラディン［Osama Bin Laden，1957～2011］　イスラーム原理主義組織アルーカーイダの指導者。アメリカ政府は同時多発テロの首謀者と断定。1998年のアメリカ大使館爆破テロ，2000年のアメリカ駆逐艦コール爆破テロの首謀者とも見なされている。サウジアラビアの富豪出身。2011年，パキスタン北部の隠れ家でアメリカ軍の特殊部隊などに射殺された。

タリバン　**B**［Taliban］　アフガニスタンのイスラーム原理主義武装勢力。パシュトゥ語でイスラーム神学生の意。最高指導者ムハンマド＝オマルが，難民生活を送っていたイスラーム神学生らに呼びかけて結成。

アフガニスタン戦争　**B**②（-せんそう）　2001年から2021年まで続いたアフガニスタン一帯における戦争。2001年米国同時多発テロ事件が起きると，米国は，容疑者オサマ＝ビンラディンを匿っているとして，アフガニスタンのタリバン政権を軍事攻撃。タリバンを首都から一掃すると，2004年には新国家「アフガニスタン・イスラム共和国」を成立させた。しかし，タリバンはアフガニスタン各地で抵抗活動を継続。2020年，当時の米トランプ政権がタリバンとの間で和平合意を成立させると，2021年，米バイデン政権の下，米軍は撤退する。タリバンは首都カブールを制圧し，旧アフガニスタン政府は崩壊。戦争は終結した。国名も「アフガニスタン・イスラム首長国」に変更されている。米国にとって

は，ベトナム戦争をも超える史上最長の戦争であり，費やした戦費は，少なくとも総額1兆ドルを超えている。

国際治安支援部隊（ＩＳＡＦ）（こくさいちあんしえんぶたい）　2001年の国連決議1386にもとづいて創設された多国籍軍。アイサフともいう。タリバン追放後のアフガニスタンの治安確保などを目的とする。ＮＡＴＯ（北大西洋条約機構）軍を中心に37か国が派兵。現在，アフガンには米軍中心のテロ報復戦争とＩＳＡＦとの二つの軍事作戦が展開されている。両者の違いは，前者がタリバンやアル–カーイダの拘束などを目的とする攻撃的な作戦をとるのに対し，後者は和平プロセスの促進を主とする防衛的な行動を旨とする。その後，両者の行動の一体化がすすんだ。2014年末に任務が終了した。

単独行動主義　Ａ④（たんどくこうどうしゅぎ）　ユニラテラリズムともいう。2000年代以降，アメリカがとった対外的行動の総称。特にブッシュ政権になってから，包括的核実験禁止条約の批准拒否，ＡＢＭ制限条約や京都議定書からの離脱などが内外から批判された。これに対し，二国間関係を重視するのがバイラテラリズム，多国間関係を重視する行動原理をマルチラテラリズムという。
　　　　　　　　　　　　同ユニラテラリズムＢ
　　　類バイラテラリズム　マルチラテラリズム

イラク戦争　Ａ①（–せんそう）　2003年3月，イラクの保有する大量破壊兵器廃棄を名目に，ブッシュ（子）大統領・パウエル国務長官らの指揮のもと，米英軍がバグダッドを空爆，地上軍も投入してフセイン政権を倒した。しかし，国連での合意なしにおこなわれた武力行使に国際世論は反発，世界各地で反戦運動がおこった。その後，2011年末に米軍は撤退したが，イラクでは宗派対立など混乱状態は収まっていない。

スマートパワー　アメリカのオバマ政権がかかげた外交の基本方針。軍事力を最後の手段とする一方で，軍事力だけでなく，政治・経済・法律・文化的手段などを組み合わせ，状況に応じて使おうとするもの。軍事力を優先したブッシュ（子）政権の単独行動主義への反省に基づく。

「イスラーム国」　Ｂ（ＩＳＡ）　[Islamic State]（–こく）　イラク北部のイスラーム・スンニ派の過激派組織。2003年のイラク戦争時にイラク人によって結成された。元来はアル‐カーイダ系で，「イラク・シリアのイスラーム国」（ＩＳＩＳ）と自称してきた。2011年のシリア内戦で活動を活発化させ，現在はイラク政府軍などと戦いながら支配地域を広げている。2014年には"国家"の樹立を宣言した。潤沢な資金をもち，ネットを駆使した情報発信も重視。外国から参戦する戦闘員も多い。イラクでは2017年末，ＩＳ掃討の終了が宣言された。

米・キューバ国交回復　（べい–こっこうかいふく）　アメリカはキューバに対して，1959年のキューバ革命を契機に1961年，一方的に国交断絶を宣言。その後，キューバ危機などで対立が続いたが，両国は2015年に国交回復と大使館の相互再開などで合意した。国交回復は54年ぶりで，2016年にはオバマ米大統領がキューバを訪問した。今後はキューバへの経済封鎖の解除などが課題。

有志連合　（ゆうしれんごう）　1990年代以降，国連ＰＫＯの形をとらず，軍事介入などをおこなう際の枠組み。「意思ある諸国の連携」の意で，アメリカが主導する対テロ戦争に参加する諸国などをさす。イラク戦争やシリア内戦で実施。日本もそのリストに載っているとされる。湾岸戦争時の「多国籍軍」は，国連決議によって構成された点で異なる。

⑤　国際平和への道

国際平和と人類の福祉

ポツダム宣言　Ａ②（–せんげん）　☞p.40
（ポツダム宣言）

日華平和条約　Ｃ②（にっかへいわじょうやく）　1952年4月，中華民国（国民政府）と日本との間で調印され，第二次世界大戦を終了させた条約。台湾を日本が放棄すること，中国側の賠償の放棄，経済の相互協力などが約束されたが，当時の中国本土にはすでに中華人民共和国が存在していたため，その後の日中関係にさまざまな障害をもたらした。この条約は，1972年9月の日中共同声明で存在意義を失った。

日印平和条約　（にちいんへいわじょうやく）　1952年

に東京で調印された，日本とインド間の講和条約。インドはサンフランシスコ講和条約で，アメリカが沖縄の信託統治を原案としたことに反対し，講和会議に参加せず，その後単独で平和条約を締結，賠償請求権を放棄した。

日ソ共同宣言 Ａ（にっ-きょうどうせんげん）　1956年，日本とソ連の戦争状態を終了させ，国交を回復するために出された宣言。日本の鳩山一郎首相とソ連のブルガーニン首相との間で調印された。正式には「日本国とソヴィエト社会主義共和国連邦との共同宣言」といい，事実上の講和条約である。外交関係の回復，内政への不干渉，賠償請求権の放棄，シベリア抑留者の帰国などを規定した。しかし，北方領土問題では意見が対立，解決は後日に託された。この宣言の第4項「ソ連邦は国連への加入に関する日本の申請を支持するものとする」という規定に基づいて，日本の国連加盟が認められ，日本は国際社会に復帰した。

類日本の国連加盟

国連中心主義 Ｂ２（こくれんちゅうしんしゅぎ）　1957年9月，政府発表の「日本外交の近況」のなかで示された外交三原則（①自由主義諸国との協調，②国際連合中心の外交，③アジアの一員としての立場の堅持）の一つ。近年，冷戦構造が解消され，国連の安全保障機能の回復により，日本の国連中心主義外交のあり方が再検討を迫られている。日本国憲法では，集団的自衛権の行使をともなう海外派兵は認められていない。しかし，経済制裁をこえた武力政策を認め，現実に停戦監視などの平和維持活動（ＰＫＯ）もおこなわれている。日本が憲法の枠内で，国連による安全保障にどうかかわっていくかは，大きな課題である。

国際協調主義 Ｃ６（こくさいきょうちょうしゅぎ）　各国と対等の立場にたって，相互に利害を調整しながら，国際社会の諸問題を解決していこうとする態度や思想。日本は，憲法の前文や外交の基本方針でこの立場をとることを，対外的に明らかにしている。

日韓基本条約 Ａ３（にっかんきほんじょうやく）　正式には「日本国と大韓民国との間の基本関係に関する条約」。1965年調印。1910年以前の旧条約の無効，外交関係の開設，通商

航海条約交渉の開始，南の大韓民国のみを唯一合法の政府とすること，などが確認された。条約交渉は難航し，成立までに約14年を要した。同時に成立した在日朝鮮人の法的地位に関する協定は，彼らに「韓国籍」を強要することになり，問題を残した。

沖縄返還 Ｂ（おきなわへんかん）　1969年11月，沖縄の本土復帰に関する日米共同声明が発表された。政府は「1972年返還・核ぬき・本土なみ」の三原則を強調した。野党は，沖縄がアメリカの海外戦略基地となる危険を表明した。1971年に返還協定が調印，1972年5月に施政権が返還された。しかし，米軍基地は依然として，国土面積の約0.6%の沖縄に，全国の米軍基地の約70.3%が集中している。基地撤去は県民の悲願といえる。

日中共同声明 Ａ（にっちゅうきょうどうせいめい）　日本は中華民国との間に日華平和条約を結んだため（1952年），中華人民共和国とは非友好的な関係にあった。しかし1972年，ニクソン米大統領の訪中に続いて，田中角栄首相が中国を訪問。北京で日中共同声明が発表され，日中国交正常化が実現した。他方，中華民国は日本との外交関係断絶を宣言した。

金大中事件 （きんだいちゅうじけん）　韓国の金大中キムデジュン（後の大統領）が1973年8月，東京・九段のホテルから韓国中央情報部（ＫＣＩＡ）によって拉致され，5日後にソウルの自宅近くで釈放された事件。この事件は韓国内の反政府・民主化闘争を再燃させ，日韓関係に緊張をもたらした。

日中平和友好条約 Ａ（にっちゅうへいわゆうこうじょうやく）　1972年の日中共同声明を受け，1978年に福田赳夫内閣によって調印された条約。正式には「日本国と中華人民共和国との間の平和友好条約」。平和五原則および武力の不行使（第1条），反覇権の原則（第2条），経済・文化の発展と両国民の交流の促進（第3条）などをうたった。その後，日本の歴史教科書の検定で文部省（現文部科学省）が中国への「侵略」を「進出」と書き換えさせた問題（1983年），中曽根康弘首相の靖国神社公式参拝問題（1985年），天安門事件で西側諸国の経済制裁に日本も

加担した問題（1989年）などが起こり，一時ギクシャクしたが，友好関係を保ってきた。最近では，小泉純一郎・安倍晋三首相の靖国神社参拝や，尖閣諸島問題などをめぐり政治・外交問題になった。

反覇権主義　（はんはけんしゅぎ）　他国に対して支配を及ぼそうとする考え方や行動を覇権主義という。それに反対する立場が反覇権主義。近年の国際社会では，大国の一方的な影響力を排除・けん制するため，中小国側による反覇権主義運動が盛んであった。特に中国が積極的で，日中平和友好条約にも反覇権条項が盛りこまれた。

日朝三党共同宣言　（にっちょうさんとうきょうどうせんげん）　1990年9月，自民・社会（現社民）両党合同訪朝団が平壌を訪問した際に発表された自民・社会・朝鮮労働の3党の宣言。朝鮮民主主義人民共和国（北朝鮮）側は，日本との国交正常化の政府間交渉の開始を提案した。

日本と朝鮮民主主義人民共和国との国交正常化交渉　（にほん-ちょうせんみんしゅしゅぎじんみんきょうわこく-こっこうせいじょうかこうしょう）　1991年1月以来，平壌・東京・北京と場所をかえて開かれたが，交渉は難航した。2002年9月，小泉純一郎首相と金正日総書記との間で，初の日朝首脳会談がおこなわれ，日朝平壌宣言が出された。しかし，日本人拉致問題が未解決なこともあり，その後の大きな進展はない。

6か国協議　（ろく-こくきょうぎ）　北朝鮮の核開発問題に対処するため，2003年8月から随時開かれている米・日・中・ロ・南北朝鮮の6者による協議。2005年9月の第4回協議では，朝鮮半島の非核化などの目標をもり込んだ初の共同声明が発表された。現在は中断している。

北方領土問題　**A**　（ほっぽうりょうどもんだい）　北方領土とは，現在ロシア連邦が実効支配している歯舞群島・色丹島・国後島・択捉島をさす。日本はサンフランシスコ講和条約で，南樺太と千島に関する権利を放棄したが，対日参戦と引き換えにソ連に千島を与える約束をしたヤルタ協定には関与せず，北方領土は日本固有の領土であると主張している。ソ連は1956年日ソ共同宣言の後「平和条約締結後に歯舞・色丹両島

▲ 北方領土問題

を返還する」とも表明していた。一方，ソ連の後継国家となったロシアは，日ロ間に未解決の領土問題はない，と公式見解を示してきた。1993年に来日したエリツィン大統領は法と正義に基づく領土問題の解決を主張。プーチン大統領も領土問題の存在は認めたが，返還には消極的だった。2010年，メドベージェフ大統領がソ連時代を含め，ロシアの最高指導者として初めて北方領土を訪問。2020年にはロシア憲法に領土割譲禁止規定が盛り込まれ，北方領土返還の見込みはさらに困難となっている。

政経不可分の原則　（せいけいふかぶん-げんそく）　1956年日ソ共同宣言の後も，日本政府は「政経不可分の原則」をかかげ，ソ連に関しては，北方領土問題が解決されない限り，大型プロジェクトを含む経済交流や経済援助をなさない方針をとってきた。ただし，冷戦終結以降は，ロシアとの経済関係を深めながら領土問題の解決を図ろうとする柔軟な姿勢に変わっている。

日ロ平和条約　**C**　（にち-へいわじょうやく）　サンフランシスコ講和会議にソ連・チェコスロヴァキアなどが反対したのは，アメリカに日本を反共の防壁にしようとする意図があるとみたからである。日ソ共同宣言で戦争の終結と国交回復がなされ，平和条約の締結後に，歯舞群島・色丹島の引き渡しが約束されたが，条約は未締結のままである。

尖閣諸島問題　**A**　（せんかくしょとうもんだい）　沖縄県石垣島の北方約160kmにある無人島（魚釣島など五つの島と三つの岩礁）をめぐる領土問題。1895年，政府が先占の

法理に基づき領土として編入した。戦後はアメリカの施政権下に置かれたが，1972年の沖縄返還で復帰した。日本・中華人民共和国・台湾がその領有権を主張している。海底に埋蔵されていると推定される天然資源（石油や天然ガス）が注目され，諸島の領有をめぐって問題化した。2010年には，この島付近で違法操業の中国漁船が，海上保安庁の巡視船に故意に衝突して逃走，中国人船長が逮捕される事件が起きた。2012年，日本政府が諸島のうち三つの島の国有化を決めたため，中国は強く反発している。

竹島問題　Ａ（たけしまもんだい）　日本と韓国の間でその領有権を主張している竹島をめぐる領土問題。韓国名は独島ド。竹島は，島根県隠岐島の北西にある二つの島と付随する多くの岩礁からなる。1905年に時の明治政府が日本領を宣言，島根県に編入したが，その後1965年に日韓関係が正常化された際にも，この竹島の帰属だけは解決されず，韓国は実効支配を続けている。2005年，島根県が条例で「竹島の日」を制定した。2012年には，李明博大統領が同島に上陸，両国間に緊張が高まった。

南沙諸島問題　Ｂ（なんさしょとうもんだい）　南沙諸島は南シナ海南部に浮かぶ100余の島で構成。英語名はスプラトリー諸島。海底資源に恵まれ，海上交通の要衝。中国・ヴェトナム・フィリピン・マレーシア・ブルネイが領有権を主張している。南シナ海周辺で，中国が岩礁や暗礁の埋め立てをおこなった。

西沙諸島問題　（せいさしょとうもんだい）　西沙諸島は南シナ海中部に位置する。英語名はパラセル諸島。中国・ヴェトナムが領有権を主張。1974年の中国とヴェトナムによる武力衝突以降，中国が実効支配している。

南シナ海行動宣言（ＤＯＣ）〔Declaration on the Conduct of Parties in the South China Sea〕（みなみ─かいこうどうせんげん）　南シナ海での領有権紛争の平和的解決などを明記した宣言。中国とＡＳＥＡＮの4か国（ヴェトナム・フィリピン・マレーシア・ブルネイ）間で2002年に調印。これに法的拘束力をもたせた南シナ海行動規範（ＣＯＣ）の策定に向けて，中国とＡＳＥＡＮ10か国の間で枠組み草案に合意した。

類 南シナ海行動規範（ＣＯＣ）

核兵器と軍縮問題

大量破壊兵器　Ｂ（たいりょうはかいへいき）　人間や建造物に対する殺傷規模や破壊状況の大きな兵器。原子爆弾・水素爆弾などの核兵器のこと。毒ガス・細菌などの生物・化学兵器を含める場合もある。

核兵器　Ａ3（かくへいき）　原爆・水爆・核ミサイルなどの核分裂反応や，核融合反応を利用した兵器。1957年8月，ソ連は1万km以上の射程を持つ核ミサイルの実験に成功，直接，アメリカ本土を攻撃できる能力を獲得した。翌1958年1月には，アメリカも同様に成功した。このころから，爆撃機やミサイルを含め，核爆発部分を目標まで到達させる装置を運搬手段とよび，「核弾頭とその運搬手段を含めた全体」を核兵器というようになった。

原水爆　Ｂ（げんすいばく）　原子爆弾（原爆）と水素爆弾（水爆）を合わせた呼称。

原子爆弾Ｃ（原爆）（げんしばくだん）（げんばく）　ウラン235やプルトニウム239の原子核が中性子照射によって連鎖的に核分裂反応をおこす現象を利用した爆弾。大量破壊兵器の典型。1945年8月，広島市と長崎市に投下され，爆風・熱線・放射能などで数十万人が死傷し，現在でも後遺症などで苦しんでいる人が多い。ウランを用いた広島原爆の威力はＴＮＴ火薬換算で約15キロトン，プルトニウムを用いた長崎原爆のそれは約22キロトンだった。広島の爆心地にあたる原爆ドームは，1996年に世界遺産として登録された。

水素爆弾（水爆Ｂ1**）**（すいそばくだん）（すいばく）　重水素や三重水素などの水素の同位体の核融合反応を利用した爆弾。メガトン級のエネルギーを生みだす。最初のそれはマイクとよぶ高さ2階建て，重さ50トンの立方体の装置だったが，爆発時の証言によれば，巨大な火の玉が数百トンのサンゴを吸い上げながら島を焼きつくし，海水は蒸気にかわったという。

劣化ウラン弾　Ｃ（れっかだん）　核兵器の材料ウラン235を抽出したあとに残るウランを使用した砲弾。比重が大きく貫通能力が高いため，対戦車用の弾心などに利用される。

天然ウランの約6割の放射線を出すとされ，化学毒性もある。米英軍が湾岸戦争やイラク戦争の際に大量に使用し，大気・土壌汚染や健康破壊が危惧される。

クラスター爆弾 Ａ5(-ばくだん)　投下された親爆弾に詰められた多数の子爆弾が飛散し，広い範囲を破壊する非人道的な爆弾。集束爆弾ともいう。2003年のイラク戦争などで使用された。子爆弾が不発弾となって地雷のように機能し，子どもなどが触れて犠牲となるため，この爆弾の使用・開発・製造・保有などのすべてを禁止する国際条約の署名式が08年にオスロで開かれた。現在の参加国は日本を含む120か国だが，アメリカ・ロシア・中国・イスラエル・韓国などは参加していない。署名国は原則として8年以内に廃棄する義務を負う。2010年に条約が発効した。

類 クラスター爆弾禁止条約 Ａ5

大規模爆風爆弾①**（ＭＯＡＢ）**［Massive Ordnance Air Blast bomb］(だいきぼばくふうばくだん)　モアブ。正式名称はＧＢＵ43Ｂという。アメリカ軍が有する爆弾のなかで，核兵器以外の通常兵器としては最大の破壊力をもつとされる。アフガニスタンの過激派組織ＩＳ（イスラーム国）に対し，2017年に初めて実戦投下された。

核抑止 Ａ1［nuclear deterrence］(かくよくし)　安全保障の考え方の一つで，核兵器保有により，敵対する核保有国から核攻撃を思いとどまらせようとするものである。1957年に開かれたパグウォッシュ会議で，批判的な意味をこめて初めて用いられた。

恐怖の均衡 Ｃ(きょうふのきんこう)　核攻撃と核報復攻撃が連動するシステムが形成されたことで，核兵器の使用による甚大な被害が想定されることから，核兵器の使用を抑制する力が働いていること。イギリスのチャーチル元首相などが述べた言葉。

偶発核戦争(ぐうはつかくせんそう)　ミサイルの開発で，米ソは互いに相手の本土を直接核攻撃することが可能になり，核戦争がきわめて起こりやすい偶発核戦争の危険が生まれた。そこで米ソ両国は，これを防止する手段として，1963年にホットライン協定，1971年に偶発戦争防止協定，1973年に米ソ核戦争防止協定を締結した。

大陸間弾道ミサイル Ｂ2（ＩＣＢＭ Ｂ 2）［Intercontinental Ballistic Missile］(たいりくかんだんどう-)　アメリカとソ連（ロシア）との間で，互いに本土から直接相手国の本土を攻撃できる5500km以上の射程を持つ核ミサイル。まず，多段式の推進ロケットで大気圏をつきぬけ，高度100kmで核弾頭のついたミサイル本体を切り離し，以後はミサイル本体の慣性と地球の重力によって楕円軌道を描いて飛び，高度数千mに達したのち，地表に向かって落下しはじめる。

潜水艦発射弾道ミサイル（ＳＬＢＭ）［Submarine］(せんすいかんはっしゃだんどう-)　海中から圧縮ガスの力で発射し，海上面にとびだした直後，ロケットに点火される。あとはＩＣＢＭと同じしくみで相手国本土めがけて飛ぶ。

戦略爆撃機(せんりゃくばくげきき)　戦略に基づくＢ52などの長距離爆撃機。ＩＣＢＭの出現後は，米ソの戦略攻撃力の主力はミサイルに移行したが，米ソとも長距離爆撃機を手放す気配はない。爆撃機の核運搬量はミサイルに比べて大きく，有人機だから発進後の攻撃中止・攻撃目標変更・くり返し使用などが可能であり，柔軟な作戦展開ができると信じられているからである。

巡航ミサイル(じゅんこう-)　自分で地形を確かめながら，超低空で飛行し，進路に障害物があるとコースを変えて目標まで到達する核ミサイル。まず，ロケット推進で加速，小翼を出して音速の半分強のスピードで高度約3000mを飛行する。そして，相手側レーダーの有効範囲に入る直前に高度を下げて発見を困難にさせる。あらかじめ測地衛星などで調べて記憶装置に入っている進路の地図と，実地に読みとった地形とのズレを修正しながら，防空陣地等は迂回し，どの方向からでも目標に突入できる。

戦術核兵器(せんじゅつかくへいき)　戦場において軍事目標攻撃の手段として開発された短距離核兵器を総称したもの。アメリカは，1952年に原子砲の実験をした。その後，開発の重点はもっぱら小型化・軽量化におかれ，数人の兵士で運搬できるものも生みだされている。短距離弾道ミサイル・核砲弾・核地雷・対潜水艦作戦用ロケットなど。

核兵器保有国　(かくへいきほゆうこく)　現在，核兵器保有を公にしている国は，アメリカ・ロシア・イギリス・フランス・中国・インド・パキスタン・北朝鮮の8か国。そのほかに，核兵器保有の可能性がある「潜在的核保有国」が，イスラエルなどである。これらの国のうち，インドとパキスタンは1998年5月，国際世論の反対を押しきって地下核実験を強行，事実上の核保有国となった。2006年から17年までに6度，北朝鮮は核実験をおこなったが，南北朝鮮首脳会談で約束した「非核化」にむけて，18年に自国の核実験場の坑道や観測施設を爆破するなど，実験場の廃棄作業を開始した。核兵器不拡散条約（NPT）では，米・英・仏・ロ・中の5か国を「核兵器国」と規定している。

生物兵器　**C**　(せいぶつへいき)　病気の原因となる微生物や細菌を戦争の手段として使い，相手側の人体や動物を殺傷する兵器。1972年，生物兵器禁止条約（BWC）が調印（1975年発効）。日本は1982年に批准。
　　　　　圞**生物兵器禁止条約C**（BWC）

化学兵器　**A**①　(かがくへいき)　人間や動物を殺傷する化学物質を戦争の手段として使用した兵器。代表的なものはサリンなどの毒ガスで，第一次世界大戦時にドイツ軍が大量に使用した。1925年のジュネーヴ議定書で，毒ガスの使用が禁止された。1993年にはパリで化学兵器禁止条約（CWC）が調印され，1997年に発効した。日本は1995年に批准。この条約は，化学兵器の使用だけでなく，開発・生産・貯蔵の禁止も定めるが，使用者への軍事的制裁は規定されていない。化学兵器禁止条約に基づき設立された化学兵器禁止機関（OPCW）が2013年にノーベル平和賞を受賞した。
　　　　圞**化学兵器禁止条約A**②（CWC）
　　　　化学兵器禁止機関C（OPCW**C**）

レーザー兵器　(―へいき)　レーザー光を利用して目標までの距離の測定，対象の識別，ミサイルの誘導などをおこなう兵器。各国で，戦車・航空機・艦船・ミサイルなどに利用されている。湾岸戦争（1991年）では，多国籍軍が巡航ミサイル・レーザー誘導爆弾などで，その威力を示した。

軍事偵察衛星　(ぐんじていさつえいせい)　写真撮影などで，軍事情報を収集する人工衛星。この種の情報は，現代の軍事作戦行動には欠かせず，技術的にも高度に発達し，地上の物体を細部にわたって識別でき，湾岸戦争など局地紛争の標的・情勢確認にも有効性が指摘された。軍縮の合意事項の査察手段としても機能している。

ストックホルム−アピール　**C**　1950年におこなわれた平和擁護世界大会での決議。核兵器の禁止や原子力の国際管理，そして最初に原爆を使用した政府を戦争犯罪者とすることが決議された。

ラッセル・アインシュタイン宣言　**A**②　(―せんげん)　1955年7月，イギリスの哲学者B.ラッセルとアメリカの物理学者A.アインシュタインとが，日本の湯川秀樹ら9人の科学者とともに戦争の絶滅を訴えた宣言。全体的な破壊をさけるという目標が，他のあらゆる目標に優先するとした。
　　　圞**ラッセルA**　**アインシュタインA**

パグウォッシュ会議　**A**③〔Pugwash Conferences〕　(―かいぎ)　1957年，ラッセルとアインシュタインらの呼びかけにこたえ，カナダのパグウォッシュで開かれた「科学と国際問題についての科学者会議」。議題は，①核エネルギーの平時・戦時における使用によって引き起こされる障害，②核兵器の管理，③科学者の社会的責任，など。以後，世界各地で随時開催されている。1995年，創設者のロートブラットとともにノーベル平和賞を受賞。日本でも2016年，体制を強化した日本パグウォッシュ会議が再出発した。

第五福竜丸事件　**B**①　(だいごふくりゅうまるじけん)　1954年3月，太平洋ビキニ環礁でのアメリカの水爆実験の際，環礁から160kmも離れた海洋で操業していた漁船第五福竜丸が，実験の3時間後に死の灰を浴びた事件。ビキニ事件ともいう。乗組員全員が「原爆症」と診断され，6か月後に通信員の久保山愛吉さんが死亡した。第五福竜丸のほかにも900隻以上が被ばくし，近隣の島民らも大きな被害を受けた。この事件は原水爆反対の世論を高めた。2010年にビキニ環礁が世界遺産に登録された。2014年，ビキニ環礁があるマーシャル諸島の政府は，核保有国9か国が核廃絶のための交渉を

定めたNPT（核兵器不拡散条約）第6条に基づく義務を怠っているとして，ICJ（国際司法裁判所）に提訴した（ICJは2016年，"門前払い"の判断）。また日本では2016年，ビキニ環礁での水爆実験の際に周辺海域にいた元漁船員やその遺族ら45人が，国家賠償請求訴訟を高知地裁に起こした。同地裁は2018年，救済の必要性に言及しつつも原告の請求を退けた。

同ビキニ事件**B**

原水爆禁止運動 C（げんすいばくきんしうんどう）　核兵器の廃絶を求める世界的な草の根の平和運動。1950年のストックホルム-アピールに賛同する世界4億7000万人の署名が運動の端緒を開いた。そして，1954年のビキニ水爆実験とその被害は，原水爆反対の世論を急速に強めた。こうしたなか，東京・杉並区の女性たちが呼びかけた原水爆実験禁止の署名がまたたく間に日本中に広がり，3000万人の支持を得る運動に発展した。この盛りあがりを背景に，1955年には，広島市で第1回原水爆禁止世界大会が開かれた。その直後には原水爆禁止日本協議会（原水協）が結成され，毎年世界大会が開かれるようになった。しかし，政治的対立がからんで1961年に民社党系による核兵器禁止平和建設国民会議（核禁会議）が，さらに66年には部分的核実験禁止条約の評価をめぐって社会党・総評系による原水爆禁止日本国民会議（原水禁）が結成された。これ以後，世界大会は分裂した。1977年に一時，統一世界大会が実現したが，組織の統一は果たされていない。

類原水爆禁止世界大会**C**

日本被団協（にほんひだんきょう）　日本原水爆被害者団体協議会。第二次世界大戦中，広島・長崎で被爆した被害者たちで構成される団体。戦後一貫して，被爆者援護法などの制定を求めて活動してきた（同法は1994年成立）。近年では，原爆症の認定申請を国に却下された被爆者たちの集団訴訟を支援し，認定制度の改善を訴えてきた。この裁判で国側が連続して敗訴したこともあり，2009年に同訴訟の原告全員を救済するための原爆症基金法が成立した。

非核地帯B（非核化地域C）（ひかくちたい）（ひかくかちいき）　一定の地域の国が核兵器の製造・保有をせず，地域外の核保有国もこの地域に核兵器を配備しないこと。複数国間の条約によって非核地帯は実現し，核軍縮につながる有力な手段とされる。現在，六つの条約が締結され，いずれも発効済み。モンゴルは1国で「非核兵器国の地位」を国連で了承されている。なお，2005年にはメキシコで初の非核地帯国際会議が開かれた。

類南極条約（1959年）**C**
ラテンアメリカ核兵器禁止条約**C**
（トラテロルコ条約，1967年**C**2）
南太平洋非核地帯条約**C**
（ラロトンガ条約，1985年**C**）
東南アジア非核地帯条約**C**
（バンコク条約，1995年**C**2）
アフリカ非核地帯条約**C**
（ペリンダバ条約，1996年**C**2）
中央アジア非核地帯条約
（セメイ条約，2006年**C**）

国連軍縮特別総会 B（こくれんぐんしゅくとくべつそうかい）　軍縮問題を討議するため，1978年に第1回軍縮特別総会（SSDI）が開かれた。その背景には，軍備拡張に反対する非同盟諸国の働きかけや，軍縮を求める世界の世論があった。その後，第2回（1982年），第3回（1988年）と会議が重ねられた。第3回の特別総会にはNGO（非政府組織）も参加し，発言の機会を得た。

国連軍縮委員会C（UNDCC）［United Nations Disarmament Commission］（こくれんぐんしゅくいいんかい）　軍縮問題について討議する国連の機関。1952年，安全保障理事会の補助機関として設立された。1954年には，アメリカ・イギリス・フランス・ソ連・カナダの5か国軍備縮小委員会を設置し，包括的軍縮計画づくりをめざした。しかし，米ソのICBM（大陸間弾道ミサイル）開発などが原因で，1957年に休会，活動を停止した。1978年の第1回国連軍縮特別総会（SSDI）で，総会の補助機関として，新たに国連軍縮委員会を設置。

ジュネーヴ軍縮会議（CDA）［Geneva Conference on Disarmament］（-ぐんしゅくかいぎ）　軍縮・軍備管理問題について交渉する国連外の国際機関。1959年に10か国軍縮委員会が設置され，1969年には参加

国が拡大して軍縮委員会会議と改称されたが，米ソ共同議長制のもとで軍縮交渉は進展しなかった。そこで，議長を輪番制に改め，構成国も拡大してジュネーヴ軍縮委員会を設置。1978年の第1回国連軍縮特別総会や1982年の国連総会で改組勧告と同委員会の構成の再検討が決定され，1984年から現在の名称となった。65か国が加盟。これまでに，核兵器不拡散条約（ＮＰＴ），生物兵器禁止条約（ＢＷＣ），化学兵器禁止条約（ＣＷＣ），包括的核実験禁止条約（ＣＴＢＴ）などの作成にあたった。

パルメ委員会 (-いいんかい)　「軍縮と安全保障問題に関する独立委員会」の別名。パルメは長く核軍縮運動を続けてきたスウェーデンの元首相。1982年，この委員会が国連事務総長にあてた報告書で，核戦争においては，片方の勝利はありえないので，敵対によってではなく協力で，安全保障が達成されなければならないとした。

新アジェンダ連合 (しん-れんごう)　核兵器の廃絶をめざす7か国グループ（現在は6か国）。スウェーデン・アイルランド・ブラジル・メキシコ・ニュージーランド・エジプト・南アフリカ共和国で構成された。非核兵器保有国の立場から国連などで，核保有国に対して廃棄などを要求している。

米ソ包括的軍縮交渉 (べい-ほうかつてきぐんしゅくこうしょう)　1985年1月の米ソ外相会談で合意。①きたるべき米ソ交渉の主題を宇宙兵器および戦略核兵器，中距離核兵器の問題とする，②交渉は核兵器の廃絶を究極目標とし，軍拡競争の終結，核削減をめざす協定づくりをおこなう，という内容。核の廃絶という目標を米ソ両国が共同声明のかたちで認めた。

欧州軍縮会議（ＣＤＥ） [Conference of Disarmament in Europe] (おうしゅうぐんしゅくかいぎ)　欧州全域を対象とした軍縮会議。欧州を舞台とする偶発戦争をさけるための取り決め（ヘルシンキ宣言，1975年）をふまえ，1986年9月にアルバニアをのぞく全欧州諸国と，アメリカ・カナダが参加した。この会議で，①軍事活動の規模によっては，最長2年前の通告を義務づける，②軍事活動の疑いを持った国は，陸と空から事実を査察できる，との合意を得た。

軍縮Ａ⑤と軍備管理Ｃ③ (ぐんしゅく-ぐんぴかんり)　軍縮とは軍事力を縮小し，最終的には全廃することで恒久的な平和と安全を実現するという考え方。これに対して軍備管理とは，軍備の量やタイプ，配置場所に規制を加えることで主要敵国との軍事力のバランスを保ち，国際的な軍事環境を安定させようとする消極的な概念である。もし，戦争になったとしても，死者や破壊の減少などが実現できるとされる。

信頼醸成措置Ｃ（ＣＢＭＢ） [Confidence-Building Measures] (しんらいじょうせいそち)　緊張緩和のために東西間の相互信頼を高めようとする軍備管理措置の一つ。全欧安全保障協力会議（現欧州安全保障協力機構）では，相互の軍事活動についての誤解や誤認の危険を防ぐため，軍事演習の事前通告などを決めている。

部分的核実験禁止条約Ａ⑤（ＰＴＢＴＡ⑤） [Partial Test Ban Treaty] (ぶぶんてきかくじっけんきんしじょうやく)　1963年，アメリカ・イギリス・ソ連の3国が調印（同年発効）。日本は1964年に批准した。大気圏内・宇宙空間および水中における核兵器実験を禁止している。中国とフランスは，核保有国が核独占をはかるものだとして反対した。条約の前文に「核兵器のすべての実験的爆発の永久的停止の達成を求め，その目的のために交渉を継続する」と規定されていることから，多くの国が条約に調印した。しかし，地下核実験を禁止していなかったため，米ソ間での2国間条約が結ばれている。

包括的核実験禁止条約Ａ④（ＣＴＢＴＡ④） [Comprehensive Nuclear Test Ban Treaty] (ほうかつてきかくじっけんきんしじょうやく)　爆発をともなうすべての核実験を禁止する条約。1996年の国連総会で採択されたが，いまだ発効していない。爆発をともなわない未臨界（臨界前）核実験は禁止していないなど，問題点が指摘されている。1998年には，核保有国（核兵器国）の核独占に反対して，インド・パキスタンが核実験を強行した。

類 未臨界核実験（臨界前核実験）

地下核実験制限条約（ＴＴＢＴ） [The Threshold Test Ban Treaty] (ちかくじっけんせいげんじょうやく)　1974年，米ソ間で署名

した条約。米ソ両国は1976年以降, 150キロトンをこえる地下核実験をおこなわないことを約束した。また, 地下核実験の回数を最小限にとどめ, すべての地下核実験を停止するために交渉を続けることも義務づけている。1990年発効。条約の遵守を保証する検証手段の合意までに長い時間がかかった。

核兵器不拡散条約**C**①(NPT**A**⑤)

[Treaty on the Non-Proliferation of Nuclear Weapons] (かくへいきふかくさんじょうやく)　核不拡散条約または核拡散防止条約ともいう。1968年6月に国連総会で採択され, 翌7月に米・英・ソの間で調印, 56か国が署名し, 1970年に発効した。日本は1976年に批准。核兵器の不拡散とは, ①核兵器保有国(核兵器国)が非保有国(非核兵器国)に対し, 核兵器の完成品や材料・情報を渡さない, ②非核兵器国が自ら核兵器を製造せず, また, 他国から核兵器の完成品や材料・情報などを取得しない, ことを意味する。条約は, 核兵器の非保有国が, 新たに核兵器を持つことを防止するもので, 不平等条約だとの批判があった。そこで, 核保有国間の軍縮交渉の義務と, 非保有国が核の平和利用について協力を受ける権利とを, 追加修正した。核保有国フランス・中国は1992年に加入したが, インド・パキスタン・イスラエルなどは加入していない。現在の締約国は191か国。この条約は

年	事　項
1963	米英ソ, 部分的核実験禁止条約(PTBT)調印
1968	米英ソ, 核兵器不拡散条約(NPT)調印
1969	米ソ, 戦略兵器制限交渉(SALTⅠ)開始
1972	米ソ, SALTⅠ調印, SALTⅡ開始
1976	日本, 核兵器不拡散条約批准
1978	初の国連軍縮特別総会
1979	米ソ, SALTⅡ調印
1981	米ソ, 中距離核戦力(INF)削減交渉開始
1982	米ソ, 戦略兵器削減交渉(START)開始
1987	米ソ, INF全廃条約調印(88年発効)
1990	欧州通常戦力(CFE)条約調印(92年発効)
1991	米ソ, 戦略兵器削減条約(STARTⅠ)調印
1993	米ロ, STARTⅡ調印。化学兵器禁止条約調印
1995	NPTの無期限延長を決定
1996	国連, 包括的核実験禁止条約(CTBT)採択
1997	対人地雷全面禁止条約採択(99年発効)
2008	クラスター爆弾禁止条約調印(10年発効)
2010	米ロ, 新START調印(11年発効)
2013	武器貿易条約採択
2017	核兵器禁止条約採択(21年発効)
2019	米, INF全廃条約を破棄, 口も離脱
2023	口, 新STARTの履行を停止

▲軍縮・軍備管理交渉のあゆみ

1995年, NPT再検討会議で無期限に延長された。2003年には朝鮮民主主義人民共和国が同条約からの脱退を表明した。

　　　同核拡散防止条約**B**⑤

NPT再検討会議**C** (-さいけんとうかいぎ)　NPTの規定に基づき, 1975年からほぼ5年ごとに開かれている締約国会議。NPTの運用などについて話し合われる。1995年の会議では, 条約の無期限延長が決められた。2005年の会議で核廃絶に否定的だったアメリカがオバマ政権下で積極的な立場に転じたこともあり, 2010年の会議では核軍縮の行動計画を盛り込んだ最終文書が全会一致で採択された。しかし2015年の会議では, 核兵器禁止条約や中東の非核化などをめぐって核保有国と非核保有国とが対立, 最終文書が採択できなかった。

戦略兵器制限交渉**C** (SALT**A**)

[Strategic Arms Limitation Talks] (せんりゃくへいきせいげんこうしょう)　ソルト。1960年代末から70年代末までおこなわれた米ソ間の交渉。第一次交渉は1969年に開始され, 1972年に弾道弾迎撃ミサイル(ABM)制限条約および第一次戦略兵器制限条約(SALTⅠ, 5年間の暫定協定)が締結された。その後, 1972年から第二次交渉が始まり, 1979年に第二次戦略兵器制限条約(SALTⅡ, 未発効)が結ばれた。軍拡競争による経済負担に耐えかねての交渉だったが, 両国間の軍備管理(戦力の調整)としての側面が強く, 本格的な軍縮は1982年から始まる戦略兵器削減交渉(START, スタート)にゆだねられた。

　　　類戦略兵器削減交渉**B**④(START**B**)

第一次戦略兵器制限条約**C** (SALTⅠ**A**②) [Strategic Arms Limitation Treaty] (だいいちじせんりゃくへいきせいげんじょうやく)　1972年, アメリカ大統領ニクソンとソ連共産党書記長ブレジネフにより調印。ICBM・SLBMなどの戦略攻撃兵器制限に関する5年間の暫定協定をいう。保有量の上限を設けただけで, ミサイルの複数目標弾道化などの質的改善の防止が対象外となっていた。このため, 米ソ両国の核抑止力を効率よく安定させることをねらったにすぎず, 真の軍縮からはほど遠いと批判された。

弾道弾迎撃ミサイル制限条約②（ＡＢＭ制限条約Ｃ②）（だんどうだんげいげき－せいげんじょうやく）（－せいげんじょうやく）　1972年，米ソ間で締結。ＡＢＭとは相手の核弾頭ミサイルを，自国領域内から発射して打ち落とすミサイルのこと。条約は，米ソのＡＢＭをそれぞれ2基地（1基地あたり迎撃ミサイル100基）に制限したものだが，1974年には，双方1基地（各100基）に限定した。この結果，アメリカはＡＢＭ建設を放棄，ＡＢＭ網突破のためミサイルのＭＩＲＶ（多核弾頭）化に力を入れた。これがソ連のミサイルのＭＩＲＶ化をまねき，核戦略全体を不安定化させた。2001年にアメリカのブッシュ政権は同条約の一方的破棄を表明，翌2002年に失効した。

第二次戦略兵器制限条約（ＳＡＬＴⅡＡ）（だいにじせんりゃくへいきせいげんじょうやく）　1979年，カーター米大統領とブレジネフソ連共産党書記長により締結。条約は米ソ双方のＩＣＢＭ・ＳＬＢＭ・戦略爆撃機の総数を，1981年までに2,250以下にするとした。しかし，ソ連のアフガニスタン侵攻と条約内容への不満からアメリカ議会が批准を承認せず，条約は1985年で失効。

中距離核戦力全廃条約Ａ②（ＩＮＦ全廃条約Ａ）（ちゅうきょりかくせんりょくぜんぱいじょうやく）（－ぜんぱいじょうやく）　1987年，レーガン米大統領とゴルバチョフソ連共産党書記長によって調印され，翌1988年に発効した。米ソ間で核兵器の削減が合意された初めての条約。条約は，本文17か条と査察議定書，廃棄の方法を定めた廃棄議定書，双方のＩＮＦの配置・数・特徴などを記した覚書からなる。廃棄されるミサイルとその時期は，短射程のＩＮＦは発効から18か月以内，長射程のＩＮＦは同3年以内とされた。廃棄弾頭は合計で4,100発余，双方の保有する総核弾頭数約5万発の8％にあたる。廃棄完了後10年間にわたって強制的検証措置が取り決められた。2019年，アメリカはソ連の後継国家ロシアに対して，同条約の破棄を通告。ロシアもこれに応じ，2019年8月に同条約は失効した。

戦略防衛構想Ｃ②（ＳＤＩＣ②）（せんりゃくぼうえいこうそう）〔Strategic Defense Initiative〕　高出力のレーザー衛星や迎撃ミサイルを使って，飛来する大陸間弾道ミサイルをアメリカの領土に到達する前に，迎撃・破壊してしまおうという構想。スターウォーズ構想ともよばれた。1983年3月，レーガン大統領がテレビ演説で打ちだしたが，1993年にクリントン政権は，計画を中止した。

ミサイル防衛Ｂ（ＭＤＡ）〔Missile Defe〕（－ぼうえい）　2001年にアメリカのブッシュ大統領が発表した弾道ミサイルの防衛システム。衛星などを用いて敵の核ミサイルを撃ち落とし，自国などを守ることが目的。クリントン政権時代の米本土ミサイル防衛（ＮＭＤ），戦域ミサイル防衛（ＴＭＤ）の二つの構想をあわせ，あらゆるミサイル攻撃に対応できるよう強化したものである。日本はこの構想に賛同し，武器輸出三原則の例外として共同研究・開発がおこなわれてきた。

類　米本土ミサイル防衛（ＮＭＤ）　戦域ミサイル防衛（ＴＭＤ）

第一次戦略兵器削減条約Ｃ②（ＳＴＡＲＴⅠＡ①）〔Strategic Arms Reduction Treaty〕（だいいちじせんりゃくへいきさくげんじょうやく）　ＳＡＬＴが制限条約だったのに対し，削減を目的としたのがこの条約。1991年に米ソ間で基本合意に達し，1994年に発効した。内容は，①戦略核弾頭数6,000，運搬手段1,600にそれぞれ削減，うちＩＣＢＭなどの弾頭数は4,900以下に削減する，②条約の期間は15年，発効から7年間に3段階で削減する，というもの。ソ連の解体にともない，条約上の義務はロシア・ウクライナ・カザフスタン・ベラルーシが引きついだ。2001年に実施完了。この条約は2009年末に期限切れとなり，2010年に後継条約となる新戦略兵器削減条約(New START)が米露間で結ばれた。

第二次戦略兵器削減条約Ｃ（ＳＴＡＲＴⅡＢ）（だいにじせんりゃくへいきさくげんじょうやく）　2003年までに，戦略核弾頭総数を3000〜3500に削減することを定めた条約。1993年にアメリカとロシア間で調印した。アメリカは1996年，ロシアは2000年に批准したが批准書の交換がなされず，未発効のまま無効となった。

モスクワ条約Ｂ②〔Moscow Treaty〕（－

（じょうやく）　ＳＴＡＲＴⅡにかわって2002年に締結され，2003年に発効したアメリカとロシアとの戦略攻撃兵器の削減に関する条約。戦略攻撃戦力削減条約（ＳＯＲＴ）ともいう。2012年までに戦略核弾頭数などを1,700〜2,200に削減することを約束した。新ＳＴＡＲＴの発効で終了した。

同 戦略攻撃戦力削減条約② （ＳＯＲＴ **C**）

新戦略兵器削減条約　**C**⑤（しんせんりゃくへいき
（げんじょうやく）　新ＳＴＡＲＴ。ＳＴＡＲＴⅠの後継として，2010年にオバマ米大統領とメドベージェフ・ロシア大統領との間で締結された条約。骨子は①配備する戦略核の上限を1,550発，弾道ミサイルを800基に制限，②条約発効後，両国は７年以内に削減を実施，③米ミサイル防衛計画への制限事項は盛り込まない，など。2018年，米ロ両国は目標の達成を発表した。2021年には，条約の５年間延長を正式合意したが，2023年にはロシア政権が履行停止を表明した。

同 新ＳＴＡＲＴ **A**②

中欧相互兵力削減交渉（ＭＢＦＲ）（ちゅうおう
うそうごへいりょくさくげんこうしょう）　北大西洋条約機構（ＮＡＴＯ）とワルシャワ条約機構（ＷＴＯ）の間でおこなわれた中欧地域の通常戦力削減交渉のこと。1990年，全欧州を対象とした欧州通常戦力（ＣＦＥ）条約に結実した。

欧州通常戦力条約　**B**②（ＣＦＥ条約 **C**）
（おうしゅうつうじょうせんりょくじょうやく）（-じょうやく）　1990年，欧州の22か国で調印。ＷＴＯとＮＡＴＯの制限総枠を，それぞれ戦車２万両，装甲戦闘車両３万台，火砲２万門，戦闘航空機6,800機，攻撃ヘリコプター2,000機とすることで欧州の通常戦力の大幅削減をめざした。最も制限が厳しいのは，ベルギー・チェコ・ドイツ・ハンガリー・ルクセンブルク・オランダ・ポーランドの中欧地域。2007年，ロシアが条約の履行を停止。

対人地雷全面禁止条約　**A**⑦（たいじんじらいぜん
めんきんしじょうやく）　対人地雷の全面禁止を定めた条約。オタワ条約ともいう。1997年に締結され，1999年に発効した。締約国に保有地雷の４年以内の廃棄を義務づけた。この条約の成立過程では，大国による

交渉難航を避けるため，条約案に賛成する国だけで，まずは条約を発効させ，その力で不参加国に圧力をかけようとする方策がとられた。オタワ-プロセスとよばれる。

類 オタワ-プロセス③

武器の輸出入　（ぶき-ゆしゅつにゅう）　冷戦下，軍拡競争により通常兵器が増産され，武器（兵器）の輸出入がさかんになった。冷戦終結後も，先進国から第三世界の諸国に輸出され，地域紛争が多発する原因となっている。輸出大国は，アメリカ・ロシア・ドイツ・イギリス・フランスなど。他方，輸入は中国・アラブ首長国連邦・インドなど。ストックホルム国際平和研究所（ＳＩＰＲＩ）が毎年，武器の輸出入のデータを分析。

同 兵器輸出入

類 ストックホルム国際平和研究所（SIPRI）

カットオフ条約 **C**（兵器用核分裂物質生
産禁止条約）（-じょうやく）（へいきようかくぶんれつぶっしつせいさんきんしじょうやく）　核兵器に使われる高濃度ウランやプルトニウムの生産を禁止することによって，核開発・製造・使用に歯止めをかけようとする条約。カットオフとは「供給を止める」という意味。ジュネーヴ軍縮会議（ＣＤ）での交渉が決まったが，参加国の意見対立で進展していない。2009年にオバマ米大統領がプラハでの演説で条約交渉に前向きな姿勢を示した。

武器貿易条約 **C**（ＡＴＴ **A**）[Arms Trade Treaty]（ぶきぼうえきじょうやく）　通常兵器などの国際取引を規制する条約で2013年の国連総会で条約案が採択。50か国以上の批准を経て2014年末に発効した。対象は戦車や戦闘機などの通常兵器に加えて小型武器も含む。おもな武器輸出国であるロシアなどは未署名で米は2020年に署名撤回。

イラン核合意　（-かくごうい）　イランの核開発をめぐる，同国と米中英仏独（Ｐ５＋１）との合意。2015年，イランの核開発能力の制限などで合意・発効した。2018年，当時のトランプ政権は，オバマ前政権の政策を転換，弾道ミサイルの開発制限が含まれていないなどとして，イランとの合意から離脱を表明した。イランへの経済制裁を復活させる。イラン側は激しく反発しつつも，他の５か国との合意は順守するとし

ている。

核兵器禁止条約　Ⓐ③(かくへいききんしじょうやく)

核兵器の開発・実験・製造・保有・使用などを禁止した条約。2017年，国連の場で122か国の賛成で採択された。条約の前文では，核兵器の非人道性を詳細に展開し，その使用が国連憲章や国際法・国際人道法に違反すると規定している。アメリカなどの核兵器保有国や，「核の傘」の下にある日本などは参加していない。同条約は50番目の国が批准書を国連に寄託後，90日で発効する。

米朝首脳会談　Ⓒ(べいちょうしゅのうかいだん)

アメリカと北朝鮮の首脳による史上初の会談。2018年の第3回南北朝鮮首脳会談の後，トランプ米大統領と金正恩北朝鮮国務委員長との間で，シンガポールにおいておこなわれた。朝鮮半島の非核化と，北朝鮮の安全の保証などを米朝が相互に約束した共同声明に署名した。2019年2月には，ヴェトナムにおいて，2回目の米朝首脳会談が開催されたが，不調に終わり，合意文書の署名には至らなかった。

人種・民族問題

人種　Ⓐ①(じんしゅ)

遺伝的に多少とも隔離された集団で，他の集団とは異なった集団遺伝子組成を有するものといわれるが，完全な隔離集団は存在せず，集団遺伝子組成の差異も統計的な有意差にすぎない。またその区分も，皮膚の色などのいくつかの身体的特徴の組み合わせでおこなわれているもので，その分類には人為的操作が加わっているといえる。1950年のユネスコ宣言で「人種に優劣はない」とされたが，現在では人種そのものが生物学上は区別できない，と考えられている。

人種差別　Ⓐ①(じんしゅさべつ)

人種差別・人種的偏見など，あらゆる人種主義に共通するパターンは，「優秀民族（人種の意）の純潔を守る」という主張である。これは民族浄化（エスニック-クレンジング）とよばれ，民族紛争の要因の一つとなっている。自分の属する人種の優秀性の根拠として，文化の伝統，知能の優秀さ，体や顔の美しさなどをあげる。しかし，J．バルザンが自著『人種』の副題を「現代の迷信」としたよう

に，人種主義には科学的根拠がない。自らをおびやかす人種を表面では軽蔑し，内心では恐れる。この迷信の信者は絶えず恐怖にさらされ，恐怖を与える相手を憎む。人種主義は憎悪をともなう迷信である。

　類 民族浄化　Ⓑ（エスニック-クレンジング Ⓒ）

人種隔離政策Ⓑ（アパルトヘイト Ⓐ②）

[apartheid]（じんしゅかくりせいさく）「分離」を意味する語で，特に南アフリカ共和国の極端な人種隔離（差別）政策・制度の総称。その根幹には，原住民代表法・インド人代表法・投票者分離代表法で，それぞれアフリカ人・インド人・カラード（有色人種）の参政権を奪ったことと，バンツー自治促進法によって，アフリカ人を種族別に10のホームランド（全国土の15%）に強制的に押し込み，隔離したことがある。国連はこれを「人類に対する犯罪」と位置づけ，各国に経済制裁を求めた。これらのアパルトヘイトにかかわる諸法律は，1991年のデクラーク大統領のときにすべて廃止され，人種隔離政策は法的には終結した。しかし現実の差別の解消は，今後の大きな課題である。

ネルソン゠マンデラ　Ⓒ[Nelson Mandela, 1918〜2013]

南アフリカの黒人解放運動指導者。弁護士となったのち，アフリカ民族会議（ANC）の青年同盟議長に就任。黒人69人が虐殺されたシャープビル事件でANCが非合法化されると地下にもぐった。1962年に煽動罪などで逮捕され，1964年には国家転覆罪で終身刑をいい渡された。しかし，世界の反アパルトヘイト気運が高まるなかで「マンデラ釈放」がスローガンとなり，獄中28年をへて，1990年2月に釈放された。1994年，南アフリカ共和国初の黒人大統領に選出された。1993年にノーベル平和賞受賞。

黒人差別　(こくじんさべつ)

黒人（アフリカン-アメリカン）に対するアメリカの人種差別制度。1890年，ミシシッピー州では憲法修正第15条に抵触しないように，州憲法のなかに「人頭税」や「読み書き試験」を取り入れることで，彼らの選挙権をはく奪した。これは「ミシシッピ-プラン」とよばれ，その他の南部諸州もこれに類似した方法で黒人の選挙権を奪った。黒人の市民的自由

については，1883年に連邦最高裁判所が，1875年の公民権法を否定して以来，南部諸州では交通機関・学校・レストランなどにおける人種差別と隔離が州法などで制度化されていった。そして，1896年の「プレッシー対ファーガソン事件」における最高裁判決で，あらゆる人種差別に法的根拠を与えた。

公民権法 （こうみんけんぽう） 1964年制定。アメリカ人としての黒人の市民的諸権利の保護をめざした法律。第一に，選挙の際の「読み書き能力テスト」を一定の条件つきで禁止し，登録係官が恣意的に課すさまざまな投票基準・慣行・手続きなどから黒人を保護した。第二に，一般用の宿泊・飲食などの施設の大部分における差別を禁止し，個人や市町村を援助できるよう連邦政府に市町村相談所を設置した。第三に，連邦政府に雇用平等委員会を設置したり，公教育における差別排除のために合衆国教育局と司法長官のとるべき措置を定めた。

キング Ⓐ [Martin Luther King,Jr., 1929～68] アメリカの黒人運動指導者。1954年にアラバマ州のバプテスト教会の牧師となり，1955年に人種差別に反対するモントゴメリーのバス-ボイコット闘争を指導して，勝利をおさめた。1957年には南部キリスト教指導者会議を結成。後に，座り込み運動やデモを指導し，1963年には「ワシントン大行進」を成功させた。こうした非暴力の公民権運動が評価され，1964年にノーベル平和賞を受賞。しかし1968年，テネシー州メンフィスで暗殺された。

マララ＝ユスフザイ Ⓒ [Malālah Yūsafzay, 1997～] パキスタンの女性教育活動家。あらゆる子どもの教育を受ける権利実現にむけての取り組みなどを評価され，2014年にノーベル平和賞を受賞した。全分野のノーベル賞受賞者のなかでも17歳での受賞は史上最年少で，未成年者への授与は初めて。彼女は2012年，イスラーム武装勢力のタリバンから銃撃を受けて重傷を負ったが，その後も「一人の子ども，一冊の本，一本のペンが，世界を変える」などと国際社会に訴えた。

民族 Ⓐ4 [ethnic group] （みんぞく） 血縁的共同性・文化的共同性・共通帰属意識によって分類された人間集団。文化的共同性とは言語・宗教・歴史的伝統・政治・経済など多元的な内容を含む。18世紀の末以後，主権国家の形成単位としての民族が構想され，両者の一体を理想とする国民国家形成を説くナショナリズムが盛んになった。

民族問題 Ⓒ1 （みんぞくもんだい） 1980年代後半，アラブとイスラエルの問題，イランやイラクのクルド人，スリランカのタミール人などの少数民族の問題が噴出し，それが国家間の対立にも波及した。また，旧ユーゴスラヴィアにおける共和国・自治州の対立や，民族問題に端を発するハンガリーとルーマニアの紛争，ソ連におけるバルト三国の分離・独立や，アゼルバイジャンとアルメニアの紛争などが表面化した。また，欧米でも，イギリスの北アイルランド問題，アメリカの人種差別・移民問題などがある。一方，アジア・アフリカ諸国では，植民地からの独立後の国家において諸民族の対立・抗争問題をかかえている。

民族自決主義 Ⓒ3 （みんぞくじけつしゅぎ） 民族が自らの運命を決定する権利を有し，自由に，独立した自己の国家を建設しうるとする考え方。人民の自決権ともいう。第一次世界大戦では，連合国がウィルソンの影響のもとにこれを認め，ヴェルサイユ条約の一原則となった。第二次世界大戦中は，ドイツ・イタリア・日本によって占領された地域の解放が連合国軍の平和目的の一つとなり，1941年の大西洋憲章でも民族自決権の尊重を宣言した。1960年代には，民族自決が非植民地と同一視されるようになり，植民地独立付与宣言（1960年採択）や国際人権規約（1966年採択）でも，民族自決権を確認している。

　　　　　　　　　同 人民の自決権 Ⓒ

旧ソ連の民族問題 （きゅう-れん-みんぞくもんだい） 旧ソ連には100以上の民族が住み，そのうち15の大きな民族が共和国をつくった。ソ連邦は「自由な民族の同盟」をめざして15の共和国がまとまり，それ以外の少数民族は自治共和国や自治州をつくれるということにした。しかしスターリン時代に，バルト三国の併合，強引な民族自治州の線引き，タタール人の中央アジアへの強制移住などがおこなわれ，問題を今日に残した。

アルメニアとトルコの対立 (-たいりつ)　第一次世界大戦中の1915年にオスマン帝国下でアルメニア人集団殺害(ジェノサイド)が起こり, その後アゼルバイジャン内のナゴルノ-カラバフ自治州の問題で対立し, 国境封鎖にまで関係が悪化した。2009年, 両国はスイスの仲介で国交樹立文書に調印し, 関係正常化に踏み出したが, あまり進展がない。

アゼルバイジャンとアルメニアの紛争 (-ふんそう)　イスラーム教徒が多いアゼルバイジャン共和国に, アルメニア人自治州ナゴルノ-カラバフが1923年に発足したが, キリスト教徒のアルメニア人は宗教的・民族的理由でイスラーム勢力に迫害を受けてきた。このためゴルバチョフ以後, 隣接するアルメニア共和国への帰属がえを求める運動が活発になり, 1988年2月には死傷者を出す衝突を引き起こした。1994年にロシアの仲介で停戦協定が成立した。

チェチェン紛争 A⑥(-ふんそう)　チェチェンはグルジアに隣接するイスラーム系住民中心の共和国で, 人口は2018年時点で約144万人。チェチェン人は19世紀以来, ロシアの支配に激しく抵抗してきた。1991年にロシアからの独立を宣言したが, ロシア側はこれを認めず内戦に突入した。1996年に和平合意が成立, ロシア軍はいったん撤退したが, 1999年に再び攻撃を開始して国際社会から批判をあびた。2009年に終結宣言がなされた。

グルジア紛争C(**ジョージア紛争**C) (-ふんそう)(-ふんそう)　グルジア(ジョージア)領内の南オセチア自治州などをめぐるグルジアとロシアとの争い。南オセチアが1990年末, 同じオセット人が住むロシアの北オセチア共和国への編入を求めて武力闘争したことを契機にグルジア軍が進攻。ロシアが南オセチアを支援したため, 1991年にかけて武力衝突がつづいた。両国と南北オセチアの4者協議でいったん紛争解決に合意したが, 2004年にグルジアに親米政権が成立してから不安定な状況に陥り, 2008年に再び本格的な戦闘に発展。その後, ロシアが南オセチア自治州とアブハジア自治共和国の独立を一方的に承認したため, グルジアや欧米諸国などが強く反発した。

ウクライナ危機 C(-きき)　ウクライナにおいて建国以来続いている政治的危機。1991年, ソ連から独立する形で, ウクライナが建国されたが, ウクライナ人約8割, ロシア人約2割で人口構成されており, 国内対立の火種を抱えていた。2004年大統領選では, 親ロシア候補による不正選挙を大衆が糾弾して親EU候補の当選へと至る政変が起こる(オレンジ革命)。2014年2月にはEUとの経済協定の取りやめをめぐって反政府暴動(ユーロマイダン革命)が起こり, 当時の親露派大統領がロシアに亡命。ロシア政府は, ロシア系住民を保護する名目で, ウクライナ南部のクリミア半島に軍事侵攻。2014年3月にはロシアへのクリミア併合を強行する。2014年4月からは, ウクライナ東部のドンバス地域にて, ウクライナからの分離独立を唱える勢力による武力闘争が起こる(ドンバス戦争)。事態収拾に向けた調整が難航する中, 2019年に大統領に就任したゼレンスキーは, ウクライナのNATO加盟に向けた動きを加速。これを受けて, 2022年2月には, ロシアがウクライナ全域を対象とする軍事侵攻を開始した。

クリミア半島 C③(-はんとう)　黒海の北部にある半島。かつては旧ソ連の領土だったが, ソ連崩壊後はウクライナの領土となり「クリミア自治共和国」が成立した。2014年2月, クリミアにおける親露派デモが過激化して, 自治共和国の政府および議会を武装占拠。ロシアも現地に軍事介入し, ウクライナ軍と対峙した(クリミア危機)。同年3月, クリミアのロシア編入を問う住民投票がクリミア自治共和国内で実施され, 賛成派が90%を占めた。クリミア議会はウクライナからの独立を宣言し, ロシアもクリミアの自国編入を公式に認めた。この事態に対して, 欧米諸国はいっせいにロシアを非難。日本政府も, ウクライナの主権を侵害していると批判した。現在も, クリミア半島はロシアの実効支配下にあるが, ウクライナも自国領土の一部であるとの主張を変えていない。ロシアにとって, クリミアは貴重な不凍港であり, 軍事上の重要な意味を持っている。

ロシアのウクライナ侵攻 **A** (-しんこう)

2022年2月，ロシアはウクライナに軍事侵攻した。ウクライナ側も戒厳令および国民総動員令を発して徹底抗戦の構えに出たため，両国は事実上の戦争状態に入った。国連緊急特別総会ではロシア非難およびロシア軍撤退要求の決議が採択された。ロシア側では，ベラルーシ共和国が支持に回るほか，ウクライナ国内の親ロシア派自治組織であるドネツク人民共和国およびルガンスク人民共和国(2つとも国際社会で国家承認されていない)もロシア側についている。国連難民高等弁務官事務所によれば，本侵攻が始まって以降，国外に避難したウクライナ人は，2023年7月時点で620万人に及び，国内避難民は510万人に達している。

パレスチナ問題 **A** 4 (-もんだい)

第一次世界大戦中，イギリスがパレスチナにユダヤ人国家の建設を約束(バルフォア宣言)するとともに，アラブ人のパレスチナ独占を承認(フサイン・マクマホン協定)する矛盾した政策をとったため，両民族の対立が深まった。国連は1947年，パレスチナをユダヤ人国家，アラブ国家および国連管理下の国際都市イェルサレムに分割することを決議した。翌1948年，イスラエルの建国が宣言されると，分割決議を不当とするアラブ諸国が軍を進め，4次にわたる中東戦争が始まった。以後，パレスチナ問題はアラブとイスラエルの国家間紛争のかたちをとっている。1991年10月から中東和平会議がはじまり，93年にイスラエルのラビン首相とパレスチナ解放機構(PLO)のアラファト議長との間で相互承認とパレスチナ暫定自治協定が成立(オスロ合意)，95年には両者はパレスチナ自治拡大協定に調印した。その後，国連などの仲介で新和平案(ロードマップ)が提示され，2005年9月にはパレスチナ自治区であるガザからのイスラエル軍の完全撤退がおこなわれた。しかし，パレスチナ(ハマス)とイスラエルとの武力衝突は依然としておさまっていない。2017年，アメリカ政府はイェルサレムをイスラエルの首都と認め，翌年には在イスラエル大使館をエルサレムに移転した。このことで，アラブ諸国の反発を招いている。

類 **中東戦争 A**　オスロ合意 **B** 6
ロードマップ **C**

	年	原因	影響
第一次中東戦争 (パレスチナ戦争)	1948	イスラエル建国に対してアラブ諸国が攻撃	イスラエルの勝利・建国→パレスチナ難民の発生
第二次中東戦争 (スエズ戦争)	1956	ナセルのスエズ運河国有化に反対して英仏・イスラエルが攻撃	英仏への国際的非難 国連緊急軍の創設
第三次中東戦争 (六日戦争)	1967	エジプトのアカバ湾封鎖を口実にイスラエルが攻撃	イスラエルの圧勝 アラブの団結の強化
第四次中東戦争 (十月戦争)	1973	第三次中東戦争の失地奪回のため，エジプト・シリアが攻撃	アラブの勝利 アラブ産油国の石油戦略→石油危機

▲ 中東戦争

インティファーダ **B** 2 [intifāda]

アラビア語で「蜂起(ほうき)」の意。イスラエル占領地におけるパレスチナ住民らによる非武装抵抗運動をさす。1987年から93年頃まで続いた。2000年頃からは第2次インティファーダがくり広げられた。

イスラエル **C** 1

第二次世界大戦中のナチス−ドイツのユダヤ人迫害によって，ユダヤ人国家を建設しようとするシオニズム運動(シオンとはイェルサレムにあるユダヤ教の聖地)が活発になり，1947年の国連総会でイギリスの委任統治終了後，パレスチナをユダヤ・アラブ両国家に分割することを決議した。イスラエルは1948年に建国を宣言。建国を認めないアラブとの間で4回の中東戦争が起こった。1993年にパレスチナ暫定自治協定(オスロ合意)，1995年には自治拡大協定が調印されたが，和平実現への道は遠い。イスラエルは2006年，イスラーム武装勢力ヒズボラによるイスラエル兵拉致を契機に，隣国のレバノンへ武力攻撃をおこなった。

ゴラン高原 **C** 3 [Golan Heights] (-こうげん)

イスラエルとシリアの中間にある高原地帯。イスラエル北部を一望できるという点で，軍事上の重要性が高い。第一次世界大戦後，フランス領シリアの一部になり，1944年からは独立国家シリアの一部となった。1948年にイスラエルが建国されると，シリアとの間でゴラン高原をめぐる国家間対立が生じる。1967年第三次中東戦争によって，イスラエルがゴラン高原の大部分を占領。現在も，イスラエルが実効支配してい

る。国連は一貫して「イスラエル占領下の
シリア領」とみなしており，日本もこの立
場にある。一方，2019年，アメリカ政府
(当時のトランプ政権)は，ゴラン高原を
イスラエル領土の一部と承認した。

ヨルダン川西岸地区 **B**③〔West Bank〕(-
がわせいがんちく)　パレスチナ国の行政区域の
うち，ヨルダン川の西側に位置する地区の
こと。住民の内訳は，パレスチナ人約
8割，イスラエル入植者約2割となって
いる。また，ヨルダン川西岸地区のなかは，
パレスチナ側が警察権および行政権を管
轄しているAエリア，イスラエル側が警
察権を管轄し，パレスチナ側が行政権の
みを管轄しているBエリア，イスラエル
側が警察権および行政権を管轄しているC
エリアに分かれている。

ガザ地区 **B**③〔Gaza Strip〕(-ちく)　パレス
チナ国の行政区域のうち，地中海東岸に
沿った地区のこと。隣接するイスラエルと
は激しく対立しており，厳しい経済封鎖と
巨大な「分離壁」に囲まれ，「天井のない監
獄」と呼ばれている。2007年，イスラム主
義組織「ハマス」がガザ地区を武力制圧し，
以降ハマスが実効支配を続けている。イ
スラエルとの衝突は繰り返され，2023年10
月には，ハマスがイスラエルに大規模攻撃
を仕掛けた。これにイスラエルも応戦して
いることから，民間人を含め数千人の死者
が報告されている。

イスラエル入植地 (-にゅうしょくち)　1967年の
第三次中東戦争以降，イスラエルがパレス
ティナ人居住区を占領，自国民を移住させ
た地域の総称。現在までに50万人が入植
したとされる。この入植活動は，占領地へ
の自国民の移住を禁止したジュネーヴ条約
などに違反し，中東和平の障害の一つ。
2012年の国連総会でのパレスチナ国家
格上げ決議を受けて，イスラエルは東イェ
ルサレムとヨルダン川西岸で3000戸の新
規入植住宅を建設するとしている。

分離壁(ヨルダン川西岸地区) (ぶんりへき)(-
がわせいがんちく)　パレスチナと対立するイ
スラエルが，2002年からヨルダン川西岸
内部と東イスラエルに建設している長大な
フェンス。イスラエル側はテロ攻撃に対す
る防衛のためと主張するが，パレスチナ

の人々の生活を脅かす事態を引き起こし，
国際司法裁判所も建設は違法との判断を示
している。2014年，分離壁予定地の「オ
リーブとワインの土地」(ヨルダン川西
岸)がユネスコの世界危機遺産に登録され
た。

パレスチナ解放機構 **A**①**(ＰＬＯ A)**
〔Palestine Liberation Organization〕(-か
いほうきこう)　1964年，パレスチナ民族評
議会第1回大会で創設された。1969年，
アラファトが議長につくと，飛躍的に力を
つけた。1974年には，アラブ首脳会議で
パレスチナ人の唯一正当な代表と公認さ
れ，国連でオブザーヴァーの資格を付与さ
れた。1988年，イスラエル国家の生存権
承認という方向転換が国際社会に歓迎され，
ＰＬＯの呼称をパレスチナ国家に改めた。
近年，その実質をパレスチナ自治政府に
移している。パレスチナでは2014年，
ファタハとハマスとの統一暫定政権が発足
し，分裂状態がひとまず解消した。

　　　　　　　類 パレスチナ自治政府 **C**①

パレスチナ難民 **B** (-なんみん)　1948年，第
一次中東戦争が勃発すると，イスラエル側
はイェルサレムの占領と，パレスチナ人
追放を実行した。逃亡してきたパレスチ
ナ人は，ヨルダンとヨルダン川西岸地区に
60%，ガザ地区に20%，レバノンに15%，
シリアに5%が流れて難民生活を送らざ
るをえなくなった。

ハマス　パレスチナのイスラーム急進派
で，スンナ(スンニ)派に属する。イスラー
ム抵抗運動ともいう。イスラエルに対して
強硬的な立場をとるため国際的な批判も強
いが，地道な社会福祉活動などで貧困層の
根強い支持がある。2006年のパレスチ
ナ評議会選挙で，ＰＬＯ主流派のファタハ
に圧勝した。

ヒズボラ　レバノン南部に居住するイス
ラームのシーア派に属する急進派。アラビ
ア語で「神の党」を意味する。ハマスと同
様，社会福祉活動などで知られる。2006年，
ヒズボラがイスラエル兵を人質にとったた
め，イスラエル軍がレバノンを攻撃した。

アラブの春 **A**⑥(-はる)　2010年末から11年
にかけて，中東や北アフリカ地域で起きた
一連の政治変革の総称。アラブ革命。民主

化運動がツイッターやフェイスブックなどを利用しておこなわれたため，ネット革命ともよばれる。チュニジアでは，反政府デモなどを受けてベンアリ大統領が国外に脱出，約23年間の統治に幕をおろした（ジャスミン革命）。エジプトでは約30年間，ムバラク大統領の統治が続いたが，反政府デモなどが広がり，2011年に辞任した。その後，モルシが文民大統領となったが，2013年に軍部を中心にした事実上のクーデタがおこった。2014年には新大統領が選出されたが，混乱はおさまっていない。リビアでは，約41年にわたるカダフィ大佐の独裁に対して反体制派が蜂起。内戦状態になったが，ＮＡＴＯ軍の空爆などもあり，カダフィ政権は崩壊した。イエメンでは，30年以上も統治したサレハ大統領が，反政府運動などの高まりで引退。その後，ハディ政権が誕生したが，イスラーム武装組織「フーシ派」が首都を制圧。こうした事態に対して，隣国サウジアラビアなどが軍事介入に踏み切った。このため内戦は泥沼化し，イエメンでは食糧不足や感染症の蔓延※などで世界最悪の人道危機が進行中とされる。なお，反政府・民主化運動に携わった女性民主活動家タワクル＝カルマンさんが，リベリアのサーリーフ大統領，同国の女性平和活動家レイマ＝ボウィさんとともに，2011年のノーベル平和賞を受賞した。2015年にはチュニジアの民主化に取り組む民間の４団体「国民対話カル

テット」に同賞が贈られた。

同 アラブ革命 **C** ネット革命

ムスリム同胞団（－どうほうだん）　1929年，エジプトで生まれた社会運動団体。イスラーム社会の確立をめざす。その後，シリア・ヨルダン・スーダン・パレスティナ・湾岸諸国などに広がり，現在ではアラブ世界で最大の組織となった。当初はテロなどの過激な活動を展開したが，現在では穏健な方針をとる。2012年におこなわれたエジプトの大統領選挙で，同胞団出身のモルシが文民として初の大統領に当選したが，１年後にクーデタが起こって大統領職を解任された。

シリア内戦 **A** **5**（－ないせん）　「アラブの春」の影響を受けたシリアの反政府運動が，政府軍に弾圧された事件。シリアは1946年にフランスから独立。クーデタで政権を握った父のあとを継いだバッシャール＝アサドが，2000年に大統領に就任。親子二代の独裁体制を築いた。2011年３月に反政府デモが発生すると，アサド政権はこれを弾圧。その後も政府軍による住民虐殺などが相次いだ。国連による監視活動がおこなわれたが，あまり効果はみられなかった。化学兵器の使用をめぐり，化学兵器禁止機関（OPCW）による査察があり，国内の化学兵器の廃棄処分がおこなわれた。NGOシリア人権監視団によれば，内戦による死者数は50～60万人の規模と見られる。また，国連難民高等弁務官事務所によれば，内戦

❶キューバ危機（1962年）
❷ニカラグア紛争（1979～90年）
❸フォークランド紛争（1982年）
❹北アイルランド紛争（1968～98年）
❺ベルリン封鎖事件（1948～49年）
❻チェコ事件（1968年）
❼ハンガリー事件（1956年）
❽ロシアによるウクライナ侵攻（2022年～）
❾クロアティア内戦（1991～95年）コソヴォ紛争（1998～99年）マケドニア紛争（2001年）
❿キプロス紛争（内戦）（1955～59・63～64・74年～）
⓫シリア内戦（2011年～）

⓬イラン・イラク戦争（1980～88年）
⓭湾岸戦争（1991年）
⓮中東戦争（1948～49・56・67・73年）
⓯スーダン内戦（1983～2011年）
⓰南スーダン内戦（2013年～）
⓱ソマリア内戦（1988年～）
⓲コンゴ動乱（1960～63年）
⓳アフガニスタン戦争・紛争（1979～89・2001～21・21年～）
⓴印パ戦争（1947～49・65～66・71年）

㉑中ソ国境紛争（1969年）
㉒朝鮮戦争（1950～53年）
㉓中越戦争（1979年）
㉔インドシナ戦争（1946～54年）
㉕ヴェトナム戦争（1960～75年）
㉖カンボジア内戦（1970～75年）
㉗アチェ独立運動（1976～2006年）
㉘東ティモール紛争（1975～2002年）

▲第二次世界大戦後のおもな紛争

による難民の数は約528万人，国内避難民の数は約680万人に及んでいる。

クルド問題 B (－もんだい)　トルコやイラクなどに住む少数民族クルド人の自治や独立をめぐる問題。クルド人は独自の言語を話し，宗教的にはイスラームのスンニ派が多い。古くは王朝国家を樹立したが，第一次世界大戦後に居住地域がトルコ・イラン・イラクなどに分断され，各地で分離・独立運動を続けている。とくに，トルコやイラクでは政府側と激しい抗争がおこなわれてきた。イラク北部には自治区があり，2017年には独立国家樹立の是非を問う住民投票がおこなわれ，9割をこえる賛成多数となった。

北アイルランド紛争 B[2] (きた－ふんそう)　カトリックが住民の9割以上を占めるアイルランドは1922年，イギリスから独立した。しかし，プロテスタントが住民の3分の2を占める北アイルランドの6州は英国統治下に残った。そこでは少数派であるカトリック教徒が差別されたこともあり，独立運動が絶えず，さらにアイルランド共和軍（IRA）のテロ戦術もあって，多数の犠牲者を出してきた。1998年に北アイルランド和平合意が成立した後も激しい対立がつづいていたが，2005年にIRAの完全武装解除がおこなわれた。

　　　　　　　　　　　類 アイルランド共和軍（IRA）

キプロス問題 C[2] **（サイプラス問題）** (－もんだい) (－もんだい)　キプロスは，1960年にイギリスから独立したが，ギリシャ系住民とトルコ系住民の対立が激しく，島内各地で死傷事件が続発，戦闘状態が生じた。1974年，トルコ系住民は島の北東部で独立政府を発足させ，1983年に北キプロス－トルコ共和国の独立を宣言した（承認はトルコのみ）。その後，南のキプロス共和国の欧州連合（EU）加入などを経て，南北間で統合に向けた交渉がおこなわれている。

バスク独立運動 C (－どくりつうんどう)　スペインとフランスの国境付近にあるバスク地方に居住する人たちがスペインからの分離・独立を求めている運動。1959年には過激派組織「バスク自由と祖国」（ETA）がつくられ，スペイン政府と武力衝突をくり返した。1980年に自治政府が発足したが，その後も独立運動は続いている。

カタルーニャ独立運動 C (－どくりつうんどう)　カタルーニャはスペイン東北部にある自治州で，州都はバルセロナ。古代から交通の要衝として栄えた。1979年にスペインの自治州となり，2010年代から独立運動が始まった。背景には，スペイン本国による民族差別と納税に対する不満がある。2017年に独立の是非を問う住民投票がおこなわれ，約92%の賛成を得た。投票率は約43%。その後，州は独立を宣言したが，スペイン政府は認めていない。

カシミール紛争 B (－ふんそう)　カシミール地方の帰属をめぐるインドとパキスタンの争い。これまで2次にわたり印パ戦争（バングラデシュをめぐる紛争を含めると3回）が発生した。両国は2003年に停戦合意，04年から包括和平対話をスタートさせた。

　　　　　　　　　　　　　同 印パ戦争 C

チベット問題 C (－もんだい)　チベットの独立などをめぐる問題。チベットはかつてイギリスの影響下にあったが，1949年の新中国成立後，中国の自治区に組みこまれた。59年に大規模な騒乱が起こったが軍に鎮圧され，チベット仏教の最高指導者ダライ＝ラマ14世がインドへ脱出，亡命政府がつくられた。その後も中国への抵抗運動がたびたび起きている。

ウイグル問題 B (－もんだい)　中国西部にある新疆ウイグル自治区（1955年設置）の独立運動などをめぐる問題。同自治区では1990年代以降，中国からの独立を求めて暴動が多発。これらの背景には，漢族（人口の約38%）とウイグル族（人口の約47%，大部分がイスラームを信仰）との経済格差や，民族固有の文化的・宗教的権利が中国において尊重されていないことへのウイグル族側の不満がある。中国政府はこれらを武力によって鎮圧してきた。

タミール人紛争 (－じんふんそう)　スリランカは，1948年の独立以降，シンハラ・タミールの両民族間の対立が続いてきた。多数派のシンハラ人（約75%）のシンハラ語が公用語になると，公職につけないタミール人（約15%）の間に不満が高まり，北東部を分離・独立させようというLTTE（タミル－イーラム解放のトラ）による反政府テロ活動が展開され，軍事対立が激化した。

しかし，2009年に政府軍による制圧宣言が出され，内戦状態に終止符がうたれた。これまでの死者は7万人以上ともいわれる。

シク教徒紛争 (−きょうとふんそう)　シク教は，イスラームの影響を受けたインドにおけるヒンドゥー教の改革派の一つ。ビンドランワレを指導者とするシク過激派は，1981年からヒンドゥー指導者を次々と暗殺するテロ活動を開始した。パンジャブ州のヒンドゥー教徒をテロの恐怖におとしいれ，彼らの移住を暴力的にうながすことにより，シク教徒の国家カリスタンの分離・独立の条件を整備するのがねらいとされる。

東ティモール問題 **Ⓑ**②(ひがし−もんだい)　東ティモールは，16世紀以来ポルトガルの植民地だったが，1975年にポルトガル本国での政変を機に，独立を求める東ティモール独立革命戦線が勢力を拡大した。これに対して1976年，インドネシアが東ティモールを併合した。しかし，独立を求める声は根強く，インドネシアからの独立の賛否を問う1999年の住民投票などをへて2002年に独立を達成した。

アチェ独立運動 (−どくりつうんどう)　スマトラ島西北端にあるナングロアチェ州で，分離・独立運動をつづける自由アチェ運動（GAM）と，インドネシア政府との紛争。2002年にジュネーヴでいったん和平協定が成立したが，その後の交渉は停滞した。しかし，2004年12月のスマトラ島沖地震・津波の影響もあり，あらためて和平協議がフィンランドのヘルシンキでおこなわれ，GAMの独立要求取り下げと武装解除，アチェ州での自治政府樹立などで基本合意した。そして，2006年には初の州地方選挙が実施された。

カンボジア特別法廷 (−とくべつほうてい)　1970年代にカンボジアの旧ポル＝ポト政権（クメール−ルージュ）下でおきた大量虐殺を裁く特別法廷。二審制で最高刑は終身刑。カンボジア政府と国連の合意に基づき2006年に活動を開始した。日本が運営費用の最大拠出国となっている。ポル＝ポトはすでに死亡。同法廷で2016年，人道に対する罪などに問われた元最高幹部2人の終身刑が確定した。

モロ−イスラーム解放戦線（MILF） (−かいほうせんせん)　フィリピン南部のミンダナオ島で，イスラーム国家の樹立をめざして1978年に結成された反政府武装組織。これまで政府側と衝突や停戦をくり返し，死者は民間人も含めて15万人をこえるとされる。2012年，アキノ政権との間で和平協定に調印，イスラーム教徒による自治政府設立などに向けて動きだした。

ロヒンギャ問題 **Ⓑ**(−もんだい)　ミャンマー（旧ビルマ）で治安軍などに迫害されたベンガル系イスラーム少数民族「ロヒンギャ」住民らが，隣国のバングラデシュに大挙して避難している問題。ロヒンギャ難民は60万人をこえるともいわれる。国籍が与えられず，人権侵害も指摘される。2017年，その帰還にむけてミャンマーとバングラデシュが正式に合意したが，まだ実施に至っていない。

ユーゴスラヴィア問題 **Ⓑ**(−もんだい)　東欧の民主化以降，「南スラヴ諸民族の国」を意味するユーゴスラヴィア連邦は七つの国家に分裂した。まず1991年6月にスロヴェニア・クロアティアが，つづいて11月にマケドニアが，さらにボスニア−ヘルツェゴヴィナが1992年2月，独立を宣言した。これに対し，連邦の維持を主張してきたセルビアとモンテネグロも1992年4月に分離を承認，2国で新ユーゴスラヴィア連邦の結成を宣した。これら諸国の独立をめ

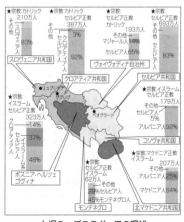

▲旧ユーゴスラヴィアの現状

ぐる過程で，民族・宗教対立もからみ，すさまじい内乱が発生，多くの悲劇を生んだ。ユーゴは2003年にセルビア−モンテネグロと国名を変更したが，結局2006年にモンテネグロが分離・独立した。2008年には，コソヴォがセルビアから独立を宣言した。

ボスニア−ヘルツェゴヴィナ問題 **Ｂ**②〔-もんだい〕　旧ユーゴスラヴィア解体後，ボスニア−ヘルツェゴヴィナ内のセルビア人とクロアティア人，ムスリム（イスラーム教徒）の間でくり広げられた民族紛争。血で血を洗う凄惨な抗争に発展した。1995年にボスニア和平協定（デイトン協定）が結ばれたが，真の和平への道はなお遠い。

コソヴォ紛争 **Ｂ**⑥〔-ふんそう〕　セルビア共和国内のコソヴォ自治州で起こった民族紛争。コソヴォ自治州ではアルバニア人が約9割を占め，セルビア人との対立が1998年ごろから顕在化した。両者の間で戦闘が長期化すると，1999年3月からＮＡＴＯ（北大西洋条約機構）軍によるセルビア空襲がおこなわれ，多くの被害を出した。1999年6月に停戦が成立したが，その後も対立はおさまらず，コソヴォは2008年にセルビアからの独立を宣言した。なお，コソヴォ独立について，国際司法裁判所（ＩＣＪ）は2010年，国際法に違反しないとの勧告的意見を示した。

マケドニア紛争 〔-ふんそう〕　人口の3割弱を占めるアルバニア人の権利拡大を求める民族解放軍とマケドニア政府軍との紛争。コソヴォ紛争の過程で，2001年から軍事衝突が生じた。マケドニア政府側がＥＵやＮＡＴＯと連携して武装勢力側を排除，2002年には総選挙が実施されたが，民族共存への道のりは険しい。

ルワンダ内戦 **Ａ**④〔-ないせん〕　1990年から94年までおこなわれたツチ人の反政府ゲリラ組織と，フツ人の政府軍とによる内戦。1962年にベルギーから独立した後，多数民族のフツ人主導の政権が続き，不満をいだく少数民族のツチ人とが対立して内戦に陥った。1994年の大統領死亡事故を契機に，フツ人によるツチ人の大量虐殺事件が続発した。戦闘は反政府軍の勝利で終結したが，その間の死者は数十万人，難民は240万人に達した。国連はこの虐殺事件の責任を追

及する「ルワンダ国際犯罪特別法廷」（ＩＣＴＲ）をタンザニアに開設した。

スーダン内戦 **Ｂ**③〔-ないせん〕　北部のアラブ・イスラーム系民族と，南部のアフリカ・非イスラーム系民族との内戦。スーダンは北部主導で1956年に独立したが，南部からは強い自治要求があった。それらを背景に1983年，政府によるイスラーム法の導入強行に南部が反発，反政府武装勢力を結成して激しい内戦となった。その後も停戦と戦闘がくり返されたが，2011年に南部地域で分離・独立の是非を問う住民投票がおこなわれ，南スーダン共和国が成立した。南スーダンでは，石油の利権などをめぐり，大統領派と副大統領派とが激しく武力対立する危機的な事態になった。2018年に両者は停戦合意したが，実現は不透明。また，スーダンでは西部のダルフール地方でも，政府軍と反政府軍の内戦が継続（ダルフール紛争）。国連とアフリカ連合による平和維持活動などを経て，2013年に停戦協定が結ばれたが，その後も武力衝突が頻発している。

〔類〕ダルフール紛争 **Ｂ**②

ジンバブエ政変 〔-せいへん〕　2017年にアフリカ南部のジンバブエで，37年間独裁的に統治したムガベ大統領が辞任し，かわりにムナンガグワ前副大統領が就任した政治変革。ジンバブエ（「石の家」の意）は旧ローデシア。1965年，白人を中心に一方的に独立を宣言したが，反発した黒人と内戦になり，これに勝利した黒人勢力が1980年に改称し，改めて独立宣言をした。

エチオピア・エリトリア国境紛争 **Ｃ**〔-こっきょうふんそう〕　エチオピアとエリトリアとの国境をめぐる争い。両国はかつて連邦制だったが，1962年にエチオピアが強制併合。長い武装闘争をへて1993年にエリトリアが独立した。その後，国境付近にある村の領有権で再び衝突。常設仲裁裁判所は2002年，エリトリアに所属と判断したが，エチオピアが拒否。2018年になってエチオピアが軟化し，両国は戦争終結などの共同宣言に署名。

コロンビア革命軍（ＦＡＲＣ）〔Fuerzas Armadas Revolucionarias de Colombia〕〔-かくめいぐん〕　1964年に南米のコロン

ビアで農民を主体に結成された反政府武装組織。麻薬産業などを資金源にして，政治家の暗殺や誘拐などをくり返してきた。1985年に政府と停戦合意，その後政治活動に専念したが，90年末から政府軍による弾圧を理由に武装闘争を再開した。しかし，主要幹部の死亡や逮捕が相次ぎ，2016年に政府との和平合意文書に署名した。その後におこなわれた国民投票で合意内容が否決されたために再交渉。その結果，同16年末に新和平合意が成立した。2018年の議会選挙に向け，ＦＡＲＣは政党に移行した。なお，この和平交渉で中心的な役割を果たしたコロンビアのサントス大統領に2016年のノーベル平和賞が贈られた。

人道的介入 **Ｃ3**（じんどうてきかいにゅう）　自国の国民に人権侵害などをおこなう国に対し，それを止めさせる目的で外部から強制的に介入すること。内政不干渉の例外とされるが，正当化のためには国際世論の合意が不可欠となる。コソヴォやソマリアなどの事例がある。

平和構築 **Ｂ3**（へいわこうちく）　戦争や紛争が終わった国や地域に対しておこなわれる平和に向けたさまざまな取り組み。敵対勢力間の和解，紛争地の経済復興や法制度の整備，戦闘員の社会復帰など。国連には「平和構築支援事務所」などがある。

子ども兵士（チャイルド－ソルジャー）（こ-へいし）　正規・非正規の軍隊や武装グループに加わる18歳未満の者。そのなかには調理担当・荷物係・メッセンジャーなど，武装勢力が連れ回す家族以外の子どもたちを含む。つまり，武器携帯の有無には関係ない。子ども兵士の徴募は子どもの権利条約の選択議定書で禁止されているが，その数は世界で推定25万人に達するともいわれる。

戦争の民営化（せんそう－みんえいか）　冷戦終結後の戦争が国家同士だけでなく，国家対兵，民兵対民兵の戦いに様変わりしている状況をあらわした言葉。「戦争の下請け化」などともよばれる。こうした戦争の例は，ボスニア－ヘルツェゴヴィナ内戦など，さまざまな戦争でみられた。イラク戦争の際には，米軍が担当しづらい分野を民間の警備会社が担ったりした。国連人権理事会もイラクやアフガニスタンで「民間警備・軍事会社」のもとで活動する「雇い兵」が急増しているとする報告書を国連に提出している。国連総会は1989年，雇い兵が国際法の原則を侵害するとして，その使用や訓練などを禁止する条約を採択し，2001年に発効している。しかし，アメリカ，ロシア，中国などの軍事大国は参加しておらず，批准国は35にとどまっている。日本も現在不参加である。

2章　国際経済と日本

1 貿易と国際収支

貿易のしくみ

国際経済 **A**3（こくさいけいざい）　複数の国家・地域間でおこなわれる貿易や，資本の投融資，援助などによって形成される経済関係の全体をいう。世界経済ともよばれる。現代ではEU（欧州連合）など，国家の枠をこえた経済圏構想が進行してはいるが，まだ国家単位・国民経済単位での経済関係が一般的である。

同世界経済 **C**5

国民経済 **C**2（こくみんけいざい）　☞ p.156
（国民経済）

国際分業 **A**7（こくさいぶんぎょう）　財や商品の生産について，各国が生産する商品や分野を分担し，貿易を通じて商品を交換しあう体制をいう。このため，国際分業は外国貿易の発展と不可分で，それとともに拡大・深化する。

水平的分業 **B**（すいへいてきぶんぎょう）　先進国どうしが，それぞれ別の分野の完成品や半製品を分担して生産すること。

垂直的分業 **B**（すいちょくてきぶんぎょう）　先進国が完成品を，発展途上国がその原材料・部品の生産を担当すること。

比較生産費説 **A**8（ひかくせいさんひせつ）　イギリスの古典派経済学者リカードが主張した学説。各国は，国際分業に基づいて貿易をおこなう際，各国を比較して生産費が絶対的に安い場合はもちろん，絶対的には高いが国内の商品と比較して相対的に安い（比較優位にある）場合でも，安い商品に生産に

		イギリス	ポルトガル	2か国の生産の合計
1単位を生産するのに必要な労働量	ブドウ酒	120人で1単位	80人で1単位	2単位
	ラシャ	100人で1単位	90人で1単位	2単位
それぞれ一方の産品の生産に特化すると	ブドウ酒の生産		170人で2.125単位	2.125単位
	ラシャの生産	220人で2.2単位		2.2単位

特　化

▲ 比較生産費説の例

集中（特化）し，高い商品は生産をしないで輸入したほうが，世界全体で商品の生産量が増大するという理論。

類比較優位 **A**　特化 **A**3

自由貿易 **A**11（じゆうぼうえき）　国際間の貿易に対して政府介入はおこなわず，市場機構にゆだねること。理論的にはまず，アダム＝スミスの重商主義批判として展開され，リカードの比較生産費説によって根拠づけられた。また，18世紀末から他国に先がけて産業革命を経験し，工業化を達成したイギリスで，いち早く自由貿易が開始された。その後，保護貿易主義との対抗関係のなかで，自由貿易の大きな流れがつくられた。

類リカード **A**8

保護貿易 **A**6（ほごぼうえき）　諸国間の貿易に国家が介入して制限を加えること。歴史的には，自由貿易を進めるイギリスに対して，遅れて工業化したドイツで，自国の幼稚産業を守る立場から最初に主張された。その中心となったのがリストである。彼は，イギリスとは発展段階を異にするドイツでは国民的・国家的な視点から経済を把握するべきだとし，国民や企業家の創造心に基づく国内生産力の増進とその限りにおいての保護主義を主張した。彼は偏屈な保護主義者ではなく，あくまで当時のドイツの立場から批判した。その後も，全体としては自由貿易の流れが進むなかで，さまざまな理由から保護貿易の考え方が台頭した。

類リスト **A**14

貿易 **A**11（ぼうえき）　各国民経済の間の商品取り引きをいう。相互の余剰生産物の存在を前提に，他国へ商品を売る輸出と，他国から商品を買う輸入とから構成される。形式的には，2国間でおこなわれる双務貿易と，3国以上が参加する多角貿易に大別される。外国為替が発展していなかった時代には，貿易の決済は金または現物での支払いか，物々交換の形式をとるバーター貿易が多くとられていた。現在の貿易は物品だけでなく，技術関係の特許や商標・ノウハウなど広義の技術を含むサービス部門にも拡大し，それにともなって知的財産権の国際的保護なども問題となっている。関係国間の交易条件の平等な貿易が理想であ

るが，現実には，ダンピング・輸出規制・輸入制限など，不公正をともなうことが多い。

貿易依存度　（ぼうえきいぞんど）　国民所得や国内総生産などに対する輸出入総額の割合。一般に，輸出と輸入の依存度を別々に算出し，その国の国内市場の大きさ，国際競争力，資源の有無，産業構造などを判断する。2022年における国別の輸出額ランキングは，中，米，独，仏，英，日の順。同じく輸入額ランキングは，米，中，独，日，英，仏の順。

交易条件　**Ｂ**　（こうえきじょうけん）　自国と他国の財貨の交換比率をさすが，個々の商品価格ではなく輸出価格指数と輸入価格指数の比率か，輸出品1単位に対して輸入品がどれだけ入手できるかの比であらわされる。貿易上の有利・不利の判断指標となる。

貿易政策　③（ぼうえきせいさく）　一国が，輸出と輸入の促進や制限などに関して採用する政策。関税率や輸出奨励金・補助金，為替管理，輸入割り当て，課徴金の設定などにより，自由貿易か保護貿易かの政策が決まる。

関税　**Ａ**15（かんぜい）　一国の経済的境界線（法定関税線）を輸出入によって商品が通過する場合にかけられる租税。各国は自国の関税制度を自主的に決定する関税自主権を持っており，財政収入を目的としたもの以外に，国内産業の保護を目的に保護関税などを設定する。2か国以上が共同して関税地域を設定する関税同盟を結成する場合は加盟国間に，互恵関税・特恵関税が認められることが多い。こうした特恵制度は，ブロック経済化などによって国際経済を縮小するため，ＧＡＴＴ（関税と貿易に関する一般協定）では，加盟国全体に対するもの以外は原則認められなかった。

　　　　　　　　　　類 関税同盟　**Ｃ**

セーフガード　**Ａ**②〔safe guard〕　緊急輸入制限措置。一般セーフガードと特別セーフガードの二つがある。輸入による国内産業の被害が大きい場合，輸入国の保護政策の一環としておこなわれ，世界貿易機関（ＷＴＯ）協定でも認められている。日本は2001年，輸入が急増した中国産のネギ・生シイタケ・イグサ（畳表）の3品目について，初めて一般セーフガードを暫定発

動した。その後の2017年には，アメリカ産の冷凍牛肉などにセーフガードを発動。

　　　　　　　　　同 緊急輸入制限措置　**Ｃ**

ブロック経済　**Ａ**④〔bloc economy〕（-けいざい）　本国と海外領土・植民地を結び，排他的・閉鎖的な経済圏（ブロック）を形成して圏内での自給自足をはかろうとする政策。1930年代には，イギリスのポンド-スターリング圏など植民地を多く領有する国のみ可能であったため，日本・ドイツ・イタリアの枢軸3国の対外侵略政策へと結びついた。戦前日本の「大東亜共栄圏構想」なども，一種のブロック経済をめざしたものといえる。

非関税障壁　**Ａ**③（ひかんぜいしょうへき）　関税以外の手段による輸入制限策。輸入割り当てなどの数量制限，政府による輸出補助金のほか，広義の閉鎖的商慣習などがある。また，政府調達品について自国の製品を優先させる，あるいは輸入の際の規格・検査手続きを国際的水準より厳しくするなどの手段も含まれる。ＧＡＴＴ貿易交渉委員会でもその撤廃が協議され，1979年には国際規約化された。1989年以後の日米構造協議でも，アメリカ側から日本の非関税障壁を中心とした不公正貿易が批判された。

輸入割り当て　（ゆにゅうわ-あ-）　特定の商品や国について，政府が輸入量や額をあらかじめ割り当てる政策。国内産業保護のために輸入数量を制限する非関税障壁の典型となっている。

国際競争力　**Ｃ**（こくさいきょうそうりょく）　国際貿易の場での商品や産業の競争力をいい，原則として各国民経済の生産力や生産性に左右される。

ダンピング　**Ａ**〔dumping〕　自国内での販売価格よりも安く，外国市場で商品を販売すること。不当廉売・ダンピング輸出ともいう。

　　　　　同 不当廉売　**Ａ**　ダンピング輸出

反ダンピング法　**Ｃ**（はん-ほう）　国際的におこなわれるダンピング（不当廉売）を防止するため，各国で制定された法律。日本の定率関税法にも不当廉売関税の規定がある。日本の関税定率法にも，不当廉売関税（アンチダンピング関税）の規定があり，正常価格より低い価格で輸入されてくる貨物に

対して，国内産業保護の観点から，その価格差を埋める関税を賦課できる。

近隣窮乏化政策　（きんりんきゅうぼうかせいさく）
1930年代の世界的な不況下で，各国は為替切り下げやダンピングにより競争力改善をはかった。この政策は，自国の国際収支を改善させた半面，他国の国際収支を悪化させたため，近隣窮乏化政策とよばれた。

幼稚産業保護論　**C**③（ようちさんぎょうほごろん）
新興産業は国際競争力を持たないため，保護なしには成長が不可能だとする理論。現在国際的に認められる保護政策は，発展途上国の幼稚産業を対象としたもののみである。

サービス貿易　**C**②（-ぼうえき）　金融・運輸・旅行・情報通信など，モノ（財）以外のサービス業にかかわる国際取引。自由化の必要性がとなえられ，ＷＴＯ（世界貿易機関）の一般協定の一つとなっている。1980年代以降，財の貿易を上回るようになった。

国際収支と為替相場のしくみ

国際収支　**A**⑫〔balance of payments〕（こくさいしゅうし）　一国の一定期間（普通１年）内の対外支払い額と受け取り額を集計したもの。国際収支表ともいう。財務省と日本銀行が国際収支統計を作成し，自国通貨建て（円表示）で公表する。ＩＭＦの新しい国際収支マニュアル（第６版，2009年）に基づき，主要項目が2014年１月から変更され，①経常収支，②資本移転等収支，③金融収支の三つとなった。
　　　　　　　　　　　同 国際収支表 **C**

国際収支統計の変更　（こくさいしゅうとうけい-へんこう）　2014年１月から国際収支統計の項目や表記方法が変更された。①従来の「投資収支」と「外貨準備増減」とを合わせて「金融収支」とし，従来の「資本収支」は廃止する。従来の「その他資本収支」を「資本移転等収支」に名称を改め，「経常収支」「金融収支」とならぶ大項目とする。②従来の「投資収支」などは，流入をプラス，流出をマイナスと表記したが，「金融収支」では，資産・負債の増加をプラス，同減少をマイナスとする。したがって，〔経常収支＋資本収支＋外貨準備増減＋誤差脱漏＝０〕で示された関係式は，〔経常収支＋資本移転

等収支－金融収支＋誤差脱漏＝０〕となる。③従来の「所得収支」を「第一次所得収支」に，「経常移転収支」を「第二次所得収支」に名称を変更する，など。

経常収支　**A**⑮（けいじょうしゅうし）　①貿易・サービス収支，②第一次所得収支，③第二次所得収支を合計したもの。

貿易・サービス収支　**A**⑧（ぼうえき-しゅうし）　一般物品・商品の輸出入の金額の差額を貿易収支といい，旅行・運輸・通信・保険・金融・特許使用料，コンピューター・ソフト開発，データサービスなどの情報関連など全11分野の収支をサービス収支とよぶ。
　　類 貿易収支 **B**⑮　　サービス収支 **A**⑧

第一次所得収支　**A**⑬（だいいちじしょとくしゅうし）
旧称は所得収支。出稼ぎ労働者など非居住者に対する雇用者報酬と，対外金融資産から生ずる利子・配当などの投資収益の金額の合計額をいう。

第二次所得収支　**A**⑦（だいにじしょとくしゅうし）
旧称は経常移転収支。政府・民間による無償援助，国際機関への拠出金，労働者の送金の金額の差額など，対価をともなわない取り引きをいう。

資本移転等収支　**A**②（しほんいてんとうしゅうし）
対価をともなわない固定資産の提供などにかかわる収支状況をさす。旧称その他資本収支が独立して主要項目の一つとなった。特許権・商標権の取得・処分についてはサービス収支に移行した。

金融収支　**A**②（きんゆうしゅうし）　金融資産にかかわる居住者と非居住者の債権・債務の移動をともなう取り引きの収支状況をさす。①直接投資，②間接投資，③金融派生商品，④その他投資，⑤外貨準備の５項目からなる。

直接投資　**B**④（ちょくせつとうし）　外国企業の経営支配を目的に，株式・債券の購入や企業の買収，海外工場の設置などをおこなう対外投資。海外直接投資ともいう。
　　　　　　　　　　　同 海外直接投資 **C**

証券投資　**A**②（しょうけんとうし）　外国企業の経営支配を目的とせず，値上がり益や利回り採算を見込んで証券取得などをおこなう対外投資。間接投資ともいう。
　　　　　　　　　　　同 間接投資 **C**①

金融派生商品　**B**（きんゆうはせいしょうひん）　これ

までの金融商品（債券・株式など）から派生した新しい金融商品という意味。デリバティブともいう。先物取引やオプション取引，それらを組み合わせた商品もある。投資収支のなかに含まれる。

　　　　　　　　　　　同 デリバティブ **B**②

その他投資 **C**（-たとうし）　銀行・企業・政府による貸し付けや借り入れなどをさす。

外貨準備 **A**⑧（がいかじゅんび）　政府や日本銀行が保有する流動性の高い金や外国通貨（外貨預金・外貨証券），SDRなどの対外資産をさす。輸入代金の支払いや，為替レートの大幅な変動を抑制する目的で為替介入（為替平衡操作）するためのもの。2023年7月時点における世界各国の外貨準備高は，首位から順に，中国約2.28兆ドル，日本約1.25兆ドル，スイス約0.90兆ドルなどとなっている。

日本の国際収支（にほん-こくさいしゅうし）　一般的に発展途上国は貿易収支が赤字で，資本収支の黒字（援助などによる資本流入）によってそれを相殺する傾向がある。日本が国際収支の赤字基調から脱したのは1960年代半ばであり，それを背景として，1964年にはIMF14条国から，先進国扱いを意味する同8条国へと移行した。1980年代以後は，対米貿易黒字を主要因として経常収支の大幅な黒字が定着した。一方，この貿易黒字に支えられて諸外国への対外投資

項　　　目	1996年	2022年
	億円	億円
●経常収支	74,943	115,466
貿易・サービス収支	23,174	−211,638
貿易収支	90,346	−157,436
輸出	430,153	987,688
輸入	339,807	1,145,124
サービス収支	−67,172	−54,202
第一次所得収支①	61,544	351,857
第二次所得収支②	−9,775	−24,753
●資本移転等収支③	−3,537	−1,144
●金融収支	72,723	64,922
直接投資	28,648	169,582
証券投資	37,082	−192,565
金融派生商品	8,011	51,362
その他投資	−40,442	107,114
外貨準備	39,424	−70,571
●誤差脱漏	1,317	−49,400

①対外金融債権・債務から生じる利子・配当金など
②官民の無償資金協力，寄付，贈与の受払など
③対価の受領なしでの固定資産の提供，債務免除など

▲ 日本の国際収支

が増え，資本収支の赤字が拡大した。こうして日本は，債務国から債権国に変わった。近年では，第一次所得収支の黒字幅の拡大がめだつ。また，2015年の経常収支の黒字額が4年ぶりに10兆円をこえた。貿易収支は5年連続の赤字だったが，その幅は縮小した。サービス収支の赤字幅も過去最少となった。2016年の経常収支はリーマン-ショック以前の水準に戻り，貿易収支も黒字に転換した。2017年には，経常収支がリーマン・ショック後，最大の黒字となった。

対外純資産 **B**④（たいがいじゅんしさん）　政府や企業，個人投資家が海外に保有する資産から負債を差し引いたもの。2022年末時点において418兆6285億円。日本は1991年から32年連続で世界最大の債権国である。

国際収支の均衡（こくさいしゅうし-きんこう）　国際収支は多国間の経済取り引きの記録であるから，全体としては必ず均衡するが，一国の債権・債務などの受け取り・支払い項目を金や外貨のプラス・マイナスであらわすことで，各国の国民経済の実態をみることができる。さらに，国際競争力の不足で貿易収支が赤字の場合には，為替相場を切り下げて調整するなど，経済政策を決定する際の資料としても用いることができる。

国内均衡と国際均衡（こくないきんこう-こくさいきんこう）　国民経済と国際経済の間では，たとえば国民経済の活況が国内総需要と輸入を増加させ，国際収支は赤字になるといった関連がある。したがって，単一の政策で国内・国際均衡を同時に実現することは困難で，政策は複合的となる。

国際収支段階説（こくさいしゅうしだんかいせつ）　アメリカの経済学者キンドルバーガーらが唱えた説。経済の発展段階に応じて，国際収支が次のような特徴を示すとされる。第一が未成熟債務国で，貿易収支の赤字を資本収支の黒字（借り入れ）で補う。第二が成熟債務国で，工業の発展とともに貿易収支が黒字化し，債務返済を開始する。第三が未成熟債権国であり，債務返済後に貿易黒字と対外資本投資などで債権国化する。第四が成熟債権国であり，発展途上国にぬかれて貿易収支が赤字化，サービス収支と資本収支が黒字となる。

債権国⦿と債務国(さいけんこく-さいむこく)　国際投資によって，資本輸出が輸入を上まわる場合には債権が発生，逆の場合には債務が発生する。中南米地域の発展途上国を中心に債務額がふくれ上がり，利子の支払いだけでなく元本も返済できないデフォルト(債務不履行)が発生，リスケジューリング(債務返済くり延べ)が実施された。

デフォルト⦿(債務不履行⦿) ［default］(さいむふりこう)　債務国において，債務返済が困難になったり，利払いが遅れること。21世紀に入ってデフォルトが起きた事例としては，アルゼンチン(2001，2014，2020)，エクアドル(2008)，ギリシャ(2015)，レバノン(2020)，ザンビア(2020)，スリランカ(2022)などが挙げられる。　⇨ p.414（累積債務問題）

リスケジューリング⦿(債務返済くり延べ⦿) ［rescheduling］(さいむへんさい-の-)　債務国がその返済期間を延ばしてもらうこと。

国際投資(こくさいとうし)　外国に対して資本を投下したり貸し付けたりすること。外国への資金供給国となることから，資本輸出ともいう。政府相互の契約に基づく場合は借款という。このうち，企業の設立・買収などを目的とするものは，比較的長期で投資者が直接おこなう形式をとるため，直接投資・長期資本投資といわれる。それに対して，利子・配当の獲得を求める株式や債券への投資などは，銀行・証券会社などの金融機関を仲介とし，より高い利率を求めて移動しやすいため，間接投資・短期資本投資といわれる。

同　資本輸出

借款　⦿(しゃっかん)　国家・政府間の資金貸借。軍事援助など政治的意図によるものと，自国商品の購入を条件に，相手国に付与する経済的目的のものとがあるが，後者は発展途上国に対する経済的支配につながる場合もある。借款のうち，円でおこなわれるものが円借款。広義では民間借款も含む。

類　円借款⦿

プラント輸出［plant export］(-ゆしゅつ)　工場・機械類をはじめとする生産関連機器などの設備財と，その運転技術を含めた輸出のこと。商品財の輸出と比べて貿易摩擦が少ない。金額が巨額となるため，発展途上国を相手とする場合は延べ払い輸出の形式をとる場合が多い。

延べ払い輸出(の-ばら-ゆしゅつ)　巨額の輸出や経済力のない発展途上国相手の輸出の場合，長期間にわたる分割払いを認める輸出方式。

信用状②(L／C) ［letter of credit］(しんようじょう)　輸入業者の依頼に基づき，取引銀行が発行する輸入業者の信用保証状。銀行による輸出業者の為替手形への支払いや手形買い取りの保証を内容とする。輸出業者は，船積書類と引き換えに発行銀行から代金支払いを受けられる。

外国為替　⦿⑧(がいこくかわせ)　異なる通貨を持つ国同士の貿易上の債権・債務関係を，金や現金を用いずに決済する手段・制度。一般に外国為替銀行を通じ，為替手形による債権譲渡や支払い委託などの方式がとられる。異なる通貨どうしの決済となるために両者の交換比率(為替相場)が，為替取引をおこなう外国為替市場で決定される。

外国為替手形　⦿②(がいこくかわせてがた)　外国との貿易の際，現金を送付することなく，手形を用いて決済する方法や，その手形のこと。

外国為替銀行(がいこくかわせぎんこう)　外国為替銀行法と，外国為替及び外国貿易管理法に

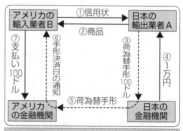

●外国為替による決済の一例
　日本の輸出業者Aが，アメリカの輸入業者Bに100ドルの商品を輸出する場合を例にすると，
①まず，BからAに信用状が送られてくる。
②Aは商品の船積みを済ませると，
③船積み書類と信用状をそえて，100ドルの荷為替手形を日本の金融機関にもっていく。
④1ドル＝100円と仮定すれば，日本の金融機関はAに1万円を支払う。
⑤日本の金融機関がこの荷為替手形をアメリカの金融機関に郵送し，
⑥アメリカの金融機関はBに手形決済日を通知し，
⑦アメリカの金融機関は輸入業者Bから100ドルを受け取り，日本の金融機関の当座預金として預かる。

よって，外国為替の売買などの業務取り扱いを公認された専門銀行。日本では東京銀行（現三菱ＵＦＪ銀行）が担当したが，1997年に外国為替及び外国貿易法が制定され（1998年４月施行），外国為替取引は一般の銀行などでも自由におこなえるようになった。

外国為替管理法（がいこくかわせかんりほう） 外国為替と貿易の規制に関する基本法として1949年に制定。1997年に外国為替及び外国貿易法が制定され，管理の要素が後退し，自由の度合いが増した。外為法と略。

　類 外国為替及び外国貿易法 C ② （外為法 **C**）

為替相場 **A** ⑤ （かわせそうば） 為替レートともいう。異なる通貨どうしの交換比率のこと。日本では，交換比率を一定に保つ固定為替相場制の下で，1949年に基準外国為替相場を１ドル＝360円と定めた。その後，1971年のニクソン-ショック後，１ドル＝308円に改められ，さらに1973年には交換比率を為替市場の需給の実勢によって決定する変動為替相場制（フロート制）へと移行した。為替相場が相対的に下がれば，その通貨発行国にとっては輸入が不利に，輸出が有利になり，上がった場合にはその逆となる。したがって，1930年代には，輸出拡大などを目的として意図的に自国通貨の為替レートを切り下げる為替ダンピングがおこなわれることもあった。変動為替相場制の場合，為替銀行間の取り引きを基準として相場が決定される。

　同 為替レート A ⑰ **外国為替相場 B** ④

固定為替相場制 **B** （こていかわせそうばせい） 外国為替相場の変動をまったく認めないか，ごくわずかの変動幅しか認めない制度。各国の通貨の価値が特定国の通貨（たとえば米ドル）や金，ＳＤＲ（国際通貨基金の特別引き出し権）などに釘付けされ，その変動幅が狭い範囲内に限定される。金本位制度下の為替相場制度がその典型。旧ＩＭＦ体制（ブレトン-ウッズ体制）の下では，各国が，金と交換性を持つアメリカ-ドルに対して平価を設定し，適切な経済政策運営と市場介入によって平価の上下１％の変動幅を維持する義務を負った。為替レートの変動がなく，国際貿易においては安定要因をもたらすが，経済規模の拡大になかなか

順応しにくいなど不利な点もある。

　同 固定相場制 B ③

変動為替相場制 **B** [floating exchange rates system] （へんどうかわせそうばせい） 各国の通貨相互間の価値が，外国為替市場の需要と供給の関係によって決定されるような為替相場制度をいう。外国為替市場で，自国通貨の売りが増えれば，自国通貨の対外価値は下がり，逆に外貨の売りが増えれば，自国通貨の対外価値は上昇する。1973年３月以降，主要国通貨は総フロート時代に入っている。まったく変動幅を規制しない自由為替相場制と，枠は設けるが相場の調整機能を与える屈伸為替相場制とがある。しかし，多くは為替管理をともなうか，または通貨当局の介入を含む管理フロート制である。為替レートは，需要と供給のバランスで決まる。たとえば輸出企業がアメリカに商品を輸出した場合，代金としてドルを受け取るが，それを自国通貨すなわち円に替える必要がある。そのため，ドルを売り円を買うことになり，円高ドル安となる。逆に輸入企業が商品を輸入すると，その代金としてドルを支払うことになり，そのため円を売りドルを買うことになり，円安ドル高に向かうことになる。

　同 変動相場制 B ⑤

調整可能な釘付け相場 （ちょうせいかのうくぎづそうば） 第二次世界大戦後の固定相場制の下では，ＩＭＦ加盟国は自国通貨価値の変動幅を１％以内にすることが義務づけられた。こうした狭い変動幅を調整可能な釘付け相場という。

金本位制 **B** ② （きんほんいせい）　**☞ p.202** （金本位制）

金-ドル本位制 **C** （きん-ほんいせい） ドルが金と同様に本位基準となっている制度。1934年にアメリカが金１オンス＝35ドルでの兌換を保証したことに始まり，第二次世界大戦後にも各国通貨のなかで唯一，兌換制を継続した。そのため，ドルは金にかわって国際貿易の決済手段として，国際通貨・基軸通貨の機能をはたした。しかし，1971年に兌換は停止した。

固定為替レートと対外貿易 （こていかわせ-たいがいぼうえき） 為替レートは円安になれば日本の輸出に有利，輸入に不利にはたらき，円高

になればその逆に働く（たとえば，1ドル＝100円から1ドル＝200円と円安になれば，日本で100円の商品は，アメリカで1ドルから0.5ドルに値下げしたのと同じことになり，日本製品の価格競争力が増す）。ドッジ-ラインの一環として1ドル＝360円という固定為替レートが設定された1949年当時，このレートは戦争で疲弊した日本の経済力の反映として妥当なものだった。しかし，日本が高度経済成長期に入った1960年代中ごろ以後，実際の経済力よりも割安に固定されたこのレートによって，日本製品の対外競争力は強められ，日本の貿易黒字の大きな要因となった。

クロス-レート［cross rate］　2国間の為替相場を直接比較するのではなく，第三国との間（たとえばドル）の為替相場を基準として決定すること。たとえば，ユーロ／円やユーロ／ポンドなどの相場を指す。

円高Ⓐ⑬と円安Ⓑ⑤（えんだかーえんやす）　日本の通貨である円の対外通貨に対する価値が高まることが円高で，低下することが円安。邦貨建て相場で示す場合，たとえば1ドル＝200円の相場だったものが，1ドル＝150円となった場合，円の対ドル相場は50円分（25％）高くなっている。これが円高であり，その逆を円安という。貿易関係では，円高は自国製品の輸出価格の上昇によって輸出に不利に，また輸入価格の下落によって輸入に有利に作用し，国際収支を赤字へと導く傾向を持つ。したがって，経済の安定と国際収支の均衡をはかるために政府・中央銀行は外国為替市場に介入する。

外貨建て相場と邦貨建て相場（がいかだてーそうばーほうかだてーそうば）　自国通貨（邦貨）の価値が外国通貨1単位に対していくらかを示すのが邦貨建て。自国通貨1単位に対して外貨がいくらかを示すのが外貨建て。前者が1ドル＝100円，後者が1円＝0.01ドルなどとあらわされる。

国際収支Ⓐ⑫と為替相場Ⓐ⑤（こくさいしゅうしーかわせそうば）　ある国の国際収支が黒字基調の場合，外貨を獲得することでその国の対外購買力は上昇し，それがその国の通貨信用を増大させ，為替相場を上昇させるという循環が考えられる。

内外金利差と為替相場Ⓐ⑤（ないがいきんりさーか

わせそうば）　内外金利差とは，国内金利と海外金利の差のこと。国内金利が外国より高い場合，外国からの投資を誘発する。国内投資には外貨の国内通貨への切り替えが必要となるため，国内通貨の需要が増大し，為替平価は上昇傾向を示すことになる。

為替差益Ⓒと為替差損Ⓒ（かわせさえきーかわせさそん）　外国為替相場の変動から発生する利益や損失のこと。自国通貨価値が上昇すれば，対外債務の支払いの際には，支払わなければならない自国通貨は少なく，差益を獲得できる。自国通貨の平価下落の場合は逆となる。変動相場制の下では，こうした利益獲得を目的として，企業や各機関の為替相場への投機がおこなわれることがある。

　　　　　　　　　　　　類 **円高差益**

ファンダメンタルズ Ⓑ［fundamentals］　一国の経済状態や通貨価値を判断する基礎的な条件のこと。経済成長率・インフレ率・金利・景気動向・国際収支などが判断基準となる。為替レートの水準を議論する場合に用いられることが多い。たとえば，日米関係を考えるとアメリカの金利が上がって日米の金利差が拡大すれば，日本で資金を運用するよりアメリカで運用したほうが得になるので，ドル買いの需要が発生し，ドル高の方向となる。

　　　　　　　同 **経済のファンダメンタルズ**

購買力平価 Ⓐ①（こうばいりょくへいか）　為替レートの算出にあたって，その国の1単位の通貨でどれだけの商品を購入できるかを比較して，各国通貨の交換比率を示したもの。為替相場は各国通貨の購買力によって決まるという考え方を，購買力平価説という。スウェーデンの経済学者G.カッセルが提唱した。通貨の購買力は物価水準に反比例するため，たとえばA国通貨に対するB国通貨の購買力平価は，B国の物価水準をA国の物価水準で割って求める。

　　　　　　　類 **購買力平価説Ⓑ④**

Jカーブ［J curve］　為替レートの変動が，経常収支に及ぼす特徴的な効果のこと。一国の為替レートの下落は，その国の経常収支の改善をもたらし，上昇は悪化をもたらす。しかし，実際には為替変動の経常収支に対する影響には，時間的なズレがあるため，変動の初期には一時的に逆の現象が生

ずる。この状況をJカーブ効果という。

通貨バスケット制（つうか-せい）　自国の通貨を，加重平均したいくつかの主要国通貨と連動させる方式で，為替政策の一つ。中国は2005年，自国通貨「人民元」の対ドルレートを切り上げ，この制度を参考にする為替制度に移行した。

為替介入 **Ｂ**⑤（かわせかいにゅう）　外国為替相場の急激な変動をおさえるため，政府や中央銀行が市場で通貨を売り買いすること。正式には「為替平衡操作」という。その国の通貨当局が独自におこなう単独介入，他国の通貨当局にゆだねる委託介入，複数の国や地域の通貨当局が協力しておこなう協調介入がある。日本の場合，財務相が実施を判断し，それを受けて日本銀行が実務を担う。外国為替資金特別会計の資金を用いておこなう。　☞ p.402（協調介入）
　　　　　　　　　　同 為替平衡操作 **Ｃ**

② 戦後の国際経済体制

ブレトン-ウッズ協定 **Ｂ**⑤［Bretton Woods Agreements］（-きょうてい）　1944年，アメリカのブレトン-ウッズで結ばれた第二次世界大戦後の国際通貨制度と世界経済の運営についての協定。この協定により，ブレトン-ウッズ体制が成立した。また，この協定に基づいて固定相場制維持のための金融措置を担当するＩＭＦ（国際通貨基金）と，戦災からの復興と開発資金の供与を目的とするＩＢＲＤ（国際復興開発銀行，通称世界銀行）の設立が決まった。協定は，当時のアメリカの圧倒的な経済力を背景にアメリカの主張が通り，実質的な金-ドル本位制（ドルを基軸通貨とし，金1オンス＝35ドル，1ドル＝360円）が成立した。こうしたドル中心の国際通貨体制は，1971年にニクソン新経済政策実施後に金とドルとの兌換停止がおこなわれるまで，国際経済体制の基礎を形成することになった。

国際通貨基金 **Ａ**⑤（ＩＭＦ **Ａ**⑥）［International Monetary Fund］（こくさいつうかききん）　ブレトン-ウッズ協定に基づき，1947年に国連専門機関として業務開始。加盟国の国際収支不均衡を是正するために短期資金を供与し，固定相場制の維持，国際通貨体制の安定，国際金融の円滑化などを図る。現在の変動相場制下でも各国は必要に応じて市場介入を実施するが，先進国におけるＩＭＦからの借り入れは少なくなり，活動対象は途上国が中心となりつつある。現在189か国が加盟。日本は1952年に加盟。本部はワシントンDC。歴代の専務理事は欧州出身者が務め，2023年現在はブルガリア出身のクリスタリナ＝ゲオルギエバ。

ＩＭＦクオータ　ＩＭＦへの出資割当額のこと。一国一票制ではなく，この額に比例して投票権などが決められる。現在の出資比率は，米国17.43％，日本6.47％，中国6.40％，独国5.59％，仏国4.23％，英国4.23％の順。先進国の出資比率の一定分を新興国や発展途上国に移すことが決定。これにより，中国の出資比率が6位から3位となった。

ＩＭＦコンディショナリティ **Ｂ**　ＩＭＦから融資を受ける国が課される条件をさす。融資にあたっては借り入れ国とＩＭＦとが協議し，経済安定化のため緊縮政策の実施が義務づけられる。

ＩＭＦ8条国 **Ｂ**・**ＩＭＦ14条国**②（-じょうこく-じょうこく）　8条国とは，国際収支の赤字を理由に為替制限ができない国をさす。一方，為替制限ができる国が14条国。日本は1964年に14条国から8条国へ移行した。
　　　　　　　　　　　　　　類 為替制限

ＳＤＲ **Ａ**②（**特別引き出し権** **Ｂ**①）［Special Drawing Right］（とくべつひきだ-けん）　ＩＭＦ加盟国が，国際収支が赤字のとき，外貨の豊富な国に対してＳＤＲと引き換えに必要な外貨を引き出す権利（合成通貨）をいう。ドル不安が生じていた1969年に創設された。ＳＤＲの価値は，主要4通貨（米ドル・ユーロ・日本円・英ポンド）の加重平均（標準バスケット方式）で決定され，加盟各国にはＩＭＦへの出資額に応じて配分されてきた。2016年からは中国の人民元がこれに加わった。現在のＳＤＲ構成比率は，ドル43.38％，ユーロ29.31％，人民元12.28％，円7.59％，ポンド7.44％。2023年7月時点における1ＳＤＲは約1.34米ドル。

国際復興開発銀行 **Ａ**（ＩＢＲＤ **Ａ**）［International Bank for Reconstruction and Development］（こくさいふっこうかいはつぎんこう）　ブレトン-ウッズ協定に基づいて，1946年に国連専門機関として業務開始。世界銀行とも呼ばれる。加盟国数は189。本部はワシントンDCにある。当初は戦災国の経済復興を目的としたが，のちには途上国開発のための長期資金供与を主な業務とするようになった。日本も1950年代から1960年代にかけて，産業基盤整備や東名高速道路建設などの際に借款を受けている。現在では姉妹機関である国際開発協会（IDA）や，国際金融公社（IFC）と業務分野を分担している。歴代の総裁はアメリカ人が務め，現在は元マスターカードCEOのアジェイ＝バンガ。

　　　　　　　　　　　　同 世界銀行 Ａ1

国際開発協会Ａ（ＩＤＡＡ）［International Development Association］（こくさいかいはつきょうかい）　1960年設立。世界銀行の融資条件や，一般の商業ベースでは融資を受けられない発展途上国への開発融資援助を担当する。第二世界銀行ともいわれる。

　　　　　　　　　　　　同 第二世界銀行 Ｂ

国際金融公社Ａ（ＩＦＣＡ）［International Finance Corporation］（こくさいきんゆうこうしゃ）　1956年設立。発展途上国における生産的な民間企業への融資を担当し，世界銀行の活動を補完している。

関税と貿易に関する一般協定Ａ8（ＧＡＴＴ Ａ14）［General Agreement on Tariff and Trade］（かんぜい-ぼうえき-かん-いっぱんきょうてい）　ガットと略称。1947年のジュネーヴ協定によってスタートした。1930年代の保護貿易化をくり返さず，関税その他の輸入制限を撤廃することで，貿易の拡大と世界経済の発展をはかるのが目的。このための交渉が，1947年から断続的におこなわれてきた。一般関税交渉は1964年から1967年のケネディ-ラウンド，1973年から1979年の東京ラウンド，1986年から1994年のウルグアイ-ラウンドがおこなわれた。ＧＡＴＴでは自由・無差別を原則とし，貿易制限手段としては関税と課徴金のみを認めていた。1994年，モロッコのマラケシュでのＧＡＴＴ閣僚会議で，ウルグアイ-ラウンド合意に関する最終文書と，ＷＴＯ

（世界貿易機関）設立協定などへの署名がおこなわれ，ＧＡＴＴは1995年からＷＴＯへ発展的に吸収された。

ＧＡＴＴ11条国Ｂ・ＧＡＴＴ12条国（-じょうこく-じょうこく）　国際収支の赤字を理由に輸入制限ができない国が11条国で，制限ができる国が12条国。日本は1963年に12条国から11条国へ移行した。こうして，貿易自由化政策が推進された。

　　　　　　　　　　　類 貿易自由化政策1

ＩＭＦ・ＧＡＴＴ体制　Ａ1（-たいせい）　ブレトン-ウッズ体制。固定為替相場制を採用したＩＭＦの金-ドル本位制と，ＧＡＴＴを通じての自由・無差別の国際貿易の推進によって，世界経済の拡大と各国の経済水準の向上をめざした戦後の国際経済体制。1960年代までは，基軸通貨としてのドルの高い信用性と貿易自由化の進展を背景にこの体制が維持されたが，1971年のニクソン新経済政策発表後は，国際通貨面でのブレトン-ウッズ体制からの離脱が進み，1973年には各国は変動為替相場制へ移行した。

　　　　　　　　　　　同 ブレトン-ウッズ体制 Ｂ1

ラウンドＡ3（多角的貿易交渉Ｂ3）［round］（たかくてきぼうえきこうしょう）　２国間交渉に対して，３か国以上で貿易条件などを交渉すること。

ケネディ-ラウンド　Ｂ6［Kennedy round］1964～67年，46か国が参加しておこなわれた関税引き下げ交渉。平均35％の関税引き下げが実現し，残存貿易制限が東京ラウンドへ持ちこされた。

東京ラウンド　Ｂ5（とうきょう-）　1973～79年，99か国が参加しておこなわれた。農・工業各分野で平均30～40％の関税引き下げが実現したほか，補助金・技術規格・許認可手続きその他の非関税障壁の撤廃に関する協約も結ばれた。

ウルグアイ-ラウンド　Ａ9［Uruguay round］　1986～94年，124か国とＥＵが参加しておこなわれた。モノの貿易だけでなく金融・情報通信などのサービス分野や知的財産権も交渉の対象とし，緊急輸入制限（セーフガード）条項や不正商品の取り締まりについても協議された。1994年4月に合意文書の署名がなされた。

ドーハ−ラウンド Ⓐ⑩［Doha round］2001年にカタールの首都ドーハで開始が宣言されたWTOの新多角的貿易交渉。農業問題などをめぐる対立で交渉は暗礁に乗り上げている。「ラウンド」という呼称について，先進国が主導した過去の交渉を連想させるとして発展途上国が強く反発したため，正式名称は「ドーハ開発アジェンダ」となっている。

同 ドーハ開発アジェンダ Ⓒ③

マラケシュ宣言 Ⓒ（−せんげん）　1994年4月，ウルグアイ−ラウンドの合意をもとに署名されたWTO設立宣言。GATTからWTOへの移行と，平均40％の関税引き下げ，農産物輸入制限の緩和などが盛りこまれた。マラケシュはモロッコの都市。

世界貿易機関 Ⓐ⑲（**ＷＴＯ** Ⓐ⑰）［World Trade Organization］（せかいぼうえききかん）　1994年のマラケシュにおけるGATT閣僚会議で合意された，世界貿易の秩序形成を目的とした機関。本部はジュネーヴ。現在の加盟国は164か国・地域。従来のモノの貿易から，サービス貿易や知的財産権問題なども扱う。貿易紛争が発生した場合，WTOに提訴して，紛争処理小委員会（パネル）での審理を求めることができ，結果に不服の場合は上級委員会へ上訴も可能。鉄鋼とアルミニウムに高率の関税（それぞれ25％と10％）をかけて輸入を制限するトランプ米大統領の政策に対し，国際貿易ルールに反するとしてEU（欧州連合）やカナダがWTOへの提訴手続きを開始した。アメリカも，中国やEUなどを提訴。

☞ p.419（貿易摩擦）

類 パネル Ⓒ（紛争処理小委員会）　上級委員会

ＴＲＩＰｓ協定 Ⓒ［Agreement on Trade-Related Aspects of Intellectual Property Rights］（−きょうてい）　WTO協定（世界貿易機関を設立するマラケシュ協定）の附属書の一つとして1994年に結ばれた。正式には「知的所有権の貿易関連の側面に関する協定」という。パリ条約（1883年）やベルヌ条約（1886年）の中身を取りこみ，著作権・商標・意匠・特許などの全分野について，実体的な保護規定とその国内での実施措置を定めている。

パリ条約 ③（−じょうやく）　知的財産権のうち，工業所有権について定めた基本的な条約。対象は特許権・意匠権・商標権などで，官庁での登録を必要とする権利である。1883年にパリで締結され，2023年時点で179か国が加盟している。

ベルヌ条約（−じょうやく）　著作権の保護について定めた基本的な条約。1886年にスイスのベルンで締結された。日本は1899年に加入。著作物の範囲を規定し，その保護について各加盟国に内国民待遇などを求めている。

ＴＲＩＭ協定［Agreement on Trade-Related Investment Measures］（−きょうてい）　WTO協定の附属書の一つとして1994年に結ばれた。正式には「貿易に関連する投資措置に関する協定」という。投資について，輸出入均衡の要求，為替規制による輸入制限の禁止などを定めている。

基軸通貨 Ⓐ（きじくつうか）　キー−カレンシー。国際間の取り引きに用いられ，かつ各国の通貨の基準になる通貨。第二次世界大戦前のイギリスのポンドや戦後のアメリカのドルがその代表。国際通貨・基準通貨ともいう。

同 キー−カレンシー Ⓑ

ドル危機 Ⓐ③（−きき）　1950年代末以降，アメリカの国際収支の悪化などにともなってドルと金の流出がすすみ，国際通貨としてのドルの信用に懸念が広がった状況。とくに1960年代になると，欧州や日本の経済力が強まる一方，アメリカは多国籍企業の海外投資の増大や，ヴェトナム戦争への巨額出費などが重なり，ドルの海外流出が進行した。その結果，他の国々が，取得したドルと金との交換を求めたため，アメリカの金保有高が減少し，危機が深刻化した。

ニクソン新経済政策（−しんけいざいせいさく）　ドル危機への対策としてアメリカ大統領ニクソンが1971年に発表した，ドル防衛のための経済政策。金とドルとの交換停止や10％の輸入課徴金の実施，繊維製品の輸入割り当てなどを柱とする。これらの政策は，ドル−ショック（ニクソン−ショック）を引きおこした。このうち金とドルの交換停止は，戦後のドル基軸通貨（キー−カレンシー）制に基づいたIMF体制を，輸入課徴金の実施は自由・無差別を理想とする

ＧＡＴＴ体制を，否定するものであった。その意味でこの経済政策は，ＩＭＦ・ＧＡＴＴ体制を終了させる役割を果たした。

類 ドル-ショック**B①**
（ニクソン-ショック**A⑧**）

金-ドル交換停止　**C①**（きん-こうかんていし）　アメリカ大統領ニクソンが1971年，ドル防衛のために発表した経済政策。金１オンス＝35ドルという固定相場制を崩壊させた。

スミソニアン体制［Smithonian Monetary System］（-たいせい）　ニクソン新経済政策後，崩壊したブレトン-ウッズ体制にかわる国際通貨体制。1971年にアメリカのスミソニアン博物館でおこなわれた10か国財務相会議で合意した修正固定相場制である。それまで変動幅は１％であったが，この体制では中心レートの上下2.25％に拡大された。しかし，1973年に日本が変動相場制へ，さらにＥＣ諸国が共同変動相場制へ移行した結果，１年３か月余りで崩壊。その後，キングストン体制に移行。

スミソニアン協定　**A⑤**（-きょうてい）　ニクソン-ショック後の1971年12月，アメリカドルを１オンス＝35ドルから38ドルに切り下げ，変動幅も2.25％に拡大した協定。日本円は，１ドル＝308円に切り上げられた。

キングストン体制　**C②**［Kingston Monetary System］（-たいせい）　1978年に発効したＩＭＦの第２次改革後の体制。通貨基準としてＳＤＲを採用して金-ドル本位制から完全に離脱，また加盟国の自主的な選択を尊重し，変動相場制への移行を承認した。キングストンはカリブ海にあるジャマイカの首都。

金の二重価格制の廃止　（きん-にじゅうかくせいは-いし）　通貨の基準にＳＤＲを採用し，国際通貨体制は金を基準としなくなったので金の公定価格も廃止され，1971年以来続いていた市場価格との二重性も廃止された。

欧州経済協力機構　**C**（ＯＥＥＣ**C**）［Organisation for European Economic Co-operation］（おうしゅうけいざいきょうりょくきこう）　マーシャル-プランによるアメリカの欧州復興援助の受け入れ機関として，1948年に創設。1961年，経済協力開発機構（ＯＥＣＤ）に再編された。

経済協力開発機構　**A①**（ＯＥＣＤ**A⑤**）［Organisation for Economic Co-operation and Development］（けいざいきょうりょくかいはつきこう）　1961年に発足した資本主義諸国間の経済協力機関。日本は1964年加盟。2023年現在の加盟国数は38。事務局はパリにある。第二次世界大戦後，マーシャル-プランの受け入れ機関として設立されたOEEC（欧州経済協力機構）を前身とする。加盟国間の経済の安定成長，国際貿易の安定的発展，発展途上国への援助の促進，などを目的としている。

サミット　**A**（Ｇ７サミット）［summit］　フランスのジスカールデスタン大統領の提唱で，最初のランブイエ-サミットが1975年に開催された。その後，毎年１回，参加国の持ちまわりで開かれている。当初は「先進国首脳会議」という名称が使われたが，1997年からロシアが参加し「主要国首脳会議」と呼ばれるようになった。フランス・アメリカ・イギリス・ドイツ・日本・イタリア・カナダ・ロシアの８か国とＥＵ委員長が参加し，Ｇ８サミットとも言われたが，現在はロシアを除いたＧ７に戻っている。世界経済や国際情勢などについて直面する諸課題を議題とする。1980年代末からは途上国債務問題，東欧問題，環境問題，中東問題などと多様化している。これまで日本で開かれたサミットは，東京（1979，86，93年），沖縄（2000年），洞爺湖（2008年），伊勢志摩（2016年），広島市（2023年）の７回。

同 主要国首脳会議**A②**　Ｇ８サミット

Ｇ５　**A**（５か国財務相・中央銀行総裁会議**B②**）［group of five］（-こくさいむしょうちゅうおうぎんこうそうさいかいぎ）　グループ５の略。５か国とは，アメリカ・イギリス・ドイツ・フランス・日本。1986年の東京サミット以後，カナダ・イタリアを加えてＧ７とよばれる。1985年にニューヨークのプラザホテルで開かれたＧ５では，過度のドル高是正のため，日本・アメリカ・ドイツ３国の通貨当局による協調介入が合意された（プラザ合意）。このとき１ドル＝240円台の円相場は，１年半後には150円台にまで上昇した。1987年のＧ７では，これ以上のドル安は望ましくないとする合意が

確認された(ルーヴル合意)。

類 **G7** **A3**

プラザ合意 **A** **21** (-ごうい) 1985年におこなわれたドル高是正のためのG5での合意。その後,日本では急激な円高が進んで不況に陥る一方,国内産業の空洞化が起こった。これに対して日本銀行が金融緩和政策をとったため,バブル景気の発生とその後の破綻をもたらした。

ルーヴル合意 **C** **7** (-ごうい) 1987年におこなわれたG7での合意。プラザ合意によってもたらされたドル安に対して,これ以上のドル安は望ましくないとされた。

協調介入 **C** **1** (きょうちょうかいにゅう) 各国の通貨当局が,共同して外国為替市場に介入すること。各国の利害がつねに一致するとは限らず,原則的に外貨を保有しないアメリカの行動に左右されることが多い。

通貨危機 **B** **3** (つうかきき) 通貨価値の下落によって経済全体が危機的状況におちいること。1970年代前半のアメリカのドル危機,1990年代後半のアジアからロシア,南米へと飛び火して世界的な経済混乱を引き起こした通貨危機などがある。

アジア通貨危機 **B** **9** (つうかきき) 1997年7月,タイを中心に始まったアジア各国の通貨下落現象。タイが管理変動相場制に移行したことを契機として,タイの通貨バーツの相場が下落し,東アジア,東南アジアの各国経済に打撃をあたえた。多額の資金を集め,世界中のハイリスク-ハイリターンの株式などを運用して収益を上げ,それを投資家に還元するヘッジファンドの投機的な短期資金の引きあげの影響が大きかった。

ヘッジファンド **A** **7** [hedge fund] 私募の形で資金を集め,為替・株式・商品などに投資して利益を得るファンド(基金)。投資のリスク(危険)を回避するため,リスクを相殺する逆の投資を組み合わせる(ヘッジする)ことから,こうよばれる。実際には投資というより,危険をおかして大きな利益をねらう投機的な面が強い。規制逃れのため,会社形式をとらず,タックス-ヘイブン(租税回避地)に名義上の本拠をおくことが多い。巨額の資金を動かすヘッジファンドが破綻すれば,世界の金融システムに影響を及ぼすため,さまざまな

規制が必要とされている。

タックス-ヘイブン **A** **5** (**租税回避地** **A**) [tax haven] (そぜいかいひち) 税制上の有利な国や地域。所得税がないバミューダ島・ケイマン諸島(イギリス)などのほか,非課税または低税率の香港・パナマなどがある。こうした国や地域には,租税を逃れるために実体のないペーパーカンパニーなどが住所の登録のみをおこなうケースが多い。

パナマ文書 (-ぶんしょ) 2016年にタックス-ヘイブンの実態を明らかにし,世界を震撼させた機密文書。中米パナマの法律事務所「モサック-フォンセカ」が保有する租税回避地に設立した法人など約21万社の情報を,国際調査報道ジャーナリスト連合(ICIJ)が公表した。この情報で,租税回避地を利用した多国籍企業や富裕層,各国指導者らの税逃れの一端が明るみに出た。つづいて2017年には,パラダイス文書が発覚した。2018年には,120万通にものぼる内部書類「新パナマ文書」が見つかった。日本人の新たな個人情報流用被害も判明している。

類 国際調査報道ジャーナリスト連合(ICIJ)
パラダイス文書

キャピタル-フライト(資本逃避) [capital flight] (しほんとうひ) 政治・経済情勢の悪化などが原因で,自国通貨の価値が大幅に下落するおそれがある場合,投資資金が国外へ流出していくこと。海外からの投資マネーが滞るだけでなく,国内資金が海外へと移動することになり,金融危機を招くリスクが指摘される。

円キャリー取引 (えん-とりひき) 金利のきわめて低い円で投資資金を借り,それを金利の高い外貨に交換して,高収益の金融商品などに投資する方法。海外のヘッジファンドなどがおこなってきたが,サブプライムローン問題以降,急速に縮小した。

カジノ資本主義 (-しほんしゅぎ) 国際金融取引きにおいて,短期利得をめざして投機化した1980年代からの資本主義の現状を博打に例えた用語。イギリスの政治経済学者ストレンジが名づけた。1990年代以降,ヘッジファンドなどによって各国でたびたび通貨危機が引きおこされた。

投機 **A** **3** (とうき) 将来の価格変動を予測し,

その価格差からの大きな利益獲得をめざす取り引きをさす。大きなリスクをともなう場合を投機，そうでないときを投資と区別することもある。取り引きの形態としては実物の授受をともなわないケースが多く，これらにかかわる通貨をグローバル‐マネーや投機マネーとよぶこともある。投機マネーを規制するため，金融取引の度ごとに低率の課税をおこなうしくみが，欧州連合（EU）で検討されている。

類 グローバル‐マネー　投機マネー

国際連帯税（こくさいれんたいぜい）　貧困問題や環境問題など，グローバルな課題に対応するための資金を確保するための税。1972年に経済学者トービンが提唱したトービン税（外国為替取引に課税して投機的トレードを抑制する制度）がその原型である。従来はODAが類似する役割を果たしてきたが，各国の政治的意図に影響を受けやすいという欠陥が否定できない。国際連帯税では，各国が税を徴収するものの，その大部分を国際機関等に拠出する形となる。近年，SDGsなどの国際的な社会運動を推進する上で，特に注目されている。

類 トービン税 **C**　金融取引税

サブプライムローン問題 **A**⑩（‐もんだい）　サブプライムローンとは，アメリカにおける低所得者層などを対象にした高金利の住宅ローンのこと。変動金利のため，当初数年間の固定金利期間終了後に返済額がふくらみ，延滞や焦げ付き額が急増した。こうしたローンが諸形態をとって証券化され，世界各地で販売されていたため，その値下がりなどが2007年夏以降に表面化し，世界的な金融危機の引き金となった。

世界金融危機 **B**⑩（せかいきんゆうきき）　アメリカのサブプライムローン問題を契機に，2008年に発生した世界中をまき込んだ金融危機。1930年代の世界大恐慌以来，最大の金融危機ともいわれる。アメリカでは従来，大恐慌に対応するため1933年制定のグラス・スティーガル法によって銀行業と保険業との兼業が禁止されてきたが，金融の自由化にともなってこの規制が撤廃された。その後，規制緩和と低金利政策があいまって投機マネーが急増した（カジノ資本主義）。しかし，住宅バブルがはじける

と，証券化された住宅ローンの焦げ付きなどが発生。米証券第4位のリーマン‐ブラザーズが経営破綻したり（リーマン‐ショック），保険業で世界最大手のアメリカン‐インターナショナル‐グループ（AIG）が経営危機に追い込まれたりした。こうして，アメリカ発の株価暴落の連鎖が広がり，金融危機が世界に波及した。

類 グラス・スティーガル法

リーマン‐ショック **A**⑩　2008年9月に経営破綻したアメリカの証券大手リーマンブラザーズが世界経済に与えた影響力の大きさを象徴した言葉。サブプライムローン問題から世界金融危機が本格化する契機となった事件。なお「リーマン‐ショック」は和製英語。

ソブリン‐ショック〔sovereign debt crisis〕　ある国の財政が破綻することによって国際的な経済危機が引き起こされること。市場経済が行き詰まったとき，それを立て直すのが本来の財政の役割だが，2007-2008年世界金融危機の後，その財政自体の再建が課題となり，国際会議でも主要議題になってきた。なお，国債が債務不履行に陥る危険度をソブリン‐リスクという。2009年には，ギリシャ政府による巨額財政赤字の隠蔽が明らかとなり，同国の債務不履行の可能性が高まった。このソブリンリスクを契機として，欧州各国において経済危機が連鎖的に生じた（ユーロ危機）。なお「ソブリンショック」は和製英語であり，英語圏では sovereign debt crisis などと表記される。

類 ソブリン‐リスク　ユーロ危機 **B**③

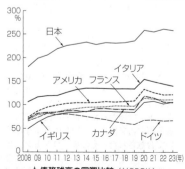

▲ 債務残高の国際比較（対GDP比）

PIGS（ピッグス）　ユーロ圏19か国のうち，国の財政赤字がきびしく，政府の債務不履行も懸念されるポルトガル・イタリア・ギリシャ・スペインの４か国の頭文字をとった呼び名。このなかでは，とくにギリシャが深刻。アイルランドを加えた５か国をPIIGSという。

類 PIIGS（ピーグス）

ストレス–テスト［stress test］　金融危機などに対応するために，銀行の健全性をチェックする目的でおこなう検査。2009年にアメリカの金融当局が19金融機関を対象に実施，10社が資本不足とされた。また，ギリシャの財政危機などを背景に，ＥＵは2010年に域内の91銀行について特別検査を実施した。その結果，７つの銀行が不合格となった。ストレス–テストという名称は，原子力発電所が地震や津波に対して安全かどうか調べる検査にも用いられる。

ギリシャ債務危機 **B**⑦（-さいむきき）　2009年のギリシャの政権交代を機に，同国の財政赤字が公表された数字より大幅に膨らむことが発覚したところから始まった危機。その後，財政状況などがきびしいポルトガル・アイルランド・イタリア・スペインなどにも広がり，欧州全体の金融システムを揺るがす事態になった（欧州債務危機）。こうした危機の背景には，ユーロ加盟国の金融政策は欧州中央銀行を中心とするユーロシステムによって統合されているが，財政政策は各国単位でおこなわれている矛盾がある。

類 欧州債務危機

金融サミット **C**（きんゆう–）　主要７か国（Ｇ７）と，ロシア・中国・インド・ブラジル・南アフリカ・韓国・オーストラリア・インドネシア・サウジアラビア・トルコ・メキシコ・アルゼンチン・欧州連合の20か国・地域による首脳会議。Ｇ20首脳会議ともいう。アメリカ発の世界金融危機に対応するため，第１回会合が2008年にワシントンで開かれた。世界不況の回避，金融危機の再発防止，ＩＭＦの改革などについて合意された。その後，ロンドン・ピッツバーグ・トロント・ソウル・カンヌなどで開催。新たな国際秩序の形成にむけての

重要な枠組みと位置づけられ，定例化。

同 Ｇ20首脳会議 **A**②

ドッド・フランク法（金融規制改革法）（きんゆうきせいかいかくほう）　2008年の世界金融危機の反省をふまえ，オバマ政権時代の2010年にアメリカで制定された法律。金融機関に資本増強を求めるなど，金融システム全体の安定向上をめざすもの。2018年，トランプ政権下で同法は改正され，中小銀行の規制が緩和された。

③ 地域経済統合

地域的経済統合 **C**③（ちいきてきけいざいとうごう）　近接した地域にあり，経済的利害を同じくする数か国が同盟を結び，加盟国間の関税・輸入数量制限などは撤廃の方向で共同市場を確立する一方，未加盟国に対しては貿易制限を維持することにより，各加盟国の経済力を高めることを目的とする。欧州連合(EU)，米墨加協定(USMCA)，ASEAN自由貿易地域(AFTA)などがある。地域的経済統合は，大規模な経済圏の設定という意味では，1930年代のブロック経済と相通ずるものがあるが，後者が本国と植民地という支配・従属関係にある諸国家間の経済圏であったのに対して，前者は対等な立場にある国々が市場拡大をめざす。

地域連携（ちいきれんけい）　ＥＵのような強固な地域統合をめざさない，地域間の経済・文化・技術などの協力関係の形成をいう。ＡＰＥＣ（アジア太平洋経済協力，エイペック）やＡＳＥＭ（アジア欧州会議，アセム）などが典型例。

リージョナリズム　**C**（**地域主義** **B**）［regionalism］（ちいきしゅぎ）　ＥＵにみられるように，地域統合によって加盟国の国家利益を実現させようとする考え方や行動をいう。グローバリズムに相対する概念とされるが，国家や地方が連携し，既存の国境にかかわりなく独自の地域を形成する動きでもあり，グローバリズムと同様に，国民国家のボーダレス化を進める役割を果たす。

欧州共同体A②（**EC A**②）［European Communities］（おうしゅうきょうどうたい）　地域的経済統合の先がけ。米ソに対抗する「第

年	事　項
1951	欧州石炭鉄鋼共同体(ECSC)条約調印
1958	欧州経済共同体(EEC)発足
	欧州原子力共同体(EURATOM)発足
1967	EEC,ECSC,EURATOMが統合して
	欧州共同体(EC)を設立
1979	ヨーロッパ通貨制度(EMS)発足
1993	EC統一市場成立。欧州連合(EU)
	条約(マーストリヒト条約)発効
1997	新欧州連合条約調印
1998	欧州中央銀行(ECB)設立
1999	EU11か国で通貨統合開始(ユーロ)
2001	ユーロにギリシャが参加。ニース条約調印
2004	東欧などの10か国が加わり25か国に
2007	ブルガリア・ルーマニアが加盟,27か国に
2009	EU憲法にかわるリスボン条約発効
2013	クロアティアが加わり、28か国に
2016	イギリス,国民投票でEU離脱を選択
2020	イギリスがEUを離脱

▲ ECからEUへ

三の巨人」とよばれた。第二次世界大戦で多大な被害を受けた西ヨーロッパ再生のため，フランスの外相シューマンが経済復興のかなめとなる石炭と鉄鋼の共同管理を提唱（シューマン-プラン）。これに基づいて，1952年に欧州石炭鉄鋼共同体（ECSC）が結成され，経済統合のあゆみが始まった。このときの加盟国は，旧西ドイツ・フランス・イタリア・ベルギー・オランダ・ルクセンブルクの6か国。さらに，1957年のローマ条約の調印により，加盟国内の共同市場をめざす欧州経済共同体（EEC）と，原子力資源の共同管理・開発を目的とした欧州原子力共同体（EURATOM，ユーラトム）とが成立。1967年にこれら3組織が統合されてECとなった。ECには，1973年にイギリス・アイルランド・デンマークが，1981年にギリシャが，1986年にはスペイン・ポルトガルが加盟し，計12か国となった。その後，マーストリヒト条約が1993年に発効，EU（欧州連合）が誕生した。

　　图 シューマン-プラン
　　欧州石炭鉄鋼共同体 B（ECSC B）
　　欧州経済共同体 B ②（EEC B ②）
　　欧州原子力共同体 B（EURATOM B）

ローマ条約 ②(-じょうやく)　1957年，欧州経済共同体（EEC）などを設立するため，ローマで結ばれた基本条約。西ドイツ・フランス・イタリア・ベルギー・オランダ・ルクセンブルクが加盟し，1958年に発効

した。その後，マーストリヒト条約（1992年調印，93年発効），アムステルダム条約（1997年調印，99年発効），ニース条約（2001年調印，03年発効），リスボン条約（2007年調印，09年発効）へと改定された。

欧州自由貿易連合 B（EFTA B ①）
[European Free Trade Association] (おうしゅうじゆうぼうえきれんごう)　エフタと略称。EEC（EC）に対抗し，1960年に結成された。原加盟国はイギリス・デンマーク・ノルウェー・スウェーデン・オーストリア・スイス・ポルトガルの7か国。ECと同様に共同市場設立を目標としたが，農産物を対象としない，対外共通関税を設けない，などの点が異なる。後にイギリス・デンマークなどが脱退し，1995年からはスイス・ノルウェー・アイスランド・リヒテンシュタインの4か国で存続。スイスを除く3か国とEUとのあいだで，1994年よりEEA（欧州経済領域）が発足している。
　　類 欧州経済領域 C（EEA C）

共通農業政策 C（CAP）[Common Agricultural Policy] (きょうつうのうぎょうせいさく)　ECの共通政策のなかで最も重視されたものの一つ。加盟国内における農業生産性の向上，農民の所得増加，供給量の安定，合理的価格の維持などを目標とした。この実現のため，域内における農産物の自由移動，同じ農産物に対する共通価格の採用，輸入品に対して課徴金（一種の関税）をかけるなどの政策を実行した。

シェンゲン協定　C (きょうてい)　欧州連合（EU）内の主な加盟国に入国すれば，パスポートなどの提示がなくても，自由に他国への出入りを認める協定。1990年にルクセンブルクのシェンゲンで結ばれ，95年から発効した。現在では，ヨーロッパ地域の27か国によって構成されている。

欧州連合 A ⑭（EU A ⑲）[European Union] (おうしゅうれんごう)　通称はEU。欧州共同体（EC）を母体として，1993年発効のマーストリヒト条約に基づき，欧州地域で設立された国家連合。発足時の加盟国数は12カ国だったが，その後拡張していき，2023年現在は27カ国で構成される。2022年末時点におけるGDP合計は約16.6兆ドルであり，世界全体の約1/6を占める。

EU域内においてはヒト・モノ・カネ・サービスなどの自由な移動が相当程度に認められているほか，EU加盟国のうち20カ国における法定通貨ユーロも流通している。経済面のみならず政治面を見ても，EU憲法は未だ制定されていないが，2009年発効のリスボン条約によって一定の憲法的基盤が設定された。2012年には，欧州地域への平和貢献が評価されてノーベル平和賞を受賞している。一方，EUによる国家主権の弱体化を懸念して，2020年に英国がEUを離脱。他の加盟国でも，EU懐疑主義を掲げる政党が次々と台頭するなど，EUという新たな政治的試みは，常に論争を呼んでいる。

欧州理事会 **B** （おうしゅうりじかい）　EUの最高意思決定機関。EU首脳会議ともよばれる。加盟各国の代表と欧州委員会委員長で構成され，年4回開催される。理事会の常任議長はEUの大統領に相当。任期は2年半で，2期まで継続できる。2023年現在の議長はベルギー出身のミシェル。

欧州議会 **C** （おうしゅうぎかい）　各国の政府代表で構成される閣僚理事会とともに，EUの立法機関。定数は705名。EC時代の1979年から5年に一度，選挙を実施。任期は5年。各国の人口に応じて配分された議員数を国ごとに比例代表制で選出。選挙権は18歳以上。どの国からでも立候補できる。かつては諮問機関のような位置づけだったが，しだいに権限が強化された。

欧州委員会 **C** （おうしゅういいんかい）　EUの行政機関。各国1名，全27名で構成される。任期は5年。法案の提出や予算執行の権限をもつ。首相にあたる委員長はドイツ出身のライエン。外相にあたる外交安全保障上級代表はスペイン出身のボレル。

欧州司法裁判所 **C** （ＥＣＪ**C**）（おうしゅうしほうさいばんしょ）　EUの司法機関。判事は加盟国から1名ずつ選出され，任期は6年（再任可）。提訴は加盟国のほか，個人や企業にも認められる。

欧州中央銀行 **A** **3** （ＥＣＢ**A** **3**）（おうしゅうちゅうおうぎんこう）　欧州連合（ユーロ圏）の金融政策を一元的におこなう中央銀行。1998年に設立され，本部はドイツのフランクフルトにある。「ユーロの番人」ともよばれる。

マーストリヒト条約 **A** **2** （-じょうやく）　欧州連合条約ともいう。1991年にオランダのマーストリヒトで開かれたEC首脳会議で，ローマ条約の改正に同意，翌1992年に条約に調印した。欧州中央銀行（ＥＣＢ）の設立と通貨統合を実現する目標を設け，西欧同盟による安全保障の確保，欧州議会の権限強化と欧州市民権の導入などの基本合意がなされた。1993年に条約が発効し，EUが発足した。1997年には，共通外交・安全保障政策での多数決制導入などを盛りこんだアムステルダム条約（新欧州連合条約）が，2001年には中・東欧への拡大にむけてニース条約が，さらには2007年にリスボン条約が調印された。

同 欧州連合条約 **D**

アムステルダム条約 **B** **2** （-じょうやく）　マーストリヒト条約を改正した新欧州連合条約。1997年6月，オランダのアムステルダムでEU15か国によって調印された（1999年発効）。条約は中・東欧諸国の新加盟を視野にいれ，多数決制を採用するなど政治的統合を強化するための具体的な成果を盛りこんだ。

ニース条約 **C** **2** （-じょうやく）　欧州連合（EU）の東方拡大に備え，条件整備をおこなうために結ばれた条約。フランスのニースで2001年に締結され，2003年に発効した。多数決で決める議題の範囲拡大など，政策決定や手続きの効率化と機構改革がはかられた。現在27か国が参加している。

欧州通貨制度 **B** （ＥＭＳ**C**）［European Monetary System］（おうしゅうつうかせいど）　通貨統合などをすすめるため，1979年に創設されたECの金融・通貨面での枠組み。経済通貨同盟への中間的措置とされる。域内では一定の幅を持った固定為替相場制が，域外では変動為替相場制が採用された（為替相場メカニズム＝ＥＲＭ）。こうして，1993年からは統合市場が発足し，モノ・人・資本の移動が自由になった。さらにEU首脳会議において，共通通貨としてユーロが決定した。

類 為替相場メカニズム（ＥＲＭ）

経済通貨同盟 **B** （ＥＭＵ**C**）［Economic and Monetary Union］（けいざいつうかどうめい）

1989年にＥＣのドロール委員会が発表した通貨統合などに向けた構想。欧州通貨制度（ＥＭＳ）を基礎につくられた。第一段階で域内の経済・通貨政策の協調を強化，第二段階で中央銀行制度を創設，第三段階で単一通貨へ移行，などをめざすもの。この構想は1993年発効のマーストリヒト条約に盛り込まれ，1994年のＥＭＩ（欧州通貨機構）発足，98年のＥＣＢ設立，99年のユーロ導入という形で実施に移された。

ユーロＡ⑨（ＥＵＲＯＡ⑥）　ＥＵ加盟国27か国のうち20か国における法定通貨。その他，ユーロが事実上の通貨として利用されている地域もある。ユーロ使用地域をまとめて「ユーロ圏」とよぶ。ユーロに関する金融政策を担うのは欧州中央銀行。1999年に決済通貨として，当初11カ国にて導入開始。2023年現在，世界取引量において，米ドルに次ぐ第２位の地位にある。ユーロ導入によって，ＥＵ諸国の経済統合が推進されるほか，ＥＵ全体にわたる金融政策が実行可能となる。市民にとっても，ユーロ圏内における経済生活が効率的となる。一方，ユーロ圏の中には経済水準の異なる地域もあり，その格差調整が課題となる。また，ユーロ圏内において，ある国が金融危機を起こすと，その影響が容易に圏内全域に広がりやすくなる点も懸念される。加えて，ＥＵ諸国の中には，ユーロによって自国の通貨主権が弱体化すること自体を批判する声もある。

市場統合②（しじょうとうごう）　ＥＣ加盟12か国間の非関税障壁をとりのぞき，ヒト・モノ・カネ・サービスなどが自由に移動できる市場をつくる構想。1986年にＥＣ首脳会議で決議された単一欧州議定書により，加盟国間の意思決定方法が全会一致から，各国の人口により票数をふりわける多数決方式に変更。欧州統合市場へむけて動き出し，1993年に単一市場が発足した。

ＥＵ憲法①（-けんぽう）　2004年６月に，将来のＥＵ加盟国が約30か国になることを考慮し，民主的・効率的な運営をおこなうＥＵの基本条約として採択。ＥＵ大統領・外相の創設などをめざした。しかし，フランスとオランダの国民投票で批准が否決され発効には至らなかった。

リスボン条約　Ａ⑥（-じょうやく）　ＥＵ憲法条約が発効できなかったため，2007年12月にポルトガルのリスボンで調印された条約。条約の呼称から「憲法」の文字を削除するなどの修正をおこなったが，大統領制の導入や，ＥＵからの「脱退条項」などはそのまま取り入れている。2009年にアイルランドでの再度の国民投票で批准が承認されたため，最後まで残ったチェコの批准をへて2009年末に発効。

民主主義の赤字　Ｃ（みんしゅしゅぎ-あかじ）　国際機構や国家をこえた共同体などの政策決定が国家を拘束することを批判したことば。背景には，欧州統合などのリージョナリズムやグローバリズムが進展するなか，各国の重要な意思決定が，選挙で選ばれていない者によって担われている，という現実がある。

欧州金融安定基金（ＥＦＳＦ）（おうしゅうきんゆうあんていききん）　ユーロ圏の政府等が互いに資金を拠出し，財政危機に陥った場合に，緊急融資をおこなうしくみ。ギリシャの財政危機をふまえて2010年，ＥＵ27か国が合意し，設立された。その後，危機はギリシャからポルトガル・イタリア・スペインなどにも広がり，機能拡充が必要となった。このため，恒久的な危機対応基金として，欧州安定メカニズム（ＥＳＭ）が2012年に創設された。俗に，欧州版ＩＭＦともよばれる。

　　類 欧州安定メカニズムＣ②（ＥＳＭＣ②）

ＡＳＥＡＮ自由貿易地域Ｃ③（ＡＦＴＡＡ③）　[ASEAN Free Trade Area]（-じゆうぼうえきちいき）　アフタと略称。東南アジア諸国連合内の経済協力組織。1993年に発足し，域内の関税などの撤廃をめざす。

ラテンアメリカ統合連合（ＡＬＡＤＩ）　[Asociacion Latinoamericana de Integracion]（-とうごうれんごう）　1980年発足。現加盟国はアルゼンチン・ブラジル・メキシコなど13か国。ラテンアメリカ自由貿易連合（ＬＡＦＴＡ，1961年成立）が共同市場の形成に失敗し，よりゆるやかな機構に改められた。最終的にはＥＵなみの経済統合をめざすが，加盟国間の経済格差が大きく，各国の経済状況に合わせた開発統合計画を推進している。

中米共同市場（CACM）[Central American Common Market]（ちゅうべいきょうどうしじょう）
1961年，エルサルバドル・グアテマラ・コスタリカ・ニカラグア・ホンジュラスの5か国で発足した。現在は8か国で構成。域内貿易の自由化や，対外共通関税によって共同市場の設立をめざしたが，加盟国間の対立などで機能は停滞している。

南米南部共同市場Ａ②（ＭＥＲＣＯＳＵＲ Ａ②）[Mercado Común del Cono Sur]（なんべいなんぶきょうどうしじょう）　メルコスールと略称。南米での共同市場づくりをめざし，1995年に発足した。現在の正加盟国は，ブラジル，アルゼンチン，ウルグアイ，パラグアイの4か国。

北米自由貿易協定Ａ⑧（ＮＡＦＴＡＡ⑧）
[North American Free Trade Agreement]（ほくべいじゆうぼうえききょうてい）　ナフタと略称。1989年発足のアメリカ・カナダ自由貿易協定にメキシコが加わり，1994年に発効した。資本・労働・貿易の域内自由化をめざす北米全体の自由貿易圏。ＮＡＦＴＡに批判的なアメリカトランプ大統領（当時）の主導下，2018年に新たな自由貿易協定となる米国・メキシコ・カナダ協定（ＵＳＭＣＡ）が署名された。2020年7月に発効。

同米国・メキシコ・カナダ協定Ａ（USMCA）

USMCA　米国・メキシコ・カナダ協定(United States-Mexico-Canada Agreement)の略称。日本語で「米墨加協定」とも略される。1994年から2020年にかけて同3カ国の貿易圏を構築してきたNAFTA(北米自由貿易協定)の後継として，2020年に発効した自由貿易協定である。NAFTAと比較して，USMCAは，労働および環境について包括的規定を設けている点，知的財産権や電子商取引に関する規定を新たに設けている点などが特徴として挙げられる。

米州自由貿易圏（ＦＴＡＡ）[Free Trade Area of the Americas]（べいしゅうじゆうぼうえききけん）　1994年の米州サミットで，アメリカのクリントン大統領が示した南北両大陸を含めた自由貿易圏構想。アメリカは2005年の発足をめざしたが，新自由主義経済に対する中南米の左派政権からの反発

が強く，先送りされている。

米州ボリバル同盟（ＡＬＢＡ）[Alternativa Bolivariana para las Americas]（べいしゅう－どうめい）　米州自由貿易圏（ＦＴＡＡ）構想に対抗した中南米6か国による地域組織で，2004年に発足。アメリカに反発するベネズエラのチャベス大統領が打ち出した。"弱肉強食"の市場経済ではなく，連帯と協力による統合を掲げている。地域共通通貨「スクレ」が2010年から一部で使用されている。現在は，10か国が加盟。

対共産圏輸出統制委員会①（COCOM）
[Coordinating Committee for Export Control]（たいきょうさんけんゆしゅつとうせいいいんかい）　ココムと略称。共産圏諸国への戦略物資の輸出を規制する西欧資本主義国の機関。1949年に発足し，フランス・アイスランドを除く北大西洋条約機構加盟国，日本など17か国で構成された。しかし，ソ連の崩壊などの結果，1994年にその使命を終え，解散した。

アジア太平洋経済協力Ａ②（ＡＰＥＣＡ②）[Asia-Pacific Economic Cooperation]（－たいへいようけいざいきょうりょく）　エイペックと略称。日本・アメリカ・中国・韓国・ロシア・台湾・香港・オーストラリア・メキシコ・チリ・ＡＳＥＡＮ諸国など21か国・地域が加盟。アジア・太平洋地域の経済協力を目的とし，オーストラリアのホーク首相の提唱で1989年に発足した。

東アジア共同体　①（ひがし－きょうどうたい）　欧州のような政治経済統合を東アジアでも適用しようとする共同体構想。東南アジア諸国連合10か国に日本・中国・韓国を加えた国々（ＡＳＥＡＮ＋3）が中核となる。2005年には初の東アジアサミットが開かれた。構想の実現には息の長い対話と議論が不可欠である。

類 ＡＳＥＡＮ＋3 Ｃ

東アジアサミット（ＥＡＳＣ）[East Asian Summit]（ひがし－）　東アジア首脳会議ともいう。東アジア共同体の土台づくりのため，2005年にＡＳＥＡＮ＋3（日中韓）にオセアニアとインドが加わった16か国で開催。その後毎年開かれ，2011年からはアメリカ・ロシアも参加するようになった。

同東アジア首脳会議 Ｃ

ダボス会議 <small>**C**</small>(-かいぎ)　国際的なNPO(非営利組織)である世界経済フォーラム(WEF)が毎年1月, スイスで開く年次総会の通称。1971年発足, 87年から現在の名称になった。参加者は世界の政財官のリーダーを中心に2000人をこえ, 前年に起こった社会的・経済的な問題をテーマとして取り上げる。発展途上国からの参加は少ない。
　<small>類</small>**世界経済フォーラム** <small>**C**</small>

湾岸協力会議 <small>**C**</small>**(GCC)** [Gulf Cooperation Council] (わんがんきょうりょくかいぎ)　アラブ首長国連邦・サウジアラビアなど, 王制や首長制をとる湾岸6か国で1981年に設立された地域機構。軍事・経済・文化などでの緊密な協力と, 経済統合をめざし, 早期の統一通貨導入を計画している。

アジア欧州会議(ASEM) [Asia-Europe Meeting] (-おうしゅうかいぎ)　アセムと略称。アジアと欧州の対話と協力を促進するため, シンガポールの提唱で1996年に発足。当初はアジア10か国と欧州15か国および欧州委員会の首脳が参加して1年おきに開かれてきた。現在では日本・韓国・中国・モンゴル・インド・パキスタン・バングラデシュ・カザフスタン・ニュージーランド・オーストラリア・ロシア・ノルウェー・スイス・EU諸国・ASEAN諸国・欧州委員会・ASEAN事務局の51か国・2機関で構成される枠組み。

自由貿易協定 <small>**A**6</small>**(FTA** <small>**A**8</small>**)** [Free Trade Agreement] (じゆうぼうえききょうてい)　特定の国や地域の間で, 貿易などの規制をなくし経済活動を活性化させるために締結される協定。FTAの要素を含みつつ, 投資や人の移動などにまで対象分野を広げた協定を経済連携協定(EPA)という。世界貿易機構(WTO)の例外規定として認められ, これまで200件以上の協定が成立。日本は2002年にシンガポールと, 2005年にメキシコと, 2006年にフィリピン・マレーシアと, 2007年にタイなどと, それぞれ協定を結び, 2015年にはオーストラリアと協定が発効した。2019年にはEU(欧州連合)との間で日欧EPAが発効した。
　<small>類</small>**経済連携協定** <small>**A**9</small>**(EPA** <small>**A**8</small>**)**

環太平洋パートナーシップ協定 <small>**A**4</small>**(TPP** <small>**A**2</small>**)** [Trans-Pacific Partnership Agreement] (かんたいへいよう-きょうてい)　アジア・太平洋地域の貿易自由化などを推進する経済的な枠組み。シンガポール・ブルネイ・ニュージーランド・チリの4か国で締結し, 2006年に発効。その後, アメリカ・オーストラリアなど7か国が交渉に参加した。2013年に日本も協議に正式参加。交渉過程は基本的には非公開で, 2016年に12か国で署名式がおこなわれた。環太平洋経済連携協定ともよばれる。日本は自動車などの輸出拡大と, 輸入食品の価格が値下げされる一方で, 聖域とされてきたコメの無関税輸入枠の新設や, 牛肉などの市場開放で農業への影響は計り知れない。その後, トランプ米大統領が2国間交渉を重視する立場から協定離脱を決め, 残りの11か国が発効をめざして2018年に署名式をおこなった。日本では同年, 野党が激しく反発するなかでTPP11(包括的および先進的TPP=CPTTP)の批准に向けた承認手続きと関連法の制定を終えた。TPP11は2018年12月30日に発効。
　<small>類</small>**TPP11** <small>**A**3</small>　**環太平洋経済連携協定** <small>**C**2</small>

ISDS条項 [Investor-State Dispute Settlement] (-じょうこう)　自由貿易協定などの締結の際, 投資家と国家間の紛争解決手続きについて定めた条項。ISD条項ともいう。投資ファンドなどが損害を受けた場合, その国の政府を相手どり, 国際仲裁手続きを利用できるというしくみ。TPP11では, この条項は凍結された。

地域的な包括的経済連携協定 <small>**C**1</small>**(RCEPA** <small>**A**1</small>**)** [Regional Comprehensive Economic Partnership] (ちいきてき-ほうかつてききけいざいれんけいきょうてい)　東アジア諸国およびオセアニア諸国から構成される経済連携協定(EPA)。2011年から具体的な検討が始まり, 2020年に, 中国, 日本, 韓国, オーストラリア, ニュージーランドおよびASEAN諸国の計15か国によって署名された。世界のGDPの約3割を占め, 世界人口においても約3割を占める世界最大のEPAとなる。

環大西洋貿易投資パートナーシップ協定 1**(TTIP** <small>**C**</small>**)** (かんたいせいようぼうえきとうし-きょうてい)　大西洋を囲むアメリカとEU(欧州連合)とによる貿易自由化などを推進す

る新たな経済的な枠組み。米欧版ＴＰＰ。

4 南北問題と格差の是正

南北問題 Ａ⑥(なんぼくもんだい)　先進国と発展
途上国間の経済格差と、それにともなう政
治・軍事・文化的対立をいう。先進国が、
オセアニアを除くと北半球にあるのに対し、
アフリカやラテンアメリカを中心に、発展
途上国の多くが南半球にあるため、こうよ
ばれる。イギリスのオリヴァー＝フラン
クスが初めてこのことばを用いた。南北問
題は、1950年代後半から1960年代にかけ
て表面化した。具体的には、それ以前に先
進国の植民地支配を受けてきた民族が政治
的独立を達成、経済的にも自立を果たすた
め、先進各国に経済援助や国際貿易構造の
再編成を求めた。発展途上国の共通した課
題としては、モノカルチュア的な産業構造、
資源輸出型の貿易構造、貧困・環境破壊・
人口爆発などからの解放がある。また、発
展途上国に有利な貿易・援助措置を実現す
るために、国連貿易開発会議（ＵＮＣＴＡ
Ｄ）が常設され、1975年には、南北対話の
機関として国際経済協力会議（ＣＩＥＣ）
がつくられている。

グローバルサウス [Global South]　経済
社会的側面から世界各国を分類する概念の
１つ。日本では、伝統的に「南北問題」と
いう言葉で論じられてきた。グローバル
ノースとは、経済開発水準や生活水準が高
い諸国のことであり、北米や欧州諸国など
北半球に多く見られる。一方、グローバル
サウスとは、そうした水準が相対的に低い
諸国のことであり、アフリカや南米など南
半球に多く見られる。グローバルサウスは、
単なる「途上国」「貧困国」とも表現されて
きたが、21世紀に入ると、経済力を高め
ると同時に、国際政治上の影響力も強めつ
つある。2022年ロシアのウクライナ侵攻
に際して、グローバルノースがロシアを非
難する中、ロシアと経済関係の深いグロー
バルサウスの多くが中立の態度を取ったこ
とから「南北の政治的分断」が指摘された。
また、グローバルノースが推進するグロー
バリゼーションに対する反対勢力としても、
グローバルサウスは存在感を一層増してい

る。

新植民地主義 (しんしょくみんちしゅぎ)
☞ p.329（新植民地主義）

モノカルチュア経済 Ａ②[monoculture
economy] (けいざい)　発展途上国の産業構
造の特徴を示すことば。ブラジルやコロン
ビアのコーヒー、ガーナのカカオ、チリの
銅など、もっぱら輸出向けの少種類の農・
工業原材料（一次産品）の生産が大部分を
占めている産業構造をさし、先進国の植民
地時代に一次産品の供給を強制されること
によってつくられた。モノカルチュア経済
は、輸入国の経済変動の影響を受けやすい
ため外貨獲得がままならず、また輸出用農
産物のみを生産するため、国内向けの食料
生産が不足しがちであり、発展途上国経済
の自立化を阻害する要因となっている。

類 一次産品 Ｃ

雁行的経済発展 (がんこうてきけいざいはってん)　雁
の群れが飛行するように、経済発展などが
先進国から発展途上国へと順々に波及する
さまを表現したことば。日本の経済学者赤
松要が提唱した。たとえば、ある産業にお
ける製品輸入の急増と需要の定着→国内生
産の開始→輸出産業への成長、という発展
過程をとる。

テイク−オフ [take-off]　経済発展への離
陸期のこと。アメリカの経済史家ロストウ
が命名した。彼は、経済生活の歴史的発展
過程を伝統的社会・過渡期・テイク−オフ
期・成熟期・高度大衆消費社会の５段階
にわけ、テイク−オフに入る条件として、
貯蓄率が従来の２倍をこえること、高い
成長率の主導産業の形成などをあげる。な
お、日本のテイク−オフは、1878〜90年頃
とされる。この説にはさまざまな批判があ
る。

コロンボ計画 Ｃ (けいかく)　イギリス連邦内
の先進国であるイギリス・カナダなどが、
同連邦内におけるアジア諸国の開発援助の
ため、1951年に提唱したプラン。その後、
日本・アメリカも参加し、被援助国も東南
アジア全域に拡大された。

ロメ協定 (きょうてい)　ＥＣ（現ＥＵ）と、これ
に関係の深いアフリカ・カリブ海・太平洋
地域諸国との間で、貿易・援助・工業協力
などを実現させるため、トーゴの首都ロメ

において結ばれた協定。ＥＣ向けの輸出は原則として関税を廃止するなど，新国際経済秩序（ＮＩＥＯ，ニエオ）の意向をくんだものとされる。ロメ協定は2000年２月に失効，新たにコトヌ協定が結ばれた。

類 コトヌ協定

プレビッシュ報告 Ｂ⑤(-ほうこく)　1964年の第１回国連貿易開発会議（ＵＮＣＴＡＤ）で，プレビッシュ事務局長により提出されたレポート。自由貿易体制のもとでの発展途上国の不利を指摘し，一次産品を中心とした貿易条件の改善，先進国による積極的な援助などを求めた。このレポートはその後，発展途上国の行動指針となった。

国連貿易開発会議 Ａ③（ＵＮＣＴＡＤ Ａ）[United Nations Conference on Trade and Development]（こくれんぼうえきかいはつかいぎ）　アンクタッドと略称。1964年，先進国と発展途上国との間で南北問題の対策を検討するために設置された国連の機関。総会は４年に１度開催される。常設機関として貿易開発理事会，その下に「一次産品」「製品」など七つの委員会がある。第１回ジュネーヴ総会で出されたプレビッシュ報告をもとに，一次産品の国際商品協定，発展途上国の製品・半製品に対する特恵関税，ＧＮＰ１％の資金援助，技術援助など南側の要求実現のため協議が続けられてきた。現在，加盟国は195か国。

一次産品総合プログラム（いちじさんぴんそうごう-）　1976年の第４回国連貿易開発会議で，「77か国グループ」が提案した。一次産品の国際価格を安定させ，発展途上国の輸出所得の向上をはかることを目的とする。そのため，コーヒー・天然ゴム・ボーキサイトなど主要18品目の価格維持や，商品開発のための一次産品共通基金（ＣＦ）の設立(1989年)が検討された。

77か国グループ（Ｇ77）(-こく-)　1964年の国連貿易開発会議に合わせ，77の発展途上国が設立した組織。1967年には活動指針となるアルジェリア憲章を採択した。加盟国は134か国。創立50周年となる2014年の首脳会議では，一部の富裕層や大企業に富が集中し，格差が拡大する世界の経済体制を批判，公正な世界秩序の形成を求めた。

国際商品協定（こくさいしょうひんきょうてい）　一次産品の価格維持，需要・供給量調整のため，関係する政府間で貿易価格や数量をコントロールする協定。日本も，コーヒー，ココア，熱帯木材など，複数の品目について協定に加盟している。

国連開発の10年（こくれんかいはつ-ねん）　南北問題が注目されはじめた1961年の第16回国連総会で，ケネディ米大統領の呼びかけにより決定された開発戦略。1960年代には発展途上国の経済成長率５％達成を目標として，国際協力体制が準備された。目標とする発展途上国の年経済成長率５％は達成されたが，南北格差はむしろ拡大した。その後，南北格差を解消すべく，1970年代から2000年代にかけて，第２～５次の国連開発の10年が出された。

新国際経済秩序 Ａ⑥（ＮＩＥＯ Ａ⑤）[New International Economic Order]（しんこくさいけいざいちつじょ）　ニエオと略称。1974年に国連の資源特別総会で「新国際経済秩序の樹立に関する宣言」が採択された。南北問題解決のためには，従来の自由・無差別を原則とした貿易体制ではなく，発展途上国に対する一方的優遇を基本とした新たな世界経済秩序の確立が必要との考えに基づいている。この実現のため，天然資源・経済活動に対する各国の恒久主権，多国籍企業の活動の規制と監視，一次産品価格と工業製品価格との連動，輸出所得の安定制度，政治的・軍事的にひもつきでない援助など20項目の要求がかかげられた。

アルジェ憲章（-けんしょう）　アジア・アフリカ・中南米など各地域内宣言をまとめた先進国に対する統一要求。1967年，アルジェで開催された「77か国グループ閣僚会議」で採択。発展途上国への共通の特恵関税，先進国の援助を国民総生産（ＧＮＰ）の１％以上とすること，などを求めた。

国家間経済権利義務憲章（こっかかんけいざいけんりぎむけんしょう）　1974年末の第29回国連総会で採択。新国際経済秩序を具体化させるための発展途上国の権利や行動方針，先進国の義務がうたわれている。

一般特恵関税 Ｂ①（いっぱんとっけいかんぜい）　発展途上国の貿易促進のために，発展途上国の工業製品に対して，関税を撤廃もしくは低い税率にすることにより，先進国からの

同種製品よりも有利な待遇を与えることをいう。最恵国待遇の例外とされる。1968年の第2回国連貿易開発会議で合意され，1970年代から実現した。単に特恵関税ともいう。

同 特恵関税 Ⓐ①

内国民待遇 Ⓑ⑥（ないこくみんたいぐう）　自国の領域内で，自国民等と同様の待遇や権利を相手国やその国民にも保障すること。WTOなどで適用される原則の一つ。

最恵国待遇 Ⓑ⑩（さいけいこくたいぐう）　自国の領域内で，外国人等に認めた最も良好な待遇や権利を相手国やその国民にも保障すること。したがって，この協定を結んだ国に対する関税率は同じになる。もし，ある国とより有利な最恵国待遇を結ぶと，その効力は他の最恵国待遇国にも適用される。WTOなどで適用される原則の一つ。

国連資源特別総会 Ⓒ（こくれんしげんとくべつそうかい）　1974年，「原材料および開発の諸問題」をテーマに開催された国連の特別総会。非同盟諸国のリーダー・アルジェリアの提言により，資源の恒久主権，発展途上国への特恵的措置，資源を持たない途上国への救済策など，途上国側の強力な主張がみられ，新国際経済秩序樹立宣言が決議された。

資源ナショナリズム Ⓐ③（しげん～）　自国の天然資源に対する恒久主権の主張。多くの発展途上国は国民所得や輸出の大半を，一次産品にたよっている。発展途上国は長年，先進国の多国籍企業に自国資源の開発・生産・輸出などの権利を抑えられてきたが，これに対して，一次産品の価格を自ら設定し，資源を自国の利益のために利用しようとする動きが1970年前後に強まった。1973年，石油輸出国機構（OPEC）による原油価格の大幅値上げは，この動きを決定的なものとした。1962年の国連総会で，資源に対する恒久主権が確立され，1974年の国連資源特別総会で採択された，新国際経済秩序（NIEO）樹立宣言にも盛りこまれている。今日，石油・銅・天然ゴムなど主要資源についての生産国主権は，ほぼ確立している。

類 天然資源に対する恒久主権

資源カルテル（しげん～）　資源ナショナリズム実現のため，共通の資源を持つ発展途上国がその資源の生産量・価格などで協定を結ぶこと。OPECのそれが有名。その他の資源でもこの動きが強まっている。

国際石油資本（こくさいせきゆしほん）　石油産業において，石油の採掘・開発から輸送・精製・販売までを一貫して操業する多国籍企業のこと。石油産業全段階（メジャー）にわたることから石油メジャーと通称。以前はセブン-シスターズとよばれた。現在では統合・再編がすすみ，英蘭系のロイヤル-ダッチ-シェル，米系のエクソンモービル，英系のBP，米系のシェブロンの4社。これに仏系のトタル，米系のコノコフィリップスの2社を加えることもある。2010年にアメリカのメキシコ湾にあるBPの石油採掘施設で，大量の原油流出事故が起きた。

同 石油メジャー

石油輸出国機構Ⓐ④（OPECⒶ④）
［Organization of Petroleum Exporting Countries］（せきゆゆしゅつこくきこう）　オペックと略称。石油輸出13か国によって構成される資源カルテル組織。本部はウィーン。1960年9月，イラン・イラク・サウジアラビア・クウェート・ベネズエラの5か国で結成，その後，カタール・リビア・アラブ首長国連邦・アルジェリア・ナイジェリア・アンゴラ・エクアドル・インドネシア（2015年に再加入）がくわわった。OPECの設立当初の目的は，石油メジャーによる原油価格引き下げを防ぐことにあった。1973年，第四次中東戦争の混乱のなかで価格決定権を石油メジャーから取りもどし，以後2度にわたる原油価格の大幅引き上げをおこない，原油市場における支配権を確立した。現在はその影響力が低下している。

アラブ石油輸出国機構Ⓒ（OAPEC）
［Organization of Arab Petroleum Exporting Countries］（～せきゆゆしゅつこくきこう）オアペックと略称。1967年，第三次中東戦争の勃発時にOPECは，イスラエル寄りのアメリカ・イギリス・ドイツに対して石油輸出禁止を決議した。ところが，内部の調整不足のため，これが十分な効果をあげなかったので，翌1968年，アラブ諸国の団結と統一の強化をめざすOAPECが，

サウジアラビア・クウェート・リビアによって結成された。その後，イラク・エジプト・シリアなどが加わり，現在の加盟国は11か国。

石油戦略　(せきゆせんりゃく)　石油産油国が協力し，石油の輸出禁止，生産調整，価格操作などの手段により，石油資源を政治・外交上の武器として使用していこうとする考え方をいう。1973年，ＯＡＰＥＣによる石油輸出禁止政策が典型例。1973年に勃発した第四次中東戦争で不利な戦況となっていたアラブ諸国は，イスラエル寄りの政策をとっていたアメリカなどに対して，禁輸を実施した。

石油危機（オイル-ショックB①） Ａ⑤
［oil　crisis］(せきゆきき)　1973年，ＯＡＰＥＣによる禁輸など石油市場の混乱を契機に，ＯＰＥＣは原油価格を一挙に1バレル(159リットル)＝1.8ドルから12ドル弱まで引き上げ，世界各国に不況・インフレーションなどの混乱を引き起こした（第一次石油危機）。また1979年，イラン革命の混乱のなかで原油価格が約2倍に上がり，1980年代前半，原油価格は最高1バレル＝34ドルまで上昇した（第二次石油危機）。

オイル-ダラー　［oil　dollar］　原油価格の引き上げによって，産油国に蓄えられた外貨（おもにドル）のこと。多額の資金がヨーロッパやアメリカに投資され，世界の金融・貿易に大きな影響を及ぼした。

開発エリート　(かいはつ-)　発展途上国政府は，上から強権的な手段で開発・近代化を進めることが多く，この体制の権力者を開発エリートとよぶ。政策遂行の過程で，貧富の差が拡大し，人権侵害が生ずるなどの問題点が指摘されている。

穀物メジャー　(こくもつ-)　穀物取引市場において影響力を有する多国籍企業。小麦・トウモロコシ・大豆などの穀物の貯蔵・運搬だけではなく，価格をも左右する力をもつ。現在，穀物主要5社とされているのが，カーギル(米)，ＡＤＭ(米)，ルイドレフュス(仏)，ブンゲ(オランダ)，グレンコア(スイス)である。

世界食料サミット　(せかいしょくりょう-)　1996年にローマで初めて開催された国連主催の食料問題の国際会議。その後，2008年と09年にも開かれた。ＦＡＯ(国連食糧農業機関)の加盟国が参加する。世界の人口増加による食料需給の不安定化，発展途上国の飢餓の増大を背景に，10億人以上とされる栄養不足人口の半減への取り組みが求められている。しかし，食料輸出国と途上国の利害対立から，十分な対策はとられていない。このサミットでは，世界食料安全保障に関するローマ宣言が採択された。

類ローマ宣言

南南問題 Ａ②　(なんなんもんだい)　1970～80年代を通じて，発展途上国は資源ナショナリズムを背景とした産油国や，工業化に成功した新興工業経済地域（ＮＩＥｓ）など高所得を得るようになった国・地域と，有力な資源もなく，一人あたりの所得・識字率・工業化率などで他国よりも遅れた後発発展途上国（ＬＤＣ，最貧国ともいう）に分かれた。途上国内部におけるこの社会経済的格差の問題は南南問題とよばれ，重要な国際的課題となっている。

後発発展途上国 Ａ②**（ＬＤＣ** Ａ②**）**　［Least Developed Countries］(こうはつはってんとじょうこく)　発展途上国のなかでも，とくに経済発展などが遅れた諸国。後発開発途上国。国連が1974年に導入した経済区分で，(1)低い所得水準(2)乏しい人的資源(3)経済の脆弱性，という3つの基準に基づく。現在の指定国は46か国で，うち33か国がサハラ以南のアフリカ諸国。最貧国ともよばれる。国連貿易開発会議が毎年，「後発発展途上国(LDC)報告」を公表している。

同最貧国　後発開発途上国

低所得国③と中所得国③(ていしょとくこく-ちゅうしょとくこく)　世界銀行の分類によれば，1人あたり GNI (国民総所得)1135ドル以下が低所得国，13845ドル以下が中所得国である(2023年時点の基準)。世界銀行によれば，1987年時点において，低所得国は世界各国の約30%を占めていたが，2022年時点では12%にまで減少しているという。

国連後発発展途上国会議　(こくれんこうはつはってんとじょうこくかいぎ)　1970年代に南南問題が深刻になってきた状況を受けて，1981年9月にパリで開かれた国連主催の会議。食料生産の向上や工業生産力の強化をはかるた

め，先進国による援助増額が確認された。

新興工業経済地域 Ａ⑤（ＮＩＥｓ Ａ⑤）

[Newly Industrializing Economies]（しんこうこうぎょうけいざいちいき）　ニーズと略称。発展途上国のなかで，工業化を急激に進め国際貿易で先進国と競合しはじめている国や地域のこと。世界経済の「成長センター」とよばれた。当初は，韓国・台湾・香港・シンガポールのアジアＮＩＥｓ，ブラジル・メキシコ・アルゼンチンなどラテンアメリカＮＩＥｓとよばれたが，近年ではアジアＮＩＥｓをさすことが多い。

アジアＮＩＥｓと東南アジア諸国連合

③（-とうなん-しょこくれんごう）　ラテンアメリカ諸国が国内生産の輸入代替工業化をおこなったのに対し，アジアＮＩＥｓは輸出志向工業化をすすめ，「４頭の龍」とよばれているが，今日ではマレーシア・フィリピンなど東南アジア諸国連合（ＡＳＥＡＮ）のいくつかの国がその後を追い，ＡＳＥＡＮ自由貿易地域（ＡＦＴＡ）を形成している。外資・技術の積極的な導入，良質で安価な労働力などが要因だが，1980年代中ごろから，急激な輸入増加に対する欧米諸国の風あたりが強まり，国内でもインフレ傾向が続いた。このため，1997年からアジア各国に通貨・金融危機が広がったが，国際機関の援助もあって立ち直りをみせた。

輸入代替工業化 Ｃ②（ゆにゅうだいたいこうぎょうか）

政府の介入によって国内産業を振興させ，輸入工業品から国産品への代替をはかる開発政策。発展途上国の工業化は，輸入代替から始まる例が多い。

輸出志向工業化 Ｃ（ゆしゅつしこうこうぎょうか）

輸出工業部門が工業化を主導する開発政策。1960年代から韓国・台湾などアジアＮＩＥｓを中心に，それまでの輸入代替工業化にかわって導入され，成功をおさめた。

累積債務問題 Ａ③（るいせきさいむもんだい）

発展途上国で対外債務（借金）が累積して経済不振におちいる一方，貸し手である先進国も貸し倒れによる金融不安が生じた。これを累積債務問題という。1980年代以降，累積債務を直接の原因とする経済・通貨危機がおきている。その後も1994年にメキシコが，1997年にアジアが，1998年にロシアが，1999年にブラジルが，2001年に

アルゼンチンが，それぞれ通貨危機に襲われた。このため先進国は，金利や元本の支払いを遅らせるリスケジューリング（債務返済くり延べ）を実施した。アメリカの金利上昇にともなう利払い負担の増加，一次産品価格の下落による輸出の不振，などが債務累積の原因となった。

重債務貧困国 Ｃ（ＨＩＰＣｓ）

[Heavily Indebted Poor Countries]（じゅうさいむひんこんこく）　対外債務が累積し，一人あたりＧＤＰが低い後発発展途上国のこと。①一人当たりＧＮＰが765ドル以下，②累積債務残高が輸出金額の2.2倍以上，もしくは，ＧＮＰの80％以上，という基準で認定される。現在の対象国は39か国。

就学率 （しゅうがくりつ）

学齢に達した児童の総数に対する就学している児童の割合。

乳児死亡率 （にゅうじしぼうりつ）

生後１年以内に死亡する子どもの割合。発展途上国の乳幼児の死亡率は高い。原因は，栄養不足・不衛生・無医療などの貧困にある。

貧困と飢餓 Ｃ①（ひんこん-きが）

貧困や飢餓は天災などによっても起こるが，経済や社会のしくみにより構造的に貧困が生じ，貧困が極限に達すると飢餓が発生する。1950年代以降，発展途上国では貧困や飢餓問題が深刻になっている。その原因は旧植民地時代からの経済や社会の構造に起因する。近年，貧困という概念を poverty（自然に生じた不足状態）ではなく，deprivation（社会のしくみによって人権がはく奪された状態）と，とらえるようになった。この問題を根本的に解決するには，単に先進諸国の経済援助だけでなく，発展途上国自身の産業育成が不可欠である。

貧困の悪循環 （ひんこん-あくじゅんかん）

ひとたび貧困に陥るとそこから容易に脱出できないようすを示した言葉。たとえば，所得水準が低いと貯蓄ができないから資本蓄積が進まない。このため経済成長が期待できない。そのうえ，税収が伸びずに教育の普及が遅れる。こうして，低所得の状態が維持され，貧困がくり返されることになる。

スラム Ｂ[slum]

大都市における貧しい人々が集住している区域。20世紀後半，発展途上国では人口が急増し，都市と農村との経済格差が拡大したため，農村から多

数の人々が都市に流入，スラムを形成した。

識字率 **C**（しきじりつ） 全人口に占める読み書きができる人の割合。ＵＮＥＳＣＯ（国連教育科学文化機関）では，識字を単に「日常生活における簡単な陳述の読み書きができること」だけでなく，「社会参加に必要な知識・判断・技能などを有すること」と定義を拡大。現在，世界には約７億7400万人の成人非識字者（うち64％が女性）がいるといわれ，国連は1990年を国際識字年に設定，ＵＮＥＳＣＯも識字率の向上をめざし「世界寺子屋運動」をおこなっている。

ストリートチルドレン［street children］ 軍事紛争や経済，家庭の貧困，家族の崩壊，自然災害，虐待，無視などの理由により，路上で暮らすようになった子どもたちのこと。発展途上国に多い。

人間開発指数 **A①**（ＨＤＩ **A①**）（にんげんかいはつしすう） 国連開発計画（UNDP）が作成した人間開発に関する指標で，０～１の値をとる。保健水準（平均寿命），教育水準（成人識字率と就学率），所得水準（１人あたり GNI）の３指標を用いて算出し，各国の福祉や生活の質（QOL）をはかる目安となる。2021年報告書では，日本は191か国・地域中19位だった。

ジェンダー不平等指数（ＧＩＩ③）（ふびょうどうしすう） 国連開発計画（UNDP）による指数。国の人間開発の達成が男女の不平等によってどの程度妨げられているかを示す。妊産婦死亡率，国会議員の女性比率，男女別労働力率など５指標で構成される。日本は162か国中17位（2019年）。

ジェンダー-ギャップ指数 **A**（ＧＧＩ **C**）（-しすう） ダボス会議を主催する世界経済フォーラムが，各国内の男女間の格差を数値化し，ランク付けしたもの。０（完全不平等）～１（完全平等）の値をとる。経済活動への参加と機会，教育の達成度，健康と生存率，政治参加，の四つが指標となる。北欧諸国などの数値が高く，2023年報告書では，日本は146か国中125位。

国連ミレニアム宣言 **C②**（こくれん-せんげん） 2000年にニューヨークで開かれた国連ミレニアムサミットで採択された宣言。これをもとに貧困の根絶など，国際社会がめざすミレニアム開発目標（ＭＤＧｓ）が設け

られた。

ミレニアム開発目標A⑦（ＭＤＧｓA②）［Millennium Development Goals］（-かいはつもくひょう） 2000年に開催された国連ミレニアムサミットで採択された宣言を受けて，同年末にまとめられたもの。極度の貧困の半減，普遍的初等教育の達成，５歳未満児の死亡率を３分の１以下にすることなど８目標と21の具体的な項目，60の指標を掲げ，2015年までを達成期限とした。同年に最終報告書を公表。

持続可能な開発目標A④（ＳＤＧｓA⑥）［Sustainable Development Goals］（じぞくかのう-かいはつもくひょう） ミレニアム開発目標（MDGs）を引き継ぐ形で，2016年から30年までの期間で，国連が設定した新目標。略称はSDGs。福祉や環境との調和をとり，将来世代の利益を損なわない経済発展を図るために，貧困廃絶，健康，教育，ジェンダー平等など，17の目標テーマが掲げられている。日本においても，政財界をあげて目標達成への取り組みが続いている。一方，SDGsについては，国家や企業が「社会問題に取り組んでいる」という自己宣伝ツールとして利用している側面が批判されている（SDGs ウォッシング）。また，持続可能な世界を作るには，資本主義という大量生産・大量消費システムそのものを見直すべきだが，その点に関してはほとんど言及されていない，との指摘もなされている。

南北サミット（なんぼく-） 1981年にメキシコのカンクンで，日本・アメリカなど先進８か国と，メキシコ・バングラデシュなど計22か国が参加して開かれた。新国際経済秩序（ＮＩＥＯ）に基づく諸要求について，一次産品・貿易・工業化などを組み合わせ，国連の場で交渉を進めることが決定された。

開発援助委員会A②（ＤＡＣA②）［Development Assistance Committee］（かいはつえんじょいいんかい） ダックと略称。1961年に発足したＯＥＣＤ（経済協力開発機構）の下部組織で，現在29か国とＥＵが加盟。発展途上国への援助について，加盟国間の利害調整をしたり，援助の具体的な方法を検討・決定する。

経済協力 🅐（けいざいきょうりょく）　広い意味では，経済の分野において，国家間の意識的協力および援助をさす。狭義には，先進国から発展途上国への協力・援助を示し，今日ではこの意味で使われることが多い。開発資金援助や技術協力が主な内容となり，経済協力の主体により，政府ベースと民間ベースに分けられる。資金の貸し付けである借款は，資金の使途が指定されるタイドーローン（ひもつき援助），指定されないアンタイドーローン，発電所・港湾・ダムなど特定の事業計画のために供与されるプロジェクトーローンなどに分類される。

政府開発援助🅐⑩（ＯＤＡ🅐⑩）〔Official Development Assistance〕（せいふかいはつえんじょ）　政府や政府の実施機関によって，発展途上国および援助活動をしている国際機関に供与される資金のこと。発展途上国の福祉向上が目的であり，供与条件が発展途上国にとって有利であることがＯＤＡの要件。無償資金協力，技術協力，国連諸機関への拠出などの贈与と政府借款（長期資金の貸し付け）がある。日本のＯＤＡ実績は，金額においてはＤＡＣ（開発援助委員会）加盟国のなかで上位にあるが，一方でＯＤＡの対ＧＮＩ比の低さ，贈与の割合の少なさ，などの問題点も指摘されている。

ＧＮＩ0.7%援助②（-えんじょ）　1970年の国連総会で先進国の発展途上国に対する援助目標として定められた，ODA の対 GNI 比（当時は GNP 比）。2022年数値では，日本は0.39％で，DAC 加盟国平均の0.36％をやや上回る。1964年の第１回国連貿易開発会議では１％としたが，この比率には，供与条件の不利な民間資金が含まれていたため，途上国は ODA の GNP 比0.7%保証に要求を変更した。

グラントーエレメント 🅒③〔grant element〕　援助のうち贈与相当部分の割合をあらわす数字。金利・年間支払い回数・償還期間などの諸条件をもとに計算される。無利子・無返済の贈与の場合は100％となる。

基本的人間要請（ＢＨＮ🅑）〔Basic Human Needs〕（きほんてきにんげんようせい）　衣食住や教育・医療など，人間として最低限必要とされる要求のこと。1970年代なかごろ以後，これらを満たさない絶対的貧困地域が，アメリカ・世界銀行・国際労働機関（ＩＬＯ）の援助戦略の中心となっている。

技術移転（ぎじゅついてん）　ある国が有している技術を他の国に供与すること。単に国家間だけでなく，企業間でもおこなわれる。移転の方法には，ライセンスなどの取り引き，直接投資，技術協力などがある。

人口問題（じんこうもんだい）　2022年11月，世界人口は80億人に達した。2055年には100億人に達すると予測されている。人口問題は南北問題の大きな構成要素である。第二次世界大戦後，発展途上国は独立を勝ちとった。保健・衛生の向上により，出生率が高く死亡率が大幅に低下した。子どもたちは家計を補助する貴重な労働力であり，社会保障制度が整っていないため両親の老後保障の源となる。したがって貧困という事実が人口増加の最大の要因になるのであり，人口増加率を引き下げるには社会経済の全般的な発展が不可欠となる。

　　　　　　　　　　　類 **人口爆発 🅑**

人口ピラミッド（じんこう-）　特定の時点における年齢別・性別人口構成を表現した図。年齢別人口を上下に，男女を左右に分けて並べる。一般に発展途上国などではピラミッド型（富士山型）になるが，それがつりがね型（ベル型）を経て，先進国などではつぼ型（紡錘型）になる。

人口増加率（じんこうぞうかりつ）　一定の地域における人口の自然増加率と社会増加率との合計。前者は出生率と死亡率の差，後者は一定地域での人口移入率と移出率との差をいう。世界全体では自然増加率のみ。

一人っ子政策 🅒（ひとり-こせいさく）　1979年以来，中国で実施されてきた人口抑制政策であり，夫婦の子どもを１人に制限するもの。法的強制ではなく奨励措置とされたが，現実には違反すると罰金などが科された。その後，夫婦いずれかが一人っ子ならば２人目の出産を可能とする緩和策が実施され，さらに，2016年には，あらゆる夫婦に２人目の出産が認められ，2021年には３人目の出産も認められた。

食料問題（しょくりょうもんだい）　人口爆発や自然災害などにより，食料不足が生じること。1992年の「地球サミット」にむけて国連食

糧農業機関（ＦＡＯ）は，地球上の耕作可能地域が限界に近づいており，世界人口の食料需要をまかないきれない恐れもある，と警告している。今日，世界人口の約1割は飢えた状態にあるといわれる。しかし，一方で先進国では「飽食の時代」との指摘もある。その意味で食料問題は，先進国と発展途上国の間の分配上の問題でもある。

マイクロクレジット Ｂ③[micro-credit]　貧困層に少額の事業資金を無担保で貸し出し，彼らの自立を促す役割を果たす。その先駆として知られるバングラデシュのグラミン（農村）銀行とその創設者ムハマド＝ユヌス氏に2006年のノーベル平和賞が贈られた。現在ではマイクロファイナンスと表現されることが多い。2018年には，日本でも一般社団法人グラミン日本が設立された。

> 類 グラミン銀行 Ｂ③　ムハマド＝ユヌス
> 同 マイクロファイナンス Ｂ③

ＢＲＩＣＳ Ａ⑧（ブリックス Ａ⑧）　ブラジル・ロシア・インド・中国・南アフリカの頭文字をとって，急成長する新興5か国をさす。アメリカの金融機関が名づけた。各国とも，人口や国土面積や資源の面で抜きんでている。2023年時点において，5か国合計の名目 GDP は約28兆ドルであり，世界全体の約27％を占める。

ＢＲＩＣＳ開発銀行 （－かいはつぎんこう）　現正式名称は新開発銀行(New Development Bank)。2015年，BRICS の5か国が創業した国際金融機関。新興国や途上国のインフラ整備と持続可能な発展を支えるのが目的だが，先進国中心の経済秩序に対抗する側面もある。出資金は各国100億ドルずつで，合計500億ドル。初代総裁にはインドのカマスが就任（その後5か国で輪番）。中国主導のアジアインフラ投資銀行と協力関係にある。

アジア開発銀行 Ｃ（ＡＤＢ Ｃ）[Asian Development Bank]（－かいはつぎんこう）　1966年，フィリピンのマニラに創設された銀行。日本も含めて68か国・地域が加盟。アジア諸国の経済開発をうながすため，開発融資・計画立案・技術援助などの業務を扱っている。出資比率の上位国は日本15.65％，アメリカ15.65％，中国6.46％の

順。歴代の総裁は日本人が務め，2023年現在は浅川雅嗣。

アジアインフラ投資銀行 Ａ②（ＡＩＩＢ Ａ）（－とうしぎんこう）　アメリカに対抗，中国が主導して2016年に開業した銀行。インフラ整備を主体とした融資などを担う。本部は北京に置かれ，資本金は最大で1000億ドル。創設メンバーは57か国。2023年現在は106か国・地域が参加している。日本は不参加。初代総裁は中国の金立群。

ネクスト－イレブン　ＢＲＩＣＳに次いで経済成長が期待できる11か国をさす。アメリカの金融機関が名づけた。韓国・メキシコ・トルコ・インドネシア・イラン・パキスタン・ナイジェリア・フィリピン・エジプト・バングラデシュ・ヴェトナム。さまざまなレヴェルの国がふくまれ，その選出基準にややあいまいさが残る。

ＶＩＳＴＡ（ビスタ）　ＢＲＩＣＳに次いで経済発展などが期待される新興国。ヴェトナム・インドネシア・南アフリカ（ブリックスと重なる）・トルコ・アルゼンチンの5か国の頭文字をとって命名されたもの。

一帯一路 Ａ①（いったいいちろ）　中国の習近平国家主席が提唱するシルクロード経済圏構想。一帯とは陸のシルクロード，一路とは海のシルクロードをさす。シルクロードに沿ったアジアと欧州ほか，アフリカや南米なども視野におさめた枠組みをめざす。中国はこの構想を支えるため国家ファンドを創設し，アジアインフラ投資銀行の設立を主導した。2017年にはロシアなど29か国首脳や国際機関の代表らが北京で初の国際フォーラムを開催した。

⑤ 国際経済における日本の役割

資源小国 （しげんしょうこく）　火山国・日本には，多種多様な地下資源が存在するが，埋蔵量は極めて微量で「資源小国」である。このため日本は，工業化を進めた戦前から戦後，高度経済成長期を通じて，石炭・石油・天然ガス・鉄鉱石・ボーキサイト・木材などの原材料やエネルギー源を輸入，それを加工・輸出して外貨を獲得し，経済成長につなげてきた（加工貿易）。しかし近年，日

本の製品輸入比率が60％前後にまで達し，かつての加工貿易の姿は大きく変貌⁂している。

類加工貿易②

外貨割当制　(がいかわりあてせい)　外貨(外国の通貨)を政府が管理して，輸入業者に配分・割り当てする制度。1949年に制定された外国為替及び外国貿易管理法によって実施された。この政策により，重要物資の輸入に優先的に外貨を割り当て，あるいは国内産業と競合する製品の輸入を抑制するなど外貨の効果的な活用により，日本経済の復興をはかることが目的とされた。

単一為替レート　С②(たんいつかわせ-)　一国の通貨の外国の通貨との交換比率を為替レートというが，その為替レートが唯一(たとえば日本なら対米ドル)であること。戦後，ＩＭＦ(国際通貨基金)体制の大原則とされた。日本では1949年に実施されたドッジ・ラインの一環として，１ドル＝360円の単一為替レートが設定され，日本が国際経済社会に復帰するきっかけとなった。

貿易の自由化　С⑧(ぼうえき-じゆうか)　広義には，関税や輸入数量制限，その他の非関税障壁の緩和・撤廃による輸入の自由化を意味するが，狭義には国際収支上の理由で輸入制限をすることができないＧＡＴＴ11条国に移行した状態を示す。1960年代前半から欧米の自由化要求が強まるなか，日本政府は「貿易為替自由化計画大綱」を発表。ＧＡＴＴ加盟時にわずか16％だった自由化率は，1963年には92％まで上昇，同じ1963年にはＧＡＴＴ11条国へ移行した。その結果，国内の石炭産業は大きな打撃を受けたが，国際競争力が弱く自由化がマイナスになると思われていた鉄鋼・機械などの重工業では，かえって能率化や設備の近代化が進み，高度経済成長を支える一因となった。

為替の自由化　(かわせ-じゆうか)　自由貿易推進のため，政府による外国為替取引の管理・規制をなくすこと。国際収支の赤字などを理由として政府による為替管理が認められないＩＭＦ８条国への移行をもって達成される。第二次世界大戦後の日本では，貿易の自由化の進展にともない，1963年にＧＡＴＴ11条国へ移行，翌1964年にはＩＭＦ８条国へ移行した。為替の自由化が実施され，国際取引における支払い制限の禁止，取り引きの相手国や種類によって異なる為替レートを用いることを禁止する義務などを負うことになった。

資本の自由化　С(しほん-じゆうか)　外国企業による経営参加をねらった株式取得や子会社の設立，また国内企業との技術提携など，外国資本の国内進出に対する制限を緩和・撤廃していく一方，国内企業の対外直接投資なども自由にしていくこと。日本では，1967年に50業種が自由化された第１次自由化をきっかけとして，第２・３次の自由化が進められ，1970年代前半には原則として完全自由化が達成された。

開放経済体制　(かいほうけいざいたいせい)　商品・資本・労働力などの対外取引が認められた，すなわち，モノ・カネ・ヒトの移動が自由化された経済体制。自由貿易を前提とする資本主義諸国は，基本的にこの体制をとるが，最近は中国などでも経済の開放化が進んでいる。日本では，ＩＭＦ８条国への移行，輸入制限品目の減少，原則100％資本の自由化などにより，モノとカネの自由化がなされてきた。近年は，労働力不足に伴って，外国人労働者を大量に受け入れるため，入国条件を緩和する措置が進んでいる。

残存輸入制限品目　(ざんぞんゆにゅうせいげんひんもく)　ＧＡＴＴでは，自由・無差別の原則に基づいて各国の関税・輸入制限を排除してきたが，一部の商品については，各国が国内産業保護などの理由で輸入制限措置をとってきた。この商品が残存輸入制限品目である。ＧＡＴＴ加盟後に自由化を進めてきた日本では，1962年の103品目から1985年の22品目へと，残存輸入制限品目を縮小した。22品目のほとんどが農産物であり，このうち，牛肉・オレンジなどは1991年から自由化がはじまった。1993年にはコメ以外の農産物の関税化を受け入れ，コメについても，結局1999年４月から関税化された。

類コメの関税化С②

輸入依存度　(ゆにゅういそんど)　一国の経済活動のなかで，輸入の占める比率のこと。国民総生産や国民所得に対する割合であらわすことが多い。依存度が低いほど国民経済の自給率が高く，依存度が高ければ外国の経

済変動の影響を受けやすい。

日本のOECD加盟（にほん-かめい）　OECD（経済協力開発機構）は，資本主義諸国の経済成長の促進や自由貿易の拡大などを目的として1961年に発足した。当初の加盟国はヨーロッパ18か国にカナダ・アメリカを加えた20か国であった。日本は，貿易・為替自由化の進展のなかで，1964年に21番目の国として加盟が認められ，先進国の一員として国際的に承認された。現在のOECD加盟国は38か国。

貿易摩擦　**B**5（ぼうえきまさつ）　貿易をめぐって生じる各国間のさまざまな対立・紛争のこと。すなわち，当該国の産業間の対立が，自国の政府・議会を動かすまでに進み，たがいに公権力による報復措置（輸出入禁止など）をかける段階になる状況をいう。日本では，1970年代に入ってきた貿易黒字を背景に，アメリカやEC諸国と，繊維・カラーテレビ・鉄鋼・自動車・半導体などで貿易摩擦をおこし，そのつど政治問題化した。2018年，アメリカと中国を中心とする貿易政策によって摩擦が世界中に拡散し，日本もそれに巻き込まれることが危惧されている。

経済摩擦　**C**1（けいざいまさつ）　貿易摩擦だけに限らず，国際収支の不均衡などもふくめて，各国間のさまざまな経済的対立から生じる問題。それらはさらに，各国政府・議会間の対立につながる。各国の社会制度・商慣行・経済政策のあり方までが対象となる。

集中豪雨型輸出（しゅうちゅうごううがたゆしゅつ）　特定の輸出品が，あたかも集中豪雨のように相手国に輸出される現象をいう。急激な輸出増加は，相手国のその産業に構造的不況や失業の増大などの被害をもたらす。そのため貿易摩擦の大きな要因となる。日本では，有望な商品がみつかると，関連業界が一斉にその分野に進出し，激しい競争をしながら輸出市場になだれこむ傾向がある。1970年代前半の繊維，1980年代前半の自動車・半導体などがアメリカ・EC諸国から集中豪雨型輸出との非難を受けた。

輸出ドライブ（ゆしゅつ-）　国内の過剰生産による圧力から輸出が促進されるようになること。輸出圧力ともいう。不況期には内需の減退から企業に輸出ドライブがかかって

輸出が進み，この外需をテコに国内の景気回復がはかられる。

輸出自主規制　**C**2（ゆしゅつじしゅきせい）　貿易摩擦の回避のために，輸出国が自主的・意図的に輸出量を制限すること。1979年の第二次石油危機後の日米貿易摩擦の際に，日本は対米自動車輸出の自主規制を実施した。

市場開放要求　**C**（しじょうかいほうようきゅう）　輸入品に対する関税・数量制限などをなくして国内市場で自由に販売させること。日本に対しては1980年代に入って急増する貿易黒字，激化する貿易摩擦を背景として，アメリカ・ECからの市場開放要求の声が高まった。これに対して日本は，電気通信機器・エレクトロニクス・医薬品などの市場開放，あるいは1988年に日米間で決定された牛肉・オレンジ輸入自由化などの開放措置をとってきた。これらの結果，製品輸入が増え，貿易黒字幅は減少したものの，その額は小さく，その後もコメ・半導体・通信機器などで市場開放要求が続いた。

資本供給国（しほんきょうきゅうこく）　経常収支（貿易・サービス収支，所得収支，経常移転収支）の黒字が累積し，国内に生じた過剰資金を海外に流出させる段階に達した国のこと。資本輸出国ともよび，19〜20世紀初頭のイギリス，1950〜60年代のアメリカが，この段階に達していた。日本では，1970年代から経常収支の黒字が定着して資本供給国に移行した。

ブーメラン効果（-こうか）　ブーメランのように，先進国が発展途上国向けにおこなった経済・技術援助や資本投資の結果，現地生産が始まり，やがてその製品が先進国に逆輸入されて，先進国の当該産業と競合するようになる状況をさす。

前川レポート　**C**5（まえかわ-）　中曽根康弘首相の私的諮問機関「国際協調のための経済構造調整研究会」の報告書（1986年4月発表）。座長の前川春雄元日本銀行総裁の名をとったもの。レポートでは，国際協調型の経済成長をはかるために，輸出に頼らない内需主導型成長への転換をめざし，消費生活や社会資本の充実，地価抑制，製品輸入の促進などの提言がなされた。

流通鎖国（りゅうつうさこく）　日本の流通業界の閉鎖性を批判したことば。多くの法的規制

や，日本独特の商慣行のため，海外からの進出が困難であるとされた。具体的には，大規模小売店舗法にみられる大型店規制，複雑かつ多段階の流通システム，メーカーが小売店に対して販売量・価格まで影響力を行使する系列店制度などをさす。

投資摩擦（とうしまさつ）　円高と企業活動の国際化を反映して，日本企業の海外への工場進出や海外企業の買収があいつぎ，相手国との投資摩擦が表面化した。特に日米間では，1985年以後の円高ドル安をきっかけに，日本投資家による米国企業の買収，不動産の取得，証券投資がさかんになり，両国間の投資の不均衡が際立った。一方，日本市場の閉鎖性も，摩擦に拍車をかけた。

文化摩擦（ぶんかまさつ）　思想・宗教・慣習・制度など文化的な面で生ずる国家間・国民間での対立のこと。各国の消費構造，金融・流通制度が異なる背景として文化的要因が大きいため，文化面での相互理解が経済摩擦解消のカギになる。

構造調整 C（こうぞうちょうせい）　産業をはじめ，財政・金融・流通など国民経済のしくみ（構造）を改変していくこと。日本では欧米諸国から貿易黒字の是正を強く求められ，そのために輸出中心の経済から内需主導型経済への構造変革が必要とされた。

経済大国 C4（けいざいたいこく）　高度経済成長を経て日本は，1980年代に入り自他ともに認める経済大国になった。この原動力は工業製品の輸出であり，さらに1980年代後半には巨額の対外純資産を保有する債権大国となった。しかし，集中豪雨型輸出が経済摩擦の原因ともなり，製品輸入を増やし，南北問題や累積債務問題の解決に貢献すべきだという，経済大国責任論も同時に指摘されている。

日米貿易摩擦 C5（にちべいぼうえきまさつ）　日米間の貿易不均衡による対立。日本の経常収支の大幅黒字とアメリカの大幅赤字による。1960年代の繊維に始まり，1970年代の鉄鋼・カラーテレビ，そして1980年代には工作機械・自動車・半導体・農産物へと，摩擦が拡大した。

日米経済摩擦（にちべいけいざいまさつ）　日米間の経済対立。日本の貿易黒字を背景に，繊維・カラーテレビ・鉄鋼・自動車・半導体などで摩擦をおこし，政治問題化した。1990年代には日本の経済構造の改善や日本への市場開放要求が高まった。そのため，1989年から日米構造協議，1993年からは日米包括経済協議が開かれた。

ジャパン-バッシング C［Japan bashing］「日本たたき」ともよばれる。1985年ごろから，アメリカ議会の保護貿易支持派，産業の経営者，それに一部の学者・知識人が加わって日本批判のキャンペーンがくり広げられた。1980年代に悪化した対日貿易赤字，ハイテク分野での日本の追い上げに対するいら立ちが背景にある。この流れがスーパー301条の日本への適用，日米構造協議へとつながった。

同 日本たたき

スーパー301条 B3（-じょう）　1988年8月に成立したアメリカ包括貿易法の中心条項。不公正貿易国・行為の特定，制裁を定めた旧通商法第301条を改正・強化したもの。通商代表部（USTR）が，輸入制限など報復措置発動の権限をもつ。1989年5月，通商代表部は日本に対してスーパー301条の適用を決定，スーパーコンピュータ・人工衛星・木材製品を交渉の対象品目にあげた。

日米構造協議 B5（SII）［Structural Impediments Initiative］（にちべいこうぞうきょうぎ）　日米間の貿易不均衡の是正をめざし，両国の生産・消費・投資など経済構造を検討するために1989年9月から開かれた協議。1990年7月に最終報告が出された。協議の結果，日本側は①大型店・スーパーなどの出店を規制した大規模小売店舗法の見直しによる流通機構の改善，②国産品・輸入品の内外価格差是正，③社会資本整備のため多額の公共投資などを約した。一方，アメリカ側は①財政赤字の削減，②輸出競争力の強化，③企業の投資活動の強化などが改善目標として提出された。

日米包括経済協議 B4（にちべいほうかつけいざいきょうぎ）　日米構造協議を引きついで，1993年9月からおこなわれた日米間の協議。自動車・半導体・保険などの分野別の交渉の場では，市場参入の数値目標の設定を求めるアメリカとの間で激しいやりとりがあった。

年次改革要望書 （ねんじかいかくようぼうしょ）　毎年秋，日米両国間でおこなわれてきた要望書。正式には「日米規制改革及び競争政策イニシアティヴに基づく要望書」。1993年のクリントン大統領と宮沢喜一首相との首脳会談を契機に始まった。まず毎年秋に，政治・経済のあり方についてアメリカ政府から文書で要望が出され，日本政府がそれを検討してできるものから実行に移す。その後，実施状況をアメリカ政府が総括し，翌年春に議会に報告する。日本の郵政事業民営化なども，このシステムを通じて要望された。2009年の政権交代によって中断されたが，翌10年の菅直人首相とオバマ大統領の首脳会談で立ち上げが決まった「日米経済調和対話」に引き継がれた。

　　　　　　　　　類 **日米経済調和対話**

世界貢献構想 （せかいこうけんこうそう）　日本国際フォーラムが1989年7月，「日本の経済力を世界経済発展のためにいかに活用するか」と題した提言のなかでうち出した構想。政府開発援助（ODA）の増額，地球的規模での環境問題の解決，世界的な文化・技術交流などの貢献策が提案された。

日本の経済援助 （にほん・けいざいえんじょ）　世界経済発展，南北問題解決のために，日本が実施してきた経済的な取り組み。その中心となったのがODAであり，拠出額で見ると，1990年代末で世界1位であり，2022年時点でも世界3位である。対GNI比では0.39％であり，開発援助委員会（DAC）の構成国平均0.36％をやや上回る。日本のODAの特徴として，従来より以下の5点が挙げられてきた。すなわち，(1)二国間援助が多く，多国間援助が少ない。(2)贈与支援が少なく，円借款という貸付型が多い。(3)インフラ開発といったハード支援が多く，教育や医療といったソフト支援が少ない。(4)支援事業の請負企業を日本企業に限定するといった紐付き援助（タイド援助）が多い。(5)実質的な戦後賠償の意味を兼ねてアジア支援が多く，特に中国への支援が多い。ただし，近年は紐付き援助の案件は減少しつつある。中国へのODAも2018年に終了するなど，戦後日本の経済援助活動も変わりつつある。

ODA大綱 Ⓑ （-たいこう）　ODAに対する日本政府の理念や方針を示したもの。1992年に初めて作成され，2003年に改められた。新しい大綱では，発展途上国の自助努力支援，人間の安全保障の確保，などが基本方針とされる。2015年には，名称が「開発協力大綱」に改められた。これまで原則として禁止されてきた他国軍隊への支援を，非軍事分野に限って解禁した。

　　　　　　　　　類 **開発協力大綱** Ⓐ ③

ODA四原則 （-よんげんそく）　ODAに対する日本の理念，援助実施の原則。①環境と開発を両立させる。②軍事的用途への使用を回避する。③発展途上国の軍事支出，大量破壊兵器・ミサイルの開発・製造などの動向に十分注意を払う。④民主化の促進，市場経済導入の努力ならびに基本的人権および自由の保障状況に十分注意を払う。

雇用輸出 （こようゆしゅつ）　直接投資によって海外に雇用機会をつくること。

失業の輸出 （しつぎょう-ゆしゅつ）　日本の大量の製品輸出を批判したことば。相手国の当該産業を破壊し，失業者を生み出す結果をもたらした。対応策として，日本企業による海外現地生産が急激に進んだが，国内では産業の空洞化を引き起こした。

産業の空洞化 Ⓐ ④ （さんぎょう-くうどうか）　為替レートの上昇があると賃金・生産費が外国に比べて相対的に高まり（たとえば1ドルが200円から100円と円高になると，2万円の賃金はドル建てで100ドルから200ドルに上昇），製造業全体の価格競争が失われる。その結果，国内の重要産業が海外直接投資などを通じて国外に流出し，国内では衰退してしまう状況を産業の空洞化とよぶ。第二次世界大戦後のアメリカで，多国籍企業の発達がアメリカの国内産業を空洞化させた。日本では1985年以後の円高で，自動車・家電など主要産業の工場の海外移転が急激に進み，この問題が深刻化した。

開発輸入 （かいはつゆにゅう）　先進国が発展途上国に対して生産技術・資本などを提供して開発を進め，完成した商品を輸入する貿易形態。南北間の経済格差を是正する有力な手段として，国連貿易開発会議（UNCTAD）でも積極的に推進している。日本では1985年以降の円高定着後，大手商社などが，アジア諸国に対して衣料品・家具・

家電製品・農産物などの技術・資本移転をし，開発輸入をおこなっている。

モノカルチャー　[2][monoculture]　1つの田畑で1つの作物のみを栽培すること。この意味を拡大する形で，一国の経済活動が単一の産業や生産物に特化している状況を「モノカルチャー経済」とよぶことがある。発展途上国によく見られる現象である。モノカルチャー経済は，複雑な技術力や生産プロセスを必要とせず，生産規模の拡大も容易である。一方，一国の経済が単一の産業や生産物に依存することはハイリスクである。先進国から安値で買われ続けながら，その依存状況から脱却しにくいという側面もある。

逆輸入　（ぎゃくゆにゅう）　生産コストの安い海外で製造した商品を，本国企業が国内で輸入・販売すること。海外に輸出した製品を再び輸入し，販売する方式も含める。

フェアトレード　B8[fair trade]　コーヒー・ココア・砂糖・バナナなど発展途上国の産品を適正な価格で輸入し，先進国内の市場で販売する「公正な貿易」。主にNGOなどの手ですすめられ，発展途上国の生産者の自立支援や環境の保護にも目が配られている。日本でも関心が高まっている。フェアトレードの商品と生産者を認証する国際的なネットワーク組織として，1997年に設立されたフェアトレード-ラベル機構（FLO）がある。

グローバル-スタンダード　C[global standard]　特定の国や地域，企業などだけで適用されている基準ではなく，世界共通で適用される基準や規格，ルールといった意味。国際的な基準・規格。ISOなどはその典型である。これに対しては，アングロサクソン-スタンダードあるいはアメリカン-スタンダードにすぎない，などという批判もある。

ISOＡ①（**国際標準化機構**Ａ②）[International Organization for Standardization]（こくさいひょうじゅんかきこう）　イソ。国際的に適用させる規格や標準類を制定するための国際機関。1947年に発足。現在，164の国が加盟。国際的・包括的な規格の確立により，製造や通商の発展を促進することを目的とする。

ISO14000　B　世界初の包括的に認められた，環境マネジメントのための規格。製造業その他あらゆる企業の環境に配慮した活動に影響を及ぼす可能性がある。

デファクト-スタンダード　C[de facto stan]　公的に定められたものではなく，市場のなかで定着した業界の標準。事実上の標準と訳される。たとえば，パソコンなど情報機器の業界では，互換性などについて標準を定め，それを普及させている。

日米貿易協定　B（にちべいぼうえききょうてい）　2020年1月に発効した日米間における貿易協定。この協定によって，アメリカ産農作物や日本産工業製品など，特定分野の物品に関する関税が大幅に削減されることになった。

[MEMO]

[MEMO]